Henrietta Mears

ALLES, WAS MAN ÜBER DIE BIBEL WISSEN MUSS

Bildnachweis

Alle Fotos stammen von:
Tim Dowley und Peter Wyart (Three's Company)
außer den folgenden:
Bible Scene Tours: S. 331
Billy Graham Evangelistic Organisation: S. 9
Church's Ministry to the Jews: S. 373
Greek Tourist Board: S. 289
Jordanair: S. 151
Clifford Shirley: S. 165
Jamie Simson: S. 25, 30, 83, 153, 175, 281, 323, 339, 341, 361

Illustrationen:
Alan Parry: S. 5, 41
Richard Scott: S. 43,147

Henrietta Mears

ALLES WAS MAN ÜBER DIE BIBEL WISSEN MUSS

RB

R. BROCKHAUS VERLAG WUPPERTAL

Titel der Originalausgabe:
WHAT THE BIBLE IS ALL ABOUT

Aus dem Amerikanischen übersetzt von
Paul Gerhard Nohl
bearbeitet von Hans-Werner Durau, Annedore
Gisbert, F. Samuel Rothenberg, Siegfried Rengers

Die Bibelzitate wurden entnommen aus der
Lutherbibel, revidierter Text 1984,

Satz: Factory · B. Lieverkus, Remscheid
Umschlaggestaltung: Holger Lindner, Berlin
Druck: Printed in Singapore
ISBN 3-417-24713-6

Stark überarbeitete Ausgabe des Buches
„Bibellesen leicht gemacht",
R. Brockhaus Verlag Wuppertal ³1976

Inhalt

Teil 1: Das Alte Testament

Die Gesetzbücher des Alten Testaments

Die Geschichtsbücher des Alten Testaments

Dichtung und Weisheitsliteratur

Die großen Propheten des Alten Testaments

Die kleinen Propheten des Alten Testaments

Teil 2: Das Neue Testament

Die Evangelien

Geschichtsbuch des Neuen Testaments

Die Paulusbriefe

Die allgemeinen (katholischen) Briefe des Neuen Testaments

Die Offenbarung

Das prophetische Buch des Neuen Testaments

Anhang

Vorwort

Dr. Billy Graham

Millionen von Menschen suchen heute nach einer verlässlichen Autorität. Gott ist die einzige wirkliche Autorität, die wir haben. Sein Wort wirft Licht auf die menschliche Natur, auf die Probleme der Welt und auf menschliches Leid. Und noch mehr: Es zeigt uns den Weg zu ihm.

Die Botschaft der Bibel ist die Botschaft Jesu Christi, der gesagt hat: »Ich bin der Weg, die Wahrheit und das Leben« (Johannes 14,6). Es ist die Geschichte der Rettung: die Geschichte unserer Erlösung durch Christus; die Geschichte des Lebens, des Friedens und die Geschichte der Ewigkeit. Unser Glaube ist nicht abhängig von menschlichem Wissen und wissenschaftlichem Fortschritt, sondern von der unfehlbaren Botschaft des Wortes Gottes.

Die Bibel hat eine lange Tradition. Sie besteht aus 66 Büchern, die über einen Zeitraum von einigen hundert Jahren von vielen verschiedenen Menschen geschrieben wurden.

Und doch ist die Handschrift Gottes durch den Heiligen Geist klar erkennbar. So werden die 66 Bücher eine Einheit.

Dr. Billy Graham

Die Bibel ist alt; und doch ist sie immer neu aktuell. Sie ist auch heute noch das modernste Buch der Welt. Es wird fälschlicherweise angenommen, ein so altes Buch wie die Bibel könne heutigen Bedürfnissen nicht gerecht werden. Manche meinen auch, dass dieses alte Buch in einer Zeit wissenschaftlicher Errungenschaften, in der der Umfang an Wissen in den letzten 25 Jahren mehr zugenommen hat als in allen vorhergehenden Jahrhunderten, einfach veraltet sei. Aber alle, die die Bibel lesen und lieben, halten sie für bedeutsam für unsere Generation.

Es sind die Heiligen Schriften, die uns Antwort geben auf die letzten Fragen des Lebens: Wo komme ich her? Warum bin ich hier? Wohin gehe ich? Was ist der Sinn meiner Existenz?

Was die Kirche heute mit am meisten benötigt, ist die Rückkehr zur Schrift als Basis aller Autorität und zum betenden Bibelstudium. Wenn wir Gottes Wort lesen, füllen wir unsere Herzen mit seinen Worten und Gott spricht zu uns.

Eine der größten Tragödien unserer Tage ist, dass, obwohl die Bibel ein für alle zugängliches und offenes Buch ist, sie doch für Millionen verschlossen bleibt – entweder, weil sie sie ungelesen beiseite legen oder weil sie sie lesen, ohne die darin enthaltenen Lehren auf sich selbst anzuwenden. Es kann keine größere Tragödie für einen Menschen oder ein Volk geben als ein Lippenbekenntnis zu einer Bibel, die man nicht gelesen hat oder zu einer Lebensweise, der man nicht folgt.

Die Bibel ist das großartigste Dokument, das der Menschheit zur Verfügung steht; es muss aufgeschlagen und gelesen und ihrer Botschaft muss geglaubt werden. Eine Umfrage hat gezeigt, dass nur 12 Prozent derer, die angeben, an die Bibel zu glauben, diese auch wirklich täglich lesen; 34 Prozent lesen sie nur einmal pro Woche und 42 Prozent in größeren Abständen.

Dieses Buch wird Ihnen dabei helfen, auf interessante, herausfordernde und effektive Weise die Bibel kennen zu lernen. Ich empfehle es Ihnen.

Zur Benutzung dieses Buches

Dieses Buch macht den Leser anhand eines allgemeinen Überblicks mit der Bibel vertraut. Es besteht aus 48 Kapiteln und beginnt mit dem ersten Buch Mose und endet bei der Offenbarung des Johannes. Sie können sich ein Kapitel pro Woche vornehmen und so das Buch in etwa einem Jahr durcharbeiten.

Am Anfang jedes Kapitels finden Sie eine Liste mit Bibeltexten als Lesevorschläge für jeden Tag der Woche, die auf das jeweilige Kapitel bezogen sind.

Ein »Glossar biblischer Begriffe« im Anhang erklärt schwierige Wörter, die dem Leser möglicherweise unbekannt sind.

1.

Die Bibel

Die Bibel enthält 66 Bücher, die von vielen Verfassern in einem Zeitraum von ungefähr 1600 Jahren geschrieben wurden.

Die Bibel ist die geschriebene Offenbarung Gottes. Ihr zentrales Thema ist die Rettung der Menschen durch Jesus Christus.

Das Alte Testament (AT) wurde bis auf einige kurze aramäische Abschnitte in hebräischer Sprache geschrieben. Etwa 100 Jahre vor Christi Geburt wurde das ganze Alte Testament ins Griechische übersetzt. Diese Übersetzung nennt man die »Septuaginta«. Das Neue Testament (NT) wurde in griechischer Sprache geschrieben. Unsere deutschsprachige Bibel ist eine Übersetzung aus diesen Grundsprachen.

Das Wort »Bibel« ist abgeleitet von dem griechischen Wort *biblos* = Buch. Das Wort »Testament« bedeutet »Bund« oder »Übereinkunft«. Das Alte Testament berichtet von dem Bund, den Gott mit den Menschen zu ihrer Rettung machte, bevor Christus kam. Das Neue Testament beschreibt den Bund, den Gott mit den Menschen zu ihrer Rettung einging, nachdem Christus gekommen war.

Im Alten Testament finden wir den Bund des Gesetzes; im Neuen Testament finden wir den Bund der Gnade, der durch Jesus Christus gekommen ist. Der eine Bund führte zum anderen hin (Gal 3,17-25). Das Alte Testament beginnt, was das Neue Testament vollendet.

Die Verfasser der Bibel waren Könige und Fürsten, Dichter und Denker, Propheten und Staatsmänner. Einige waren in allen Künsten ihrer Zeit bewandert, andere waren ungelehrte Leute.

Die meisten anderen Bücher richten sich an bestimmte Altersgruppen; dieses Buch aber lesen, verstehen und lieben alte und junge Menschen in gleicher Weise.

Die Bücher des Alten Testaments

Das Alte Testament enthält:
- 5 Gesetzesbücher
- 12 Geschichtsbücher
- 5 Lehrbücher
- 17 prophetische Bücher (5 große und 12 kleine Propheten)

Lesevorschläge

	Die Bibel …
Sonntag:	… ist von Gott geschenkt *2Tim 3,10-17*
Montag:	… ist zu schätzen *5Mo 11,1-9; Jos 1,8-9*
Dienstag:	… ist zu bewahren *Ps 119,9-18*
Mittwoch:	… ist ein Licht *Ps 119,105-117*
Donnerstag:	… ist Nahrung *Jes 55,1-11; Mt 4,4*
Freitag:	… ist erfüllt *Lk 24,36-45*
Samstag:	… ist vollständig *Offb 22,8-21*

Die Bücher des Neuen Testaments

Das Neue Testament enthält:

- 4 Evangelien
- 1 Geschichtsbuch
- 1 prophetisches Buch (Die Offenbarung des Johannes)
- 21 Briefe (14 Paulusbriefe, 7 allgemeine Briefe)

Das Neue Testament wurde geschrieben, um uns in das Wesen und die Lehre Jesu Christi einzuführen, die uns Gott offenbarte und die uns den »Neuen Bund« vermittelte. Bei der Niederschrift des Neuen Testaments wirkten Apostel, Mitarbeiter der Apostel und zwei Brüder Jesu mit. Die Bücher des Neuen Testaments wurden während der zweiten Hälfte des ersten Jahrhunderts geschrieben.

Die Bibel führt das Christentum auf die Offenbarung des einen und allein wahren Gottes zurück. Gott erwählte sich ein Volk (Israel), um diese Wahrheit kundzutun und der Welt zu erhalten.

Die Bibel erzählt uns, wie die Sünde in die Welt kam und wie der Fluch der Sünde die Menschheit von Gott trennte. Sie zeigt, dass das Gesetz dem Menschen das Heil, das er brauchte, nicht gebracht hat. Durch die Werke des Gesetzes konnte kein Mensch gerechtfertigt werden, denn »alle haben gesündigt« (vgl. Röm 23,23).

Dann aber stoßen wir auf die Verheißung eines Retters. Der sollte kommen, um zu suchen und selig zu machen, was verloren ist, und um sein Leben zu geben für viele (Lk 19,10; Mt 20,28). Wir sehen hinter dem Geschehen aller Zeiten die eine unwandelbare Absicht Gottes: den Weg für diesen Erlöser zu bereiten.

Es gibt keinen Königsweg zum Kennenlernen und erst recht keinen zum Verstehen der Bibel. Der Geist Gottes will uns in alle Wahrheit führen. Aber Gott möchte, dass wir unseren eigenen Weg finden, mit seinem Wort umzugehen, damit zu leben und zu arbeiten, und Menschen werden, die »das Wort der Wahrheit recht austeilen« (vgl. 2Tim 2,15).

Viele Leute beklagen sich: »Die Bibel ist ein so dickes Buch! Ich weiß nicht, wo ich anfangen und wo ich weiterlesen soll.« Das wird meist ganz ernsthaft und aufrichtig gesagt. Aber um der Bibel zu begegnen, ist es unbedingt anzuraten, sie nach einem Plan zu lesen. Wenn wir planlos zu Werke gehen, helfen uns auch die besten Ergebnisse unseres Lesens nicht viel; wir vergessen sie, selbst wenn wir uns lange mit der Bibel beschäftigt haben.

Man kann die Bibel von 1. Mose bis Offenbarung 22 in 80 Stunden durchlesen.

Wollen Sie die Bibel durchlesen? Dann nehmen Sie sich dafür 80 Stunden Zeit. Wie viel Zeit können Sie pro Tag dafür aufwenden? An wie vielen Tagen in der Woche? Das ist eine sehr praktische Überlegung, besonders für die Überbeschäftigten unter uns. Wir müssen unser Leben so ordnen, dass wir für die Bibel Zeit haben. Tun wir das nicht, werden wir nie zu einer soliden Bibelkenntnis kommen; denn es ist unmöglich, das, was man von der Bibel wissen kann und wissen muss, nur durch die gottesdienstliche Bibellesung oder Predigt mitzubekommen. Die Bibel offenbart uns Gottes Willen, und Gott will, dass der Mensch in diesen Willen hineingeführt wird.

In jedem der folgenden Kapitel wollen wir daher ein oder mehrere biblische Bücher behandeln.

Ein Buch – eine Geschichte – ein Bericht

Obwohl die Bibel eine ganze Bibliothek in sich vereint, ist sie dennoch *ein* zusammengehörendes Buch von den ersten Blättern bis zum Schluss. Eine einzige großartige Geschichte zieht sich durch dieses Buch. Das macht sie zu einem literarischen Phänomen.

Man findet eine Vielfalt von Themen wie auch viele verschiedene literarische Stile in der Bibel. Sie ist in vielen Jahrhunderten gewachsen, und deshalb dürfte man eigentlich nicht erwarten, dass sich

Wichtige Orte des Alten Testaments

1. *Der Garten Eden*
2. *Der Berg Ararat*
3. *Babel*
4. *Ur in Chaldäa*
5. *Kanaan*
6. *Ägypten*
7. *Sinai*
8. *Die Wüste*
9. *Kanaan*
10. *Assyrien (Israels Gefangenschaft)*
11. *Babylonien (Judas Gefangenschaft)*
12. *Kanaan (Palästina – Rückkehr der Verbannten)*

Wenn man sich diese Reihenfolge merkt und sie mit den biblischen Ereignissen verbindet, hat man ein gutes Gerüst zum Verständnis der Bibel.

Hauptereignisse des Alten Testaments

1. *Die Schöpfung (1Mo 1-2,3)*
2. *Der Sündenfall (1Mo 3)*
3. *Die Sintflut (1Mo 6-9)*
4. *Der Turmbau zu Babel (1Mo 11,1-9)*
5. *Die Berufung Abrahams (1Mo 11,10-12,3)*
6. *Die Wanderung nach Ägypten (1Mo 46; 47)*
7. *Der Auszug aus Ägypten (2Mo 7,12)*
8. *Passah (2Mo 12)*
9. *Die Gesetzgebung (2Mo 19-24)*
10. *Die Wanderung durch die Wüste (2Mo 13; 14)*
11. *Die Eroberung des verheißenen Landes (Jos 11)*
12. *Die dunklen Jahre des erwählten Volkes (Richter)*
13. *Die Salbung Sauls zum König (1Sam 9,27; 10,1)*
14. *Das goldene Zeitalter der Juden unter David und Salomo, das vereinigte Königreich (2Sam 5,4-5; 1Kön 10)*
15. *Das geteilte Königreich – Israel und Juda (1Kön 12, 20-33)*
16. *Die Babylonische Gefangenschaft (2Kön 25)*
17. *Die Heimkehr (Esra)*

ein roter Faden durch sie hindurchzieht. Kein Verleger würde riskieren, solch ein Buch zu planen und herauszugeben. Doch die Bibel wird verlegt, gekauft und gelesen – sie ist *der* Bestseller der Literatur.

Die Bibel wurde in einem Zeitraum von über 1600 Jahren zusammengetragen. Wir können bei dem 1. Buch Mose beginnen und bis zum Ende durchlesen, können von einem Schreibstil zum anderen übergehen, aber wir lesen *eine* Geschichte, die *ein* Geist geschaffen hat (2Petr 1,21).

Die Bibel ist göttlich und menschlich zugleich. Ihre Gedanken sind göttlich, die Offenbarung ist göttlich, aber die Art und

Hauptereignisse des Neuen Testaments

1. Geburt und Kindheit Jesu

2. Jesu Lebenswerk

3. Die Gemeinde in Jerusalem

4. Die Heidenmission

5. Die Kirche in aller Welt

Wichtige Zeitabschnitte

I. Die Zeit von den Erzvätern bis zu Mose – 1. Buch Mose

A. Die Gottesgeschichte – Hauptereignisse:

1. Schöpfung

2. Sündenfall

3. Sintflut

4. Zerstreuung

B. Die erwählte Familie – Hauptereignisse:

1. Die Berufung Abrahams

2. Die Auswanderung nach Ägypten – Gefangenschaft

II. Die Zeit der großen Führer: Von Mose bis Saul – 2. Buch Mose bis Samuel

A. Der Auszug aus Ägypten

B. Die Wüstenwanderung

C. Die Eroberung Kanaans

D. Die Herrschaft der Richter

III. Die Zeit der Könige: Von Saul bis zur Babylonischen Gefangenschaft – Samuel, Könige, Chronik, prophetische Bücher.

A. Das vereinigte Königreich:

1. Saul

2. David

3. Salomo

B. Das geteilte Königreich:

1. Juda

2. Israel

IV. Die Zeit der Fremdherrschaft: Babylonische Gefangenschaft bis Jesus Christus – Esra, Nehemia, Ester, Daniel und Hesekiel

A. Die Gefangenschaft Israels

B. Die Gefangenschaft Judas

V. Jesus Christus – Die Evangelien

VI. Die Gemeinde – Apostelgeschichte und Briefe

A. In Jerusalem

B. Die Predigt des Evangeliums bei den Heiden

C. Die Kirche in aller Welt

Weise der Mitteilung ist menschlich.

Wir haben es also mit einem Buch zu tun, das sich von allen anderen unterscheidet. Es ist die Offenbarung Gottes an die Menschen, die durch Menschen mitgeteilt wird. Wir können auf keinen Teil dieses Buches verzichten. Im 1. Buch Mose haben wir die Anfänge, in der Offenbarung des Johannes das Ende, und vom 2. Buch Mose bis zum Judasbrief sehen wir, wie Gott seinen Heilsplan verwirklicht.

Die Bibel ist ein zusammenhängendes Buch, und man kann es nicht aufsplitten und dann noch erwarten, die Großartigkeit der göttlichen Offenbarung zu er-

Die Bibel ist göttlich und menschlich zugleich. Ihre Gedanken sind göttlich, die Offenbarung ist göttlich, aber die Art und Weise der Mitteilung ist menschlich.

kennen. Man muss dieses Buch in seiner Ganzheit entdecken. Gott hat sich bemüht, eine schrittweise Offenbarung zu geben, und wir sollten versuchen, ihm in diesen Schritten zu folgen und die Bibel vom Anfang bis zum Ende durchlesen. Das Lesen kleiner Abschnitte kann kein Ersatz für gründliche und um Zusammenhänge bemühte Arbeit an der Bibel selbst sein.

Nachdem wir die Bibel als Gesamtwerk kennen gelernt haben, können wir einer anderen Methode folgen: das Lesen der Bibel nach Sachgruppen – Gesetz, Geschichte, Dichtung, kleinere und größere Propheten, Evangelien, Apostelgeschichte, Briefe und die Offenbarung. Auch hier finden wir die große Einheit, denn »dieses Buch gibt Zeugnis von mir«, sagt Christus (Joh 5,39). Alles weist auf ihn hin.

Eine Liebesgeschichte

In bestimmter Hinsicht sollten wir die Bibel so behandeln, wie jedes andere Buch auch. Wir würden mit einem Buch aus einer Bibliothek wahrscheinlich niemals so umgehen, wie wir das mit der Bibel tun. Sie würden bei der Lektüre eines Romans auch nicht nur einen Abschnitt lesen, dabei etwa zehn Minuten verweilen und noch ein bisschen am Abend lesen, um auf diese Weise Wochen, ja vielleicht Monate bei der Lektüre des Buches zu verbringen. Dabei würden Sie jedes Interesse an der Geschichte verlieren. Denken Sie etwa an eine Liebesgeschichte oder einen Thriller: Wir würden selbstverständlich vorne beginnen und das Buch bis zum Ende durchlesen, wenn wir nicht das Ende schon vorwegnehmen, weil wir so gespannt sind.

Gehen wir mit solcher Spannung an die Bibel heran? Lesen wir sie mit solcher Zielstrebigkeit und Beharrlichkeit? Die Bibel ist nicht nur ein Textbuch, sie ist eine Geschichte – sie ist die Offenbarung Gottes mit einem Anfang und einem Ende.

Wir sollten auch immer zuerst selber die Bibel lesen, nicht Bücher über sie; auch keine Kommentare. Geben sie dem Buch der Bücher eine Chance, für sich selbst zu sprechen, auf Sie Eindruck zu machen, sein eigenes Zeugnis zu geben.

Einem Mann wurde einmal eine jener Bibeln gegeben, die den Bibeltext oben auf der Seite haben und unten eine Fülle von Erklärungen. Sie wurde ihm von einem Freund gegeben, der es gut meinte. Als dieser später fragte, wie er vorankäme, antwortete er, dass der Bibeltext sehr viel Licht auf die Kommentare werfe. Kommentare lenken allzu oft ab, anstatt uns auf die rechte Spur zu führen.

Lesen Sie die Bibel nicht gleich von Anfang an mit der Brille anderer Leute und unter dem Einfluss einer Auslegung, die andere gemacht haben. Lassen Sie sich zuerst vom Geist Gottes selbst lehren! Jeder hat das Recht, die Bibel selbst zu lesen. Lesen Sie die Bibel mit dem Gebet um Verständnis. Sie ist die Geschichte einer Offenbarung, und Gott wird sie Ihnen auslegen, wenn Sie ihn darum bitten.

Kein Teil der Bibel enthält ihre ganze Botschaft. Das Wort Gottes ist lebendig, und jedes Stück ist notwendig zur Vollendung des Ganzen. Aber nicht alle Teile sind in gleicher Weise bedeutsam. Wenn ich gefragt würde, ob ich meinen Finger oder mein Auge hergeben würde, würde ich natürlich den Finger geben. So steht es auch mit den einzelnen Teilen der Bibel. Für das volle Ganze ist alles notwendig. Aber einige Teile sind bedeutungsvoller als andere. Man kann nicht das Hohelied Salomos herausnehmen und darin eine vollkommene Offenbarung Gottes haben wollen. Niemand sagt, das Hohelied Salomos sei mit dem Johannesevangelium vergleichbar. Aber beide sind Teile eines Organismus, und der Organismus wäre unvollständig, wenn eines dieser Teile fehlte.

Würde man der Bibel etwas hinzufügen oder etwas von ihr wegnehmen, so würde man sie verletzen (Offb 22,18-19). Der Kanon der Heiligen Schrift ist abgeschlossen. Andere Werke werfen ein wertvolles Licht darauf, er selbst aber steht einzigartig da, ganz allein in sich geschlossen, und alle seine Teile haben Anteil an der Vollendung des Ganzen.

Lesen Sie wöchentlich ein Buch

Ein biblisches Buch ist eine in sich geschlossene Einheit, ohne dabei seine Zugehörigkeit zu der höheren Einheit der ganzen Heiligen Schrift und die lebendige Beziehung zu dem Vorangehenden und dem Nachfolgenden zu vergessen. Jedes Buch sollte am besten in einem Zug durchgelesen werden, in jeder Woche ein Buch. Es gibt im Alten Testament einige umfangreichere Bücher, wie z.B. die Mosebücher und das Jesajabuch, die einige Stunden in Anspruch nehmen. Wenn das zu viel ist, dann teilen Sie sie in einige gleichgroße Teile ein, grenzen aber die Abschnitte vorher genau ab.

Christus, das lebendige Wort

Das Alte Testament ist der Bericht über ein Volk (die Israeliten). Das Neue Testament ist der Bericht über einen Menschen (den Menschensohn Jesus).

Gott selbst wurde Mensch, damit wir wissen, woran wir denken sollen, wenn wir an Gott denken (Joh 1,14; 14,9). Sein Erscheinen auf Erden ist das Hauptereignis aller Geschichte. Das Alte Testament beschreibt den Weg dorthin, das Neue Testament dieses Ereignis.

Als Mensch lebte Jesus das vollkommenste Leben, von dem wir wissen. Er war freundlich, sanftmütig, geduldig, und er hatte Mitleid. Er liebte die Menschen. Er vollbrachte Wunder, um die Hungrigen zu nähren. Große Menschenmengen, die elend, schmerzgeplagt und im Herzen krank waren, kamen zu ihm, und er gab ihnen Ruhe (Mt 11,28-30). Es wird gesagt, dass die Welt die Bücher nicht fassen könnte, wären alle Taten Jesu aufgeschrieben worden (Joh 21,25).

Er starb schließlich, um die Sünden der Welt hinwegzutragen und der Erlöser der Menschheit zu werden.

Dann wurde er von den Toten auferweckt. Er ist eine historische und eine lebendige Persönlichkeit – die wichtigste Tatsache der Geschichte und

Das Gartengrab in Jerusalem. Jesus ist von den Toten auferstanden. Er ist nicht nur eine historische Figur, sondern lebt.

die lebendigste Kraft in der Welt heute. Und er verspricht allen ewiges Leben, die zu ihm kommen.

Die ganze Bibel gruppiert sich um die Geschichte von Jesus Christus und um seine Verheißung ewigen Lebens für die Menschen. Sie wurde geschrieben, damit wir ihm glauben und ihn verstehen, von ihm wissen, ihn lieben und ihm folgen.

Die Bibel – Gottes geschriebenes Wort

Es ist hier nicht der Ort, Inspirationstheorien zu diskutieren oder Detailfragen der Kanonbildung zu erörtern. Auch können wir hier nicht darüber spekulieren, wie viel der Bibeltext gelitten haben mag, während er zunächst durch die Hand der Abschreiber ging, später dann durch die der Herausgeber oder darüber, was historisch und was vielleicht nur poetische Ausschmückung ist. Wir wollen annehmen, dass die Bibel genau das ist, was sie zu sein vorgibt. Nehmen wir die Bücher der Bibel so, wie wir sie in unserer Bibel haben, nämlich als Einheiten, und studieren wir sie, um ihren Inhalt kennen zu lernen. Beim Lesen werden wir die Einheit der Bücher erkennen, den einen Geist, der sie geprägt hat, und wir werden darin etwas von dem Wesen Gottes spüren.

Teil 1

Das Alte Testament

Die Gesetzbücher

des Alten Testaments

1. Mose (Genesis) • 2. Mose (Exodus)
3. Mose (Levitikus)
4. Mose (Numeri) • 5. Mose (Deuteronomium)

2.

Das erste Buch Mose

Das 1. Buch Mose trägt auch den Namen »Genesis«. Das griechische Wort heißt »Ursprung« und entspricht dem ersten hebräischen Wort der Genesis, das übersetzt »am Anfang« heißt. Damit sind Inhalt und Grenzen dieses Buches gekennzeichnet. Die Genesis berichtet uns vom Anfang alles Geschaffenen, nicht aber des Schöpfers. Sie berichtet nur von Anfängen. Hier wird nicht zu Ende geführt. Aber auf diesen Anfängen beruhen alle späteren Offenbarungen Gottes.

Das 1. Buch Mose gibt auch Informationen über das Böse: Es zeigt Satan als den Feind Gottes und den Verführer des Menschengeschlechts, weissagt seine Vernichtung und beschreibt seinen Untergang (Kap. 3).

Lesevorschläge

Sonntag: Schöpfung
1Mo 1,1-5; 26-31; 2,7-22

Montag: Der Sündenfall
1Mo 3,1-24

Dienstag: Die Sintflut
1Mo 6,1-7; 7,7-24; 8,6-11;18-22

Mittwoch: Der Turmbau zu Babel
1Mo 11,1-9

Donnerstag: Die Berufung Abrahams und der Abrahamsbund
1Mo 12,1-9; 13,14-18; 15,1-21; 17,4-8; 22, 15-20; 26,1-5; 28,10-15

Freitag: Die Josefsgeschichte
1Mo 37,1-36; 42

Samstag: Jakobs letzter Segen
1Mo 49

Die Genesis ist das Buch der Anfänge

1. Der Anfang der Welt 1,1-25
2. Der Anfang des Menschengeschlechts 1,26-2,25
3. Der Anfang der Sünde in der Welt 3,1-7
4. Der Anfang der Verheißung für die Versöhnung 3,8-24
5. Der Anfang des Familienlebens 4,1-15
6. Der Anfang einer menschlichen Zivilisation 4,16-9,29
7. Der Anfang der Völker der Welt 10; 11
8. Der Anfang des Volkes Israel 12-50

Dies alles waren Neuanfänge für die gesamte Menschheit.

Die Genesis berichtet von den Anfängen der Schöpfung bis zum Tod Josefs etwa im Jahre 1500 v.Chr. Sie gibt keinen historischen Bericht im Sinne moderner Geschichtswissenschaft, sondern eine geistliche Auslegung.

Die Kapitel 1-11 enthalten die Urgeschichte. Sie behandeln die Ursprünge von Leben, Kunst, Sprache, Kultur und den Ursprung der Sünde, durch welche alle diese Bereiche mit beeinflusst werden.

Die Kapitel 12-50 berichten über den Ursprung des Volkes Israel: die Erzvätergeschichten, Leben und Taten Abrahams, Isaaks und Jakobs und die Ereignisse um Josef und seine Brüder.

Als Gott dieses Volk erwählte, hatte er ein Ziel vor Augen: Seine Verheißung an Abraham versprach dessen Nachkommen, dass sie das Land Kanaan besitzen, eine große Nation werden und dass durch sie alle Völker der Erde gesegnet werden sollen (12,1-3). Diese Verheißung wurde Isaak und Jakob bestätigt (1Mo 26,1-5; 28,13-15).

Das Buch, das vom Ursprung der Menschheit berichtet, ist zugleich auch ein Bericht über das menschliche Versagen: Zuerst in einer idealen Umgebung (Garten Eden), dann unter der Leitung des Gewissens (vom Sündenfall bis zur Sintflut) und schließlich unter der Leitung der Erzväter (von Noah bis Josef).

In allen Fällen menschlichen Versagens jedoch begegnet Gott der Not der Menschen mit Verheißungen seiner allmächtigen Gnade. Hier schon wird deutlich, was Paulus sehr viel später so ausdrückt: »Wo die Sünde mächtig geworden ist, da ist doch die Gnade noch viel mächtiger geworden« (Röm 5,20).

Hinweise auf den Messias

Jesus Christus ist der Mittelpunkt der Bibel. In der Genesis werden folgende Stellen häufig im Blick auf Jesus ausgelegt:

Die Nachkommenschaft Evas	3,15
Abels Blutopfer	4,4
Die Rettung in der Arche	7,1-7
Die Opferung Isaaks	22
Josefs Aufstieg aus der Grube bis zum Thron	37,28; 41,1-44

Wer schrieb die Berichte der Genesis?

Die Quellen der Genesis sind älter als das uns vorliegende Buch. So wurde z.B. die Schöpfungsgeschichte lange vor Mose schriftlich überliefert. Wir wissen nicht von wem; aber Schreiben war schon vor der Zeit Abrahams geläufig. In Ur, wie in allen wichtigen Städten Babyloniens, gab es Bibliotheken mit Tausenden von Büchern, Wörterbüchern, Grammatiken, Zitatensammlungen, Enzyklopädien, Büchern über Mathematik, Astronomie, Geographie, Religion und Politik.

Abraham hatte eventuell Überlieferungen oder Berichte über die Schöpfung, den Sündenfall und die Sintflut von seinen Vorfahren erhalten. Vielleicht hat Abraham selbst seine Erlebnisse mit Gott und die Verheißungen, die ihm gegeben wurden, mit Keilschrift auf Tontafeln geschrieben, damit sie weitergegeben werden konnten.

Jedes Jahr bestätigen Ausgrabungen in Ägypten und Palästina, dass es zur Zeit des Mose schon eine Schrift gab und dass die Fünf Bücher Mose historische Einzelheiten zutreffend berichten. Mose wurde im Palast des Pharao aufgezogen und wurde unterrichtet »in aller Weisheit der Ägypter« (Apg 7,22), also wohl auch in der Schreibkunst. Diese und andere Stellen legen nahe, dass Mose und seine Zeitgenossen schreiben konnten (2Mo 34,27; 4Mo 17,2; 5Mo 6,9; 24,1.3; Jos 8,32).

Sumpfgebiet in der Nähe von Ur in Mesopotamien, der Stadt, die Abraham verließ, um nach Haran zu ziehen.

Die Schöpfung (1. Mose 1-2)

Am Anfang der Genesis stehen Worte, die durch die Jahrhunderte unangetastet geblieben sind: »Am Anfang schuf Gott Himmel und Erde.« Dieser kurze, einfache Satz enthält die biblische Erklärung über den Ursprung des materiellen Universums.

Durch das Wort seiner Macht rief Gott alle Dinge ins Dasein. Er sprach, und die Welten entstanden (Hebr 11,3).

Gott schuf:

- zuerst die Welt der Materie (1,3-19),
- danach das Prinzip des Lebens (1,20-25),
- zuletzt den Menschen, die Krone der Schöpfung (1,26-27).

Wer ist dieser Gott, der so oft in den ersten einunddreißig Versen der Genesis erwähnt wird? In Joh 1,1-5 und Hebr 1 wird deutlich gesagt, dass Jesus Christus auch der Schöpfer des Universums ist.

Ein Ausleger meint, dass Gott, der Vater, der Architekt sei, Gott, der Sohn, der Baumeister, und Gott, der Heilige Geist, der Künstler des Universums. Der Heilige Geist wird zum ersten Mal bereits in 1. Mose 1,2 erwähnt.

Das erste Kapitel berichtet über die gesamte Schöpfung , während Kapitel 2 noch einmal speziell auf die Erschaffung des Menschen eingeht.

Von der ganzen Schöpfung werden nur Mann und Frau als Ebenbild Gottes bezeichnet. Dieser Ausdruck weist dem Menschen eine herausgehobene Stellung zu. Anders als die Tiere kann er in Beziehung zu Gott treten. Gott überträgt ihm die Herrschaft über die neu geschaffene Erde und alle Lebewesen. Dass er »nach dem Bild« Gottes geschaffen ist, gehört so sehr zum Menschsein dazu, dass selbst der Sündenfall nichts daran ändert. Die Sünde hat diese Ebenbildlichkeit empfindlich gestört, aber noch immer sind die Menschen denkende Wesen, moralisch verantwortlich und kreativ, wie Tiere es nicht sein können.

Gott schuf den Menschen sich zum Bilde, damit er mit ihm Gemeinschaft habe. Doch durch die Sünde schnitt der Mensch seine Beziehungen zu Gott ab. Nur wenn die Sünde beseitigt wird, kann der Mensch wieder Gemeinschaft mit Gott haben. Deshalb kam Christus auf diese Welt: weil er »unsere Sünde selbst hinaufgetragen hat an seinem Leibe auf das Holz« (1Petr 2,24). In 1Joh 1 wird berichtet, dass die Sünde uns nicht nur von Gott, sondern auch voneinander trennt. 1Joh 1,9 sagt uns, was wir tun müssen, um die Gemeinschaft wiederherzustellen.

Der Sündenfall
(1. Mose 3-4)

Adam und Eva wurden im Zustand der Unschuld, aber mit der Freiheit zu eigener Entscheidung geschaffen. Sie wurden unter den günstigsten Umständen auf die Probe gestellt: Sie hatten einen klaren Verstand und reine Herzen und die Fähigkeit, das Rechte zu tun. Gott gewährte ihnen seine Gemeinschaft (3,8).

Satan, der Urheber der Sünde, der als Schlange auftrat, versuchte die Menschen, indem er ihnen Zweifel an Gottes Wort einflößte. Sie erlagen der Versuchung und bestanden die Prüfung nicht.

Die Schlange stellt die Worte Gottes zunächst in Frage und nennt Gott dann einen Lügner. Die Frau muss diese verführerische Frucht, das Verlangen, Erkenntnis wie Gott zu erlangen, gegen Gottes eindeutiges Verbot abwägen.

Eva übertreibt im Dialog mit der Schlange das, was Gott gesagt hat, und stellt ihn so strenger dar, als er ist. Will sie einfach wissen, was Gott weiß, oder will sie sich auf eine Stufe mit Gott stellen (im Gegensatz zum Sohn Gottes, der bereit ist, sich zu erniedrigen: Philipper 2,6ff)? Sie trifft ihre Wahl ganz bewusst, die sich als tödlich herausstellt.

Adam steht schweigend daneben und protestiert nicht. Auch er isst. Mann und Frau haben beschlossen, ihren eigenen Weg zu gehen und den Gott, der ihnen das Leben schenkte, nicht weiter zu beachten.

Hier kam also die Sünde zu den Menschen. Die Folgen dieses Ungehorsams werden in 1Mo 3,16-24 aufgezählt.

Gott verheißt aber hier schon den Einen, der die Menschen von der Sünde erlösen würde (3,15): Jesus sollte kommen und die Werke des Teufels zerstören (1Joh 3,8).

Weil sie sich bewusst für das Falsche entschieden haben, bleibt ihnen der Zugang zum »Baum des Lebens« versperrt. Sie müssen den Garten für immer verlassen. Sie sind auf sich allein gestellt, ohne Gott, am Leben zwar, doch ohne ihn nur halb lebendig. Der Tod ist nur eine Frage der Zeit. Gott hatte Recht behalten. Und doch erweist er ihnen immer noch seine väterliche Liebe (3,21).

Unmittelbar nach dem Sündenfall begannen die Menschen, dem Herrn Opfer zu bringen. Zweifellos wurden diese Opfer von Gott angeordnet. Sie sollten dem Menschen seinen sündigen Zustand und das kommende Opfer, das durch Jesu Tod geschehen würde, deutlich machen.

Zwei Söhne Adams, Kain und Abel, brachten dem Herrn ihre Opfer. Abels Opfer, ein Erstling seiner Herde, konnte von Gott angenommen werden (4,4). Kain brachte Früchte des Feldes und Gott nahm sein Opfer nicht an. Kain war wütend auf seinen Bruder und in seinem Zorn tötete er ihn.

Zum ersten Mal ist in den Berichten der Bibel vom »Schreiben« die Rede, als Gott Kain ein Zeichen auf die Stirn machte (4,15). Dieses Zeichen stand für einen Gedanken und die Leute wussten, wofür es stand.

Man begann, mit solch einfachen Schriftzeichen und Bildern Wörter und Wortgruppen wiederzugeben. Man fand die ältesten uns bekannten Schriftstücke in den tiefsten Erdschichten der prähistorischen Städte Babyloniens – auf Tontafeln gemalte Bilder, die zweifellos der Nachrichtenübermittlung dienten.

Lange bevor Gott Mose das Gesetz gab (2Mo 20), werden schon hier in der Genesis verschiedene Verordnungen gegeben. Gleich zu Anfang hatte Gott den Sabbat (1Mo 2,1-3) und die Ehe (2,24) eingesetzt.

Augenscheinlich wurde auch das Gesetz über die Abgabe des Zehnten eingehalten, denn sowohl von Abraham (14,20) als auch von Jakob wird das berichtet (28,22). Gott ließ den Menschen von Anfang an wissen, dass er nur der Verwalter aller seiner Habe ist.

Durch das Wort seiner Macht rief Gott alle Dinge ins Dasein. Er sprach, und die Welt entstand.

Die erste Zivilisation

Die Zivilisation, die Kain begonnen hatte, wurde durch das Gottesgericht der Sintflut vernichtet. Dass man durchaus von »Zivilisation« sprechen kann, haben die Archäologen bewiesen. Die wenigen Funde aus dieser Zeit geben Auskunft über Aufenthaltsorte und handwerkliche Fähigkeiten und bestätigen die Beschreibung in 1Mo 4,16-22.

Die Bibel beschreibt im Einzelnen die Anfänge der Nomaden: »Und Ada gebar Jabal, von dem sind hergekommen, die in Zelten wohnen und Vieh haben« (4,20); der Musik: »Und sein Bruder hieß Jubal, von dem sind hergekommen alle Zither- und die Flötenspieler« (4,21); der Künstler und Handwerker: »Zilla aber gebar auch, nämlich den Tubal-Kain; von dem sind hergekommen alle Erz- und Eisenschmiede« (4,22); und der Baumeister: »Und Kain erkannte seine Frau; die ward schwanger und gebar den Henoch. Und er baute eine Stadt, die nannte er nach seines Sohnes Namen Henoch« (4,17).

In den Städten Ur, Kisch und Fara hat man eine Schlammschicht entdeckt, die vielleicht von der Sintflut kommen könnte. Unter der Schlammschicht fand man viele Steinwerkzeuge, bemalten Ton und Ziegelsteine.

Die Zivilisation, die auf Kain zurückging, ist möglicherweise der Griechenlands oder Roms vergleichbar, und doch stand sie unter dem Verdammungsurteil Gottes. Den Grund dafür finden wir in 1Mo 6,5-7: Die Bosheit der Menschen nahm sehr zu.

Der Stammbaum
(1. Mose 5)

In der Bibel finden wir oft Stammbäume (Genealogien oder Geschlechtsregister) ähnlich wie der in 1Mo 5. Sie dienen dazu, eine wichtige Abstammungslinie anzugeben. Viele von ihnen treffen nur eine Auswahl. Wenn die Lebenserwartung von Methusalem bis Josef immer weiter zurückgeht, drückt das auch die Folgen der sich auftürmenden Sünde aus. Henochs Leben von 365 Jahren, so vielen Jahren, wie ein Jahr Tage hat, verdient hier besondere Aufmerksamkeit.

Die Lebensspanne unserer frühen Vorfahren ist beachtlich. Sie schwankt zwischen 777 Jahren für Lamech und 969 Jahren für Methusalem. Jede der zehn Lebensbeschreibungen folgt demselben Muster: A war x Jahre alt und zeugte einen Sohn B und lebte danach y Jahre und zeugte Söhne und Töchter, dass sein ganzes Alter ward z Jahre, und starb.

Der etwas dunkle Unterton im Ausdruck »und starb« wird nur bei Henoch variiert, dem Mann, »der mit Gott wandelte«. Mit ihm hatte Gott andere Pläne. Noah, der letzte der Zehn, »wandelte«

ebenfalls »mit Gott« (6,9), und auch er wurde, auf andere Weise zunächst vom Tod errettet.

Die Sintflut (1. Mose 6-9)

Das Böse war mächtig geworden und drohte alles Gute zu zerstören. Nur ein Gerechter blieb übrig – Noah. Gott ließ die Sintflut kommen, um das Gute auf Erden wiederherstellen zu können.

»Aber der Herr sah, dass der Menschen Bosheit groß war auf Erden, und alles Dichten und Trachten ihres Herzens

war böse immerdar« (6,5). Gott wollte die Gerechten von den Bösen trennen. Er unternahm die ersten Schritte auf ein erwähltes Volk hin.

Schon kurz nach dem Neuanfang (nach der Ausweisung aus dem Garten Eden), den Gott den Menschen ermöglicht hatte, gab es nur noch einen Gerechten: Noah.

Gott war geduldig und langmütig gewesen. Er hatte um die Menschen gekämpft. Während der 120 Jahre, die Noah an der Arche gearbeitet hatte, hatte er seine Mitmenschen gewarnt. Selbst nachdem Noah, seine Frau und seine drei Söhne mit ihren Frauen samt allen Tieren in die Arche gegangen waren, gab es noch eine Frist von sieben Tagen, bevor die Flut hereinbrach. Die Menschen wiesen Gottes Gnade zurück und mussten sterben (6,7). Noah wurde in der Arche verschont (auch ein Gleichnis für Jesus Christus, die Rettungs-»Arche«). Als Noah die Arche verließ, errichtete er als erstes einen Altar und betete Gott an (8,20).

Gott rettete acht Menschen aus dem furchtbaren Gericht der Sintflut. Er übergab ihnen die Erde mit großen Vollmachten, um sie zu beherrschen (9,1-6).

Eine Schäfer mit seiner Herde nicht weit von Ur in Mesopotamien. Hier hat sich über die Jahrhunderte kaum etwas verändert.

Sie sollten herrschen über alle Lebewesen und hatten vor Gott die Verantwortung zu tragen. Diese Verantwortung erstreckte sich auch auf das Leben der Mitmenschen (9,6). Für Mord setzte Gott die Todesstrafe ein.

Die Archäologen können manches von dem, worüber das 1. Buch Mose berichtet, bestätigen. Nach den Ergebnissen der Forschung müssen wir annehmen, dass der Schauplatz der Ereignisse, über die in den ersten Kapiteln des 1. Buches Mose berichtet wird, in der Umgebung des Euphrat gelegen hat. Das den Euphrat umgebende Land heißt Schina (1Mo 10,10), Chaldäa (1Mo 11,28) oder Mesopotamien. Wir kennen es unter dem Namen Babylonien; heute ist es der Irak.

Es ist ein Land von Sandwüsten, durch die der Euphrat zum Persischen Golf hinabfließt. In diesen Wüsten fand man Ruinen alter Städte und alte Bewässerungskanäle.

Ausgrabungen geben Zeugnis von der hohen Zivilisation der Sumerer und Semiten um 5000 v.Chr. Die Semiten sind Nachkommen Sems, des ältesten Sohnes Noahs, und die Hebräer, zu denen Abraham gehörte, waren ein Zweig dieses Volkes.

Bei diesen Ausgrabungen in Mesopotamien hat man die Spuren der Sintflut auf Inschriften von Tontafeln und in Ablagerungen gefunden. Eine Tafel der Tontafelbibliothek enthält die Namen von zehn Königen, die vor der Flut regierten.

Der Turmbau von Babel (1. Mose 10 - 11)

Nach der Sintflut wurde der Welt ein neuer Anfang geschenkt. Aber anstatt sich über die ganze Erde auszubreiten und sie in Besitz zu nehmen, wie Gott es befohlen hatte, drängten sich die Menschen zusammen und bauten die Stadt und den großen Turm zu Babel, Gott zum Trotz. Sie glaubten, sie könnten von diesem Machtzentrum aus ein weltweites Reich aufrichten, das von Gott unabhängig wäre.

Der jüdische Historiker Josephus berichtet, dass der Turm zu Babel gebaut wurde, weil die Menschen sich Gott nicht unterwerfen wollten.

Die Geschichte, die wir in 1Mo 11,1-9 lesen, zeigt, dass die Menschen die Pläne Gottes durchkreuzen wollten. Gott antwortet mit der Sprachverwirrung und der Zerstörung. Sprachschranken sind schwer zu überwinden; sie isolieren die Völker, behindern kulturellen Austausch und Handel. Der Mensch wollte sich selbst verherrlichen, sich selbst vollenden.

Auch Gott wollte den Menschen zur Vollkommenheit führen – doch zu der größeren Vollkommenheit in der Gemeinschaft mit ihm selbst. Dieses Ziel hat Gott nie aufgegeben.

In den Kapiteln 10 und 11 finden wir die Völkertafel aufgeführt und die Trennung, von der wir vorher gelesen haben.

Die meisten von den Nachkommen Noahs sind offenbar aus Armenien ausgewandert, wo die Arche verlassen wurde, und in die Ebene von Babylonien zurückgekehrt, wo mit dem Turmbau begonnen worden war.

Die Berufung Abrahams (1. Mose 12-38)

Gerade in dieser Welt, die sich von Gott abwandte, wollte Gott seine Gnade offenbaren. Er erwählte ein Volk,

1. um ihm die Heiligen Schriften anzuvertrauen;
2. um es zu seinem Zeugen unter den Völkern zu machen;
3. damit der verheißene Messias in ihm geboren werde.

Gott rief einen Mann namens Abram aus seiner Heimat, dem götzendienerischen Ur in Chaldäa, und gebot ihm, in ein unbekanntes Land zu ziehen. An dieses Gebot war die Verheißung geknüpft, der Vater eines großen Volkes zu werden (12,1-3; Hebr 11,8-19).

Mit dem Gehorsam Abrahams beginnt die Geschichte Israels, des erwählten Gottesvolkes. Wo immer sich Abraham befand, errichtete er Gott einen Altar und betete Gott an. Gott antwortete, indem er Abraham erschien. Abraham wurde »Freund Gottes« genannt. Gott machte einen Bund mit Abraham (12,1-3). Er ist eine der elementarsten Aussagen Gottes im Alten Testament. Er enthält neben dem Segen für das auserwählte Volk – die Nachkommen Abrahams – auch die Segnungen für alle anderen Völker (12,1-3). Und er ist bis heute die Grundlage des Volkes Israel.

Gott erneuerte diesen Bund mit Abrahams Sohn Isaak und mit seinem Enkel Jakob (26,1-5; 28,13-15).

Diese drei sind die Väter des Bundes und deshalb lesen wir in der Heiligen Schrift: »Ich bin der Gott deiner Väter – der Gott Abrahams, der Gott Isaaks und der Gott Jakobs« (Apg 7,32). Gott überließ es diesen dreien, den Bund weiterzugeben.

Jakob war nicht gemäß seiner Geburt (er war nur der Zweitälteste), wohl aber nach der Verheißung Haupterbe des Segens, der auf seiner Familie lag.
Er brachte ihn auf unredliche Weise an sich und musste vor Esau, seinem älteren Bruder, fliehen. Nach langjähriger Züchtigung wurde er ein »großer« Mann.
Sein Name wurde umgewandelt in »Israel« (= ein Fürst vor Gott) (32,38).
Diesen Namen trug dann auch Gottes erwähltes Volk – die Israeliten.
Jakobs zwölf Söhne wurden die Gründer der zwölf Stämme Israels (Kapitel 49).

Die Wanderung nach Ägypten – Von der Familie zum Volk (1. Mose 39-50)

Das letzte Viertel des 1. Buches Mose berichtet von Josef; er ist das Bindeglied zwischen der Familiengeschichte und der Volksgeschichte Israels. Am Ende des 1. Buches Mose finden wir »70 Seelen«, die als Familie Jakobs erwähnt werden. Am Anfang des 2. Buches Mose ist es schon ein Volk.

In Josef begegnen wir einem der edelsten Charaktere des Alten Testaments. Sein Leben ist ein vollkommenes Beispiel für Gottes allmächtiges Handeln: Mit 17 Jahren wurde Josef verkauft. Mit 30 Jahren wurde er Herrscher in Ägypten. Zehn Jahre später holte er seinen Vater und dessen große Familie zu sich, damit sie einer Hungersnot entgingen. Als der damals regierende Pharao erfuhr, dass sie Hirten waren, erlaubte er ihnen, sich im Land Goschen niederzulassen. Sie vermehrten sich stark, wurden reich und hatten großen Einfluss.

Gott führte die Familie Jakobs nach Ägypten, wo sie sich zu einem Volk entwickelten und auf diese Weise fähig wurden, Kanaan in Besitz zu nehmen. Er bewahrte sie so davor, sich mit den götzendienerischen Völkern des Landes Kanaan zu vermischen.

In 1Mo 49,10 stoßen wir wieder auf die Verheißung des kommenden Helden, der Frieden bringen soll. Es ist dabei von Juda als dem jungen Löwen die Rede (49,9). Auch Jesus Christus wird später »der Löwe vom Stamm Juda« genannt (Offb 5,5).

3.

Das zweite Buch Mose

Das zweite Buch Mose trägt den Namen »Exodus« = Auszug. Im ersten Buch Mose sahen wir das Versagen des Menschen; das Buch Exodus ist der spannende Bericht von Gottes rascher Hilfe. Das Buch erzählt von dem Heilshandeln eines allmächtigen Gottes. Das 2. Buch Mose ist in besonderer Weise das Buch der Versöhnung. Es beginnt mit dem Wort »und« – die Geschichte wird also einfach fortgesetzt.

Die Hauptthemen des 2. Buches Mose

1) Mose – der große Mann Gottes
Das Buch Exodus ist seine Geschichte. Der bekannte amerikanische Prediger D. L. Moody hat einmal gesagt, dass Mose

- vierzig Jahre lang dachte, er sei etwas;
- vierzig Jahre lang lernte, dass er nichts war und
- vierzig Jahre lang entdeckte, was Gott mit einem Nichts anfangen kann (vgl. Hebr 11,23-29).

2) Das Gesetz
Die zweite Hälfte des Buches (Kap. 19-40) lehrt: Die Erlösten müssen nach dem Willen ihres Erlösers leben, sich selbst – mit allem was sie sind und haben – seinem Dienst weihen und sich seiner Herrschaft unterstellen. Als Maßstab wird das Gesetz gegeben; die Zehn Gebote Gottes und viele Richtlinien sollen helfen, den Willen Gottes zu tun.

3) Die Stiftshütte
Gott gab die Stiftshütte als einen Ort seines sichtbaren Ruhmes auf Erden; zugleich ist sie eine Vorabbildung des zukünftigen Erlösers und dem, was er tun muss.

Die Versklavung
(2. Mose 1)

Zu Anfang des Buches sind dreieinhalb Jahrhunderte vergangen, seit der Schauplatz der Genesis verlassen wurde.

Lesevorschläge

Sonntag:	Die Knechtschaft *2Mo 1,1-22*
Montag:	Die Berufung Moses *2Mo 3-4*
Dienstag:	Die Plagen *2Mo 7,20-11,10*
Mittwoch:	Das Passa *2Mo 12,1-5*
Donnerstag:	Das Gesetz *2Mo 20,1-26*
Freitag:	Der Gottesdienst *2Mo 25,1-9; 28,1-14,30-43*
Samstag:	Moses erneuerter Auftrag *2Mo 33,12-34,17*

In dieser Zeit, über die uns nichts berichtet wird, ist aus der Familie der Erzväter, die mit 70 Personen nach Ägypten gezogen waren, ein Volk geworden.

Das Volk der Israeliten wurde durch seinen Wohlstand den Ägyptern ein Ärgernis. Um die Beziehung zu diesem Volk abbrechen zu können und um es nicht übermächtig werden zu lassen, unterwarfen die Pharaonen es der Sklaverei. Das war für ein Volk, das frei und unter den günstigsten Verhältnissen gelebt hatte, besonders hart. In der Not erinnerte es sich an die Verheißungen Gottes, die er Abraham, Isaak und Jakob gegeben hatte, und klammerte sich daran.

Die Familiengeschichte von Abraham, Isaak und Jakob war zu einem Teil der israelitischen Volksgeschichte geworden. Gott sah das Elend seines Volkes und bereitete es auf den Auszug in das verheißene Land vor.

Mose wird gerettet (2. Mose 2)

Alle männlichen israelitischen Neugeborenen sollten in den Nil geworfen werden. So hatte es der Pharao befohlen. Aber das todbringende Wasser konnte auch ein wasserdichtes Körbchen tragen und Moses Leben wurde durch seine tatkräftige Mutter gerettet.

Mose war 40 Jahre alt, als er zum ersten Mal – mit katastrophalen Folgen – für die Freiheit kämpfte (2,11-12). Weitere 40 Jahre sollten bis zu den Ereignissen in Kapitel 3 vergehen.

Der Auszug (2. Mose 3-4)

Viele Vorbereitungen mussten getroffen werden für den Auszug von »sechshunderttausend Männern zu Fuß, ohne die Frauen und Kinder. Und es zog auch mit ihnen viel fremdes Volk; dazu Schafe und Rinder, viel Vieh« (2Mo 12,37-38).

Das war ohne Zweifel ein gut organisierter Treck. Wiederholt hatte Mose den Pharao gebeten, die Israeliten ziehen zu lassen (2Mo 5,1; 7,16). Die Verhandlungen und die Zeit der darauf folgenden Plagen müssen beinahe ein Jahr lang gedauert haben. Das gab den Israeliten die Möglichkeit, sich gut vorzubereiten. Gott lehrte sie durch sein Handeln an dem Pharao.

Das Passa (2. Mose 12-19)

2. Mose 12 berichtet, wie Israel zu seinem Passafest kam, dem klarsten alttestamentlichen Bild unserer persönlichen Errettung durch das Vertrauen auf das für uns vergossene Blut Jesu Christi. Dieses Kapitel bildet die Grundlage dafür, dass Jesus das »Lamm Gottes« und »unser Passa« genannt wird (1Kor 5,7).

Zehn Plagen hatte Gott über Ägypten gebracht, um den Pharao willig zu machen, das Volk ziehen zu lassen. Mit jeder Plage aber wurde das Herz des Pharao härter. Schließlich sollten die erstgeborenen Söhne der Ägypter sterben. Die Söhne der Israeliten wären ebenfalls gestorben, hätte das Blut des stellvertretend gestorbenen Lammes sie nicht geschützt (12,12-13).

Der Bericht über das Passa ist das Herzstück des Buches und eine Vorabbildung unseres Heils. Vielleicht verstanden die Israeliten die Bedeutung dieses nächtlichen Mahls nicht, aber sie glaubten und gehorchten Gott.

Es ist interessant, welche Ähnlichkeiten mit dem Wirken Jesu erkennbar sind:

1. Nimm ein Lamm

Nicht die fleckenlose Reinheit des Lammes rettete sie, sondern sein Blut (Hebr 9,22; 1Joh 1,7; Offb 1,5). Nicht Jesu sündloses Leben rettet uns, sondern sein Tod am Kreuz.

2. Sprenge sein Blut an die Tür
Es war nicht genug, das Lamm zu schlachten. Die Stellvertretung wurde wirksam, wenn der Israelit das Blut an sein Haus strich, »an die Türpfosten« (12,22).

Der Ysop – ein jedermann zugängliches und bekanntes Kraut – ist ein Symbol für den Glauben. Es zählte nicht, was sie über das Blut dachten, sondern was sie damit taten. »Wo ich das Blut sehe, will ich an euch vorübergehen« (12,13).

3. Esst das Lamm
Nachdem das Blut vergossen und an die Türpfosten gestrichen war, mussten die Erretteten das Lamm essen. Ein Bild für das Abendmahl?

4. Schafft den Sauerteig weg!
»Erforsche mich, Gott, und erkenne mein Herz ... und sieh, ob ich auf bösem Wege bin, und leite mich auf ewigem Wege« (Ps 139,23-24). Der Sauerteig ist in der Bibel meistens ein Symbol für die Sünde, zum Beispiel im Neuen Testament: »der Sauerteig der Pharisäer« (Mt 16,6). »Darum schafft den alten Sauerteig weg« (1Kor 5,7).

Der Sauerteig der Ungerechtigkeit muss aus unserem Leben entfernt werden, wenn wir mit Gott Mahlgemeinschaft halten wollen.

5. Die Bitterkräuter
Christus trank für uns den bitteren Kelch, und auch wir müssen mit Christus sterben und manche bittere Erfahrung machen. »Jede Züchtigung aber, wenn sie da ist, scheint uns nicht als Freude« (Hebr 12,11; Joh 12,24).

Das Lamm durfte nicht ungekocht und ungebacken gegessen werden, es sollte durch das Feuer gegangen sein. Nichts soll übrig bleiben – obwohl man doch in Hast essen musste. Kein Knochen durfte gebrochen werden! (Ps 34,20; Joh 19,36).

6. Seid bereit zum Aufbruch!
Sie aßen die Mahlzeit im Stehen – nicht wissend, wohin sie gehen würden. Alles war für die Reise vorbereitet. Welch ein Gegensatz findet sich hier zwischen dem Mahl froher Erwartung in den Häusern der Israeliten und der Verzweiflung in den Häusern der Ägypter!

Nach dem Passa finden wir den Bericht vom Durchzug durch das Rote Meer. Sie durchzogen das Rote Meer als entschlossene Menschen. Gott sandte sie aus und schloss gewissermaßen die Tür hinter ihnen!

Ägypten ist ein Symbol für die Welt, der Auszug aus Ägypten ein Bild für den Bruch mit der Welt.

Die Gesetzgebung
(2. Mose 20-24)

Kapitel 20 bis 24 berichten: Das Gesetz wird gegeben, gebrochen und erneuert. Das Volk ist vom ersten Augenblick an sichtbar von Gott abhängig. Gott hat das Schreien der Israeliten in der Not gehört und sie aus der Knechtschaft befreit; er hat einen Führer für sie ausgerüstet und ihren Feind besiegt. Er hat ihnen zugesagt, sie zu führen, und sie dann selbst in der Wüste versorgt. Doch sie wenden sich von ihm ab.

Gott bleibt seinem Volk treu – am Sinai gibt er ihm sein Gesetz. Das Gesetz fordert Vollkommenheit. Der Psalmist sagt: Das Gesetz des Herrn ist vollkommen (vgl. Ps 19,7-11). Kein Mensch konnte es erfüllen. Nur Jesus hielt nicht nur das Gesetz, sondern er hat auch für alle Menschen die Strafe für die Übertretungen dieses Gesetzes erlitten. Christus litt, damit wir verschont werden können (vgl. Hebr 9,13-15; 10,1-22; 1Petr 1,18-20).

Die Menschen können das Gesetz nicht halten. Warum wurde es dann gegeben? Mit dem Gesetz verkündigte Israel überall dort, wo es hinkam, Gott als den einen, vollkommenen und barmherzigen Schöpfer des Gesetzes. Am Gesetz konnte das Volk – und können auch wir – unsere Sündhaftigkeit deutlich sehen. Das Gesetz verführt den Menschen nicht zur Sünde, sondern zeigt ihm, dass er ein Sünder ist. »So ist also das Gesetz heilig und das Gebot ist heilig, gerecht und gut« (Röm 7,12).

Man kann das Handeln Gottes auch im Bild der zwei Berggipfel ausdrücken:

1. Auf dem Berg Sinai wurde das Gesetz mit der Gewalt und dem Schrecken des Donners ausgerufen (2Mo 19,16).

2. Auf Golgatha begegnet Gott dem sündigen Menschen mit der Kraft und Gewalt der Liebe.

Wir Menschen können wählen, auf welchem Weg wir die Begegnung mit Gott suchen: über das Gesetz oder über das Blut Jesu (Hebr 12,18-29).

Das Gesetz kannte keine Gnade. Hier hieß es: alles oder nichts! Ein Loch in der Flasche, ein Riss im Krug machen die Gefäße reif für den Müll. Ein Makel im Charakter verdirbt die Vollkommenheit, die das Gesetz verlangt.

Hinsichtlich der Gesetze im Einzelnen können wir folgende grobe Unterscheidung treffen:

1. Gesetze, die sich auf die Haltung des Menschen Gott gegenüber beziehen,
2. Gesetze, die sich auf die Haltung des Menschen seinem Nächsten gegenüber beziehen.

Uns wird gesagt, dass Gott das ganze Gesetz gab (20,1). Und die Menschen meinten, alle Verantwortung für seine Erfüllung übernehmen zu können (19,8). Der menschliche Stolz lässt uns immer denken, dass wir Gott durch eigene Werke gefallen können.

Bevor Israel das Gesetz in Händen hielt, tanzte es schon um das Goldene Kalb und diente einem Gott, den es selbst gemacht hatte (32,1-10.18).

Die Stiftshütte
(2. Mose 25-40)

Gott sagte Mose, er wolle ein Heiligtum, und er selbst würde alle Einzelheiten dieses Heiligtums bestimmen, das auf Christus hinweisen, und von dessen Person und Werk erzählen, sollte. Viele Bilder werden im Neuen Testament, vor allem im Hebräerbrief aufgegriffen.

1. Der Vorhof
Dort wurden die Opfertiere geschlachtet – so wie Christus für uns geopfert wurde; dort stand der eherne Altar, auf dem die Brandopfer dargebracht wurden – ein Symbol für die absolute Hingabe von Christus; dort stand auch das Becken mit dem Wasser, mit dem sich die Priester reinigten, bevor sie in das Heilige gehen und ihren Dienst dort verrichten konnten (30,18) – Christus hat uns den Schmutz unserer Sünden weggewaschen.

Blick über das Sinaimassiv. Der Überlieferung nach empfing Mose auf diesem Berg die Gesetze.

2. Das Heiligtum
Hier standen die goldenen Leuchter (25,31-40) – Jesus ist das Licht der Welt; der Tisch mit den Schaubroten (25,23-30) – Jesus ist das Lebensbrot; der goldene Räucheraltar (30,1-10) – Jesus ist für uns geopfert worden.

3. Das Allerheiligste
Hinter dem Vorhang steht die Bundeslade, das Symbol der Gegenwart Gottes. In das Allerheiligste kam der Hohepriester nur einmal im Jahr mit dem Blut der Versöhnung – Christus ist nicht nur unser Hoherpriester, sondern er selbst ist unsere Versöhnung; wir können deshalb allezeit in das Allerheiligste – in die Gegenwart Gottes – mit allem Freimut eintreten unter dem Hinweis auf sein vergossenes Blut.

4. Die Stiftshütte als Ganzes
Die Stiftshütte mit der Wolke der Herrlichkeit darüber zeigte den Israeliten, dass Gott in ihrer Mitte wohnte (25,8). Die Stiftshütte war der Mittelpunkt im Zug der Israeliten.

Forschungen haben reichliche Hinweise geliefert für große handwerkliche Kunst lange vor dem Exodus. Feines Leinen wurde auf vielerlei Weise verwendet.

Wie wir gesehen haben, bildet die Stiftshütte also viele Aspekte des Heils in Christus ab. Und viele Texte im Neuen Testament werden uns nur dann verständlich, wenn wir gerade das 2. Buch Mose mit seinen ethischen Anweisungen und der Macht seiner Bilder kennen.

4.

Das dritte Buch Mose

»Werde heilig«, so könnte man die Grundbotschaft der fünf Opferarten zusammenfassen: das Brandopfer (auch Ganzopfer), das Speisopfer, das Dankopfer (auch Friedensopfer), das Sündopfer (oder Schlachtopfer) und das Schuldopfer.

»Bleibe heilig«, das ist der Kern der acht Feste: der Sabbat, das Passa, das Pfingstfest, das Posaunenfest, das Versöhnungsfest, das Laubhüttenfest, das Sabbatjahr und das Erlassjahr, Halljahr genannt.

Ein Bilderbuch

Das Buch Levitikus ist ein »Bilderbuch« für das Volk Israel, das ihnen in ihrem religiösen Leben helfen soll.

In der Genesis sehen wir den Fall des Menschen.

Im Buch Exodus sehen wir, wie Gott den Menschen rettet.

Im Buch Levitikus sehen wir, wie Gott ihn in seinen Dienst ruft.

Das Buch heißt Levitikus, weil es von den Leviten, den Priestern und ihrem Dienst in der Stiftshütte berichtet. Man nennt es auch das Buch der Gesetze.

Wir erinnern uns: Gott hatte Mose genaue Anweisungen darüber gegeben, wie die Stiftshütte gebaut und wie eine Priesterschaft für die Gottesdienste an diesem heiligen Ort ausgebildet werden sollte.

Zu Anfang dieses Buches befindet sich das Volk Israel immer noch am Berg Sinai. Gott gibt weiterhin Anweisungen für den Gottesdienst in der Stiftshütte.

Dieses Buch lehrt, wie man Leib und Seele heilig halten soll (heilig = zum Dienst für Gott bestimmt). Es lehrt, dass die Erlösten heilig sein müssen, weil ihr Erlöser heilig ist (vgl. 3Mo 11,44f; 19,2; 20,7.26).

Das Buch gibt uns aber nicht nur den Schlüssel für unser geistliches Leben und seine Verwirklichung in der Welt in die Hand, sondern es überrascht uns auch mit konkreten Belehrungen über Hygiene und Pflege des Körpers.

Der erste Vers gibt uns das Thema des ganzen Buches an: »Und der Herr rief Mose und redete mit ihm aus der Stiftshütte und sprach: Rede mit den Israeliten …«

Der zweite Vers zeigt den persönlichen Charakter des Buches: »Wer unter euch dem Herrn ein Opfer darbringen will …« Gott erwartet, dass jeder seine eigene Gabe bringt.

Lesevorschläge

Sonntag:	Brandopfer	*3Mo 1*
Montag:	Die Priester	*3Mo 8*
Dienstag:	Gesetze über reine Nahrung	*3Mo 11*
Mittwoch:	Der Tag der Versöhnung	*3Mo 16*
Donnerstag:	Das Fest Gottes	*3Mo 23*
Freitag:	Gottes Siegel	*3Mo 26*
Samstag:	Weihe	*3Mo 27*

Die fünf Opfer

Eine der wichtigsten Fragen der Bibel lautet: »Wie kann ein unheiliges Volk sich dem heiligen Gott nähern?«

Gleich zu Anfang des 3. Buches Mose sorgt Gott dafür, dass sein Volk ihm im Gottesdienst begegnen kann. Hier wird dem aus der Knechtschaft erlösten Israel gezeigt, dass der Weg zu Gott über das Opfer und über das Leben mit Gott in Abgrenzung von der Welt geht.

Wenn wir die Opfer im 3. Buch Mose betrachten, entdecken wir, dass sie über sich hinaus weisen. Sie weisen auf das vollkommene Opfer hin, das auf Golgatha dargebracht werden sollte.

Sünde kann dem Einzelnen vergeben werden, aber damit ist sie nicht vom Tisch gewischt. Gottes Gerechtigkeit verlangt Sühne. »Der Tod ist der Sünde Sold« (Röm 6,23). Die Sünde hindert uns daran, uns Gott zu nähern.

Es kann keine Gemeinschaft zwischen Gott und dem Sünder geben, bis mit der Sünde abgerechnet ist; die einzige von Gott gegebene Möglichkeit dazu besteht im stellvertretenden Opfer. »Ohne Blutvergießen gibt es keine Vergebung« (Hebr 9,22).

Die Opferhandlung besteht aus:

- *Darstellung des Opfers:* Ausdruck des Glaubens und des Verlangens nach Vergebung;
- *Handauflegung*: Sündenübertragung auf den Stellvertreter;
- *Schlachtung:* Der Stellvertreter muss sterben und bezahlt die Sünde anstelle des Opfernden mit dem Tod;
- *Blutbesprengung:* Das auf den Altar gesprengte Blut zeigt Gott, dass ein Leben geopfert und Schuld bezahlt wurde;
- *Verbrennung:* In Rauch und Feuer steigen die verbrannten Teile auf zu Gott als »ein lieblicher Wohlgeruch« des Dank-, Lob- und Fürbittegebets.

Die fünf in 3. Mose beschriebenen Opfer sind:

1. Das Brandopfer (auch Ganzopfer, da kein essbarer Teil des Opfers zurückbehalten wurde, 3,1) bestand aus einem fehlerfreien männlichen Tier und stieg in Rauch und Flammen zu Gott auf. Das Opfer schloss Darstellung, Handauflegung, Schlachtung, Blutbesprengung und Verbrennung ein. Es war ein tägliches (»beständiges«) Morgen- und Abendopfer, das bekannteste des Altertums.

2. Das Speisopfer (Kapitel 2) bestand aus weißem Semmelmehl (das Symbol für die Reinheit); Weihrauch (Gebet und Dank); Öl (Geist Gottes); Salz (bewahrende Kraft). Sauerteig (Bild der Sünde) durfte nicht dabei sein. Das Mehl (oder die Ähren) wurde geröstet (Vers 7), gedörrt (14), gestoßen (14), mit den Zutaten vermengt (4), gebacken (5) und verbrannt »zum süßen Geruch des Herrn«. Ohne Weihrauch und Öl ist es auch das Sündopfer der Armen. Der größere Teil des Speisopfers ist für die Priester bestimmt, nur der kleinere wurde verbrannt. – Im Speisopfer liegt nicht der Gedanke der stellvertretenden Sühne, wohl aber der der menschlichen Lebenshingabe.

3. Das Dankopfer (wörtlich: Friedensopfer, 3Mo 3) besteht aus dem Wertvollsten des Tieres, dem Fett. Wenn dieses »zum süßen Geruch des Herrn« verbrannt ist, folgt das fröhlich-festliche Opfermahl des Opfernden mit seiner Familie, das Fest der Versöhnung im Hause Gottes, ein Bild der wiederhergestellten Gemeinschaft mit Gott. Gott lädt (nach Darstellung, Handauflegung, Schlachtung, Blutbesprengung) an seinen Tisch.

4. Das Sündopfer (oder Schlachtopfer; 4; 5) ist das wichtigste Opfer des israelitischen Gottesdienstes. Nach Darstellung,

So könnte die Darbringung des Opfers ausgesehen haben.

Handauflegung, Schlachtung und Blutbesprengung wird das Opfer »draußen vor dem Lager« verbrannt. Es handelt sich hier um ein Sühneopfer. Der Opfernde kommt nicht, um zu danken oder zu dienen; er kommt als überführter Sünder. Sünde ist Schuld, und Gott macht uns für unsere Schuld verantwortlich. Er verurteilt uns. Aber womit könnten wir sühnen? So bringt Gott schließlich das eigentliche Opfer selbst und rechnet es uns an: das Opfer seines Sohnes. Daraufhin nimmt er (so die neutestamentliche Botschaft) Opfer, die von Abel bis Christus im Glauben dargebracht worden waren, als Vorwegnahme des stellvertretenden Opfertodes Jesu an. Die Heiden bringen ihren Götzen Opfer, der Christ empfängt ein Opfer von Gott.

5. Das Schuldopfer (5,14-6,7), ebenfalls mit Darstellung, Handauflegung, Schlachtung und Blutbesprengung, enthält den Gedanken des Wiedergutmachens. Das Blut des Schuldopfers reinigt das Gewissen, denn der Sünder hat sich bei Gott verschuldet (19); und Gott schickt den Sünder zurück zu dem, an dem er schuldig geworden ist. Er soll den Schaden ersetzen und noch ein Fünftel hinzufügen.

Der Priester (3. Mose 8-10)

Niemand konnte sein Opfer selbst darbringen. Man musste es dem Priester bringen und der Priester brachte es Gott dar.

Von den zwölf Stämmen Israels erwählte Gott den Stamm Levi zum Dienst am Heiligtum (Stiftshütte, später Tempel). Aus dem Stamm Levi erwählte er Aaron und seine Nachkommen zu Priestern; die übrigen Leviten waren den Priestern untergeordnet. Sie kümmerten sich um die Stiftshütte, stellten die Sänger und waren Ordner und Unterweiser im Tempel.

Die Priester hatten für die Opferung zu sorgen. Sie vertraten das Volk vor Gott und wurden von dem Zehnten des Volkes unterhalten.

Der sündenbeladene Israelit, der sich Gott nähern wollte, brachte sein Opfertier zum Vorhof der Stiftshütte. Am Brandopferaltar legte er seine Hand auf den Kopf des Tieres, womit er seine Reue und sein Verlangen nach Versöhnung zum Ausdruck brachte. Der Priester tötete das Tier und sprengte sein Blut auf den Altar.

Danach ging der Priester zu dem Becken, wusch sich darin seine Hände, um so das gereinigte Leben nach der Sündenvergebung anzuzeigen. Er ging dann in das Heilige, schritt an den geweihten Gegenständen, dem Leuchter und dem Schaubrottisch vorbei und kam zu dem Rauchopferaltar, dem Altar der Gebete.

Der Hohepriester

Der erste Hohepriester war Aaron. Ihm folgten jeweils die ältesten Söhne seiner Familie in dieses hohe Amt (nur zur Zeit Samuels kam es in die Familie des Jüngsten). Der Hohepriester ist der gesalbte Priester. Da er sich nicht selbst salben konnte, salbte Mose Aaron an Gottes Stelle. Der Hohepriester hatte die Aufsicht über Tempeldienst und Priesterschaft. Er brachte das Sündopfer für das ganze Volk dar und die Opfer am Versöhnungstag und erfragte den Willen Gottes. Er allein ging einmal im Jahr, am Versöhnungstag, hinter den Vorhang ins Allerheiligste und tat Fürbitte für das Volk vor Gott.

Beachtenswert ist, was uns 3Mo 10 berichtet: Gleich zu Beginn ihres Priesterdienstes begingen die ersten Priester Fehler: Nadab und Abihu, Aarons Söhne, nahmen es mit den Anordnungen Gottes nicht so genau. Sie »brachten fremdes Feuer vor den Herrn, das er ihnen nicht geboten hatte« ... und wurden von dem Feuer verzehrt. Gott brannte den Priestern seine Heiligkeit und die Gültigkeit seiner Gebote ins Herz. In Vers 3 lesen wir, dass Aaron schwieg. Er war der Vater. Aber er wagte es nicht, Gott nach dem Warum zu fragen. Selbst ihre Gefühle und Interessen mussten Aaron und seine Söhne, die Priester am Heiligtum, zurückstellen, um Gott in allem Recht zu geben und ihn zu ehren. Das Volk durfte weinen, sie nicht; sie wurden feierlich ermahnt, im Heiligtum zu bleiben.

Die Leviten, die Priester und der Hohepriester waren Diener am Heiligtum. Für sich selbst und für die Gemeinde brachten sie die Opfer dar, die wir oben beschrieben haben.

Unser großer Hoherpriester

Tieropfer sind heute nicht mehr nötig. Alle Opfer wurden in Jesus erfüllt. Deswegen sind auch keine Opfer darbringenden Priester mehr nötig. Jesus brachte sich selbst als Opfer dar. Kein Mensch hätte ihn Gott darbringen können. Wir benötigen keinen Dritten mehr zwischen Gott und den Menschen. Christus ist der einzige Mittler, der vor Gottes Angesicht steht und die Menschen vertritt. Zwar sind die Gläubigen »königliche«, »heilige« Priester (1Petr 2,5.9), sie verkündigen der Welt das Heil und das Gericht und versehen das Amt der Sündenvergebung, doch nur als Glieder seines Leibes, und damit handelt Christus selbst durch sie.

Christus ist in allem der große Hohepriester, der in göttlicher Vollkommenheit »Mitleid mit unserer Schwachheit« haben kann (Hebr 4,15). Als Opfer macht er freie Bahn zwischen Gott und Menschen, als Priester vermittelt er zwischen Gott und Menschen, denn er steht für die Menschen vor Gott.

»Darum lasst uns hinzutreten mit Zuversicht zu dem Thron der Gnade, damit wir Barmherzigkeit empfangen und Gnade finden zu der Zeit, wenn wir Hilfe nötig haben« (Hebr 4, 16).

Die acht Feste

Der erste Teil des 3. Buches Mose handelt von den Opfern und den Opfernden, der zweite von den Festen und den Feiernden.

In 3. Mose 23 werden fünf große Feste genannt.

Die Stiftshütte

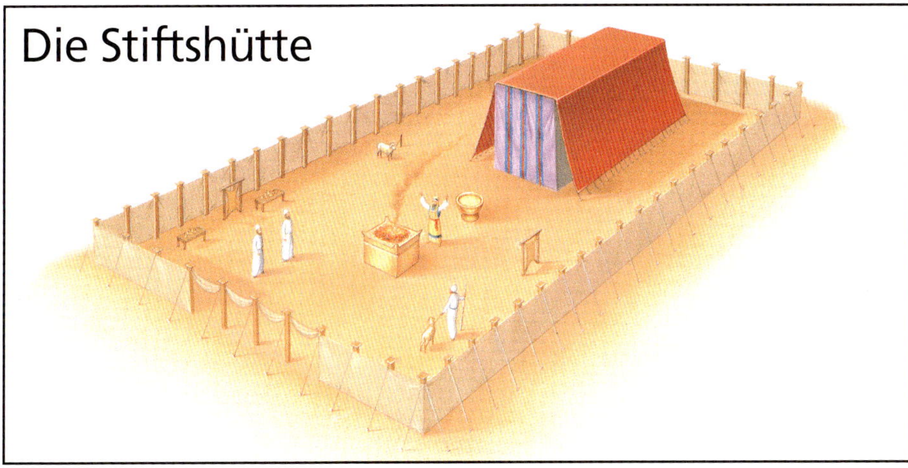

Zeichnerische Rekonstruktion der Stiftshütte. Das Zelt diente als Heiligtum, in dem auch die Bundeslade aufbewahrt wurde. Vor dem Zelt ist der Altar zu sehen.

Das Sabbatfest (3. Mose 23,1-3)
Der Sabbat wurde als wichtigstes Fest von Gott zuerst gegeben. Er wurde während des ganzen Jahres an jedem 7. Tag gefeiert. Dieser Tag war ein Tag des Gottesdienstes und der Ruhe, an dem man das vollendete Schöpfungswerk Gottes feierte (1Mo 2,2-3).

Die Christen feiern den ersten Tag der Woche, den Tag, an dem Jesus Christus aus dem Grab auferstanden ist (Lk 24,1; Apg 20,7; 1Kor 16,2).

Das Passafest (3. Mose 23,4-5)
Das Passafest und das Fest der ungesäuerten Brote hatten die Erlösung zum Thema (das Lamm starb an Stelle der Söhne Israels in Ägypten) und wurde alljährlich im Frühling, zu unserer Osterzeit, gefeiert. Für das Volk Israel war es vor der Babylonischen Gefangenschaft der 14. Abib, danach der 14. Nisan. Sie feierten das Fest nicht mit Feuerwerk und Paraden, sondern mit einem großen Gottesdienst. Jeder Jude, der dazu in der Lage war, zog hinauf nach Jerusalem. Das Fest dauerte einen Tag lang, aber das Fest der ungesäuerten Brote, das dem Passafest unmittelbar folgte, nahm sieben Tage in Anspruch. Es fiel mit dem Beginn der Getreideernte zusammen, deshalb wurde die Erstlingsgarbe dargebracht. Mit diesen Festen begann das Festjahr und das Regierungsjahr. (Das bürgerliche Jahr begann im Herbst, später auch das Regierungsjahr.)

Das Neue Testament beschreibt, wie Jesus zum Passafest ging (Lk 2,41-52; Mt 26,19; Joh 13). Noch heute feiern die Juden dieses Fest.

Das Pfingstfest (3. Mose 23,15-22)
Pfingsten wurde am Ende der Getreideernte sieben Wochen nach dem Fest der ungesäuerten Brote, der Darbringung der Erstlingsgarbe, gefeiert. Dem Passa (Fest des stellvertretenden Opfertodes) folgte also unmittelbar das Fest der Erstlingsgarbe und wiederum sieben Wochen später Pfingsten (fünfzig Tage nach Jesu Auferstehung kam der Heilige Geist auf die Jünger). Pfingsten war die große Ernte.

Das Fest der Posaunen
(3. Mose 23,23-25)
Es fand am ersten Tag des 7. Monats, des Festmonats, vom Neujahr im Frühling an gerechnet, statt und war damit der Neujahrstag. Es wurde Mitte September gefeiert. Dieses Fest deutet schon auf die zukünftige Sammlung des zerstreuten Volkes Israel hin (Sach 14).

Das Versöhnungsfest (neuhebr. Jom Kippur) (3. Mose 23,26-32)

Dies war das bedeutendste Fest im Festkalender des erwählten Gottesvolkes. An diesem Tag, dem 10. des 7. Monats, des Festmonats Tischri (Mitte Sept. bis Mitte Okt.), wurden die Sünden des Volkes vor Gott bekannt.

An diesem Tag wurde Gottes Gemeinschaft mit seinem Volk erneuert. Blut wurde vergossen und die Sünden des Volkes bedeckt, so dass Gott in der Mitte seines durch Sünde immer neu verunreinigten Volkes wohnen konnte.

Nur an diesem einen Tag durfte der Hohepriester das Allerheiligste betreten. Er betrat es mit einem Sühnopfer für die Sünden des Volkes. Sühne heißt wörtlich »Bedeckung«. Dieses Opfer »bedeckte« die Sünden des Volkes, bis das große Opfer durch Jesus auf Golgatha gebracht war.

Das Laubhüttenfest (3. Mose 23,33-36)
Das Laubhüttenfest feierte man vom 15. bis 21. Tag des 7. (Fest-)Monats, etwa vom 1. bis 7. Oktober. Es ist das fröhlichste Fest Israels. Man erinnerte sich dabei an die Zeit, in der die Israeliten während ihrer Wanderung durch die Wüste in Zelten lebten. Es war auch ein Erntedankfest und die Feier der Weinlese. Das Fest dauerte eine ganze Woche. Das Volk wohnte im Freien in selbstgebauten Hütten aus Zweigen; es genoss reiche Opfermahlzeiten. Alle sieben Jahre, im Sabbatjahr, hörte das Volk die Verlesung des Gesetzes während dieser Festwoche an. Gott wollte nicht, dass die Israeliten vergaßen, wie sie errettet und wie die mächtigen Ägypter gedemütigt worden waren.

Außerdem erinnerte das Laubhüttenfest die Israeliten auf eine äußerst freundliche Weise daran, dass sie wegen ihres Ungehorsams vierzig Jahre in der Wüste bleiben mussten und dass Gott trotz ihrer Untreue treu blieb und für sie sorgte und sie zu ihrem Erbe brachte. Diese Tage erinnerten sie an ihre Abhängigkeit von Gott und an den Segen, der kommen würde, wenn sie seinem Willen gehorchten.

Das Sabbatjahr (3. Mose 25)
Sechs Jahre hintereinander sollte das Land bestellt, die Weinstöcke beschnitten werden; aber im Sabbatjahr sollte das Land ruhen. Das Volk sollte vom Reichtum der Vorjahre und von dem, was im Sabbatjahr von selbst wuchs, leben, ebenso wie die Fremden und das Vieh. In diesem Jahr wurden während des Laubhüttenfestes die Gesetze vorgelesen.

Man durfte die eigenen Volksgenossen nicht mahnen, wenn sie Schulden hatten.

Gott verordnete alle sieben Jahre ein solches »Jahr der Sabbate«, um sein Volk stets daran zu erinnern, dass es ein heiliges Volk in einem »Heiligen Land« war.

Das Erlassjahr (3. Mose 25,8-24)
Ebenso wurde von Gott das fünfzigste Jahr geheiligt – nach sieben mal sieben = 49 Jahren. Es begann mit dem »Tag der Versöhnung«. Wie im Sabbatjahr sollte das Land ruhen. Alle israelitischen Sklaven sollten freigelassen und beim Blasen der Posaunen alle Gefangenen befreit werden. Die Israeliten sollten einander nicht versklaven, sie alle unterstanden nur einem Herrn: Gott. Hinweise auf das Erlassjahr geben vielleicht die Stellen Jes 5,7-10; 61,1-12; Hes 7,12-13; 46,16-18. Über seine Einhaltung gibt es keine Belege. Es setzte großen Glauben voraus: nach dem Sabbatjahr, in dem nicht gesät wurde, das Halljahr, in dem das Land noch einmal ruhen sollte. Doch Gott hatte reichen Segen – für drei Jahre Getreide! – verheißen, wenn auf das Sabbatjahr das Erlassjahr folgte.

Ein weiteres Ereignis im Erlassjahr war die Rückgabe allen Landbesitzes an die Familie, der das Land bei der ursprünglichen Landverteilung übereignet worden war. Deshalb mussten alle Sippen- und Familienregister sorgfältig geführt werden, so dass das Recht aller geschützt wurde. Das traf auch für Juda zu, den Stamm, aus dem der Messias kommen sollte. Aus diesen Registern konnte die natürliche Abstammung unseres Herrn später nachgewiesen werden.

5.

Das vierte Buch Mose

Das 4. Buch Mose trägt den Namen »Numeri« = Zahlen. Man kann es das Buch der Wüstenwanderung nennen, der Wanderung vom Sinai bis zu der Grenze Kanaans, des verheißenen Landes. Sie dauerte etwa 40 Jahre. Es enthält die Berichte über die Volkszählung, die Lager- und Marschordnung. Es könnte jedoch auch das Buch des Murrens heißen, denn von Anfang bis Ende redet es von der Auflehnung gegen Gott (Ps 95,10).

Eigentlich ist das Buch Numeri die Geschichte des traurigen Versagens der Israeliten bei Kadesch und der Folgen dieses Versagens. Es beschreibt die Kämpfe, den Gottesdienst und die Niederlagen der zweiten Generation des Volkes Israel nach dem Auszug aus Ägypten.

Die Kapitel 1-10 machen uns mit der göttlichen Gesetzgebung vertraut; die Kapitel 11-20 berichten von dem Verstoß gegen die Gebote Gottes und die letzten Kapitel handeln von Israels Rückkehr in Gottes Gnade und schließlich von dem Sieg, der in der Wüste errungen wurde.

Während die Geschichte vieler mächtiger Nationen jener Zeit der Nachwelt verloren ging, blieb uns die Geschichte dieses verhältnismäßig kleinen Volkes erhalten. Aus diesem Volk sollte der Messias kommen, der die Welt erlösen würde. Das ist auch der Grund dafür, warum Gott mit den Israeliten so geduldig war. Er wollte mit ihnen seine Ziele verwirklichen. In 1Kor 10 erfahren wir, dass alles, was den Israeliten widerfuhr, uns zum »Beispiel« geschah. Mit anderen Worten: Ihre ganze Geschichte war eine »Beispielgeschichte«, die Gottes Wesen und sein Handeln mit uns heute illustriert.

Nachdem wir im Buch Genesis erfahren haben, wie der Mensch gefallen ist, beschreibt uns das Buch Exodus, wie er erlöst wird, Levitikus, wie er Gott anbetet, und Numeri, wie Gott ihn für seine Aufgaben in der Welt erzieht.

Die Israeliten lernten,

1. dass sie in schweren Zeiten Gott und nicht den Menschen vertrauen mussten (4Mo 13,26-14,25);
2. dass Gott fähig dazu war, alle ihre Not zu stillen:
   Er gab ihnen Manna: 11,6-9
   Er gab ihnen Fleisch: 11,31-33
   Er gab ihnen Wasser: 20,8
   Er gab ihnen Führer: 1,1.3
   Er gab ihnen das Land der Verheißung: 14,7.8;
3. dass sie Gott nach seinen Anweisungen dienen mussten.

Gottes Plan war, die Israeliten geradewegs in das ihnen verheißene Land Kanaan zu führen; aber sie gehorchten ihm nicht. Da versagte Gott der ungehorsamen Generation den Einzug ins Land. Alle, die sich ihm bei Kadesch widersetzt hatten und damals über 20 Jahre alt waren, mussten in der Wüste sterben, mit Ausnahme von Josua und Kaleb. In den 40 Jahren der Wüstenwanderung wuchs eine neue Generation heran, und gegen Ende der Wanderung war das Volk zahlenmäßig etwa genauso stark wie an dem Tag, an dem es Ägypten verließ (Kapitel 26).

Vorbereitung für die Reise (5. Mose 1-12)

Am Anfang des Buches sehen wir die Israeliten in der Sinaiwüste. Das Gesetz war ihnen gegeben worden, die Stiftshütte war errichtet und die Priester waren zu ihrem Dienst bestellt. Nun begann Gott, sein Volk auf seine Aufgaben vorzubereiten.

Wir sehen zunächst, wie Gott die Stämme zählte und ordnete (Kapitel 1 und 2). Alle Männer über 20, die für den Kriegsdienst tauglich waren, sollten in dieser Volkszählung erfasst werden. Die Leviten wurden wegen ihrer anderweitigen Pflichten vom Kriegsdienst entbunden. Mose und Aaron, die geistlichen und weltlichen Führer, führten die Zählung durch und wurden dabei von einem Abgesandten jedes Stammes unterstützt.

In den Kapiteln 3 und 4 zeigt Gott den Priestern und Leviten deutlich ihre Pflichten.

Gott selbst wohnte in dem Lager. Die zwölf Stämme bewachten die Wohnung des Herrn; ihr am nächsten im innersten Kreis lagerten die Leviten; auch ihren Familien wurden bestimmte Lagerplätze unmittelbar neben der Stiftshütte angewiesen; Mose, Aaron und die Priester erhielten ihre Plätze an der Ostseite, am Eingang der Stiftshütte.

Lesevorschläge

Sonntag:	Die Wolkensäule	*4Mo 9,15-23*
Montag:	Der Bericht der Kundschafter	*4Mo 13,16-33*
Dienstag:	Israels Unglaube	*4Mo 14,1-45*
Mittwoch:	Wasser aus dem Felsen	*4Mo 20,1-13*
Donnerstag:	Die eherne Schlange	*4Mo 21,1-9*
Freitag:	Bileams Esel	*4Mo 22,1-41*
Samstag:	Die Freistädte	*4Mo 35,6-34*

Man hat geschätzt, dass der Umfang des so gebildeten Lagers, mit der Stiftshütte als Mittelpunkt, etwa 16 Kilometer betragen haben muss. Das Lager muss einen gewaltigen Anblick geboten haben! Mitten in der Wüste befand sich also ein Volk, in dessen Mitte Gott wohnte, sichtbar in der Wolke und in der Feuersäule (9,15-23).

Er war ihr Licht bei Nacht und ihr Schatten bei Tag. Ihre Schuhe wurden nicht abgetragen und ihre Kleider verschlissen nicht. 600 000 Männer im Alter von 20 Jahren und darüber, insgesamt also etwa 3 Millionen Menschen, bevölkerten dieses Lager. Aber das Wunderbarste von allem war doch, dass Gott in ihrer Mitte wohnte.

Wüstenszene.

Am Anfang des Buches Numeri sehen wir die Israeliten in der Sinaiwüste.

Im ersten Kapitel wird Mose befohlen, eine Volkszählung vorzunehmen. Gott erinnert somit – durch den Hinweis auf die Abstammung der 12 Stämme von den Erzvätern – sein Volk daran, dass sie sein auserwähltes Volk sind.

Da waren also 3 Millionen Menschen in einer Sandwüste, in der es keinen Grashalm, kein Wasser und keine Aussicht auf Hilfe gab. Wie sollten diese Menschen ernährt werden? Wie sollten sie ihren Weg durch die Wüste finden, da sie keinerlei Wüstenerfahrung hatten? Wer war für die Verpflegung zuständig? Wer sollte sich um die Kleidung kümmern?

Gott gab Israel als weithin sichtbares Zeichen seiner Gegenwart bei Tag die Wolke und nachts die Feuersäule über der Bundeslade, und so führte er sie. Es ist wichtig zu wissen, dass Gott seine Kinder immer nur einen Schritt nach dem anderen geführt hat. Sie wussten nicht, wann sie gehen und wann sie pausieren würden, sondern die Wolkensäule über der Bundeslade zog vor ihnen her und bestimmte Richtung und Tempo des Zuges (10,33).

Aber auch in dieses geordnete Lagerleben brach die Sünde ein. Das Volk begann über Gott zu murren. Gott sandte ein Feuergericht (11,1-3). Dann beklagten sich die Leute über ihre Nahrung (11,4). Sie hatten immer dieselben Klagen. Sie sehnten sich nach den Nahrungsmitteln Ägyptens, nach Fleisch und Fisch. Gott sandte ihnen 30 Tage lang Wachteln. Da begannen sie zu schlemmen, und »während das Fleisch noch zwischen ihren Zähnen war und ehe es ganz aufgebraucht war, entbrannte der Zorn des Herrn gegen das Volk, und er schlug sie mit einer sehr großen Plage« (11,33). Viele wurden krank und starben.

Dann lesen wir von der Sünde Aarons, des Hohenpriesters, des Bruders Moses, und Mirjams, ihrer Schwester. Gott hatte Mose dazu ausersehen, der Führer dieses großen Volkes zu sein, und Aaron und Mirjam zu seinen Helfern bestimmt. Aber sie wollten gleichberechtigt neben Mose leben. Gott strafte ihr Aufbegehren besonders schwer: Mirjam wurde sieben Tage lang aussätzig (12,1-16).

Wir lesen aber auch, wie ein Mensch, der nicht zum Volk Israel gehörte, ein Midianiter, zur Wanderung mit dem Gottesvolk eingeladen wurde: »Komm nun mit uns; so wollen wir Gutes an dir tun, denn der Herr hat Israel Gutes zugesagt« (10,29). Das ist ein frühes Beispiel von Nachbarschaftsmission.

Wanderungen in der Wüste (4. Mose 13-20)

Nach einem einjährigen Aufenthalt am Fuße des Berges Sinai zogen die Israeliten nach Kadesch. Kadesch liegt an der Südgrenze des verheißenen Landes. Hier hörten sie die Berichte der Kundschafter von den Riesen, die das Land bewohnten. Sie trauten Gottes Zusage nicht und hatten Angst, das Land in Besitz zu nehmen; sie kehrten um. Daraufhin verschloss Gott das Land vor ihnen; sie mussten so lange in der Wüste bleiben, bis diese ganze Generation gestorben war.

Sie zogen nicht ständig umher, sondern blieben mit ihren Rinder- und Schafherden an bestimmten Orten. Wenn sich die Wolkensäule erhob, dann zogen sie weiter. Schließlich erreichten sie Kanaan an der Ostseite des Toten Meeres.

Viele Jahre gingen auf dieser Wanderung von Kadesch und zurück nach Kadesch verloren. Nach zwei Jahren Wüstenwanderung hätten die Israeliten in das Land der Verheißung gelangen können, wenn sie nicht durch die Sünde des Unglaubens schuldig geworden wären. Aber wie wir schon gesehen haben: Ihre Furcht machte es ihnen unmöglich, das Land gemäß der Verheißung einzunehmen.

Zu Anfang war der Zug von Sinai nach Kadesch ein Triumphzug! Dann kamen Zweifel und Zögern. Das zögernde Israel wurde dazu verdammt, 40 Jahre in der Wüste zu verschwenden. Traurig erinnerte

Mose sie daran, als er sagte: »Die Zeit aber, die wir von Kadesch-Barnea zogen, bis wir durch den Bach Sered kamen, betrug 38 Jahre, bis alle Kriegsleute aus dem Lager gestorben waren, wie der Herr ihnen geschworen hatte« (5Mo 2,14).

4. Mose 33 ist das klägliche Reisetagebuch Moses: »Und sie zogen weg von Hazerot und schlugen ihre Zelte auf in Ritma. Und sie brachen auf von Ritma und sie schlugen ihre Zelte auf bei Rimmon-Perez. Und sie brachen auf von Rimmon-Perez und schlugen ihre Zelte auf in Libna« usw. – bis zu dem Ende dieses Unglückskapitels! Gehen und lagern, aufbrechen, aber nirgendwo ankommen. Eine Reise ziellosen Wanderns ohne Erfolg.

Bevor diese Szene schließt, treffen wir noch einmal auf ein murrendes Israel, diesmal murrend, weil sie kein Wasser hatten. Wieder wandten sich Mose und Aaron an Gott. Gott befahl Mose, seinen Stab zu nehmen und vor dem Volk zu dem Felsen zu sprechen, damit der Fels Wasser hervorbrechen ließe.

Moses Geduld war zu Ende. In einem Augenblick der Wut nannte er die Leute aus seinem Volk Rebellen und schlug auf den Felsen, statt zu ihm zu sprechen. Viel Wasser brach heraus. Mose beging damit einen großen Fehler. Er musste seine Sünde mit dem Verzicht auf die Erfüllung seines Lebenszieles bezahlen: Er durfte das verheißene Land nicht betreten.

Aarons grünender Stab

Im 17. Kapitel des 4. Buches Mose wird von einem weiteren bedeutsamen Ereignis berichtet.

Nachdem Aaron und Mirjam Moses Führerschaft in Frage gestellt hatten, zweifelte das Volk Aarons Priesterschaft an; Gott selbst musste sie bestätigen. Das Stammesoberhaupt jedes Stammes legte einen Stab hin. In Aarons Stab gab Gott Leben. Er hatte als einziger über Nacht Knospen und Blüten bekommen.

Grundriss der Stiftshütte

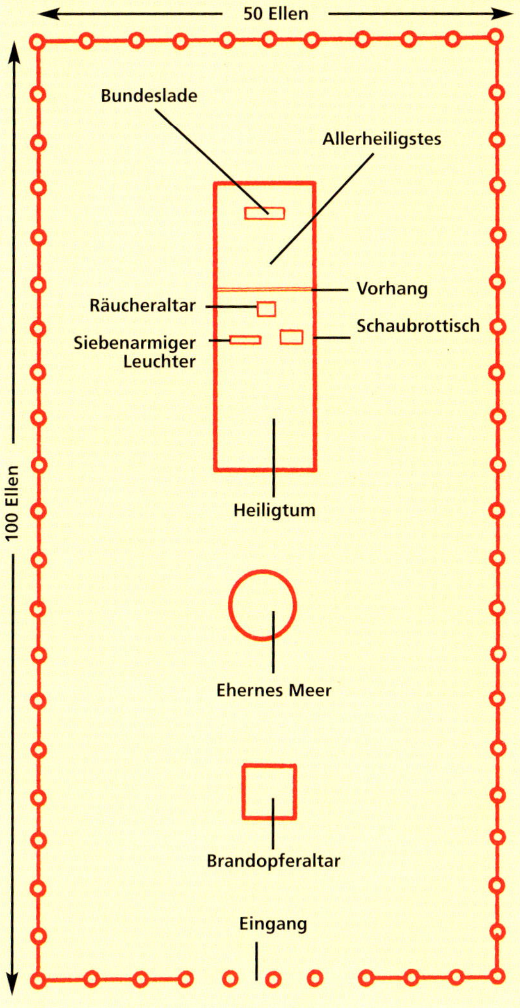

Auf dem Weg nach Kanaan
(4. Mose 21-36)

Von den Israeliten, die aus Ägypten gezogen waren, lebten nur noch Mose,

Lagerplätze der Stämme rund um die Stiftshütte

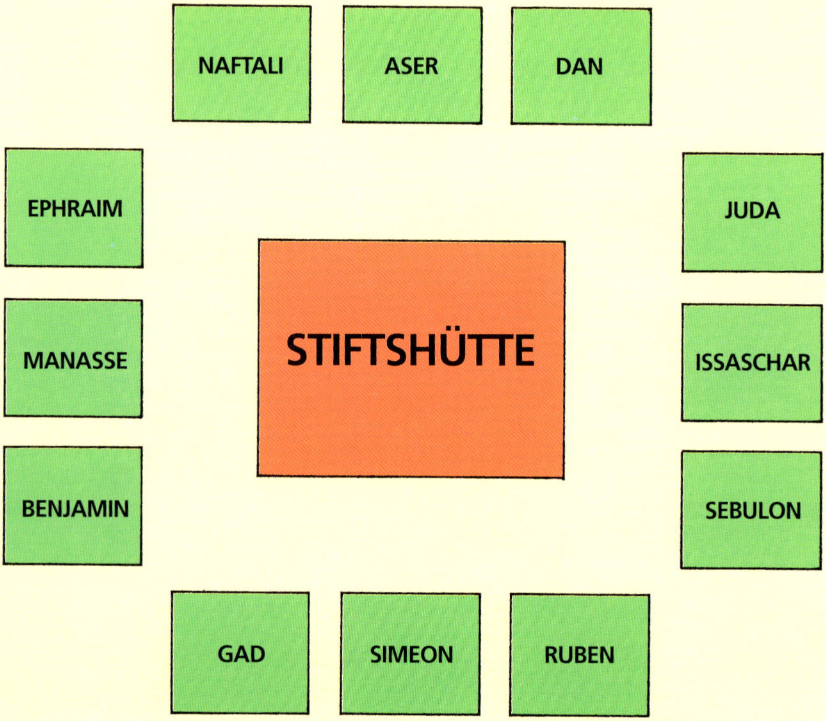

Aaron, Josua, Kaleb, Mirjam und die, die damals unter 20 Jahre alt waren, als das Volk den Gehorsam verweigerte.

Schließlich starben auch Mirjam, Moses Schwester, und Aaron, sein Bruder, während des Aufenthaltes in Kadesch.

Israel musste weiterziehen. Es brach von Kadesch auf und strebte diesmal geradewegs auf das Land der Verheißung zu. Der Weg war viel schwieriger als zuvor; aber die Erziehung Gottes hatte ihr Werk getan, der Glaube war erneuert, und der Arm Gottes öffnete den Weg.

Besonders eindrücklich ist in den Kapiteln 22 und 24 die Geschichte vom Wahrsager Bileam: Die siegreichen Israeliten schlagen ihr Lager auf der Schwelle zu Balaks Reich auf. Der König der Moabiter berät sich mit den Midianitern und schickt sofort Boten nach Petor, um Bileam zu holen, der die Feinde verfluchen soll. Aber weder Bestechungsgelder noch Drohungen können ihn davon abhalten, die Wahrheit weiterzugeben, wie Gott sie ihm eingegeben hat. Dreimal gehen sie dasselbe Ritual durch (22,41-23,10; 23,13-24; 23,17-24,9). Dreimal segnet Bileam das Volk Israel, und Balak wird immer zorniger. Der vierte Segensspruch übertrifft alles. In 24,15-19 sagt Bileam einen siegreichen zukünftigen König voraus, der alle Feinde Israels schlagen wird – ein Hinweis auf den zukünftigen Messias.

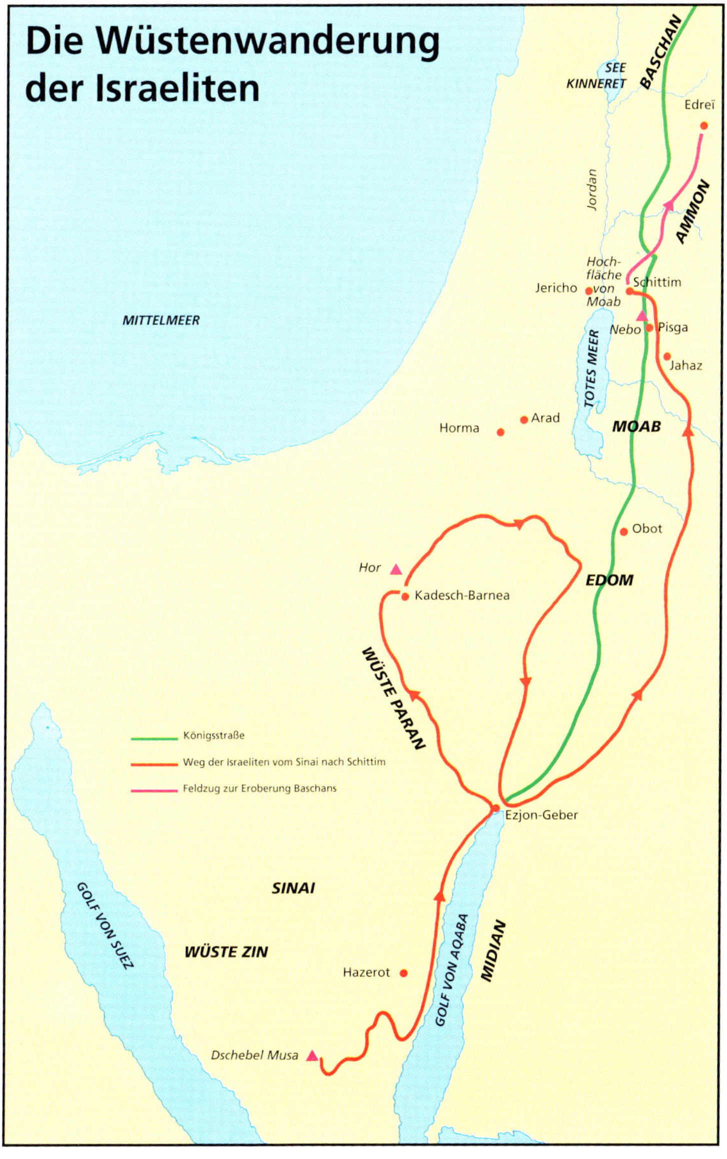

Gottes zweites Angebot

Im 4. Buch Mose können wir etwas über Gottes Freundlichkeit lesen.

Israel beklagte sich immer wieder, obwohl Gott von Mal zu Mal bewiesen hatte, dass sein Weg der beste war. Als das Volk vor lauter Überdruss sich über das Manna beklagte (21,5), sandte Gott giftige Schlangen, die Krankheit und Tod brachten. Nach dem Sündenbekenntnis des Volkes nahm Gott die Schlangen nicht weg; er befahl Mose, eine eherne Schlange zu gießen und sie um einen Stab zu legen; dann konnten alle sie sehen. Sobald sie diese Schlange ansahen, wurden sie gesund (21,6-9). Hierauf bezieht sich Jesus in dem berühmten Gespräch mit Nikodemus. Er selbst, Jesus, würde »erhöht« werden und dem von der Sünde tödlich Verwundeten Heilung bringen. Wenn wir auf ihn blicken, werden wir leben (Joh 3,14-15).

6.

Das fünfte Buch Mose

Dieses Buch – es trägt den Namen Deuteronomium – »Wiederholung des Gesetzes« oder »zweites Gesetz« – zeigt den Segen des Gehorsams und den Fluch des Ungehorsams.

»Denke daran ... dass du danach tust« – das ist das Wort des Mose an das Volk. Er wollte, dass sie »Täter des Wortes und nicht Hörer allein« (Jak 1,22) seien.

Alles hängt vom Gehorsam ab – das Leben selbst, der Besitz des verheißenen Landes, der Sieg über die Feinde, Erfolg und Glück. Dies Buch lehrt die Unbeugsamkeit des Gesetzes. »Du sollst« und »Du sollst nicht« – diese Worte kommen immer wieder vor, ebenso wie das Gegensatzpaar »Segen, wenn ihr gehorcht« und »Fluch, wenn ihr nicht gehorcht« immer wieder zur Sprache kommt.

Das 5. Buch Mose ist eine Sammlung von Sprüchen und Liedern Moses, die er den Kindern Israel zum Abschied, bevor er sein Volk verlassen musste, gab. Er sprach zu einer neuen Generation, für die das Gesetz vom Sinai nur eine undeutliche Erinnerung war.

Das Buch enthält ferner eine Zusammenfassung der Wüstenwanderung Israels und in den letzten Kapiteln einen Bericht über Mose selbst. Beim Vergleich von Moses Rückblick auf die Ereignisse mit dem Bericht, wie er in Exodus und Numeri gegeben ist, kann man feststellen, dass das Deuteronomium mehr den göttlichen als den menschlichen Teil dieser Geschichte im Blick hat (vgl. 5Mo 1 mit 4Mo 13 und 14).

Mose wiederholte das Gesetz, um die Israeliten daran zu erinnern, was Gott für sie getan hatte und was sie tun mussten, wenn sie das verheißene Land erreicht haben würden. Mose wiederholte nicht die Anweisung für die Priester und Leviten, sondern er richtete sich an das Volk selbst.

Das 5. Buch Mose erzählt von der letzten Vorbereitung für die Landnahme und umfasst nur etwa zwei Monate einschließlich der 30 Tage Totenklage um Mose.

Lesevorschläge

Sonntag:	Vorwärts	*5Mo 1,6-46*
Montag:	Anweisungen	*5Mo 5,1-33; 6,4-18*
Dienstag:	Der Messias, der Prophet	*5Mo 18,15-22*
Mittwoch:	Gottes Bund	*5Mo 30,1-20*
Donnerstag:	Das Lied des Mose	*5Mo 32,1-44*
Freitag:	Gottes Segen	*5Mo 33,1-29*
Samstag:	Moses Tod	*5Mo 34,1-12*

Kein anderes Buch des Alten Testaments hat größere Eindringlichkeit für das geistliche Leben als das 5. Buch Mose. Es beschreibt das Leben, das nach Gottes Willen geführt wird, und den Segen, den Reichtum und die Fülle des geistlichen Lebens in einem Leben schlichten Gehorsams. Bemerkenswert ist auch: Aus dem 5. Buch Mose zitierte Jesus bei seiner Versuchung durch den Teufel (Mt 4,1-11; Lk 4,1-13; 5Mo 8,3; 6,16; 10,20).

Moses erste Rede – »Rückblick« (5. Mose 1-4)

Am Anfang des Buches sehen wir die Israeliten an der Grenze des Landes Kanaan, die sie in elf Tagen hätten erreichen können. Aber es hatte schlussendlich vierzig Jahre gedauert.

Mehrere hundert Jahre zuvor hatte Gott Abraham und seinen Nachkommen dieses reiche und wunderbare Land verheißen (1Mo 17,8). Nun endlich waren sie bereit, es zu betreten.

Wie wir sehen werden, macht Gott im 5. Buch Mose die Landnahme und den bleibenden Besitz des Landes für die Israeliten von bestimmten Bedingungen abhängig. Sie lassen sich in einem Wort zusammenfassen: Gehorsam.

Das 5. Buch Mose ist eine einzige Einladung zu einem von Herzen kommenden Gehorsam Gott gegenüber, der sich auf die beiden Säulen Liebe und Gottesfurcht gründet. »Nun, Israel, was fordert der Herr, dein Gott, noch von dir, als dass du den Herrn, deinen Gott, fürchtest, dass du in allen seinen Wegen wandelst und ihn liebst und dem Herrn, deinem Gott, dienst von ganzem Herzen und von ganzer Seele?« (5Mo 10,12)

In den ersten vier Büchern des Pentateuch (griechische Bezeichnung für die fünf Bücher Mose) erwählte Gott Israel. Nun soll Israel Gott wählen.

Nur Kaleb und Josua waren von der Generation übrig geblieben, die aus Ägypten ausgezogen war. Die junge Generation hatte auf der Wüstenwanderung schwer gelitten. Nun war sie bereit und begierig auf die Eroberung des Landes. Aber Mose musste ihr zuerst das Gesetz wiederholen. Er, der große Führer, war nun 120 Jahre alt und wusste, dass sein Werk beendet war, denn Gott hatte ihm gesagt, dass ein anderer das Volk in das Land Kanaan führen werde (4Mo 20,12). Er hatte die letzten vierzig Jahre seines Lebens damit verbracht, das Volk auszubilden, ihnen eine Regierung, Gesetze und heilige Ordnungen zu geben und sie so zu einer Nation zu formen. Von ihm wird gesagt, »seine Augen waren nicht schwach geworden und seine Kraft war nicht verfallen« (5Mo 34,7).

In seiner Abschiedsrede sprach Mose noch einmal über die Wüstenwanderung; er erinnerte das Volk an Gottes Treue und ermahnte sie, dankbar zu sein. Gott hatte alle ihre Not gestillt; nichts hatte ihnen gefehlt (5Mo 2,7). Er verglich Gottes Fürsorge für sie mit der eines liebevollen Vaters, der auf seine Kinder schaut, damit sie nicht in der Wüste verloren gehen oder Schaden erleiden.

Ernst und beredt sprach Mose zu seinem geliebten Volk. Er beschwor sie, Gott zu dienen und zu gehorchen.

Moses zweite Rede – »Aufblick« (5. Mose 5-26)

Das Thema dieses Abschnittes lesen wir in 5Mo 12,1. »Dies sind die Gebote und Rechte, die ihr halten sollt, dass ihr danach tut im Lande, das der Herr, der Gott deiner Väter, dir gegeben hat, es einzunehmen, solange ihr auf Erden lebt.« Israel war auf dem Wege in ein neues Land, und alles würde von seinem wachen und stetigen Gehorsam Gott gegenüber abhängen. Gott wollte

Links: Zu den Festen wird ein Widderhorn geblasen.

Israel die Liebe lehren, die die wahre Erfüllung des Gesetzes ist (Röm 13,8-10; Mt 22,37-40).

Mose trug nun das Gesetz noch einmal auf eine schlichte und klare Weise vor, damit es unter dem Volk eine lebendige Wirklichkeit werden konnte. Gott sagte: »Du bist mein Volk; ich liebe dich. Ich habe dich erwählt; ich bin in deiner Mitte. Ich will dich schützen. Meine einzige Forderung ist, dass du mir – zu deinem Vorteil – gehorchst.« Er sagte auch: »Seid heilig; denn ich bin heilig.« Weil die Israeliten Gottes Volk und damit sein Eigentum waren, wollte er, dass sie in der Welt dieser Tatsache angemessen lebten und sich vom Bösen trennten (Kap. 14). Sie sollen ihren Nachbarn Liebe erweisen (Kap. 15) und sich zum Gottesdienst versammeln (Kap. 16).

Gott zeigte den Israeliten, dass es ihre höchste Pflicht war, den Geist liebenden Gehorsams auszuleben. Sie hatten allen Grund, dankbar und voller Freude zu sein.

Aber Mose war bedrückt, weil er wusste, dass Israel ein hartes Herz hatte und dass das Volk eigensinnig war (Kap. 31,24-29).

Moses dritte Rede – »Ausblick« (5. Mose 27-33)

Mose gab dem Volk feierliche Warnungen. Zunächst sprach er von dem Segen, den die Israeliten bekommen könnten, wenn sie gehorsam wären. Dann aber wandte er sich den Folgen des Ungehorsams zu, die sich auf ihre Geschäfte, den Ackerbau und ihre Gesundheit auswirken sollten – sogar auf ihre ganze Existenz als Volk und als Einzelne. Sie würden wegen ihres Ungehorsams leiden müssen (Kap. 28,15ff).

Die Verse in Kap. 28,63-67 sehen den schweren Leidensweg des jüdischen Volkes voraus: Die Israeliten werden aus dem Land herausgerissen, über alle Völker zerstreut, ruhelos sein, angsterfüllte Herzen und heimwehkranke Augen haben.

Mose sprach auch zu Josua. Dieser war sein persönlicher Diener während der Wüstenwanderung gewesen und einer der Kundschafter, die es gewagt hatten Gott zu glauben. Er war 80 Jahre alt, als Mose ihm die Führung dieses großen Volkes anvertraute (5Mo 31,7-8).

Der Auftrag, den Mose dem Volk und Josua gab, hatte das eine große Fundament: »Der Herr ist mit euch; seid stark!«

Dieser große alte Mann Mose stand da als ein Zeuge der Gnade Gottes. Er beschloss sein Lebenswerk mit einem Lied, das Gott ihm gegeben hatte (Kap. 32). Gott gebot ihm, es niederzuschreiben und es Israel zu lehren – als Zeugnis dafür, dass Gott wusste, was kommen würde. Es gibt im Alten Testament drei Lieder, die von Mose stammen: 2Mo 15, 5Mo 32 und Psalm 90.

Moses Tod

Nach dem Lied und den letzten Segensworten stieg Mose auf den Berg Nebo, wo Gott ihm das verheißene Land zeigte, welches er so lange vor Augen gehabt hatte. Dort tröstete Gott seinen Knecht Mose.

Mose kehrte nie von dem Berg Nebo zurück. Wir lesen, dass er dort starb und dass der Herr ihn dort begrub. Die Grabstätte blieb unbekannt.

Die vielen Sklaven, die Mose zu einem Volk gemacht hatte, beweinten ihn 30 Tage lang.

In den Evangelien hören wir wieder von Mose, und zwar im Bericht von der Verklärung Jesu: Eines Tages nahm Jesus Petrus, Jakobus und Johannes und stieg mit ihm auf den Hermon im Norden Palästinas. Da erschienen Mose und Elia und sprachen mit Jesus über seinen zukünftigen Tod (Mt 17,1-3).

Die Geschichts-bücher des Alten Testaments

Josua • Richter • Rut
1. Samuel • 2. Samuel • 1. Könige • 2. Könige
1. Chronik • 2. Chronik
Esra • Nehemia • Ester

7.

Das Buch Josua

Mit dem Buch Josua beginnen die Geschichtsbücher des Alten Testaments. Es ist ein Buch der Ermutigung und voll von geistlicher Wahrheit.

Das Buch Josua beschreibt die Eroberung und den Kampf um das kanaanäische Erbe. Es berichtet von der Ansiedlung der Israeliten in Kanaan und zeigt so Gottes Treue zu seinem Versprechen an Abraham (1Mo 12,1-3).

Das Buch trägt den Namen Josuas, des Helden dieses großen Eroberungskampfes. Der Name Josua lautete ursprünglich Hosea, was »Rettung« heißt, oder Jehoschua, was »Gottes Rettung« bedeutet und die gleiche Bedeutung wie der Name Jesus hat. Josua wird der Knecht Gottes genannt, einer, durch den Gott seine Befehle bekannt machte und durch den er seine Ziele erreichte – Gottes Mitarbeiter.

Das Buch Josua ist die Fortsetzung der Geschichte des erwählten Volkes. Was Mose in den schweren Jahren von seiner Berufung bis zu seinem Tod vorbereitet hatte, das verwirklichte Josua. Er vollendete, was Mose begonnen hatte.

Das Buch Josua lässt sich in zwei große Abschnitte einteilen:

A. Die Eroberung des verheißenen Landes (Kapitel 1-12)

B. Die Einnahme des verheißenen Landes (Kapitel 13-24)

Die Mobilmachung des Heeres (Josua 1-2)

In Josua 1 standen die Israeliten unmittelbar an der Grenze des verheißenen Landes, nahe am Ufer des Jordan. Die Grenzen des Landes zeigt Jos 1,4: im Süden die Wüste, im Norden das Gebirge Libanon, im Osten der Euphrat, im Westen das Mittelmeer.

In dieser schwierigen Situation sprach Gott zu Josua: »Mein Knecht Mose ist gestorben. So mache dich nun auf und zieh über den Jordan, du und das ganze Volk! ... Ich will dich nicht verlassen noch von dir weichen ... Siehe, ich habe dir geboten, dass du getrost und unverzagt seiest. Lass dir nicht grauen und entsetze dich nicht; denn der Herr, dein Gott, ist mit dir in allem, was du tun wirst« (1,2-9).

Mose konnte das Land Kanaan selber nicht betreten, geschweige denn irgendjemanden hineinbringen. Im Buch Josua sehen wir eine ängstliche Volksmenge, die darauf wartet, das vor so langer Zeit verheißene Land endlich einzunehmen.

Josua brauchte bei seinem schweren Vorhaben Gottes Zusage, und immer wieder bestätigt Gott ihn: Ich bin mit dir, ich will dich nicht verlassen noch von dir weichen (1,5).

Gott sagt Israel einige wichtige Dinge:

1. Setze deinen Fuß auf das Land!

»Jede Stätte, auf die eure Fußsohlen treten werden, habe ich euch gegeben, wie ich Mose zugesagt habe« (1,3).

2. Nimm alles!

»Von der Wüste bis zum Libanon und von dem großen Strom Euphrat bis an das große Meer gegen Sonnenuntergang, das ganze Land der Hetiter, soll euer Gebiet sein« (1,4).

Lesevorschläge

Sonntag:	Josuas Auftrag	*Jos 1-2*
Montag:	Der Weg durch den Jordan	*Jos 3*
Dienstag:	Die Eroberung Jerichos	*Jos 6*
Mittwoch:	Die Sünde Achans	*Jos 7*
Donnerstag:	Die Besetzung des Landes	*Jos 11*
Freitag:	Kalebs Erbteil	*Jos 14*
Samstag:	Josuas Abschied	Jos 24

Das erfüllte sich erst fünfhundert Jahre später unter Salomos Herrschaft (2Chr 9,26), aber die Erfüllung bahnte sich schon vorher an.

3. Sei bereit!

»Mein Knecht Mose ist gestorben; so mach du dich nun auf und zieh über den Jordan« (1,2).

4. Nimm das Buch des Gesetzes!

»Lass das Buch des Gesetzes nicht von deinem Munde kommen, sondern betrachte es Tag und Nacht« (1,8).

5. Nimm das Land ein!

»Nehmt das Land ein, das euch der Herr, euer Gott, geben wird« (1,11).

Josua rief die Verantwortlichen des Volkes und gab jedem Anweisungen. Geschlossen antworteten sie: »Alles, was du uns geboten hast, das wollen wir tun, und wo du uns hinsendest, da wollen wir hingehen« (1,16). Sie waren bereit.

Josua war einer der zwölf Kundschafter gewesen, die von Mose in das Land Kanaan gesandt wurden. Nun, vierzig Jahre später, sandte er selbst Kundschafter aus, die über das Land berichten sollten (vgl. Kapitel 2).

Josua gab den zwei Männern den besonderen Auftrag, die Stärke Jerichos ausfindig zu machen, denn diese Stadt war die erste Festung, die sie nach der Überquerung des Jordan angreifen mussten. Die Kundschafter machten sich verdächtig, wurden aber durch die Hure Rahab vor dem Tod gerettet; sie versprachen, Rahab und ihre Familie zu verschonen, wenn die Stadt eingenommen würde. Daraufhin kehrten sie zurück, um Josua die gute Nachricht zu bringen, »es sind auch alle Bewohner des Landes vor uns feige geworden« (2,24).

Rahab kennzeichnete ihr Haus mit dem roten Seil, mit dem sie den Kundschaftern zur Flucht über die Stadtmauer verholfen hatte. Wir finden den Namen dieser Frau später auch im Stammbaum Jesu (Mt 1,5).

Die Kanaaniter waren Nachkommen Kanaans, des Sohnes Hams. Sie waren ein götzendienerisches Volk. Gott hatte sie durch den Untergang von Sodom und Gomorra gewarnt, aber sie hatten nicht reagiert. Nun begann Gott, ihre Macht zu brechen und ihr Land den Israeliten zu geben.

Vorwärts (Josua 3-5)

Ermutigt durch den Bericht der Kundschafter, zogen die Israeliten von ihrem Lager bis nach Schittim, neun Kilometer vom Jordan entfernt. In der Abenddämmerung gingen die Führer durch das Lager und ordneten an, dass alle die Bundeslade im Auge behalten und ihr in einem Abstand von etwa 700 Metern folgen sollten: »Ihr müsst den Weg wissen, auf dem ihr gehen sollt; denn ihr seid den Weg bisher noch nicht gegangen« (3,4). Josua wies das Volk an, sich zu heiligen, denn am nächsten Morgen würde der Herr große Wunder an ihnen tun (vgl. 3,5). Israel war in der Wüste der Wolkensäule gefolgt, die über der Bundeslade stand. Jetzt, im bewohnten Land, genügte die Bundeslade, um die Gegenwart Gottes sichtbar zu machen.

Die lange Wüstenreise war vorüber, und das Geheimnis eines unbekannten Landes und eines unbekannten Lebens lag vor ihnen. Am Anfang des Auszuges aus Ägypten stand der Durchzug durch das Rote Meer. Nun, am Ende des Auszugs, wird der Jordan durchschritten. Beide Ereignisse waren in der Geschichte des Volkes Israel von höchster Bedeutung. Josua und Kaleb waren die einzigen noch Lebenden von der großen Gruppe derer, die das Rote Meer durchschritten hatten.

Es war die Zeit der Überschwemmung des Jordan, und die Leute von Jericho müssen gedacht haben, dass es den Israeliten unmöglich sei, den reißenden Fluss zu durchschreiten. Sonst hätten sie ihnen sicher Widerstand geleistet. Es gab keine Brücken und nur wenige Furten, und diese waren in dieser Jahreszeit nicht gangbar. Die Kundschafter hatten zweifellos den Fluss schwimmend überquert. Wie aber konnte eine so große Volksmenge mit Frauen, Kindern und Gepäck herüberkommen?

Die einzige Möglichkeit, nach Jericho zu gelangen, war, das Unmögliche zu tun, nämlich den Jordan zu durchqueren. Josua wies die Priester an, die Bundeslade aufzunehmen und in den Jordan zu gehen, als der Fluss die Ufer überschwemmte. Als die Sohlen ihrer Füße das Wasser des Jordan berührten, standen sie auf trockenem Grund. Und ganz Israel durchschritt den Fluss auf trockenem Grund (3,9-17).

Im Anschluss an die Überquerung des Jordan nahmen die Israeliten Steine aus dem Flussbett, »von dem Platz, auf dem der Priester Füße fest gestanden hatten«, und häuften sie am anderen Ufer zu einem Denkmal für die Wunder Gottes auf (Jos 4,3).

Danach wurden die Israeliten beschnitten. Die Beschneidung wurde 40 Jahre lang nicht praktiziert, weil der Bund in Vergessenheit geraten war, denn das Volk war ungläubig und ungehorsam (4Mo 14). Jetzt macht das Zeichen der Beschneidung deutlich, dass die neue Generation Gott gehört. Niemand muss sich vor einem Angriff fürchten – die Geschichte von der Jordandurchquerung hat bei ihren Feinden die Runde gemacht und ihnen den Mut geraubt.

Es ist der 14. Tag des ersten Monats (Nisan) – der Beginn des alljährlichen Passafestes. Niemals wieder wird es ein Passafest wie dieses geben: Zum ersten Mal genießen sie die Ernte ihres eigenen Landes.

Die Zerstörung Jerichos (Josua 6)

Jericho liegt in der Nähe des Jordan. Man kann heute auf den Grundmauern der Stadt stehen, die dem Erdboden gleichgemacht wurde. Das heutige Jericho liegt eineinhalb Kilometer von der alten Festung entfernt, die unter der Regierung Ahabs wieder aufgebaut wurde.

Die Mauern Jerichos mussten einfallen, damit die Israeliten das verheißene Land erobern konnten, denn Jericho nahm eine Schlüsselstellung im südlichen Kanaan ein. Wie sollte die Stadt aber erobert werden? Den Israeliten erschienen Gottes Anweisungen sicher merkwürdig, aber sie hielten sich genau an das, was Gott ihnen sagte. Sie vertrauten ihrem Führer.

Die großen Mauern Jerichos brachen zusammen, nachdem die Israeliten mit der Bundeslade und mit sieben Posaunen die Stadt sechsmal – einmal täglich –, und am siebten Tag siebenmal umschritten hatten. Am siebten Tag bliesen sieben Priester die Posaunen, und die Krieger erhoben das Kriegsgeschrei. So fielen die Mauern, und so konnten die Israeliten eindringen, »und sie verbrannten die Stadt mit Feuer« (V. 24).

Die Umzüge der Priester mit der Bundeslade, der sieben Priester mit den sieben Posaunen, der Kriegsmänner, die täglich die Stadt umschritten, waren die

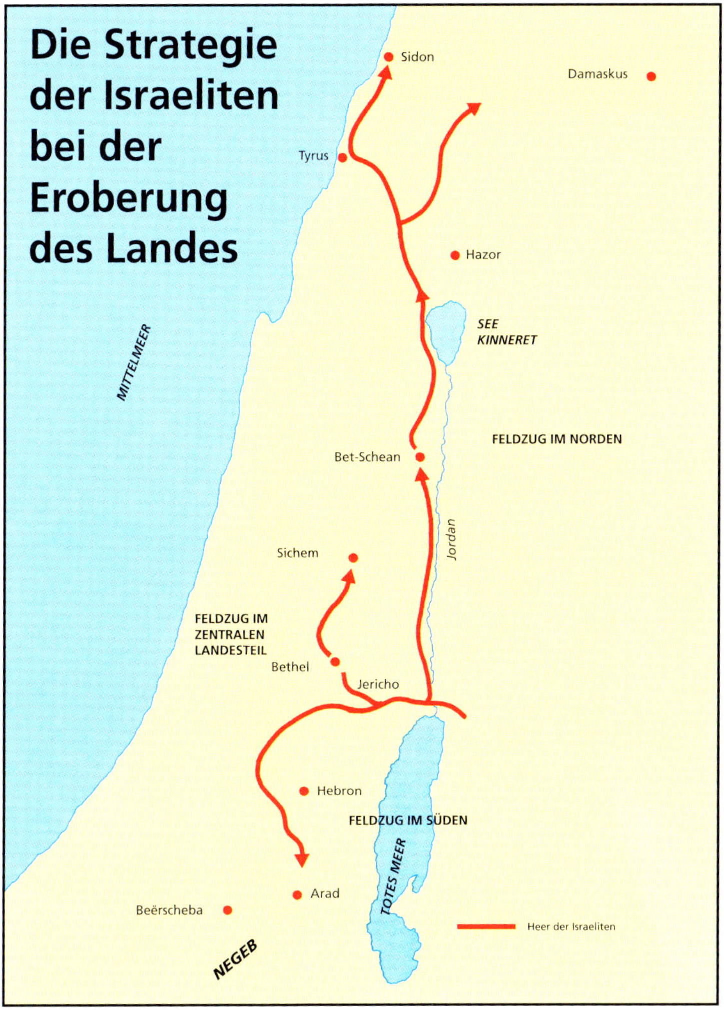

einzigen sichtbaren Zeichen vor dem Angriff auf die Stadt. Wie unsinnig muss den Leuten von Jericho solch ein Marsch erschienen sein, vielleicht auch den Israeliten selber. Aber Gott wusste, was er tun wollte.

Die Israeliten glaubten Gott, als sie seinem ungewöhnlichen Plan folgten. Die Bundeslade und die sieben Posaunen, welche sieben Tage lang und am siebten Tag siebenmal die Prozession anführten, zeigten den Israeliten, dass es nicht ihr eigener, sondern Gottes Eroberungsplan war.

Die Eroberung der Stadt Ai (Josua 7-8)

Die Einnahme Jerichos ermöglichte den Israeliten, in das Innere Kanaans einzudringen. Der nächste strategisch wichtige Ort

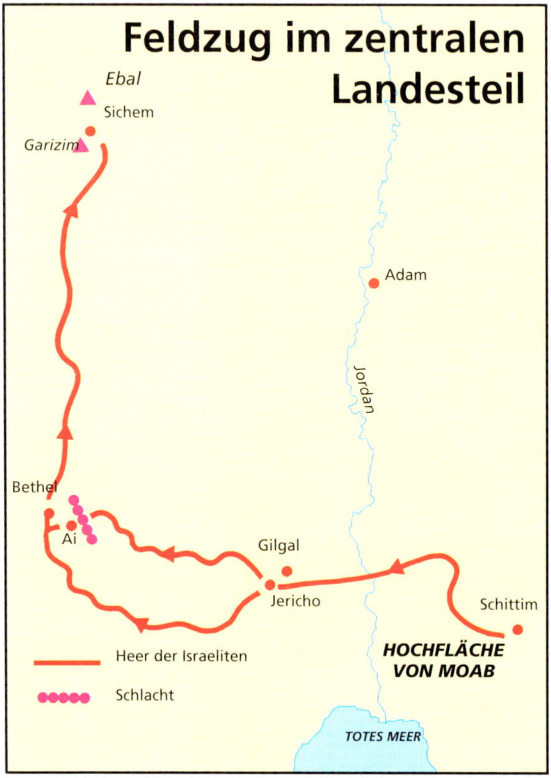

war Ai am Eingang des Tals, das in das westliche Kanaan führte.

Josua sandte wieder Kundschafter aus, um die Lage zu erforschen. Durch ihren jüngsten Erfolg vermessen geworden, gaben sie bei ihrer Rückkehr einen schlechten Rat: »Lass nicht das ganze Kriegsvolk hinausziehen, sondern etwa zwei- oder dreitausend Mann sollen hinaufziehen und Ai schlagen, damit nicht das ganze Volk sich dorthin bemühe; denn ihrer sind wenige« (7,3). Die kleine Kriegsschar wurde den steilen Berg hinaufgeschickt, aber als die Stadtwache von Ai einen Ausfall machte und sie angriff, flohen die Israeliten ohne Gegenwehr.

Verursacht hat diese Niederlage aber im Kern die Sünde eines Menschen – Achan. Israel war ja ein Volk geworden, das Volk Gottes in einer gottlosen Welt, und jedes Glied dieses Volkes trug an der Verantwortung Gott gegenüber mit. Achan hatte sich bei der Eroberung Jerichos persönlich bereichert. Er hatte für sich genommen, was Gott gehörte. Achan allein war schuldig, und doch lesen wir: »Israel hat sich versündigt, sie haben meinen Bund übertreten, den ich ihnen gegeben habe, und haben von dem Gebannten genommen und gestohlen und haben's verheimlicht und zu ihren Geräten gelegt« (7,11).

Die Sünde eines Einzelnen wird zur Sünde der Gemeinschaft.

Der Feldzug im Süden
(Josua 9-10)

Die Israeliten zogen ein zweites Mal gegen Ai aus. Diesmal auf den Befehl Gottes hin, und gemäß seiner Weisung zog alles Kriegsvolk mit. Sie siegten. Die Einnahme Ais zeigt militärische Strategie; wer für Gott arbeitet, setzt das Beste ein. Aber Strategie ohne Gehorsam ist nichts wert. Der amerikanische Prediger D. L. Moody sagte: »Arbeite, als ob alles von dir abhinge, und bete, als ob alles von Gott abhinge.«

Der Ruhm Israels verbreitete sich über das ganze Land. Die Könige Kanaans schlossen sich in einem Bund gegen die anrückenden Israeliten zusammen. Die schlauen Gibeoniter versuchten es anders: Sie hatten ehrliche Angst vor dem Gott Israels und erschlichen sich einen Bund mit dem Volk dieses Gottes. Gott erkannte dies als Glauben an und ließ sie leben als Sklaven: Sie wurden Holzhacker und Wasserträger für das ganze Volk (9,21).

Dann schlug Josua das verbündete Heer durch den Hagelsturm und die Verlängerung des Tages, die Gott schenkte, um seinem Kämpfer zu helfen (Jos 10,10-13).

Josua sprach: »Sonne, stehe still zu Gibeon, und Mond, im Tal Ajalon!« Israel

Die Ruinen von Jericho heute. Jericho war die erste Stadt in Kanaan, die Josua und den Israeliten in die Hände fiel.

erlebte dadurch einen Tag, dem keiner glich, »weder vorher noch danach, dass der Herr so auf die Stimme eines Menschen hörte« (10,14).

Der Feldzug im Norden (Josua 11)

Nachdem das südliche Kanaan erobert war, musste sich Israel einem neuen Abwehrbündnis stellen: Die Könige des Nordens hatten sich verbündet und versuchten, die Macht der Israeliten zu brechen. Aber mit der Kraft Gottes besiegte Josua alle. Das geschah nicht auf einmal. Die Heilige Schrift berichtet, dass es »eine lange Zeit« dauerte. Endlich kam das Land zur Ruhe (11,23).

Hier wird zum ersten Mal in der Bibel die Stadt Jerusalem mit ihrem auch heute noch gültigen Namen genannt (vorher hieß sie Jebus), die Stadt mit ihrer großen Vergangenheit und einer glänzenden Zukunft. Hier wird nach dem Zeugnis des Neuen Testaments Christus regieren, wenn er wiederkommt in Macht und großer Herrlichkeit (Lk 21,27).

Wir erfahren, dass Gott die Kanaaniter richtete.

Früher glaubte man, Kanaan sei ein Land von Halbwilden gewesen. Heute wissen wir, dass Kanaan schon 3500 v.Chr. unter der Herrschaft Babyloniens stand, und dass die babylonische Sprache und Zivilisation von Kanaan übernommen worden war. Ihr folgte die ägyptische Herrschaft mit ihrer hoch entwickelten Kultur. Die Amarna-Tafeln, die aus der Zeit um 1400 v.Chr. stammen, also vor der Eroberung Kanaans durch die Israeliten, bestehen zum Teil aus Briefen an den Pharao Ägyptens, die in babylonischer Sprache von tributpflichtigen Fürsten Kanaans abgefasst worden waren. Zu jener Zeit hatte Kanaan schon eine lange Periode der Zivilisation hinter sich. Das Land hatte viele Schulen, Bibliotheken, reich ausgestattete Paläste und Läden. Die Küstenstädte hatten ihre Handels- und Kriegsflotten; und mit allen Teilen der damals bekannten Welt wurde lebhafter Handel getrieben.

Kanaan war ein Gebiet von etwa 300 Kilometern in der Nord-Süd- und 65 Kilometern in Ost-West-Richtung. Seine Grenzen waren die Wüste im Süden, der Libanon im Norden, der Jordan im Osten und das Mittelmeer im Westen. Kanaan war der geographische Mittelpunkt einer mächtigen Zivilisation, die in der Vorzeit Geschichte machte.

Die zerfallenen Mauern von Aschkelon, die eine der kanaanitischen Küstenstädte war, die regen Handel mit allen Teilen der damals bekannten Welt trieb.

Ägypten im Süden lag 500 Kilometer entfernt, Ninive im Nordosten 1000 Kilometer, Babylon im Osten 1000 Kilometer, Persien im Osten 1000 Kilometer, Griechenland im Nordwesten 1300 Kilometer, Rom im Nordwesten schließlich lag 2000 Kilometer entfernt.

Die Teilung des Landes
(Josua 13-24)

Josua war etwa 90 Jahre alt, als er erkannte, dass die Eroberung des Landes noch bei weitem nicht abgeschlossen war. Immer noch blieb viel Land übrig, das in Besitz genommen werden musste. Um die Israeliten dazu zu ermutigen, teilte er das Land auf.

»Dies ist Judas Teil; dies ist Assers Teil; dies ist Simeons Teil; und dies ist Benjamins Teil«, lesen wir anfangs, zu einer Zeit, in der das verheißene Land noch den Amoritern, den Jebusitern und Hetitern gehörte (Kap. 13). Die Aufteilung des Landes war ein Bekenntnis zur Verheißung Gottes. Es schloss die Bereitschaft ein, unter der Führung Gottes im harten Kampf auch den Rest des Landes zu erobern. Israel hatte noch wenig in der Hand, doch es glaubte an die ganze Zusage Gottes und erwartete alles. So siegte es. Die Israeliten streckten sich nach einer Zukunft aus, an die sie glaubten, indem sie das Land unter sich aufteilten, als es noch in der Hand ihrer Feinde war.

Erst in der Zeit Davids wurde das ganze, den verschiedenen Stämmen zugesprochene Land vollständig erobert. Zunächst nahm man nur das Bergland ein; die Städte und Ebenen berührte man kaum.

Die Starken nahmen nicht den besten Teil des Landes und überließen nicht den Rest den Schwachen. Ebensowenig kauften die Reichen die besten Plätze, um die weniger wertvollen Grundstücke den Armen zu überlassen. Sie fragten auch hier nach Gottes Willen. Gott kümmert sich darum, wie die irdischen Güter verteilt werden. Er kümmert sich auch um die Verschiedenheit der Lebensbedingungen seiner Kinder. Er sieht, wie die Schwachen von den Skrupellosen und den Starken überrannt werden. Gott kümmert sich auch um die Fragen der Zeit: Arbeit, Löhne, Kapital, Zinsen. Gott ist auf eine gerechte Verteilung seines Segens in seinem Volk bedacht.

Weil die Landverteilung durch das Los vorgenommen wurde, konnte niemand neidisch sein. Man traf sich vor der Bundeslade Gottes, dem Symbol seiner Gegenwart.

Stammesgebiete und Freistädte

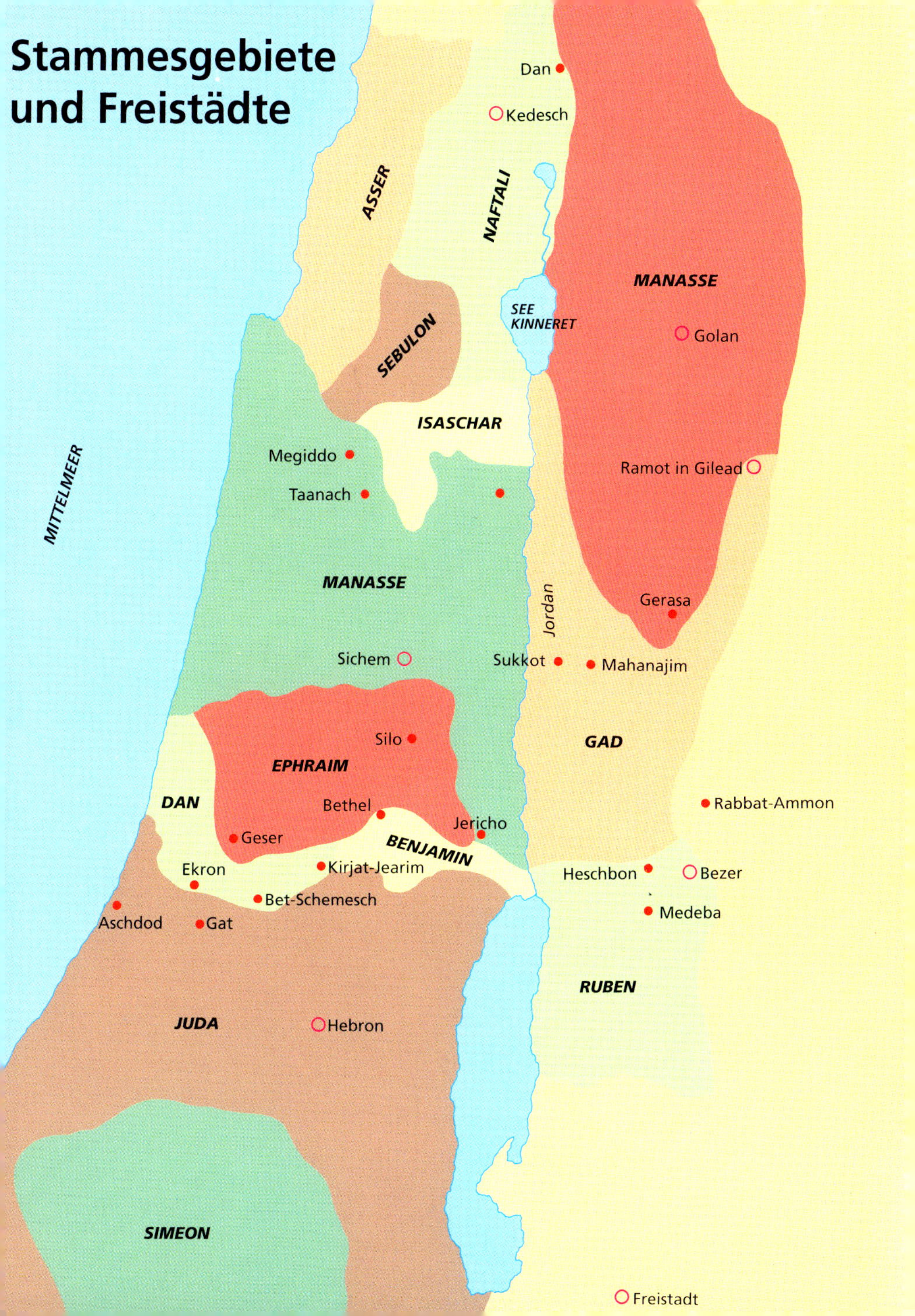

Die Moschee Haram el-Khadil, die über der Höhle Machpela in Hebron steht, wo der Überlieferung nach Abraham und seine Familie begraben wurden. Hebron gehörte zu den Freistädten, in denen man Asyl finden konnte, wenn man unabsichtlich einen Menschen getötet hatte.

»Den Leviten aber hatte er kein Erbteil gegeben« (Jos 14,3). Wir erinnern uns, dass dieser Stamm für den heiligen Dienst der Priester ausgewählt und dass zu seiner Versorgung die Abgabe des Zehnten eingerichtet worden war. Wir erinnern uns ferner, dass deshalb die Nachkommen Josefs in zwei Stämme geteilt wurden, Ephraim und Manasse, so dass es bei zwölf erbberechtigten Stämmen blieb (1Mo 48,5; 1Chr 5,1-2; Jos 14,4).

Kalebs Erbteil
(Josua 14)

Kaleb war nun 85 Jahre alt. Josua und er waren ja die einzigen noch lebenden Kundschafter der Mosezeit. Für ihren Gehorsam wurden sie dadurch belohnt, dass sie als Einzige ihrer Generation Kanaan betreten durften.

Kaleb bat seinen Freund Josua um die Höhen und die befestigten Städte der Enakiter; an ihnen hatte sich damals das Schicksal Israels entschieden: Israel hatte die Enakiter gefürchtet, und die Israeliten jener Generation waren an ihrer Weigerung, die »Riesen« zu besiegen, gestorben. Kaleb, der damals schon an den Sieg seines Gottes über die Enakiter geglaubt hatte, glaubte das noch immer: »Vielleicht wird der Herr mit mir sein, damit ich sie vertreibe, wie der Herr zugesagt hat« (Jos 14,12). Josua gewährte ihm das Bergland und segnete seinen alten Freund.

Bleibt noch zu erwähnen, dass die von Gott geplanten Zufluchtsstädte, Freistädte genannt, von denen im 4. und 5. Buch Mose die Rede ist, nun ausgewählt werden. Josua 20 beschreibt anschaulich ihre soziale und juristische Bedeutung.

Josuas Abschied
(Josua 24)

Josua, nun ein alter Mann, der nicht mehr lange leben würde, erinnerte das Volk und seine Führer an Gottes Macht und Treue und gab ihnen einige letzte Worte der Ermahnung mit. »So fürchtet nun den Herrn und dient ihm treulich und rechtschaffen « (Jos 24,14). Er warnte sie vor dem Abfall, dem Götzendienst. »Wählt euch heute, wem ihr dienen wollt: den Göttern, denen eure Väter gedient haben jenseits des Stromes oder den Göttern der Amoriter, in deren Land ihr wohnt.« Dann fügte er hinzu: »Ich aber und mein Haus wollen dem Herrn dienen« (Jos 24,15). Israel antwortete danach: »Wir wollen dem Herrn dienen« (Vers 21).

Josuas Tod
Im Alter von 110 Jahren starb Josua. Mit seinem Tod endet das Buch Josua.

Ein großes Lob wird über Josua ausgesprochen, wenn es heißt: »Und Israel diente dem Herrn, solange Josua lebte« (Jos 24,31).

8.

Das Buch der Richter und das Buch Rut

Das Buch der Richter beginnt mit einem Kompromiss und endet mit Verwirrung. Es berichtet über eine dunkle Zeit des israelitischen Volkes. Das Volk vergaß Gott (Ri 2,13), und Gott verließ das Volk (Ri 2,23).

Der Bericht erstreckt sich über den Zeitabschnitt nach dem Tode Josuas bis zur Thronbesteigung Sauls. Das Volk wurde von Richtern regiert, die Gott auswählte, um sein bedrängtes Volk zu retten. Wir lesen: »Zu der Zeit war kein König in Israel« (17,6). Nicht alle diese Jahre und Jahrhunderte gingen in Aufruhr und Sünde dahin. Das Buch berichtet auch von großen Taten Gottes.

Der Zug durch die Wüste lag hinter den Israeliten. Die Nomaden waren sesshaft geworden. Nach Zeiten der Versklavung, der Entbehrung in der Wüste, nach den Anspannungen der Landnahme folgte nun ein ganz neuer Abschnitt im Leben des Volkes. Es war nicht leicht, als Volk unter Völkern ein nationales Eigenleben aufzubauen. So ist das Buch der Richter wieder ein Buch der Anfänge mit allen Kämpfen und Niederlagen, aber auch wachsender Kraft und Verantwortlichkeit.

Man nimmt an, dass die Richter ungefähr 350 Jahre herrschten. Zweifellos lösten sie einander nicht unmittelbar ab. Sie wurden wahrscheinlich als Befreier in schwierigen Lagen in verschiedenen Teilen des Landes erwählt, und es ist möglich, dass sich ihre Regierungszeiten überschnitten.

Im Alten Testament werden 15 Personen genannt, die man zu den Richtern zählen kann (nicht alle werden allerdings im Richterbuch erwähnt, sondern an anderer Stelle): Otniel (3,7-11), Ehud (3,12-30), Schamgar (3,31), Debora (4,1-5,31), Barak (4,6-5,31), Gideon (6,1-8,35), Tola (10,1.2), Jair (10,3-5), Jeftah (10,17-12,7), Ibzan (12,8-10), Elon (12,11-12), Abdon (12,13-15), Simson (13,1-16,31), Eli (1Sam 1,9-4,8) und Samuel (1Sam 7ff).

Es gab unter den Richtern Kämpfer wie Gideon und Simson, Priester wie Eli und einen Propheten: Samuel.

Lesevorschläge

Sonntag:	Nur ein Teilerfolg	*Ri 1,2-5*
Montag:	Das Richteramt	*Ri 2,16-3,11*
Dienstag:	Debora und Barak	*Ri 4,4-5,31*
Mittwoch:	Gideon	*Ri 6,1-16; 7,16-25*
Donnerstag:	Jeftahs schrecklicher Eid	*Ri 11,12-40*
Freitag:	Simson	*Ri 15; 16*
Samstag:	Die Geschichte der Rut	*Das Buch Rut*

Die bedeutendsten Richter waren Debora, Gideon, Simson und Samuel.

Eines zeigt das Richterbuch deutlich: Ein Volk, das so viel Zeit in Ungehorsam Gott gegenüber verbringt, macht in seiner Geschichte wenig Fortschritte.

In der Beschreibung der Sünden, die Israel begeht, liegt eine bemerkenswerte und eigenartige Eintönigkeit. Wenn jedoch die Mittel und Wege der Erlösung beschrieben werden, stoßen wir auf eine ebenso bemerkenswerte Vielfalt. In der Geschichte der Richter wird beides deutlich.

Immer wieder stoßen wir auf die Aussage: »Jeder tat, was ihn recht dünkte« (17,6). Das Volk fiel von Gott ab und diente den Göttern der Nachbarvölker (2,1.3). Sie vergaßen, dass Gott sie zu einem bestimmten Ziel erwählt hatte: der Welt den einen wahren Gott zu verkündigen. Zur Strafe für ihre Sünde übergab Gott sie in die Hand ihrer Nachbarvölker. Unter der Bedrückung dieser neuen Feinde riefen sie Gott um Hilfe an; er erhörte sie und sandte ihnen einen Richter, der sie erlöste. So ist das Richterbuch voll von Aufruhr, Strafe, Elend und Befreiung.

Das Buch der Richter steht in starkem Gegensatz zm Buch Josua.

Buch Josua	*Buch der Richter*
Freude	Seufzen
himmlische Schau	irdische Gesinnung
Sieg	Niederlage
Fortschritt	Rückschritt
Glauben	Unglauben
Freiheit	Sklaverei

Wir hören vom anhaltenden Versagen der Menschen und der anhaltenden Gnade Gottes.

Als Motto könnte man über das Buch der Richter das große Wort des Propheten Sacharja schreiben (Sach 4,6): »Es soll nicht durch Heer oder Kraft, sondern durch meinen Geist geschehen, sagt der Herr Zebaoth.«

Israels Versagen (Richter 1-3,4)

Als Josua tot war (1,1), fragten die Israeliten Gott zuerst, wie sie das Land endgültig erobern sollten. Sie fragten Gott um Rat, ihr Anfang war also gut. Sie begannen in allem ernsthaft, endeten jedoch in Schwäche, weil sie Gottes Anordnungen nicht gehorchten.

Die Jahre der Unterdrückung waren eine direkte Folge des Ungehorsams. Israel übernahm die Sitten der Feinde und betete deren Götzen an. Gott hatte befohlen, die Feinde zu vernichten; nun kehrte sich der Ungehorsam der Israeliten in dieser Hinsicht gegen sie selbst.

Schon in Kapitel 1 heißt es: »Ephraim vertrieb die Kanaaniter nicht ..., Sebulon vertrieb nicht die Einwohner ..., Asser vertrieb nicht die Einwohner ...« Diese Worte finden wir sechsmal.

Auf diesen Ungehorsam folgen in Kapitel 2 die Niederlagen und das Versagen. Gott lässt Israel den Weg, den es eingeschlagen hat, zu Ende gehen: »Ihr aber solltet keinen Bund schließen mit den Bewohnern dieses Landes und ihre Altäre zerbrechen. Aber ihr habt meiner Stimme nicht gehorcht ... (2,2). Deshalb sollen sie euch zum Fallstrick werden« (2,3).

Israel musste sich selbst als ein heiliges Volk verstehen lernen, das sich nicht mit den abgöttischen Völkern seiner Umgebung vermischen durfte.

Die Richter (Richter 3,5-16,31)

In diesen Kapiteln lesen wir siebenmal, dass Israel versagt. Als Folge davon wird es siebenmal von den Nachbarvölkern beherrscht und geknechtet; aber auch siebenmal von Gott befreit.

Die erste Knechtschaft (3,7-11)

Die Sünde:	Götzendienst
Die Strafe:	Acht Jahre Herrschaft der Mesopotamier

Der Befreier und Richter:
Otniel

Die zweite Knechtschaft (3,12-31)
Die Sünde: Unmoral und Götzendienst
Die Strafe: 18 Jahre Herrschaft der Moabiter
Die Befreier und Richter:
Ehud und Schamgar

Die dritte Knechtschaft (4; 5)
Die Sünde: Abfall von Gott
Die Strafe: 20 Jahre Herrschaft der Kanaaniter
Die Befreier und Richter:
Debora und Barak

Die vierte Knechtschaft (6-8,32)
Die Sünde: Abfall von Gott
Die Strafe: Sieben Jahre Herrschaft der Midianiter
Der Befreier und Richter:
Gideon

Die fünfte Knechtschaft (8,33-10,5)
Die Sünde: Abfall von Gott
Die Strafe: Bürgerkrieg
Die Befreier und Richter:
Tola und Jair

Die sechste Knechtschaft (10,6-12,15)
Die Sünde: vermehrter Götzendienst
Die Strafe: 18 Jahre Philister- und Ammoniterherrschaft
Die Befreier und Richter:
Jeftah und seine Nachfolger

Die siebte Knechtschaft (13-16)
Die Sünde: Abfall von Gott
Die Strafe: 40 Jahre Herrschaft der Philister
Der Befreier und Richter:
Simson

Nach Josuas Tod hatte Israel keine Hauptstadt und keine zentrale Regierung. Außer in Gefahrenzeiten, in denen man sich zum Vorteil aller verbündete, waren die einzelnen Stämme politisch unabhängig voneinander.

Neben Knechtschaft berichtet dieses Buch auch von Befreiung. Wir sehen, wie Gott mit seinem eigenen aufrührerischen Volk umgeht. Er belohnt es mit reichem Segen. Wir entdecken die Geduld Gottes und seine bleibende Bereitschaft, beim geringsten Zeichen von Reue zu reagieren (Ri 3,9-15; 4,3-7; 6,6-12; 10,15-16).

Der erste Abfall (Richter 3,7-11)

Die Israeliten ließen sich mitten unter den verschiedenen Völkern in Kanaan nieder. Sie schienen allzu bereit, für ein friedliches Zusammenleben jeden Preis zu zahlen (3,5-8). Sie heirateten Frauen des fremden Volkes, schlossen Kompromisse mit den Amoritern, Hetitern und Perisitern, verzichteten auf Grenzgebiete, um das Zusammenleben zu erleichtern, und nahmen schließlich sogar die Religion ihrer Nachbarvölker an (3,7).

Bald begannen die Mesopotamier sie zu unterdrücken (3,8). Da erkannten die Israeliten, dass sie die Gebote Gottes verlassen hatten. Gottes Gegenwart hatte ihnen vorher alle Wege geebnet. Acht Jahre lang mussten sie nun unter der Bedrückung der Nordvölker leben.

Dann sandte Gott als Antwort auf ihr Rufen Otniel, einen Neffen Kalebs (3,9). »Und der Geist des Herrn kam auf ihn, und er wurde Richter in Israel und zog aus zum Kampf« (3,10).

Zuerst betete Otniel. Dann beseitigte er den Götzendienst in Israel und lehrte das Volk das Gesetz des Herrn und erinnerte sie an ihre Berufung als Nation. Bald stellten sich Erfolg und Sieg ein (3,10-11).

Otniel, der erste Richter, lehrte Israel eine höhere Achtung vor Gott und vor Gottes Plänen. In den folgenden 40 Jahren herrschte Frieden.

Der zweite Abfall (Richter 3,12-31)

Otniel hatte 40 Jahre Frieden und Reichtum gebracht, aber als er starb, fiel das Volk sofort wieder von Gott ab und wandte sich dem Götzendienst zu (3,12). Diesmal griffen die Moabiter zusammen mit Nachbarvölkern an und beherrschten Israel 18 Jahre lang. Wieder schrie das Volk zu Gott, und Ehud wurde zum Befreier (3,15). Er ermordete den Unterdrücker Eglon von Moab. Unter seiner Herrschaft folgten 80 Jahre Frieden für Israel (3,30).

Der dritte Abfall
(Richter 4-5)

Nach 20-jähriger Unterdrückung schrie Israel wieder einmal zu Gott und er erhörte es.

Nun stand in Israel eine Frau als führende Gestalt auf. Sie war eine jener Frauen, deren Herz nicht verzagte, obwohl die Umstände sehr schwierig waren. Debora ist eine Richterin (4,5), eine Frau mit Autorität. Sie lässt nicht nur den militärischen Führer Barak zu sich rufen und richtet ihm den Befehl Gottes aus, sondern ist auch ohne weiteres bereit, 80 km weit in den Norden zu reisen, um mit ihm in die Schlacht zu gehen.

Barak macht dabei nicht unbedingt eine gute Figur, denn es ist eine weitere Frau, die tatkräftige Jaël, die den mächtigen Kanaaniterkönig Sisera mit einem Zeltpflock und einem Hammer tötet.

Deboras Lied erklärt uns, wie dieser Sieg möglich war. Ein Wolkenbruch hatte den Kischon in ein reißendes Gewässer verwandelt (5,21). Viele Streitwagen wurden von den Fluten hinweggefegt, die restlichen blieben im Sumpf stecken.

Jetzt, nach seiner dritten Befreiung, hätte Israel spätestens erkennen können – so meinen wir vielleicht –, dass es ohne Gott hilflos war. Aber es dauerte noch weitere 40 Jahre, bis es sich vor Gott beugte.

Trotzdem war Deboras Arbeit nicht umsonst. Sie ließ die heidnischen Altäre zerstören und veranlasste, dass überall neues Land gepflügt, neue Häuser gebaut und Wege instand gesetzt wurden.

Aber trotz allem fielen die Israeliten in ihre alte Gewohnheit zurück, freundschaftliche Beziehungen zu den Kanaanitern zu pflegen.

Der vierte Abfall
(Richter 6-8,32)

Für 40 Jahre war wieder Frieden eingekehrt, aber als Folge des vierten Abfalls beherrschten die Midianiter sieben Jahre lang das Land. Ihre Herrschaft war so schrecklich, dass die Leute sich in Höhlen und Gruben versteckten und in die Berge flohen (6,2). Als sie zu Gott schrien, wurde Gideon, ein einfacher Bauer, zum Befreier berufen. Er riss den Altar des Baal nieder und richtete den wahren Gottesdienst wieder ein.

Die Geschichte von Gideons Kampf mit einer Schar von dreihundert Schleuderkämpfern ist außerordentlich spannend (7,7-24). Als Israel Gideon nach seinem Sieg zum König machen wollte, antwortete er: »Ich will nicht Herrscher über euch sein ..., sondern der Herr soll Herrscher über euch sein« (8,23). Eine solche Haltung konnte Gott belohnen. Wir finden Gideons Namen im Neuen Testament in der Liste der Zeugen in Hebräer 11 wieder.

Der fünfte Abfall
(Richter 8,33-10,5)

Fast unmittelbar nach dem Tod Gideons verehrte das Volk wieder den Baal, den Fruchtbarkeitsgott (8,33). Gideon hatte großen Erfolg gehabt, »und das Land hatte vierzig Jahre Ruhe« (8,28b). Aber keiner seiner Söhne konnte seinen Platz einnehmen. Abimelech, ein Sohn Gideons, ein skrupelloser Mann, sicherte sich die Gefolgschaft der Männer von

Sichem und maßte sich die Stellung eines Königs an. Drei Jahre dauerte seine Diktatur. Er wurde von einer Frau ermordet.

Unter den Richtern Tola und Jair folgten im Anschluss daran 45 Jahre Ruhe.

Der sechste Abfall (Richter 10,6-12,15)

Beim sechsten Abfall finden wir fast das ganze Volk dem Götzendienst (Fruchtbarkeitskult; 10,6) verfallen.

Seine Lebensbedingungen waren grauenhaft. Diesmal strafte Gott sie 18 Jahre lang durch die Hand der Philister. Endlich riefen sie einmal wieder aus ihrem tiefsten Elend zu Gott. Zum ersten Mal wird berichtet, dass Gott sich weigerte, sie anzuhören. Er erinnerte sie daran, wie oft er sie schon befreit hatte (10,13). Aber schon einige Verse später lesen wir: »... da jammerte es ihn, dass Israel so geplagt wurde« (10,16). Gottes Zorn währt nicht ewig.

Die Befreiung kam durch Jeftah, den Sohn einer Hure, dem seine Stiefbrüder Gemeinschaft und Erbe verweigerten. Ihn machten sie dann zum Führer über ihren Stamm.

Die Israeliten waren immer Menschen mit großer religiöser Leidenschaft. Dieser Leidenschaft fiel Jeftahs Tochter durch einen unbedachten Schwur ihres Vaters zum Opfer.

Nach seinem großen Sieg richtete Jeftah Israel nur sechs Jahre.

Der siebte Abfall (Richter 13-16)

Der Bericht des siebten Abfalls beginnt mit den Worten: »Und die Israeliten taten wiederum, was dem Herrn missfiel« (13,1). Wieder wurden sie durch die Philister in die Knie gezwungen, unter deren schrecklicher Besatzung sie vierzig Jahre leben mussten.

Die Philister waren aus dem Raum der Ägäis nach Kanaan eingewandert, hatten Teile ihrer Sprache und Religion von den Kanaanäern übernommen, hüteten das Monopol der Eisenverarbeitung und übten militärische Macht aus. Sie waren den Israeliten zweifellos an Reichtum, Kultur und Ausrüstung überlegen. Gerade in der Zeit der Richter standen in den Städten der Philister (in der Küstenebene von Gaza bis Joppe) ansehnliche Tempel. Die Israeliten fürchteten die Philister und vermischten sich nicht freiwillig mit ihnen. Sie stießen nur im Streit auf sie. Es heißt: »Dies sind die Völker, die der Herr übrig ließ, um Israel durch sie auf die Probe zu stellen ... und zu erfahren, ob sie auf die Gebote des Herrn horchen wollten.«

Hier begann die Geschichte von Simson, der vor seiner Geburt Gott geweiht wurde, damit er Israel von den Philistern befreite (13,5).

Simson war sein Leben lang an das Nasiräergelübde gebunden (siehe 4Mo 6), und doch achtete er es so gering, dass Delila es schließlich fertig brachte, ihm das lange Haar abzuscheren, das Zeichen seines gottgeweihten Lebens. Seine moralische Schwäche beraubte diesen Mann seiner geistlichen Bedeutung und seiner körperlichen Stärke, denn Gott hatte ihm seine Körperkraft für einen bestimmten Zweck verliehen.

Simsons Geschichte berichtet von guten Gelegenheiten, aber auch von seinem Versagen. Gott benutzte Simsons Kraft, um die Befreiung von den Philistern ins Werk zu setzen. Alles hätte zu Simsons Gunsten enden können, aber er ging ein unheiliges Bündnis ein, das ihn zu Fall brachte. Zur endgültigen Niederlage kam es bei Gaza (16). Nichts ist eindrücklicher im Buch der Richter als das Bild von Simson, der blind und gebeugt im Hause der Philister die Mühle treten musste, obwohl er sein Volk von dieser Herrschaft hätte befreien sollen (16,20f).

Blick vom Berg Tabor. Barak griff von diesem Berg mit seinem Heer Sisera und dessen Truppen an.

Die Geschichte der Richter endet mit Simson und wird in 1. Samuel wieder aufgenommen. Die übrigen Kapitel des Richterbuches und das Buch Rut gehören jedoch auch in diese Zeit.

Der Anhang
(Richter 17-21)

Diese letzten Kapitel des Richterbuches geben uns ein Bild der Anarchie und Verwirrung, in die Israel fiel, nachdem es Gott verlassen hatte (17,6).

Die Verwirrung betrifft das religiöse Leben (17;18), das sittliche Leben (19) und das politische Leben des Volkes (21). Die Geschichte des Rückfalls einzelner Menschen vervollständigt die Geschichte vom Rückfall des ganzen Volkes.

Die Geschichte, die in Kapitel 17 und 18 erzählt wird, spielte sich ab, als die Philister Druck auf die südlichen Stämme ausübten und fast der ganze Stamm Dan deshalb nach Norden auswich. Das von Micha aufgestellte Gottesbild war nach dem Gesetz, dessen Befolgung die Leviten eigentlich kontrollieren sollten, streng verboten (2Mo 20,4). Ein »Efod« oder »Terafim« (Hausgötter) zum Wahrsagen zu benutzen, war ebenfalls streng untersagt. Außerdem hatte Micha kein Recht, einen jungen Leviten zum Priester zu ernennen.

Diese Geschichte wie auch die folgende zeigt, dass die Leviten, die auserwählt waren, um Gott zu dienen, genauso gesetzlos und egoistisch wie die anderen Israeliten geworden waren. Auch sie taten, was sie wollten.

Den Leviten waren Wohnstädte zugesprochen worden, und doch schaut sich dieser Levit nach einem Ort um, »wo er bleiben kann«. Er lässt sich seine Dienste von Micha bezahlen, stiehlt ihm dann die geweihten Gegenstände und überbringt sie dem Stamm Dan, der im Norden ein weiteres Heiligtum errichtet, um Silo Konkurrenz zu machen, zu dieser Zeit der wahre Mittelpunkt des religiösen Lebens.

Die Kapitel 19-21 schließlich zeigen, dass die Israeliten sogar den Weg zum Hause Gottes nicht mehr gingen; wir sehen Vergewaltigung und andere Gräueltaten.

Das ganze Buch der Richter macht die katastrophalen Folgen des Zusammenbruchs der Autoritäten deutlich, wenn sich die Menschen selbst zum Gesetz werden und ihre eigenen Maßstäbe anwenden.

Und doch: Gott liebt sein Eigentum.

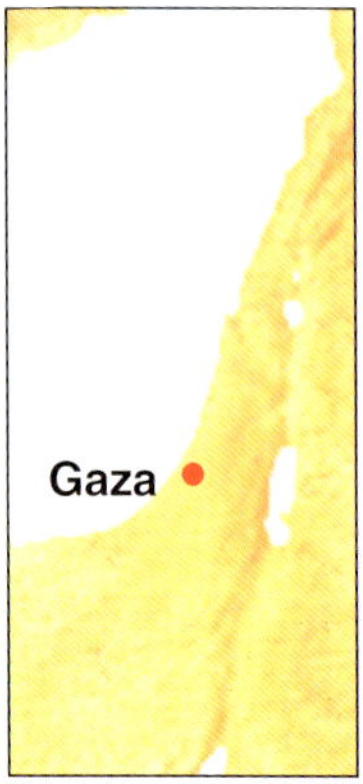

Buch Rut

Rut ist ein ganz besonderes biblisches Buch, weil es das Leben aus der Perspektive einer Frau schildert.

In der Gesellschaft dieser Epoche waren die Frauen für ihren Lebensunterhalt ganz und gar auf Vater und Ehemann angewiesen. Sie waren nur in bestimmten, genau festgelegten Sonderfällen erbberechtigt (4Mo 36). So beginnt diese Erzählung mit drei Frauen, die, menschlich gesehen, Mitleid erregten und auf Almosen angewiesen waren. Doch im weiteren Verlauf offenbart uns diese Geschichte, dass Gott sich gerade um die Hilflosen kümmert – und das in einer Welt, in der Religion Macht bedeutete.

Diese Erzählung sollte man in Verbindung mit den ersten Kapiteln des Richterbuches lesen, weil sie uns zweifellos einen Einblick in das damals übliche tägliche Leben Israels während dieser Zeit der Unordnung gibt. Es berichtet von Ereignissen während der Herrschaft Gideons oder Jeftahs. Der Verfasser des Buches ist unbekannt.

Dieses Buch, das auf einer besonderen Schriftrolle niedergeschrieben wurde, las man zu Pfingsten, dem Erntedankfest in Israel.

Wir spüren sofort das harte Schicksal, das hinter diesen Versen steckt. Eine Flüchtlingsfamilie flieht vor der Hungersnot aus ihrer Heimat nach Moab. Weit weg von zu Hause sterben der Familienvater und seine beiden Söhne und lassen die drei Witwen mittellos zurück. Besonders für die Mutter Noomi ist die Situation kaum zu ertragen.

Dann aber trifft die Nachricht ein, dass die Hungersnot in der Heimat vorüber ist. Ihre Schwiegertöchter begleiten Noomi noch ein Stück weit, und dann kommt der Abschied heran. Orpa gibt Noomis Drängen nach und kehrt um – vielleicht kann sie in ihrer Heimat noch einmal heiraten. Doch Rut will Noomi im Alter nicht sich selbst überlassen. Sie entscheidet sich für Noomis Volk und – ganz wichtig – Noomis Gott.

Doch die Frauen sind mittellos. Das Gesetz Gottes schrieb allerdings vor, dass die Nachlese des Getreides für die Armen bestimmt war. So geriet Rut an das Feld des wohlhabenden Boas, eines Verwandten ihres Schwiegervaters Elimelech, erhielt dort die Erlaubnis zur Nachlese, und Boas begünstigte sie noch zusätzlich.

Da das Gesetz vorsah, dass der nächste Verwandte einer Witwe diese zur Frau nehmen sollte (die sog. Leviratsehe), fasste sich Rut ein Herz und bat Boas um diese Gunst. Dieser willigte ein.

Der geistliche Inhalt des Buches kann mit einem Satz zusammengefasst werden: Wer sich in den Schutz des Gottes Israels begibt, wird dafür voll belohnt. Auch Rut geht wie Abraham aus ihrem Vaterland ins Unbekannte des Glaubens und Gott antwortet mit Heimführung.

Rut war die Urgroßmutter Davids. Mit diesem Buch beginnt also gewissermaßen der Stammbaum der Vorfahren Christi. Es erzählt die Anfänge der messianischen Familie in einem messianischen Volk, in dem mehr als tausend Jahre später der Messias geboren werden sollte.

Rut war Moabiterin. Die Moabiter waren Nachkommen Lots. Sie waren Heiden. Als Gott die Familie gründete, die den Retter der Welt hervorbringen sollte, wählte er eine Frau aus einem heidnischen Volk, ließ sie nach Bethlehem ziehen und machte sie zur Braut des Israeliten Boas. Durch ihren ersten Mann und ihre Schwiegereltern hatte Rut von dem wahren Gott gehört und ihr Leben an ihn gebunden.

Boas war der Sohn Rahabs, der Hure aus Jericho (vgl. Mt 1,5). So erfahren wir, dass Davids Urgroßmutter eine Moabiterin war und sein Urgroßvater ein Halb-Kanaanäer.

Bethlehem von den umliegenden Feldern aus gesehen. Ruth kam mit ihrer Schwiegermutter Noomi nach Bethlehem und heiratete Boas.

9.

Das erste Buch Samuel

Mit dem 1. Buch Samuel beginnen die sechs Bücher, die von den Königen Israels berichten:

1. Samuel	–	Die Wahl der Menschen: Saul
2. Samuel	–	Die Wahl Gottes: David
1. Könige	–	Salomo und Israel
2. Könige	–	Israels Könige
1. Chronik	–	Salomo und der Tempel
2. Chronik	–	Die Könige und der Tempel

Das erste und das zweite Buch Samuel erzählen eine fortlaufende Geschichte. Ihren Namen haben die Bücher von Samuel, der nach jüdischer Tradition das erste Buch geschrieben haben soll (vgl. 1Sam 10,25; 1Chr 29,29).

In der hebräischen Bibel sind die beiden Bücher zu einem Band zusammengefasst. Sie berichten über die Geschichte Israels vom Ende der Richterzeit bis zu den letzten Jahren des Königs David, dem zweiten und größten König, den das Volk je hatte – etwa über einen Zeitraum von 100 Jahren (ungefähr 1075 bis 975 v.Chr.). Im Wesentlichen geht es um die Geschichte der Beziehung zwischen Gott und seinem Volk, besonders zwischen Gott und den führenden Männern. Gott die Treue zu halten, wird als Schlüssel zum Erfolg gesehen, ihm nicht zu gehorchen, führt in die Katastrophe.

Mit Samuel, der selbst noch Richter war, endet die lange Zeit der Herrschaft der Richter, und es beginnt die Geschichte des Königtums. Als Samuel sein Richteramt antrat, befand sich Israel in schlechter Verfassung. Es hatte sich praktisch von Gott, seinem Herrn, losgesagt und verlangte nach einem sichtbaren irdischen König (1Sam 8,4-7). Gott gab diesem Verlangen nach, und in den folgenden 500 Jahren, ungefähr von 1050-586 v.Chr., wurde Israel von Königen regiert.

Samuel, der Wegbereiter des Königs (1. Samuel 1-7)

Wenn Gott mit einem Menschen einen besonderen Plan hat, berichtet die Bibel an vielen Stellen auch von besonderen Begleitumständen bei der Geburt. Samuels Mutter Hanna war zunächst unfruchtbar und nur durch das Eingreifen Gottes auf ihr Gebet hin, brachte sie ihren Sohn Samuel zur Welt.

Schon vor seiner Geburt hatte Hanna Gott ihren Sohn geweiht (1,9-19). Der Junge wuchs bei dem Hohenpriester Eli im Heiligtum von Silo auf. Er wurde einer der großen Beter Israels. Durch Gebet führte er sein Volk zum Sieg (7,5-10). Auch als das Volk einen König forderte, holte sich Samuel im Gebet Rat und Hilfe bei Gott (8,6), und als Israel in Schwierigkeiten war, hörte er nicht auf, für das Volk bei Gott betend einzutreten (12,19-23).

Am Heiligtum in Silo war Eli 40 Jahre lang Richter und Priester. Seine beiden Söhne Hofni und Pinhas, selber Priester, missbrauchten ihr Amt und verführten das Volk, so dass es sündigte. Die Folge

Lesevorschläge

Sonntag:	Samuel, »von Gott erbeten« *1Sam 1-3*
Montag:	Samuel, der Prophet *1Sam 4-7*
Dienstag:	Saul, der König *1Sam 8-12*
Mittwoch:	Saul, der Eigensinnige *1Sam 13-15*
Donnerstag:	David wird gesalbt *1Sam 16-18*
Freitag:	Davids Abenteuer *1Sam 19; 20; 22; 24*
Samstag:	Samuels und Sauls Tod *1Sam 25; 26; 31*

war, dass Gott Eli den Zusammenbruch seiner Familie ankündigte, denn Eli ehrte seine Söhne mehr als Gott (2,29). Er hatte keine Autorität mehr bei seinen Söhnen und beim Volk.

Trotz dieser Schwierigkeiten, in denen der Junge Samuel aufwuchs, liebte und fürchtete er den Herrn (1,24-38; 2,12-26; 3,1-21).

Gott war mit ihm, als die Katastrophe eintrat (Kap. 4): Die Philister – sie werden hier zum ersten Mal wieder erwähnt – drangen in das Land ein, besiegten Israel und raubten die Bundeslade. Die Söhne Elis fielen in dieser Schlacht. Der 98 Jahre alte Eli starb, als er die Hiobsbotschaft erhielt.

Gott sprach in dieser Zeit durch den Jungen Samuel zu Eli, den Söhnen Elis und zu allem Volk. Die erste Botschaft Gottes durch Samuel war die Vorhersage des Gerichts am Hause Elis und am Volk Israel. Israel hatte sich selbst diese schwere Niederlage zuzuschreiben.

Ein schlechter Ersatz

Nach ihrer Niederlage erwarteten die Israeliten Schutz von der Bundeslade (1 Sam 4,3-7,10). Aber die Bundeslade war kein Ersatz für den Gott der Bundeslade. Zwar glaubten die Israeliten an eine Art magischen Schutz, doch Gott, der sein Volk unbeirrt weiter liebte, ließ es nicht in diesem Irrtum und auch nicht im Gericht. Mit der schrecklichen Niederlage, die Israel erlitt, schuf er einen neuen Anfang: mit Samuel.

Den Philistern allerdings erging es mit der Bundeslade schlecht. Sie glaubten, dass ihr Gott Dagon ihnen den Sieg geschenkt hatte. So legten sie ihm die Bundeslade als Siegestrophäe zu Füßen. Doch Dagon ließ sich mit dem Gott Israels überhaupt nicht vergleichen, denn Gott ist kein lebloser Gegenstand.

Nach der ersten Nacht fand man Dagon auf dem Gesicht liegend vor der Bundeslade – also in einer Anbetungshaltung. Nach der zweiten Nacht waren der Statue Kopf und Hände abgeschlagen, so wie man es auch mit einem besiegten König gemacht hätte. Schließlich brach sich Gottes Macht auch außerhalb des Tempels Bahn, und unter den Leuten von Aschdod breitete sich eine Seuche aus. Als man die Bundeslade an einen anderen Ort brachte, breitete die Seuche sich nur noch weiter aus.

Nach sieben Monaten reichte es den Philistern. Die religiösen Führer rieten dazu, die Bundeslade zurückzugeben – aber so, dass man ein für alle Mal erkannte, ob der Gott Israels für die Katastrophe verantwortlich war oder nicht. Die Kühe waren nicht an das Joch gewöhnt, und es war unwahrscheinlich, dass sie in die gleiche Richtung ziehen wollten. Außerdem konnte man damit rechnen, dass sie bei ihren Kälbern bleiben wollten. Und doch verhielten sie sich wie ein eingespieltes Ochsengespann und setzten sich sofort in Richtung Grenze in Bewegung.

Eine Erweckung zur rechten Zeit

Seit den Tagen Josuas war Silo der Ort,

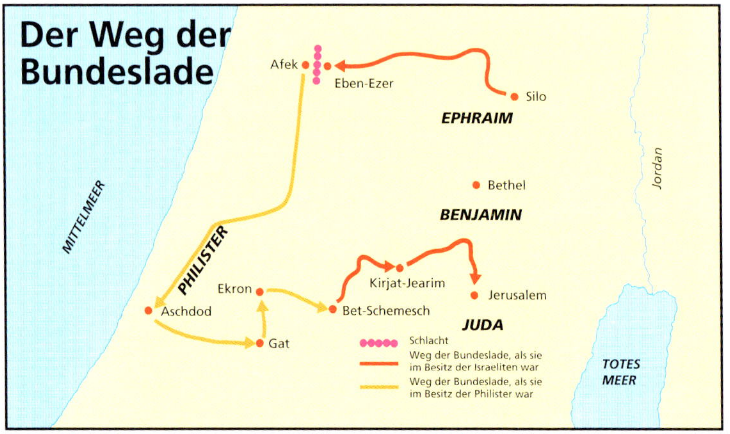

wo Gott in der Stiftshütte gewohnt hatte. Aber schon lange hatte Gott nicht mehr zu seinem Volk von Silo aus gesprochen. Sie hatten den Ort des Gottesdienstes in einen Ort des Vergnügens verwandelt. Silo war von Gott verlassen (Ri 21,19-21).

Und nun hatte Gott wieder begonnen, in Silo zu erscheinen – dort war ein Kind, zu dem er reden konnte. »Der Herr erschien weiter zu Silo« (1Sam 3,21). Das war Erweckung in Israel.

Zu der Erweckung kam es:

- durch eine betende Mutter – Kapitel 1;
- durch ein gedemütigtes Volk – Kapitel 2;
- durch ein gehorsames Kind, das zu einem gläubigen Propheten heranwuchs – Kapitel 3.

Die Zeit des Redens Gottes in Silo ging bald vorüber. Noch in den Kindertagen Samuels raubten die Philister die Bundeslade und zerstörten Silo.

Aber Gott hatte in Samuel einen Anknüpfungspunkt gefunden. Als Samuel erwachsen geworden war, übernahm er die Führung des Volkes, für die er vorbereitet worden war. Die Wende begann, als nach langer Zeit des Widerstandes und der Niederlagen Israel sich seiner schlimmen Lage bewusst wurde. Sie »trauerten nach Gott«.

Samuel sagte: Wenn ihr es ernst meint, dann müsst ihr es mir zeigen. Tut etwas. Beweist es. Wie? Schafft die fremden Götter ab (1Sam 7,3).

Das Volk begann, sich nach Gott zu sehnen, und Samuel ergriff diese Gelegenheit und rief es auf, zu seinem Gott zurückzukehren und die Götzen zu zerstören. Gott antwortete auf die Buße des Volkes mit einem Sieg über die Philister. Samuel errichtete einen Altar und nannte ihn »Eben-Ezer« (7,12).

Als bei der Entführung der Bundeslade Silo zerstört und die Priester in alle Winde zerstreut worden waren, hatte sich Samuel in sein Haus in Rama zurückgezogen und eine Prophetenschule gegründet. (Gott berief Propheten, um durch sie zu Israel zu sprechen.) Die um Samuel versammelten Männer nannte man »Prophetensöhne« oder »Prophetenjünger« (1Sam 10,5.10; 11,20; 2Kön 6,1; 9,1). Sie lebten in Gilgal, Bethel, Mizpa und Rama (vgl. Apg 3,24).

Unter Samuel schlossen sich die bisher unabhängigen Stämme Israels zu einem Volk zusammen. Sie hatten aber schlimme Erfahrungen mit Priestern und Priestersöhnen gemacht, und als Samuels Söhne keine guten Führer zu werden versprachen, trauten sie es Gott nicht mehr zu, dass er sie recht richten und regieren könnte. Sie wollten statt des unsichtbaren Herrn einen sichtbaren haben. Gott ging auf ihre Wünsche ein. Samuel bekam den Auftrag, einen König zu suchen. Aber das durfte an der Abhängigkeit des Volkes von Gott nichts ändern.

Saul, der erwählte König
(1. Samuel 8-15)

Saul, Israels erster König, war ein schöner, großer und edler Mann. Er erwies sich als fähiger Heerführer und besiegte seine Feinde – die Philister, Amalekiter und Ammoniter.

Zu Anfang war Saul demütig. Gott gab ihm Erfolg; als er dann in eine Notlage kam, glaubte er, mit Gott handeln zu können. So wurde er zum Versager. Seine Eifersucht auf David zeigte eine schwere seelische Störung an.

Bedenkt man, unter welchen Umständen (Volksbegehren gegen Gott!) Saul König geworden war, dann möchte man fragen, ob er je eine echte Chance gehabt hatte, vor Gott zu bestehen. War er nicht von Gott selbst zum Versager verurteilt gewesen, bevor er überhaupt König geworden war?

1. Samuel 12,12-15 beantwortet diese Frage: Alles würde gut werden, wenn Israel und sein König Gott fürchteten und ihm dienten, und das, obwohl sie ihren König gegen Gottes Willen gefordert hatten. Israel bereute seinen Wunsch nach einem König (Vers 19), und Samuel konnte es trösten und verhieß ihm Segen, wenn es Gott diente.

Sauls Einsetzung zum König

1. Göttliche Einsetzung (9,3-20). Saul zog aus mit Zügeln und kam zurück mit einem Zepter.

2. Prophetische Einsetzung (10,1). Samuel war sein Freund und Tutor. Welch eine Machtstärkung war dies! Aber Saul hatte dafür keinen Blick und handelte eigenmächtig.

3. Geistliche Einsetzung. »Der Geist Gottes kam über ihn« (10,10). Saul betrübte diesen Geist; dann wies er ihn ab.

4. Einsetzung durch das Volk. »Da jauchzte das ganze Volk und sprach: Es lebe der König!« (10,24).

Ein grasender Esel bei Samaria. Die Suche nach den entlaufenen Eseln seines Vaters führte Saul zum Propheten Samuel. Hier erfuhr er, dass Gott ihn zum König Israels machen wollte.

Sauls Verfehlungen – Der Abstieg

1. Sauls Anmaßung Gott gegenüber (13,11-13)

2. Seine Grausamkeit seinem Sohn Jonatan gegenüber (14,44)

3. Sein Ungehorsam in der Angelegenheit mit Amalek (15,23)

4. Seine Eifersucht und sein Hass auf David (18,29)

5. Seine frevelhafte Aufforderung zur Totenbeschwörung (28,7).

Sauls Feldzüge in Stichpunkten

1. Gegen die Ammoniter (Kap. 11)

Beginn der Regierung – unüberwindliche Schwierigkeiten – Mobilmachung des Heeres, größte Eile – vollständiger Sieg über die Ammoniter – Sauls Ansehen als König wird gestärkt.

2. Gegen die Philister (Kap. 13)

Sauls sündhafte Übernahme eines Priesteramtes – Gott verwirft Saul – die Tapferkeit Jonatans und eines einzigen Gefährten bringt Panik unter die Philister – der Feind wird ausgerottet.

3. Gegen die Amalekiter (Kap. 15)

Samuel treibt den Feind in die Wüste – der Erfolg wird durch Ungehorsam geschmälert – Saul gewinnt wertvolles Eigentum – er belügt Samuel – der Prophet bestätigt, dass Gott Saul verworfen hat.

4. Gegen die Philister (Kap. 17)

Saul in dauerndem Kampf mit den Philistern – der junge David tritt nach seiner Salbung auf – David stößt auf Goliat, den Riesen der Philister – er besiegt ihn und löst eine Panik aus – er erringt Ansehen.

5. Gegen David (Kap. 18ff)

Blinde Eifersucht treibt Saul dazu, David nach dem Leben zu trachten – David wird ein Ausgestoßener – David wird mehrfach befreit – Saul, Davids Todfeind – Davids Freundschaft mit Sauls Sohn Jonatan.

6. Gegen die Philister (Kap. 28ff)

Der verfinsterte Saul macht seinen Besuch bei der Hexe zu Endor – Samuel wird angerufen – Niederlage und Tod werden angekündigt – Israel wird vollständig geschlagen – Saul und seine drei Söhne werden getötet.

Gott hat Vorrang

Jahrelang »trug Samuel Leid um Saul«. Samuel warnte Saul, aber Saul mied den Propheten, der in seiner Einsamkeit das Schicksal des von Gott und Volk erwählten Königs beklagte (vgl. 1Sam 15,35). Saul sollte als erster König Israels beispielhaft für alle nachfolgenden Könige sein. Darum verurteilt Gott Sauls Verfehlungen hart. Saul war König nach dem Herzen des Volkes, doch auch von Gottes Gnaden. Ein Leben voller Chancen endet so in der totalen Niederlage.

Schreckliches Ende und neuer Anfang

Das 1. Samuelbuch berichtet vom Aufstieg und Fall eines gesalbten Königs. Es berichtet zugleich vom Aufstieg Davids, aus dessen Haus später der Messias, Jesus Christus, kommen sollte. Die Geschichte des Königtums Davids beginnt im 1. Buch Samuel und reicht bis zum 1. Buch der Könige. Die Chronik behandelt dieselbe Geschichte aus einer anderen Sicht.

David betritt in 1. Samuel 16 die Szene, und seine Geschichte rückt immer mehr in den Mittelpunkt.

Davids Vorbereitung und Erziehung

David wurde:

- von der Schafherde weggerufen (1Sam 16,11-13),
- der Sieg über Goliat gegeben (1Sam 17),
- von Saul verfolgt (1Sam 18).

David, der wahre König
(1. Samuel 16-31)

David ist eine der größten Persönlichkeiten des Alten Testamentes. Er beeinflusste wesentlich die Geschichte Israels in geistlicher und nationaler Hinsicht.

Im 1. Samuelbuch lernen wir David als Hirtenjungen, als Sänger, als Waffenträger, als Heerführer, als Schwiegersohn des Königs, als Psalmendichter und als Flüchtling kennen. Er wurde dreimal gesalbt, um der Gründer des königlichen Stammbaums zu sein, aus dem der König der Könige kommen sollte.

David, der Sohn Isais, Urenkel der Rut und des Boas, wurde in Bethlehem geboren. Er war der jüngste von acht Söhnen. Als Junge weidete er die Schafe seines Vaters, und er bewies viel Mut bei der Verteidigung der Herde gegen wilde Tiere. Mit 18 Jahren wurde er von Samuel zum König gesalbt und war damit als der von Gott bestimmte Nachfolger Sauls ausgewiesen.

Durch seinen Ruhm als Harfenspieler kam David an den Hof des Königs. Davids Harfenspiel linderte das Leiden des schwermütigen Königs. In dieser Zeit wuchs die enge Freundschaft zwischen David und Jonatan, dem Sohn Sauls.

Das harmonische Leben am Hof wurde gestört, als David eine angesehene Position im Heer erreichte. Saul beneidete den erfolgreichen jungen Mann und beschloss, ihn zu töten. Fünfmal versuchte er es (1Sam 19). Aber Gott schützte David.

David schrieb wahrscheinlich in dieser Zeit den 37. und den 59. Psalm.

Der Nachfolger Sauls wuchs unter der Führung Samuels zu einem beherrschten, selbstständigen, mutigen und Gott ehrenden Mann heran. Er lernte in dieser Zeit, sich ganz auf Gott und nicht auf Menschen zu verlassen. Er lernte auch immer mehr, auf Gottes Zeit zu warten.

Wegen Sauls irrsinniger Eifersucht wurde David zum Ausgestoßenen und Flüchtling. Aber er wurde nicht bitter oder hartherzig. David wuchs in den Versuchungen und vergalt Hass mit Liebe. Es wäre interessant, die beiden Charaktere miteinander zu vergleichen. Beide waren Könige Israels. Beide regierten etwa vierzig Jahre. Beide hatten die legale Unterstützung des Volkes, und beide hatten das Versprechen, dass Gott mit seiner Macht hinter ihnen stehen würde. Dennoch verlief ihr Leben völlig entgegengesetzt.

Die fünf Städte der Philister

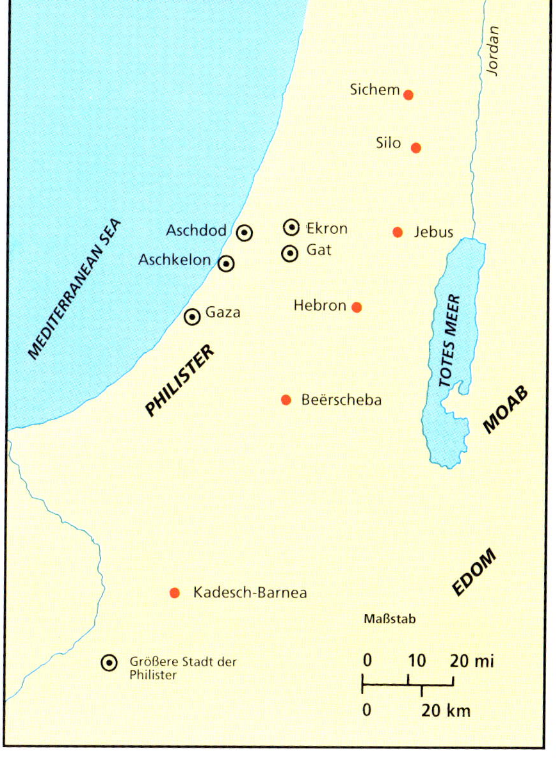

In 2. Samuel 7,18-22 und 8,14-15 sehen wir David auf dem Höhepunkt seines Lebens. Dort wird gezeigt, was aus ihm geworden war und was er hätte bleiben können, wenn er nur Gott treu geblieben wäre; denn auch er sündigte. David war ein Mann nach Gottes Herzen – nicht wegen seiner eigenen Vollkommenheit, sondern weil er seine Unvollkommenheit zugeben konnte.

Das Leben Davids war ein großes Abenteuer. Vielseitige natürliche Begabung, ein Gott hingegebenes Herz, Leidenschaftlichkeit im Guten wie im Bösen führten ihn zu Erfolg sowie auch zu Misserfolg.

Aber er litt, wenn Gott sich ihm entzog, und ruhte nicht, bis er Gottes Gegenwart und seiner Gnade wieder sicher war.

Ein Ausgestoßener wird König

Zweimal war Sauls Leben in Davids Hand, aber David brachte den Gesalbten des Herrn nicht um (1Sam 24,7; 26,9-11). Er floh vielmehr und versteckte sich bei den Philistern. Damals wurde der 56. Psalm geschrieben. Erst mit Sauls Tod endete Davids Exil.

Die Schlusskapitel des 1. Samuelbuches vermitteln uns das unglückselige Versagen Sauls, hervorgerufen durch Stolz und Eifersucht (1Sam 15). Sauls Sünde war nicht direkter Ungehorsam, sondern geteilter Gehorsam.

10.

Das zweite Buch Samuel

Das erste Samuelbuch schildert, wie Saul, der König der Volkes, scheitert. Das zweite Samuelbuch berichtet, wie David, der von Gott eingesetzte König, den Thron besteigt und das »Haus Davids« begründet, aus dem später der Messias Jesus Christus hervorgehen sollte. Wenn Christus wiederkommt, wird er auf dem Thron Davids sitzten (Jes 9,7; Lk 1,32).

Das zweite Samuelbuch beschäftigt sich mit Davids Königsherrschaft (2Sam 5,3). Davids Geschichte beginnt allerdings bereits in 1. Samuel und zieht sich bis in 1. Könige hinein. Das erste Chronikbuch erzählt die gleiche Geschichte aus einem anderen Blickwinkel.

Die Israeliten hatten laut nach einem König geschrien. Gott schenkte ihnen Saul, einen König nach ihrem Herzen.

Dann gab Gott ihnen David, einen König nach seinem eigenen Herzen.

Wenn wir 2. Samuel 7,18-22; 8,14-15 lesen, lernen wir David von seiner besten Seite und in der Blütezeit seiner Herrschaft kennen. Es zeigt uns, was aus ihm geworden war und wie es hätte weitergehen können, wenn er nur Gott die Treue gehalten hätte.

David war ein Mann nach Gottes Herzen – nicht weil er sich damit brüsten konnte, vollkommen zu sein, sondern weil er seine Unvollkommenheit bekannte. Er suchte Zuflucht bei Gott. In 1Joh 1,9 wird uns gesagt, was wir tun sollen, wenn wir gesündigt haben.

1Sam 16 und 17 erzählt von einem Hirtenjungen David, in 1Sam 18-20 sehen wir ihn als Thronfolger am königlichen Hof und in den Kapiteln 21-31 schließlich als Flüchtling im Exil.

Die Nacht senkt sich über die Ruinen von Bet-Schean, wo Sauls Leiche nach seiner Niederlage gegen die Philister öffentlich zur Schau gestellt wurde. Im Hintergrund sieht man den Schauplatz dieser Schlacht, das Gebirge Gilboa.

Lesevorschläge

Sonntag:	David trauert um Jonatan und Saul	*2Sam 1,1-27*
Montag:	David, der König von Juda	*2Sam 2,1-32; 3,1*
Dienstag:	David, der König über ganz Israel	*2Sam 5,1-25*
Mittwoch:	Davids Königtum wird gefestigt	*2Sam 7,1-29*
Donnerstag:	Davids Sünde	*2Sam 11,1-27*
Freitag:	Davids Buße	*2Sam 12,1-23; Ps 51*
Samstag:	David nimmt eine Volkszählung vor	*2Sam 24,1-17*

Die Bibel berichtet von keinem anderen Menschen, der so vielseitig war. Er ist David der Hirtenjunge, der Musiker am königlichen Hof, der Soldat, der verlässliche Freund, der Anführer einer Rebellenschar, der König, der große General, der liebevolle Vater, der Dichter, der Sünder, der alte Mann mit gebrochenem Herzen, aber immer ein Mann, der Gott liebt.

Wir lieben die Geschichten, die von seinem Mut erzählen, seinen Begegnungen mit Löwen, Bären und dem Riesen Goliat. Er besaß eine wunderbare Ausstrahlung.

Es kann hilfreich sein, Saul und David noch einmal miteinander zu vergleichen und ihre Verdienste einander gegenüberzustellen. Beide herrschten als Könige über Iasrael. Sie regierten etwa gleich lang, ungefähr vierzig Jahre. Beide genossen die Loyalität des Volkes, und beiden hatte Gott verheißen, ihnen den Rücken zu stärken. Und doch scheiterte Saul, während David Erfolg hatte. Sauls Name ist ein unrühmlicher Fleck in der Geschichte Israels, während Davids Name heute von Juden und Nichtjuden geehrt wird.

Worin liegt der Grund für diese Unterschiede? Zunächst war auch Saul ein hervorragender und erfolgreicher König. Aber mit dem Erfolg kam der Hochmut. 35 Jahre seiner Regierung waren von Unsicherheit und Versagen geprägt. Nach einer verlorenen Schlacht beging er schließlich Selbstmord und hinterließ ein Reich, das mit seinen Nachbarn Krieg führte und in sich zerrissen war (1Sam 31).

Hier muss man die unmittelbare Verbindung zum letzten Kapitel beachten. Nachdem David Saul verschont hatte (1Sam 26), begriff dieser, dass sein Leben in Gefahr war, aber er machte den Fehler, sich mit den Philistern einzulassen, statt still auf Gott zu vertrauen (1Sam 27).

Als David das Leben Sauls schonte, erwies er sich durch und durch als der Gesalbte Gottes. Er war bereit, auf Gott zu warten, der ihm seine Zeit schon anzeigen würde (1 Sam 26). David war mit allen Vollmachten ausgestattet. Seine Erziehung schien abgeschlossen.

Aber wie oft kommen Menschen gerade dann zu Fall, wenn sie auf dem Höhepunkt ihres Lebens sind; dann rechnen sie nicht mehr mit dem Sturz und fallen umso schneller und härter. So stürzte auch David.

Davids Glaube war zusammengebrochen. Er hatte Angst. Ohne Gottes Rat zu suchen, verließ er das Land des Volkes Gottes und lebte in Feindesland mit der hoffnungslosen Gewissheit, dass er unter Sauls Hand sterben würde (1Sam 27,1-7). Er belog seine Gastgeber und geriet immer mehr ins Elend. Schließlich und endlich warf er sich Gott in die Arme. »David aber stärkte sich in dem Herrn, seinem Gott«

Das Vereinigte Königreich unter David

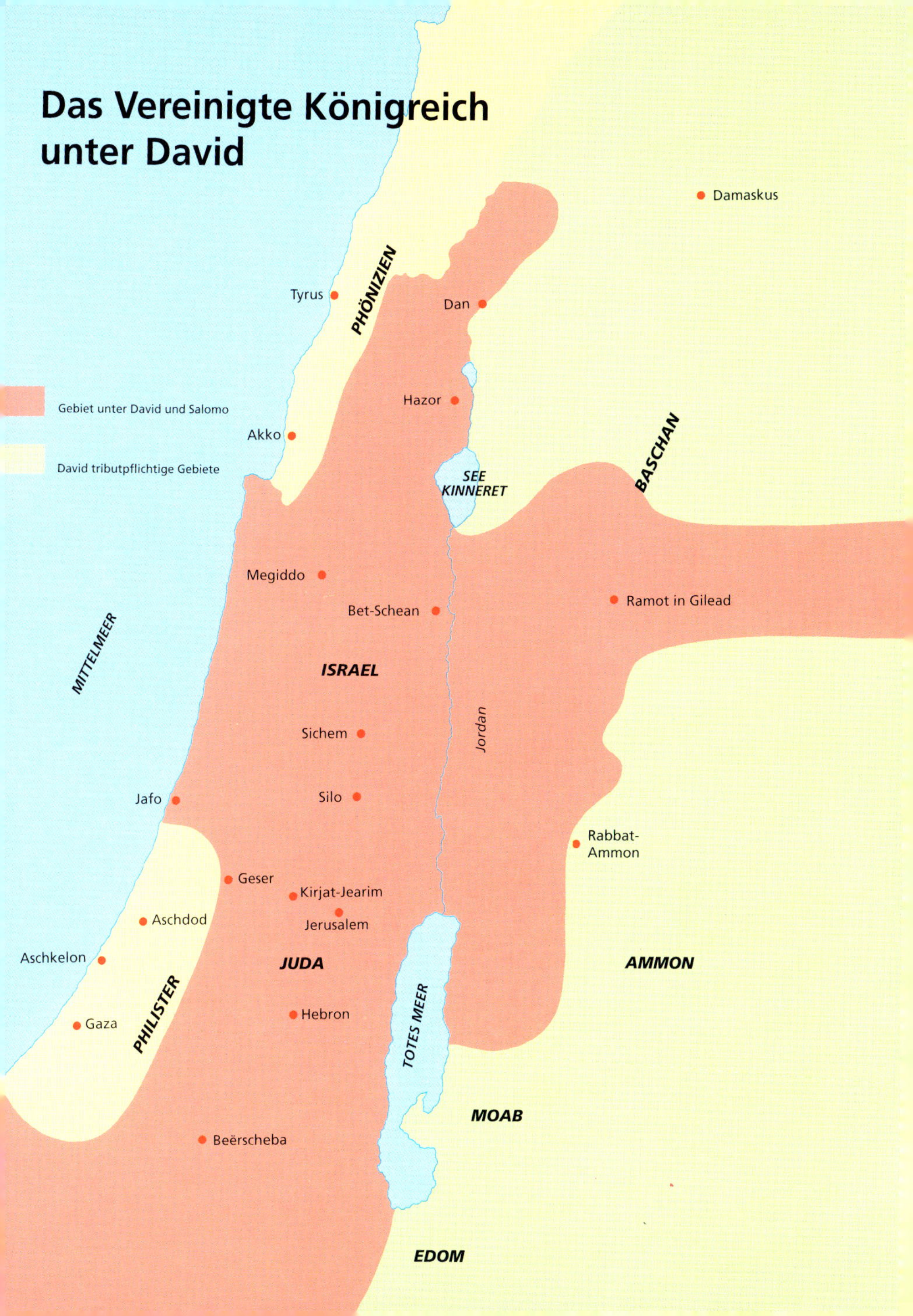

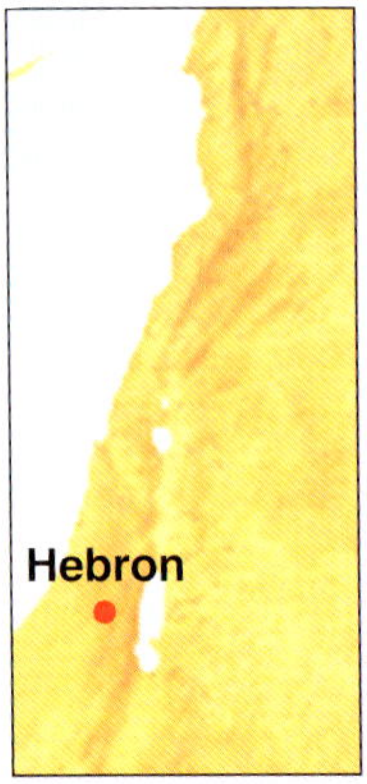

(1Sam 30,6). Er fragte Gott, was er tun solle. Gott antwortete, und unter seiner Führung gelang ihm ein wirklicher Sieg (1Sam 30).

Es folgt die Schilderung der letzten Szenen aus Sauls Leben und sein tragischer Tod (1Sam 28-31). Davids Totenklage macht seine Haltung deutlich. Jetzt war der Weg frei, damit David den göttlichen Plan erfüllen und König von Israel werden konnte.

Es ist interessant zu sehen, was sich beinahe gleichzeitig im Leben Sauls und Davids ereignete. Saul, ein unbußfertiger Sünder, ging in den Tod und zog dabei seine Familie und sein Land mit sich (1Sam 31,3-7). David, ein bußfertiger Sünder, ließ sich korrigieren, und ein großer Sieg wurde ihm über seine Feinde gegeben, und viele andere wurden mit ihm gerettet (1Sam 30,17-20).

Wenden wir nun unsere Aufmerksamkeit dem 2. Buch Samuel zu. Im Grunde gibt es zwischen 1. und 2. Samuel keinen Einschnitt. Ursprünglich gehörten die beiden Bücher zusammen. Sie decken die Zeit zwischen Samuels Geburt und Davids Tod ab. Das 2. Buch Samuel beschäftigt sich aber ausschließlich mit David.

Zu dem Bericht von 2Sam 2 über die Salbung Davids zum König über Juda gibt es in den Chronik-Büchern keine Parallele; aber 1Chr 11 und 12 geben uns ein lebendiges Bild davon, wie die Männer Israels kamen und David zum König über alle zwölf Stämme machten.

Nachdem König Saul und sein Sohn, Davids Freund Jonatan, im Gebirge Gilboa gefallen waren, fragte sich David natürlich, wie der nächste Schritt aussehen würde. Darum wandte er sich an Gott (2Sam 2,1).

David wollte nicht wissen, ob er König werden würde, sondern lediglich, wo er nun hingehen sollte. Das Volk Israel brauchte einen Herrscher, und Gott antwortete ihm, dass er nach Hebron ziehen sollte (Vers 3).

Hebron gehörte zu den ältesten Städten im Land (4Mo 13,22). Schon zu Abrahams Zeit hatte es sie gegeben. Nach der Eroberung Kanaans war sie Kaleb zugefallen und zu einer Freistadt erklärt worden (Jos 14,13-15; 21,11-13).

In den ersten sieben Jahren seiner Herrschaft war Hebron Davids Hauptstadt, und das verlieh ihr noch größere Bedeutung. Sie lag mitten in Juda, etwa 25 Kilometer südlich von Jerusalem. Weil es sich um eine befestigte Stadt handelte, eignete sie sich besonders gut als Hauptstadt des neuen Königreiches, denn die Philister wohnten auf der einen und die Anhänger Sauls auf der andern Seite.

Davids Aufstieg und Herrschaft (2. Samuel 1-10)

Im ersten Kapitel des Buches kehrte David nach seinem großen Sieg über die Amalekiter nach Ziklag zurück, erschöpft, aber froh über seinen Erfolg. Zweifellos fragte er sich, wie die Schlacht im Gebirge Gilboa ausgegangen war, in der sein engster Freund Jonatan und König Saul gekämpft hatten.

Er musste nicht lange warten. Ein Amalekiter war den langen Weg vom Lager der Israeliten gelaufen, um David vom Tod Sauls und Jonatans zu berichten. Weil er sich damit brüstete, Saul umgebracht zu haben, bestrafte ihn David hart (vgl. 2Sam 1,1-16).

David vergaß in seiner Großzügigkeit nicht nur alles, was Saul ihm angetan hatte, sondern erinnerte sich sogar an die guten Seiten seines Charakters.

David dichtete aus diesem Anlass ein Klagelied,das so genannte Bogenlied, das voller Zärtlichkeit über seinen Freund spricht (2Sam 1,19-27).

Mit Sauls Tod waren Davids Probleme nicht gelöst. Er hatte sich mit dem Philisterkönig Achisch verbündet. Er bewegte sich dabei so nahe an der Grenze des Verrats, wie es ihm möglich war,

Geschäftiges Treiben auf dem Marktplatz in Hebron. David gehorchte Gott und kehrte nach Hebron zurück. Dort wurde er zum König gekrönt.

ohne tatsächlich gegen Israel kämpfen zu müssen.

Juda, sein eigener Stamm, war ihm weitaus freundlicher gesonnen als die anderen. Sie wussten genau, wie Saul ihn gehetzt und gejagt hatte. Darum hatte er sich auch in Achischs Hand gegeben.

David fragte Gott, wo er sein Königreich aufrichten sollte, und Gott sandte ihn nach Hebron. Sobald er die Stadt erreicht hatte, kamen die Männer Judas und salbten ihn zum König über das Haus Juda.

Das war zwar nicht alles, was Gott David verheißen hatte, aber doch schon ein beachtlicher Teil, denn Juda war der königliche Stamm.

Zunächst kam David nur langsam vorwärts, viele Enttäuschungen warteten auf ihn. Aber er vertraute Gott. Er war geduldig und bereit, darauf zu warten, dass Gott die Führung übernahm. Er war demütig vor seinem Gott und vor seinem Volk. Er blieb auch demütig, als er Erfolg hatte, und wenn er sündigte, bereute er es aufrichtig. Er nutzte jedes Talent, das Gott ihm geschenkt hatte, um seinen Schöpfer zu loben, und unter seiner Herrschaft folgte das Volk Gott nach.

Unter David ereichte das Königreich seine größte Ausdehnung. Nach einigen gewonnenen Schlachten erstreckte es sich vom Mittelmeer bis hin zum Euphrat.

Die Männer von Juda, die sich mit David trafen, waren möglicherwiese Älteste seines eigenen Stammes. Sie waren gekommen, um ihn zum König zu machen. Obwohl Samuel ihn schon unter Ausschluss der Öffentlichkeit gesalbt hatte, um deutlich zu machen, dass er der Auserwählte Gottes wäre, war es nur natürlich und auch notwendig, ihn noch einmal in aller Öffentlichkeit zu salben, damit er seine Herrschaft antreten konnte.

Auch Saul war nicht öffentlich gesalbt worden (1Sam 10,1). Die Salbung mit Öl bedeutete die Berufung durch Gott. Saul hatte damit das Recht bekommen, über das Volk zu herrschen.

Davids Herrschaft wurde allerdings nicht von allen anerkannt. Abner, der Oberbefehlshaber des Heeres Sauls, leitete sofort die notwendigen Schritte ein, um Sauls Sohn Isch-Boschet zum Thronfolger zu machen.

David versuchte vergeblich, dieses Problem zu lösen und das ganze Volk dazu zu bewegen, ihn als König anzuerkennen. Sauls feindliche Gesinnung lebte in Abner weiter, der versuchte, die Königsherrschaft in Israel an das Haus Sauls zu binden (2Sam 2,8-10).

Das Volk kümmerte sich nicht darum, was Jahwe dazu zu sagen hatte, sondern versuchte lediglich, die öffentliche Meinung zu Gunsten Davids zu beeinflussen. Daraufhin brach ein Bürgerkrieg aus. Schließlich gewann David die Oberhand und wurde zum König über ganz Israel gekrönt.

David regierte insgesamt 40 Jahre, davon 7 1/2 Jahre in Hebron über Juda, und 33 Jahre in Jerusalem über ganz Israel. Die Festung Jerusalem, die zunächst noch in der Hand der Jebusiter war, wurde schon bald nach Antritt seiner Herrschaft eingenommen (2Sam 5,6-10).

Einer der großen Erfolge seiner Regierung war die Einigung des ganzen Volkes. Er führte die verschiedenen gegeneinander streitenden Elemente zusammen. Wir sehen ein geeintes Volk unter der Führung eines jungen Mannes aus einfachen Verhältnissen, der die Stämme unter Gottes Herrschaft brachte. Die Israeliten hätten nur Davids Führung weiter folgen müssen, dann wären sie erfolgreicher gewesen.

David vertraute Gott von ganzem Herzen und verließ sich nicht auf seinen eigenen Verstand. Er erkannte Gottes Führung an. Er betete um Wegweisung und erhielt sie auch.

Das erste Ziel Davids war die Einnahme Jerusalems, der scheinbar unüberwindlichen Festung Zion. Seit Josua hatte sich Jerusalem gegen alle Angriffe Israels zur Wehr gesetzt. David machte die Stadt zu seiner Residenz und zur Hauptstadt seines Königreiches.

Der Bericht darüber, wie Jerusalem zum ersten Mal ganz in die Hände des Gottesvolkes kam, steht in 2Sam 5,6-9; 1Chr 11,4-8.

Jerusalem war als Hauptstadt erste Wahl. Es lag zentral, gehörte zu keinem Stamm, hatte seit Abrahams Zeiten eine eindrucksvolle Geschichte und konnte deshalb den zwölf Stämmen als einigendes Band dienen. Juda konnte die Stadt halten, bis sie 400 Jahre später von Nebukadnezars Truppen zerstört wurde.

Nachdem die Philister die Lade zurückgebracht hatten (1Sam 4-6), war sie in Kirjat-Jearim geblieben. Jetzt bringt David sie in seine neue Hauptstadt.

Er erkannte klar, wie nötig das Volk Gott hatte. Aber mit diesem Unternehmen verband sich eine Tragödie (2Sam 6,1-19). Die Rinder, die den Wagen mit der Lade zogen, glitten aus und die Lade rutschte. Usa meinte, nach menschlicher Überlegung sei es zunächst einmal wichtig, die Lade vor dem Fall zu bewahren. Aber Gott, der Unsichtbare und Unantastbare, hatte in seinem Gebot (4Mo 4,15) das Heilige der Berührung durch Menschenhände entzogen.

Bei der anschließenden Feier erhält man einen Einblick in den ganzen Reichtum des jüdischen Gottesdienstes. Selbst der König tanzt vor Freude. Nur seine Frau Michal steht abseits, die Gegenwart Gottes lässt sie kalt und berührt sie nicht.

Alle Ereignisse während der Regierungszeit Davids, die der Einnahme Jerusalems folgten, kann man mit den folgenden Worten zusammenfassen: »David nahm immer mehr zu an Macht; und der Herr Zebaoth war mit ihm« (1Chr 11,9).

Nun war das Reich gefestigt. Das Land hatte Frieden. David ging nun an den inneren Aufbau des Reiches. Sein Volk war das Volk Gottes und Gott der Herr aller Herren. David verglich die Schönheit seines königlichen Palastes mit dem Heiligtum Gottes: »Ich wohne in einem Zedernhaus, und die Lade Gottes wohnt unter Zeltdecken« (2Sam 7,2).

Gott versagt David die Erfüllung seines Traums, den Tempel zu erbauen – das bleibt seinem Sohn vorbehalten, einem Mann des Friedens, keinem Krieger (1Chr 22,7ff). Gott verwehrte David diese Krönung seines Lebenswerkes, indem er – Gott – selbst sein eigenes Werk an David krönte: »Solltest du mir ein Haus bauen? ... Ich will dir ein Haus bauen.« Es ist die Verheißung ewiger Königsherrschaft (2Sam 7,4-16). Und wieder zeigte sich Davids Gehorsam gegenüber Gott (2Sam 7,17-29).

Das durch den Propheten Nathan wermittelte Versprechen Gottes, geht weit über alles hinaus, was David hätte erbitten können. Es verwundert nicht, dass er Gott von ganzem Herzen lobt und seiner Liebe zu ihm Ausdruck verleiht (V. 18ff). Er darf Gott kein Haus bauen, aber Gott wird ihm ein Haus bauen, eine Dynastie, die »in Ewigkeit« (V. 16) Bestand haben wird.

Auf dieser Verheißung ruht eine Hoffnung, die sich ab hier durch das ganze Alte Testament hindurchzieht, die Hoffnung auf einen Messias. Mit dem Kommen Christi erfüllte sich diese Hoffnung.

Jesus wurde im selben Ort wie David geboren, denn er stammt »aus dem Hause und Geschlechte Davids« (Lk 2,4). Der Engel verkündet Maria: »Gott der Herr wird ihm den Thron seines Vaters David geben, und er wird König sein über das Haus Jakob in Ewigkeit, und sein Reich wird kein Ende haben« (Lk 1,32-33).

Salomo erbaute dann tatsächlich den Tempel (1Kön 5-7). Aber auch David trug viel zum Bau bei: Er entwarf die Pläne, besorgte das Baumaterial und organisierte und delegierte die Aufgaben im Tempel, unter anderem für Musik und Gottesdienst (1Chr 28,1ff; 22,2ff).

Der Prophet Nathan stimmte Davids Tempelbau-Plan zu, jedoch offensichtlich ohne Gott gefragt zu haben.

An Davids Handeln lässt sich immer wieder Gottes Handschrift erkennen, auch in dem Bericht, wie David den verkrüppelten jungen Mefi-Boschet behandelte, als er entdeckte, dass er der Sohn seines Freundes Jonatan war (2Sam 9).

David war ein gewandter Krieger, auch wenn sein Herz dem Frieden gehörte. Kapitel 10 wiederholt den Bericht von einigen gefährlichen Unternehmen. Es ist zugleich der Schlussbericht über Davids Aufstieg zur Macht und bereitet die schreckliche Geschichte seines Falls vor.

Unter Davids Herrschaft erreichte Israel seinen Höhepunkt. Man hat diese Zeit Israels goldene Zeit genannt. Es gab keine Götzenhaine, keine Götzenverehrung und keine Verweltlichung, als David die Staatsgeschäfte lenkte. Israel war in jener Zeit ein reiches Volk. Seine

Der Berg Zion in Jerusalem heute. David machte Jerusalem zur Hauptstadt.

Handelskarawanen durchquerten die Wüsten vom Nil bis zum Tigris und Euphrat. Israel wuchs, und solange es Gott diente, gehörte Gottes Volk der Sieg.

Davids Fall (2. Samuel 11-20)

Das 11. Kapitel erzählt die Geschichte von Davids Fall. Der König hätte auf dem Kriegsschauplatz sein müssen, aber er war zu Hause in Jerusalem geblieben. Zur Abendzeit ging er auf dem Dach seines Hauses spazieren. Er befand sich in jener trägen, gleichgültigen Stimmung, die den Menschen in Versuchung kommen lässt. Er sah die schöne Batseba und begehrte sie.

Er sandte Diener aus und stellte Nachforschungen an (2Sam 11,3). Er zog über diese Frau Erkundigungen ein und dann nahm er Kontakt mit ihr auf (Vers 4). Schließlich schlief er mit ihr. Er vergaß, was er einem treuen Untertan, Uria, schuldig war, dessen Ehefrau er genommen hatte.

Dem Ehebruch folgte der Mord. David musste Uria, einen seiner tapfersten Soldaten, beseitigen. Er macht Joab zum Vertrauten seiner Sünde, zum Partner seines Mordes.

Bestrafte Sünde

Einige Zeit später besuchte der Prophet Nathan David und forderte von ihm Rechenschaft. Geschickt führte er durch seine Geschichte vom gestohlenem Schaf David zur Buße. Wir lesen in Ps 51 von seiner ehrlichen Reue. Gott strafte David mit dem Tod seines Kindes. Bemerkenswert, wie David diese Strafe annahm (2Sam 12,13-32). Als das Kind starb, stand David auf und betete Gott an.

Der Tod dieses Kindes war für David schmerzlich; ihm folgte noch weiterer Kummer, den er um seinen Sohn Absalom hatte.

David hatte Buße getan, und Batseba wurde sein Nachfolger Salomo geboren, doch die entwaffnende Tapferkeit und Sicherheit des jungen David gehörten nun für immer der Vergangenheit an. Von nun an begann er, eine bittere Ernte einzufahren. Der talentierte Staatsmann, der den zerstrittenen Stämmen politische und religiöse Einheit schenkte, brachte es nicht fertig, in seiner Familie für Frieden und Ordnung zu sorgen.

2Sam 13-18 erzählt von den verschwörerischen Plänen und Aufständen seines machthungrigen Sohnes, eine Geschichte mit vielen untergeordneten Nebenhandlungen. Die Verwicklung dieser Kapitel lässt sich zum Teil auf den zweideutigen Charakter Joabs, Davids Gefolgsmann, zurückführen. Es wird nie ganz deutlich, ob er aus blinder Loyalität oder aus persönlichem Ehrgeiz handelt. Die Familienfehde entwickelt sich zu einem Bürgerkrieg, und Davids Leben ist in Gefahr. Wieder weint David, dieses Mal um sich selbst, als er den Ölberg hinaufgeht, um vor seinem Sohn zu fliehen.

Absalom übte Verrat. Er brachte es mit Hilfe eines Spionagesystems soweit, dass das Volk von David abfiel.

Als Absalom aber umkommt, wird David wieder von Trauer zerrissen. Wir sehen, wie er ängstlich auf die Schlachtberichte wartet und versucht, aus der umständlichen Sprache des Boten die Wahrheit herauszufinden.

Die kurzen, einfachen Worte der Trauer, die er findet – »O Absalom, mein Sohn, mein Sohn« –, lassen uns erahnen, dass ihm Familienangelegenheiten mehr bedeuten als der Thron, dass sich sein Sieg in eine bittere Niederlage gewendet hat.

Dem großen Befehlshaber, dessen erster Gedanke immer seinen Männern galt, muss man nun auseinander setzen, dass seine Trauer ein Schlag ins Gesicht jener Soldaten ist, die ihm zum Sieg verhalfen und ihn vor dem sicheren Tod retteten.

David litt an den Siegen Absaloms.

Aber die Niederlage und der Tod seines Sohnes waren für ihn noch viel schrecklicher (2Sam 18,19-19,4).

Davids letzte Tage
(2. Samuel 20-24)

Nachdem der Aufstand Absaloms niedergeschlagen war, nahm David sein Königtum wieder ein. Neue Beamte wurden eingesetzt, und der Wiederaufbau begann. David beging die Sünde der Volkszählung, die Gott ihm nicht geboten hatte (Kap. 24).

Es wird an dieser Stelle nicht recht deutlich, warum es falsch war, eine Volkszählung durchzuführen. Vielleicht war sie ein Anzeichen dafür, dass man sich auf die eigene Stärke und nicht auf Gott verließ. Der Chronist (1Chr 21,1) – der sich vielleicht bewusst war, dass seine Leser ein Problem damit haben könnten, dass Gott erst die Volkszählung veranlasst und David dann für deren Durchführung bestraft – stellt es so dar, dass Satan David zur Volkszählung verführte.

Zur Strafe wütete, vom Propheten Gad angekündigt, die Pest drei Tage lang in der Stadt.

David sammelte nun Geld und Material für den zukünftigen Tempelbau und übergab alles seinem Sohn Salomo. Die letzten Verse von 2Sam 24,18-25 berichten, wie der König David Araunas Tenne kaufte. Dort errichtete er einen Altar. Das hat eine besondere Bedeutung, denn es handelt sich um das Grundstück für den großen Tempel, den Salomo später bauen sollte.

Als David starb, war er erst 70 Jahre alt. David ist einer der großen Männer der Bibel. Sein Geist offenbart sich uns in den Psalmen, die er schrieb. Obwohl seine persönlichen Sünden schwer waren, stand er wie ein Felsen für Gott ein.

Kap. 22 ist praktisch identisch mit Psalm 18, und auch Vergleiche mit

Das Kidrontal in Jerusalem. Davids Flucht führte ihn durch dieses Tal, als sein Sohn Absalom versuchte, die Herrschaft an sich zu reißen.

Moses Lied in 5Mo 32 bieten sich an.

Das Lied feiert einen der ersten großen Siege Davids. Die Verse 21-25 stehen in auffallendem Gegensatz zur tieferen Selbsterkenntnis, wie sie in Psalm 51 nach seiner Affäre um Batseba und Uria zum Ausdruck kommt.

Vielleicht ist dies die letzte Dichtung, die der »Sänger der Psalmen Israels« verfasste (siehe 1Kön 2 zu seinen letzten Anweisungen an Salomo). Seine Gedanken drehen sich darum, was einen guten Herrscher ausmacht, wie er selbst vor Gott dasteht und wie es mit der ihm verheißenen Dynastie weitergeht – ein angemessener Abschluss für den König, der trotz all seiner Fehler doch ein »Mann nach dem Herzen Gottes« war.

David sündigte, aber er tat auch Buße und gab Gott die Möglichkeit, ihm vergeben und ihn reinigen zu können.

David übernahm ein dem Untergang geweihtes Volk und errichtete eine Dynastie, die bis zur Zeit der Gefangenschaft Israels bestehen sollte, also über einen Zeitraum von über 450 Jahren. Er machte Israel zu einem der mächtigsten Reiche Westasiens.

Obwohl er viele Fehler hatte, zählt er doch mit Abraham und Mose zu den großen Männern Israels. Es gehört zu den Stärken seiner Geschichte, dass sie überhaupt erzählt wird, ohne zu verurteilen oder zu beschönigen.

Der Faden, der alles zusammenhält, ist Davids Gottvertrauen. Ob er sündigt, ein Verbrechen begeht oder es nachher bereut – darin bleibt er sich selbst treu. Darum geht auch Gott mit ihm. Doch obwohl es für ihn Vergebung gibt, muss er die Folgen seiner Verfehlungen auf sich nehmen. David muss – wie alle Menschen – den Widerspruch zwischen Sündenvergebung und einer Welt voller Leid aushalten.

11.

Die Könige- und Chronikbücher

Die Königebücher

Im Hebräischen, der Sprache dieser Bücher, waren die Samuel- Könige- und Chronikbücher je auf eine Schriftrolle geschrieben worden. Es gab also ein Samuelbuch, ein Buch der Könige und eines der Chronik. Als sie ins Griechische übersetzt wurden, trennten die Übersetzer sie, weil das Griechische um ein Drittel mehr Platz brauchte als das Hebräische und die Rollen, auf die geschrieben wurde, nicht so lang waren.

Der oder die Verfasser der Königebücher sind Priester und Propheten. (Im hebräischen Kanon gehören die Königsbücher zu den »frühen Propheten«, ihr Verfasser ist nach jüdischer Tradition Jeremia.) Ihre endgültige Fassung muss nach 561 v.Chr. angesetzt werden, dem Jahr der Begnadigung Jojachins. Sie sind eine direkte Fortsetzung der Samuelbücher und berichten, wie der Name verrät, von der Herrschaft der Könige Judas und Israels, vom Aufstieg des ursprünglich geeinten Königreiches unter Salomo bis zur völligen Zerstörung des in Nord- und Südreich aufgespaltenen Reiches, der Gefangennahme Judas und Israels. Insgesamt umfasst der Zeitraum rund 400 Jahre. Dazwischen liegt die Teilung in das Südreich (Juda mit Simeon und einem Teil Benjamins), das in dieser Zeitspanne 20 Könige hatte, und das Nordreich (Israel = die zehn anderen Stämme), das 19 Könige hervorbrachte.

Die beiden Königebücher sind Quellenbücher der Weltgeschichte. Viele Ausgrabungen bestätigen ihre Berichte, die oft durch keine andere Geschichtsquelle belegt sind. Obwohl sie das Ende Davids, das Leben Salomos und die großen Prophetengestalten Elia und Elisa beschreiben, unterscheiden sie sich von den eher biographischen Samuelbüchern. Die Aufzählung der vielen, in schneller Folge einander ablösenden Könige, die stereotyp mit den gleichen lapidaren Sätzen vorgestellt werden, mag langweilig erscheinen. Dennoch berichten sie uns zentrale Ereignisse.

Die Königebücher beginnen mit König David und enden mit dem König von Babylonien. Sie berichten vom Bau des Tempels und enden mit dem Tempelbrand. Sie bereiten die erste

Lesevorschläge

Sonntag:	Der Bau und die Einweihung des Tempels	*1Kön 6,1-14; 8,22-53*
Montag:	Salomos ruhmreiche Regierung	*1Kön 10,1-29*
Dienstag:	Die Teilung des Reiches	*1Kön 12,1-33*
Mittwoch:	Der Prophet Elia	*1Kön 17,1-18.46*
Donnerstag:	Elia und Elisa	*2Kön 2,1-22*
Freitag:	Die Gefangenschaft Israels (Nordreich)	*2Kön 17,7-23*
Samstag:	Die Gefangenschaft Judas (Südreich)	*2Kön 25*

Thronfolge nach David vor und enden bei Davids letztem Thronfolger Jojachin, der von dem König der Babylonier aus der Gefangenschaft entlassen wurde.

Salomo war der letzte König des Zwölfstämmereiches, durch den Gott sein ganzes Volk regieren konnte. Zu seiner Zeit wurde durch Elia das Prophetenamt eingeführt.

Das Reich Salomos
(1. Könige 1-10)

König David war nun »alt und hochbetagt« – vor der Zeit, möchte man meinen, denn er war erst 70 Jahre alt! Durch seine Zaghaftigkeit kam es zu einem Aufstand. Adonija, der älteste lebende Sohn, versuchte, die Thronfolge an sich zu reißen (2Sam 3,2-5). Doch Salomo, dem Sohn der Batseba, war schon vor seiner Geburt der Thron zugesagt worden.

Der Aufstand Adonijas rief eine Gegenmaßnahme hervor, die der Prophet Nathan einleitete: Gott, David und das Volk standen auf der Seite Salomos. Er wurde deshalb noch zu Lebzeiten Davids gekrönt (1Kön 1,39). Er war erst 19 Jahre alt.

Salomos Herrschaft begann in unvorstellbarem Glanz. Aber wie das Leben Sauls endete auch das seine mit dem Abfall: Sein Herz war nicht ungeteilt bei dem Herrn (1Kön 11,4).

Dennoch war Salomo ein reicher, ein glanzvoller Herrscher, voll Weisheit und mit großem Einfluss. Zu seiner Zeit lebte Israel in Frieden, »jeder unter seinem Weinstock und unter seinem Feigenbaum« (1Kön 5,5).

Salomo hatte eigentlich gut begonnen. Als er gleich zu Anfang seiner Herrschaft sich von Gott etwas erbitten durfte, verriet der Wunsch des jungen Königs Weisheit: Er erbat ein gehorsames Herz und Verständnis. Gott erfüllte seine Bitte (1Kön 3).

Als Erstes schuf Salomo eine leistungsfähige Staatsführung. Er sammelte fähige Männer um sich und übertrug jedem Verantwortung für einen Regierungsbereich. Das führte ihn zu großen Erfolgen.

Das größte Unternehmen Salomos war der Tempelbau. Schon sein Vater David hatte die Vorbereitung dafür getroffen. Die breite Felsplattform, auf der Salomos Tempel gebaut wurde, kann man zum Teil heute noch im Felsendom sehen. Die Natursteine – ein Stein war rund 1,40 m lang –, das Zedernholz und der Goldüberzug gaben dem Tempel einen ungewöhnlichen Glanz.

Von der Größe her entsprach der Tempel eher einer Kapelle als einer Kathedrale. Er sollte das Haus Gottes werden, nicht ein Gebäude zur Abhaltung von Massenversammlungen. Der Tempel maß etwa 27x9x13,5m und war in zwei Teile gegliedert. Ein Teil des inneren Baus wurde durch einen Vorhang abgetrennt; hier befand sich das Allerheiligste. Davor stand eine 4,5x9 m große Eingangshalle, und entlang der Seitenwände errichtete man Lagerräume.

Das Grundstück des Tempels ist ein uralter historischer Platz. Auf diesem Felsen sollte Abraham den Isaak opfern (1Mo 22,2). Später war hier die Tenne des Jebusiters Arauna, die David ihm abkaufte, um einen Altar zu errichten (2Sam 24,16-25). Dann stand an dieser Stelle die Bundeslade. Und heute steht hier die Omar-Moschee, das Heiligtum der Muslime. Die Menschen haben von jeher Pilgerfahrten zum Tempel gemacht, um dort Gott zu begegnen.

In der Bibel werden drei irdische Tempel in Jerusalem erwähnt: der Salomonische Tempel, der etwa 587 v.Chr. von den Babyloniern zerstört wurde (2Kön 25); der unter Serubbabel wieder aufgebaute Tempel (Esra 5,2; 6,14-18), den man aber an Größe und Schönheit nicht mit dem Salomonischen Tempel vergleichen konnte; und der unter Herodes dem Großen um 20 v.Chr. begonnene Tempel, der im Jahre 70 n.Chr. vom römischen Feldherrn und nachmaligen Kaiser Titus zerstört wurde.

Eine Charakterstudie

Salomo – mächtig, edel und weise

Seine Erziehung erhielt er durch den frommen und weisen Nathan, der ihm den Beinamen »Jedidja« (Geliebter des Herrn) gab. (2Sam 12,25)

Sein Königtum war fest gegründet. Das ganze Volk freute sich und machte ein großes Fest, als er inthronisiert wurde. (1Kön 1,40.45)

Das Vermächtnis seines Vaters war voller Verheißungen. (1Kön 2,1-9)

Sein Wunsch, von Gott mit Weisheit erfüllt zu werden, entsprach dem Willen Gottes. (1Kön 3)

Sein Mitarbeiterkreis war größer als der jedes anderen israelitischen Königs. (1Kön 4)

Sein Lebenswerk war der Tempelbau. Für dessen Bau und Einrichtung wurden riesige Mittel zur Verfügung gestellt. Der Einweihungsgottesdienst ist uns seiner Erhabenheit wegen überliefert. (1Kön 8)

Das Königreich erreichte endlich die Grenzen, die Josua (Jos 1,4) gezeigt worden waren.

Der Reichtum und der Ruhm Salomos nahmen der Königin von Saba den Atem. (1Kön 10,5)

Salomos Schönheit wird in Psalm 45,3 angedeutet.

Salomos brennende Liebe zeigt sich in seinen Liedern (Das Hohelied Salomos).

Salomo – der schwache und irrende König

Anders als sein Vater David behandelte Salomo seinen Bruder Adonija grausam. (1Kön 2,4)

Wie Saul wurde er stolz. (1Kön 10,18-29)

Er verfiel dem Götzendienst. (1Kön 11)

Der Ruhm Salomos

Wenn man 1Kön 9,1-28 und 10,14-29 liest, entdeckt man die Gefahren, die Salomo drohten. Man bedenke seine ererbte Machtstellung unter den Völkern, seine große Weisheit und seine unzählbaren Reichtümer! Die Flotte verbreitete seinen Ruhm (1Kön 9,26-28). Seine Macht und der Reichtum seines Landes wurden als Machtbeweise seines Gottes angesehen. Diese Tatsache faszinierte unter anderem auch die Königin von Saba (1Kön 10,7).

Schließlich erlag er aber den Versuchungen, die von Macht und Reichtum ausgehen. Salomo interessierte sich, auch bedingt durch seine zahlreichen nichtisraelitischen Frauen, für andere Götter. Er brachte ihnen Opfer. Gott aber schaute dem Verderben seines Königs und damit seines Volkes nicht tatenlos zu. Er ließ die Feinde Israels gegen Salomo aufstehen.

Das Königreich wird zerrissen

Salomo regierte, genau wie Saul und David, vierzig Jahre lang (Apg 13,21; 2Sam 5,4; 1Kön 11,42). Um den Hofstaat, den Tempelbau, den königlichen Palast, der alle Besucher in den Bann schlug, und die fremden Heiligtümer finanzieren zu können, musste Salomo den Leuten hohe Steuern auferlegen. Luxus und Götzendienst verschlangen Unsummen und verdarben das Volk. Die Korruption wucherte, und unter diesen Bürden wurde das Volk rebellisch.

Aber der Grund, der zur Teilung des Reiches führte, lag tiefer. Die Wurzel findet sich im Segen Jakobs über Ephraim und Josef (1Mo 48,17-22; 49,22-26). Seit der Landnahme 300 Jahre zuvor wachte

Grundriss des Salomonischen Tempels

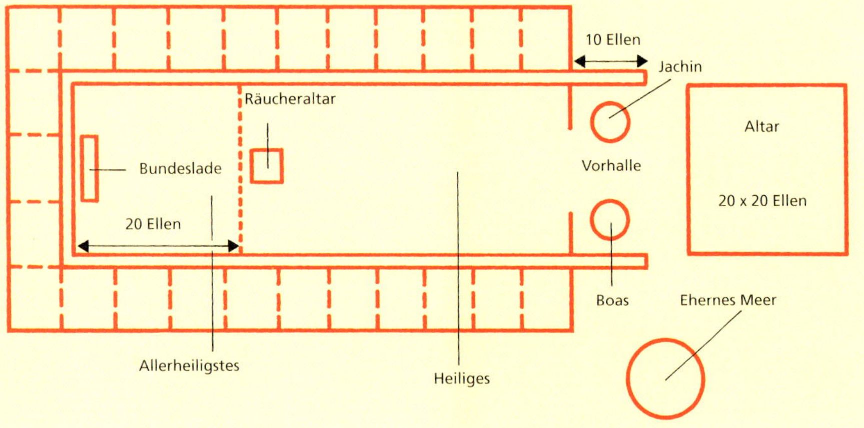

Ephraim eifersüchtig über der Stellung, die ihm Josua und das Heiligtum in Silo, das im Stammesgebiet von Ephraim lag, gaben. Unter David verschob sich die Machtstellung zugunsten Judas. Nun kamen die Machtentfaltung Salomos, sein Götzendienst und die Fronarbeit, die er dem Volk auferlegte. Seine Befehle riefen Widerstand hervor (1Kön 11,26-43; 12,4).

Als Salomos Sohn Rehabeam drohte, die Steuern des Volkes noch zu steigern, kam es zur Eskalation. Unmittelbar darauf folgte der Aufstand der zehn Stämme (1Kön 12,16). Nur die beiden Stämme Juda und Benjamin blieben dem Königshaus treu (1Kön 12,7.21). Jerobeam wurde nun König des Nordreiches (V. 20).

Jerobeam, ein junger Ephraimiter, Sohn einer Witwe, war von Salomo zum Aufseher über die Fronarbeiter gemacht worden. Nun informierte der Prophet Ahija Jerobeam über Gottes Absichten mit Israel, indem er seinen neuen Mantel in zwölf Streifen zerriss und Jerobeam aufforderte: »Nimm zehn Stücke zu dir! Denn so spricht der Herr, der Gott Israels: Siehe, ich will das Königtum aus der Hand Salomos reißen und dir zehn Stämme geben« (1Kön 11,31). Damit war das Königreich zerteilt. Das war das Gericht über Salomo.

Fortan regierte Rehabeam, der Sohn Salomos, in Jerusalem über Juda und Benjamin. Jerobeam herrschte über die übrigen zehn Stämme in Sichem. Und um der Sehnsucht des Volkes nach dem Tempel in Jerusalem entgegenzuwirken, machte er goldene Kälber und stellte sie in Bethel und Dan auf. Das war seine Sünde und die Sünde des Volkes. Später wird im alten Testament öfter auf »die Sünde Jerobeams« Bezug genommen. Es wurde zum stehenden Begriff für Götzendienst und Abfall vom Gott Israels. Über Jerobeams Ende berichtet Kapitel 14.

Das Königreich des Volkes Gottes zerbrach an der Sünde. Der Ungehorsam führte Gottes Volk in die Verbannung (2Kön 17 und 25).

Das Wirken des Elia
(1. Könige 17-22; 2. Könige 1)

»Elia, der Tischbiter, aus Tischbe in Gilead« (1Kön 17,1), das ist die kurze Bezeichnung, mit der die Bibel ihn einführt.

Das geteilte Reich

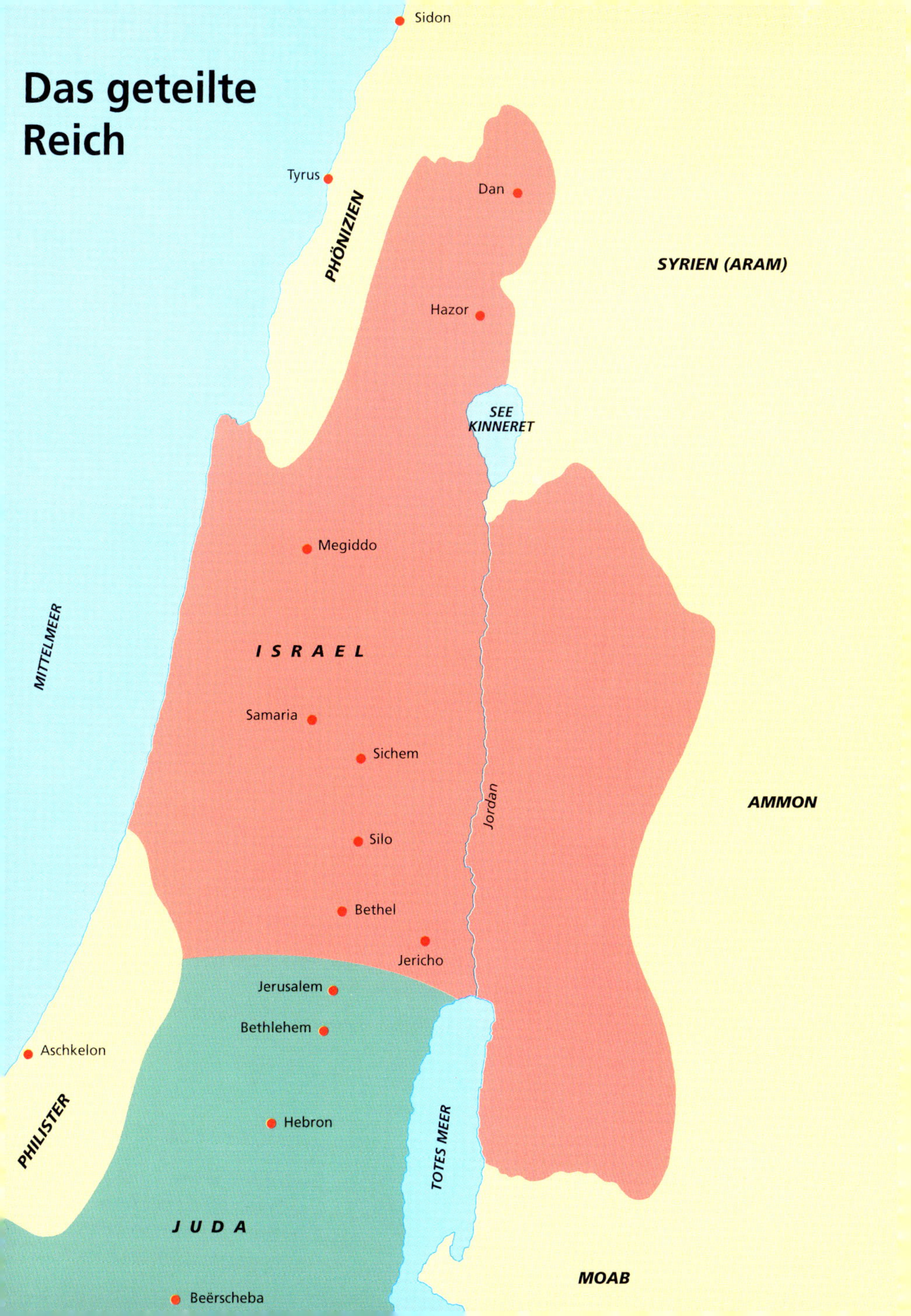

Der Name Elia bedeutet: »Gott ist mein Herr« und dieser Name trifft auf diesen Mann wirklich zu. Er war ein großer Prophet. Die Bibel berichtet ausführlich über sein plötzliches Auftreten, seinen ungebrochenen Mut, seinen Eifer, seinen Triumph auf dem Karmel, die Tiefe seiner Verzweiflung, seine Aufnahme in den Himmel durch den feurigen Pferdewagen (2Kön 2,11) und sein Wiedererscheinen auf dem Berg der Verklärung (Mk 9,4).

Baal wurde als Wettergott angebetet, der eine gute Ernte schenken oder vorenthalten konnte. Elia sollte den Baalsdienst beseitigen, den Ahab unter dem Einfluss seiner Frau Isebel eingeführt hatte. Unter Samuel hatte sich das Volk vom Baalsdienst getrennt. Doch das war lange vorbei. Jetzt stand plötzlich der tapfere Prophet vor dem König und sprach: »Es soll diese Jahre weder Tau noch Regen kommen, ich sage es denn« (1Kön 17,1). Gott hatte ihm diese Vollmacht gegeben, und es regnete nun dreieinhalb Jahre lang nicht mehr.

Elia selbst musste keinen Mangel leiden. Gott gab Elia, was er zum Leben brauchte, zunächst unmittelbar aus der Natur und später durch einen Menschen.

Nach Ablauf der dreieinhalb Jahre, die eine schwere Hungersnot herbeigeführt hatten, rief Elia vor den Augen der Baalspriester auf dem Berg Karmel Feuer vom Himmel. Dann kam der ersehnte Regen. Mit den 450 Priestern, die Elia am Kischon tötete, erlitt der Baalsdienst in Israel seine entscheidende Niederlage.

Elia war der große Prophet seiner Zeit, der das götzendienerische Volk und seinen König warnte und, wenn die Israeliten umkehrten, auch wieder aufrichtete.

Wir lesen in der Bibel nicht nur von den großen Siegen des Elia; gerade die menschlichen Seiten bis hin zur Depression kommen stark zur Geltung.

Das Wirken des Elisa
(2. Könige 1-9)

Elisa wurde von Elia als Nachfolger ausgebildet. Im Gegensatz zu dem feurigen Elia war er ein eher ruhiger Mann. Die meisten seiner Wunder waren Taten der Freundlichkeit und der Barmherzigkeit. Er hatte großen Einfluss auf die Könige seiner Zeit; obwohl er nicht billigte, was sie taten, kam er ihnen doch stets zu Hilfe. Fünfzig Jahre lang übte er seinen Prophetendienst aus.

Die Wunder, die Elisa tat, zeigen wie auch die Wunder Jesu, dass Gott sich um ganz gewöhnliche Menschen und ihre Bedürfnisse sorgt.

Der Verfall Israels
(2. Könige 1-17)

Das 2. Buch der Könige leitet seine Berichte mit dem Anspruch Gottes auf Israel ein und mit der Vollmacht, mit der er seinen Boten ausstattet: Elisa, den Nachfolger und Erben Elias (2Kön 2).

Königen und Witwen, Israeliten und Nichtisraeliten begegnet Elisa mit Gottes Wort und Gottes Heilshandeln (Kap. 1-8). Elisas Wirksamkeit fällt in die zwölfjährige Königsherrschaft Jorams, des Sohnes Ahabs. Noch zu Jorams Lebzeiten salbte Elisa Jehu, weil Gott die Ausrottung des Hauses Ahabs beschlossen hatte (Kap. 9). Die Berichterstattung wechselt zwischen den Königen von Juda und Israel. Nach dem Tode Elisas, des großen Mahners (13,14-20), wird sie knapper. Bürgerkriege, Bündnisse mit Fremdmächten und der Götzendienst trugen zum endgültigen Zerfall der Reiche Juda und Israel bei. Hosea war der letzte König in Israel (2Kön 17,1).

Salmanasser führt ihn und ganz Israel in assyrische Gefangenschaft (17,3-6). Die Begründung des Gerichts findet man in Kapitel 17,7-23. Die Verse 24-41 berichten von der Entstehung des Mischvolkes der Samariter. Die Kapitel 18 bis 20 (Hiskia) und weiter bis Kapitel 24 beschreiben den 130-jährigen jüdischen Kampf gegen die Übermacht der Feinde, die Zerstörung Jerusalems und die Wegführung nach Babylon.

Der Verfall Judas
(2. Könige 13-25)

Etwa 80 Jahre lang herrschte ständiger Krieg zwischen den beiden Reichen. Das Südreich versuchte, das Nordreich einzunehmen. Aber dies gelang nicht. Die Hochzeit Jorams (der König des Südreiches) mit Atalja, einer Tochter Ahabs und Enkelin Omris (der König des Nordreichs), leitete eine 80-jährige Friedensperiode ein (2Kön 8,16-18,25-26). In den daraufolgenden Jahren brachen die Streitigkeiten erneut auf.

Im Südreich (Juda und Benjamin) herrschte nun eine Dynastie, die davidische, von König Rehabeam bis Zedekia. Die großen Propheten jener Zeit waren Jesaja, Nathan, Jeremia, Joel und Zefanja.

Der bemerkenswerteste König in dieser Zeit war zweifelsohne Josia. Inmitten negativ bewerteter Könige regierte Josia 31 Jahre. Der Verfasser porträtiert ihn als besten der Könige Judas, der treu zu Gott und seinen Gesetzen steht und tief greifende religiöse Reformen durchführt. Ein Buch des Gesetzes (vielleicht eine Abschrift des 5. Buchs Mose) wird bei Reparaturarbeiten im Tempel gefunden. Bei der Verlesung wird offenbar, dass das Volk seinen Bund mit Gott gebrochen hat und deshalb die vereinbarte Strafe verhängt werden muss. Doch die Rechtschaffenheit des Königs wird mit in Betracht gezogen.

Josia beeilt sich, Gottes Anweisungen, die er durch Hulda, eine Prophetin, bekommen hatte, in die Tat umzusetzen. Auf die öffentliche Verlesung des

Statue des Propheten Elia auf dem Berg Karmel.

Gesetzes folgt die Erneuerung des Bundesschlusses mit Gott. Öffentliche Plätze werden gereinigt, alle Gegenstände, die mit Götzendienst in Verbindung stehen, entfernt. Die Reinigungsmaßnahmen erstrecken sich auch über Juda hinaus auf Orte, die sich auf israelitischem Territorium befinden. Das in Vergessenheit geratene Passafest wird wieder gefeiert und auch mit privaten schweren Verfehlungen wird aufgeräumt (24-25). Doch bereits mit dem Nachfolger Josias auf dem Königsthron änderte sich das so positive Bild. Der Weg führt nun unweigerlich in die Katastrophe.

Etwa 130 Jahre nach der Einnahme des Nordreiches durch die Assyrer nahm Nebukadnezar, der König von Babylon, das Südreich ein. Jerusalem wurde zerstört, der Tempel verbrannt und das Volk (außer den Bauern und Weingärtnern) in das Exil geführt. Der Bericht darüber steht in 2Kön 25 und außerdem in Jer 37-43.

Das Volk hatte seinen Gott vergessen und die Warnungen der Propheten in den Wind geschlagen. Gott lehrte sein Volk nun auf härtere Weise zu gehorchen und seine Abhängigkeit erkennen.

Dieses Relief aus Ninive zeigt, wie Kriegsgefangene von den Assyrern, die als grausame Krieger gefürchtet wurden, deportiert werden.

Die Geschichte der Juden im Alten Testament ist ein Bericht davon, wie Gott mit ungehorsamen Kindern verfährt. Aber bei allem Gericht ist Gott freundlich und gnädig, denn er liebt sein Volk mit unveränderter Treue.

Es besteht ein Unterschied zwischen dem Fall Israels und Judas. Israel wurde für eine unbegrenzte Zeit unter die Völker zerstreut, während Judas Gefangenschaft nur 70 Jahre dauerte, nach denen es nach Jerusalem zurückkehren durfte. Aus diesem Stamm sollte ja der Messias kommen, und Gott ebnete ihm den Weg, auch durch die Herrscher fremder Völker, um seinen Plan zu erfüllen – so durch den Perserkönig Kyrus (oder »Kores«), der den Juden die Rückkehr in ihr Heimatland erlaubte (Esra 1,1-2; Dan 1,21; 6,29).

Die Chronikbücher

Die beiden Chronikbücher laufen auf weite Strecken zu den Samuel- und Königebüchern parallel. Sie erweitern jedoch die Perspektive und setzen genealogisch bereits mit Adam ein. Im Mittelpunkt steht das Königtum Davids und Salomos, daneben der Tempelgottesdienst. Alles, was damit zusammenhängt, wird mit besonderer Liebe geschildert. Der Lobpreis des Höchsten galt als wichtigste Aufgabe Israels (1Chr 23,30; 25,7).

Nach alter Tradition soll Esra der Verfasser der Chronikbücher sein, was heute weitgehend nicht mehr angenommen wird. Dem Verfasser haben ohne Zweifel alte Quellen vorgelegen, die uns nicht mehr erhalten sind.

Auffällig ist, dass nach der Trennung des Reiches nur die Geschichte des Südreiches Juda erzählt wird. Das Ziel, das den aus der Gefangenschaft Heimkehrenden vor Augen gestellt wurde, ist der Wiederaufbau des Tempels (2Chr 36,23). Es wurde ihnen zugesagt, dass sie die alten Verheißungen der Glaubensväter mit Fug und Recht in Anspruch nehmen dürfen. Der Segen der Treue zum Gott der Väter und zu seinem Gesetz wird mehrfach unterstrichen.

Obwohl der Chronist sich mit der Vergangenheit befasst, interessiert er sich mehr für die Bedeutung des Geschehenen als für die Ereignisse selbst.

Für weite Teile seines Buches (1Chr 10 bis 2Chr 36) greift der Chronist auf die Samuel- und Königebücher zurück. Er erwartet von seinen Lesern, dass sie mit dieser Geschichte vertraut sind, die er hier abkürzt, erweitert und abwandelt, um sie mit seiner Absicht in Einklang zu bringen. Er zieht auch andere alttestamentliche Bücher heran, besonders 1.-3. Mose, Josua, Rut und einige Psalmen. Auch die in den Samuel- und Königebüchern erwähnten Königschroniken nutzte er als Quellen.

Mit den Verfassern der Samuel- und Königsbücher teilt er die Überzeugung, dass der Schlüssel zu Frieden und Wohlstand seines Volkes im Gehorsam gegenüber Gott liegt. Ihm nicht zu gehorchen, führt in die Katastrophe. Aber ihm liegen auch andere Themen am Herzen: Der wahre Gottesdienst (mit besonderem Augenmerk auf den Tempel) und das wahre Königtum (die königliche Linie Davids).

Verständnis **1. Chronik**

Die Geschichte Judas

Bücher wie die 1. und 2. Chronik erzählen von der Geschichte des jüdischen Volkes. In dieses Volk ist später Jesus Christus hineingeboren worden. Gott hat dieses Volk für seine Verheißungen und Ziele auserwählt. Er ist immer noch ihr Gott (Römer 11,1) und er hat immer noch Pläne mit diesem Volk. Wenn man die doch sonst eher spröden Chronikbücher in diesem Licht betrachtet, gewinnen sie an Bedeutung und Einfluss.

Verständnis **2. Chronik**

Ein Buch der Erweckung!

Zu großen Erweckungsbewegungen kam es unter:

1. Asa – 2. Chronik 15
2. Joschafat – 2. Chronik 20
3. Joasch – 2. Chronik 23-24
4. Hiskia – 2. Chronik 29-31
5. Josia – 2. Chronik 35

12.

Die Bücher Esra und Nehemia

Auch für die Bücher Esra und Nehemia gilt, was auf die Samuel- und Königsbücher zutrifft: In der Hebräischen Bibel waren sie *ein* Buch.

Das Thema der beiden Bücher

Sie berichten von einem der wichtigsten Ereignisse der jüdischen Geschichte – der Rückkehr aus der Babylonischen Gefangenschaft, und zwar über einen Zeitraum von ungefähr einhundert Jahren.

Wir erinnern uns, dass die Königsbücher mit der Zerstörung des Nordreiches und später mit der Wegführung Judas in die Babylonische Gefangenschaft endeten.

Während der Gefangenschaft sprachen die Propheten Jeremia und Hesekiel zu den Juden von der Wiederherstellung des Volkes und davon, dass sie in ihr eigenes Land zurückkehren und Jerusalem wieder aufbauen würden.

Der Prophet Jeremia sagte ihnen, dass dies im 70. Jahr der babylonischen Herrschaft geschehen würde. »Denn so spricht der Herr: Wenn für Babel 70 Jahre voll sind, so will ich euch heimsuchen und will mein gnädiges Wort an euch erfüllen, dass ich euch wieder an diesen Ort bringe« (Jer 29,10).

Gott bediente sich dazu Esras und Nehemias. Esra war ein Priester und Schriftgelehrter; Nehemia war Mundschenk des Perserkönigs Artaxerxes = Artahsasta (465-423 v.Chr.). Beide wurden nach Judäa geschickt, Esra 458 v.Chr., um die Zustände in Judäa zu überprüfen; Nehemia dreizehn Jahre später als Statthalter.

»Gedenke aber doch des Wortes, das du deinem Knecht Mose gebotest«, betete Nehemia (Neh 1,8).

Esra und Nehemia erzählen, wie Gott an sein Volk dachte und es aus der Verbannung heimführte. Auch Jer 29,10-13 berichtet von solchem Gedenken Gottes in jener Zeit.

Als Juda 597 v.Chr. in die Verbannung geriet, wurde auch Daniel als Gefangener nach Babylonien verschleppt. Die letzte historische Notiz über ihn ist die Geschichte von seinem Erlebnis in der Löwengrube (Dan 6,16-24). Dies ereignete

Lesevorschläge

Sonntag:	Die Rückkehr der Juden nach Jerusalem	*Esra 1-3*
Montag:	Entmutigung und Freude	*Esra 4-6*
Dienstag:	Esras Expedition	*Esra 7-10*
Mittwoch:	Nehemias Wiederaufbau der Mauer	*Neh 1-3*
Donnerstag:	Überwindung des Widerstandes	*Neh 4-6*
Freitag:	Ein ethischer Neubeginn	*Neh 7-9*
Samstag:	Erneuerung durch den Gottesdienst	*Neh 11-13*

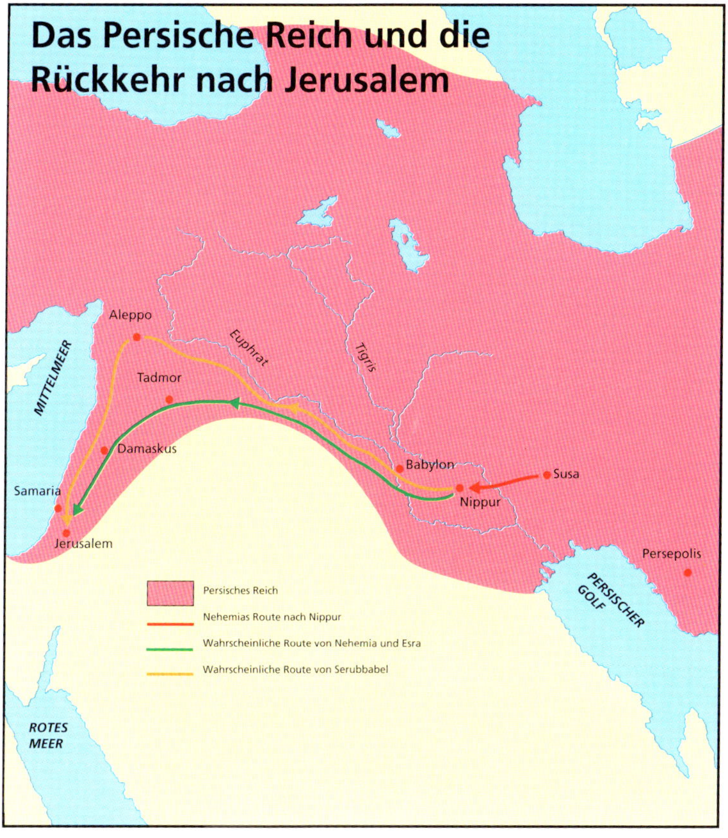

sich etwa zehn Jahre bevor Kyrus, der Gründer des Perserreiches, König über Babylonien wurde (539 v.Chr.). Daniel war damals schon ein alter Mann.

Der Wiederaufbau des Nationallebens der Juden dauerte rund einhundert Jahre.

Zwei Perioden sind hierbei besonders wichtig:

1. Die 20 Jahre (539-517 v.Chr.) zwischen der Gründung des altpersischen Weltreichs durch Kyros und dem letzten Regierungsjahr des Meders Darius, des Herrschers über die Chaldäer. In diesen Jahren baute das Volk unter dem Stadthalter Serubbabel und dem Priester Jeschua den Tempel wieder auf (vgl. Esra 1-6; Sacharja und Haggai; 2Chr 36,22-23; Psalm 126 und 137; die Anspielungen auf Kyrus in Jes 44,28; 45,1-8).

2. Die 25 Jahre (458-433 v.Chr.), in denen Esra, der Priester, und Nehemia, der Statthalter, die Mauern Jerusalems wieder aufbauten und die Stadt wiederherstellten. In dieser Zeit wirkte der Prophet Maleachi. Artaxerxes war König der Perser (465-423 v.Chr.).

Das Buch Esra berichtet von diesen beiden Zeiträumen.

Das Buch Nehemia berichtet nur vom zweiten Zeitraum, dem Wiederaufbau der Mauern Jerusalems.

Das Buch Esra

Im Buch Esra haben wir sowohl einen Rückblick als auch eine Vorausschau.

Esra beschreibt das Geschehen um den Tempelbau, der 80 Jahre vor seiner eigenen Erkundungsreise von Serubbabel und Jeschua vorangetrieben wurde, dazu die Freude des Passafestes (Kap. 1-6). Erst die Kapitel 7-10 schildern seinen eigenen Zug nach Jerusalem und die innere Erneuerung des Volkes durch Buße und Bekenntnis.

Esra bangt um den »Rest« des Volkes, um die »Entronnenen«, aus denen Gott den Verheißenen, den Messias, hervorkommen lassen wollte. Es waren ohnehin nur die Überreste der Stämme Juda und Benjamin, die zur Erneuerung des Volkes zur Verfügung standen. Gott ließ sie neu Fuß fassen. Jerusalem war seine Stadt und ist seine Stadt. Er will sein Eigentum wieder zurückbringen; er will Zion aus den Ruinen neu errichten.

Gefangenschaft und Wiederaufbau

Die Juden wurden zunächst von den Assyrern (2Kön 17, Nordreich Israel), dann von den Babyloniern (2Kön 25, Südreich Juda) in Gefangenschaft geführt. Unter der Herrschaft der Perser wurden Juda und Benjamin in ihr eigenes Land zurückgebracht, nachdem Babylonien von den Medern und Persern eingenommen worden war. Die zehn Nordstämme Israels, die nach Assyrien weggeführt worden waren, kehrten nie zurück.

Seit dieser Zeit spricht man vom Volk Israel auch als vom Volk der Juden. Dazu einige Eckdaten:

Im Jahre 539 v.Chr. kehrten die ersten Juden aus Babylon nach Jerusalem zurück.

Im Jahre 516 v.Chr. wurde der Tempel neu aufgebaut.

Im Jahre 479 v.Chr. wurde Ester Königin von Persien; sie war die Gattin des Xerxes.

Im Jahre 458 v.Chr. führte Esra die zweite Expedition aus Babylon.

Im Jahre 445 v.Chr. baute Nehemia die Mauer Jerusalems wieder auf.

Rückkehr unter Serubbabel und Wiederaufbau des Tempels (Esra 1-6)

Am Anfang des Buches Esra (1,1-6) wird uns berichtet, wie Kyrus, der persische König, in seinem ganzen Königreich einen Aufruf erließ, der den in seinem Königreich gefangenen Juden die Rückkehr nach Jerusalem erlaubte.

200 Jahre vorher schon hatte Gott angekündigt, dass er dies geschehen lassen würde. Er bezeichnete Kyrus als den, der seinen Willen ausführen würde. Den Bericht dieser bemerkenswerten Prophetie, die einen König rund 200 Jahre vor seiner Geburt mit Namen nennt, finden wir in Jes 44,28; 45,1-8. Zweifellos sind die Worte Jesajas, die Kyrus (hebräisch »Kores«) kannte, mitbestimmend für diesen Aufruf gewesen. Daniels Einfluss am Hof wird ebenfalls mitgewirkt haben.

Kyrus übergab Serubbabel die goldenen Tempelgeräte, die Nebukadnezar aus dem Tempel in Jerusalem geraubt hatte (Esra 1,5-11).

Dem Aufruf des Kyrus folgten etwa 50 000 Juden unter Serubbabel. Sie legten 1100 Kilometer durch eine weglose Wüste von Babylon nach Jerusalem zurück. Bei der Eroberung der Stadt hatte Nebukadnezar nur die obere Volksschicht nach Babylon geführt. Die übrigen Juden wurden unter elenden Lebensbedingungen im Land zurückgelassen (Jer 24,5-8; 44,15). Jetzt kehrten 50 000 Juden zurück.

Die Mehrheit der nach Babylon Deportierten hatte sich im Exil Häuser gebaut und eine Existenz geschaffen. Sie blieben freiwillig im Ausland. Die Gefahren und Schwierigkeiten, die die Rückkehr durch die Wüste und die Ankunft in einer zerstörten Stadt mit sich bringen würden, hielten sie von der Rückkehr ab.

Nicht nur Geld für den Wiederaufbau des Tempels, sondern auch die Reisekosten und alles andere, was sonst noch nötig war, gab Gott durch die Anweisung des Kyrus (Esra 1,4.6).

Die Namen derer, die zurückkehrten, werden in Kap. 2 genannt. Gleich nach ihrer Rückkehr legten sie den Grund für den Tempelbau, noch bevor sie sich selber Häuser bauten. Und noch vor dem Tempel bauten sie den Altar wieder auf (Esra 3,2).

Aber auch dieser Arbeit stellten sich Hindernisse entgegen. Wo es um die Erneuerung des Gottesdienstes ging, lehnten Juden mit Recht die Mitarbeit (und damit das Mitspracherecht) von Nichtjuden ab. Das hatte eine mehrjährige Unterbrechung des Aufbaus zur Folge. Aber die beiden Propheten Haggai und Sacharja ermutigten das Volk (4,23-5,15; Haggai). Innerhalb von vier Jahren war der Tempelbau fertiggestellt und konnte eingeweiht werden (Esra 6).

Serubbabels Tempel war nicht das Prunkgebäude, das Salomo errichtet hatte. Ja, er unterschied sich so krass von seinem Vorgänger, dass die alten Leute, die in ihrer Kindheit noch Salomos Tempel gesehen hatten, laut weinten (3,12). Aber es war Gottes Haus, und das Volk dankte Gott – und fasste Mut.

Die Rückkehr und die Erneuerung unter Esra (Esra 7-10)

Im 7. Kapitel tritt Esra persönlich auf (458 v.Chr.). Mindestens 60 Jahre nach dem ersten Heimkehrerzug nach Jerusalem führte er einen zweiten Zug von Babylonien nach Hause, um die um ihre Existenz kämpfenden Kolonisten zu unterstützen. Er handelte mit der Zustimmung des Königs Artaxerxes (7,11-8,14), der, halb blind, Gottes Pläne für sein Volk ausführte. Der König muss von Esras Liebe zu Gottes Gesetz beeindruckt gewesen sein (7,25).

Der Zug mit Esra an der Spitze brachte etwa 1700 Juden nach Palästina (Esra 7,12-26). Dreizehn Jahre später ermächtigte derselbe König Nehemia, die Mauern Jerusalems wieder aufzubauen (Neh 2). Die drei persischen Könige Kyrus, Darius und Artaxerxes behandelten die Juden freundlich.

Die Tradition berichtet uns, dass Esra an den Orten der Gefangenschaft den Synagogen-Gottesdienst eingeführt hatte. Nachdem also das zentrale Heiligtum untergegangen war, bekam jede größere Siedlung eine eigene Stätte für den Gottesdienst und die Unterweisung. So blieb es auch nach dem Ende der Babylonischen Gefangenschaft. Wohin die Juden kamen, überall erbauten sie als gottesdienstlichen Mittelpunkt eine Synagoge.

Das Alte Testament endet etwa 100 Jahre nach der Rückkehr der Juden aus Babylonien. Alexander der Große (336-325 v.Chr.) brach die persische Vormachtstellung (in der Schlacht bei Issus schlug er 333 v.Chr. Darius III.) und erhob Griechenland zur Weltmacht. Durch seine Taten wurde das Griechische zur Sprache des gesamten Mittelmeerraumes, was später die rasche Ausbreitung des Christentums begünstigte.

Esra, der Schriftgelehrte

Von Esra wird gesagt: »Esra richtete sein Herz darauf, das Gesetz des Herrn zu erforschen und danach zu tun und Gebote und Rechte in Israel zu lehren« (7,10). Sein Name bedeutet »Hilfe«.

Sein Verdienst war es, dass die Erinnerung an die Taten Gottes im Volk lebendig blieb und Israel immer auf seinen Auftrag als Gottes Volk hingewiesen wurde. Esra schuf die Grundlagen einer literarischen und geistlichen Erneuerung und belebte das Bibelstudium der Juden mit besonderer Intensität.

die Wüste und die Ankunft in einer zerstörten Stadt mit sich bringen würden, hielten sie von der Rückkehr ab.

Nicht nur Geld für den Wiederaufbau des Tempels, sondern auch die Reisekosten und alles andere, was sonst noch nötig war, gab Gott durch die Anweisung des Kyrus (Esra 1,4.6).

Die Namen derer, die zurückkehrten, werden in Kap. 2 genannt. Gleich nach ihrer Rückkehr legten sie den Grund für den Tempelbau, noch bevor sie sich selber Häuser bauten. Und noch vor dem Tempel bauten sie den Altar wieder auf (Esra 3,2).

Aber auch dieser Arbeit stellten sich Hindernisse entgegen. Wo es um die Erneuerung des Gottesdienstes ging, lehnten Juden mit Recht die Mitarbeit (und damit das Mitspracherecht) von Nichtjuden ab. Das hatte eine mehrjährige Unterbrechung des Aufbaus zur Folge. Aber die beiden Propheten Haggai und Sacharja ermutigten das Volk (4,23-5,15; Haggai). Innerhalb von vier Jahren war der Tempelbau fertiggestellt und konnte eingeweiht werden (Esra 6).

Serubbabels Tempel war nicht das Prunkgebäude, das Salomo errichtet hatte. Ja, er unterschied sich so krass von seinem Vorgänger, dass die alten Leute, die in ihrer Kindheit noch Salomos Tempel gesehen hatten, laut weinten (3,12). Aber es war Gottes Haus, und das Volk dankte Gott – und fasste Mut.

Die Rückkehr und die Erneuerung unter Esra (Esra 7-10)

Im 7. Kapitel tritt Esra persönlich auf (458 v.Chr.). Mindestens 60 Jahre nach dem ersten Heimkehrerzug nach Jerusalem führte er einen zweiten Zug von Babylonien nach Hause, um die um ihre Existenz kämpfenden Kolonisten zu unterstützen. Er handelte mit der Zustimmung des Königs Artaxerxes (7,11-8,14), der, halb blind, Gottes Pläne für sein Volk ausführte. Der König muss von Esras Liebe zu Gottes Gesetz beeindruckt gewesen sein (7,25).

Der Zug mit Esra an der Spitze brachte etwa 1700 Juden nach Palästina (Esra 7,12-26). Dreizehn Jahre später ermächtigte derselbe König Nehemia, die Mauern Jerusalems wieder aufzubauen (Neh 2). Die drei persischen Könige Kyrus, Darius und Artaxerxes behandelten die Juden freundlich.

Die Tradition berichtet uns, dass Esra an den Orten der Gefangenschaft den Synagogen-Gottesdienst eingeführt hatte. Nachdem also das zentrale Heiligtum untergegangen war, bekam jede größere Siedlung eine eigene Stätte für den Gottesdienst und die Unterweisung. So blieb es auch nach dem Ende der Babylonischen Gefangenschaft. Wohin die Juden kamen, überall erbauten sie als gottesdienstlichen Mittelpunkt eine Synagoge.

Das Alte Testament endet etwa 100 Jahre nach der Rückkehr der Juden aus Babylonien. Alexander der Große (336-325 v.Chr.) brach die persische Vormachtstellung (in der Schlacht bei Issus schlug er 333 v.Chr. Darius III.) und erhob Griechenland zur Weltmacht. Durch seine Taten wurde das Griechische zur Sprache des gesamten Mittelmeerraumes, was später die rasche Ausbreitung des Christentums begünstigte.

Esra, der Schriftgelehrte

Von Esra wird gesagt: »Esra richtete sein Herz darauf, das Gesetz des Herrn zu erforschen und danach zu tun und Gebote und Rechte in Israel zu lehren« (7,10). Sein Name bedeutet »Hilfe«.

Sein Verdienst war es, dass die Erinnerung an die Taten Gottes im Volk lebendig blieb und Israel immer auf seinen Auftrag als Gottes Volk hingewiesen wurde. Esra schuf die Grundlagen einer literarischen und geistlichen Erneuerung und belebte das Bibelstudium der Juden mit besonderer Intensität.

Als Esra in Jerusalem eintraf, waren die Zustände dort noch schlimmer als erwartet. Das Volk hatte sich durch Heirat mit den Völkern der Umgebung vermischt und viel Ungutes von den Heiden übernommen (Esra 9,1-4). Priester und Leviten, die »Oberen und Ratsherren«, gingen mit schlechtem Beispiel voran. Esra sprach ein bewegendes Bußgebet und Bekenntnis, als er den Niedergang des Volkes erkannt hatte (9,5-1,5).

Esras Gebet

Während der langen Stunden des Tages an denen Esra betete und weinte, versammelte sich eine große Volksmenge um ihn (10,1-44). Das Volk erkannte die Größe seiner Sünde, als es sah, wie schwer Esra das nahm. Schließlich bekannte einer von ihnen seine Sünde und forderte Esra zum Handeln auf (10,2-4). Daraufhin verlangte Esra die Auflösung der Mischehen und machte einen heiligen Bund mit Gott.

Das Buch Nehemia

Wiederaufbau der Stadtmauern (Nehemia 1-7)

Nehemia war Mundschenk am Hofe des Königs Artaxerxes. Trotz dieser Vorzugsstellung in der Nähe des Königs vergaß er sein Volk nicht. Die katastrophalen Nachrichten über Jerusalem machten ihn sehr traurig. Diese Traurigkeit konnte er auch vor dem König nicht verbergen. Die Heimkehrer waren schon seit 100 Jahren in Palästina. Aber sie hatten nie versucht, nach dem Wiederaufbau des Tempels auch die Stadt selbst aufzubauen; ihre Feinde schienen so etwas unmöglich zu machen.

Die Stiefmutter des Artaxerxes war die Jüdin Ester, die sicherlich noch lebte. Es kann sein, dass Nehemia durch ihren Einfluss zu seiner hohen Stellung am Hof

ZEITTAFEL

1. MOSE BIS NEHEMIA

bis 2000 v.Chr.	**1. MOSE 1-11** **Periode:** die Welt vor Abram (Schöpfung – Sünde – Flut – Babel) **Menschen:** Adam – Eva – Kain – Set – Noah – Sem – Ham – Jafet
2000-1700 v.Chr.	**1. MOSE 12-50** **Periode:** Zeitalter der Patriarchen (Ruf Abrahams – Auszug nach Ägypten – Wachstum Israels) **Menschen:** Abraham – Isaak – Jakob – Josef
1700-1450 v.Chr.	**2. MOSE bis 5. MOSE** **Periode:** Unterdrückung in Ägypten (der Auszug – das Gesetz – Anbetung – Wüste) **Menschen:** Mose – Mirjam – Aaron – Josua
1450-1100 v.Chr.	**JOSUA 1 bis 1. SAMUEL 7** **Periode:** Eroberung Kanaans und Zeitalter der Richter (Einfall in Kanaan – Knechtschaft und Befreiung) **Menschen:** Josua – Kaleb – Otniël – Ehud – Schamgar – Debora – Barak – Gideon – Jeftah – Simson – Eli – Samuel
1100-600 v.Chr.	**1. SAMUEL 8 bis 2. CHRONIK** **Periode:** Monarchie – Vereinigung, Teilung, Niedergang (Gründung des Königreiches – Tempelbau – Teilung des Königreiches – Zerstörung Samarias – Entdeckung des Gesetzes – Zerstörung Jerusalems) **Menschen:** Saul – David – Salomo – Jerobeam – Rehabeam – Ahab – Asa – Jehu – Elia – Elisa – Joschafat – Joab – Amazja – Jerobeam II. – Hoschea – Usija – Jotam – Ahas – Hiskia – Manasse – Josia – Jojakim – Zedekia
500-400 v.Chr.	**EZRA bis NEHEMIAH** **Periode:** Rückkehr aus dem Exil (Erlass des Kyrus – Ende der alttestamentlichen Geschichte) **Menschen**: Serubbabel – Esra – Nehemia

13.

Das Buch Ester

Der König Ahasveros des Ester-Buches ist der große Perserkönig Xerxes (485-465 v.Chr.), der die berühmte Expedition gegen Griechenland unternahm, wobei seine gewaltige Flotte in der Schlacht von Salamis (480 v.Chr.) zerstört wurde.

Mitten in diesem weltgeschichtlich bedeutsamen Zeitabschnitt stoßen wir auf die Geschichte der Ester, der jungen jüdischen Waise, die persische Königin wurde. – Obwohl im Buch Ester der Name Gottes nicht ein einziges Mal genannt wird, verbirgt sich doch Gott hinter jedem Wort.

Gott hat sein Volk in der Vergangenheit nicht aus den Augen gelassen und wird das auch in Zukunft nicht tun. Er folgte ihm in die Babylonische Gefangenschaft. Als die Propheten schwiegen und der Tempel geschlossen war, wachte Gott immer noch über seinem Volk. Als die Könige der Welt Feste feierten und ihn vergaßen, da brachte sich Gott in Erinnerung. Mit eigener Hand schrieb er ihr Verdammungsurteil an die Wand oder lenkte ihre Hand so, dass sie seinem Ruhm dienen mussten.

Das Buch Ester beginnt mit einem Fest des Perserkönigs Ahasveros. Es schließt mit einem Fest des Juden Mordechai. Für kurze Zeit nur wurde Haman, ein Feind der Juden, erhöht (Kap. 3), schließlich aber der Ausländer am Hof des Ahasveros: Mordechai.

Esters Schicksal ähnelt dem Josefs und Davids. Alle drei hatte Gott für seinen Heilsplan auserwählt. Als ihre Stunde schlug, stellte er sie in den Vordergrund, damit sie seinen Plan ausführten. Gott verbarg Josef in einem Gefängnis in Ägypten; aber als seine Zeit gekommen war, machte er ihn zum Premierminister. David war ein unscheinbarer Hirtenjunge, bevor Gott ihn berief, und er hatte auch nach der Berufung zum König noch vieles zu überstehen, bis er endlich das Amt antreten konnte.

Ester steht da als eine von Gott erwählte Frau. Sie ist klug, tatkräftig und schön, und wir sehen, wie sie ihren Weg in die Hand nimmt: »Komme ich um, so komme ich um« (Est 4,16).

Es ist unbekannt, wann die Begebenheiten um Ester niedergeschrieben wurde und wer ihr Verfasser ist. Die Geschichte selbst gehört in die Zeit nach der ersten Rückwanderung unter Serubbabel und vor der zweiten unter Esra. Wären nach dem Erlass des Kyrus nicht nur die 50 000 Juden aus Babylonien zurückgekehrt, sondern alle Deportierten, dann hätte das Buch Ester nicht geschrieben werden können.

Im Text der griechischen Übersetzung des Alten Testaments, der Septuaginta, finden sich längere Zusätze, die unter anderem auch den Namen Gottes erwähnen (und andererseits einige Abschnitte des hebräischen Textes auslassen). In der lateinischen Vulgata, im 4. Jahrhundert von Hieronymus übersetzt, werden diese Abschnitte den so genannten deuterokanonischen Büchern zugeschlagen (auch als »apo-

Eine Skulptur in Yad Vashem, dem israelischen Holocaust-Denkmal. Auch Haman versuchte damals die Juden auszurotten.

kryph« bezeichnet). Es gibt sechs längere Zusätze von insgesamt 107 Versen.

Dieses Buch und das Buch Rut sind die einzigen Bücher der Bibel, die den Namen einer Frau tragen. Der Name »Ester« bedeutet »Stern des Ostens«.

Die Ereignisse dieses Buches kreisen um drei Feste:

- das Fest des Königs Ahasveros (Est 1 und 2),
- das Fest der Ester (Est 7),
- das Purimfest (Est 9).

Waschti und Ester (Ester 1-2)

Susa war die Winterresidenz der persischen Könige. Auch Nehemia war im Palast in Susa gewesen (Neh 1,1). 1852 wurden die Grundmauern identifiziert. Die im Buch Ester genannten Orte konnten kenntlich gemacht werden: der »Innenhof«, der »Augenhof«, das »Königstor« und der »Palastgarten«. Heute ist Susa ein Dorf an der Transiranischen Eisenbahn.

Das Buch Ester beginnt mit dem Bericht über ein großes Festessen, das 180 Tage dauerte (Est 1,4). Die Männer feierten in den Palastgärten, die Frauen in den privaten Räumen der Königin Waschti. Während des Gelages wollte der König den Fürsten die Schönheit seiner Gemahlin zeigen – eine Beleidigung für jede persische Frau. Waschti weigerte sich. Das erzürnte den König und er verstieß sie.

Lesevorschläge

Sonntag:	Die Verwerfung Waschtis	*Est 1*
Montag:	Die Krönung Esters	*Est 2*
Dienstag:	Die Verschwörung Hamans	*Est 3-4*
Mittwoch:	Das Wagnis der Ester	*Est 5*
Donnerstag:	Die Erhöhung Mordechais	*Est 6*
Freitag:	Esters Fest	*Est 7-8*
Samstag:	Die Befreiung der Juden	*Est 9-10*

Zwischen Kapitel 1 und 2 liegen die Jahre des verlustreichen Krieges mit den Griechen und der Schlachten an den Thermopylen und bei Salamis. Vier Jahre vergehen, bis sich der König dazu entschließen kann, eine neue Königin auszuwählen. Unter den schönen jungen Mädchen, die ausgesucht werden, um in der Hauptstadt eine zwölfmonatige Schönheitskur über sich ergehen zu lassen, dann vom König begutachtet zu werden und dann in den meisten Fällen dem Vergessen anheim zu fallen, befindet sich auch ein jüdisches Mädchen, Ester, die Cousine des Mordechai. Als sie an die Reihe kommt, ist der König von ihr so angetan, dass er sie zu seiner Königin macht.

Ester verschwieg zunächst aber ihre jüdische Herkunft. Auf diese Weise kam auch Mordechai, der Pflegevater Esters, zu Ansehen bei Hofe.

Die Verschwörung des Haman (Ester 3-4)

In den folgenden Kapiteln lesen wir vom Aufstieg eines Mannes namens Haman. Er war der Judas Israels, ein böses Gespenst im Leben des von Gott erwählten Volkes. Wenn das Buch Ester beim Purimfest in einer Synagoge verlesen wird, kann man erleben, wie die Gemeinde jedesmal dann, wenn der Name Hamans erwähnt wird, im Chor einstimmt: »Möge sein Name vertilgt werden«, während Steine und Holzstückchen aufeinandergeschlagen werden, auf denen der verhasste Name geschrieben steht.

Als Haman im Buch Ester auftrat, war er gerade der mächtigste Mann unter Ahasveros geworden (Est 3,1). Aber die hohe Ehre verdrehte ihm den Kopf; er fühlte sich tief beleidigt, als ein Diener am Tor sich vor ihm nicht verbeugte (3,2). Dieses Vergehen des Juden Mordechai wurde in ein Staatsverbrechen verwandelt. Mordechai aber konnte einem Menschen nicht göttliche Ehre erweisen! Haman nahm das zum Anlass, die Ausrottung aller Juden im Königreich zu beschließen (3,6).

Um den Tag zu ermitteln, an dem sie vernichtet werden sollten, warf er die Lose (= Purim). Dann versuchte er dem König zu beweisen, dass alle Juden untreue Untertanen wären. Zehntausend Zentner Silber bot er dem König als Bestechungsgeld an (3,9). Der König unterzeichnete das Dekret, wonach alle Juden getötet und ihr gesamter Besitz eingezogen werden sollten. Wir können uns vorstellen, was für eine Verzweiflung über das jüdische Volk kam, als der Beschluss bekannt wurde (4,3).

Königin Ester fragte Mordechai nach der Ursache der Trauer. Er gab ihr eine Abschrift des königlichen Dekrets und fügte hinzu: »Denke nicht, dass du dein Leben errettest, weil du im Palast des Königs bist ... ob du nicht gerade um dieser Zeit willen zur königlichen Würde gekommen bist?« (4,13-14).

Das Wagnis der Ester (Ester 5-7)

Ester verstand den Wink Mordechais und ging auf seine Herausforderung ein. Um dem todgeweihten Volk zu helfen, schlug sie einen Weg ein, der für sie selbst höchst gefährlich war.

Ester war durch ihren Aufstieg nicht verdorben worden, und obwohl sie die Gemahlin eines großen Königs war, vergaß sie nicht den, der sie in ihrer Kindheit aufgenommen hatte. Nachdem sie einmal ihre gefährliche Aufgabe übernommen hatte, führte sie diese mutig aus. Gewiss war es ein großes Wagnis, ungerufen vor den König zu treten. Man bedenke, was er Waschti angetan hatte!

Links: Orientalische Brauttracht.

Als Ester vom König empfangen wurde, lud sie ihn und Haman zu einem Festessen ein. Haman hatte indessen schon den Galgen für Mordechai errichten lassen.

Hier kommt es zum Wendepunkt der Geschichte. Der König kann nicht einschlafen und liest die Hofchronik, die ihn daran erinnert, dass er Mordechai noch etwas schuldig ist. »Was soll ich dem Mann tun, den der König ehren will?«, fragt er Haman.

Haman missversteht ihn völlig und merkt aber erst im Nachhinein, dass er seinen Feind mit Ehrungen überhäuft hat, von denen er glaubte, dass sie für ihn bestimmt waren. Nach dieser peinlichen und erniedrigenden Erfahrung findet er auch zu Hause keinen Frieden. Seine abergläubische Frau und seine Freunde sehen darin den Beginn seines Falls.

Der Verfasser lässt Hamans Frau sagen: »Er ist ein Jude, gegen ihn kannst du nichts ausrichten.«

Nach dem Essen am zweiten Abend spricht Ester ihre Bitte aus, das Dekret nicht vollstrecken zu lasen.

Haman verschlägt es die Sprache. Dass er sich Ester zu Füßen wirft, als sie sich auf ihrem Polster ausstreckt, führt nur dazu, dass ihm jetzt auch noch versuchte Vergewaltigung vorgeworfen wird. Es liegt eine gewisse Ironie darin, dass er an dem Galgen endet, den er selbst hatte errichten lassen.

Die Befreiung der Juden
(Ester 8-10)

Das Buch Ester schließt mit dem Bericht über die Einsetzung des Purimfestes und die Ernennung Mordechais für das Amt, aus dem Haman verstoßen worden war (10,3).

Als der festgesetzte Tag anbricht, entledigen sich die Juden ihrer Feinde, darunter auch der zehn Söhne Hamans. Allerdings wird nicht geplündert. Die Leichname von Hamans Söhnen werden gehängt (oder gepfählt), damit jeder von dieser Schmach erfährt.

Manchmal wird bezweifelt, ob es wirklich so viele Todesopfer gab wie hier angegeben, oder ob man absichtlich übertrieb, damit der Leser sich daran freuen konnte. Tatsächlich liegen sie recht hoch, wenn aber Hamans Plan geglückt wäre, wären vielleicht zehnmal so viele Juden ums Leben gekommen.

Zum Gedenken an die Rettung des jüdischen Volkes wurde jedes Jahr am 14. und 15. Adar gefeiert, am 13. ging ein Fasttag voraus. Bis heute feiern die Juden das Purimfest, das Buch Ester wird verlesen, und man erinnert sich an weitere Rettungswunder der Vergangenheit.

Mordechai, so berichtet uns das letzte Kapitel, wurde der höchste Regierungsbeamte unter dem König von Persien.

Das Buch Ester ist ein wichtiges Bindeglied in der Kette der Ereignisse, die von der Erneuerung des jüdischen Volkes in seinem eigenen Land berichten. Die Juden waren ihrer Ausrottung entgangen, weil es Gottes Plan war, dass sie den Erlöser der Welt hervorbrächten.

Die Gestalt des Ahasveros zeigt, wie uneingeschränkte Macht oft unter dem Gewicht ihrer eigenen Fülle zusammenbricht und sich auflöst. Später wurde er von seinem Gardepräfekten Artabanos im Bett ermordet.

Kurze Charakterstudie **Esther**

Ester hat einen angenehmen und attraktiven Charakter. Sie ist:

- *schön und bescheiden* *Est 2,15*
- *gewinnend* *Est 2,9-17; 5,1-3*
- *gehorsam* *Est 2,10*
- *demütig* *Est 4,16*
- *mutig* *Est 7,6*
- *treu und beständig* *Est 2,22; 8,1-2; 7,3-4.*

Dichtung und Weisheitsliteratur

Hiob • Psalmen • Sprüche
Prediger • Hohelied Salomos

14.

Das Buch Hiob

Wir haben die Lektüre der Geschichtsbücher des Alten Testaments abgeschlossen. Nun kommen wir zu den Büchern, die zur Weisheitsliteratur bzw. zu den poetischen Büchern der Bibel gehören: Hiob, Psalmen, Sprüche, Prediger, Hohelied. Die drei letztgenannten sind mit dem Namen des Königs Salomo verbunden.

Das Schlüsselwort des Buches Hiob lautet »Prüfung«. »Er aber kennt meinen Weg gut. Er prüfe mich, so will ich erfunden werden wie das Gold« – so antwortet Hiob dem Elifas (Hiob 23,10).

Das Buch Hiob ist ohne Zweifel eine wunderbare Dichtung. Zeitlich gehört es wahrscheinlich in die Tage der alttestamentlichen Patriarchen; vielleicht ist es das älteste Buch der Bibel. Die Bibel versichert, dass Hiob wirklich gelebt hat. Gott spricht durch den Propheten Hesekiel: »Wenn diese drei Männer im Lande wären, Noah, Daniel und Hiob, so würden sie durch ihre Gerechtigkeit allein ihr Leben retten« (Hes 14,14.20).

Das Buch Hiob ist ohne Zweifel eine wunderbare Dichtung; vielleicht ist es sogar das älteste Buch der Bibel.

Es ist verständlich, dass das älteste Buch sich mit den ältesten Fragen der Menschheit befasst, also auch mit der Frage: »Warum leidet der Gerechte?« Dies ist das Thema des Hiobbuches. Immer haben die Menschen gefragt, warum Gott zulässt, dass gute Menschen leiden. Das Drama des Hiob bietet eine Antwort Gottes auf diese Fragen an.

Es ist häufig so, dass uns das Problem des Leidens verwirrt. Nicht nur die Jünger Jesu glaubten, Leiden und Krankheit hingen immer mit der Sünde zusammen (Joh 9,2). Ähnliche Vermutungen werden von Hiobs Freunden geäußert. Das Buch Hiob gibt aber einen ganz anderen Grund für das Leiden Hiobs an. Hier geht es darum, zu zeigen, dass Hiob Gott auch im Unglück treu bleiben würde.

Man sollte dieses Buch zunächst als eine Erzählung lesen. Hiobs Geschichte ist recht einfach aufgebaut. Sie beginnt mit einer Szene im Himmel und berichtet dann von Hiobs Sturz aus dem Reichtum in bittere Armut und Verlassenheit. Daraufhin folgen die großen Diskussionen zwischen Hiob und seinen vier Freunden: Elifas, Bildad, Zofar und Elihu. Hiob verteidigte sich. Er hielt sich nicht für sündlos, aber er meinte, nicht so sehr gefrevelt zu haben, dass ein solches Gericht, wie es über ihn hereingebrochen war, über ihn gerecht wäre. Die Freunde wollten

Lesevorschläge

Sonntag:	Der Teufel und der Heilige	*Hiob 1,1-2,13*
Montag:	Bildad hält Hiob für einen Heuchler	*Hiob 8,1-22*
Dienstag:	Hiob antwortet seinen Freunden	*Hiob 12,1-25*
Mittwoch:	Hiobs Glaube	*Hiob 19,1-29*
Donnerstag:	Hiob und Elihu	*Hiob 32,1-22; 37,23-24*
Freitag:	Gott spricht zu Hiob	*Hiob 38,1-18*
Samstag;	Hiob wird gerechtfertigt und geehrt	*Hiob 42,1-17*

ihn überführen, doch wurden sie damit weder Hiob noch Gott gerecht. Darum wandte sich Hiob verzweifelt an Gott. Es folgte der Höhepunkt: Gott sprach selbst. Hiob antwortete in demütiger Gesinnung und wurde von Gott getröstet und rehabilitiert – auch vor seinen Freunden. Das ist in groben Zügen die Geschichte des Buches.

Das Kernfrage des Buches heißt: Warum leidet der Gerechte? Wir sehen:

(1) Die Meinung des Satans: dass der Mensch Gott nur liebt und ihm dient, solange es ihm gut geht (Hiob 1-2,8). Satan behauptete, Hiobs Frömmigkeit sei Selbstsucht. Daraufhin erhielt er die Erlaubnis, Hiob zu prüfen (Hiob 2,6).

(2) Die Meinung des Elifas, des Bildad und des Zofar (die im Großen und Ganzen übereinstimmen): Der Ungerechte leidet für seine Sünde und der Gerechte wird belohnt. Von daher folgerten sie, dass Hiob gesündigt haben müsse und dass sein Leiden Strafe sei. »Wo ist ein Unschuldiger umgekommen?« (Hiob 4,7). Hiob aber argumentierte, dass es den Bösen in der Welt oft gut gehe (21,7-13).

(3) Die Meinung des Elihu: Das Leiden sei die Züchtigung eines liebenden Vaters. Leiden sind nach der Überzeugung des Elihu Gottes Zuchtrute, mit der er seine verirrten Söhne heimhole. Er meinte, die Leiden würden nur dazu geschickt, um uns vom Sündigen abzuhalten.

Gott handelte an Hiob

Hiob wurde zerbrochen und erschüttert, so dass er sagen musste: »Der Allmächtige hat mich erschreckt »(23,16), »Die Hand Gottes hat mich getroffen« (19,21).

Hiob erkannte sich selbst erst, als er Gott erkannt hatte. »Ich hatte von dir nur vom Hörensagen vernommen; aber nun hat mein Auge dich gesehen. Darum spreche ich mich schuldig und tue Buße in Staub und Asche« (42,5-6).

Wie so viele Menschen war Hiob sehr geneigt, mit Gott zu hadern. Er konnte die Art und Weise, wie Gott handelt, nicht verstehen. Erst der Anblick Gottes selbst zeigte Hiob die Größe der Gedanken Gottes und warf ihn in den Staub.

Gott sagt zu Hiob: »Wer mit dem Allmächtigen rechtet, kann der ihm etwas vorschreiben?« Wir lesen Hiobs Antwort: »Siehe, ich bin zu gering, was soll ich antworten? Ich will meine Hand auf meinen Mund legen« (40,2-4).

Hiob fragte nun nicht mehr, sondern bekannte: »Ich weiß, dass mein Erlöser lebt, und als der letzte wird er über dem Staub sich erheben« (19,25).

Zu Beginn des Buches sehen wir Hiob in seinem Reichtum, mit seiner großen Familie, in seiner angesehenen Stellung und mit vielen Freunden. Am Schluss des Buches ist Hiob ein Umgewandelter. Gott wandelte auch sein Geschick. Er erhielt doppelten Reichtum zurück. Er freute sich wieder an Söhnen und Töchtern.

Der Teufel und der Heilige (Hiob 1,6-2,10)

In Hiob 1,6 treten die »Söhne Gottes« vor Gottes Thron. Diese »Söhne Gottes« sind Engelwesen, Boten Gottes. Im Gegensatz zu ihnen und dem Allmächtigen steht die Person Satans. Satan, der Feind, wird ganz klar gezeichnet.

Satan vermochte die Bewohner von Saba und Chaldäa aufzubringen, dass sie Hiob die Ochsen, Esel und Kamele raubten (Hiob 1,13-17). Er konnte die Schafherden durch Blitz vernichten und Hiobs Kinder im Sturm töten; ja er konnte Hiob selbst mit Eiterbeulen schlagen. Er ist der Fürst dieser Welt.

Aber darüber darf das andere nicht vergessen werden: Satans Macht sind Grenzen gesetzt. Der Satan ist mächtig, Gott aber ist allmächtig. Er darf nur dort zerstören, wo Gott es zulässt (Hiob 1,10). Welch ein Trost ist es zu wissen, dass kein Unglück über uns hereinbrechen kann, das der Vater nicht gewollt hat. Er, der »das Meer mit Toren verschlossen hat«, der zu ihm gesagt hat: »Bis hierher sollst du kommen und nicht weiter; hier sollen sich legen deine stolzen Wellen!« (Hiob 38,11), will die Menschen nicht über ihr Vermögen versuchen lassen. Satan kann nur zuschlagen, wenn ihm die Erlaubnis gegeben wird (Hiob 1,12).

Gott und Satan

Gott sagt zu Satan: »Wo kommst du her?« Was für eine Tragik liegt in der Antwort! »Ich habe die Erde hin und her durchzogen« (Hiob 1,7). Das zeigt die »endlose Ruhelosigkeit des Bösen«. Wie auch das Neue Testament sagt: »Seid nüchtern und wachet; denn euer Widersacher, der Teufel, geht umher wie ein brüllender Löwe und sucht, welchen er verschlinge« (1Petr 5,8).

Gott spricht weiter: »Hast du Acht gehabt auf meinen Knecht Hiob?« (Hiob 1,8). »Acht haben« ist ein starkes Wort, so als hätte Gott den Teufel genau beobachtet in seinem Bemühen, einen Makel an Hiob zu finden.

Satans Antwort: »Meinst du, dass Hiob Gott umsonst fürchtet? Hast du doch ihn, sein Haus und alles, was er hat, ringsumher beschützt« Das stimmte natürlich. Dann fügte Satan hinzu: »Du hast das Werk seiner Hände gesegnet.« Auch das stimmte. »Und sein Besitz hat sich ausgebreitet im Lande.« Das alles war richtig. Satan beobachtet scharf. »Aber strecke deine Hand aus und taste alles an, was er hat: Was gilt's, er wird dir ins Angesicht absagen« (1,7-11). Das heißt: Lass mich doch prüfen, wie viel du ihm wert bist!

Satan war der Meinung, dass ein Mensch Gott nur um Lohn dienen kann. Hier wird eigentlich Gott geprüft. Es geht nicht so sehr um die Treue Hiobs als vielmehr um die Macht Gottes. Ist Gott fähig, das zu erhalten, »was wir ihm übergeben haben«?

Wir sehen, dass der eigentliche Konflikt hier zwischen Gott und Satan ausgetragen wurde. Gott hat Satan gegenüber die Wahrheit seiner Feststellung dadurch bewiesen, dass Hiob in seiner Nachfolge vollkommen war.

An Hiob zeigte sich, dass Satans Behauptung eine Lüge war. Kinder Gottes dienen ihrem Herrn nicht um des Profits willen.

Hiob und seine Freunde (Hiob 2,11-37,24)

Nun treten die Freunde Hiobs auf. Da ist zuerst der höfliche Elifas, dann Bildad mit seinen vielen Argumenten, der grobe Zofar und schließlich der junge Elihu.

Hiob hatte viele Freunde. Normalerweise hat ein Mensch, der seinen Reichtum, seine Stellung und seine Gesundheit verliert, keine Freunde mehr.

Man kann von diesen Freunden einiges Gute sagen. Sie waren auch im Un-

Hiob war reich und glücklich, bis er von Katastrophen heimgesucht wurde und fast alles verlor.

glück treu geblieben. Als die vielen Verwandten Hiob vergessen hatten, kamen seine Freunde. Sie schwiegen sieben Tage lang. Das ist gut! Offenbar versuchten sie den Grund für Hiobs Leid zu erkennen, bevor sie sprachen.

Hiobs Frau hingegen war vollkommen entmutigt: Irgendetwas ist falsch. Deine Religion hat versagt. Verfluche Gott und stirb! Das heißt nichts anderes als: Wende dich von Gott ab. Das ist die Stimme der Verzweiflung.

Elifas

Die drei Freunde beginnen nun mit der Debatte, die den größten Teil des Buches einnimmt. Elifas ist zuerst an der Reihe. Hiob hat oft anderen bei ihren Problemen geholfen, sagt er, jetzt solle er sich erst einmal an seine eigenen Ratschläge halten. Gott vernichtet die Schuldigen, nicht die Unschuldigen. Niemand steht vor Gott fehlerlos da. Es gehört zum Leben einfach dazu, dass man Sorgen hat. Am besten wendet man sich in so einer Situation an Gott (5,8), nimmt sich seine Zurechtweisung zu Herzen (5,17) und wartet, bis man sich wieder seiner Gunst erfreuen kann.

Es spricht einiges für das, was Elifas hier sagt, aber in diesem speziellen Fall liegt er mit seiner Diagnose falsch.

Bildad

Elifas hatte mit sanften Tönen begonnen. Bildads Rede klingt harscher, nachdem Hiob sich auch nicht mehr beherrschen kann. Gott ist gerecht. Er belohnt die Guten und bestraft die Schlechten. Bildads Worte streuen nur Salz in die offene Wunde.

Zofar

Zofars Worte klingen noch härter als die seiner beiden Freunde. Bei Hiobs respektlosen Worten reißt ihm der Geduldsfaden. Glaubt denn Hiob wirklich, er sei unschuldig? Gott sieht ihm sogar noch vieles nach. Hiob muss mit der Sünde brechen, dann wird ihn Gott wieder freundlich ansehen.

Zofar sieht alles nur in Schwarz und Weiß und zweifelt keinen Augenblick daran, dass er mit seinen Ansichten Recht hat. Und doch trifft er genau den richtigen Punkt, als er fragt: »Meinst du, dass du weißt, was Gott weiß?«, denn so wird Gott in den Kapiteln 38-42 Hiob »antworten« und zufrieden stellen.

In langen Gegenreden entkräftet Hiob jeweils die Argumente der drei Freunde. Schließlich tritt Elihu auf.

Elihu

Bisher wurde Elihu weder erwähnt noch kam er zu Wort. Er stand schweigend daneben und hielt sich aus Respekt vor den Älteren zurück. Jetzt aber kann er es nicht länger aushalten. Wie ein brechender Staudamm ergießt sich seine Rede über die Zuhörer.

Elihu ist der Prototyp eines zornigen jungen Mannes, der für seine Überzeugungen auf die Barrikaden geht. Den älteren Männern um ihn herum bleiben die Worte im Halse stecken, aber aus Elihu bricht es einfach heraus. Er muss Hiob in die Schranken weisen.

Elihu legt dar, dass Gott zu uns durch warnende Träume und auch durch Leid spricht, und zwar nicht, um uns zu vernichten, sondern um uns zu retten. Hiob hat behauptet, dass Gott im Unrecht sei und es uns deshalb nichts nütze, wenn wir Gottes Freundschaft suchen. Doch Gott ist Richter über alle Menschen, er ist die letzte Instanz, gerecht und unparteiisch. Hiob hat sich neben seinen anderen Sünden auch Auflehnung gegen Gott zu Schulden kommen lassen.

Elihu versteht gutes und schlechtes Verhalten ausschließlich als zwischenmenschliche Angelegenheit; Gott thront hoch oben, ihn berührt das menschliche Verhalten gar nicht. Die Menschen schreien zu ihm in ihrer Not, doch sie wollen nur ihre eigene Haut retten, Gott ist ihnen eigentlich egal. Darum antwortet er ihnen nicht.

Weiter argumentiert Elihu: Gott ist allmächtig und allwissend. Er lehrt uns durch das Leid, die Ohren zu öffnen und zu erkennen, wo wir Fehler gemacht haben. Hiob sollte sich nicht nach dem Tod sehnen, sondern lieber seine Lektion lernen. Gott ist groß. Er herrscht über Blitz und Donner, über Regen und Schnee. Er breitet die Wolken am Himmel aus. Verglichen mit der Herrlichkeit und Heiligkeit Gottes sind wir ein Nichts. Es ist ganz recht, wenn wir ihn fürchten. Menschen, die sich über ihn erheben (wie Hiob!), beachtet er gar nicht.

So weit die Rede des Elihu.

Armselige Tröster

Was ihren Dienst an dem gequälten Hiob betraf, da kann man von diesen Freunden nur sagen: Es waren armselige Tröster. – Das Problem, um das es nun geht, haben wir bereits genannt: Warum erlaubt Gott, dass der Gerechte leidet? Hiob schreit aus der Asche: »Ich kann es nicht verstehen. Es kann nicht richtig sein!«

Wir müssen bedenken: Als Hiob und seine Freunde versuchten, das Problem gedanklich in den Griff zu bekommen, war ihnen die Vorgeschichte unbekannt – sie wussten nicht, dass Satan im Prolog Gott herausgefordert hatte. Ein Leben nach dem Tod ist ihnen versprochen worden. Für sie bedeutet der Tod das Ende. Deshalb muss ihnen in diesem Leben Gerechtigkeit widerfahren.

Nach der gängigen Lehre dieser Zeit, die von diesen Freunden vertreten wird, wurde ein rechtschaffenes Leben von Gott mit Reichtum belohnt, die Sünde eines Einzelnen bestrafte Gott mit Heimsuchungen. Im Allgemeinen ist gegen diese Theologie nichts einzuwenden, aber Hiobs Freunde reduzierten diese allgemein gültige Wahrheit auf eine starre, unflexible Regel.

Der wahre Tröster

Am Ende der Gespräche lässt sich Gott aus dem Wettersturm hören: »Ich will dich fragen, lehre mich!« (Hiob 40,7).

Hiob erkannte, »dass du alles vermagst, und nichts, das du dir vorgenommen, ist dir zu schwer« (Hiob 42,2). Und danach kam das große Bekenntnis: »Ich hatte von dir nur vom Hörensagen vernommen; aber nun hat mein Auge dich gesehen. Darum spreche ich mich schuldig und tue Buße in Staub und Asche« (Hiob 42,5-6).

Dies ist der Sieg eines sich unterwerfenden Glaubens. Wenn wir uns Gottes Willen beugen, finden wir Gottes Weg. Beugen wir uns vor dem Allerhöchsten, beugen wir uns zum Gehorsam! Das ist Hiobs Lehre.

Die Theologie der armseligen Tröster war falsch. Mochten die drei Freunde auch manches richtig beobachtet haben, insgesamt konnte Gott sie nur verurteilen: »Ihr habt nicht recht von mir geredet!« (Hiob 42,7).

Gott und Hiob (Hiob 38-42)

Das Buch erreicht seinen Höhepunkt, als Gott Hiob tatsächlich antwortet, auch wenn diese Antwort ganz anders ausfällt, als Hiob es erwartet hatte. Die Schlussszene beginnt damit, dass Gott sich in Herrlichkeit offenbart. Mit nahezu 60 Fragen sagt Gott einfach: Wer kann all das tun außer mir? Statt ihn zu trösten oder ihm eine einleuchtende Erklärung zu unterbreiten, spricht Gott einfach vom Wunder des Universums, das er schuf, und von den Tieren, die die Erde bevölkern. Dahinter steckt die Botschaft, dass es im Leben vieles gibt, das wir nicht verstehen können, und dass Gott auf einer ganz anderen Ebene wirkt als wir Menschen, einer Ebene, von der wir gerade einmal einen Blick erhaschen und die wir niemals völlig verstehen können.

Das bedeutet nicht, dass Gott unnahbar ist, sondern vielmehr, dass wir nicht erwarten sollten, Gott sei nicht größer als unser beschränkter Verstand. Es steht eben nicht ein für alle Mal fest, dass es einem guten Menschen gut geht und dass die Schlechten bestraft werden. Gottes Gerechtigkeit lässt sich nicht auf eine so simple Theorie festlegen. Es geschehen Dinge, die wir nicht verstehen und in denen wir keinen Sinn erkennen.

Hiob muss das schließlich akzeptieren. Er fällt auf die Knie und bekennt, dass er von Dingen geredet hat, die er im Grunde nicht verstanden hat.

In 42,7, einem ganz entscheidenden Vers, lesen wir, dass Gott über die drei wertlosen Tröster zornig wurde, weil sie anders als Hiob falsch von Gott gesprochen hatten. Damit wird angedeutet, dass es besser ist, mit seinen Erklärungsversuchen an die Grenzen des Verstandes und der Erkenntnis zu stoßen und dennoch am Glauben festzuhalten, als wie die drei Freunde lediglich immer neu zu wiederholen, dass Hiob wohl gesündigt haben musste, wenn er jetzt litt. Sie waren in ihrem engen Weltbild gefangen, und konnten damit bequem leben und alles leicht erklären. Doch die Botschaft lautet, dass es im wirklichen Leben nicht so einfach zugeht. Das wirkliche Leben ist voll von Unsicherheit, von sinnlosem Leid, von Rätseln und Widersprüchen. Gott zu vertrauen, ist manchmal schwierig, aber genau darum geht es eben – um Vertrauen.

Hiob fiel auf sein Angesicht nieder und tat Buße in Staub und Asche. Das ist die Art, in der man Gottes Lektion lernen kann: demütig, ehrerbietig und schweigend.

Wunderbar ist es, von Hiobs Geduld zu hören und zu sehen, wie Gott ein gnädiges und barmherziges Ende gibt. Auf die Nacht der Traurigkeit folgt ein Morgen der Freude.

Hiob wird alles zurückerstattet, aber die Begegnung mit Gott hat seinem Glauben eine ganz neue Qualität verliehen, so dass er nicht einfach dort weitermachen kann, wo er aufgehört hat. Er bekommt wieder Kinder – werden sie wirklich ein Ersatz für die Kinder sein, die er verloren hat? Er bekommt ein langes Leben geschenkt und kann noch erleben, wie seine Kinder heranwachsen und erwachsen werden, in der hebräischen Gedankenwelt ein sichtbares Zeichen von Gottes Segen.

Das Buch lässt viele offene Fragen unbeantwortet. Erst das Neue Testament formuliert eine Lösung. Wenn wir den gekreuzigten Christus anschauen, sehen wir den einzigen unschuldigen Menschen, der zu Unrecht leidet. Und wir sehen einen Gott, der sich so sehr um uns kümmert, dass er bereit ist, die ganze Last der menschlichen Sünde und des menschlichen Lebens auf sich zu nehmen. Und doch ist das Buch Hiob nicht überholt. Selbst heute spüren leidgeprüfte Frauen und Männer, dass dieses Buch in ihrer Not zu ihnen spricht wie kein anderes Buch in der Bibel.

15.

Die Psalmen

Die hebräische Überschrift dieses biblischen Buches lautet: »Lob« oder das »Buch der Lobgesänge«, womit angezeigt ist, dass der Hauptinhalt des Buches Lob, Gebet und Anbetung ist. Der Name »Psalmen« kommt aus dem Griechischen. Die frühen Kirchenväter nannten es den Psalter.

»Kommt herzu, lasst uns dem Herrn frohlocken und jauchzen dem Hort unseres Heils« (Ps 95,1). »Bringet dar dem Herrn die Ehre seines Namens, betet an den Herrn in heiligem Schmuck!« (Ps 29,2). Das ist der Schlüssel zum Psalmenbuch, die Tür zum Tempel des Lobs und des Gebetes ist offen.

Zweifellos sind die Psalmen das beliebteste Buch des Alten Testamentes. Wo immer man sie zu lesen anfängt, findet man einen Schatz. Jeder Psalm ist ein unmittelbarer Ausdruck des Gottesbewusstseins der Seele.

Die Psalmen sind das Volksliederbuch Israels. Es sind 150 Gedichte, die im Gottesdienst gesungen wurden. Sie erheben und loben den Herrn, preisen seine Herrlichkeit, seinen Namen, sein Wort und seine Barmherzigkeit und Güte. Jede menschliche Erfahrung ist mit Gott in Beziehung gesetzt. Wir sehen das Leben des Gläubigen in allen seinen Erfahrungen, der Freude und der Traurigkeit, des Sieges und der Niederlage.

Viele Psalmen können auf Jesus Christus hin interpretiert werden, vor allem auf Jesu Leiden und seinen Tod. Das wollen wir näher betrachten.

Christus selbst hat gesagt: »Es muss alles erfüllt werden, was von mir geschrieben steht ... in den Psalmen« (Lk 24,44):

- Sein prophetisches Amt findet man in Psalm 22,22;
- sein priesterliches Amt in den Psalmen 40,6.8; 22; 49; 110;
- sein königliches Amt in den Psalmen 2; 21; 45; 72
- sein Leiden in Psalm 22 und 69;
- seine Auferstehung in Psalm 16.

Gliederung

Die Psalmen sind eigentlich eine Sammlung von fünf Büchern: 1-41; 42-72; 73-89; 90-106;107-150. Jeder dieser Abschnitte

Lesevorschläge

Sonntag:	Gesetzespsalmen	*Ps 1; 19*
Montag:	Schöpfungspsalmen	*Ps 29; 104*
Dienstag:	Gerichtspsalmen	*Ps 52; 53*
Mittwoch:	Christuspsalmen	*Ps 22; 40; 41*
Donnerstag:	Psalmen des Lebens	*Ps 3; 31*
Freitag:	Psalmen des Herzens	*Ps 37; 42*
Samstag:	Psalmen Gottes	*Ps 90; 139*

Gegenüber: Ein Hirte auf den Hügeln außerhalb von Bethlehem. David hütete hier einst die Schafe seines Vaters.

wird mit einem feierlichen Lobpreis abgeschlossen (einer so genannten »Doxologie«, z.B. 41,14). Die Doxologie in Psalm 150 bildet den Abschluss des gesamten Psalmbuches.

Man wird der Einteilung in etwa gerecht, wenn man sagt, dass das erste Buch viele persönliche Gebete enthält, die Psalmen der Bücher 2 und 3 die Geschichten bzw. das Leben des ganzen Volkes aufgreifen (und eine besondere Beziehung zum Tempelchor aufweisen) und die Bücher 4 und 5 für den Tempelgottesdienst gedacht waren.

Innerhalb der einzelnen Bücher werden die Psalmen oft nach Thema, Anlass oder auch Verfasser bzw. Sammler geordnet.

Die Verfasserfrage

Wir nennen die Psalmen oft auch pauschal die Psalmen Davids. Er wird als der Hauptverfasser angesehen. Von den 150 Psalmen werden ihm 75 zugeschrieben. Aber neben ihm gab es auch andere Psalmdichter. Salomo schrieb den 72. und 127. Psalm. Der 90. Psalm stammt von Mose. Davids Chorleiter, die Söhne Korachs, eine Musikerfamilie, und Jedutun schrieben außerdem einige Psalmen. Von 50 Psalmen wissen wir nicht, wer der Verfasser ist.

Nachbildung einer jüdischen Harfe. Die Psalmen wurden gesungen und von der Harfe und anderen Instrumenten begleitet.

Psalm 1-41

Aus dieser Sammlung von Psalmen Davids, die vorwiegend den Menschen (im Segen wie im Abfall von Gott) zum Mittelpunkt haben, wollen wir einige Beispiele herausgreifen.

Psalm 1

Der Psalm, den die Herausgeber dieser Sammlung an den Anfang stellten, ist ein »Weisheitspsalm«.

Er zeigt auf, wie man Gottes Segen empfangen kann (wahres Glück liegt darin, Gott zu gefallen). Zwar gibt es noch einen anderen Weg, aber wer ihn geht, wird verdammt.

Die Verse 1-3 porträtieren das glückliche Volk (die Gottesfürchtigen), die alles Böse entschieden ablehnen und Herz und Verstand darauf ausrichten, den Willen Gottes zu tun. Die Verse 4-6 malen in schrecklichen Farben das gegenwärtige Leben und zukünftige Schicksal der Gottlosen. Die zwei Gruppen gehen jeweils ihren eigenen Weg, und jeder Mensch muss sich für einen dieser Wege entscheiden: Einen Mittelweg gibt es nicht.

Psalm 22

Dieser Psalm zeigt ein prophetisches Bild von Golgatha. Hier sehen wir die Kreuzigung klarer angezeigt als an irgendeiner anderen Stelle des Alten Testaments. Der Psalm beginnt, wenn man die prophetische Perspektive einnimmt, mit dem Schrei Jesu Christi in der dunkelsten Stunde seines Lebens: »Mein Gott, mein Gott, warum hast du mich verlassen?« Der Psalm endet mit den Worten: »Er hat's getan«. Die wörtliche Bedeutung des Hebräischen heißt »es ist vollbracht« – der letzte Ruf unseres Heilands.

Psalm 22,7: »Ich bin ein Wurm und kein Mensch, ein Spott der Leute und verachtet vom Volk.« Auch das ist eine Anspielung auf die Schmach des Kreuzes!

Zudem kann man folgende Stellen parallel setzen:

Ps 22,1 – Mt 27,46
Ps 22,6-7 – Lk 23,35-36
Ps 22,6-8 – Mt 27,39.41.43
Ps 22,12-13 – Mt 27,36.44
Ps 22,28 – 1Kor 15,23-24

»Ich bin ausgeschüttet wie Wasser … mein Herz ist in meinem Leibe wie zerschmolzenes Wachs« (Ps 22,15). Körperlicher Qual kann einen übermäßigen Schweißausbruch zur Folge haben, ebenso kann man es daraufhin deuten, dass Jesus das Herz brach.

»Meine Zunge klebt mir am Gaumen« (Ps 22,16). Ein furchtbarer Durst wird damit beschrieben. Der Bericht im Neuen Testament lautet: »Jesus, damit die Schrift erfüllt würde, rief: Mich dürstet.« Ps 69,22 sagt: »Sie geben mir … Essig zu trinken für meinen Durst« (vgl. Joh 19,28-29).

»Sie haben meine Hände und Füße durchgraben« (Ps 22,17b). Die Kreuzigung – hier scheint die römische Hinrichtungsart eindrücklich beschrieben zu werden. Das jüdische Gesetz kannte diese Hinrichtungsart nicht.

»Sie teilen meine Kleider unter sich und werfen das Los um mein Gewand« (Ps 22,19). Selbst das Verhalten, das die Soldaten hunderte Jahre später an den Tag legten, wird hier beschrieben (vgl. Mt 27,35).

Psalm 23

Dieser bekannteste und beliebteste aller Psalmen schildert uns Gott als den guten Hirten (siehe auch Joh 10). Er versorgt sein Volk mit allem, was es braucht. Er schützt es vor allen Gefahren (1-4).

Vers 5 führt dann ein neues Bild ein: Gott, der vollkommene Gastgeber, lädt sein Volk zu einem reichen Mahl ein. In der Welt des Alten Testaments schuf Tischgemeinschaft ein Band der Loyalität. Das Bild zeigt uns nicht nur einen Gastgeber, sondern einen Freund.

Psalm 42-72

Die hebräischen Überschriften weisen darauf hin, dass diese Psalmen von ganz unterschiedlichen Verfassern stammen. Die Psalmen 42-49 wurden von den »Söhnen Korachs« (den Tempelmusikern) verfasst. Psalm 50 wird Asaf zugeschrieben, der einer anderen Gruppierung im Tempel angehörte. Die Psalmen 51-65 und 68-70 tragen wieder Davids, Psalm 72 Salomos Namen.

Psalm 51

Es gibt eine Reihe von Bußpsalmen, Psalm 51 gehört zu den gewichtigen. Es ist ein Psalm Davids. Wenn wir 2Sam 11 und 12 aufschlagen, finden wir den Bericht über Davids Sünde des Ehebruchs mit Batseba. Nachdem Nathan David die Geschichte des bösen Mannes erzählt hatte, der das einzige Lamm des armen Mannes weggenommen hatte, sagte er zu David: »Du bist der Mann.« David wich nicht aus, sondern antwortete: »Ich habe gesündigt gegen den Herrn.« Darauf sagte Nathan zu ihm: »Der Herr hat deine Sünde hinweggetan« (vgl. 2Sam 12,13).

Wir finden es merkwürdig zu lesen, dass David trotzdem »ein Mann nach Gottes Herzen« war. Wenn wir aber bedenken, was andere Könige unter denselben Umständen wahrscheinlich getan hätten, sind wir nicht so überrascht. David bekannte und sagte: »Ich habe wider den Herrn gesündigt« (2Sam 12,13). Das ist die Sünde – Gottes Gesetz zu brechen.

In Psalm 51 stoßen wir auf die Worte: »An dir allein habe ich gesündigt und übel vor dir getan.« Dieser Psalm ist ein Gebet der Reue und des Bekenntnisses. David ruft einen Gott um Gnade an, von dem er weiß, dass er gnädig und voller Güte ist.

Psalm 69

Dieser Psalm Davids wird im Neuen Testament oft zitiert (Joh 2,17; 15,25; Röm 15,3). Wie in Psalm 22 befindet sich der

Möglicherweise handelt es sich bei diesem Hügel um Golgatha. Psalm 22 nimmt die Schilderung der Kreuzigung vorweg.

Beter in Lebensgefahr und schreit zu Gott um Hilfe. Die Schilderung in den Versen 3.15-16 könnte sich möglicherweise auf Jeremia beziehen (Jer 38,6). Die Verse 35-37 stammen anscheinend aus der Zeit, als die judäischen Städte bereits in Schutt und Asche gelegt worden waren, aber Jerusalem noch nicht an die Babylonier gefallen war.

David trägt keine Schuld an seinem Leid. Er leidet für die Sache Gottes (2-13). Der Gott der Liebe soll ihn retten (14-19), solange er noch einen Funken Leben in sich hat.

Die Bilder könnten nicht eindrucksvoller sein: Bis zum Hals steckt er im trügerischen Sumpf, im Ozean verliert er den Boden unter den Füßen. Er ruft um Hilfe, aber die Zeit wird knapp. Die Schuld seiner Feinde liegt klar zutage (20-22) – hoffentlich werden sie für ihre Grausamkeit bestraft (23-29). Der Beter hofft, dass er freikommt und dann Gott loben kann. Die ganze Erde soll zum Lob Gottes singen, weil er die Städte Israels wieder aufbaut (30-37).

Psalm 73-89

11 der 17 Psalmen stammen dem jeweiligen Vers 1 zufolge von Asaf (wie auch Psalm 50). Die Psalmen 84, 85, 87 und 88 werden den Söhnen Korachs zugeschrieben, Psalm 88 außerdem noch Heman, dem Esrachiter. Psalm 86 trägt Davids Namen, Psalm 89 den Etans, des Esrachiters. Heman leitete den ersten Tempelchor, Asaf den zweiten und Etan den dritten (1Chr 6,31-47).

In fast allen Psalmen dieses dritten Abschnittes wird das Heiligtum erwähnt oder darauf angespielt (vgl. Ps 84,2). Es handelt sich um Texte, die beim Gottesdienst verlesen wurden.

Das Heiligtum steht vor unseren Augen, von seiner Zerstörung an bis zu seiner Wiederherstellung in der Fülle des Segens.

Psalm 90-106

Nur wenige dieser Psalmen tragen eine Überschrift, die sie mit besonderen Ereignissen verknüpft. Auch diese Psalmen sind sie in der Hauptsache für den öffentlichen Gottesdienst gedacht. Bis auf drei (90; 101; 103) stammen sie alle von anonymen Verfassern. Die Psalmen 95 bis 100 sind überschwängliche Lieder, die Gott, den Herrn der ganzen Schöpfung, loben.

Psalm 90

Der erste Psalm dieser Gruppe wurde während der Wüstenwanderung geschrieben. Die düstere Grundstimmung, die fast an ein Begräbnis erinnert, teilt er mit dem Buch Prediger.

Verglichen mit dem ewigen Gott (1-4) sind wir Sterblichen so vergänglich wie ein Grashalm (5-6). Unsere Lebensspanne ist knapp bemessen, und selbst in diesem kurzen Leben stehen wir unter dem Gericht Gottes (7-10). Der Psalmist appelliert an das Mitleid Gottes, wenn er ihn darum bittet, wieder einmal Freude erfahren zu dürfen (13-17).

Psalm 107-150

Die Lehren dieser Psalmen kreisen vorwiegend um das Wort Gottes. Psalm 107 nennt das Leitwort: »Er sandte sein Wort und machte sie gesund« (Vers 20).

Psalm 119

Dies ist der längste aller Psalmen, und er ist nach einem durchdachten Muster – 22 Abschnitte von je acht Versen – aufgebaut. Die Anfangsbuchstaben jedes Abschnitts durchlaufen das hebräische Alphabet, und jeder Vers eines einzelnen Abschnitts beginnt mit demselben Buchstaben. Innerhalb dieses festen Rahmens trifft der (uns nicht bekannte) Psalmist einzelne, aber durchaus nicht zusammenhanglose Feststellungen über das Gesetz. Dazwischen finden sich immer wieder Gebete.

Zehn verschiedene Begriffe benutzt er für dieselbe Sache: Gesetz des Herrn, Mahnungen (Zeugnisse), Gebote, Weg, Satzungen, Ordnungen (Bestimmungen), Ratgeber, Befehle, Wort und Zusage. Fast in jedem Vers taucht der eine oder andere dieser Begriffe auf.

In diesem Psalm lesen wir, wie sehr sich der Psalmist bemüht, das Gesetz zu verstehen. Er lernt es auswendig. Er sehnt sich nach mehr. Nichts kann ihn davon ablenken. Gottes Willen, wie er im Gesetz seinen Ausdruck findet, prägt seinen Lebensstil und sein Verhalten, gibt ihm Hoffnung und Frieden, Leben und Befreiung. Dem Gesetz schenkt er uneingeschränktes Vertrauen. Gesetzesübertretungen machen ihn traurig. Sein freudiger Gehorsam, seine Liebe und sein Vorsatz, Gottes Willen (dem Keim dessen, was man später als »Reich Gottes« kennen lernt) Beachtung zu schenken, fordern auch heute jeden Gläubigen heraus.

Dass der Psalm vor allem das glückliche Leben im Blickpunkt hat, das der Ehrfurcht vor Gott entspringt, verbindet ihn mit den anderen »Weisheitspsalmen« (siehe auch Erläuterung zu Psalm 1).

Die Stellung des Psalters

Wahrscheinlich hat kein anderes Buch in so weitem Maße die Wendepunkte von Menschenleben beeinflusst, ihren tiefsten Erfahrungen Ausdruck verliehen und sich selbst in ihr Wesen hineinverwoben wie das Psalterbuch.

Wenn man die Bibel in der Mitte aufschlägt, stößt man auf den Psalter. Aber die Psalmen stehen nicht nur in der Mitte der Bibel, sondern auch im Zentrum menschlicher Erfahrung.

Dieses Buch wird bis auf den heutigen Tag von Juden und Christen benutzt. Es ist geschrieben worden, damit das Herz Gott ehren könne, sei es unter offenem Himmel, in der Höhle der Verzweiflung oder in einem Versteck. In der tiefsten Not findet man ganz sicher einen Psalm, der die eigenen Empfindungen besser ausdrückt, als wir es tun können.

Jerusalem vom Ölberg aus gesehen. Eine Reihe von Psalmen wurden für die Jerusalempilger verfasst und von ihnen gesungen, wenn sie sich der Stadt näherten.

Es ist das Buch für alle, die in Not sind. Für die Kranken und die Leidenden, die Armen und die Bedürftigen, für die Gefangenen und die Verbannten, die Gefährdeten und Verfolgten. Es ist ein Buch für den Sünder, das von Gottes großer Gnade und Vergebung erzählt.

Es ist ein Buch, das in neue Erfahrungen mit dem Herrn führt, wenn man sich darauf einlässt. Es bringt Lob und Anbetung, Freude und Dank von Menschen zum Ausdruck, die sich auf Gott gründen. Es erzählt von den vollkommenen Gesetzen Gottes und verheißt dem Segen, der das Gesetz hält.

16.

Die Sprüche, der Prediger und das Hohelied Salomos

»Wohl dem Menschen, der Weisheit erlangt, und dem Menschen, der Einsicht gewinnt« (Spr 3,13).

Hiob, die Psalmen, die Sprüche, der Prediger und das Hohelied Salomos nennt man auch die »poetischen« Bücher. Nicht, weil sie in irgendeiner Weise fiktional wären, sondern weil wir hier die große Dichtkunst des Altertums finden, die sich dadurch auszeichnet, dass die Sprache rhythmisch und bildhaft ist und eine starke Aussagekraft hat.

Die Sprüche

Die Sprüche zeigen, dass Frömmigkeit praktisch ausgelebt werden muss. Alle Lebensbeziehungen finden Erwähnung: unsere Pflicht gegenüber Gott, unseren Nachbarn, unseren Eltern und Kindern und unsere Pflichten als Bürger.

Die Sprüche führen uns in den Alltag. Hier stoßen die Menschen im Gedränge des Lebens aneinander. Sie befassen sich auch mit den konkreten Problemen des Alltags. Sie wurden 400 Jahre früher geschrieben als die philosophischen Schriften Griechenlands.

Das Buch teilt die Menschen in zwei Gruppen ein – in Toren und Weise. Weisheit und Torheit – der Weise und der Tor: Dies ist das große Thema der Sprüche, vor allem der Kapitel 1-9. Die Aussprüche zeigen den Gegensatz auf zwischen Weisheit – nach Gottes Maßstäben rechtschaffen zu leben – und Torheit – der Entscheidung eines Menschen, seinen eigenen Weg zu gehen. Die Weisheit führt zum Leben und allem, was gut ist, die Torheit schenkt allenfalls ein halbes Leben und führt schließlich zum Tod.

Zu welcher der beiden Gruppen ein Mensch gehört, hängt davon ab, welche Entscheidung er in bestimmten Situationen trifft. Der Weise ist nach der Definition der Weisheit in den Sprüchen rechtschaffen. Der leicht verführbare Tor steht immer in der Gefahr, etwas Falsches zu tun. Es ist mehr als wahrscheinlich, dass er in der Gruppe der Gottlosen enden wird. Gott liebt und beschützt die Rechtschaffenen. Die Gottlosen werden seinen Zorn zu spüren bekommen. Wenn es ihnen gut geht, dann nur für kurze Zeit. Sie marschieren geradewegs auf Tod und Vernichtung zu.

Lesevorschläge

Sonntag:	Weisheit	*Spr 1-4*
Montag:	An die Söhne	*Spr 5-7*
Dienstag:	Gut und böse	*Spr 15-17*
Mittwoch:	Weise Worte	*Spr 20; 22; 31*
Donnerstag:	Alles ist eitel	*Pred 1-3*
Freitag:	Nur Gott befriedigt	*Pred 11-12*
Samstag:	Fröhliche Gemeinschaft	*Hld 1,1-7; 2,1-7*

Der Verfasser

Das Buch trägt die Überschrift »Sprüche Salomos«. Salomos Weisheit und Reichtum waren berühmt. Er schrieb 3000 Sprüche und 1005 Lieder (vgl. 1Kön 4,31f). Salomo war in besonderer Weise dazu prädestiniert, dieses Buch zu schreiben.

Gott hatte Salomo große Weisheit gegeben »und einen Geist, so weit, wie Sand am Ufer des Meeres liegt, dass die Weisheit Salomos größer war als von allen, die im Osten wohnen, und als die Weisheit der Ägypter« (1Kön 5,10).

Salomo war ein Philosoph, ein Wissenschaftler, mit großen Fähigkeiten. Er war der Architekt eines Tempels und ein großer König. Salomo hat schon im Umlauf befindliche Sprüche gesammelt und so geordnet, wie wir sie jetzt vor uns haben. Man vergleiche, was Salomo darüber in Prediger 12,9 sagt, wo es heißt: »Er erwog und forschte und dichtete viele Sprüche. Er suchte, dass er fände angenehme Worte und schriebe recht die Worte der Wahrheit.«

Salomo war durch die Heirat mit der Tochter des Pharao eng mit dem ägyptischen Königshof verbunden, und vielleicht kannte er die »Lehre der Amenemope«, die erstaunliche Parallelen zu Spr 22,17-23,14 aufweist, sowie andere Weisheitssammlungen. Er und seine Weisen trugen die Weisheit des Ostens zusammen, aber sie nahmen nur das auf, was im Einklang mit den Maßstäben Gottes stand.

Marktszene in Bethlehem. Die Sprüche enthalten Lebensweisheiten, die Rat in ganz alltäglichen Angelegenheiten erteilen.

Der eigentliche Wert dieses Buches liegt in der wahren Bedeutung des Wortes »Weisheit«. Es ist klar, dass dieses Wort mehr meint als eine bestimmte Eigenschaft. Die Weisheit der Sprüche ist das fleischgewordene Wort des Neuen Testamentes. Christus fand sich selbst in diesem Buch (Lk 24,27).

Von der Weisheit wird in den Spüchen gesagt, sie habe von ewigen Zeiten her bei Gott gewohnt. »Ich bin eingesetzt von Ewigkeit her, im Anfang, ehe die Erde war. Als die Meere noch nicht waren, ward ich geboren, als die Quellen noch nicht waren, die von Wasser fließen. Ehe denn die Berge eingesenkt waren, vor den Hügeln ward ich geboren, als er die Erde noch nicht gemacht hatte, noch die Fluren darauf, noch die Schollen des Erdbodens. Als er die Himmel bereitete, war ich da, als er den Kreis zog über den Fluten der Tiefe, als er die Wolken droben mächtig machte, als er stark machte die Quellen der Tiefe, als er dem Meer seine Grenze setzte, und den Wassern, dass sie nicht überschreiten seinen Befehl; als er die Grundfesten der Erde legte, da war ich als der Werkmeister bei ihm« (Spr 8,23-30).

Die Absicht der Sprüche wird am Anfang klar aufgezeigt (vgl. Spr 1,2-4). Die oberste aller Pflichten ist die Gottesfurcht (Spr 1,7). »Dass man annehme Zucht, die da klug macht, Gerechtigkeit, Recht und Redlichkeit« (Spr 1,3). Das ist wahre Bildung und Selbsterziehung. »Dass die Unverständigen klug werden und die Jüng- linge vernünftig und besonnen« (Spr 1,4).

Gott will uns von seiner Weisheit geben – der Weisheit, die Himmel und Erde schuf, damit wir sie in unserem Leben benutzen. Menschliche Weisheit kann die Lebensprobleme nie lösen. Nur Gott kennt die Wege der Menschen. »Die Furcht des Herrn ist der Weisheit Anfang« (Ps 111,10).

Ratschläge für junge Männer (Sprüche 1-10)

Das Buch beginnt mit einer Feststellung über seine Absicht (1,2-6) und Grundlage (1,7). Es richtet sich vor allem an junge Menschen (Männer), die noch nicht viel wissen – aber niemand ist zu alt oder zu weise, um nicht dazuzulernen.

Hier spricht ein Lehrer zu seinen Schülern wie ein Vater zu seinem Sohn. Der junge Mann muss eine lebenswichtige Entscheidung treffen, zwischen dem richtigen und dem falschen Weg, zwischen Weisheit und Torheit, zwischen Gottes Weg und seinem eigenen. Der Lehrer schildert die beiden Alternativen und zeigt auf, wohin diese beiden Wege führen. In den Versen 1,10-19 sagt er seinem Schüler, wie er sich gegen Versuchungen wehren kann. Jede seiner Lektionen steht unter demgleichen Thema: »Streck dich nach der Weisheit aus!«

In den Kapiteln 5 und 7 werden sexuelle Versuchungen angesprochen. Der Lehrer beschreibt in Kap. 7 einen jungen Mann, der den schamlosen Verführungskünsten einer verheirateten Frau zum Opfer fällt. Nach der Anzahl der entsprechenden Warnungen in den Sprichwörtern zu urteilen, kam das recht häufig vor. Selbst der sonst so weise Salomo zeigte hier einen schwachen Punkt – und am Ende verleiteten ihn seine ausländischen Frauen zum Götzendienst (1Kön 11,1-13).

Im auffälligen Gegensatz zu der Frau in Kapitel 7, die sich in der Dämmerung hinausschleicht, um einen Mann zu verführen, tritt die Weisheit in aller Öffentlichkeit auf und spricht zu allen, während die Menschen ihren Geschäften nachgehen.

Juden an der Westmauer des Tempels in Jerusalem.

Ratschläge für alle Menschen (Sprüche 11-20)

Von Kapitel 10 an lesen wir am besten immer nur einige Sprüche auf einmal. Es ist auch hilfreich, die Sprüche thematisch geordnet zu lesen, weil man dann ein Sprichwort mit dem anderen vergleichen kann und so erfährt, was das Buch im Ganzen zu einem bestimmten Thema sagt. Es liegt, und das darf man nicht vergessen, in der Natur der Sache, dass Sprichwörter verallgemeinern. Was sie sagen, ist im Allgemeinen, aber nicht in jedem Einzelfall wahr. Keiner der Verfasser leugnet, dass es Ausnahmen gibt, aber Ausnahmen eignen sich nicht für Sprichwörter.

Der junge Mann wurde vor die Entscheidung gestellt und dazu gedrängt, die Weisheit zu wählen. Jetzt beginnt die eigentliche Unterweisung mit ganz praktischen Ratschlägen, die jeden Lebensbereich abdecken.

Die Sprüche in dieser Sammlung wirken vor allem durch die Gegenüberstellung von Gegensätzen. Die zweite Hälfte jedes Sprichworts stellt den Gegensatz, die Antithese zur ersten dar. Jeder Spruch ist für sich selbst vollständig, obwohl einige Sprichwörter durch ein gemeinsames Stichwort oder Thema zu einer kleinen Serie verbunden werden.

Im Folgenden einige Beispiele:

Schlechte Ökonomie – »Einer teilt reichlich aus und hat immer mehr; ein anderer kargt, wo er nicht soll, und wird doch ärmer« (11,24).

Torheit – »Einen Toren kann man seiner Torheit nicht überführen; nur ein Weiser wird den Tadel der Torheit annehmen« (12,15).

Lügen – »Der Gerechte ist der Lüge Feind; aber der Gottlose handelt schimpflich und schändlich« (13,5).

Freunde gewinnen – »Es gibt Allernächste, die bringen ins Verderben, und es gibt Freunde, die hangen fester an als ein Bruder« (18,24).

Alkohol – »Der Wein macht Spötter; und starkes Getränk macht wild; wer davon taumelt wird niemals weise« (20,1; 31,4-7).

Ratschläge für Könige und Herrscher (Sprüche 21-31)

In den Kapiteln 21-31 richten sich die Sprüche vor allem an die Regierenden. Auch hier sei eine Auswahl der Themen vorgestellt:

Selbstbeherrschung – »Wer Mund und Zunge bewahrt, der bewahrt sein Leben vor Not« (21,23).

Ansehen – »Ein guter Ruf ist köstlicher als großer Reichtum und anziehendes Wesen besser als Silber und Gold« (22,1).

Nüchternheit – »Sieh den Wein nicht an wie er so rot ist und im Glase so schön steht: Er geht glatt ein« (23,31).

Guter Rat– »Mit Überlegung soll man Krieg führen, und wo viele Ratgeber sind, da ist der Sieg« (24,6).

Frauen – »Besser im Winkel auf dem Dach sitzen als mit einem zänkischen Weibe zusammen in einem Haus« (25,24).

Geschwätz – »Wenn kein Holz mehr da ist, so verlischt das Feuer, und wenn der Verleumder weg ist, so hört Streit auf« (26,20).

Zukunft – »Rühme dich nicht des morgigen Tages; denn du weißt nicht, was der Tag bringt« (27,1).

Verstand – »Wenn ein Fürst ohne Verstand ist, so geschieht viel Unrecht; wer aber unrechten Gewinn hasst, wird lange leben« (28,16).

Steuern – »Ein König richtet das Land auf durchs Recht, wer aber viel Steuern erhebt, richtet es zugrunde« (29,4).

Sicherheit – »Alle Worte Gottes sind durchläutert; er ist ein Schild denen, die auf ihn trauen« (30,5).

Das Buch des Predigers

Im Buch Prediger (Kohelet) finden wir die Summe dessen, was menschliches Denken und natürliche Religion über Sinn und Ziel des Lebens erkannt haben. Die Behauptungen dieses Buches sind also nicht Gottes Behauptungen, sondern Gottes ungeschminkter Bericht über die Behauptungen der Menschen. Das erklärt, warum Stellen wie 1,18; 2,24; 3,3.4.8.12.19.20; 8,15 ganz im Gegensatz zu den übrigen Aussagen der Bibel stehen.

Das Buch enthält autobiographische Notizen Salomos aus einer Zeit, in der er keine Verbindung mit Gott hatte. Salomo mag weise gewesen sein, aber er folgte seiner Weisheit nicht. Das Buch Prediger hat seinen Ursprung in Salomos tragischer Sünde der Gottvergessenheit und des Versuches, »unter der Sonne« Befriedigung zu finden, auf der Grundlage reiner Spekulation der Gedanken. Deshalb ist die Schlussfolgerung des Buches, dass »alles eitel und Gaukelei des Geistes ist« unvermeidlich, und die Botschaft des Predigers geht dahin, dass ein Leben abseits von Gott voller Leere und Enttäuschung ist.

Das Buch betrachtet einfach das Leben um uns herum und zieht daraus logische Schlüsse. Das ist das Leben »unter der Sonne«, so wie wir es wahrnehmen. Salomo geht ohne Vorurteile an das Thema heran. Das Leben, so wie wir es kennen, ist ohne Gott sinnlos und leer. Natur und Geschichte bewegen sich im Kreis: Niemals kommt etwas Neues. Stelle Gewinn und Verlust im menschlichen Leben gegenüber, und du wirst sehen, dass du tot besser dran wärst.

Das Leben ist ungerecht; Arbeit hat keinen Sinn; sogar das Vergnügen macht keine Freude; ein rechtschaffenes Leben und weise Gedanken macht der Tod zunichte.

Das Buch ruft uns auf, realistisch zu sein. Es sagt sinngemäß: Wenn das Leben ohne Gott alles ist, was es gibt, dann schau es dir genau an. Sei ehrlich. Steck den Kopf nicht in den Sand. So sieht die Wahrheit über das Leben aus.

Aber anders als in modernen Büchern ist das nicht reiner Zynismus und Verzweiflung. Gott wollte nie, dass wir ihn im Abseits stehen lassen. Gott kann uns in jedem Aspekt unseres Lebens Freude schenken, ob nun beim Essen, bei der Arbeit, zu Hause oder in der Ehe (2,24-26; 3,13; 5,18-20; 9,7-10). Er will, dass wir nicht im Leben, sondern in ihm die letzte Erfüllung finden. Es stimmt, der Weise stirbt ebenso wie der Tor, aber die Weisheit ist trotzdem gut und richtig (2,13). Gott wird die Gerechten und die Bösen richten (3,17). Genieß das Leben, nicht wie die, die sagen: »Iss und trink, denn morgen sind wir tot«, sondern als einer, der Gott nachfolgt, weil du auf ihn angewiesen bist (3,13; 5,19). Das Leben muss nicht sinnlos und leer sein: Denke an Gott, solange du noch jung bist (12,1), respektiere ihn und halte seine Gebote (12,13).

Wir sehen uns vor die große Frage gestellt: »Ist das Leben lebenswert?« Salomo hatte alles ausprobiert. Niemand konnte das besser tun und besser darüber berichten – aber die Antwort, die er fand, war keine Bestätigung des irdischen Lebens.

Erster Versuch: Weisheit (Pred 1). Was gibt es Besseres in der Welt? Salomo erklärte: »Ich richtete mein Herz darauf, dass ich lernte Weisheit und erkennte Tollheit und Torheit! Ich ward aber gewahr, dass auch dies ein Haschen nach Wind ist. Denn wo viel Weisheit ist, da ist viel Grämen, und wer viel lernt, der muss viel leiden« (Pred 1,17f).

Das trifft für rein irdische Weisheit immer zu. »Die Furcht des Herrn ist der Weisheit Anfang« (Ps 111,10).

Zweiter Versuch: Vergnügen (Pred 2). »Ich sprach zu meinem Herzen: Wohlan, ich will Wohlleben und gute Tage haben! Aber siehe, das war auch eitel« (Pred 2,1). Das war seine aus Erfahrung gewonnene Schlussfolgerung. Gott hat uns zu fröhlichen Menschen geschaffen. Er hat uns tausend Möglichkeiten der Freude gegeben, aber sie allein ergeben keinen Lebensinhalt. Die Philosophie hat versagt – sagt der Prediger –, so lasst uns das Vergnügen ausprobieren. Musik, Tanz, Wein (nicht im Übermaß), lustige Geschichten, witzige Unterhaltungen. Aber schon nach kurzer Zeit erscheint all das dem König abgeschmackt.

Dritter Versuch: Bauen (Pred 2,4). Nun wird der Prediger praktisch. Er errichtet große Bauten. Aquädukte, Teiche, Paläste und andere öffentliche Gebäude nehmen seine Gedanken gefangen. Aber die Begeisterung hält nicht lange an.

Vierter Versuch: Gartenbau (Pred 2,5-6). Weingärten, Obstgärten, seltene Blumen und tropische Pflanzen kommen nun in Mode. Jerusalem und seine Umgebung blühen wie der Garten Eden.

Die Teiche Salomos bei Jerusalem. Das Buch Prediger berichtet von Salomos gewaltigen Bauprojekten, Aquädukten, Teichen, Palästen und anderen öffentlichen Gebäuden, die seine Gedanken beherrschten.

Aber bald ist auch dies wie ein neues Spielzeug, das für eine Weile unterhält, aber rasch wieder weggeworfen wird.

Fünfter Versuch: Schafzucht und Kunstsammlung (Pred 2,7.8). Der König versucht, Schafe aufzuziehen, Kunstgegenstände zu sammeln, ja er wird ein Amateurmusiker (Vers 8). Chöre und Orchester sammeln sich im königlichen Palast. Aber wenn auch »Musik ihren Reiz« hat, so hat dieser Reiz doch nichts mit andauerndem Glück zu tun.

Sechster Versuch: Das Leben auf sich nehmen – mit Zurückhaltung (Pred 3). Und wieder heißt die Frage: »Wozu?«

Siebter Versuch: formale Frömmigkeit (Pred 5). »Es ist besser, du gelobst nichts, als dass du nicht hältst, was du gelobst.« (Pred 5,4).

Achter Versuch: Reichtum (Pred 6). Salomo war reich. Er war »ein Mann, dem Gott Reichtümer gegeben hatte«. Aber wozu nützte das? »Da ist einer, dem Gott Reichtum, Güter und Ehre gegeben hat, und es mangelt ihm nichts, was sein Herz begehrt; aber Gott gibt ihm doch nicht die Macht, es zu genießen, sondern ein Fremder verzehrt es. Das ist auch eitel und schlimmes Leiden« (Pred 6,2).

Neunter Versuch: Ansehen (Pred 7). »Ein guter Ruf ist besser als gute Salbe und der Tag des Todes besser als der Tag der Geburt« (Pred 7,1). Das Leben dieser Welt dauert nicht lange. Die Menschen werden einen schnell vergessen, wenn man einmal gestorben ist.

Nach all diesen Versuchen kommt in Pred 8,12 nun ein Wendepunkt: »Ich weiß sicher, dass es wohlgehen wird denen, die Gott fürchten, die sein Angesicht scheuen.« Das volle Gewicht dieser Aussage kommt dann schließlich im letzten Kapitel des Buches zum Ausdruck: »Fürchte Gott und halte seine Gebote, denn das gilt für alle Menschen« (Pred 12,13).

Der »Prediger« hat Ausschau gehalten, nach vorne und nach hinten geblickt. Nun sieht er nach oben, sieht Gott – und ist zufrieden.

Den Ausdruck »unter der Sonne« (Pred 1,3) lesen wir 28-mal in diesem kleinen Buch. Das »Leben unter der Sonne« ist kaum lebenswert; aber über der Sonne, in den Himmeln, wie der Apostel Paulus beschreibt, ist es wunderbar (Eph 1).

Dieses Buch ist uns als ein Warnsignal gegeben, damit es uns erspart bleibt, die Bitterkeit des Lebens zu schmecken, die darin besteht, dass die vielversprechenden Zisternen, die wir immer so gerne suchen, in Wirklichkeit leer sind.

Der Prediger schließt mit einem Aufruf an die Jugend: Legt die Grundlagen früh. »Gedenke deines Schöpfers in der Jugend.«

Das Hohelied Salomos

Das Hohelied enthält eine Reihe von Gedichten, die die Liebe zwischen Mann und Frau feiern. Es greift auf eine Fülle von Bildern aus dem ländlichen Leben zurück und spielt, wie es dem Thema angemessen ist, im Frühling. Die Gedichte sind leidenschaftlich und freuen sich an der menschlichen Liebe.

Das Hohelied kann man auf sehr verschiedene Weise interpretieren. Juden und Christen haben es schon immer als Allegorie auf Gottes Liebe zu Israel oder auf Christi Liebe zu seiner Braut, der Gemeinde, ausgelegt. Die Gedichte selbst liefern aber keinen Hinweis darauf, dass sie mit dieser Absicht geschrieben wurden.

Einige Ausleger verstehen die Gedichte als Drama mit zwei oder drei handelnden Personen (die Braut und der königliche Bräutigam bzw. Salomo, das Mädchen und ihr Liebhaber, der Schäfer). Es gibt aber nirgendwo eine Andeutung darauf, dass neben dem Hohelied noch eine solche Literaturgattung in Israel existierte.

Der natürlichste Zugang wäre, das Hohelied so zu verstehen, wie es dasteht. Es spürt den Gefühlen, Hoffnungen, Ängsten und Leidenschaften von Mann und Frau nach. In gewisser Weise ist es eine Ausdeutung des allerersten Liebesgedichts, nämlich der Worte, die Adam in 1Mo 2,23 an Eva richtet. Es feiert die männliche und weibliche Sexualität und das, was zwei Liebende beim Anblick ihrer Körper empfinden.

Wir finden im Hohelied aber nichts Anstößiges oder Unsittliches. Die Freude an der Sexualität und ihrer Erfüllung zieht sich durch das ganze Buch, und die gegenseitige Verpflichtung ist für die Beziehung von entscheidender Bedeutung. Deshalb weicht es in seiner Botschaft nicht von den anderen biblischen Büchern ab, auch wenn es sich in einzigartiger Weise auf dieses Thema konzentriert.

Gliederung

Man könnte das Buch in folgender Weise gliedern:

- 1,2-2,7 Vorfreude
- 2,8-3,5 Gefunden, verloren – und wiedergefunden
- 3,6-5,1 Erfüllung
- 5,2-8,4 Verloren – und wiedergefunden
- 8,5-14 Bekräftigung

Liebeslyrik

Das Hohelied ist ganz eindeutig ein Liebesgedicht. Diese Gattung kennt man in der ganzen Welt, und im Nahen Osten des Altertums gab es dafür bestimmte Konventionen, die wir in diesem Buch wiederfinden.

Die Liebenden reden sich mit dem vertraulichen »du« an.

Die Motive »Gesucht und gefunden« und »Hindernisse, die überwunden werden müssen« tauchen immer wieder auf.

Körperliche Schönheit wird oft mit Naturerscheinungen verglichen.

Die Sinne – Sehen, Hören, Riechen, Berühren – kommen voll zur Geltung.

Ein jüdischer Junge feiert seine Bar-Mitzwah an der Westmauer des Tempels in Jerusalem. – *Wir müssen schon im Kindesalter beginnen, Gott kennen zu lernen, wenn wir ein erfülltes Leben führen wollen.*

Im Gegensatz zur Liebeslyrik des Nahen Ostens im Altertum gibt es hier keine Verbindung zu Kult oder Religion. Kein einziges Wort, das mit Glauben und Gottesdienst in Israel verknüpft war, wird hier benutzt. Auch Eifersucht oder Untreue spielen hier, anders als in anderen Gedichten, keine Rolle.

Die großen Propheten des Alten Testaments

Jesaja • Jeremia • Klagelieder
Hesekiel • Daniel

Schlüsselkapitel im Hinblick auf den Messias: Jesaja 1, 2, 8, 9, 11, 12, 53 und 60

17.

Das Buch Jesaja

Einführung in die prophetischen Bücher

Die Lehrbücher des Alten Testaments gehören in die goldene Zeit des Volkes Israel. Die prophetischen Bücher des Alten Testaments dagegen kann man seiner dunklen Zeit zuordnen.

Die Propheten waren Männer, die Gott während der dunklen Tage in der Geschichte Israels berief. Sie waren die Evangelisten ihrer Zeit. Über das Amt der Propheten lesen wir in 2Kön 17,13: »Und doch hatte der Herr Israel und Juda gewarnt durch alle Propheten und alle Seher und ihnen sagen lassen: Kehrt um von euren bösen Wegen und haltet meine Gebote und Rechte nach dem ganzen Gesetz, das ich euren Vätern geboten habe und das ich zu euch gesandt habe durch meine Knechte, die Propheten.« Auch im Neuen Testament lesen wir immer wieder, dass Gott durch die Propheten sprach. Alle Propheten sprachen furchtlos vor Königen und vor dem Volk über deren Sünden und Versagen.

Propheten gab es in Israel 500 Jahre lang vom 9. bis zum 4. Jahrhundert v.Chr. Dann verstummten sie bis zu Johannes dem Täufer.

Samuel führte das Prophetenamt ein. Als das Königreich geteilt wurde und Juda und Israel als getrennte Königtümer errichtet wurden, traten die vier großen Propheten auf.

Wir kennen daneben zwölf »kleine« Propheten, die nur deshalb so heißen, weil die zu ihnen gehörenden biblischen Bücher kürzer sind.

Die Gefangenschaft Israels

Das Thema der alttestamentlichen Propheten ist – aufs Ganze gesehen – die Gefangenschaft Israels (Nordreich) und Judas (Südreich). Den Bericht über diese Gefangenschaft findet man 2Kön 17,1-23; 24,10-25,2-1. Man nennt sie auch die assyrische bzw. die Babylonische Gefangenschaft.

Vorexilische Propheten

Die Propheten vor dem Exil waren, geordnet nach ihrem Auftreten: Obadja, Joel, Jona, Amos, Hosea, Jesaja, Micha, Nahum, Habakuk, Zefanja und Jeremia.

Amos und Hosea waren in das Nordreich gesandt, während die Übrigen (außer Jona, der zu der assyrischen Hauptstadt Ninive predigte) im Südreich (Juda) auftraten.

Exilische und nachexilische Propheten

Die Propheten während des Exils (der Babylonischen Gefangenschaft) waren Hesekiel und Daniel. Sie sprachen zu allen deportierten Israeliten. Auch Jeremia gehört zum Teil noch in diese Epoche. Nach dem Exil traten Haggai, Sacharja und Maleachi auf.

Sechs Propheten lebten in der Zeit vor Israels Untergang: Joel, Jona, Amos, Hosea, Jesaja, Micha.

Sieben lebten während der Zeit vor Judas Untergang: Jeremia, Hesekiel,

Lesevorschläge

Sonntag:	Gottes Anklage gegen Juda	*Jes 1,1-18*
Montag:	Jesajas Beauftragung	*Jes 6,1-13*
Dienstag:	Der Messias – Israels Hoffnung	*Jes 7,10-16; 9,1-21*
Mittwoch:	Das zukünftige Königreich	*Jes 11,1-16*
Donnerstag:	Ein großer Gott	*Jes 40,1-31*
Freitag:	Der leidende Gottesknecht, unser Versöhner	*Jes 53,1-12*
Samstag:	Herrliches Heil	*Jes 55,1-13*

Ein Wachturm in den Feldern um Samaria. Jesaja schrieb, dass Jerusalem so wehrlos wie die Hütte eines Wächters im Weinberg daliege (Jesaja 1,8).

Daniel, Obadja, Nahum, Habakuk und Zefanja.

Drei lebten während der Zeit des Wiederaufbaus: Haggai, Sacharja und Maleachi.

Die Hauptadressaten der Botschaft der Propheten

Israel: Amos, Hosea, Hesekiel
Ninive: Jona und Nahum
Babylon: Daniel
Edom: Obadja
Juda: Joel, Jesaja, Micha, Jeremia, Habakuk, Zefanja, Haggai, Sacharja, Maleachi.

Die Botschaft der Propheten

Die Hauptaufgabe des Propheten bestand darin, Gottes Wort in das sittliche und religiöse Leben seines Volkes hineinzusprechen. Solange das Volk Gott gehorsam war, wurde kein Prophet gesandt.

Alle prophetischen Schriften enthalten Tadel und Mahnungen, die sich direkt auf die Zustände ihrer Zeit beziehen.

Propheten sprachen aber nicht nur von dem Gericht, das die Sünde des Volkes heraufbeschwor; sie sagten auch zukünftige Ereignisse voraus, die das Volk Israel betrafen sowie auch andere Völker, soweit diese mit Israel in Berührung kamen.

Als besonders markante Prophezeiungen seien hier genannt:

1. *Die Zerstreuung und Gefangenschaft des von Gott erwählten Volkes.* Immer wieder sprechen die Propheten davon, dass die Israeliten unter die Völker der Welt zerstreut werden sollen.
2. *Das Kommen des Messias.* Die Juden warten noch immer auf ihren Messias.
3. *Die Wiederherstellung des erwählten Volkes und die Zurückgewinnung des Heiligen Landes.* Heute ist Israel wieder eine Nation. Die Juden kehrten vor gut fünfzig Jahren aus den vier Himmelsrichtungen der Erde zurück, um in ihrem eigenen verheißenen Land zu wohnen. Jeder Jude trägt in seinem Herzen die Sehnsucht, wieder zu seinem Volk zu gehören.
4. *Die Herrschaft des Messias über die ganze Erde.* Auch wenn wir den Zusammenbruch des Gottesvolkes,

zuerst Israels und dann Judas sehen, hat Gott doch offenbart, dass dies nicht das Ende seines Volkes bedeutet. Es wird noch eine herrliche Zukunft haben, wenn der Friedefürst über sein Volk regieren wird und sein Zepter »von einem Meer bis ans andere und von dem Strom bis zu den Enden der Erde« reichen wird (Ps 72,8).

Wenn man die Evangelien liest, stößt man sehr häufig auf den Ausdruck »damit erfüllt würde«. Wenn man diese Stellen genau liest, erkennt man, dass Gott seine Prophezeiungen buchstäblich erfüllt. Wir wollen uns darum bemühen, die Bedeutung der prophetischen Worte auf eine wörtliche, natürliche Weise zu erklären. Man sollte sich davor hüten, eine geistliche (= allegorische oder bloß symbolische) Deutung zu erzwingen und die wahre Bedeutung außer Acht zu lassen.

Es ist interessant, dass die Kirche, die christliche Gemeinde, von den Propheten nicht erwähnt wird. Das ist das »Geheimnis«, das Gott zurückhielt, bis es nach seinem Willen offenbart werden sollte (Eph 3,3.11). Die Propheten sprechen nur von dem irdischen Amt Christi und sagen nichts von seinen »Herausgerufenen« (*ekklesia*). Die Kirche wurde von Jesus selbst ins Leben gerufen (Mt 16,18; Eph 3,3-10).

Das Wesen der Propheten

Die Propheten waren Männer ohne Furcht. Sie nannten die Sünden ihrer Zeit beim Namen. Sie riefen die Menschen von den Götzen weg zurück zu Gott. Sicher befassten sich die Propheten auch mit der sittlichen und politischen Verderbtheit des Volkes, aber der Götzendienst war ihre größte Sorge – die falsche Haltung Gott gegenüber.

Christus hat uns klar gesagt (und er zitiert dabei aus dem Alten Testament), wie unser Verhältnis Gott gegenüber aussehen sollte: »Du sollst den Herrn, deinen Gott, lieben von ganzem Herzen« (Lk 10,27). Gott weiß, dass die Haltung des Menschen zu ihm sein ganzes Leben kennzeichnet. Der Glaube bestimmt immer den Lebenswandel. Das gilt nicht nur für Einzelne, sondern auch für ein Volk. Die Redensart »jeder soll nach seiner Fasson selig werden« wäre jedenfalls von den Propheten scharf zurückgewiesen worden.

Die Propheten legten die kalte Formalität der Religion bloß. Immer wieder erinnerten sie daran, dass Jahwe der einzige Gott sei. Sie wiesen die Menschen auf das Gesetz hin, und sprachen das öffentlich aus, was Gott meint.

Die Prophetie ist so wichtig, dass sie ein Drittel der Bibel ausmacht. Durch die Prophetie offenbart uns Gott seine Pläne.

Man kann sagen, dass die Propheten ihre Botschaft für drei zeitliche Phasen verkündigten:

Sie hatten…

1) … eine Botschaft für ihre eigene Zeit – unmittelbar von Gott;
2) … eine Botschaft über zukünftige Ereignisse:
   a) das Versagen des von Gott erwählten Volkes und Gottes Gericht
   b) das Kommen des Messias, seine Zurückweisung und sein endgültiger Sieg,
   c) die endgültige Errichtung des messianischen Königreiches auf Erden;
3) … eine lebendige Botschaft für unsere Zeit – ewige Wahrheiten über Recht und Unrecht.

Durch die Propheten sprach der Geist Gottes. »Wie er vorzeiten geredet hat durch den Mund seiner heiligen Propheten« (Lk 1,70; vgl. 2Petr 1,21; Jer 1,9; Hes 2,7, zur Art der Übermittlung göttlicher Botschaften).

Wir finden in der Bibel auch eine Definition des Propheten, und zwar in 5Mo 18,18-19: »Ich will ihnen einen Propheten, wie du bist, erwecken aus ihren Brüdern und meine Worte in seinen

Ein Weinberg im heutigen Israel. Jesaja bezeichnete Israel als Gottes Weinberg. Gott selbst rodete den Boden und pflanzte die besten Weinstöcke an.

Mund geben; der soll zu ihnen reden alles, was ich ihm gebieten werde. Doch wer meine Worte nicht hören wird, die er in meinem Namen redet, von dem will ich's fordern.«

Auch Jesus spricht von den Propheten (Lk 24,25-27). Die Prophezeiungen über Christus selber sind so klar, dass Christen dies große Gewissheit darüber gibt, dass die Bibel Gottes Wort ist.

Das Buch Jesaja

Gott lässt die Propheten weit in die Zukunft blicken. Diesen Geist der Erwartung finden wir besonders bei Jesaja. Wir hören den Propheten rufen: »Er kommt!« Jesaja hatte von Gott besonders viele Offenbarungen bekommen: »Dies ist die Offenbarung, die Jesaja, der Sohn des Amoz, geschaut hat über Juda und Jerusalem« (Jes 1,1). Jesaja war ein Prophet des Südreiches Juda. Er war es, der das Königreich Juda in seinen schweren Stunden rettete.

Zur gleichen Zeit gründeten Romulus und Remus Rom. Das überlieferte Datum der Gründung Roms, 753 v.Chr., liegt ein paar Jahre nach der Geburt des Propheten Jesaja. In Griechenland wurden um diese Zeit Sparta und Athen gegründet.

Jesaja sprach von dem Gericht, das über Juda hereinbrechen müsse, weil es seine Sendung in der Welt nicht erfüllen wollte. Aber durch das ganze Buch Jesaja scheint der endgültige Sieg Gottes, der Herr Jesus Christus, der durch Leiden und Sterben zum endgültigen Triumph kommen wird (Jes 53).

Der Verfasser

Was die Herkunft Jesajas angeht, so wissen wir nicht viel. Über seinen Vater Amoz ist weiter nichts bekannt. Seine Frau war ebenfalls eine Prophetin (Jes 8,3.18). Er hatte mindestens zwei Söhne (Jes 7,3; 8,18). Nachdem er 60 Jahre gewirkt hatte, starb er in hohem Alter als Märtyrer unter der Herrschaft Manasses.

Jesaja war ein besonderer Bote für Juda. In 2Kön 15-20 ist der sittliche und politische Verfall Judas und Israels beschrieben und die Gefahr, die den Judäern von den Nachbarvölkern drohte. Assyrien im Norden und Ägypten im Süden kämpften um die Vorherrschaft. Palästina lag genau zwischen beiden Reichen und wurde so zum Schlachtfeld dieser Zeit.

Das Buch Jesaja hat zwei unterschiedliche Hauptthemen. Zumeist befasst es sich mit Israel. In den Endkapiteln des Buches sieht der Prophet aber voraus auf Jesus, wie er die Sündenlast der Menschen trägt, sowie auf den erhöhten und verherrlichten Christus.

Das Buch Jesaja ist in seinem Aufbau fast wie eine Bibel im Kleinformat. Es hat 66 Kapitel, so wie die Bibel 66 Bücher hat. Es gibt im Jesajabuch ebenso wie in der Bibel zwei große Abschnitte; der erste Teil hat 39 Kapitel (das AT hat 39 Bücher) und der zweite 27 Kapitel (das NT hat 27 Bücher).

Das Alte Testament beginnt mit Gottes Gericht über die Menschen wegen ihrer Sünde. Ebenso beginnt Jesaja (Jes 1,18). Der erste Abschnitt des Buches schließt mit einer Vorhersage des kommenden Königs der Gerechtigkeit und der Erlösung Israels (34-35), ebenso wie die Propheten des Alten Testaments mit einer Vorhersage eines kommenden Königreiches schließen. Der zweite Teil des Buches Jesaja (Kapitel 40) beginnt mit der »Stimme, die in der Wüste ruft« und befasst sich mit der Person und dem Werk des Messias. So fängt auch das Neue Testament an: Johannes der Täufer, der Vorläufer Jesu, wird angekündigt (Joh 1,6.23). Jesaja schließt mit der Vision eines neuen Himmels und einer neuen Erde, in der Gerechtigkeit wohnt. Mit derselben Perspektive schließt das Neue Testament in der Offenbarung.

Prophetischer Mittelpunkt des Buches Jesaja ist das 53. Kapitel. Es erzählt von dem leidenden Gottesknecht (*Ebed Jahwe*), der »unsere Sünden trug und unsere Krankheiten auf sich lud«. Kapitel 53 ist es wert, im Gedächtnis behalten zu werden. Es ist die deutlichste und vorausschauendste Christusprophetie.

Das Kommen des Christus

Im Buch Jesaja sehen wir Christus und hören, wie der Prophet ruft: »Er kommt!« und: »Er kommt wieder!« Er kommt als Heiland, wie er im 53. Kapitel dargestellt wird, in Niedrigkeit als der, der unsere Sünden trägt; und er kommt wieder in Macht und Herrlichkeit, wie es Kapitel 34 berichtet.

Jesaja sprach vorausschauend von Jesu Tod, als er sagte: »Wenn eure Sünde auch blutrot ist, soll sie doch schneeweiß werden, und wenn sie rot ist wie Scharlach, soll sie doch wie Wolle werden« (Jes 1,18). Und an anderer Stelle: »Wir haben ihn für nichts geachtet« (Jes 53,3). Damit ist sein erstes Kommen gemeint, sein irdisches Wirken und die Ablehnung durch sein Volk. Wenn er bei seinem zweiten Kommen wiederkommen wird, werden wir laut Jesaja hören: »Mache dich auf! Werde licht; denn dein Licht kommt, und die Herrlichkeit des Herrn geht auf über dir« (Jes 60,1). Dann spricht er von seinem zukünftigen Königreich: »Und es soll geschehen in den letzten Tagen ...« (Jes 2,2-5).

Das Leben Christi, dargestellt im Buch Jesaja:

Geburt	Jes 7,14; 9,6
Familie	Jes 11,1
Salbung	Jes 11,2
Charakter	Jes 11,3.4
Einfaches Leben	Jes 7,15
Sanftmut	Jes 42,1-4
Tod	Jes 53
Auferstehung	Jes 25,8
Herrschaft in Herrlichkeit	Jes 11,3-16; 32

Weil Juda sündigte und Gott vergaß, wurde es mit dem Gericht konfrontiert (Jes 1,1-31; 2,6-3,26). Aber es gibt noch eine herrliche Zukunft für Juda, wenn Christus wiederkommt. Jerusalem wird die Hauptstadt des zukünftigen Königreiches Jesu Christi sein (Jes 2,1-5; 4).

Jesajas Wirken unter Usija und Jotam (Jesaja 1-6)

In Jesaja 1,1 lesen wir, dass Jesaja in der Regierungszeit der Könige Usija, Jotam,

Ein assyrisches Relief mit der Darstellung fliehender Araber. Gott hatte Assyrien als Werkzeug erwählt, um die Nationen zu richten.

Ahas und Hiskia predigte. Seinen eigentlichen Auftrag empfing Jesaja im Todesjahr des Königs Usija (Jes 6,1-3). Zweifellos hat er die Kapitel 1-5 vorher geschrieben.

Die 52 Jahre dauernde Regierungszeit Usijas, die so ruhmreich begann, endete im Dunkeln. In den letzten vier Jahren seines Lebens erkrankte Usija an Aussatz und sein Sohn Jotam führte die Staatsgeschäfte. Die ersten Kapitel des Jesajabuches spiegeln diese Situation wider. Das Verdammungsurteil Gottes, das Jesaja predigen musste, war grausam. Für Gott ist die Reinheit seines Volkes viel wichtiger als irdischer Reichtum und Wohlstand.

Die Regierungszeit Usijas – er heißt auch Asarja (2Kön 15,5) – steht nicht in direktem Zusammenhang mit Jesajas Prophetie. Auch Jotam, Usijas Nachfolger, wird im Jesajabuch nur zweimal erwähnt (Jes 1,1; 7,1). Anscheinend war Jesaja während seiner Regierungszeit nicht als Prophet tätig. Er richtete seine Botschaft demzufolge erst an Ahas und Hiskia, die nachfolgenden Könige.

Die Unterschiede zwischen diesen beiden Königen waren deutlich: Ahas war ein Götzendiener. Hiskia hingegen trug viel dazu bei, den Götzendienst wieder aus dem Volk zu verbannen.

Das Gericht und Gottes Liebe

Den Zusammenhang von Gericht und der Liebe Gottes zeigt das bewegende Lied vom Weinberg in Kap. 5. Dieses Lied (1-7) ist ein Gleichnis wie die Geschichte Jesu vom Weinberg (Mt 21,33-41).

Das jüdische Volk ist der Weinberg Gottes. Gott hat alles für eine gute Ernte getan. Doch die Trauben sind sauer. »Weh denen«, deren Verfehlungen Gott dazu bewegen, den Weinberg aufzugeben (allerdings nicht für immer: siehe Kap. 27).

In Juda werden die weitläufigen Gebäude, die auf Kosten der Armen gebaut wurden, zum Brachland werden. Ein Weinberg von zehn Morgen wird nur noch 22 Liter Wein liefern; nur ein Zehntel des ausgesäten Getreides kann man wieder ernten (10).

Wie so oft verurteilt der Prophet Stolz, Luxus, Trunkenheit und Ungerechtigkeit. Gott wird den Feinden ein Signal geben, in Israel einzufallen (26ff), und das Land wird von ihnen überrollt werden.

Jesajas Berufung

Gott berief Jesaja ebenso, wie er Mose, Josua, Gideon und den Apostel Paulus berief. Jesajas Berufung war ein Erlebnis, das dieser nie vergaß. Hier erkannte er seine eigene Unwürdigkeit und seinen Auftrag. Seine Berufung begann in Form einer »Vision«. Jahrelang predigte Jesaja Gericht und Erlösung. Er war von Unheil und Gefahr umgeben, aber Gott gab ihm die Kraft dafür.

Das Geheimnis aller Kraft Jesajas lag in der Begegnung mit Gott: »Ich sah den Herrn!« Seine Überzeugung: »Wehe mir ... ich vergehe« war der Schrei, der aus der Erkenntnis der Sündhaftigkeit vor der Heiligkeit Gottes aufstieg (Jes 6,5).

Sein Bekenntnis: »Ich bin unreiner Lippen« machte ihn fähig zum Dienst für Gott (Jes 6,5).

Nach seinem Bekenntnis reinigte ein Seraf seine Lippen mit einer glühenden Kohle von dem Altar (Jes 6,7). Daraufhin erklärte Jesaja seine Botschaft: »Hier bin ich; sende mich« (Jes 6,8). Schließlich beauftragte ihn Gott, Juda zu predigen: »Geh hin!« Das war Gottes Befehl (Jes 6,9).

Jesaias Wirken unter Ahas (Jesaja 7-14)

»Es begab sich zur Zeit des Ahas ...« (Jes 7,1). Ahas war nach dem Urteil der Bibel ein äußerst schlechter König. Er war ein notorischer Götzenverehrer. Wegen dieser Sünde ließ Gott zu, dass Rezin, der König von Syrien, und Pekach, der König von Israel, in sein Reich eindrangen. Unter Jotam hatte Jesaja geschwiegen, aber hier wollte Gott ihn nicht länger schweigen lassen. »Aber der Herr sprach zu Jesaja: Geh hinaus, Ahas entgegen« (Jes 7,3). Jesaja rief Ahas auf, sein Vertrauen auf Gott zu richten und nicht Tiglat-Pileser aus Ninive zu Hilfe zu rufen.

Gott schickte den Propheten, um Ahas zu ermutigen. Jesaja sagt im 8. Kapitel nicht nur die Invasion durch die Assyrer voraus, sondern auch das Ende aller Not Israels durch die Geburt des Erlösers, der für immer über das Königreich Davids in Gerechtigkeit regieren würde. Er gab Ahas ein »Zeichen« dafür, dass Juda nicht verderben sollte, nämlich die Prophezeiung des Immanuel, des Jungfrauensohns, also Jesus Christus: »Darum wird euch der Herr selbst ein Zeichen geben: Siehe, eine Jungfrau ist schwanger und wird einen Sohn gebären, den wird sie nennen Immanuel« (Jes 7,14). Ahas wies das Zeichen zurück, auf das er seinen Glauben hätte gründen können. Er handelte nach seinen eigenen Plänen, und das Volk, von dem er sich jetzt Hilfe erhoffte, wurde ihm später zum Verhängnis (Jes 7,17-20).

Es folgt das Verdammungsurteil über den König und das Land (Jes 8,6-22). Götzendienst beschwört also auch hier das Gericht Gottes herauf.

In Jes 9,5-6 stoßen wir auf eine weitere Prophetie, die Christus betrifft. »Denn uns ist ein Kind geboren, ein Sohn ist uns gegeben, und die Herrschaft ruht auf seiner Schulter; und er heißt Wunder-Rat, Gott-Held, Ewig-Vater, Friede-Fürst; auf dass seine Herrschaft groß werde und des Friedens kein Ende auf dem Thron Davids und in seinem Königreich, dass er's stärke und stütze durch Recht und Gerechtigkeit von nun an bis in Ewigkeit. Solches wird tun der Eifer des Herrn Zebaoth.« Der Sohn, der geboren werden sollte, sollte auf Davids Thron sitzen. Christus wird auf dem Thron Davids sitzen. Der Engel sprach zu Maria: »Der wird groß sein und ein Sohn des Höchsten genannt werden; und Gott der Herr wird ihm den Thron seines Vaters David geben, und er wird ein König sein über das Haus Jakob ewiglich, und seines Reiches wird kein Ende sein« (Lk 1,32-33).

In Jesaja 10 erscheinen gegenwärtiges Gericht und zukünftige Herrlichkeit eigentümlich vermischt. Aber in Jesaja 11 sehen wir die Herrlichkeit des zukünftigen Königreiches, das Christus auf Erden errichten wird. Eines Tages wird er nach Jerusalem kommen und sich auf den Thron Davids setzen, und dann wird Friede auf der ganzen Welt sein, »wie Wasser die Meere bedeckt«.

In diesem Reich wird das Volk Gott dem Herrn dienen. Der Prophet sagt: »Singet dem Herrn; denn er hat wunderbare Dinge getan« (Jes 12,5).

Jesaja 13 schildert das Gericht über Babylonien. Die Babylonier sollten Juda in die Gefangenschaft führen, aber der Prophet sieht, wie auch die Babylonier untergehen. Gott hält sein Versprechen an Abraham. »Ich will segnen, die dich segnen, und verfluchen, die dich verfluchen; und in dir sollen gesegnet werden alle Geschlechter auf Erden« (1Mo 12,3). Gott bringt Fluch über jedes Volk, das Israel Böses antut. Immer wieder erlaubte Gott zwar Völkern, Israel für seine Sünden zu bestrafen, aber die Vergeltung dafür war trotzdem unausweichlich (5Mo 30,5-7; Jes 14,1-2; Joel 3,1-8).

Jesaja 11 und 12 sind es wert, dass man jedes Wort liest; hier haben wir ein Bild des kommenden Königs und seines Reiches.

1. Der König selber	Jes 11,1
2. Seine Salbung	Jes 11,2
3. Sein Reich der Gerechtigkeit	Jes 11,3-5
4. Sein herrliches Reich	Jes 11,6-9
5. Die Sammlung seines Volkes von den Enden der Erde	Jes 11,10-16
6. Gottesdienst in seinem Königreich	Jes 12

In Jesaja 14,28 lesen wir, dass König Ahas starb. Aber Jesaja warnte das Volk, den Tod des Königs nicht als das Ende ihrer Last willkommen zu heißen. Noch schlimmere Bedrängnis sollte über sie kommen.

Jerusalem vom Ölberg aus gesehen. Jesaja verkündete Jerusalem ein hartes Strafgericht.

Jesajas Wirken unter Hiskia (Jesaja 15-39)

Der fromme Hiskia herrschte in einer der wichtigsten Epochen der Geschichte Israels. Das assyrische Heer bedrohte die Nordgrenzen, und noch bevor Hiskia sein sechstes Regierungsjahr vollendet hatte, fiel Samaria den Eindringlingen zum Opfer. Durch diesen Erfolg ermutigt, drangen die Assyrer acht Jahre später in das Südreich ein. Von diesen Kriegszügen berichtet auch die assyrische Geschichtsschreibung. Entscheidend war das 14. Regierungsjahr Hiskias (Jes 36,1). Wieder drangen die Assyrer unter der Führung Sanheribs ein.

Die eroberungssüchtigen assyrischen Krieger kamen Jahr für Jahr. Die Wächter auf den Mauern Jerusalems konnten ihren Vormarsch am Rauch der brennenden Städte ablesen.

König Hiskia nahm die Schätze des Tempels und das Gold von seinen Toren und Säulen, um Israel mit 300 Talenten Silber und 30 Talenten Gold loszukaufen (2Kön 18,13-16). In letzter Verzweiflung fragte man Ägypten um Hilfe, aber alle Rettungsversuche scheiterten.

Schließlich belagerten die Assyrer die Stadt Jerusalem und verlangten ihre Übergabe. Es kam zu dramatischen Verhandlungen zwischen dem assyri-

Gegenüber: Ein Bild des Salomonischen Tempels. König Hiskia nahm die Schätze des Tempels und das Gold von seinen Toren und Säulen, um die Assyrer damit zu bestechen (2Kön 18,13-16).

schen General und den Hauptleuten Jerusalems.

Doch dann liest man in Jesaja 37,36-38 das schnelle und schreckliche Ende des assyrischen Heeres, als es durch einen Engel Gottes in seinem Lager in einer Nacht vernichtet wurde.

Jesaja verurteilte das Bündnis mit Ägypten und sagte, dass man »auf Rosse und Wagen« traue, »weil ihrer viel sind; und auf Gespanne, weil sie sehr stark sind« (Jes 31,1).

Die Königreiche Juda und Israel waren durch Götzendienst und Bestechung so geschwächt, dass die Feinde vom Norden sich über sie hermachten »wie ein Wolf über die Herde«. Zuerst wurde Israel unter den Hufen der schrecklichen assyrischen Reiter in den Staub getreten (722 v.Chr.), dann fiel Juda, als die Babylonier gegen die Tore Jerusalems donnerten und seine Mauern niederrissen (586 v.Chr.). Zu dieser Zeit prophezeite Jesaja in Jerusalem.

Herrliche Zukunft – Wiederherstellung! (Jesaja 40-66)

Dieser Teil des Jesajabuches trägt auch den Namen »Trostbuch«, weil Jesaja mit glühenden Worten nicht nur die Wiederherstellung Judas, sondern auch das Kommen des »Gottesknechtes«, des messianischen Königs, vorhersagt.

Dieser Buchteil spricht in eine völlig andere Situation, nämlich die des Exils in Babylon. Viele meinen daher, hier rede ein anderer Prophet, »Deuterojesaja« genannt. Wir gehen allerdings, was die Verfasser angeht, davon aus, dass das Buch Jesaja nur einen Autor hat.

Die Wiederherstellung des Reiches ist garantiert, denn die Israeliten müssen in ihr Land zurückkehren, um dem kommenden Messias, dem Gottesknecht, den Weg zu bereiten, der sein Volk erlösen soll. »Aber er ist um unserer Missetat willen verwundet und um unserer Sünde willen zerschlagen. Die Strafe liegt auf ihm, auf dass wir Frieden hätten; und durch seine Wunden sind wir geheilt.« Jesus Christus wurde verwundet, zerschlagen, durchstochen – nicht für seine eigenen Sünden, sondern für die unseren. An seinem eigenen Leib trug er die Sünden der Welt.

Jesaja 60-66 berichtet von dem zukünftigen Königreich – der zukünftigen Herrlichkeit Israels.

In Kapitel 60 wird die unglaubliche Umgestaltung Jerusalems dargestellt: Herrlichkeit, Licht und Freude erfüllen die Stadt. Dass sie Gott wieder gefällt, wird in sehr »irdischen« Begriffen ausgedrückt: Sie besitzt außerordentlichen Reichtum, Macht und Einfluss. Trotzdem unterscheidet sie sich grundlegend von der Erde, die wir kennen (17-22); und das Neue Testament wird Jesajas Vorstellungen in geistliche und weltumspannende Begriffe übersetzen.

Die Kapitel 61 und 62 zeigen Gottes Güte gegenüber dem erlösten Israel. In den Kapiteln 63-65 wird eine Zeit des Wohlergehens verheißen.

Diese abschließenden Weissagungen stellen den Gegensatz zwischen beiden möglichen Wegen, zwischen Licht und Dunkelheit, scharf heraus. Gott kann das Böse nicht einfach übersehen. Wer seinem eigenen sündigen Weg folgt (65,1-7.11-14) und nicht auf Gott hören will (66,3-4), wird verurteilt werden. Doch Gott hat den Menschen, die demütig auf ihn vertrauen, einen Platz in seiner neuen Welt bereitet (65,8; 66,2). Das Volk wird eine Wiedergeburt erleben (66,9), seine Leiden gehören der Vergangenheit an. Es hat Gott die Treue gehalten, es zählt zu den »übrig Gebliebenen«. Gott bringt die Völker vor das Gericht (66,18-19). Einige wird er verschonen und sie in weit entfernte Länder schicken, um denen, die ihn nicht kennen, von seiner Größe zu erzählen und die Menschen aus seinem Volk, die noch in der Zerstreuung leben, zurückzubringen.

Salomonischer Tempel

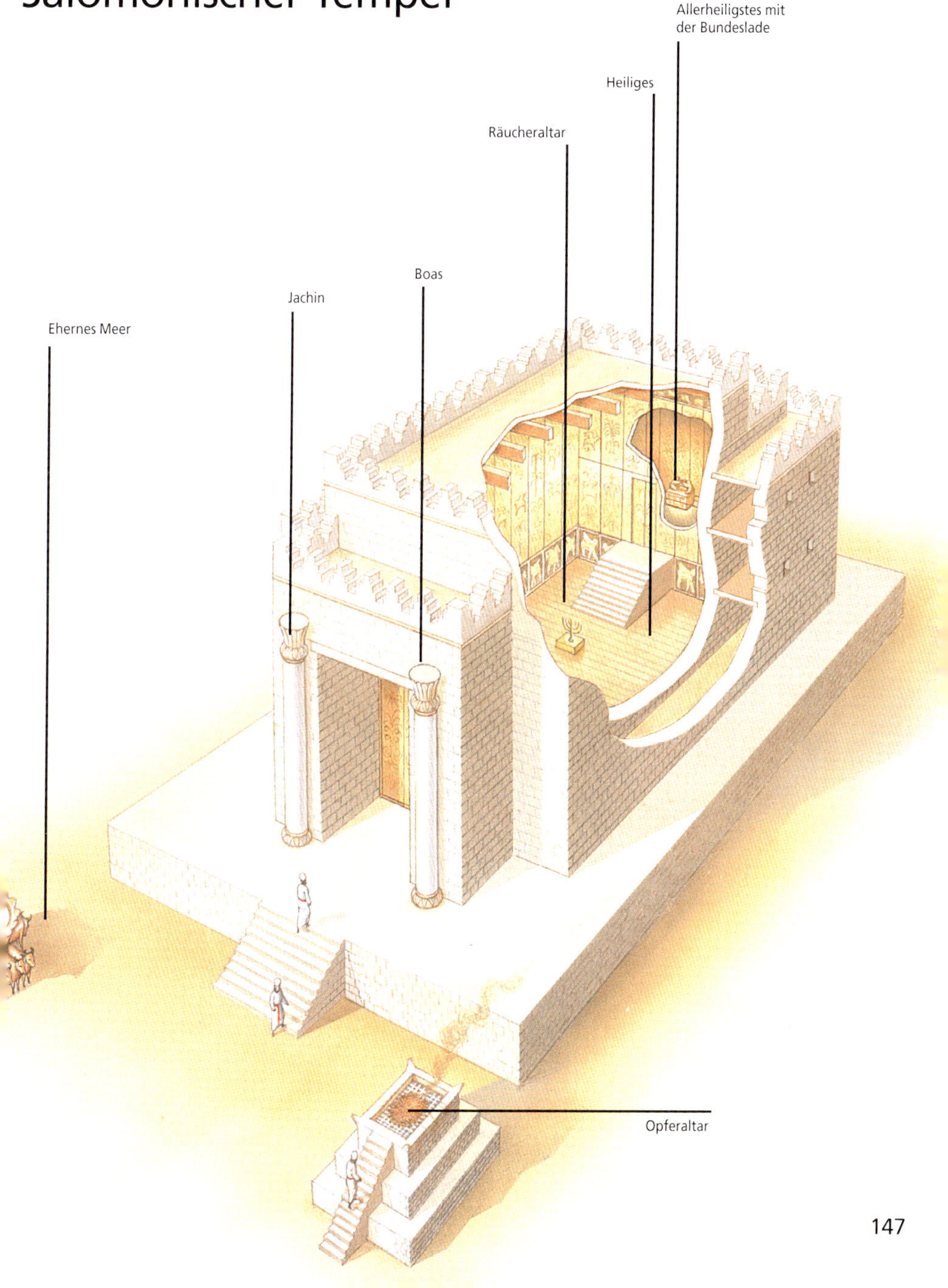

Das letzte strahlende Bild zeigt uns Jerusalem, wie es von Pilgern aus aller Welt besucht wird, die Gott anbeten wollen (66,23). Aber auch hier gibt es eine Schattenseite, nämlich das Schicksal derjenigen, die die Gnade Gottes ablehnen (Vers 24).

18.

Jeremia und die Klagelieder Jeremias

Das Buch Jeremia

Dies ist die Geschichte eines misstrauischen, feinfühligen jungen Mannes, der aus seiner Heimatstadt berufen wurde, um in einer kritischen Stunde im Leben seines Volkes die überschwere Verantwortung eines Propheten auf sich zu nehmen.

Jeremia tritt etwa einhundert Jahre später als Jesaja öffentlich in Erscheinung. Er wurde um 650 v.Chr. in eine Priesterfamilie in Anatot, einige Kilometer nördlich von Jerusalem, hineingeboren, und 627 berief ihn Gott zum Propheten. In 2Kön 22-25 und 2Chr 34-36 kann man den historischen Hintergrund der Weissagungen Jeremias nachlesen.

Die Macht Assyriens bröckelte bereits, als er begann, in Juda Gottes Botschaft zu verkünden. 40 Jahre lang – unter der Herrschaft der letzten fünf Könige in Juda – warnte Jeremia vor der bevorstehenden Katastrophe und appellierte vergebens an das Volk, zu Gott zurückzukehren.

Bald nach dem Tode Josias eilte das Königtum Juda seinem Ende zu. Durch die Schlacht von Karkemisch wurde Juda praktisch zu einem Vasallen Ägyptens und geriet in das Kreuzfeuer zweier konkurrierender Weltmächte: Babylon im Norden und Ägypten im Süden. Babylon

Lesevorschläge

Sonntag:	Jeremia warnt Juda	*Jer 1,1-10; 2,1-13; 3,12.22.23; 4,14-19; 6,1-30*
Montag:	Ein Tadel	*Jer 7,1-15; 9,1-16; 17,5-18*
Dienstag:	Der Töpfer	*Jer 18,1-17*
Mittwoch:	Die untreuen Hirten	*Jer 23,1-40*
Donnerstag:	Buße und Wiederherstellung	*Jer 24; 25*
Freitag:	Israels letzte Tage	*Jer 30,18-31,40*
Samstag:	Judas Sturz	*Jer 52,1-34*
	Trost für die Leidenden	*Klagelieder 1-5*

ging daraus schließlich als Sieger hervor und wurde zum Instrument von Gottes Gericht über sein eigenes Volk. 598/597 v.Chr. wurde Juda besiegt.

Ungefähr zwölf Jahre später nahm Nebukadnezar, der König von Babylonien, Jerusalem ein und führte Adlige und Vornehme des Reiches in die Gefangenschaft. Elf Jahre später war nur noch die ärmste Bevölkerungsschicht im Lande.

Jeremia wurde ein angenehmes Leben am Hof angeboten, er entschied sich aber, in Juda zu bleiben. Als Gedalja (der von Nebukadnezar ernannte Statthalter) einem Attentat zum Opfer fiel, floh das Volk nach Ägypten und nahm Jeremia mit. Soweit wir wissen, blieb er bis zu seinem Tod dort und verkündete das Wort Gottes einem Volk, das nicht auf ihn hören wollte.

Jeremias Vater Hilkija war ein Priester. Manche sind der Meinung, dass es sich um »Hilkija den Priester« aus 2Kön 22 handelt, der dem König Josia das Gesetzbuch zur Einsicht gab, das im Reich eine große Erweckung bewirkte.

Zweifellos war Jeremias früheres Leben durch starke religiöse Einflüsse geprägt. Gott hatte ein besonderes Amt für ihn. Er erwählte den ängstlichen Jeremia zu einer scheinbar hoffnungslosen Mission – mit den Worten: »Sage nicht: Ich bin zu jung, sondern du sollst gehen, wohin ich dich sende, und predigen alles, was ich dir gebiete. Fürchte dich nicht vor ihnen; denn ich bin bei dir und will dich erretten« (Jer 1,7-8).

Jeremia wurde im 13. Regierungsjahr des Königs Josia zum Propheten berufen (Jer 1,2). Zweifellos veranlassten er und der Prophet Zefanja die Reformen unter dem jungen König Josia. Jeremia wirkte über 40 Jahre. Sein Auftrag begann etwa 75 Jahre nach dem Tode Jesajas, des großen Propheten des Evangeliums.

Jeremia hat im Gegensatz zu vielen anderen Propheten viel über sich selbst zu berichten. Er erzählt uns, dass er von Geburt ein Priester war (Jer 1,1) und schon früh von Gott zum Propheten berufen wurde (Jer 1,6). Er wollte diesem Ruf ausweichen und führte erst seine Jugend (er war erst 21 Jahre alt), dann seine Unerfahrenheit und schließlich seinen Mangel an Redegewandtheit (Jer 1,6) als Gründe an.

Jeremia wurde versichert, dass Gott ihn schon vor seiner Geburt für dieses Amt ausgewählt hatte (Jer 1,5). Jeremia durfte nicht heiraten, denn Gott hatte für sein Leben einen besonderen Auftrag (Jer 16,1-2).

Über seinen Tod gibt es widersprechende Überlieferungen. Der Kirchenvater Tertullian behauptet, dass die Juden ihn in Ägypten steinigten. Nach jüdischer Überlieferung floh er nach Babylonien und starb dort.

Jeremia lebte zur gleichen Zeit wie die Prophetin Hulda (2Kön 22,12-20) und die Propheten Habakuk, Zefanja, Hesekiel, Daniel und vielleicht sogar Nahum.

Jeremias Botschaft war nie beliebt. Einmal konnte er nur mit Mühe sein Leben retten (Jer 26,7-16). Ein andermal schlugen ihn seine Feinde und legten ihn gefangen.

Gliederung des Buches Jeremia

Weil das Buch Jeremia nicht chronologisch geordnet ist, lässt es sich schwer einteilen. Im Folgenden versuchen wir, charakteristische Schwerpunkte des Buches zu bündeln.

Jeremias Prophezeiungen richteten sich an:

1. Juda	Gefangenschaft
	Wiederherstellung
2. einzelne Städte	Jerusalem
	Babylon
	Damaskus
3. Heidenvölker	Ägypten
	Philister
	Moab
	Ammon
	Edom
	Elam
	Babylonien

Ein orientalischer Hirte. In Jeremia wird Christus als der Gute Hirte dargestellt (Jeremia 31,10; 23,4).

Die Botschaft Jeremias

Jeremias Botschaft lässt sich kurz auf folgende Weise zusammenfassen:

1. Zunächst ruft er zu echter Buße auf: Wenn sich das Volk wieder Gott zuwendet, kann es dem Gericht vielleicht entkommen.

2. Später, nach der Verbrennung der Schriftrolle (Kapitel 36; im vierten Regierungsjahr Jojakims), verkündet er ihnen, dass das Gericht unausweichlich sei. Die Babylonier werden sie besiegen, und es ist am besten, sich ihnen zu unterwerfen.

3. Nach dem Fall Jerusalems 587 v.Chr. ermutigt Jeremia sein leidendes Volk: Gott hat seine Pläne nicht geändert (31,31-34) und wird es erretten.

In den Weissagungen geht es immer wieder darum, dass der Alte Bund, der Gott und das Volk aneinander band, gescheitert ist und es deshalb bald einen neuen Bund geben wird.

Anders als die meisten anderen Propheten verbirgt Jeremia seine Gefühle nicht, besonders in den »Bekenntnissen«, in denen er von seinen Kämpfen mit Gott berichtet: Siehe 11,18-12,4; 15,10-21; 18,19-23; 20,7-18.

Die Symbole im Buch Jeremia

Jeremia gebrauchte oft Symbole, die ihm Gott gezeigt hatte, um das Volk zu lehren. Bei einer Gelegenheit trug er einen leinenen Gürtel; bei einer anderen Gelegenheit legte er sich ein Joch um den Hals wie ein Ochse; er zerbrach in Gegenwart des Herrschers ein Gefäß; er kaufte einen Acker und begrub die Toten. Die Erklärung dieser Symbole wird im Text gegeben.

Folgende Symbole sind genannt:

	Kapitel
Der Mandelzweig	1
Der dampfende Kessel	1
Der verfaulte Gürtel	13
Die volle Flasche	13
Die Trockenheit	14
Der Töpferkrug	18
Die zerbrochene Flasche	19
Die beiden Feigenkörbe	24
Das Joch	27
Der Ackerkauf	32
Die verborgenen Steine	43
Das im Euphrat versenkte Buch	51

Wie in anderen prophetischen Büchern des Alten Testaments finden wir auch bei Jeremia Hinweise auf Jesus Christus.

Dabei wird Christus dargestellt als:

Quelle lebendigen Wassers	Jer 2, 13
großer Arzt	Jer 8,22
guter Hirte	Jer 31,10; 23,4
der Spross der Gerechtigkeit	Jer 23, 5
König David	Jer 30,9
der Erlöser	Jer 50,34
der Herr unserer Gerechtigkeit	Jer 23,6

Jeremia predigte im Südreich Juda vor dem Exil und während der schweren Tage der Gefangenschaft. Er erlebte fünf Könige auf dem Thron Judas: Josia, Joahas, Jojakim, Jojachin und Zedekia. Er war für Josia, was Jesaja für Hiskia gewesen war (in 2Kön 24-25 sind die geschichtlichen Ereignisse zur Zeit Jeremias beschrieben).

Drei große Ereignisse im Leben Jeremias:

1. Die *Schlacht von Megiddo (609 v.Chr.)* zwischen Juda und Pharao Necho von Ägypten, in der der König Josia fiel (2Kön 23,29-30).
2. Die *Schlacht von Karkemisch (605 v.Chr.)*, in der Nähe von Megiddo, etwa 4 Jahre später, während der Herrschaft Jojakims. Dieser wurde ein Vasall Ägyptens. In dieser Schlacht wurden die Ägypter von Nebukadnezar geschlagen, und die erste Deportation der Juden erfolgte.
3. Die *Einnahme Jerusalems durch Nebukadnezar (587/586 v.Chr.)*, die Zerstörung der Stadt und des Tempels und die Abführung des größten Teils der Bevölkerung nach Babylonien (2Kön 24-25).

In den Tagen Jeremias gab es einen erbitterten Streit um die Vorherrschaft in der Welt. 300 Jahre lang hatte Assyrien die führende Stellung eingenommen. Nun stieg Babylonien auf. Aber auch Ägypten kämpfte um die Vormachtstellung. Im Jahre 607 v.Chr. wurde Assyrien von Babylonien geschlagen, und zwei Jahre später Ägypten in der Schlacht von Karkemisch. Daraufhin wurde Babylonien zur Weltmacht. In den folgenden Jahren drangen die Babylonier nach Jerusalem ein und nahmen die Bewohner gefangen. In jenen Tagen gab es in Jerusalem sehr viele »falsche« Propheten. Sie schmeichelten dem König und alles, was er hören wollte, prophezeiten sie ihm.

Die Berufung und die Beauftragung Jeremias (Jeremia 1)

Die Geschichte beginnt in dem kleinen Dorf Anatot. Im Alter von 21 Jahren erkannte Jeremia, dass Gott ihn schon vor seiner Geburt zum Propheten bestimmt hatte (vgl. Jer 1,5).

Wir hören Jeremia sagen: »Ach Herr, Herr, ich tauge nicht zu predigen, denn ich bin zu jung« (Jer 1,6). Er protestiert gegen die Aufgabe, die Gott ihm geben wollte und zögert bei der Annahme seines Amtes.

Ein Prophet zeichnet sich dadurch aus, dass er nicht seine eigenen Gedanken ausspricht, sondern Gottes Gedanken bis in die kleinsten Einzelheiten vermittelt (vgl. Jeremias Berufung mit der des Mose; 2Mo 4,10-12). Gott hatte Jeremia zum Propheten berufen, und er hatte schließlich seine Aufgabe mutig in Angriff genommen, aber schon bald wurde er von dem Gedanken erdrückt, er könne jemanden verletzen. Er wollte lieber mit den Menschen in Frieden leben.

Also sagte Jeremia: »Ich bin noch nicht reif genug«, denn in der orientalischen Gesellschaft spielt ein junger Mann bis zu einem gewissen Alter noch keine Rolle (Mt 11,25). Seine prophetische Botschaft würde, so fürchtete er, nicht aufgenommen werden. Würde sein Leben nicht durch die, die er herausforderte, gefährdet werden? Würden sie nicht versuchen, ihn zu töten?

Der junge Mann war sich seiner Unerfahrenheit nur zu bewusst. Gott aber ließ den jungen Jeremia erkennen, dass er einen göttlichen Ruf hatte, dass das Werk, zu dem er beauftragt war, nicht seine, sondern Gottes Sache war.

Während Jeremia noch abwog, berührte eine Hand seinen Mund, und eine Stimme sprach: »Siehe, ich lege meine Worte in deinen Mund« (Jer 1,9). Nun konnte er sich nicht mehr über seine mangelnde Redegewandtheit beklagen. Gott versprach, seinem Propheten die Botschaft in den Mund zu legen (vgl. was Christus seinen Jüngern in Mt 10,20 sagte). Dann hörte Jeremia die Worte: »Siehe, ich setze dich heute über Völker und Königreiche, dass du ausreißen und einreißen, zerstören und verderben sollst und bauen und pflanzen« (Jer 1,10).

Jeremias Beauftragung schloss nicht nur sein eigenes Land, sondern viele Völker und Königreiche ein. Sein Auftrag war, auszureißen und niederzureißen, zu zerstören und herabzustürzen. Er hatte den Götzendienst und den Stolz auszurotten, aber danach musste er »bauen und pflanzen«. Jeremia ging nur zu den Menschen und Völkern, zu denen Gott ihn gesandt hatte. Und er musste nur das sagen, was der Herr ihm aufgetragen hatte.

Jeremias Zögern

Jeremia war ein Mitarbeiter Gottes geworden, weil er das himmlische »du sollst« angenommen hatte. Seine schwere Aufgabe, die so ganz den eigenen Wünschen widersprach, veranlasste ihn später zu dem Ausruf: »Weh mir, meine Mutter, dass du mich geboren hast, gegen den jedermann hadert und streitet im ganzen Lande!« (Jer 15,10). Gott aber war mit Jeremia: »Fürchte dich nicht vor ihnen; denn ich bin mit dir, dich zu erretten« (Jer 1,8). Er sprach nicht gerne vor vielen Menschen. Er schauderte davor zurück, einem ungehorsamen Volk eine so unbeliebte Botschaft zu überbringen.

Von Gottes Hand berührt

»Der Herr streckte seine Hand aus« (Jer 1,9). Der Apostel Paulus schreibt, dass die

Ausschnitt eines assyrischen Tors in Babylon. Die glasierten Kacheln zeigen ein mythologisches Tier.

Prophetie eine Geistesgabe ist (1Kor 14,1). Die Berührung durch Gottes Hand war für Jeremia ein fühlbares Zeichen, dass Gott mit ihm war. Er konnte ihm nicht ausweichen.

Das Wort des Herrn ist eine Macht, die seinen Willen ausführt und erreicht, was er vorhat (Jes 55,11; Hebr 4,12). Nichts kann gegen diese Macht ankommen. Sie ist wie ein Hammer, der Felsen zerschlägt (Jer 23,29).

Jeremias Wirken vor dem Fall Jerusalems (Jeremia 2-39)

Die prophetischen Botschaften Jeremias vor dem Untergang Jerusalems lassen sich in folgende Reihenfolge bringen (lange Zeiten des Schweigens stehen dazwischen):

Prophetenworte während der Regierung Josias	Jer 2-12
Prophetenworte während der Regierung Jojakims	Jer 13-20; 25,1-27,11
Prophetenworte während der Regierung Zedekias	Jer 21-24; 27,12-39,18

Jeremias Wirken unter Josia

»Der Herr sprach zu mir zur Zeit des Königs Josia« (Jer 3,6). In den ersten zwölf Kapiteln finden sich die Prophetenworte dieser Zeit.

Jeremia 2-6: Diese Kapitel berichten von Judas Sünde und Gottes Ruf zur Buße. Schwere Gerichte werden vorausgesagt.

Jeremia 7-9: Wiederum lesen wir von Drohungen. Wir sehen, wie der Prophet sich darüber grämt.

Jeremia 10-12: Götzendienst und Ungehorsam dauern an. Gott ist von seinem Volk enttäuscht.

In den frühen Jahren seines Amtes – während der Regierungszeit Josias – war Jeremias Botschaft größtenteils eine Warnung an Juda und ein Aufruf zur Buße (Jer 3,6.12.13.22). Wenn es darum ging, den sittlichen Verfall des Volkes aufzudecken, kannte er keine Schonung (Jer 7,1-26). Er warnte vor den Gerichten Gottes, vor der Gefahr aus dem Norden (Jer 4,6). Er sagte, die Eroberer würden wie ein wilder Löwe aus dem Dickicht kommen (Jer 4,7), sie würden das Land mit Schlachtwagen überziehen wie ein Wirbelwind und mit Pferden, die schneller wären als Adler, und Schrecken und Zerstörung zurücklassen (Jer 4,13).

In Kapitel 26 stoßen wir auf eine Parallele zu Jer 7. Die Predigt in Kapitel 7 wurde wahrscheinlich während der Regierungszeit Josias gehalten.

Bald nach seiner Berufung wurde Jeremia gezwungen, seinen Heimatort zu verlassen und nach Jerusalem zu ziehen. Die Männer seines Heimatortes hatten sich verschworen, ihn umzubringen (Jer 11,18-23). Die Treulosigkeit seiner Nachbarn und besonders seiner eigenen Verwandten waren für den überraschten Propheten ein Schock. Aber Gott sagte ihm, dass dies nur der Anfang großer Not sei und eine Zeit der Vorbereitung für noch größere Herausforderungen (Jer 12,5-6). Jeremias Hauptfeinde waren die Priester und Propheten (Jer 26,7-8). Sie hatten viel Einfluss auf das Volk.

Jeremias Wirken unter Jojakim

Inhaltlich gesehen sagte Jeremia das Gericht über das Volk Juda voraus. Er wies die falschen Propheten zurück und prophezeite die Babylonische Gefangenschaft. Für diese Botschaft musste er leiden.

Für Juda und für Jeremia war es ein trauriger Tag, als Jojakim an die Macht kam (Jer 26,1-7). Dieser war ein stolzer, egoistischer, eitler und rachsüchtiger Herrscher. Er erhob unerträgliche Steuern, um die Forderung der ägyptischen Eroberer erfüllen zu können (2Kön 23,35). Das Leiden seines Volkes berührte Jojakim nicht. Er verwendete seine Zeit

So könnte es bei der Belagerung der Stadt Lachisch durch die Assyrer zugegangen sein.

dazu, seinen Palast zu vergrößern und zu verschönern, und er führte seine teuren Pläne mit unglaublicher Skrupellosigkeit aus.

Jojakim regierte elf Jahre; nach seinem Tod bestieg sein Sohn Jojachin 18-jährig den Thron. Aber Jojachins Regierungszeit war kurz (etwa 3 Monate und 10 Tage), denn Nebukadnezars Heer erschien bald vor den Toren Jerusalems; und nach einer drei Monate währenden Belagerung wurde die Stadt eingenommen. Unter den von Nebukadnezar weggeführten Gefangenen befanden sich Jojachin und die Mutter des Königs (2Kön 24,15).

Damals erwähnte Jeremia zum ersten Mal die siebzig Jahre lang währende Gefangenschaft (Jer 25,1-14). Gott sagte dem Volk, wie lange es im Exil bleiben müsste (Dan 9,2).

Jeremia zögerte nicht, den König wegen seiner schamlosen Verbrechen bloßzustellen. In Kapitel 22,13-19 sehen wir, wie er seinen gerechten Zorn über den König ausschüttete und ihm voraussagte, dass er sterben würde, ohne beklagt zu werden. – Das Volk fiel während der Regierungszeit Jojakims in die übelste Form des Götzendienstes.

Unter Josia hatte Jeremia begonnen, Juda das schreckliche Unheil anzukündigen (Jer 4,6), das ihm drohte, wenn es sich nicht Gott zuwenden würde. Er sagte Juda, dass seine Rettung jetzt noch möglich sei; aber jedes Jahr wurden seine Sünden größer und sein Untergang gewisser.

Im Tempel stehend, sagte Jeremia dem Volk, dass der Tempel zerstört und Jerusalem verwüstet werden würde. Seine Zuhörer waren schockiert (Jer 26,7-9). Sie bezeichneten seine Worte als Gotteslästerung. Sie sagten: »Dieser Mann ist des Todes schuldig; denn er hat gegen diese Stadt geweissagt« (Jer 26,11).

Die Judäer erinnerten sich immer daran, dass sie das von Gott erwählte Volk waren. Sie kannten ihre Vorrechte und glaubten nicht, dass Gott (vgl. Am 3,2), der den Tempel als den Wohnort seines Namens geheiligt hatte, sie so strafen würde.

Jeremia war als Vaterlandsverräter verschrien. Für Jeremia aber galt: Gottes Wille ist das Wichtigste, auch wenn er sich gegen das von ihm erwählte Volk kehrt (Jer 26,12-15).

Die Priester und Propheten versuchten, vom Volk unterstützt, Jeremia zu töten. Aber Gott rettete ihn aus der Hand seiner Feinde (Jer 26,15-24).

Im vierten Jahr der Regierungszeit Jojakims wurden die Prophetien Jeremias zum ersten Mal niedergeschrieben (Jer 36,1-2). Baruch, sein enger Freund, der ihm während der ganzen schweren Zeit ein großer Trost war, schrieb die Worte des Propheten in seine Buchrolle.

»Und Jeremia gebot Baruch und sprach: Mir ist's verwehrt, ich kann nicht in des Herrn Haus gehen. Du aber geh hin und lies die Schriftrolle, auf die du des Herrn Worte, wie ich sie gesagt habe, geschrieben hast, dem Volk vor im Hause des Herrn am Fasttage« (Jer 36,5.6).

Baruch las »die Worte des Herrn« im Tempel vor. Als die Fürsten davon erfuhren, ließen sie Baruch sofort holen und die Schriftrolle noch einmal vorlesen (Jer 36,14-15). »Wir müssen alle diese Worte dem König mitteilen«, entschieden sie (Jer 36,16) und fragten Baruch: »Sage uns, wie hast du alle diese Worte aufgeschrieben? Baruch sprach zu ihnen: Jeremia hat mir alle diese Worte vorgesagt, und ich schrieb sie mit Tinte auf die Schriftrolle« (Jer 36,17-18). Weil sie den Charakter des Herrschers kannten, rieten sie Jeremia und Baruch, sich zu verstecken, bevor die Schriftrolle in der Gegenwart des Königs verlesen würde (Jer 36,19).

Der nächste Schauplatz ist Jojakims Winterpalast, der mit allem Luxus eines orientalischen Hofes ausgestattet ist. Der König sitzt vor dem brennenden Kohlenbecken. Sein Diener Jehudi liest die Schriftrolle Jeremias. Angespannt hört man zu, als die ersten Seiten gelesen werden. Dann kann Jojakim sich nicht mehr beherrschen. Zornig ergreift er ein Messer, zerschneidet die Rolle und wirft sie ins Feuer.

Eben diese Handlung Jojakims scheint den Untergang der Stadt, des Tempels und des Volkes Juda zu symbolisieren. Sie hatten Gottes Wort gehört und hatten es zurückgewiesen (Jer 36,20-26).

Natürlich wollte man Jeremia und Baruch sofort gefangen nehmen, aber Gott »hatte sie versteckt« (Jer 36,26).

Gott befiehlt Jeremia, eine zweite Schriftrolle anzufertigen – »alle Worte die auf der Schriftrolle gestanden hatten, die Jojakim, der König von Juda, im Feuer hatte verbrennen lassen, und es wurden zu ihnen noch viele ähnliche Worte hinzugetan« (Jer 36,32).

Im vierten Jahr der Regierung Jojakims drang Nebukadnezar erstmals in Juda ein; damals wurden Daniel und seine Gefährten nach Babylon verschleppt, sein Sohn Jojachin wurde in Ketten gelegt. Nur die arme Bevölkerungsschicht blieb in Jerusalem zurück. Jeremia verglich sie mit faulen, wertlosen Feigen, während die, die gegangen waren, die brauchbaren Früchte darstellten (Jer 24).

Der nun von Nebukadnezar eingesetzte König Zedekia war geneigt, mit Jeremia freundlich zu verfahren, aber er war ein schwacher Mann und hatte nicht den Mut, eigene Entscheidungen zu treffen. Er war wie Ton in den Händen der Fürsten.

Jeremia zog sich den Hass der Propheten zu, die nach Babylon gegangen waren, weil er in einem Brief an die Exilanten ihrer Vorhersage, man werde bald aus der Gefangenschaft zurückkehren, glatt widersprach (Jer 29,1-14). Auch die Propheten in Jerusalem mochten das nicht hören, denn sie glaubten, dass sie bald das Joch Nebukadnezars abwerfen könnten. Zedekias Berater waren dafür, sich von Babylon zu lösen und Ägypten um Hilfe anzugehen, aber Jeremia ließ nicht davon ab, darauf hinzuweisen, dass die Chaldäer sicher die Stadt einnehmen würden (Jer 37,3-10). Schließlich brach Zedekia seinen Vertrag mit dem König von Babylon. Nebukadnezar marschierte schnell gegen Jerusalem auf, und die endgültige Belagerung begann.

Im Laufe der Belagerung verstärkte sich der Hass gegenüber Jeremia. Man klagte ihn der Kollaboration mit den

Feinden an und nahm ihn gefangen. Seine Feinde baten den König, ihn zum Tode zu verurteilen (Jer 38,4). Der Schwächling Zedekia übergab Jeremia seinen Ratgebern. Diese zögerten jedoch, ihn direkt zu töten. Sie bereiteten Jeremia ein noch schlimmeres Schicksal: Mit Seilen ließen sie ihn in eine Schlammgrube hinab, um ihn verhungern zu lassen. Gott aber war mit ihm und ließ einen Freund zu seiner Rettung kommen. Ein Äthiopier namens Ebed-Melech setzte sich bei dem König für Jeremia ein. Nachdem er Erlaubnis erhalten hatte, Jeremia zu retten, holte er den Propheten mittels alter Kleidungsstücke und Seilen aus dem Schlamm heraus (Jer 38,6-13).

Nachdem Jeremia gerettet war, suchte ihn Zedekia voller Angst auf. Jeremia konnte ihm nur das Gericht für die Stadt vorhersagen. Immer wieder beharrte Jeremia darauf, dass der König sich Nebukadnezar ergeben solle, aber Zedekia fürchtete seine Ratgeber (vgl. Jer 38,14-28).

Nach 18 Monaten Belagerung wurde Jerusalem eingenommen. Zedekias Söhne wurden vor seinen Augen getötet und er selbst geblendet und in Ketten nach Babylon geführt (Jer 39,1-7). Jeremia wurde es freigestellt, nach Babylon zu gehen, wo Freiheit und Ehre auf ihn warteten; aber er wollte lieber das Schicksal des im Lande verbliebenen Bevölkerungsrestes teilen (Jer 39,11-12; 40,1-16).

Zur Zeit Christi war Babylons Macht dahin. Seine Steine wurden beim Aufbau Bagdads und zur Reparatur der Kanäle benutzt. Jahrhundertelang standen von der Stadt nur noch verlassene Erdhaufen, von Wüstentieren bewohnt – eine bemerkenswerte Erfüllung einer Prophetie!

Wichtige Vorhersagen

Einige der wichtigsten Prophezeiungen des Jeremia seien hier zusammenfassend genannt:

1. Gottes zukünftiges Handeln mit Juda (Jer 23; 31)
2. Eroberung des Landes durch Nebukadnezar, den König von Babylonien (Jer 20,4)
3. Judas Exil und Gefangenschaft in Babylonien und Rückkehr nach siebzig Jahren (Jer 25-26)
4. Der Messias (Jer 23,6; 30,4-11; 33,14-26)
5. Israel wird über alle Reiche der Erde zerstreut werden (Jer 24)
6. Schließliche Wiederherstellung Israels (Jer 23,1-40; 32,37-41)

Jeremia übermittelte dem Volk seine Botschaften, indem er zu ihm sprach, wenn es sich zu den Festen drängte. Oft griff er zu symbolischen Handlungen, um ihre Aufmerksamkeit auf sich zu ziehen. Als er gefangen gesetzt worden war, diktierte er seine Botschaften dem Sekretär Baruch, der für die Erstellung der Schriftrolle, die Jojakim verbrannte, anderthalb Jahre gebraucht hatte. Schreiben war in jener Zeit eine lange und mühselige Arbeit.

Zu der Zeit, als Davids Thron wankte und Juda dabei war, in Gefangenschaft geführt zu werden, kündigte der Prophet das Kommen Christi, des Königs aus dem Davidshause, dem »Spross der Gerechtigkeit«, an. »Zu seiner Zeit soll Juda geholfen werden und in Israel sicher wohnen. Und dies wird sein Name sein, mit dem man ihn nennen wird: ›Der Herr, unsere Gerechtigkeit‹« (Jer 23,6).

Jeremia 23 ist den Juden, dem von Gott erwählten Volk, teuer, und teuer ist es auch dem Herzen Gottes. Es spricht von der Zukunft Judas, das durch das Werk seines Messias versöhnt ist. Jesus, der gute Hirte, wird verheißen (Vers 1 und 3). Er wird seine Schafe von allen Enden der Erde versammeln, und sie werden in ihr eigenes Land, das verheißene Land, zurückkehren. Dies wird sich ereignen, wenn der König kommen und auf dem Thron Davids sitzen wird (Vers 5).

Jeremias Wirken nach dem Fall Jerusalems (Jeremia 40-52)

In den Kapiteln 40 bis 44 finden wir Prophezeiungen Jeremias nach dem Fall Jerusalems:

1. an den Rest in Juda
   Jeremia 40,1-43,3;
2. an den Rest in Ägypten
   Jeremia 43,4-44,30.

Jeremia 42 und 43 berichten von der Flucht der in Jerusalem Zurückgebliebenen nach Ägypten. Sie baten Jeremia, um göttliche Weisung zu beten, aber als sie ihnen zuteil wurde, gehorchten sie nicht. Der Prophet und sein Freund Baruch wurden gezwungen, sie zu begleiten. Selbst in Ägypten übte der Prophet sein Amt noch aus. Er prophezeite die Eroberung Ägyptens durch Nebukadnezar (Jer 43,8-13). Die Juden, die im Niltal wohnten, trieben Götzenverehrung und Jeremia warnte sie. Als sie nicht hören wollten und weiterhin andere Götter verehrten, sagte ihnen Jeremia, dass sie dadurch unter das Gericht Gottes fallen würden (Jer 44,26-28).

Das ist das Letzte, das wir von Jeremia hören. Wir wissen nicht, wie lange er noch in Ägypten lebte.

Andere Propheten sahen wenigstens gelegentliche Erfolge, mit denen sie mitten in den Schwierigkeiten ihr Herz trösten konnten. Aber Jeremia musste bis zum bitteren Ende eine scheinbar verlorene Schlacht kämpfen. Unglück, Enttäuschung und Feindschaft war die Belohnung für sein Werk. Er predigte tauben Ohren und erntete offenbar nur Hass für die Liebe zu seinem Volk. Sein Leben verlief in tiefer Dunkelheit. Er musste sehen, wie das Volk und die Stadt, die er liebte, immer mehr in Sünde fiel. Und während der ganzen Zeit hatte er keine Hoffnung, dass sich die Dinge ändern würden.

Das Buch der Klagelieder

Dies Buch gehört auch zu den erlesenen Gedichtbüchern der Bibel. Man schreibt es der Tradition nach Jeremia zu; heute geht man aber von einem unbekannten Verfasser aus.

Obwohl es »Klagelieder« sind, ist nur von Trauer die Rede.

Wir wissen nicht, wer die fünf Gedichte verfasst hat, die in diesem kurzen Buch gesammelt sind. Der hebräische Text nennt keinen Autor, die älteste griechische Übersetzung des Alten Testaments (die Septuaginta aus dem 2./3. Jahrhundert v.Chr.) nennt Jeremia.

Doch diese Klagelieder unterscheiden sich in Stil und Inhalt von Jeremias Weissagungen. Sehr wahrscheinlich handelt es sich um das Werk eines einzigen Verfassers, eines Zeitgenossen Jeremias und Augenzeugen der Zerstörung Jerusalems durch Nebukadnezars babylonische Armee 587 v.Chr.

Für das judäische Volk bedeutete die Zerstörung Jerusalems nicht nur den Verlust seiner schönen und fast uneinnehmbaren Hauptstadt. Jerusalem war auf ganz besondere Weise die Stadt Gottes. Hier stand sein Tempel. Er hatte sich entschlossen, hier bei seinem Volk zu wohnen. Als Jerusalem in Schutt und Asche lag und das Volk deportiert wurde, wusste es, dass Gott es seinen Feinden ausgeliefert hatte. Sonst hätte so etwas nicht geschehen können.

Mit diesen Liedern drückt der Dichter also seine Trauer aus, nicht nur darüber, dass sein Volk leidet und erniedrigt worden ist, sondern auch über etwas viel Schlimmeres: Gott weist sein eigenes Volk nun zurück, denn immer wieder hatte es, obwohl oft genug von Gott gewarnt, sich von ihm losgesagt.

Die Klagelieder werden auch heute noch Mitte Juli im Synagogengottesdienst gesungen, um an den Jahrestag der Zerstörung des Tempels 587 v.Chr. und die endgültige Zerstörung 70 n.Chr. zu erinnern.

19.

Das Buch Hesekiel

Der Verfasser dieses Buches ist Hesekiel (Ezechiel), der Prediger der nach Babylonien Verbannten.

Mit Hesekiel hatte Gott einen Zeugen für das Volk in der Gefangenschaft vorbereitet, eine Stimme, die das Volk warnen und daran erinnern sollte, warum dieses ganze Unglück über sie gekommen war. 22 Jahre lang galt Hesekiels Arbeit den entmutigten Verbannten.

»Das Wort des Herrn kam zu mir« (Hes 24,15). Dieser Ausdruck kommt 49-mal bei Hesekiel vor. Das Buch Hesekiel sagt dem von Gott erwählten Volk, dass Gott seine Verheißungen ganz sicher erfüllen wird. Die Juden werden ihr Land, ihre Stadt und ihren Tempel wiedererhalten. Teilweise erfüllten sich damals schon die Hoffnungen der Juden.

An der Stelle, wo damals der jüdische Tempel im Jerusalem stand, erhebt sich heute der islamische Felsendom.

Und wenn Israel heute wieder ein Staat ist, sehen wir daran Gottes Handeln und den weiten Umfang der prophetischen Perspektive des Alten Testaments.

In den Evangelien und Briefen wird Hesekiel wenig zitiert. Anders in der Offenbarung des Johannes. Hesekiel und Johannes scheinen einander über die Jahrhunderte die Hände zu reichen, und in die Zukunft blickend sehen sie einen neuen Himmel und eine neue Erde. Hesekiel, der Prophet, sagt über die Zukunft: »Und über der Feste, die über ihrem Haupt war, sah es aus wie ein Saphir, einem Thron gleich, und auf dem Thron saß einer, der aussah wie ein Mensch« (Hes 1,26). Und Johannes, dem Ziel der Welt- und Heilsgeschichte schon ein wenig näher, offenbart die Schau, die Gott ihm gab, mit den wunderbaren Worten: »Und siehe, ein Thron stand im Himmel, und auf dem Thron saß einer; und der da saß, war anzusehen gleich wie der Stein Jaspis und Sarder« (Offb 4,2-3).

Wie Jeremia war auch Hesekiel Prophet und Priester. Als er 25 Jahre alt war, wurde er im Jahre 597 v.Chr. mit der Oberschicht des Volkes nach Babylonien gefangen geführt, elf Jahre vor der Zerstörung Jerusalems. Das bedeutet, dass elf Jahre lang 10 000 Verbannte im Exil in Babylonien lebten, während Jeremia und das Volk zu Hause versuchten, in Jerusalem »weiterzumachen«. Fünf Jahre lang hatten die Verbannten

Lesevorschläge

Sonntag: Die Berufung des Propheten *Hes 2,1-3,9*

Montag: Der Prophet als Wächter *Hes 3,10-27*
Hes 11,14-21;

Dienstag: Israel soll gerettet werden *Hes 28,25-26*

Mittwoch: Israels Sünden *Hes 22,3-31*

Donnerstag: Israels Zukunft *Hes 34,1-31*

Freitag: Israels Wiederherstellung *Hes 36,1-38*

Samstag: Die Vision der Totengebeine *Hes 37,1-14*

keinen Prediger, dann begann Hesekiel sein Amt unter ihnen.

Zweifellos war Hesekiel ein Schüler Jeremias. Er brachte den Verbannten in Babylonien die gleiche Botschaft, die auch Jeremia gepredigt hatte. Außerdem versuchte er, ihnen ihre falsche Hoffnung auf eine baldige Rückkehr nach Palästina zu nehmen und sie auf die Nachricht vom tragischen Fall ihres geliebten Jerusalem vorzubereiten.

Im Jahre 606 v.Chr., neun Jahre vor Hesekiel, war Daniel nach Babylon verschleppt worden (vgl. 2Chr 36,6-7; Dan 1,1-3; 2Kön 24,14-16). Obwohl er ungefähr genau so alt war wie Hesekiel, nahm er am Hofe Nebukadnezars schon eine hohe Stellung ein. Diese machte es ihm möglich, das Los der Verbannten zu erleichtern.

Der Prophet

Hundertzwanzig Jahre nach der Einnahme des Nordreichs brach Gottes Gericht auch über das Südreich Juda herein. Das Volk hatte in ständiger Not gelebt, weil Nebukadnezar 20 Jahre lang Tributzahlungen verlangt hatte, bevor er die Stadt ganz zerstörte. Vielleicht war es auch Daniel, der Günstling des Königs, der ihn beeinflusste, Jerusalem nicht zu zerstören. Als aber die Stadt an ihrem Bündnis mit Ägypten festhielt, ließ er die Mauern der Stadt schleifen, die Häuser verbrennen, den Tempel zerstören und die Menschen als Gefangene wegführen.

Aber auch die Gefangenschaft brachte die Juden nicht zurück zu Gott. Hesekiel begann sein Amt unter einem Volk, das das Gericht Gottes nicht annahm, nachdem es die Gnade von sich gewiesen hatte, das jetzt mehr als zuvor anderen Göttern diente (vgl. Hes 5,11) und das sich von Gott abwandte.

In Babylonien wohnte der Prophet in der Nähe des Flusses Kebar, der vermutlich ein schiffbarer Kanal in der Nähe von Babylon war. Die Hauptstadt der Babylonier war voll von Palästen, Gärten, Tempeln und Brücken, die sie zu einer besonderen Metropole des Ostens machte. Wahrscheinlich hatte die jüdische Verbanntenkolonie Tel-Abib den Auftrag, den Kanal zu bauen.

Zweifellos besuchte Hesekiel häufig Daniel im Königspalast, aber seine eigentliche Aufgabe hatte er an diesen Juden zu erfüllen, die kein Volk mehr waren. Ihnen widmete Hesekiel die besten Jahre seines Lebens.

Hesekiels Methoden und Predigtstil sind eigenartig. Er verwendet Symbole, wie z.B. die bildliche Darstellung der Belagerung Jerusalems (Hes 4), Visionen (Hes 8), Gleichnisse (Hes 17), Gedichte (Hes 19), Sprichwörter (Hes 12,22-23; 18,2) und Prophezeiungen (Hes 6; 20; 40-48).

Die Bilder, die er seinen Zuhörern vor Augen stellt, scheinen uns fremd. Sie sind voller Geheimnisse und Schrecken, manchmal auch schwer zu verstehen, aber sie glühen vor Leben und Bewegung. Ihr Inhalt ist, vereinfacht ausgedrückt, Sünde und Strafe, Buße und Segen.

Als Gott Hesekiel befahl, mit in die Gefangenschaft zu gehen, machte er ihn zu einem Verbannten, damit er den Verbannten dienen konnte.

Gott befahl Hesekiel, zu den Leuten zu sprechen, »sie hören oder lassen es« (Hes 3,11). Es lag in Hesekiels Verantwortung, Gottes Botschaft zu verkündigen. Für die Ergebnisse war er nicht zuständig.

Kurz nach der Geburt Hesekiels war es unter dem gottesfürchtigen König Josia zu der bekannten großen Erneuerung gottesdienstlichen und sittlichen Lebens gekommen, die auf die Auffindung des 5. Buches Mose zurückging. Aber diese Erneuerung blieb an der Oberfläche. Der religiöse Niedergang ging in eine politische Katastrophe über. Der Tempel, für den so viel leidenschaftliche Liebe aufgewendet worden war, wurde schließlich von den Babyloniern zerstört und das Volk verschleppt.

Die Herrlichkeit Gottes

Die »Herrlichkeit Gottes« ist offenbar das Schlüsselwort für Hesekiel. Zwölfmal wird es in den ersten elf Kapiteln erwähnt. Danach taucht es erst im 43. Kapitel wieder auf. Der Götzendienst des Volkes hatte die »Herrlichkeit des Herrn« verbannt. Gott spricht: »Ihr habt mein Heiligtum befleckt, deshalb will ich euch wüst machen.«

In Kapitel 8 finden wir Hesekiel in einer Vision nach Jerusalem versetzt. Er sieht vier Arten von Götzendienst, die im Tempel Gottes ausgeübt werden. Darunter ist die religiöse Verehrung der Sonne, wobei man dem Heiligtum den Rücken zuwendet und nach Osten blickt. Der Götzendienst vertrieb die Gegenwart Gottes aus dem Inneren des Heiligtums. Als die Cherubim sich von der Erde erhoben, blieb die Herrlichkeit des Herrn auf ihren Flügeln und stieg mit ihnen empor, verließ die Stadt und zog sich in die Berge zurück (Hes 10).

Wenn im Alten Testament von der Herrlichkeit des Herrn die Rede ist, meint man das Licht, das im Allerheiligsten als Beweis für die Gegenwart Gottes zwischen den Cherubim erschien. Mit der Vision dieser himmlischen Herrlichkeit beginnt das Buch Hesekiel (Hes 1) und es endet mit irdischer Herrlichkeit (Hes 40-48). Die Visionen, die Hesekiel dazwischen empfangen hat, berichten von dem Weggang dieser Herrlichkeit (Hes 9,3). Zögernd und majestätisch verlässt die Herrlichkeit des Herrn den Tempel und die heilige Stadt. Dann kommt die Verbannung. Das war die Botschaft Hesekiels.

Gottes Gericht über die Sünde ist gewiss und es ist hart. Seine Erlösung aber ist ebenso gewiss, wenn sie in Anspruch genommen wird. Hesekiel schließt mit der Botschaft: Die Herrlichkeit des Herrn kehrt wieder (Hes 43,2-6) und füllt das Haus des Herrn (Hes 44,5).

Hesekiels Prophetie ist für das Volk Israel außerordentlich wichtig. Wie Israels Gefangenschaft eine Folge seiner Sünde war, so sind die Nöte eines Volkes die Folgen seines Abfalls von Gott.

Hesekiel und die Verbannung

Hätten andere Völker sich der Sünde Israels schuldig gemacht, Gott würde sie vernichtet haben. Dabei müssen wir bedenken, dass nur ein erwähltes Volk sich in dieser Weise überhaupt schuldig machen konnte. Aber Gott gab Israel diese Freiheit, die Israel aber dazu »nutzte«, um Gott den Rücken zu kehren.

Gott wusste, dass seine Pläne gut waren und Israel zu seiner Zeit die Freiheit dazu nutzen würde, zu ihm

Der Ölberg von der Jerusalemer Altstadt aus gesehen. Hesekiel schildert in seinen Visionen, wie sich die Herrlichkeit Gottes vom Tempel und der Stadt auf den Ölberg zurückzieht (Hesekiel 11,22-23).

zurückzukommen. Bis dahin war freilich noch ein langer Weg. Aber auch dieses Gericht diente Israel zur Besserung, war also in Gottes Augen Gnade.

Gott machte Jeremia in Juda zu einem Turm der Stärke. In gleicher Weise setzte er Hesekiel dazu ein, ein Turm mitten unter einem gefangenen Volk bei dem Fluss Kebar im Land der Chaldäer zu sein. Er versprach Hesekiel, seine Stirn »härter als einen Kieselstein« zu machen (Hes 3,9). Stärke charakterisiert das Amt des Propheten, dessen Name übersetzt lautet: »Gott wird stärken.«

Hesekiel – ein Missionar im eigenen Volk

Hesekiels Botschaft richtet sich an sein eigenes Volk. Gott sprach zu ihm: »Ich sende dich nicht zu einem Volk, das unbekannte Worte und eine fremde Sprache hat, sondern zum Hause Israel. Geh hin zu den Weggeführten deines Volkes und verkündige ihnen und sprich zu ihnen ...« (Hes 3,5.11). Es war eine schwierige Aufgabe, zu falschen Propheten, Ältesten, Führern und Fürsten zu sprechen, aber Gott hatte es befohlen.

Hesekiel – ein Wächter

Gott befahl Hesekiel auch, er solle ein Wächter werden. Er wies den Propheten an, das Volk nicht zu fürchten, sondern es zu warnen, sonst wollte er ihn verantwortlich machen für ihren Untergang (Hes 3 und 33). Diese Kapitel zeigen uns ganz deutlich die persönliche Verantwortung für die Weitergabe der Botschaft Gottes.

Hesekiel – das Zeichen

Um Gottes Zeichen für das Volk zu sein, verzichtete Hesekiel auf alle persönlichen Interessen. Den ungewöhnlichsten Forderungen Gottes gab er nach. Er schloss sich in sein Haus ein (3,24), brachte sich in außergewöhnliche Lagen (4,4-8), und aß seine Nahrung nach Gewicht (4,10). Er entstellte seine Frisur und seinen Bart (5,1), schlug seine Hände zusammen und stampfte mit dem Fuß auf (6,11), er transportierte sogar persönliche Habe aus seinem Haus, um die Wegführung Israels in die Gefangenschaft zu demonstrieren (12,2-7).

Hesekiels Visionen

Hesekiel ist ein visionärer Prophet. Das zeigen schon die Anfangsworte des

Buches: »Als ich unter den Weggeführten war ... tat sich der Himmel auf, und Gott zeigte mir Gesichte« (Hes 1,1). Es ist wichtig, sich mit diesen Visionen vertraut zu machen, bevor man sich intensiver mit dem Studium des Buches Hesekiel befasst:

1. Die Vision von den Cherubim (Hesekiel 1,1-3,13)

In dieser Vision erscheinen »vier lebendige Gestalten« mit ungewöhnlich aussehenden Gesichtern, aber alle ähneln in ihrer Erscheinung einem Menschen. Durch diese Vision erhält Hesekiel seinen Auftrag von Gott und sieht, dass er die Worte, die Gott zu ihm gesprochen hat, an das Volk weitergeben muss. Man beachte »die Buchrolle«, die er bei seiner Vision isst (3,1). Der unentwegte Gehorsam der Gestalten gegenüber Gottes Willen symbolisiert den von Hesekiel erwarteten Gehorsam. Ihre einheitliche Bewegung ist ein Zeichen dafür, dass Gottes Wille vollkommen ausgeführt wird.

Das Buch Hesekiel und die Offenbarung des Johannes gleichen sich oft in ihren Symbolen. »Der Mensch« auf dem Thron (1,26) ist der Sohn Gottes. Der »Bogen, der in den Wolken steht«, spricht von Gottes Bund mit Noah (1,28). Das »Feuer« (1,4.13.27) symbolisiert Gottes Geist. Das alles taucht auch in der Offenbarung auf.

2. Die Vision der Herrlichkeit und der Gottseligkeit (Hesekiel 8-11)

Vor der Belagerung Jerusalems wird Hesekiel eine sehr umfangreiche Vision gewährt, die die Gräuel des Volkes bei der Entweihung des Heiligtums und im Gegensatz dazu die Herrlichkeit Gottes zeigt. Das Wort »Gräuel« taucht in dem ganzen Abschnitt immer wieder auf. »Die Herrlichkeit« steht dazu in scharfem Gegensatz. Gott versuchte, Juda zu zeigen, warum es in die Gefangenschaft geführt werden musste (8,17-18).

3. Die Vision vom brennenden Weinstock (Hesekiel 15)

Die Verbrennung eines nutzlosen Weinstockes, der keine Frucht trägt, ist ein Gleichnis für die Zerstörung des Gottesvolkes. Die Gräuel Jerusalems sind so groß, dass darauf die schwerste Strafe folgen muss. Dieser Gerichtsvision folgt das Gleichnis von der untreuen Ehefrau. Israel ist Gottes »Braut«, die Gott verlassen hat und anderen Göttern nachgelaufen ist. Die Liebe zu den Götzen statt zu Gott verursachte Israels Fall (Kap. 16).

4. Die Vision der Totengebeine (Hesekiel 37)

In dieser wohl bekanntesten Vision des Buches sieht Hesekiel ein großes Tal voller Skelette, von denen gesagt wird, sie seien »das ganze Haus Israel« (37,11). Die Hauptbotschaft dieser Vision ist die Wiederherstellung des Gottesvolkes. Gott holt sie von überall und sammelt sie aus allen Ländern, in die sie als geistlich Tote, d.h. für Gott tot, zerstreut worden sind. Diese Vision verdeutlicht die Macht Gottes, der die aufwecken kann, die nicht nur zerstreut, sondern tot in Sünden sind.

Gleichnisse und Zeichen bei Hesekiel

Hesekiel verwendet sehr viele Gleichnisse und Zeichen. Die wichtigsten sind folgende:

1. Das Gleichnis von den beiden Adlern (Kap. 17) zeigt den König von Babylonien (Vers 12) und den König von Ägypten. Der »Wipfel« der Zeder (Vers 3) ist Jojachin, der gefangen nach Babylonien geführt wird. Die »Saat des Landes« ist Zedekia (Vers 5). Das »zarte Reis« (Vers 22), das Gott pflanzen will, ist der Messias, der zukünftige König auf dem Davidsthron, durch den alle Völker Gott kennen lernen werden.

Auch Jeremia spricht von dem »Wipfel« oder »Spross« (Jer 23,5.6; vgl. auch

Jes 11,1; Sach 3,8; Jes 53). Zum »Berg des Herrn« vgl. 17,22; 20,40; Mi 4,1-2; Jes 2,2-3.

2. In den Kapiteln 20-23 sind mehrere Gleichnisse erzählt, von denen das von den beiden Schwestern Ohola und Oholiba das wichtigste ist. Sie verkörpern in diesem drastischen Bild Israels und Judas Abfall zum Götzendienst.

Ohola ist Samaria, Hauptstadt des Nordreichs Israel. Oholiba ist Jerusalem. Beide Schwestern haben sich wie gewöhnliche Huren aufgeführt. Von ihren Liebhabern (den heidnischen Götzen) können sie nicht genug bekommen; ihr Verhalten ist abstoßend und widerwärtig. Sie sind abwechselnd Assyrien und Ägypten hinterhergelaufen. Jetzt versucht Juda, ihre Schwester zu übertrumpfen und rennt Babylon hinterher.

Jerusalem wird das gleiche Schicksal ereilen wie Samaria – ihr letzter Liebhaber wird Schande und Vernichtung über sie bringen, und diese Strafe verdient sie auch

3. Das Gleichnis von dem glühenden Topf (Kap. 24) beschreibt das Gemetzel in Jerusalem durch die eindringenden Babylonier. Viel Öl, heißes Feuer, gekochtes Fleisch und verbrannte Gebeine zeigen die Schwere der Belagerung (Verse 5.10).

4. Zwei Stäbe – der eine Juda, der andere Israel – werden schließlich unter dem Hirtenkönig des Gottesvolkes, Christus, vereinigt (37,24). Dies ist eines der wichtigsten »Zeichen«.

Ein kurzer Überblick über das Buch Hesekiel

Der Hauptakzent des Buches liegt auf der Zerstörung Jerusalems.

1. Vor der Belagerung (Kap. 1-24)

Hesekiel begann sechs Jahre vor der Zerstörung zu weissagen und hielt an der Vorhersage der Zerstörung fest, bis sie eintrat.

2. Während der Belagerung (Kap. 25-32)

Die nutzlosen Stoppeln werden verbrannt. In Hesekiel steht der Weinstock für Juda, und die Verbrennung eines unfruchtbaren Weinstocks symbolisiert die Vernichtung des Gottesvolks.

Jetzt befassen sich seine Prophezeiungen mit Judas Feinden und dem Untergang dieser Heidenvölker.

3. Nach der Belagerung (Kap. 33-48)

Zuletzt wird die Wiederherstellung und Aufrichtung Judas geschildert.

Vor der Belagerung
(Hesekiel 1-24)

Hesekiel vermittelt uns ein sehr dramatisches Bild von seiner Vision und seiner Berufung zum Dienst. Das heilige Wesen, das ihm erschien, konnte überall hingehen. Es war allmächtig, konnte alles sehen und mit seiner mächtigen Hand das ganze Universum lenken.

Seine erste Vision (Hes 1) war ungewöhnlich kompliziert und ausführlich. Man beachte, wie oft Hesekiel die Wörter »Erscheinung« und »Ähnlichkeit« gebraucht. Er weiß, dass er versucht, Dinge zu beschreiben, die man eigentlich nicht beschreiben kann.

Der Prophet sah, wie eine Feuerwolke sich näherte. Aus ihr traten vier Lebewesen heraus, die den Cherubim des Tempels ähnelten (vgl. 1Kön 6,23-28; 1Mo 3,24; Ps 18,10). Jedes hatte vier Flügel und vier Gesichter: das eines Menschen, das eines Löwen, das eines Ochsen und das eines Adlers; das war ein Symbol für die Weisheit, die Würde, die Kraft und die Schnelligkeit. Sie blickten nach Osten, Westen, Norden und Süden und zeigten damit an, dass alle Teile der Welt vor Gottes Augen offen liegen. In den Rädern waren Augen – und solchermaßen ausgestattete Räder können ihren Weg nicht verfehlen. Wir sehen hier ein Symbol der Allmacht, der Allgegenwart und der Allwissenheit Gottes.

Dem geheimnisvollen Schwirren der mächtigen Flügel folgte ein ebenso geheimnisvolles Schweigen. Die Flügel fielen herunter. Die Wagen hielten. Über den Köpfen der Lebewesen war ein Kristallteppich, auf dem ein Thron aus Saphir stand, und auf dem Thron saß der allmächtige Gott selber, ein Bild für die übernatürliche Herrlichkeit Gottes. Der Schrecken der göttlichen Majestät wurde durch den Anblick eines schönen Regenbogens um den Thron herum gemildert. Kein Wunder, dass Hesekiel auf sein Angesicht fiel, als er diese Vision sah. Sie sollte alles Selbstvertrauen, das der Prophet vielleicht noch hatte, vernichten.

Die Berufung

Während der großen Stille nach der Vision empfing der Prophet seine Berufung. Gott befahl dem am Boden Liegenden aufzustehen und seinen Auftrag anzunehmen. Gott will mehr als untätige Unterwerfung. Er will liebenden Dienst. Hesekiel wurde dazu berufen, die Botschaft Gottes auszurichten – eine Gerichtsbotschaft an das Volk (Hes 2,1-10).

Die Vollmacht des Propheten wird durch das Verschlucken der Schriftrolle symbolisiert. Er muss sich die Botschaft zu eigen machen. Er muss »sie essen« (Hes 3,3) und sie schmeckt süß wie Honig, denn es ist »süß«, den Willen Gottes zu tun und mit Aufgaben von ihm betraut zu werden.

Dann hört man wieder das Schwirren der Flügel und das Knarren der Räder, die Herrlichkeit Gottes erhebt sich, und der Wagen verschwindet und lässt den Propheten voll Bitterkeit zurück. In dieser Stimmung findet er seinen Weg nach Tel-Abib, einer Kolonie der verbannten Brüder, und er bleibt dort eine Woche lang in tiefer Trauer.

Der Wächter

Am Ende dieser Woche empfängt er eine weitere Botschaft von Gott. Diesmal ist sie ausführlicher. Er wird zum Wächter bestellt. »Ich habe dich zum Wächter gesetzt ... und (du) sollst sie in meinem Namen warnen ... Wenn du den Gottlosen nicht warnst, ... will ich sein Blut von deiner Hand fordern. Aber wenn du den Gottlosen warnst, ... dann hast du dein Leben errettet« (Hes 3,17-21).

Als Wächter musste Hesekiel einzelne Menschen vor der kommenden Katastrophe warnen, die er so deutlich sah. Es war nicht genug, dies der Masse zu verkündigen. Er musste sich mit den Einzelnen befassen und ihnen sagen, dass sie umkehren müssten von ihren falschen Wegen.

Diese individuelle Betrachtungsweise wird dann im Neuen Testament fortgeführt: Jeder Einzelne muss Buße tun. Jeder Einzelne muss das Wort Gottes hören. Jeder Einzelne muss Christus für sich annehmen. Niemand kann das für den anderen tun. »Aber welche ihn aufnahmen, denen gab er Macht, Gottes Kinder zu werden, die an seinen Namen glauben« (Joh 1,12).

Vier Symbole für das zukünftige Gericht über Jerusalem

1. Die Belagerung Jerusalems (Hesekiel 4,1-3)

Hesekiel redet nicht mit Worten, aber sein Zeichen spricht eine deutliche Sprache (vgl. Hes 3,22-27).

2. Das Exil – seine Dauer (Hesekiel 4,4-8)

Dieser Abschnitt mutet uns etwas eigenartig an. Hesekiel bildet auf seiner Seite liegend die Jahre ab, die die Juden im Exil erdulden müssen; ein Tag steht für ein Jahr.

3. Die Leiden während der Belagerung (Hesekiel 4,9-17)

Die Nahrungsmittelknappheit und der Hunger, die während der Belagerung herrschten, werden hier durch die sorgfältig abgemessene Nahrung des Propheten symbolisiert – ungefähr anderthalb Pfund Nahrung und ein Becher Wasser täglich.

4. Das Schicksal der Belagerung (Hesekiel 5,1-17)

Dieses letzte Symbol, das Messer und das Schermesser, ist das schrecklichste von allen. Es symbolisiert die vollständige Zerstörung.

All diese Visionen und Symbole sind charakteristisch für die Prophetie Hesekiels. Wir finden solche Symbole auch noch bei Daniel und in der Offenbarung des Johannes.

Nachdem der Prophet die schrecklichen Gerichte über Israel gesehen hatte, bat er Gott, einen Rest zu verschonen. Gott ging auf diese Bitte ein und versprach, am Ende einen Rest zurückzuführen (Hes 11,13-21).

Gott spricht sogar: »Ich will ihnen ein anderes Herz geben und einen neuen Geist in sie geben ... sie sollen mein Volk sein ... Ich will ihr Gott sein« (Hes 11,19-20). Gott will seinem Volk einen neuen Geist geben (Hes 36,26).

Jerusalem wird belagert

In der Regel setzt man für dieses Ereignis den 15. Januar 588 v.Chr. an – dasselbe Datum wie 2Kön 25,1 und Jer 52,4. Jerusalem gleicht einem rostigen Kochtopf, den man auf die Feuerstelle gestellt hat, um ihn zu verbrennen. Das Verhalten der Menschen verschmutzt die ganze Stadt. Am Tag, an dem die Belagerung ihren Anfang nimmt, stirbt Hesekiels geliebte Frau ganz plötzlich. Gott aber verbietet ihm, um sie zu trauern.

Hesekiels Verlust lässt sich nicht mit Worten ausdrücken. Menschen würden sich das Herz aus dem Leib reißen, weil sie um Jerusalem trauern, aber sie können – wie Hesekiel – nicht mehr weinen. Wenn sie später die Nachricht vom Fall Jerusalems hören, wird Hesekiel wieder frei sprechen können (27; vgl. 3,26-27): Das Gericht ist dann vorüber.

Vorhersagen während der Belagerung Jerusalems – Gerichtsankündigung über die Feinde Judas (Hesekiel 25-32)

Hesekiels Gerichtsankündigungen haben sich erfüllt (Hes 1-24). Nach der Nachricht vom Fall Jerusalems prophezeite er die zukünftige Wiederherstellung Israels. Hinter den dunklen Wolken des Gerichtes taucht am Horizont schon die glänzende Zukunft Israels auf (Hes 33-48). – Aber bevor Israel in sein Land zurückgehen kann, müssen seine Feinde vernichtet werden. Hesekiel kündigt auch den fremden Mächten ihr zukünftiges Gericht an.

Zuerst werden die Nachbarländer erwähnt, die Israel beleidigt und gequält haben, dann die entfernter liegenden Großmächte: Edom, Ammon, Moab, Tyrus, Sidon und Ägypten. Sie waren alte Feinde aus der Zeit vor der Monarchie Israels. In einem Abschnitt von großer dichterischer Ausdruckskraft beschreibt Hesekiel den Glanz von Tyrus, das Ausmaß seiner Handelsbeziehungen, sowie Mitleid und Schrecken, die sein Untergang hervorruft.

Hesekiel 29-32 spricht von dem Untergang Ägyptens. Der mächtige babylonische König Nebukadnezar wird mit seinem schrecklichen Heer Ägypten verwüsten.

Das Bemerkenswerte an diesen Prophezeiungen besteht darin, dass sie zu einer Zeit gegeben wurden, als diese Städte und Völker noch stark und mächtig waren. Sie alle sind aber entweder ganz untergegangen oder unter den Weltmächten zur Bedeutungslosigkeit herabgesunken. Viele der besonderen Prophetien haben sich schon bis hin zu kleinsten Einzelheiten erfüllt. »Gerechtigkeit erhöht ein Volk; aber die Sünde ist der Leute Verderben« (Spr 14,34).

Vorhersagen nach der Belagerung Jerusalems
(Hesekiel 33-48)

In diesem Abschnitt können wir einen Blick in die Zukunft werfen und sehen die endgültige Wiederherstellung und Herrlichkeit Israels. Gott will sein zerstreutes Volk sammeln. Immer wieder sagt Gott: »Ich will, ich will.«

Israels Hirten haben sich dem Volk gegenüber als treulos erwiesen, die Herde ist zerstreut worden; nun aber will Gott selbst einen Hirten einsetzen: »meinen Knecht David« (Hes 34,23-24). Das bezieht sich zweifelsohne auf den Bund mit David und auf die Nachkommenschaft Davids, nämlich den Messias. Das wird in den folgenden Abschnitten deutlich: 2Sam 7,16; Ps 89,20-38; Jes 7,13-14; 9,6-7; 11,1-12; Jer 23,2-7; Hes 37,21-28; Hos 3,4-5; Lk 1,30-33; Apg 2,29-32; 15,14-17. Alle diese Stellen zeigen, dass der zukünftige Segen für Israel von dem Messias, dem Sohn Davids, kommen wird.

In der Apostelgeschichte lesen wir, dass Jesus von den Toten auferweckt wurde, um auf Davids Thron zu kommen, und dass er zurückkehren wird, um den Heilsplan Gottes zu erfüllen (Apg 2,30).

Die Wiederherstellung, über die Hesekiel spricht, bezieht sich nicht auf den kleinen Rest, der nach den 70 Jahren der Verbannung nach Jerusalem zurückkehrte (vgl. Esra und Nehemia), sondern auf die heute zum Teil schon durchgeführte Zusammenführung des zerstreuten Volkes »aus allen Völkern« (Hes 36,24).

In Hes 34 erhalten wir einen Einblick in das kommende tausendjährige Friedensreich (Offb 20,1-6). Unter der Regierung des Messias wird irdischer und geistlicher Segen in einem Maße auf Erden kommen, wie man ihn seit dem Beginn der Welt nicht gekannt hat (vgl. Hes 34,23-31).

Sehr bekannt ist auch die Vision des Hesekiel im Hinblick auf den neuen Tempel (Kap. 40-48). Ganz am Anfang sah Hesekiel in einer Vision Gott in der babylonischen Ebene. Jetzt sieht er in einer Vision, wie Gott in Herrlichkeit in einen neuen Tempel zurückkehrt – Gott wohnt nun wieder mitten unter seinem Volk und wird es nie wieder verlassen.

Der neue Tempel ähnelt dem salomonischen im Grundriss und alles ist auf die Opfer ausgerichtet (40,38ff). Wenn Gott aber in seiner Herrlichkeit zurückkehrt, dann wird er für immer im Tempel bleiben und unter einer Priesterschaft und einem Volk leben,

Die moderne Stadt Jerusalem. Hesekiel sagt voraus, dass Gott die Juden aus allen Ländern wieder zusammenführen wird (Hesekiel 36,24).

das von aller Sünde gereinigt ist (Kap. 43). Alles wird vollkommen sein. Dennoch schweift dieses Ideal nicht so weit in die Ferne wie die Offenbarung des Johannes. Hesekiel redet noch in irdischen Begriffen: Noch gibt es einen Tempel, noch werden Opfer dargebracht; das Volk Gottes ist gleichbedeutend mit dem Volk Israel (44,6ff); die Gesetze gelten weiterhin, der Tod ist nicht besiegt, und auch das Sündopfer ist noch nicht überflüssig (44,15-27).

20.

Das Buch Daniel

»Junge Leute, die keine Gebrechen hätten, sondern schön, begabt, weise, klug und verständig wären, also fähig, an des Königs Hof zu dienen« (Dan 1,4) – das sind einige der Menschen, mit denen sich dieses Buch beschäftigt. Sie waren nicht nur in menschlicher, sondern in göttlicher Weisheit unterrichtet und hatten ein Verständnis für Gottes Offenbarung, die die Geheimnisse der menschlichen Wissenschaft aufschließt. Sie hatten Fähigkeiten, wie Gott sie einem siegreichen Leben gibt!

Einer dieser edlen jungen Männer war Daniel. Er war ein Mann, der Herz und Leib rein hielt (Dan 1,8), und den Gott deshalb gebrauchen konnte.

Wir hörten, dass Daniel zu der Zeit im Königspalast von Babel lebte, als Hesekiel unter einer Schar von Sklaven arbeitete. Äußerlich mag Daniels Leben vielleicht leichter gewesen sein, aber es war auch gefährlich.

Während Hesekiel den Verbannten in den schlimmen Exiljahren die wahre Bedeutung ihres Elends erklären musste, war es Daniels Aufgabe, sich an der Regierung Babyloniens zu beteiligen.

Man hat Daniel den »Propheten der Träume« genannt. Gott offenbarte ihm seine Geheimnisse: »Da wurde Daniel dies Geheimnis durch ein Gesicht in der Nacht offenbart« (Dan 2,19). Daniel blickt wie Hesekiel weit in die Zukunft. Er ist der Prophet, der in der Offenbarung des Johannes am häufigsten zitiert wird. Man kann die großen Zeichen der Offenbarung nicht verstehen, ohne die Bedeutung des Danielbuches zu kennen.

Daniel gehörte einer hochgestellten Familie an und wurde während der ersten Invasion Nebukadnezars etwa im Alter von 16 Jahren nach Babylon deportiert. Er wurde über 90 Jahre alt und erlebte noch, wie das babylonische Reich unterging und das medisch-persische dessen Weltmachtstellung übernahm. Unter den Königen Nebukadnezar, Belsazar, Darius und Kyrus nahm er hohe Stellungen ein.

Daniel lebte seit seiner Gefangenschaft in der großen und berühmten Stadt Babylon, der Welthauptstadt der damaligen Zeit, und verbrachte 69 Jahre am Hof. Hesekiel bezeichnet ihn als ein Vorbild der Gerechtigkeit (Hes 14,14-20; 28,3), und nennt ihn wegen der uneingeschränkten Hingabe an Gott zusammen mit Noah und Hiob (Hes 14,14).

Obwohl Daniel ein Gefangener war, stieg er zum Premierminister Babyloniens auf. Dabei blieb er seinem Gott immer treu.

Daniel – ein Buch über die Frömmigkeit

Das Buch Daniel ist voll von beeindruckenden Abschnitten über persönliche Frömmigkeit:

Das gottgeweihte Leben
Dan 1,1-21

Licht inmitten der Dunkelheit
Dan 2,20-22

Triumph durch Leiden
Dan 3,17-25

Lesevorschläge

Sonntag:	Daniel, der Gefangene	*Dan 1; 2*
Montag:	Nebukadnezar, der stolze König	*Dan 3; 4*
Dienstag:	Belsazars Regierung	*Dan 5; 7; 8*
Mittwoch:	Darius' Regierung	*Dan 6; 9*
Donnerstag:	Gottes Herrlichkeit	*Dan 10*
Freitag:	Der Streit der Könige	*Dan 11*
Samstag:	Daniels letzte Botschaft	*Dan 12*

Die Belohnung für den Dienst
Dan 5,17
Gebet und Gottvertrauen
Dan 6,10-24
Sündenbekenntnis
Dan 9,3-19

Zweimal durchbrach Gott das Schweigen des Himmels und rief aus: »Daniel, du von Gott Geliebter!« (Dan 10,11.19). So schwierig die Position am Hof, die er innehatte, auch gewesen sein mag, er behielt weiterhin sein Gottvertrauen.

Gott ehrte Daniels Gebete mit einer besonderen Engelgesandtschaft von seinem Thron, die sprach: »Ich wollte kommen um deiner Worte willen« (Dan 10,12). Gott zeigte seine Macht in Daniels Leben, und Daniel sah sich selbst und seine Taten auf dem Hintergrund jener Macht.

Daniel war ein Begleiter von Königen. Er war ein Menschenführer, ein Vorkämpfer für Reformen. Außerdem war er ein führender Staatsmann im beherrschenden Weltreich, der kompetente und ranghöchste Berater eines großen Monarchen und ein kraftvoller Beschirmer seines eigenen Volkes. Selbst der stolze Nebukadnezar schätzte Daniel offensichtlich sehr.

Darius' Verhältnis zu Daniel wird deutlich, als er entdeckt, welch eine Falle man ihm gestellt hat: »Als der König das hörte, wurde er sehr betrübt und war darauf bedacht, Daniel die Freiheit zu erhalten« (Dan 6,15).

Zweifellos ließ sich auch Kyrus von dem nun schon betagten Staatsmann beeinflussen. Möglicherweise machte ihn Daniel auf die Prophezeiung aufmerksam, die Jesaja hundert Jahre vor der Geburt des Kyrus über ihn ausgesprochen

Dieses assyrische Relief stellt einen Löwen dar, der vor der Jagd aus seinem Käfig gelassen wird. Daniel wurde verurteilt und in eine Löwengrube geworfen.

hatte. Das führte vielleicht dazu, dass Kyrus das Dekret für den Wiederaufbau des Tempels in Jerusalem erließ (vgl. 2Chr 36,22-23; Esra 1).

In dem Buch, das Daniel schrieb, sehen wir ihn vorwiegend als Propheten Gottes. Er zieht hier den Vorhang zurück und offenbart in einzigartiger Weise die verborgenen Dinge der Zukunft. Tatsächlich sehen wir mehr und mehr, dass seine Prophetie Geschichte ist, die geschrieben wurde, bevor sie sich ereignete. Es ist vorweggenommene Weltgeschichte.

Das Buch Daniel offenbart Gottes Macht und seine weltweite Souveränität. Gottes Macht wird der weltlichen Macht gegenübergestellt.

1. Gott ist der Erhalter

In Daniel 1 wird Gottes Macht gezeigt, die er in der Erhaltung Daniels und seiner Gefährten bewies. Ihnen wurde mehr Weisheit und Verstand gegeben als allen Weisen Babyloniens.

2. Gott ist der Offenbarer von Geheimnissen

Daniel 2 zeigt Gottes Offenbarungsmacht durch Daniels Deutung des Traums Nebukadnezars. Keiner der Traumdeuter Babyloniens konnte das vollbringen.

3. Gott ist der Retter

Daniel 3 zeigt Gottes Macht bei der Errettung der drei Gefährten Daniels aus dem Feuerofen. Diese jungen Männer standen allein gegen eine Nation, aber sie hatten die Versicherung, dass Gott sie retten würde; doch fügten sie hinzu: »Und wenn er's nicht tun will, so sollst du dennoch wissen, dass wir deinen Gott nicht ehren und das goldene Bild nicht anbeten wollen.« Dies geschah, nachdem sie ungefähr 20 Jahre in Babylonien gewesen waren, und Gott zeigte auf eine höchst dramatische Weise seine Macht über alle Götter dieses Landes.

4. Gott ist der souveräne Herrscher

Daniel 4 zeigt Gottes Macht im Umgang mit dem mächtigen König Nebukadnezar. Gott schlug den stolzen König, als dieser sich seiner Macht rühmte und auf dem Dach seines großartigen Palastes spazierte. Er wurde aus seinem Reich vertrieben und musste unter wilden Tieren leben – das Opfer einer merkwürdigen Geisteskrankheit.

5. Gott ist der Richter

In Daniel 5 wird Gottes furchtbares Gericht an Belsazar gezeigt, das mit der Schrift an der Wand begann. In derselben Nacht wurde der König von dem persischen Heer getötet und seine Stadt eingenommen.

6. Gott ist der Allmächtige

Daniel 6 zeigt Gottes Macht bei der Rettung Daniels aus der Löwengrube. Man bedenke: Daniel war ein alter Mann. Als junger Mann von etwa 20 Jahren hatte man ihn mit dem höchsten Amt des Reiches geehrt. Nun, mit 80 Jahren, wurde er in die Löwengrube geworfen.

Gott nutzte die Zeit der Gefangenschaften Israels, um seine Macht unter den herrschenden Völkern zu offenbaren. Als das erwählte Volk in Ägypten gefangen war, wirkte er durch Mose Wunder und Zeichen und zeigte nicht nur den Israeliten, sondern auch den Ägyptern, dass er der Herr, der allmächtige Gott ist.

Auch die großen Weltherrscher mussten bekennen, dass er der lebendige Gott, der Höchste, der König der Himmel ist. Er half seinem Volk selbst in der Verbannung und zeigte ihm, dass er Macht hat zu retten.

Im Gegensatz zu den anderen Propheten beschäftigt sich Daniel ausführlicher mit den Heidenvölkern als mit seinem eigenen jüdischen Volk. Die anderen Propheten erwähnen die anderen Nationen nur, sofern sie irgendetwas mit Israel zu tun haben.

Die Regierung Nebukadnezars (Daniel 1-4)

Die Geschichte beginnt mit vier jungen jüdischen Männern, die Nebukadnezar

in seinen Palast nach Babylon gebracht hat: Daniel, Hananja, Mischael und Asarja – auch Beltschazar, Schadrach, Meschach, und Abed-Nego genannt. Daniel war erst 16 Jahre alt und Nebukadnezar, gerade erst König geworden, nicht viel älter. Er wurde der mächtigste und bekannteste König des babylonischen Reiches.

Daniel, der mit der ersten Deportation der Judäer nach Babylon gekommen war, erlangte eine hohe Stellung im Königreich und blieb während der 70 Jahre seines Exils einflussreich. Er erlebte, dass seine gefangenen Brüder unter dem Edikt des Kyrus nach Jerusalem zurückkehrten; er sah das Ende der Weltmacht Babylonien und die Entstehung eines neuen Reiches.

Daniel und seine Freunde blieben auch in dem Luxus und den Vergnügungen eines orientalischen Königspalastes ihrem Gott treu: »Wir wollen uns nicht mit dem Fleisch des Königs beflecken ...« – und sie taten es auch nicht!

Diese jungen Männer gingen durch viele Gefahren und blieben doch standhaft. Wir begegnen ihnen dreimal in äußerst schwierigen Lagen:

1. am Hof eines mächtigen Herrschers;
2. im Feuerofen;
3. in der Löwengrube.

In der ersten Situation finden wir sie am luxuriösen Königshof. Als Günstlinge wohnten sie im Königspalast. Sie sollten im Staatsdienst ausgebildet und für hohe Stellungen vorbereitet werden. Sie aßen mit an der königlichen Tafel, was aber bedeutete, dass ihnen Lebensmittel angeboten wurden, die nicht den jüdischen Reinheitsgeboten entsprachen.

Das Fleisch auf dem Tisch des Königs war wohl Götzenopferfleisch (vgl. 2Mo 34,15; 1Kor 10,20), und das Blut der Tiere war beim Schlachten noch nicht ausgelaufen, wodurch dieses unrein geworden war (3Mo 3,17; 7,26).

Es muss ausgesprochen heikel gewesen sein, diese Mahlzeiten abzulehnen. Aber sie baten dennoch um andere Nahrung und erklärten, der König brauche sich um ihr Aussehen nicht zu sorgen. Und Gott stand hinter ihnen. Nach einer Woche sahen sie besser aus als alle anderen Männer, die am Tisch des Königs saßen.

Es wird berichtet, dass Gott den Gefährten Daniels Wissen und Fertigkeiten gab, Daniel aber verstand es auch, Visionen und Träume zu deuten.

Dann kam es zu dem Traum von Nebukadnezar. Keiner der Weisen des Landes konnte ihn deuten. Im Zorn darüber

Dieses assyrische Relief zeigt die Königin mit ihren Dienerinnen bei einem Fest. Daniel und seine Freunde lebten unter Menschen mit lockeren Moralvorstellungen und niedrigen ethischen Maßstäben, obwohl sie sich am königlichen Hof befanden.

befahl Nebukadnezar, alle »weisen Männer« töten zu lassen, auch Daniel und seine Freunde. Daniel rettete die Situation durch sein besonnenes Auftreten und sein absolutes Gottvertrauen.

Er rief seine Gefährten zum Gebet zusammen (2,17), und sie breiteten ihre Not vor Gott aus. »Da wurde Daniel dies Geheimnis durch ein Gesicht in der Nacht offenbart« (2,19).

Der Traum von den vier Weltreichen

Nebukadnezars Traum und dessen Deutung belehrt uns über den Gang der Weltgeschichte bis zum Weltende. Jenen Zeitabschnitt nennt die Bibel »die Zeit der Heiden«, weil Gott sein eigenes Volk, die Juden, für eine Weile auf die Seite geschoben und die Weltregierung den Heiden, den Nationen überlassen hat.

Gott offenbarte einem heidnischen König in einem Traum seine Pläne für die Zukunft (Dan 2,29). Aber nachdem Nebukadnezar den Traum geträumt hatte, vergaß er ihn! Niemand konnte ihm seinen Traum sagen außer einem, der »den Gott des Himmels« kannte.

Es war beeindruckendes Traumbild. Nebukadnezar träumte von einem Standbild. Dessen Haupt war aus Gold, seine Brust und Arme aus Silber, der Bauch und die Hüften aus Messing, die Beine aus Eisen und die Füße und Zehen aus Eisen und Ton. Dann kam ein Stein ohne Zutun von Menschenhand, traf das Bild und zerbrach es; und der Stein wurde ein großer Berg und füllte die ganze Erde.

Zuerst zeigt Gott hier die Heidenmächte. Vier große Weltmächte sollen einander ablösen. Gott sagt zu Nebukadnezar: »Du bist das goldene Haupt« (2,38).

Die silberne Brust und Arme zeigen das persische Reich, die zweite Weltmacht (8,20). Seine Macht begann mit Kyrus, unter dem die Juden nach Jerusalem zurückkehrten (Esra 1,1-2).

Der Bauch und die Hüften aus Messing bilden die griechische Herrschaft (»über die ganze Erde«) unter Alexander dem Großen ab, der die Perser besiegte.

Daniels Geschichtsdarstellung

In Daniel 9,26 wird eine vierte Weltmacht erwähnt, ein Königreich, das sich dauernd teilt, und eine Regierung, die in ihrer Macht dauernd geschwächt wird, dargestellt von Zehen aus Eisen und Ton, die nicht zusammenhalten können. Von der vierten heidnischen Weltmacht ist mehr als von den anderen gesagt, vielleicht, weil es die letzte ist. Es wird in ihr so viele Königreiche wie Zehen geben.

Der Verfall wird durch das Material von Füßen und Zehen symbolisiert. Eisen und Ton können nicht zusammenhalten. Dieses letzte Reich wird das schwächste sein. Dies ist das Reich des Antichristen.

Das kommende Königreich Christi

In dem »Stein«, der ohne Zutun von Menschenhand da ist, sehen wir in prophetischer Perspektive das Königreich Christi, dessen Reich niemals zerstört werden und alle anderen Königreiche ablösen wird. Christus wird kommen und ein Reich aufrichten, das ewig bestehen wird (2,44-45).

Das persische Königreich existierte noch nicht, als Nebukadnezar diesen Traum hatte. Es war damals nur eine babylonische Statthalterschaft. Genauso undenkbar war ein starkes griechisches Reich zu einer Zeit, als nur wandernde Volksstämme das hellenische Land bewohnten.

Die Metalle des Bildes verschlechtern sich in ihrem Wert – Gold, Silber, Messing und Eisen. Das symbolisiert die Schwächung der Macht der aufeinander folgenden Reiche. Zuletzt sehen wir eine Mischung von Eisen und Ton, die an den Versuch einer Einigung zwischen einer demokratischen und einer totalitären Regierungsform denken lässt.

Der große König Nebukadnezar fiel auf sein Angesicht und betete Daniel an und erklärte, dass sein Gott der Gott aller Götter sei. Wenn wir aber die Geschichte weiter verfolgen, entdecken wir, dass diese wunderbare Offenbarung Gottes letztlich wenig Eindruck auf Nebukadnezar machte. Vor Gott brachte es ihn letztlich nicht auf die Knie.

Der Feuerofen (Daniel 3)
Auf die drei gottesfürchtigen Männer wartete die nächste Prüfung. Nebukadnezar hatte in der Ebene von Dura ein goldenes Bildnis aufgerichtet und allen Leuten befohlen, davor niederzufallen und es anzubeten. Wer dem Befehl nicht gehorchte, sollte in einen Feuerofen geworfen werden.

Aber es gab drei in der Menge, die sich weigerten, dem König zu gehorchen. Zwanzig Jahre nach ihrem ersten Auftreten treffen wir sie hier wieder: Schadrach, Meschach und Abed-Nego. Spione berichteten von ihrem Ungehorsam. Aber diese drei kannten Gottes Gebote: »Du sollst dir kein Bildnis noch Gleichnis machen ... Bete sie nicht an und diene ihnen nicht« (2Mo 20,4-5). Sie hatten vor diesem Despoten des Ostens keine Furcht.

Die drei Männer kamen schlussendlich lebendig aus dem Feuer. Ein Mann, der wie ein »Sohn der Götter« aussah, war mit ihnen durch das Feuer gegangen. Aber noch immer beugte Nebukadnezar sich nicht in Demut vor Gott, er nennt den Herrn »ihren Gott«, aber er sagt nicht: »Mein Herr und mein Gott.«

Die Aufrichtung eines Bildes wird nach der Offenbarung des Johannes von dem Tier, dem Antichristen, wiederholt werden, dem letzten Haupt einer heidnischen Weltmacht (Offb 13,11-15; 19,20).

Der zweite Traum des Königs
Diesmal hat der König einen anderen Traum (4,4-27). Die Bibel sagt (Hiob 33,14-17): »Denn auf eine Weise redet Gott und auf eine zweite; nur beachtet man's nicht. Im Traum, im Nachtgesicht, wenn der Schlaf auf die Menschen fällt, ... da öffnet er das Ohr der Menschen und schreckt sie auf und warnt sie, damit er den Menschen von seinem Vorhaben abwende und von ihm die Hoffart tilge und bewahre seine Seele von dem Verderben und sein Leben vor des Todes Geschoss.«

Gott hat oft zu Menschen im Traum gesprochen, um seinen Willen zu offenbaren, zu einer Zeit, als es die Bibel noch nicht gab. Gott sprach einmal zu Nebukadnezar und zeigte ihm den

Das berühmte Ischtar-Tor der antiken Stadt Babylon. Das Tor führte auf einen Prozessionsweg zur Zitadelle und zum Tempel.

Untergang der heidnischen Königreiche. Aber Nebukadnezar tat keine Buße. Da sprach Gott ein zweites Mal zu ihm aus dem Feuerofen, wo er ihm seine Macht offenbarte. Aber noch immer fühlte das stolze Herz des Königs keine Reue.

Schließlich sehen wir, wie Gott ein drittes Mal zu Nebukadnezar spricht, und zwar durch den Traum von einem großen Baum, der gefällt wird (4,4-27). Es war eine Warnung vor Nebukadnezars kommendem Wahnsinn. Gott versuchte, diesem stolzen König seine Grenzen zu zeigen. Aber ein Jahr später sehen wir ihn bereits als Wahnsinnigen. Er benahm sich wie ein Tier und fraß das Gras auf der Wiese (4,28-34). All dies geschah, weil er sich als Rivale des allmächtigen Gottes aufgespielt hatte. Wir hören ihn sagen: »Das ist das große Babel, das ich erbaut habe zur Königstadt durch meine große Macht zu Ehren meiner Herrlichkeit« (4,27).

Durch seine Geisteskrankheit wurden dem König die Augen geöffnet und sein Gewissen berührt. Er bekannte nun die Größe Gottes und bezeugte seine Güte (4,34).

Die Regierung Belsazers (Daniel 5; 7; 8)

Folgende Könige regierten in Babylon nach dem Tod Nebukadnezars (562 v.Chr.):

Ewil-Merodach – der ausschweifende Sohn Nebukadnezars regierte zwei Jahre (Jer 50,2).

Nergal-Sarezer – der Schwager Ewil-Merodachs und dessen Mörder, folgte mit einer vier Jahre währenden Regierung.

Nabonid – der Sohn der zweiten Frau Nebukadnezars, bestieg 556 v.Chr. den Thron. Er heißt auch »Labyretus«.

Belsazar – der Sohn Nabonids und dessen Mitregent. Die Meder nahmen Nabonid gefangen und drängten darauf, den ausschweifenden Belsazar zu vernichten und Babel einzunehmen.

Kapitel 5 führt uns in eine große Festhalle, in der tausend Adelsherren tafeln. Es war die »Nacht der Damen«. Alle Frauen des Königs saßen neben den tausend Adligen. Belsazar hatte die heiligen goldenen und silbernen Geräte holen lassen, die sein Großvater Nebukadnezar aus dem Tempel in Jerusalem geraubt hatte. Nun zeigte er, wie gering er den Gott Israels achtete. Schon schmückten goldene und silberne Krüge aus dem »Tempel des Hauses Gottes« die Tische. Der letzte Herrscher Babyloniens, Belsazar, trank den Götzen zur Ehre Wein aus den heiligen Gefäßen Gottes.

Gott zeigte daraufhin seine Macht durch die schreckliche Handschrift an der Wand, das »Mene tekel«. Man rief Daniel herbei, der sie erklären sollte. Furchtlos verdammte der Prophet den arroganten und gottlosen jungen König. Die Einzelheiten dieses Eingreifens Gottes lassen sich in Daniel 5 nachlesen.

Seine Regierung fand ein schreckliches Ende: »In der selbigen Nacht wurde Belsazar, der König der Chaldäer, umgebracht« (5,30). Wir erfahren nicht auf welche Weise, aber Xenophon und Herodot berichten die denkwürdige Geschichte vom Fall der großen Stadt.

Viele Tontafeln von Babylon, die man bei Ausgrabungen gefunden hat, lassen erkennen, dass das persische Heer Babylon ohne Schlacht einnahm. Vier Monate später drang Kyrus in die Stadt ein. Darius nahm das Reich wahrscheinlich als Vizekönig aus den Händen des Kyrus.

Daniels Vision

Während des ersten Jahres der Regierung Belsazars hatte Daniel eine Vision: Er sah vier wilde Tiere, die die vier Reiche darstellten, die uns schon in Nebukadnezars Traum begegneten (Dan 7). Dass sie als wilde Tiere erscheinen, weist auf den sittlichen Verfall der Reiche hin.

Nebukadnezars Traumbild zeigt die Reiche, die in der Sicht des Menschen als großartig erscheinen. Daniels Traum offenbart hingegen, was sie in Gottes Augen wert sind. Dan 7,17-23 verrät, wer die vier wilden Tiere sind. Das erste, Babylonien, war wie ein Löwe mit Adlerschwingen. Schon Jeremia verglich Nebukadnezar mit einem Löwen und einem Adler (Jer 49,19-22). Persien war der Bär, das grausame Tier, das um des Tötens willen tötet. Das dritte war der Leopard oder Panther, ein Raubtier. Seine vier Flügel deuten auf die Schnelligkeit hin. Darin sehen wir ein Bild für die schnellen Märsche des Heeres Alexanders und seiner nicht zu sättigenden Lust an der Eroberung. In 14 Jahren hatte er die damals bekannte Welt erobert. Das vierte Tier unterschied sich sehr von den anderen. »Es war furchtbar und schrecklich und sehr stark und hatte große eiserne Zähne« (7,7).

Das »kleine Horn«, neben den zehn anderen, ist der noch ausstehende Antichrist. In der Offenbarung des Johannes wird es als das Tier aus dem Abgrund bezeichnet (Dan 7,15-25). Die Heiligen werden von dem Antichristen als dem letzten Weltherrscher vor der Wiederkunft Christi (Offb 13,1) unterdrückt werden. Diese Zeit wird die Zeit der großen Versuchung sein (vgl. Offb 5-18).

In den Versen 13-14 übergibt Gott alle Vollmachten an jemanden, der aussieht »wie eines Menschen Sohn«. Mit diesem Titel bezeichnet sich Jesus oft selbst. Das Reich, das er mit seinem ersten Kommen ankündigte, wird bei seiner Wiederkunft endlich Wirklichkeit werden (vgl. Mt 26,64).

Zwei Jahre später – Daniel 8 – hatte Daniel die große Vision vom Widder und dem Ziegenbock. Noch immer regierte Belsazar. Diese Vision umfasst nur zwei der vier Königreiche, nämlich Persien und Griechenland (vgl. Dan 8,2-21).

Das persische Reich wird von dem König Griechenlands unterworfen. Der Prophetie entsprechend wird das letztgenannte Reich beim Tode Alexanders des Großen zwischen seinen vier Generälen geteilt. Daniel hatte diese Vision in Susa, der Hauptstadt Persiens, in der

Das Goldene Tor von Jerusalem. Gott gebot Esra und Nehemia, Jerusalem wieder aufzubauen.

Der Kyrus-Zylinder berichtet, wie Kyrus Babylon kampflos einnahm.

70 Jahre später die im Esterbuch berichteten Ereignisse stattfanden.

Die Regierung des Darius (Daniel 6; 9)

Eine der schwierigsten Fragen in Bezug auf den historischen Hintergrund des Danielbuches ist die Identität des »Darius aus Medien« (Dan 6,1). Er muss ein Mann gewesen sein, den Kyrus zum Nachfolger ernannt hat, und die Feststellung, dass er »das Königreich nahm«, bestätigt dies. Einige glauben, dass er der Vater oder Großvater des Kyrus gewesen sei, der sonst unter dem Namen Astyages bekannt ist; als solcher hätte er bis zu seinem Tode als König handeln können. Andere glauben, dass er ein Befehlshaber im Heer des Kyrus mit Namen Gobryas gewesen ist.

23 Jahre nach dem Tode Nebukadnezars fiel die große Stadt Babel in die Hände der Meder. Auch unter diesen neuen Herrschern nahm Daniel eine wichtige Stellung ein. Die Bevorzugung Daniels beschwor den Neid der anderen Beamten, und sie schmiedeten rasch ein Komplott gegen ihn. »Da trachteten die Fürsten und Statthalter danach, etwas gegen Daniel zu finden« (Dan 6,5). Natürlich fanden sie etwas. Daniel befolgte alle Steuervorschriften und nahm nie Bestechungsgelder an. Sie aber konnten ohne diese Gelder ihre hohen Lebenskosten in Babylon nicht bestreiten und waren darauf angewiesen, dass Daniel ihren Steuerbetrug nicht aufdeckte. Daniel wurde ein Stein des Anstoßes, weil er nicht mit dem Strom schwamm. Seine Religion sollte Daniel zu Fall bringen, aber die Anderen rechneten nicht mit Gott (1Petr 3,12-13; 5Mo 9,3). Ganz ohne es zu merken, wurde der König dazu verleitet, einen Erlass ausgehen zu lassen, der sich einzig und allein zu Daniels Vernichtung auswirken sollte.

Der Hass dieser Männer gründete sich zweifellos auch auf Daniels jüdische Herkunft. Dieser »antisemitische« Geist erfüllt die Prophezeiungen Gottes, dass die Juden »gehasst werden würden«. Die Beamten stellten dem König diese Falle, weil sie wussten, dass er keinen Finger gegen Daniel rühren würde. Als Köder benutzten sie den Stolz des Königs. Das Gesetz der Meder und Perser war unveränderlich (vgl. Est 1,19; 8,8). Als der König erkannte, dass er betrogen worden und ein Todesurteil über Daniel nicht gerechtfertigt war, versuchte er sein Bestes, um die Ausführung des Gesetzes zu verhindern.

Daniels Haltung im Angesicht der Gefahr war wohlüberlegt. Er wusste, dass er entweder seinen Glauben verleugnen oder für ihn sterben musste. Er betete, wie er es gewohnt war. Sein Beispiel würde andere Juden beeinflussen. Indem er die Aufmerksamkeit auf sich richtete, konnte er vielleicht die Gefahr für andere mindern; so rührten ihn die Löwen nicht an.

Als Daniel erfuhr, dass das Gesetz unterzeichnet war, bekam er keine Panik und Todesangst, sondern lobte Gott (Dan 6,10; Phil 4,6-7). »Befiehl dem Herrn deine Wege und hoffe auf ihn; er wird's wohlmachen« (Ps 37,5).

Der Vergleich des Erlasses des Darius vor und nach Daniels Rettung ist interessant (Dan 6,26-27). Durch das Königreich ging eine Proklamation, in der die Macht und die Größe des Gottes Daniels gepriesen wurde.

Die Regierung des Kyrus (Daniel 10-12)

Während der Regierungszeit des Kyrus ging der Erlass an die Verbannten aus, nach Jerusalem zurückzukehren und die Mauern aufzubauen (Esra 1,2-4). Daniel war nun beinahe 90 Jahre alt, zu alt, um zurückzukehren. Zweifellos wurde er auch unter den Verbannten in Babel gebraucht. Daniel hatte alle Freunde und Gefährten seiner Jugend überlebt. Nun sah er, wie sich die Israeliten in den Straßen Babels sammelten, und der alte Mann beobachtete, wie die letzte Karawane das Westtor der Stadt zur Rückkehr nach Jerusalem verließ. Daniel ging das Schicksal dieser Leute zu Herzen. Wir werden sehen, wie er in seiner Trauer getröstet wurde. In Daniel 10 sehen wir die Vision von dem Ruhm Gottes.

Die letzten Tage

In Daniel 11 stoßen wir auf eine Vision über die nahe Zukunft des persisch-medischen Reiches. Drei Könige sollte es noch hervorbringen, dann würde Alexander der Große von Griechenland auf den Plan treten (Dan 11,2-3). Sein Weltreich würde unter seine vier Generäle geteilt werden, wie Daniel schon vorhergesagt hatte. Der Lauf der Dinge wird bis zu Antiochus Epiphanes IV., dem »kleinen Horn« von Daniel 8, geschildert. Wiederum wird eine Entweihung des Heiligtums erwähnt (Dan 12,11). Mit Daniel 11,36 beginnt die Beschreibung des letzten »kleinen Horns« von Daniel 7.

Es folgt die Zeit der großen Versuchung (Dan 12,1), einer nie dagewesenen Notzeit. Zwei Auferstehungen werden erwähnt (Dan 12,2). Zwischen diesen beiden liegt ein Zeitraum von 2000 Jahren (vgl. Offb 20,1-6). Aus neutestamentlicher Perspektive wissen wir: Die erste ist die Auferstehung der Heiligen bei der Wiederkunft Christi. Ihr folgt das so genannte Tausendjährige Reich, dann die Auferstehung der Bösen zu ewiger Verdammnis. »Und viele, die unter der Erde schlafend liegen, werden aufwachen, die einen zum ewigen Leben, die andern zu ewiger Schmach und Schande« (Dan 12,2).

Daniels 70 Wochen

»70 Wochen sind verhängt über dein Volk und über deine heilige Stadt; dann wird dem Frevel ein Ende gemacht ... und Gesicht und Weissagung erfüllt und das Allerheiligste gesalbt werden« (9,24-27).

Das Wort »Woche«, das hier benutzt wird, ist eine ungenaue deutsche Wiedergabe. »Woche« meint hier einen Zeitraum von sieben Jahren. Wenn es sich also um 70 Sieben-Jahr-Perioden handelt, dann sind das 490 Jahre.

Die Bibel teilt diese 70 Wochen in drei Abschnitte (Dan 9,24-27), lässt dabei aber die Zeit für die gegenwärtige »Völkerherrschaft« aus.

»Sieben Wochen« – 49 Jahre, begonnen bei der Aufforderung für den Wiederaufbau Jerusalems unter Esra und Nehemia.

»62 Wochen« – 434 Jahre, begonnen beim Bau der Mauer Jerusalems bis zur Kreuzigung Jesu. Christus wird »ausgerottet« (Dan 9,25-26). An dieser Stelle, also nach 483 Jahren, kommt die Uhr des nationalen Lebens Israels zum Stillstand.

»Die 70. Woche«, die sieben Jahre, haben noch nicht begonnen, während derer Gott ausschließlich mit Israel handeln wird. Die 70. Woche beginnt, wenn der Antichrist sein Reich aufrichtet. Damit wird die große Notzeit von Dan 12,1 eingeleitet. Viele werden ihn nicht von dem rechten Messias unterscheiden können. Für die Treuen wird der Bund mit Gott schwer gemacht werden, wenn er nach 3 1/2 Jahren, »in der Mitte der Woche«, den Bund mit Israel brechen wird. Dann wird nämlich das »Gräuelbild« im Tempel Gottes stehen, und die es nicht anbeten, werden verfolgt werden.

Der Gräuel der Tempelschändung und das antichristliche Reich werden nach weiteren 3 1/2 Jahren vernichtet, wenn Jesus Christus als König auf die Erde kommt.

Die kleinen Propheten des Alten Testaments

Hosea • Joel • Amos • Obadja • Jona
Micha • Nahum • Habakuk
Zefanja • Haggai • Sacharja • Maleachi

21.

Hosea, Joel, Amos

Das Buch Hosea

Mit dem Propheten Hosea kommen wir zu dem ersten der zwölf Bücher, die man als »kleine Propheten« bezeichnet. Wir erinnern uns daran, dass der Unterschied zwischen den großen und den kleinen Propheten nicht in der Wichtigkeit, sondern im Umfang ihrer Aufzeichnungen besteht.

Hosea wurde zu den zehn Nordstämmen (»Israel«) gesandt, als Jerobeam II. in Israel König war. Er erlebte nach der 41-jährigen Herrschaft Jerobeams auch den Untergang dieses Reiches.

Das achte vorchristliche Jahrhundert war für die ganze Weltgeschichte von Bedeutung. Rom wurde gegründet, und durch den Handel mit Phönizien wurde Karthago zu einer bedeutenden Stadt. Die große phönizische Westflotte fuhr bis nach Tarsis, einer Kolonie in Südspanien. Und während der Lebzeiten Hoseas fuhr sie nach Norden bis zu den Zinnminen Cornwalls.

Dieses Jahrhundert zeichnet sich auch aus durch die religiöse Reformation, die Gautama Siddharta nach Indien brachte, und die ihren Ausdruck in der Gründung des Buddhismus fand. Es war eine Zeit des Aufbruchs und des Wechsels, in mancher Beziehung zu vergleichen mit dem 16. nachchristlichen Jahrhundert.

Hoseas Zeitgenossen waren Amos, Jesaja und Micha. Man hat Hosea den »Jeremia des Nordreiches« genannt. Jeremia prophezeite ja im Südreich Juda. Als »Haus Israel« werden die zehn Stämme bezeichnet, aus denen das Nordreich bestand; »Haus Juda« sind die beiden Stämme Juda und Benjamin, die das Südreich bildeten. Hosea wurde nicht in einer Prophetenschule ausgebildet, sondern war ein Laie, den Gott dazu berufen hatte, dem »Haus Israel« die Botschaft zu verkündigen, dass Gott die Israeliten trotz aller Untreue liebe.

Feldblumen in Israel. Gott verhieß seinem Volk neues Leben und eine neue Blüte, wenn sie zu ihm zurückkehren würden.

Israels Untreue (Hosea 1-3)

In 2. Könige 15-17 finden wir die geschichtlichen Ereignisse, die sich zur Zeit Hoseas abspielten. Wie bereits bemerkt, handelte es sich um eine sehr unruhige Zeit. Die Sünde nahm überhand. Die gute Zeit Jerobeams II. neigte sich ihrem Ende zu, und eine dunkle Wolke hing über Israel. Jerobeam folgten in rascher Reihenfolge sechs Könige. Innerhalb von zwanzig Jahren wurden vier Könige ermordet. Etwa um die Mitte des Wirkens Hoseas wurde ein großer Teil des Volkes von

Lesevorschläge

Sonntag:	Israels absichtlicher Ungehorsam	*Hos 4*
Montag:	Israels herrliche Zukunft	*Hos 3; 14*
Dienstag:	Strafe und Segen	*Joel 2*
Mittwoch:	Die Wiederherstellung Israels	*Joel 3*
Donnerstag:	Persönliche Ermahnungen	*Am 3,1-7; 4,6-12*
Freitag:	Die Fürbitte des Propheten	*Am 7,1-17; 8,1-7*
Samstag:	Der Segen über dem zukünftigen Königreich	*Am 9,1-15*

den Assyrern gefangen abgeführt. Noch vor Hoseas Tod wurde Israel besiegt, seine Hauptstadt Samaria fiel. Der Prophet erlebte die Erfüllung seiner Prophetie.

Über Hosea wissen wir wenig außer der Tatsache, dass er ein sehr trauriges Privatleben hatte. Das Buch schildert ihn als einen sanften und liebenswürdigen Mann. Er hatte ein liebevolles Wesen, das ihn stark an seine Familie band.

Eine merkwürdige Liebesgeschichte

Kapitel 1 stellt uns einen jungen Mann vor, der eine Frau heiratet, die seiner unwürdig ist: Hosea wird von Gott befohlen, eine charakterlose Frau, eine Prostituierte zu heiraten. Damit wollte Gott seinem Volk zeigen, dass er es trotz seiner Sünde weiter liebte. Das alles erscheint uns sehr merkwürdig. Aber Gott wollte diesen Umstand zum Zeichen seiner Gnade machen. Gnade ist unverdiente Gunst. Hier demonstriert Gott, wie wenig Israel seine Liebe verdient, und doch verschwendet er sie an sie. Gott hat nicht die Gerechten, sondern die Sünder erwählt.

Hosea gehorchte Gott und »ging und nahm Gomer« (Hos 1,3). Sie erhielt seinen Namen, sein Heim, sein Ansehen, Gottes Gunst und Trost. Er gab ihr alles, was er hatte. Dagegen wurden Hoseas Name, sein privates Ansehen und seine Liebe einer unwürdigen Frau geopfert.

Gomer lief von zu Hause fort und verließ ihren jungen Gatten Hosea, der zwei kleine Jungen und ein Mädchen zu versorgen hatte. Durch die allgemeine Sünde in ihrer Umgebung verführt, fiel Gomer in den moralischen Abgrund ihrer Zeit und wurde schließlich als Sklavin verschleppt. Während der ganzen Zeit blieb Hosea ihr treu. Er liebte sie noch immer und versuchte alles, um sie für ein glückliches Familienleben zurückzugewinnen. Aber sie wollte nicht.

Wie Hosea mit seiner treulosen Braut, so war Gott mit dem treulosen Israel verheiratet. Dieses Erlebnis half Hosea, Gottes liebevolles Herz zu verstehen, das sich nach dem treulosen Israel sehnte und seine Rückkehr wünschte. Zweifellos sprach Hosea unter Tränen, denn sein Leben war von einer Tragödie geprägt. Er hatte sich ganz seiner Berufung gewidmet.

Gottes Braut

Gott benutzt das Bild der Ehe oft, um damit sein Verhältnis zu Israel zu vergleichen: »Wie sich der Bräutigam freut über die Braut, wird Gott sich über dich freuen« (Jes 62,5). Gott sagte zu Israel: »Ich will mich mit dir auf immer vermählen« (Hos 2,21). Gott war Israel treu geblieben. Er hatte es geliebt, geschützt und mit guten Gaben überschüttet. Israel aber verließ Gott und lief anderen Göttern nach. Es gehorchte seinen

Gesetzen nicht. Wie Hoseas Frau hatte es sein Eheversprechen gebrochen und war in Sklaverei, Sünde und Schande gefallen. Israel hatte wie Gomer vergessen, wer ihm früher Segen in Fülle gegeben hatte (2,10).

Es gibt verschiedene Auslegungen dieses Abschnittes des Buches Hosea. Einige glauben, dass Gott Hosea befahl, eine Prostituierte zu heiraten; andere, dass Gott Hosea befahl, eine Frau zu heiraten, die erst nach der Heirat zur Prostituierten wurde, wieder andere glauben, dass dieses Erlebnis Hoseas nur eine Vision und nicht eine wirkliche Erfahrung war. Auf jeden Fall wird die unbesiegbare Liebe eines treuen Gatten, mit dem Gott sich selbst vergleicht, verdeutlicht; und Israels trauriger und dauernder Rückfall kommt ans Tageslicht.

Israels Sünde und Bestrafung (Hosea 4-10)

200 Jahre zuvor hatten sich die zehn Stämme von Juda getrennt und das unabhängige Königreich mit Namen »Israel« gegründet. Sofort danach begannen sie, Götzen zu verehren. Gott hatte ihnen Elia und dann Elisa zu ihrer Warnung gesandt, aber vergeblich. Sie weigerten sich, zu Gott zurückzukehren. Nun hören wir eine neue Stimme: »Kommt, wir wollen wieder zum Herrn!« (6,1). »Kehrt um zu Gott und er wird sich zu euch kehren«, das ist die Botschaft Hoseas.

Hosea, dessen Name »Heil« bedeutet, war Gottes Stimme für das Volk. Doch das kümmerte sich nicht um seine Botschaft, denn er wandte sich ja an ein Volk, das seinen Gott verlassen hatte: »Bekehre dich, Israel, zu dem Herrn, deinem Gott; denn du bist gefallen um deiner Schuld willen« (14,2).

Israel hatte seine eigenen Entscheidungen getroffen. Es war halsstarrig geworden. Mit einem solchen Widerspruchsgeist und trotzigen Willen kann Gott nicht handeln.

Im Buch Hosea wird die Sünde des Volkes klar beim Namen genannt: »Höret, ihr Kinder Israel, des Herrn Wort! Denn der Herr hat Ursache, zu schelten, die im Lande wohnen« (4,1).

Israels Sündenkatalog

Falschheit	Hosea 4,1
Hurerei	Hosea 4,1-11
Mord	Hosea 5,2
Räuberei	Hosea 7,1

Gottes Bilder für die Sünde in Israel

Eine ehebrecherische Frau	Hosea 3,1
Ein Trunkenbold	Hosea 4,11
Eine tolle Kuh	Hosea 4,16
Eine Räuberhorde	Hosea 6,9
Ehebrecher	Hosea 7,4
Heiß wie ein Backofen	Hosea 7,7
Ein halb gebackener Kuchen	Hosea 7,8
Eine törichte Taube	Hosea 7,11
Ein erschlaffter Bogen	Hosea 7,16
Ein Gefäß, das niemand haben will	Hosea 8,8
Ein Wildesel	Hosea 8,9

Als Licht über den letzten Kapiteln strahlt Israels Hoffnung (Kap. 11-14). Diese Abschlusskapitel geben uns ein Bild von dem Segen über Israel in dem zukünftigen Königreich. Wir blicken in Gottes liebendes Herz, wenn er wie ein Vater spricht: »Als Israel jung war, hatte ich ihn lieb und rief ihn, meinen Sohn, aus Ägypten« (11,1).

Gottes Wahl

Als Gott auf die großen und glänzenden Reiche dieser Welt sah, wählte er nicht deshalb Israel zu seinem Volk, weil es das größte oder reichste Volk der Welt gewesen wäre (5Mo 7,6-8). Vielmehr wählte er ein schwaches, unauffälliges Sklavenvolk zum Gegenstand seiner Liebe, seiner Sorge und seines Segens (11,1).

Israels Sünde

Aber Israel, das Kind, das in der Geschichte zur Zeit des Auszugs aus Ägypten von Gott adoptiert worden war, wurde immer wieder ungehorsam und aufrührerisch. Für allen Segen über ihr Land dankten die Israeliten Gott nicht. In ihrer Freiheit vergaßen sie Gott und fielen in Sünde, Götzendienst und schließlich in die Gefangenschaft (Hos 11,2). Israel endete auf dem Sklavenmarkt Assyriens und Babyloniens (Hos 4,6-7).

Die Gnade Gottes

Das Alte und das Neue Testament sprechen oft von Gnade. Gott sagt Israel hier: »Ich ließ sie ein menschliches Joch ziehen und in Seilen der Liebe gehen« (Hos 11,4).

Gott hat sich mit seinem widerstrebenden Volk abgemüht und wird nicht aufgeben. In seiner Gnade spricht er: »Ich will ihre Abtrünnigkeit wieder heilen; gerne will ich sie lieben, denn mein Zorn soll sich von ihnen wenden« (Hos 14,5).

Gott hat Israel seinen Zorn angedroht, aber jetzt bietet er ihnen Gnade an. Gott wendet sich an Israel, dass es umkehre und Buße tue (Hos 14,2-3). Dann gibt er ihnen das Versprechen des Segens (Hos 14,4-8).

In Hosea 2,2 sagt Gott Israel, dass sich eines Tages Juda und Israel sammeln und *ein* Haupt haben werden. Sie warten auf diesen Messias, der kommen wird und ihr Herrscher sein wird. Das verheißt Gott noch einmal in Hosea 3. Hosea 9,17 zeigt die Lage der Israeliten heute – Wanderer unter den Völkern.

Hosea 14 ist in der Bibel das tröstende Kapitel für »Rückfällige«. Man lese nur die Worte des Herrn an das abtrünnige Israel (Hos 14,5-10). Gottes Herz ist voll von Liebe: »Ich will für Israel wie ein Tau sein, dass es blühen soll wie eine Lilie« (Hos 14,6). Gott zeigt seine bleibende Freude an seinem Volk, nachdem es geheilt ist.

Das Buch Joel

Joel wird von einigen Auslegern als der älteste aller Propheten betrachtet. Vielleicht hat er Elia und Elisa in seiner Jugend gekannt. Er war Prophet in Juda.

Sein Privatleben wird in einem einzigen Vers angedeutet: »Dies ist das Wort des Herrn, das geschehen ist zu Joel, dem Sohn Petuels« (Joel 1,1). Sein Name bedeutet »Jahwe ist Gott«.

Man hat Joel den »Propheten der religiösen Erweckung« genannt. Er war der Erste, der die Ausgießung des Heiligen Geistes auf alle Menschen vorhersagte (Joel 3,1).

Die Plage – die Warnung (Joel 1)

Nach einer furchtbaren Heuschreckenplage, einer langen Trockenheit und einer schrecklichen Hungersnot war das Land verwüstet. Menschen und Vieh starben an Hunger und Durst. Joel beschreibt die Plage anschaulich und ruft die alten Leute auf, zu bestätigen, dass es nie zuvor so etwas gegeben hat (Joel 1,2). Die Priester hatten kein Opferfleisch und auch keinen Wein für das Trankopfer (Joel 1,9). Kühe und Schafe brüllten in den Feldern (Joel 1,20). Joel drängte das Volk, ein allgemeines Fasten auszurufen (Joel 1,13).

In wahrer Buße müssten sie trauern, wenn sie von weiterem Gericht verschont werden wollten (Joel 2,12-17). Verzweifelt waren sie bereit, jedem zuzuhören, der ihre Notlage erklären konnte. Das war für den Prediger eine große Stunde, denn nun, in ihrer äußersten Not, würden sich die Menschen zu Gott bekehren.

Das Fasten – die Verheißung (Joel 2)

Die Posaune ruft eine große Volksmenge zum gemeinsamen Fasten zusammen

(Joel 2,1). Alle sind da – Alte und Junge. Selbst Brautleute kommen am Hochzeitstag (Joel 2,16). Die Priester kommen in schwarzen Gewändern, beugen sich zur Erde und rufen Gott im Heiligtum an: »Verschone dein Volk, o Herr!«, und dem Volk rufen sie zu: »Zerreißt eure Herzen und nicht eure Kleider und bekehrt euch zu dem Herrn, eurem Gott« (Joel 2,13). Dieses Ereignis konnte das Volk zu Gott zurückbringen.

Die Heuschrecken hatten den Garten Eden in eine Wüste verwandelt (Joel 2,3). Wenn man nie einen Heuschreckenschwarm gesehen hat, kann man sich seine Schrecken nicht ausmalen. Die Heuschrecken erfüllen die Luft und verdunkeln die Sonne (Joel 2,2). Kilometerweit breiten sie sich über das Land aus und vernichten in wenigen Minuten jedes Blatt. Die, die ihnen folgen, schälen die Rinde von den Bäumen ab (Joel 1,6-7). Als Abwehr gräbt man Gräben, zündet Feuer an und schlägt die Insektenhaufen tot, aber die Wirkung ist gleich Null. Das Brausen ihres Fluges hört man kilometerweit wie ein knisterndes Feuer (Joel 2,5), und das Land, über das sie fliegen, sieht aus, als wäre es von Feuer versengt worden (Joel 2,3). Nachdem sie das Land kahl gefressen haben, fliegen sie in die Städte und dringen wie gepanzerte Reiter in die Häuser ein und vertilgen alles Essbare (Joel 2,4-9). Ein Land, das von Heuschrecken verwüstet worden ist, braucht Jahre zur Genesung (Joel 1,17-20). »Ich will euch die Jahre erstatten, deren Ertrag die Heuschrecken gefressen haben« (Joel 2,25), lässt Gott Joel aber am Ende sagen.

Die Pfingstverheißung

Der Prophet versicherte dem Volk, dass Gott irdisches Wohlergehen (Joel 2,18-27) und geistlichen Segen (Joel 3,1-5) schicken wird. Gott würde Rettung vom Himmel senden: »Und nach diesem will ich meinen Geist ausgießen über alles Fleisch, und eure Söhne und Töchter sollen weissagen, eure Alten sollen Träume haben, und eure Jünglinge sollen Gesichte sehen. Auch will ich zur selben Zeit über Knechte und Mägde meinen Geist ausgießen« (Joel 3,1-2). Das ist die Pfingstverheißung.

Geistliche Rettung ist die zentrale Verheißung des Buches Joel. Andere Propheten haben Einzelheiten über das Leben Jesu auf Erden und seines zukünftigen Reiches vorhergesagt; Joel hatte die Aufgabe, von Gottes Geist zu berichten, der auf alles Fleisch ausgegossen werden würde. Er sagt uns, dass der Segen von Jerusalem ausgehen wird (Joel 3,5). Diese Prophetie erfüllte sich an Pfingsten. Petrus sagte: »Das ist es, was durch den Propheten Joel gesagt worden ist« (Apg 2,16).

Der Tag des Herrn

»Der Tag des Herrn«, der in diesem kurzen Buch fünfmal erwähnt wird, bringt das Gericht. Es berichtet von Gottes Strafen, der Heuschreckenplage in der Gegenwart, der zukünftigen Invasion des Heeres, das als eine Geißel Gottes über das Land kommen wird, und von dem letzten Tag des Herrn, wie er in Kapitel 3 des Joelbuches beschrieben wird. »Der Tag des Herrn« ist die Zeit zwischen der Wiederkunft Christi in Herrlichkeit und der Entstehung eines neuen Himmels und einer neuen Erde (vgl. Jes 3,7-18; 4,1-2; 13,6-9; 21,17-20; Jer 46,10; Mal 4,5; 1Kor 5,5; 1Thess 5,2; 2Thess 2,2; 2Petr 3,10). »Der Tag des Herrn« dauert mindestens tausend Jahre (vgl. Offb 20,4).

Der Segen – die Zukunft (Joel 4)

Nur Gott konnte Joel von der Rückkehr der Juden aus der Verbannung unterrichtet haben. Joel sah im Geiste nicht nur die Rückkehr aus Babylonien, sondern auch die endzeitliche Sammlung aller aus den Völkern. Er spricht auch von dem Gericht über die Völker nach der Schlacht von Harmagedon (Joel 4,2-7; vgl. Mt 25,32; Offb 16,16; 19,17 21). Die Zeit, in der der

Mensch sich entscheiden kann, ist dann vorüber. Gottes endgültige Stunde ist da.

Nachdem Israel wiederhergestellt und die Völker der Erde gerichtet sind (Joel 4,1-2), wird ein ewiges Königreich errichtet werden (Joel 4,17.20).

Das Buch Amos

Amos stammte aus Tekoa, einer kleinen Stadt etwa 19 Kilometer südlich von Jerusalem. Er war weder ein Prophet noch ein Prophetensohn (vgl. Am 7,14), noch war er Priester oder ein Mitglied einer Prophetenschule. Er war Viehhirte und Maulbeerzüchter. Er muss aber eine gewisse Bildung gehabt haben, denn sein Buch zeigt schriftstellerische Fähigkeiten. Vielleicht machte er weite Reisen, um seine Wolle zu verkaufen. Die Städte, die er erwähnt, mögen Schauplätze seiner Besuche gewesen sein.

Amos ist eines der vielen Beispiele der Bibel, wo Gott einen Menschen aus seiner Alltagsarbeit herausruft (Am 1,1). Gott rief ihn, als er noch den Hirtenstab in der Hand hatte, und sandte ihn aus, sein verstreutes Volk zu sammeln. Wir erinnern uns: David hütete die Schafe, und Gideon arbeitete auf der Tenne, als sie ihren Auftrag erhielten.

Im wilden Hochland Judas jenseits von Tekoa wurde Amos unmittelbar von Gott zum Propheten ausgebildet. Sein Buch ist voll von Schilderungen seines gebirgigen Heimatlandes. Obwohl er im Königreich Juda geboren worden war, wirkte er in Israel.

Amos war nicht der einzige Prophet seiner Zeit. Gott hatte eine große Anzahl von Boten ausgesandt, um sein Volk vor der Vernichtung zu retten, auf die es unausweichlich zusteuerte. Wahrscheinlich hatte Amos als Junge Jona und vielleicht auch Elisa gekannt. Hosea war sein Zeitgenosse. Diese Männer kannten einander sicherlich gut. Als Amos' Werk zu Ende war, traten Jesaja und Micha auf. Sie haben als Jungen Amos vielleicht auf einer seiner Reisen predigen gehört und dann sicher viel von dem Gotteskämpfer übernommen.

Heuschrecken. Heuschrecken hatten Eden zu einer unfruchtbaren Wüste gemacht (Joel 2,3). Ein großer Schwarm kann unglaublichen Schaden anrichten, er erfüllt die Luft und verdunkelt die Sonne.

Amos wirkte als Prophet, während Usija in Juda herrschte und Jerobeam II. König von Israel war. Es war eine Zeit großen Wohlstandes. Man hatte die alten Grenzen des Königreiches Davids wiederhergestellt. Die Staatsfinanzen waren gesichert und die Heere waren siegreich.

Unter den beiden eben erwähnten Königen erreichten die Königreiche den Gipfel ihrer Macht (2Chr 26 und 2Kön 14,25). Assyrien hatte sich als welterobernde Macht noch nicht erhoben.

Der Gedanke, dass ihrem Reich Gericht drohte, kam den Israeliten nicht. Sie erfreuten sich einer langen Zeit des Friedens. Die Nachbarvölker waren nicht stark genug, um ihnen Sorgen zu machen (vgl. Am 6,1-13). Sie kümmerten sich vor allem um Genuss und Vergnügen (Am 2,6-8; 5,11-12; 6,4-6). Gott versuchte, seinem Volk einen Blick für die drohende Gefahr zu geben; deshalb sandte er die zwei Zeugen: Hosea und Amos.

Amos fürchtete Gott mehr als irgendeinen Menschen. »Amos verkündete eine Botschaft, die seiner Zeit so weit voraus war, dass die meisten Menschen und auch

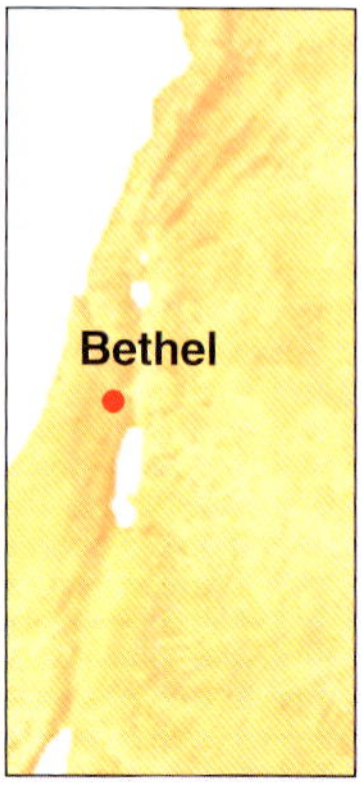

ein großer Teil der Christenheit sie noch nicht begriffen haben«, schreibt ein moderner Ausleger des Buches Amos.

Kurze Charakterstudie über Amos

Amos war demütig – er verheimlichte seine persönliche Stellung im Alltag nicht.

Amos war klug – er predigte nicht über die Köpfe der Leute hinweg.

Amos war furchtlos – er sagte nicht, was die Leute hören wollten, sondern die Wahrheit.

Amos war treu – »so spricht der Herr« war seine Botschaft.

Dieser junge Hirte Amos hatte eine gewisse Natürlichkeit bewahrt und wagte es sogar, König Jerobeam II. zu sagen, was er tun müsse. Gott brauchte jemanden, der mutig seine Botschaft ausrichtete, und Amos enttäuschte ihn nicht. Israel brauchte einen Propheten, der ihm den Schleier von den Augen wegzog und es mit den Folgen seines Götzendienstes konfrontierte, und das tat Amos. Gott verabscheut die Sünde. Die Sünde muss bestraft werden.

Jerobeam II. hatte Israel zum Gipfel seiner Macht gebracht. Das Königreich stand in Blüte und hatte Frieden mit seinen Feinden. Der unbeliebteste Mensch wäre ein »Unheilsprophet« gewesen, und Amos wusste, dass er das war, wenn er Gottes Botschaft ausrichtete. David konnte vor Goliat nicht mutiger gewesen sein als Amos vor Jerobeam, dem Götzendiener, »der Israel zur Sünde verführte«. Wir wollen einige seiner einzigartigen Aussagen hören:

»Die Bogenschützen sollen nicht standhalten« (2,15), prophezeite Amos. Jerobeams Bogenschützen waren daran gewöhnt, den Feind hart zu bedrängen. Sie gaben nie nach. Wie töricht, von den unfehlbaren Bogenschützen Israels zu sagen, dass sie irgendwann irgendwo versagen würden!

»Wer schnell laufen kann, soll nicht entrinnen«, fuhr Amos fort. Sollten etwa Israels Schnellläufer ihre Schnelligkeit darauf verwenden, vom Kampfplatz wegzulaufen? War dieser unverschämte Prophet verrückt geworden?

»Und wer da reitet, soll sein Leben nicht retten«, donnerte der Prophet. In der ganzen Welt gab es nicht solche Reiter wie in Jerobeams unbesiegbarer Kavallerie.

Aber der Höhepunkt kommt noch: »So spricht der Herr: Gleichwie ein Hirte dem Löwen zwei Beine oder ein Ohrläppchen aus dem Maul reißt, so sollen die Kinder Israel herausgerissen werden, die zu Samaria sitzen in der Ecke des Ruhebettes und auf dem Lager von Damast« (3,12). Das klang wie Verhöhnung! Das mächtige Israel wird mit einem armen Schaf, ja sogar mit einem gefressenen Schaf verglichen!

Doch genau dies geschah! In weniger als 50 Jahren war Israel vollkommen verwüstet, und der klägliche Rest der Bevölkerung war noch nicht einmal mit dem Bein eines Schafes, das aus dem Maul des Löwen herausgerissen wird, vergleichbar. So sehr verabscheut Gott die Sünde.

Gericht über die Völker
(Amos 1-2)

Dieser einfache Landprediger verließ sein Zuhause in Juda und reiste 35 Kilometer nach Bethel ins Nordreich, um den Israeliten zu predigen. Warum sandte Gott ihn nach Bethel? Bethel war die religiöse Hauptstadt des Nordreiches. Dort wurde Götzendienst getrieben. Das Volk glaubte, eine Predigt nicht nötig zu haben (vgl. 1Kön 12,25-33).

Amos begann seine Predigt vor einer Massenversammlung in Bethel – an einem Festtag – indem er das Gericht des Herrn über sechs Nachbarstaaten verkündigte. Angeklagt wurden:

– Damaskus, weil es in Israel eingedrungen war (Am 1,3; 2Kön 10,32-33),

– Gaza und Tyrus wegen einer Verschwörung mit Edom bei dessen Invasion Judas (Am 1,6.9; 2Chr 21,16-17; 28,18),

Ein Hirte in den Feldern bei Bethlehem. Bevor Amos von Gott als Prophet berufen wurde, arbeitete er auch als Hirte.

– Edom wegen fortdauernder Feindseligkeit (Am 1,11; vgl. Ob 10-12),

– Ammon wegen eines Angriffs auf Gilead (Am 1,13),

– Moab wegen heidnischer Frevel (Am 2,1; 2Kö 3,27).

– Schließlich wurden auch Juda wegen der Missachtung der Gesetze Gottes (Am 2,4; 2Chr 3-19; 2Kön 25,9) und Israel wegen seiner Ungerechtigkeit (Am 2,6; 2Kö 17,17-23) angeklagt.

Als Amos' Vollmacht bezweifelt wurde, bewies er sie ihnen an Beispielen aus dem täglichen Leben. »Gott redet, wer sollte da nicht Prophet sein?« (Am 3,8).

Amos sprach anschaulicher über die Sünden Israels als Hosea (Kap. 2). Er sprach von Gleichgültigkeit und Luxus, von der Unterdrückung der Armen, von Lügen und Betrug und – schlimmer als all das – von der Heuchelei beim Gottesdienst. Der Herr war auf sein Volk zornig, das seine Warnung nicht annahm. »Dennoch bekehrt ihr euch nicht zu mir, spricht der Herr« (Am 4,6). Dann folgt die Einladung: »Suchet mich, so werdet ihr leben« (Am 5,4).

Gericht über Israel (Amos 3-6)

Auch Amos war dazu berufen, die sichere Strafe Gottes anzukündigen (Am 3). Wenn die Menschen die wiederholte Warnung Gottes ausschlagen, kommt das Gericht (Am 5).

Amos warf den Israeliten vor, sie seien habgierig, ungerecht, unrein und weltlich (Am 2,6-12); diese wiederum verteidigten und entschuldigten sich damit, dass sie das von Gott erwählte Volk seien (Am 3,2). Er erinnerte sie daran, dass das ihre Sünde nur größer mache. Die Israeliten betrachteten ihre Beziehung zu Gott anders. Sie sahen sie als eine äußerliche und formale Sache an. Sie meinten, kein wirkliches Unheil könne sie treffen. Amos verdammte Israel, weil es »die Gerechten um Silber verkaufte«. Reichtum zählte mehr als Charakter.

Amos nannte die Frauen seiner Zeit sogar »Baschankühe«, weil sie nur auf Luxus und weltliche Vergnügungen aus waren (Am 4,1). Das ist des Propheten Bild von grausamen, herzlosen und gedankenlosen Frauen – eine Herde Kühe, schwere, rücksichtslose Tiere, die auf der Weide alles niedertrampeln.

Selbst die religiösen Opfer und Feste des Volkes wurden zum Gräuel (Am 5,4-6). Die Pilgerreisen von Gilgal nach Bethel waren nur noch eine Formsache. Gott sagte: »Ich bin euren Feiertagen gram und verachte sie. Ich kann eure Versammlungen nicht riechen« (Am 5,21). Gott fordert einen Lebenswandel, der seiner würdig ist, und nicht leere Opfer. – Amos machte darauf aufmerksam, dass Gott Trockenheit, Plagen und Erdbeben gesandt hatte. Immer warnt Gott, bevor er straft, und bietet einen Ausweg an. Gott brandmarkt die Sünde, aber er bietet auch Heilung von der Sünde an. Dass Israel seine wiederholten Warnungen zurückwies, musste zu Gottes Gericht führen (Am 5).

Fünf Visionen von dem zukünftigen Gericht über Israel

1. Die alles verschlingenden Heuschrecken (Amos 7,1-3)

In der ersten Vision schaut der Prophet grüne Felder, und »siehe, Gott machte Heuschrecken ...« und sie vernichteten das Gras. Amos betet: »Ach, Herr Herr, sei gnädig! Wer soll Jakob wieder aufhelfen?« Da reut es Gott und er antwortet: »Es soll nicht geschehen« (d.h. die Hungersnot soll nicht eintreten).

2. Das verzehrende Feuer (Amos 7,4-6)

In dieser Vision sieht Amos Feuer, das Wasser und Land verzehrt. Erneut betet er: »Ach Herr, lass ab!« Gott antwortet: »Es soll auch nicht geschehen« (d.h. das Feuer soll nicht kommen).

3. Das richtende Bleilot (Amos 7,7-11)

In dieser Vision sieht Amos, wie Gott die Stadt für die Zerstörung ausmisst. Diesmal hat Amos nicht den Mut zu beten. Das Gericht über Israel ist sicher – »ich will ihm nichts mehr übersehen«.

4. Der Korb mit reifem Obst (Amos 8)

Das »reife Obst« der vierten Vision symbolisiert das baldige Verderben. Der Korb offenbart die traurige Wahrheit, dass Israel wie ein Korb mit überreifen Früchten äußerlich zwar schön aussieht, innerlich aber verfault war. Das schuldige Volk ist »reif« für das Gericht.

5. Gott über dem Altar (Amos 9,1-10)

Die letzte Vision zeigt Gott, der über dem Altar steht und Amos befiehlt, die Türpfosten zu zerbrechen und die Stücke auf die Köpfe der Leute zu werfen. Alle Gottesdienstbesucher sollen zerstreut werden und durchs Schwert umkommen. Das spricht von einer endgültigen Zerstreuung. Die Visionen enden mit dem Gericht, aber Gott schließt das Buch mit einem hellen Ausblick (9,11-15).

Visionen über die Zukunft (Amos 7-9)

Wir wissen nicht, wie lange Amos in Bethel predigte, aber wir wissen, dass große Volksmengen seiner mutigen Botschaft zuhörten. Als er von dem Unheil für die Nachbarnationen sprach, fühlten sie sich angezogen und klatschten ihm Beifall.

Damals konnte Amazja, der Priester von Bethel, nichts gegen Amos' Verkündigung ausrichten. So ließ er sich von dem König den Rücken decken und tadelte Amos. Er berichtete dem König: »Amos macht einen Aufruhr gegen dich im Hause Israel; das Land kann seine Worte nicht ertragen. Denn so spricht Amos: Jerobeam wird durchs Schwert sterben« (Am 7,10-11). Amazja befahl Amos, zurückzukehren und sich um seine eigenen Angelegenheiten zu kümmern.

Durch einen falschen Propheten wurde Amos zum Stillschweigen gebracht. Er wurde aus Israel vertrieben. Dem wahren Gottespropheten wurde keine Redefreiheit gewährt. Weder Elia noch Amos waren in Israel sicher. Als Amos merkte, dass Israel nicht auf ihn hören wollte, kehrte er nach Juda zurück und schrieb seine Botschaft in ein Buch, so dass alle Leute es lesen konnten.

Amos spricht wie die meisten Propheten von einer herrlichen Zukunft für das von Gott erwählte Volk. Das ganze Land wird ein Königreich unter dem Haus Davids sein (Am 9,11-12). Das Heiligtum Davids, das jetzt niedergerissen ist, wird wieder aufgebaut werden (vgl. Apg 15,16-17). Israel wird ins Land zurückkehren und gesegnet werden – ein glückliches Volk in einem glücklichen Land.

22.

Obadja, Jona und Micha

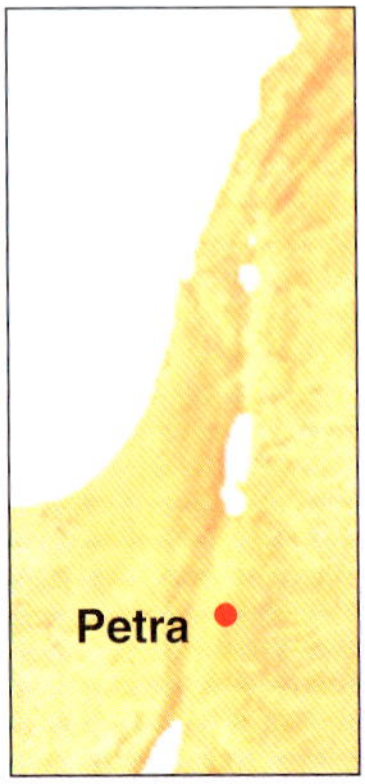

Der Prophet Obadja

Südlich des Toten Meeres und an der Westgrenze des arabischen Hochlandes liegt eine Kette steiler roter Sandsteingipfel, die unter dem Namen Seïr-Gebirge bekannt ist. Hier ließ Esau sich nieder, nachdem er seinem Bruder Jakob das Erstgeburtsrecht verkauft hatte.

Nachdem er die Horiter vertrieben hatte (vgl. 1Mo 14,5-6), nahm er das ganze Gebirge in Besitz (vgl. 5Mo 2,12). Die Horiter werden zum ersten Mal zur Zeit Abrahams erwähnt (1Mo 14,5-6). Sela oder Petra, das heißt »der Fels«, war ihre Hauptstadt. Heute heißt es »die schweigende Stadt der vergessenen Vergangenheit«.

Petra ist eines der Weltwunder. Es war eine einzigartig gebaute Stadt. Sie thronte wie ein »Adlernest« (Ob 4) inmitten unzugänglicher Felsen. Man konnte sie nur durch eine mehr als einen Kilometer lange Felsenkluft erreichen, an deren Seiten sich mehr als 200 Meter hohe Klippen erhoben. Ihre Lage machte die Stadt unbesiegbar. Es wird uns berichtet, dass sie mehr als 1000 Tempel hatte, die aus dem rötlichen Felsgestein auf der Seite der Klippen ausgehauen waren. Die Wohnstätten der Menschen waren größtenteils Höhlen, die in den weichen, roten Sandstein hineingegraben waren (Ob 3.6) und an Stellen lagen, von denen man sich kaum vorstellen kann, dass Menschen sie erklettern konnten.

Die Nachkommen Esaus, die Edomiter, pflegten Raubzüge zu unternehmen und sich dann in ihre uneinnehmbare Festung zurückzuziehen. Ihr Hass gegen die Juden stammte noch aus den Tagen Jakobs und Esaus. Und die Edomiter versäumten keine Gelegenheit, jeder Armee zu helfen, die die Juden angriff. Zu Lebzeiten Christi erhielten sie durch Herodes die Aufsicht über Judäa. Nach der Zerstörung Jerusalems durch Titus im Jahre 70 n.Chr. verschwanden sie aus der Geschichte.

Das Buch Obadja ist das kürzeste Buch des Alten Testaments. Es enthält nur 21 Verse, aber es hat zwei wichtige Themen – den Untergang der Stolzen und Rebellen und die Errettung der Sanftmütigen und Demütigen.

Es ist unmittelbar an Edom und Zion gerichtet und bezieht sich auf Esau und Jakob, die beiden Söhne Isaaks.

Die Geschichte des bitteren Familienzwistes wird vor unseren Augen entfaltet.

Der Untergang Edoms (Obadja 1-16)

Wir wissen wenig von dem Propheten, der dieses Buch geschrieben hat. Er war ein Zeitgenosse Jeremias. Bei welcher Gelegenheit Obadja prophezeite, entdecken wir in Vers 11: »Zu der Zeit, als du (Edom) dabeistandest und sahst, wie Fremde sein (Jakobs) Heer gefangen wegführten und Ausländer zu seinen Toren einzogen und über Jerusalem das Los warfen, da warst auch du wie einer von

Lesevorschläge

Sonntag:	Verdammung und Errettung	*Ob 1-21*
Montag:	Der große Fisch	*Jon 1-2*
Dienstag:	Ein gehorsamer Prophet	*Jon 3-4*
Mittwoch:	Eine Botschaft an das Volk	*Mi 1-2*
Donnerstag:	Eine Botschaft an die Herrscher	*Mi 3-4*
Freitag:	Ankündigung der Geburt des Königs	*Mi 5*
Samstag:	Eine Botschaft an das erwählte Volk	*Mi 6-7*

ihnen.« Zweifellos handelt es sich um die schreckliche Zeit, als Nebukadnezar Jerusalem einnahm und es in einen Trümmerhaufen verwandelte. Die Edomiter hatten den Eroberern dadurch geholfen, dass sie die flüchtigen Israeliten gefangen nahmen und als Sklaven verkauften.

Diese Prophetie wurde niedergeschrieben, weil Edom sich mit dem Feind Jerusalems verbündet hatte (Ob 7-14). Der unbekannte Prophet Obadja, »ein Diener Gottes«, richtete seine Prophezeiungen gegen dieses Volk. Edom schaute zu, als Jerusalem geplündert wurde, und freute sich über sein Unheil. Das selbstsüchtige, gleichgültige und feindliche Wesen des benachbarten Edom wurde nun gebrandmarkt.

Gott hatte Israel befohlen: »Den Edomiter sollst du nicht verabscheuen; er ist dein Bruder« (5Mo 23,8). Aber Edom hatte einen unversöhnlichen Hass gegen Israel seit der Zeit, als es Israel den Durchzug durch sein Land versagte, als es nach Kanaan zog (4Mo 20,14-21), bis zur Zeit der Zerstörung Jerusalems durch die Chaldäer, als Edom rief: »Reißt nieder, reißt nieder« (Ps 137,7).

Weil Edom so stolz und gehässig war, wurde seine völlige Vernichtung beschlossen (Ob 3.4-10). Nichts konnte das schuldige Volk retten. Es wurde fünf Jahre nach der Zerstörung Jerusalems aus seinen Felswohnungen vertrieben, als Nebukadnezar auf seinem Zug durch das Tal Araba auf der Heerstraße nach Ägypten die Edomiter schlug. Sie verloren ihre

Gebirge bei Elat am Roten Meer. Moab erstreckte sich in südlicher Richtung bis zum Golf von Aqaba.

Existenz als Volk um 150 v.Chr., ihr Name verschwand aus der Geschichte mit der Eroberung Jerusalems durch die Römer. »Wie du getan hast, soll dir wieder geschehen« (Ob 15).

Zions Rettung (Obadja 17-21)

Das Buch schließt mit der Verheißung von Zions Rettung. Der erste Schritt zur zukünftigen Wiederaufrichtung Zions ist die Erstattung dessen, was ihm vorher gehört hatte. Es wird auch das Philisterland und Edom wieder besitzen.

Gott hat die Grenzen des Heiligen Landes festgelegt. Obadja sagt wie die anderen Propheten das Kommen des Tages des Herrn und die Aufrichtung des messianischen Königreichs voraus.

Das Buch Jona

Jona stammte aus Gat-Hefer, einer Stadt, die ungefähr eine Stunde Fußmausch von Nazareth entfernt lag (2Kö 14,25). Eine jüdische Legende berichtet uns, dass er der Sohn der Witwe von Sarepta war, den Elia zum Leben erweckt hatte. Davon lesen wir in der Bibel nichts; aber er war wahrscheinlich ein Schüler des großen Propheten Elisa. Er trat dessen Nachfolge an.

Jona lebte zur Zeit Jerobeams II. und half ihm, das Nordreich Israel (zehn Stämme) mächtig und wohlhabend zu machen (vgl. 2Kön 14,25).

Viele Menschen wissen vom Buch Jona nur, dass darin von einem großen Fisch die Rede ist. Sie stoßen sich an dem märchenhaften Stil – und versäumen es, die Tiefe dieser vier Kapitel auszuloten.

Jesus Christus selber gab dem Buch Jona Bedeutung. Als man von ihm ein Zeichen seiner Gottheit forderte, gab er dem Volk »kein anderes Zeichen als das des Propheten Jona« (vgl. Mt 12,38-40).

Ein widerspenstiger Prophet (Jona 1 und 2)

Am Anfang des Buches erhält Jona seinen Auftrag: »Mache dich auf und geh in die große Stadt Ninive und predige wider sie; denn ihre Bosheit ist vor mich gekommen« (1,2).

Gott hat sehr bestimmte Aufträge. Er befahl Jona, aufzustehen und zu gehen. »Aber Jona machte sich auf und wollte vor dem Herrn nach Tarsis fliehen und kam hinab nach Jafo« (1,3). Er sagte »nein« zu Gott. Warum floh er? (4,2). Jona wusste, dass Assyrien Israels schrecklicher Feind war. Als Gott Jona befahl, in die Hauptstadt des feindlichen Landes zu gehen und ihr das Gericht zu verkünden, war Assyrien offenbar etwas in seiner Macht geschwächt.

Ninive, die Hauptstadt Assyriens, war eine der größten Städte der Welt, am Ostufer des Tigris gelegen, sechshundert Kilometer vom Mittelmeer entfernt (1Mo 10,11-12). Das Bollwerk der Stadt war ungefähr 50 Kilometer lang und 16 Kilometer breit. Es bestand aus fünf Mauern und drei Gräben. Die Mauern waren dreißig Meter hoch und so breit, dass vier Wagen nebeneinander darauf fahren konnten. Es gab große und schöne Paläste mit herrlichen Gärten. Fünfzehn Tore, von riesigen Löwen und Stieren bewacht, bildeten den Eingang zur Stadt. Es gab 70 Hallen, die wunderbar mit Marmor und Plastiken geschmückt waren. Der Stadttempel hatte die Form einer großen Pyramide, die in der Sonne glitzerte. Aber die Bosheit der Stadt war ebenso groß wie ihr Reichtum und ihre Macht.

Sobald Jona geflohen war, begann Gott zu handeln. »Da ließ der Herr einen großen Wind aufs Meer kommen, und es erhob sich ein großes Ungewitter auf dem Meer« (Jona 1,4). Gott liebte Jona zu sehr, als dass er ihn hätte gewähren lassen.

Jona 1,3-15 schildert, was vor sich ging, bevor Jona ins Meer geworfen wurde. Auch da war Gott bei ihm (1,17).

Kapitel 2 erzählt uns, wie Jona Gottes Weg annahm. Nach vielem Beten bekannte er, dass er selber nichts tun konnte. Die Rettung kommt von dem Herrn (Jona 2,9). Jetzt konnte Gott ihn freilassen (Jona 2,10).

Ein gehorsamer Prophet
(Jona 3 und 4)

Gott gab Jona eine zweite Gelegenheit zum Dienst. »Und es geschah das Wort des Herrn zum zweiten Mal zu Jona« (Jona 3,1). Gott sprach wieder: »Mach dich auf, gehe in die große Stadt Ninive und predige ihr, was ich dir sage« (Jona 3,2).

Es war nicht leicht für Jona, durch die Straßen zu gehen und auszurufen: »Es sind noch 40 Tage, so wird Ninive untergehen!« (3,4). Es war eine gnadenlose Botschaft. Keine Trauer mischte sich in die Stimme des Propheten. Er gehorchte Gott, aber sein Herz wandelte sich nicht (4,1-3). Und nun hören wir, dass die Leute von Ninive Buße taten. Zuerst die einfachen, dann auch die vornehmen.

Gehorsam – aber verwirrt

Und was tat Jona? Er saß schmollend auf dem Hügel östlich der Stadt unter einer Rizinusstaude, die Gott ihm als Schatten hatte wachsen lassen, und wartete auf das, was Gott tun würde (Jona 4,6).

Jona wollte, dass Gott ausschließlich Israel Liebe und Gnade erweist. Sollten doch die Heiden das bekommen, was sie verdienten! Er war alles andere als begeistert, dass seine Predigt eine solche Wirkung zeigte, nicht nur, weil er nicht als Dummkopf dastehen wollte. Jona hatte für die Niniviten kein bisschen Mitleid übrig. Deshalb erteilte ihm Gott mit Hilfe einer Pflanze eine wichtige Lektion). Im Hebräischen bedeutet das Wort für »Mitleid haben« auch »über den Verlust von etwas traurig sein«. Jona ist traurig, weil er die Pflanze verloren hat, genauso wie Gott über den Verlust von Ninive traurig gewesen wäre. Gottes Gefühle entspringen anders als die Jonas einem tiefen Mitleid.

Wir müssen beachten: Jona ist eine Vorabbildung Christi in seinem Sterben, Begrabenwerden und seiner Auferweckung. »Denn wie Jona drei Tage und drei Nächte im Bauch des Fisches war, so wird der Menschensohn drei Tage und drei Nächte im Schoß der Erde sein« (Mt 12,40).

Zweifellos hinderten zwei Dinge Jona, als Gott ihn nach Ninive gehen hieß – sein eigener Stolz und seine Verachtung für die ganze nicht-jüdische Welt. Im Bauch des Fisches trieb Gott ihm das aus.

Als Gott Jona den Auftrag gab, nach Ninive zu gehen, flüchtete er stattdessen nach Jafo, dem heutigen Jaffa, und ging an Bord eines Schiffs, das in die entgegengesetzte Richtung fuhr. Heute ist Jaffa ein Stadtteil von Tel Aviv.

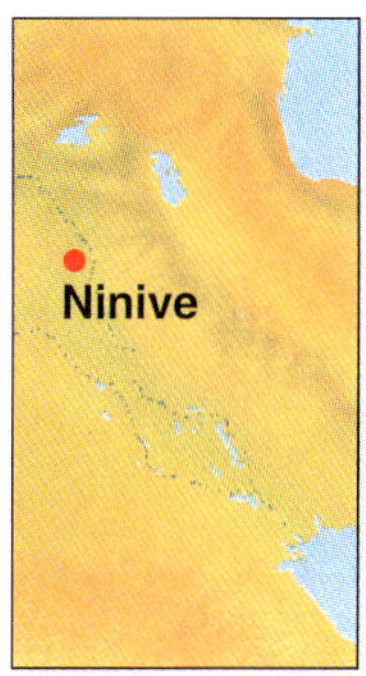

Das Buch Micha

Micha war ein Landprediger, der zur Zeit Jesajas und Hoseas lebte. Sein Zuhause war die Stadt Moreschet an der Grenze zum Philisterland, etwa 30 Kilometer südlich von Jerusalem. Dort predigte er, als Jesaja in Jerusalem und Hosea in Israel wirkten. Micha war der Prophet für die einfachen Leute auf dem Lande, Jesaja aber predigte am Hof in Jerusalem. Micha kannte seine Landsleute gut. Über seine geistliche Ausrüstung sagt er: »Ich aber bin voll Kraft, voll Geist des Herrn, voll Recht und Stärke, dass ich Jakob seine Übertretung und Israel seine Sünde anzeigen kann« (Mi 3,8). Micha prophezeite über Samaria, die Hauptstadt Israels, und Jerusalem, die Hauptstadt Judas. Aber der größere Teil seiner Prophetie galt Juda.

Innen- und außenpolitische Spannungen erschütterten Juda und Israel. Zu Lebzeiten Michas regierten die Könige Jotam, Ahas und Hiskia.

Der Prophet prangerte die sozialen Sünden seiner Zeit an (Mi 2,2). Er sah, wie die Armen von den Reichen ungerecht behandelt wurden und wusste, dass diese Sünden zum Himmel schrien.

Aber keine Gesellschaftsschicht war von schlechten Einflüssen frei. Fürsten, Priester und einfache Leute waren in gleicher Weise davon betroffen (Mi 2,1-2.8-9; 3,1-3). Micha wollte, dass die Leute erkannten, dass jede Grausamkeit dem Nächsten gegenüber eine Beleidigung Gottes ist. Gott wurde durch die Lebensführung des Volkes und der Herrscher beleidigt. Trotz dieser Zustände versuchte das Volk immer noch, seinen religiösen Pflichten nachzukommen. Micha zeigte, wie unnütz dies war (Mi 6,7-8).

Während Michas Lebenszeit wurde das Nordreich, die zehn Stämme, gerade in die Gefangenschaft geführt.

Gottes »Rest«

Das Wort »Übriggebliebene« oder »Rest« wird von den Propheten häufig gebraucht. Was bedeutet es? Es ist ein Überrest, der kleine Teil eines Volkes, den Gott bewahrt hat (vgl. Mi 2,12; 5,6-7; 7,18).

Eine Botschaft an das Volk über die Sünden Israels (Micha 1 und 2)

»Höret, alle Völker! Merk auf, Land und alles, was darinnen ist! Denn Gott der Herr hat mit euch zu reden« (Mi 1,2).

Gott, der Herr, war dabei, Israel wegen seiner Übertretungen zur Rechenschaft zu ziehen. Samaria und Jerusalem wurden vor dem großen Richter des Weltalls für schuldig erklärt. Gefangenschaft und Verbannung waren ihr Schicksal. Gott tadelte sie besonders auch wegen ihres Götzendienstes (vgl. Mi 1,6-9).

Im Klagelied des Propheten wird Gott dargestellt, wie er vom Himmel über die Berge heruntersteigt, um Samaria wegen des Götzendienstes zu vernichten. Auch in Juda sieht es nicht besser aus, das Gericht Gottes wartet schon vor den Stadttoren. Micha schildert das Heranrücken eines Invasionsheeres. Eine Festung nach der anderen fällt, allerdings nicht in der Reihenfolge, wie sie von der assyrischen Armee eingenommen wurden. Alle Städte aber (jedenfalls die uns bekannten) liegen im Umkreis von Michas Heimatstadt Moreschet.

Die Eltern in Juda werden um ihre Kinder im Exil weinen.

Judas Sünde wird als eine unheilbare Wunde beschrieben. Alle Bewohner Judas sollten gefangen genommen werden, denn Gott sah überall die Unterdrückung der Armen, die Gewalttätigkeit und Ungerechtigkeit.

Micha sprach besonders die schreckliche Verbreitung des Götzendienstes bis nach Juda unter König Ahas an; auch die Unterdrückung der Armen (Mi 2,2), der Frauen und der kleinen Kinder, die

Die Westmauer des Tempels in Jerusalem. Micha schildert, wie das Volk Gottes eines Tages jubelnd nach Jerusalem zurückkehren wird.

man von daheim forttrieb (Mi 2,9). Die Sünden des Volkes werden in Micha 2,1-11 schonungslos dargestellt.

722/21 v.Chr. zerstörte das assyrische Heer Samaria. 701 wurde Jerusalem belagert, und die Stadt wurde durch ein Wunder bewahrt. Micha erlebte diese beiden traumatischen Ereignisse vermutlich mit.

Eine Botschaft an die Herrscher über das Kommen Christi (Micha 3-5)

Wer Macht und Einfluss besitzt, will vorankommen und ist nicht zimperlich in der Wahl seiner Mittel. Man reißt fremdes Eigentum an sich, selbst wenn danach eine Familie mittellos zurückbleibt – und die Kritiker bekommen zu hören, dass sie das nichts angeht.

Die führenden Männer stehen nicht für Gerechtigkeit ein, im Gegenteil, sie hassen das Gute und lieben das Böse. Sie ziehen den Menschen das Fell über die Ohren (die Verse 1-3 sind nicht wörtlich gemeint!); Herrscher, Priester und Propheten – da ist keiner besser als der andere, alle sind käuflich (3,11). Sie sind schuld am Untergang Jerusalems (3,12).

»Höret doch, ihr Häupter im Hause Jakob und ihr Herren im Hause Israel!« (Mi 3,1). Gott vergleicht ihre Habgier und Bereicherungssucht, die selbst Blut nicht scheut, mit dem Kannibalismus. Die Führer des Volkes verschlingen die Armen und Machtlosen (Mi 3,2-3).

Gott prangert die Sünden der Herrscher an (Mi 3,9), die Bestechung der Richter (Mi 3,11) und den Gebrauch von falschen Gewichten und Maßen. »So spricht der Herr wider die Propheten, die mein Volk verführen, die da predigen, es werde gut gehen, wenn man ihnen zu fressen gibt; wer ihnen aber nichts ins Maul gibt, dem predigen sie, es werde ein Krieg kommen« (Mi 3,5).

Micha muss mit gebrochenem Herzen Gottes Gericht über Juda verkündigen. Jerusalem und sein Tempel würden zerstört werden (Mi 3,12). Die Bevölkerung Judas würde gefangen nach Babylonien abgeführt werden (Mi 4,10). Aber er scheint die Gerichtsworte schnell hinter sich lassen zu wollen, um bei der Botschaft von Gottes Liebe und Gnade zu verweilen: Gott wird sein Volk aus der Gefangenschaft zurückbringen (Mi 4,1-8; 7,11).

Nach den verdammenden Worten in Kapitel 3 gibt es nun neue Hoffnung.

Heute ist von Lachisch nicht mehr viel zu sehen. Von Israel breitete sich der Götzendienst schnell nach Jerusalem und der wehrhaften Stadt Lachisch aus.

Die Verse 1-8 von Kapitel 4 sprechen von einem neuen Jerusalem, von dem aus Gottes Wort in die ganze Welt hinausgeht. Alle Länder werden sich in Jerusalem versammeln, es wird eine Epoche des Friedens und des Wohlstands sein. Gott wird einen Überrest seines Volkes nach Hause zurückbringen. Das Heil – Rettung und Wiederherstellung als Nation – wird kommen, aber erst nach der Eroberung durch die Assyrer und nach der babylonischen Verbannung. Dann wird Gott Gericht halten, nicht nur über sein eigenes Volk, sondern über alle Länder, die sich jetzt gegen Israel stellen.

Micha war ein Prophet der Hoffnung. Er schaute immer über Gericht und Strafe hinaus auf den Tag der Herrlichkeit, wenn Christus selber regieren und Friede über die ganze Erde kommen wird (Mi 4,8; 5,3-4). Dann wird Israel sich aus den Völkern versammeln, unter die es zerstreut worden ist (Mi 4,6).

Das kleine Bethlehem, die kleinste unter den Städten Judas, soll sichtbar geehrt werden durch die Geburt des Messias. Die Siege sollen weder durch Macht noch durch Gewalt, sondern durch seinen Geist gewonnen werden. Er kommt als ein kleines Kind, um der Welt die Rettung zu bringen. Diese 700 Jahre alte Prophetie aus Micha 5,2-5 führte die Weisen nach Bethlehem, um dort den neuen König zu suchen.

Eine Botschaft an das erwählte Volk über Gottes Anklage (Micha 6 und 7)

»Höret, ihr Berge, wie der Herr rechten will, und merket auf, ihr Grundfesten der Erde; denn der Herr will mit seinem Volk rechten und mit Israel ins Gericht gehen!« (Mi 6,2).

Sie hatten Gott übergangen. Gott trägt seine Anklage gegen sein Volk vor. Wissen sie denn nicht, was ihm gefällt? Dabei ist es doch so einfach und klar. Für Liebe, Loyalität und Gerechtigkeit kann es keinen Ersatz geben. Sie versuchen sich vielleicht mit teuren Opfern und Geschenken von ihm loszukaufen. Doch Gott durchschaut die Unehrlichkeit seines Volkes, er sieht die manipulierten Waagen und verabscheut sie, weil man damit die Armen betrügt. Er wird Gewalt, Täuschung und Betrug bestrafen.

Gott forderte sie darum auf, sich daran zu erinnern, wie gut er zu ihnen gewesen war und wie er seinen Bund mit ihnen gehalten hatte (Mi 6,3).

Das Volk war tief betroffen und fragte, wie es Gott versöhnen könne. Ganz offen fragten sie, ob das mit Brandopfern geschehen könne (Mi 6,6-7).

Die Menschen versuchen immer wieder, durch irgendwelche religiösen Verrichtungen oder durch materielle Gaben Gott umzustimmen. Für uns gilt: »Die Opfer, die Gott gefallen, sind ein geängsteter Geist und ein demütiges Herz; ein geängstetes und zerschlagenes Herz wirst du, Gott, nicht verachten« (Ps 51,19). Gott will von jedem Menschen einen rechtschaffenen Lebenswandel.

Wegen ihres gottlosen Lebenswandels mussten die Leute unglaubliche Folgen erdulden. Gott ist ein gerechter Richter (Mi 1,3.5; 3,2).

Es sieht finster aus, doch eine Hoffnung bleibt noch. Micha kennt seinen Gott. Wo Gott ist, da gibt es auch Licht. Auf ihn kann man sich verlassen. Er wird seine Versprechen halten. Er wird wieder aufbauen. In seiner leidenschaftlichen Liebe wird er Vergebung schenken.

Deshalb wird Micha Ausschau halten und auf die Zeit warten, in der Gott sein Volk wieder als Hirte führt, Wunder tut wie in alten Zeiten und für es sorgt. Denn er bleibt den uralten Verheißungen treu, die er den Vätern seines Volkes gegeben hat.

23.

Nahum, Habakuk und Zefanja

Das Buch Nahum

Der Name »Nahum« bedeutet »Trost« für Juda und das ist auch seine Botschaft. »Der Herr ist gütig und eine Feste zur Zeit der Not und kennt die, die auf ihn trauen« (Nah 1,7). Die Befreiung Judas und die Vernichtung seiner Feinde, der Assyrer, war Gottes Plan. Kapernaum, wo Jesus Christus, der Tröster, so viele Wunder tat, heißt übersetzt »das Dorf Nahum«. In der Nähe dieser Stadt liegt wahrscheinlich Nahums Geburtsstadt Elkosch (1,1).

Nahum lebte zur Zeit des Königs Hiskia und des großen Propheten Jesaja. Zweifellos floh er, als die grausamen Assyrer in das Land eindrangen und die zehn Stämme verschleppten, in das Südreich Juda. Er nahm wahrscheinlich seinen Wohnsitz in Jerusalem, wo er sieben Jahre später die Belagerung durch Sanherib prophezeite, die mit der Vernichtung des assyrischen Heeres endete. Wir erinnern uns: 185 000 Soldaten starben in einer Nacht (2Kön 19,35). Vielleicht bezieht sich Nahum 1,2 auf dieses Ereignis. Kurz darauf schrieb Nahum sein Buch.

Das Thema dieses Buches ist die Zerstörung Ninives, der Stadt, der schon Jona Buße gepredigt hatte. Ninive ist die Angeklagte, und Gott sendet Nahum, um sein gerechtes Gericht über die Stadt verkünden zu lassen. Mit dem Gericht über Ninive richtet Gott eine sündige Welt.

Das Buch Nahum wurde ungefähr 150 Jahre nach der Erweckung zur Zeit Jonas geschrieben, als die Stadt Ninive in »Staub und Asche« Buße tat.

Lesevorschläge

Sonntag:	Der Richter und das Urteil	*Nah 1*
Montag:	Die Vollstreckung des Urteils	*Nah 2; 3*
Dienstag:	Habakuks Klage	*Hab 1*
Mittwoch:	Gottes Antwort	*Hab 2*
Donnerstag:	Habakuks Lied	*Hab 3*
Freitag:	Das zukünftige Gericht	*Zef 1; 2*
Samstag:	Die Herrlichkeit des zukünftigen Königreiches	*Zef 3*

Links: Diese babylonische Keilschrifttafel berichtet vom Fall Ninives.

Sicher waren damals die Bewohner von Ninive aufrichtig, aber ihre Buße war nicht von Dauer. Sie machten sich wieder derselben Sünden schuldig, für die sie Buße getan hatten. Ninive (= »schöne Wohnung«), das Glanzstück Assyriens, war zur Herausforderung des lebendigen Gottes geworden. Sie waren nicht nur rückfällig; sie wiesen bewusst den Gott zurück, den sie schon einmal angenommen hatten.

Gott sandte Nahum, um das Gericht und die Zerstörung Ninives und des Assyrerreiches vorherzusagen. Dieses Reich war durch Gewalt errichtet worden. Assyrien hatte eine 300 Jahre währende glänzende Zeit erlebt, in der es die vorherrschende Weltmacht war. Die Assyrer waren gute Krieger. Sie gründeten ihren Staat mit der Beute von anderen Völkern. Sie taten alles, um Schrecken zu verbreiten. Sie behaupteten, dass sie dies aus Gehorsam gegenüber ihrem Gott Assur täten.

Die Botschaft Nahums zeigt, was Gott mit einem bösen und rebellischen Volk tun wird.

Der Richter (Nahum 1,1-7)

In Nahum 1 sehen wir Gott, den heiligen Richter, auf dem himmlischen Richterstuhl und er richtet Ninive. Der Rechtsfall wird vorgelegt. Dieser Gott ist ein gerechter Gott, deshalb muss er alle Verbrechen strafen.

Wir sehen eine zweifache Enthüllung des Wesens Gottes als Weltenrichter. Mit erhabenen und kräftigen Worten werden die Eigenschaften Gottes geschildert, die die Grundlage all seines Handelns an den Menschen bilden.

Einerseits wird Gott als »Richter« beschrieben: eifernd, vergeltend, zornig, grimmig, vernichtend. Andererseits schildert Nahum aber auch den »Vater«: geduldig, gütig, eine Festung zur Zeit der Not.

Die ersten sieben Worte der Vision flößen heiligen Schrecken ein: »Der Herr ist ein eifernder und vergeltender Gott.« Wer zur ehrlichen Selbstprüfung fähig ist, wird entdecken, dass in ihm keine Gerechtigkeit ist. Diese Entdeckung treibt uns geradezu in die liebenden Arme eines Heilandes, der unsere Sünde zudecken will und uns mit seiner Gerechtigkeit kleidet.

Man beachte: Gott ließ sein Gericht nicht in zorniger Eile über Assyrien kommen. Er ist »langsam zum Zorn«, aber schließlich schickte Gott doch die Vernichtung. Er ist ein Gott absoluter Gerechtigkeit. Er ist der Herr, gnädig, gütig und geduldig, er vergibt Übertretungen; aber er kann den Schuldigen auf keinen Fall als unschuldig hinstellen. Jona hatte die eine Seite des Wesens Gottes, die Liebe, betont (Jona 4,2). Nahum betont die andere Seite Gottes, seine Heiligkeit, die die Sünde richtet (Nah 1,2.6).

Das Urteil (Nahum 1,8-14)

Das Urteil über Ninive

1. Verdammt zur völligen Zerstörung
Nah 1,8-9

2. Der Name für immer ausgelöscht Nah 1,14

3. Gott wird ihr Grab graben Nah 1,14

Das kann man nicht lesen, ohne von dem feierlichen Ernst, der darin steckt, erschüttert zu sein. Nahum sprach diese Zerstörung als eine Prophetie aus. Heute ist sie Geschichte. Der Richter hat das eintreffen lassen, was vorhergesagt wurde. Noch heute findet der Tourist die Ruinen der Großstadt Ninive.

»Der Herr ist ein eifernder und vergeltender Gott, ja, ein Vergelter ist der Herr und zornig. Der Herr vergilt seinen Widersachern; er wird es seinen Feinden nicht vergessen.« Es ist nicht bequem, sich daran erinnern zu lassen, dass Gott sowohl ein Gott des Zorns als auch der Liebe ist. Er ist ein heiliger Gott. Er hasst die Sünde und wird sie richten.

Die Ausführung des Urteils (Nahum 2-3)

Diese kurzen Kapitel sagen, dass Gott ein rebellisches und trotziges Volk nur ausrotten kann.

Die Belagerung Ninives, seine Eroberung und die folgende Verödung werden in Nahum 2 und 3 mit dichterischer Kraft beschrieben. Gott will die Stadt durch eine Flutkatastrophe vernichten; ihr Name soll ausgelöscht werden. Die Musterung der Heere rund um Ninive und die Zusammenstellung der Streitkräfte in der Stadt werden so plastisch dargestellt, dass der Betrachter den schrecklichen Anblicke dieser tragischen Szene miterlebt.

Außerhalb der Mauern haben sich die Meder versammelt. Die Schilde glänzen in der Sonne. Die Gewänder sind aus Purpur. Messer an den Rädern der Streitwagen spiegeln sich im Licht. In der Stadt herrscht die Hölle! Zu spät versucht der König, seine betrunkenen Adligen zur Verteidigung aufzurütteln. Aber der Tigris ist schon über die Ufer getreten und hat die als unüberwindliches Bollwerk angesehenen Mauern zum großen Teil weggeschwemmt. Das war die Hilfe für die Feinde. Die Königin wird gefangen genommen, und ihre Hofjungfrauen stimmen eine Trauerklage an (Nah 2,8).

Man hört die Rufe der Meder, die einander zurufen: »So raubet nun Silber, raubet Gold! Denn hier ist der Schätze kein Ende und die Menge aller kostbaren Kleinode« (Nah 2,10). Die Stadt wird geplündert, während die Leute dabeistehen und vor Furcht zittern. Ninive wird nicht länger die Völker erschrecken, denn Gott hat es vernichtet. So wird es allen gottlosen Völkern der Erde gehen.

Die Meder und Babylonier zerstörten Ninive im Jahre 612 v.Chr. vollständig. Das geschah zu einem Zeitpunkt, als die Stadt auf dem Höhepunkt ihrer Macht war.

Jede Spur Ninives war jahrhundertelang verschwunden. Als Alexander der Große 331 v.Chr. in der Nähe in der Schlacht von Arbela kämpfte, wusste er nicht einmal, dass dort eine große Stadt gewesen war, und als 200 Jahre später Xenophon mit seinem Heer von 10 000 Soldaten vorbeikam, glaubte er, dass die Erdwälle die Ruinen irgendeiner parthischen Stadt seien. Als Napoleon in der Nähe der ehemaligen Stadt sein Lager aufschlug, wusste er auch nicht, wo er sich eigentlich befand.

Viele Gelehrte glaubten lange Zeit, dass die Erwähnung Ninives in der Bibel nur mythisch sei. Im Jahre 1845 bestätigte Layard die Vermutungen des Engländers Claude James Rich, der 1820 zu der Überzeugung gekommen war, dass die Erdwälle jenseits des Tigris bei Mossu die Ruinen Ninives seien. Die Ausgrabungen brachten herrliche Reliefs und Tausende von Inschriften ans Licht. Die so genannte »Kajundschik-Bibliothek« enthüllte die Geschichte Assyriens, wie sie die Assyrer selbst geschrieben hatten. Heute befinden sich die Funde im British Museum in London. Auch der wunderbare Palast der reichsten und glänzendsten

Dieses Relief zeigt Botschafter am Hof von Ninive.

Stadt der Welt jener Zeit wurde wiederentdeckt und dadurch der Bericht der Bibel bestätigt.

Säen und ernten

Wie Ninive säte, so musste es ernten. Das ist Gottes Gesetz. Ninive war so stark befestigt, dass scheinbar niemand ihm etwas anhaben konnte. Mauern, die drei Meter hoch waren und breit genug, dass vier Wagen darauf fahren konnten, einen Umfang von 120 Kilometern hatten und von Hunderten von Türmen geziert waren, gaben der Stadt ein Gefühl der Sicherheit. Ein Graben, der 42 Meter breit und 18 Meter tief war, umgab die riesigen Mauern. Aber Ninive rechnete nicht mit Gott. Das mächtige Reich, das Salmanasser, Sargon und Sanherib aufgebaut hatten, warf Gott mit einem Schlag zu Boden. Die Erfindungen der Zivilisation sind gegen die Waffen des Himmels machtlos.

Ninive ist ein Wahrzeichen für alle Völker, die sich von Gott abkehren. Wir wissen, dass Ninive wegen seiner Sünde zerstört wurde (Nah 3,1-7) und dass sein großer Reichtum und seine Stärke nicht ausreichte, die Stadt zu retten (Nah 3,8-19). Ein Volk, das absichtlich und endgültig Gott zurückweist, wählt sich selbst absichtlich und unausweichlich das Gericht.

Das Buch Habakuk

Wir kennen von diesem Propheten des Glaubens nur die Fragen, die er Gott stellte, und die Antworten, die er bekam. Er konnte seinen Glauben an einen guten und gerechten Gott nicht mit den Tatsachen des Lebens in Einklang bringen. Er wurde durch ein ewiges »Warum?« gequält. Zu allen Zeiten waren und sind gläubige Menschen durch Geschehnisse verwirrt, die um sie her vor sich gehen. Sie fragen: »Warum erlaubt Gott, dass schreckliche Verbrechen ungestraft bleiben? Warum hält Gott die Menschen in ihrer verrückten Hetze nicht auf, wenn er doch allmächtig ist?«

Auch die Frage: »Warum geht es den Bösen gut?« wird immer wieder gestellt. Der Gedanke, dass Gott sein eigenes Volk für seine Bosheit durch ein Volk, das noch böser ist, vernichten lässt, scheint sich mit der Gerechtigkeit Gottes nicht zu vertragen (Hab 1,13). Und warum schweigt Gott in Unglückszeiten? (Hab 1,13).

Trotz all dieser Unbegreiflichkeiten trat Habakuk Gott im Gebet gegenüber und wartete geduldig auf seine Antwort (Hab 2,1). Er stieg auf den Wachturm und horchte auf Gott.

Das Weltreich Assyrien war gestürzt, wie Nahum vorhergesagt hatte. Dann hatten Ägypten und Babylonien um die Weltmacht gerungen. In der Schlacht von Karkemisch im Jahre 605 v.Chr., in der der König Josia getötet wurde, blieben die Babylonier Sieger, und die großen Königreiche der Babylonier und Chaldäer wurden unter Nebukadnezar vereinigt. Habakuk wusste, dass Juda durch diese große, aufstrebende Macht zu Fall kommen musste. Aber eine Frage bekümmerte ihn sehr: Warum sollte irgendein Volk, das so verdorben war wie die Babylonier, ein Volk wie Juda, das doch weniger schlecht war, besiegen? Es schien ihm, als würde dabei das Böse triumphieren. Konnte daraus Gutes entstehen?

Gott musste ihm seinen endgültigen Plan zeigen: Gott benutzte Babylonien, um Juda zurechtzubringen; aber auch Babylonien würde seine Strafe empfangen. Es sollte gänzlich ausgelöscht werden. Dagegen gab es für Gottes Volk noch eine herrliche Zukunft und ein neues Königreich, in dem Gott selber regieren würde.

Dieses Buch scheint ein Dialog zwischen Gott und dem Propheten zu sein. Über zwei Gespräche wird berichtet, die zeigen, dass alle Fragen ihre Antwort gefunden haben und dass der Prophet neues Zutrauen zu Gott gefasst hat.

Habakuks Klage (Habakuk 1)

Das Buch beginnt mit dem Schrei eines Menschen, der ein unlösbares Problem hat: »Herr, wie lange soll ich schreien, und du willst nicht hören?« (Hab 1,2).

Habakuk stellte Gott seine Frage. Er rief kein Komitee zusammen und gründete keine Gesellschaft, um das Problem seiner Zeit zu lösen. Er wandte sich direkt an Gott und legte ihm alles dar. Da antwortet Gott ihm: »Ich will etwas tun zu euren Zeiten, was ihr nicht glauben werdet, wenn man davon sagen wird« (Hab 1,5). Gott sagte Habakuk, dass ihm sein Volk nicht gleichgültig war. Er wollte, dass Habakuk über die Gegenwart hinausblickte.

Gottes Antwort (Habakuk 2)

Nun sehen wir, wie Habakuk auf den Wachturm klettert, um dort auf Gott zu warten. Er erwartet, dass Gott ihm antwortet (Hab 2,1).

Rund um den Propheten liegt alles in Trümmern. Die Chaldäer warten nur darauf, auch den Rest zu zerstören. Es gibt nur einen, an den er sich wenden kann, darum wartet er sehnsüchtig auf Gott. Und Gott gibt eine Antwort (Hab 2,2-20). Gott lässt die Bosheit der Chaldäer zu, aber er erklärt, dass sie sich zuletzt selbst durch ihre eigene Bosheit vernichten werden. »Ein Tag ist vor dem Herrn wie tausend Jahre und tausend Jahre wie ein Tag« (2Petr 3,8). Gottes Prüfungen offenbaren immer, was die Menschen eigentlich sind.

In Vers 4 finden wir das Herzstück des Habakuk-Buches: »Der Gerechte wird durch seinen Glauben leben.« Dies Wort wird später von Paulus aufgenommen (Röm 1,17; Gal 3,11). Dann stoßen wir auf fünf »Wehe-Sprüche«. Wehe denen, die fremdes Eigentum an sich reißen, bei denen der selbstsüchtige Zweck alle Mittel heiligt, die über Leichen gehen, um an die Macht zu kommen, die Menschen verachten und vernichten, die von Menschenhänden gemachte Götzen anbeten. Diese Menschen haben ihr Leben verwirkt, aus welchem Land sie auch kommen. Böses bringt den Untergang. Nur Gerechtigkeit hat vor Gott Bestand.

Habakuks Lobgesang (Habakuk 3)

Habakuks Gebet ist ein einziger Seufzer der Erleichterung. Gott, seine Stärke und seine Freude, ist immer noch Gott! Dieses Gebet ist ein Psalm, der mit Instrumenten begleitet werden soll. Darum wird verschiedentlich die Meinung vertreten, Habakuk sei ein Levit im Tempel gewesen.

Der Psalm blickt auf Gott; Gott, der von den Bergen der südlichen Wüste herannaht (Teman liegt in Edom, Paran gehört zum Sinai); Gott, der sich in seinem Zorn in Blitz und Donner hüllt; Gott, der die Welt mit einem Blick erzittern lässt.

Habakuk sieht, dass das schreckliche Gericht unvermeidlich ist. Auch wenn es den Verlust aller lieb gewordenen Dinge bedeutet, kann und muss man Gott immer noch vertrauen. Habakuk wartet auf den Tag, da Gott mit den Invasoren abrechnen wird (V. 16). Er will sich an Gott erfreuen, selbst wenn ihm vom Leben nicht mehr viel bleibt.

Dennoch schließt sein Lied: »Ich will mich freuen des Herrn und fröhlich sein in Gott, meinem Heil« (Hab 3,18). Dieses Kapitel wurde vertont und bei den Gottesdiensten der Juden gesungen.

Nach Habakuks Gebet erscheint Gottes Herrlichkeit. Gott antwortet immer auf den Hilfeschrei seines Volkes. Dabei lernt Habakuk, dass Gott das Weltall regiert und dass er seine Pläne zu seiner Zeit verwirklicht. Habakuk erfährt, dass er Gott von ganzem Herzen vertrauen kann. Er erkennt, dass er nur einen kleinen Teil der Pläne Gottes auf einmal erfassen kann.

Gott kann uns nicht immer eine zufrieden stellende Antwort geben, weil unser begrenzter Verstand die Gedanken des Unendlichen nicht aufnimmt. Seine Gedanken sind höher als unsere Gedanken und seine Wege höher als unsere Wege (vgl. Jes 55,9), aber wir dürfen Gott immer vertrauen!

Das Buch Zefanja

Auch von Zefanja weiß man wenig. Zwei Tatsachen aus seinem persönlichen Leben erfahren wir aus dem ersten Vers dieser Prophetie. Wir hören, dass er sehr wahrscheinlich ein Fürst aus dem Königshaus Juda war, ein Nachkomme Hiskias. So war er also in der Lage, die Sünden der Fürsten zu entlarven. Er lebte während der Regierungszeit des Reformkönigs Josia. Sein Name bedeutet »verborgen«.

Zefanja begann sein Prophetenamt in den frühen Tagen der Regierung Josias (641-610 v.Chr.). Fünfzig Jahre waren seit Nahum vergangen. Zwei böse, götzendienerische Könige waren Josia vorausgegangen. Soziale Ungerechtigkeit und sittlicher Verfall herrschten im Lande. Die Reichen hatten sich große Schätze angehäuft, indem sie die Armen ausbeuteten. Die Lage war so schlecht, wie sie nur sein konnte, als der König Josia im Alter von nur 16 Jahren eine religiöse Reformation über das Land brachte. Er wurde einer der beliebtesten Könige Judas. Er nahm eine Axt und schlug die Götteraltäre und -bilder zu Boden.

Zefanja stellt Gott als den liebenden und den kompromisslosen Gott dar (Zef 1,2; 3,17). Wir lesen, wie Zefanja jeglichen Götzendienst anprangerte und verurteilte (Zef 1,1-2.33). Dieser Götzendienst wurde während der Regierung Josias abgeschafft. Zweifellos war Zefanja in erster Linie für die religiöse Erweckung unter Josia verantwortlich. Er war der Vorkämpfer dieser Reformbewegung. Die Überlieferung berichtet uns, dass Jeremia zur gleichen Zeit wirkte.

Wenn man dieses Buch zu lesen beginnt, findet man zunächst nichts als Anklagen, schreckliche Drohungen, zornige Ausrufe. Aber Strafe und Züchtigung sind ein Teil der Liebe Gottes, wie auch der Hebräerbrief schreibt: »Welchen der Herr liebhat, den züchtigt er, und er schlägt jeden Sohn, den er annimmt« (Hebr 12,6). In all dem sehen wir einen Beweis der Liebe Gottes. Das Buch beginnt zwar mit Trauer, aber es endet mit Gesang.

Zefanja zeigt:

1. Ein gläubiger »Rest« wird gerettet werden;
2. die Heiden werden sich bekehren;
3. die Menschen werden eines Tages Gott überall, nicht nur in Jerusalem, anbeten können (Zef 2,11; vgl. Joh 4,21).

Juda wird heimgesucht (Zefanja 1)

Gott war im Land, um zu richten (Zef 3,8 und 1,17). Zuerst suchte er Juda heim und verurteilte alle, die Götzen verehren. Das Land musste vom Götzendienst befreit werden. Die Herrscher wurden ebenso aufgerüttelt wie alle anderen Sünder (Zef 1,7-13).

Über sie alle würde Gott einen Feuersturm bringen. Er soll die ganze Erde, aber besonders die Einwohner Jerusalems treffen. Der »Tag des Herrn« ist ein schrecklicher Tag.

Im Buch Zefanja wird »der Tag des Herrn« sieben Mal erwähnt. Wenn die Bibel von dem »Tag des Herrn« spricht, ist immer eine Zeit des besonderen Handelns Gottes gemeint. Für die Juden zur Zeit Zefanjas war die Zeit gemeint, in der Gott sein Volk bestrafen und in die Gefangenschaft schicken wollte. Vom zukünftigen Tag des Herrn wird in Offb 6,1-17 berichtet.

Die Völker werden heimgesucht (Zefanja 2)

Nachdem der Prophet das Volk dazu aufgerufen hatte, Gott zu suchen (Zef 2,1-3), damit es sich »am Tag des Zornes des Herrn« verbergen kann, erklärte er ihm, dass nichts als wahre Buße vor dem Gericht retten kann. »Suchet den Herrn ... suchet Gerechtigkeit, suchet Demut«, so lautete seine Ermahnung. Dann wandte er sich an die fünf Heidenvölker: die Philister, Moabiter, Ammoniter, Äthiopier und Assyrer. Gottes Zorn würde sie heimsuchen, weil sie stolz waren und das Volk des Herrn verachtet hatten (Zef 2,10).

Das Gericht über Israels Feinde Assur und Ninive erfüllte sich wortwörtlich (Zef 2,4-15). Die Erfüllung des Gerichtes über Israels Feinde in der ganzen Welt steht noch aus (Zef 2,10-11; 3,8). Gott sagt, dass die Götzen ihrer Feinde zerbrochen werden sollen und dass die Heiden Gott anbeten werden, jeder in seinem eigenen Land (Zef 2,11). Sie brauchen nicht mehr eine Pilgerreise nach Jerusalem zu machen, sie können Gott überall anbeten.

Die Juden lehrten, dass in Jerusalem der einzige Platz der rechten Anbetung sei. Die Samariter erklärten, dass der Berg Garizim der religiöse Mittelpunkt sei. Zefanja lehrte, dass die Anbetung im Geiste nicht von einem bestimmten Ort, sondern von der Gegenwart Gottes abhänge.

Israel wird wiederhergestellt (Zefanja 3)

»Widerspenstige, befleckte, tyrannische Stadt«, so nennt der Prophet hier Jerusalem. Es hatte mit der Rebellion gegen Gott und der Verfälschung des Glaubens begonnen, und nun breitet sich diese Fäule überall in der Gesellschaft aus. Am Ende bleibt Gott keine andere Wahl, als die Stadt völlig zu zerstören.

Der Prophet schließt dann aber mit wunderbaren Verheißungen für Israels zukünftige Wiederherstellung. Der erlöste Rest wird gereinigt, gedemütigt und voll Vertrauen und Freude mit seinen Opfergaben nach Zion zurückkehren. Sie werden wieder in ihrem eigenen Land wohnen und Gott »in ihrer Mitte« (Zef 3,14-17). Dann soll Zion ein Schatz unter den Völkern und ein Segen für die ganze Erde werden, wie es schon in der Abrahamsverheißung vorhergesagt war (1 Mo 12,1-3).

Die Freude, die Zefanja am Schluss von Kapitel 3 schildert, muss sich auf die Zeit beziehen, in der der Herr selber auf dem Thron Davids sitzen und sein Volk von den vier Enden der Erde gesammelt wird (Zef 3,19). So wird sich diese Prophetie also erfüllen, wenn Christus auf diese Erde kommt, um sie in Macht und Herrlichkeit zu regieren.

24.

Haggai, Sacharja und Maleachi

Die meisten alttestamentlichen Propheten wirkten vor dem Exil. Während des Exils wirkten Hesekiel und Daniel. Nach dem Exil wirkten die Propheten Haggai, Sacharja und Maleachi. Also zwei während des Exils, drei danach, zwölf von den siebzehn Propheten traten vorher auf.

Haggai, Sacharja und Maleachi sind die letzten prophetischen Bücher. Sie prophezeiten unter den Juden, die nach Jerusalem zurückgekehrt waren. Die Zerstörung Jerusalems durch Nebukadnezar hatte die Juden nicht zu einer nationalen Buße gebracht. Bei Esra lesen wir, dass nur etwa 50 000 Juden zurückkehrten, als der persische König Kyrus den Erlass herausgab, in dem allen Verbannten die Heimkehr nach Jerusalem und der Wiederaufbau des Tempels freigestellt wurde. Die meisten derer, die zurückkehrten, waren Priester, Leviten und ärmere Leute.

Das Buch Haggai

Nachdem die Juden unter Serubbabel in ihr eigenes Land zurückgekehrt waren und angefangen hatten, den Tempel wieder aufzubauen, blieb die Arbeit 15 Jahre lang liegen (Neh 12). Unter den Drohungen der Samariter und der feindlichen Nachbarvölker, die entschlossen waren, den Wiederaufbau Jerusalems zu verhindern, war bald aller Mut verflogen. Man interessierte sich jetzt mehr für den Bau eines eigenen Hauses.

In dieser Zeit trat Haggai auf. Er ermutigte die Leute, den Tempelbau wieder in Angriff zu nehmen, und diesmal wurde er in vier Jahren fertig gestellt. Es scheint unverständlich, dass Gottes Volk so lange wartete, um das zu tun, wozu es eigens aus der Verbannung zurückgekehrt war.

Von Haggai selbst wissen wir, dass er mit Sacharja zusammenarbeitete. Er prophezeite zwei Monate vor Sacharja. Sacharja wirkte drei Jahre als Prophet, Haggai nur wenige Monate.

Haggai ist der erste Prophet nach der Verbannung. Sein Name bedeutet »mein Fest«. Dieses Buch ist eine Sammlung von vier kurzen Botschaften. Jede Botschaft ist genau datiert. Diese Daten beherrschen im Buch Haggai die Szenerie mehr als Orte und Personen. Sie liegen im »zweiten Jahre der Regierung des Darius«, also

520 v.Chr. Der chinesische Philosoph Konfuzius wirkte damals in China. Das Buch hat das zentrale Thema: das entmutigte Volk zum Bau des Tempels zu veranlassen.

Eine Botschaft des Tadels (Haggai 1,1-11)

Eine armselige kleine Schar war aus Babylonien nach Jerusalem zurückgekehrt. Obwohl die Juden vor der ungeheuer großen Aufgabe standen, den Tempel aufzubauen und den Gottesdienst wieder einzuführen, begingen sie dieselben alten Sünden: Götzendienst und Vermischung mit den götzendienenden Nachbarn. Sie waren gering an Zahl, arm, von Feinden bedroht und hatten die innere Kraft verloren, die man gewinnt, wenn man sich an Gott freuen kann (Neh 8,10).

Man verachtete das Haus des Herrn und interessierte sich mehr für den Bau eigener Häuser (Hag 1,4). Gott musste wieder strafen: Dürftige Ernten, Dürre, schlechter Handel, Elend und Chaos ließen die Menschen verzweifeln (Hag 1,6). Sie arbeiteten und ackerten, aber sie fanden keine echte Freude (Hag 1,6.9-11).

Wir sehen, welche Wirkung Haggais Herausforderung hatte. Sein harter Aufruf zur Pflicht erwies sich als wirksam. Serubbabel, der Stadthalter von Jerusalem, Jeschua, der Hohepriester, und das Volk standen auf und begaben sich wieder an den Tempelbau (Hag 1,12-15).

Lesevorschläge

Sonntag:	Haggais Botschaft	*Hag 1-2*
Montag:	Visionen	*Sach 1-6*
Dienstag:	Fasten	*Sach 7-8*
Mittwoch:	Wiederherstellung Judas und Israels	*Sach 9-11*
Donnerstag:	Der Messias	*Sach 12-14*
Freitag:	Sünden der Priester	*Mal 1-2*
Samstag:	Botschaften der Hoffnung	*Mal 3-4*

Eine Botschaft der Ermutigung (Haggai 2,1-9)

Als die Leute den Tempel bauten, kam es zu einer neuen Entmutigung. Die Älteren unter ihnen, die sich noch an die Herrlichkeit des Salomonischen Tempels erinnern konnten, waren von diesem neuen Tempel tief enttäuscht, weil er viel kleiner und längst nicht so kostbar war. Die Mittel der Heimkehrer waren sehr beschränkt. Außerdem musste dieser zweite Tempel die Dinge entbehren, die den ersten so herrlich machten: die Bundeslade und alles, was für den Dienst des Hohenpriesters benutzt wurde. Diese Feststellungen dämpften die Begeisterung der Bauleute.

Doch Haggai kam mit dem Trostwort, dass der lebendige Gott genau in diesem neuen Tempel wohnen wolle. »Es soll die Herrlichkeit dieses neuen Hauses größer werden, als die des ersten gewesen ist, spricht der Herr Zebaoth; und ich will Frieden geben an dieser Stätte« (2,9).

Eine Botschaft der Zusicherung (Haggai 2,10-23)

Die Botschaft von der Reinigung und der Segnung wurde drei Monate nach Beginn des Tempelbaus verkündet.

In Frage und Antwort zeigte Haggai dem Volk seine Unreinheit. Er öffnete ihnen die Augen für ihre Sündhaftigkeit. Er zeigte ihnen, dass der Grund für die ausbleibende Gebetserhörung darin lag, dass sie so lange mit der Fertigstellung des Tempels gezögert hatten. Wenn sie ihren Eifer erneuerten, dann würde Gott sie segnen. Haggai hörte, wie sie darüber klagten, dass sie keine sichtbaren Zeichen des Segens sahen, obwohl sie nun schon drei volle Monate an der Arbeit waren. Haggai zeigte ihnen, dass das Land durch ihre Missachtung unfruchtbar geblieben war, dass Gott aber am Werk sei und dass sich bald alles ändern würde. »Von diesem Tage an will ich Segen geben« (Hag 2,19). Gott kann uns segnen, sobald wir gehorsam sind.

Das Buch Sacharja

Das erwählte Volk und der Tempel (Sacharja 1-8)

Hier stoßen wir auf Juda, das immer noch »nur ein Rest« ist, auf ein Jerusalem, das noch längst nicht wieder vollständig aufgebaut ist und auf Heidenvölker, denen es gut geht (vgl. Sach 1,14-16). Sacharja, ein junger Prophet, der neben dem betagten Haggai gestanden hatte, stärkte das Volk Israel, als sie den Tempel bauten, und warnte sie, Gott so zu enttäuschen, wie ihre Väter es getan hatten. Er stellte ihnen Gottes Fürsorge vor Augen. Er erfüllte sie mit Hoffnung, indem er die Zeit dauernden Segens, die in ferner Zukunft lag, in glühenden Farben malte.

Sacharja war wie Haggai ein Prophet für den Rest der Juden, der nach 70-jähriger Gefangenschaft aus Babylonien zurückkehrte. Die Juden – einst ein mächtiges Volk – waren nun ein erbärmlicher und unbedeutender Rest, der nur durch die Freundlichkeit eines ausländischen Herrschers in dem verheißenen Land leben konnte. Sowohl Haggai als auch Sacharja versuchten den Leuten zu sagen, dass das nicht immer so bleiben würde. Eines Tages würde der Messias kommen, und Gottes erwähltes Volk würde sich erheben.

Sacharja war der Prophet der Wiederherstellung und der Herrlichkeit. In Babylonien geboren, war er sowohl Priester als auch Prophet. Sacharja, sein Name bedeutet »Gott erinnert sich«, wirkte drei Jahre lang als Prophet. – Seine Botschaft betont mehr die herrliche Zukunft als die traurige Gegenwart. Im Gegensatz zu Haggai, dem schlichten, praktischen Prediger, war er ein Dichter.

Sacharjas Begeisterung für den Wiederaufbau des Tempels brachte es fertig, dass das Volk die Arbeit vollendete. Schwere Missernten und Rückschläge im Handel hatten die Juden so entmutigt, dass nur Haggais festes und geduldiges Zureden sie an der Arbeit halten konnte. Nun brauchten sie eine neue Stimme. Da war Sacharja zur Stelle. Er widmete sich ganz und gar der Aufgabe, seinem großen Freund Haggai zu helfen.

Sacharja verurteilte das Volk nicht, sondern stellte ihm in lebendigen Bildern die stärkende und helfende Gegenwart Gottes vor Augen. Besonders ermutigte er den Stadthalter Serubbabel, der sich seiner eigenen Schwäche wohl bewusst war. Wir hören, dass Sacharja sagte: »Es soll nicht durch Heer oder Kraft, sondern durch meinen Geist geschehen, spricht der Herr Zebaoth« (Sach 4,6).

Prophetische Hinweise auf Christus

Sacharja gibt öfter prophetische Hinweise auf Christus als die anderen Propheten (mit Ausnahme von Jesaja):

Links: Ein siebenarmiger Leuchter (Menora) in Jerusalem. Sacharja sah in seiner Vision einen siebenarmigen Leuchter wie den, der einst im Tempel gestanden hatte.

Christus, der Herr der Gerechtigkeit — Sach 3,8
Christus, mein Knecht — Sach 3,8
Christi Einzug in Jerusalem auf einem Füllen — Sach 9,9
Christus, der gute Hirte — Sach 9,16; 11,11
Christus, der geschlagene Hirte — Sach 13,7
Christus wird für 30 Silberlinge verraten — Sach 11,12-13
Christi Hände werden durchbohrt — Sach 12,10
Christi Volk wird gerettet — Sach 12,10; 13,1
Christus wird im Haus seiner Freunde verwundet — Sach 13,6
Christus kommt zurück auf den Ölberg — Sach 14,3-9

Er, der von dem Ölberg aus in den Himmel fuhr, wird wiederkommen, wie er gegangen ist (Apg 1,11).

Um diese Prophetien richtig zu verstehen, muss man sie von zwei Seiten beleuchten: vom Kreuz her und von der Krone. Der Prophet, der in die Zukunft blickte, sah den zukünftigen Messias als eine Person, jedoch in zwei Aspekten. Er sah ihn in Niedrigkeit und Leiden – und in Majestät und großer Herrlichkeit.

Die Juden wollen von dem gekreuzigten Christus nichts wissen. Die Christen dagegen wollen allzu oft von dem gekrönten Christus nichts wissen. Sacharja lässt in allen seinen Lehren und Predigten die Herrlichkeit Christi leuchten.

Die Visionen

Unter den kleinen Propheten ist nur die Prophetie Sacharjas von Visionen geprägt. »Ich sah in der Nacht, und siehe ...« (1,7-8)

Der Engel auf dem roten Pferd (1,7-17)
Hier haben wir ein Bild des heutigen Israel, zerstreut, aber von Gott nicht vergessen.

Die Hörner und die Schmiede (2,1-4)
Israels Niederlage durch seine Feinde wird vorhergesehen.

Der Mann mit der Messschnur (2)
Das zukünftige Wohlergehen Jerusalems wird gesehen. Die Stadt, in der Gott wieder gegenwärtig ist, ist groß in ihrem Ausmaß und gesegnet.

Jeschua, der Hohepriester (3)
Schmutzige Kleider, mit denen der Priester bekleidet war und die Israels Sünden symbolisieren, werden entfernt, durch neue ersetzt und der Spross der Gerechtigkeit, Christus, wird genannt.

Der goldene Leuchter (4)
Israel wird als Gottes zukünftiger Lichtträger gezeigt. Ölbaumzweige (Öl = Gottes heiliger Geist) sprechen wahrscheinlich von Elia und Elisa, die vor der großen Trübsal in Palästina weissagen werden.

Die fliegende Schriftrolle (5,1-4)
In diesem einzigartigen Bild geraten schlechte Regierungen unter Gottes Fluch.

Die Frau in der Tonne (im Efa) (5,5-11)

Die vier Wagen (6,1-8)

Die Krönung Jeschuas

Den Visionen folgt die symbolische Krönung des Hohenpriesters (Sach 6,9-11). Gold und Silber aus Babylonien werden zu einer Krone verarbeitet, die Jeschua, dem Hohenpriester, aufs Haupt gesetzt wird. Durch diesen Akt werden die beiden großen Ämter des Priesters und des Königs vereinigt. Das ist eine Vorabbildung Christi, des Königs, der auf seinem Thron der Herrlichkeit als Priester sitzen wird, wenn er wieder auf die Erde zurückkommt und sein Tausendjähriges Reich errichtet.

Zwei Jahre später sehen wir eine Gesandtschaft aus Bethel auf Sacharja warten, um ihn zu fragen, ob die nationalen Fastenzeiten eingehalten werden sollen (Sach 7). Das Fasten »im fünften Monat« war im Exil zum Gedenken des Falles Jerusalems eingerichtet worden. Sacharja warnte nun vor einem bloß äußerlichen Einhalten dieser Sitte. Er drängte sie, ihre Fastentage in Feste der Freude zu verwandeln und praktische Gerechtigkeit im Alltag zu üben. Gott sagt: »Siehe, Gehorsam ist besser als Opfer und Aufmerken besser als das Fett von Widdern« (1Sam 15,22).

Fasten ist nur als äußerliches Zeichen eines innerlichen Sündenbekenntnisses nützlich. Bloße Enthaltung von Nahrung bringt keinen Segen. Gott will unser demütiges und zerschlagenes Herz.

Der Messias und das Königreich (Sacharja 9-14)

Diese Kapitel sind voll von Verheißungen des kommenden Messias und eines weltweiten Königreiches. Der Prophet malt nicht mehr eine Stadt, die auf ihren alten Grundlagen wieder erbaut wird, sondern eine herrliche Stadt, deren Schutz der Herr ist. Sie ist nicht für den Krieg gerüstet, denn es ist eine Stadt voll Frieden, in der der Friedefürst regiert. Er wird zuerst als der Niedrige kommen, auf einem schlichten Fohlen reitend (Sach 9,9).

Aber wir sehen, wie dieser Niedrige einmal ein mächtiger Herrscher sein wird (Sach 14,8-11). »Seine Herrschaft wird sein ... vom Strom bis an die Enden der Erde« (Sach 9,10).

Wenn wir diese Kapitel eingehender studieren, lesen wir von dem Sieg des Messias über alle Feinde Israels. Kapitel 11 zeigt den Hirten, der Israel retten will, aber zurückgewiesen wird. Er wurde für 30 Silbertaler verkauft, der Preis für einen Sklaven. All dies weist auf Christus und seinen Verrat durch Judas hin.

Kapitel 12 enthält die Vorhersage der Belagerung Jerusalems durch den Antichristen und dessen Heere in den letzten Zeiten. Dann sehen wir die Bekehrung Israels (Vers 12), wenn sie den sehen werden, den sie durchbohrt haben. Eine Quelle wird für das Haus David offen sein gegen Sünde und Unreinheit (Sach 13,1). Dann erfolgt die Wiederkehr des Messias auf dem Ölberg, der sich durch ein Erdbeben in der Mitte spalten wird (Sach 14,4). Das erinnert uns an den Tag, als Christus an demselben Ort die Erde verließ mit der Verheißung seiner Wiederkehr (Apg 1,11). Zuletzt wird er der König über die ganze Erde sein und alles Volk wird ihm geheiligt sein (Sach 14,9-20).

Taufe im Jordan. Jesus zitierte den Propheten Maleachi, als er von Johannes dem Täufer sprach.

Das Buch Maleachi

Nun kommen wir zu dem letzten Buch im Alten Testament. Es fasst einen guten Teil der Geschichte des Alten Testaments zusammen. Martin Luther nannte Johannes 3,16 »das kleine Evangelium«. Ebenso können wir von Maleachi als »dem kleinen Alten Testament« sprechen. Maleachi ist die Brücke zwischen dem Alten und dem Neuen Testament. Der erste Vers in Maleachi 3 macht dies deutlich (Joh 1,23; Lk 3,3-4). Ein vierhundert Jahre währendes Schweigen liegt zwischen der Stimme Maleachis und der »Stimme in der Wüste«, die rief: »Bereitet dem Herrn den Weg.«

Hundert oder mehr Jahre waren seit der Rückkehr der Juden nach Jerusalem vergangen, als Maleachi, der letzte Prophet, zu dem Volk Israel im eigenen Land spricht. Israel bedeutet hier der Rest Israels und Judas, der nach dem Exil zurückkehrte. Die erste Begeisterung nach der Rückkehr aus Babylonien war verflogen. Nach einer Zeit der Erweckung (Neh 10,28-39) war das Volk geistlich kalt und moralisch lax geworden.

Der Prophet Maleachi kam als ein Reformer. Er hatte es mit einem verwirrten Volk, mit schwachen Menschen zu tun, deren Glauben an Gott zusammenzubrechen drohte. Soweit sie Gott gegenüber nicht schon feindlich gesinnt waren, waren sie in der großen Gefahr, skeptisch zu werden.

Maleachi bedeutet »mein Bote«. Ebenso wie der Vorläufer Jesu Christi, Johannes der Täufer, den er prophezeit, war auch er nur eine »Stimme«.

Die Sünden der Priester (Maleachi 1,1-2.9)

Die skeptische Haltung äußerte sich in religiöser Kälte und sozialer Gleichgültigkeit. Die Priester wurden ehrfurchtslos und nachlässig (Mal 1,6.11-12). Gott sagte: »Wo ist meine Ehre? ... O ihr Priester, die meinen Namen verachten.«

Der Prophet tadelte diese nachlässigen Priester, weil sie Gott wertlose Opfertiere darbrachten, die sie einem menschlichen Herrscher nicht anbieten würden. Sie verkörperten das genaue Gegenbild zu Gottes Gedanken von einer Priesterschaft. Sie hatten ihre hohe Berufung völlig aus den Augen verloren und verdienten die Schande, die sich auf sie häufte. Sie arbeiteten nicht, es sei denn für Geld.

Gottes Gericht beginnt bei den Führern. Solange die Priester offenkundig unbrauchbar waren, konnte man von der breiten Volksmenge kaum etwas anderes erwarten. Die Folge war, dass das Gottesvolk nachlässig wurde, wenn es darum ging, sich von den Heidenvölkern zu trennen. Mischehen mit Frauen aus fremden Völkern wurden gang und gäbe. Einige Männer hatten nicht einmal davor zurückgeschreckt, sich von ihren israelitischen Frauen zu trennen, um das zu ermöglichen (Mal 2,10-16).

Die Sünden des Volkes (Maleachi 2,10-3,18)

Die Juden behaupteten, dass Gott sie nicht so liebe, wie er versprochen habe (Mal 1,2). Sie konnten nicht sehen, dass ihnen seine Liebe irgendeinen Vorteil gebracht hätte.

Eine andere Folge dieser schwankenden Treue gegenüber Gott waren die sozialen Missstände (Mal 3,5). Mal 3,7 bekundet zudem die Gleichgültigkeit auf geistlichem Gebiet und die Skepsis des Volkes. Aber unter aller Heuchelei gab es in der jüdischen Gemeinschaft doch einige, die Gott noch fürchteten und ihm treu blieben. Wenn wir Mal 3,16 lesen, finden wir das bestätigt. Maleachi sehnte sich danach, eine starke Gemeinschaft entschiedener Gläubigen zu sammeln, die die Zukunft des Volkes beeinflussen könnte.

Ein Sündenkatalog
Das waren die Sünden, die Maleachi tadelte:

- geistloser Routine-Gottesdienst — Mal 1,6-8
- böse Gedanken — Mal 2,10-12
- Zweifel an Gottes Gerechtigkeit — Mal 2,17-3,6
- Betrug an Gott — Mal 3,7-12
- Ungeduld beim Warten — Mal 3,17-4,3

Israel war über die Folgen seines Bekenntnisses betrübt. Maleachi musste das Volk ermutigen, indem er ihm Gottes wunderbare Liebe versicherte und ihm die herrliche Verheißung gab (Mal 3,7).

Die Israeliten konnten sich darauf verlassen, dass Gott vergibt. Jesus nannte ihn einen Vater, als er von der Rückkehr des verlorenen Sohnes sprach. Der Vater, der den Sohn von ferne sah, lief hinaus, um ihn zu umarmen. So ist Gott.

Die Juden waren zwar von dem Götzendienst geheilt worden, aber sie waren träge und gleichgültig in vielen anderen Dingen geworden. Sie hatten das Haus Gottes vernachlässigt. Die Priester waren lau geworden, brachten im Tempel minderwertige Opfer dar und enthielten Gott den Zehnten und die Opfer vor. Sie waren so selbstsüchtig und habgierig geworden, dass Maleachi es wagte, sie mit den Worten herauszufordern: »Ist's recht, dass ein Mensch Gott betrügt, wie ihr mich betrügt?« (Mal 3,8).

Der Schlüssel, der Gottes große Segenstür öffnet, liegt darin, dass man ihn als den Eigentümer von allem, was man besitzt, anerkennt und ihm einen Teil des Geldes oder des Eigentums, den er uns hat verdienen lassen, zurückgibt. »Bringt aber die Zehnten in voller Höhe in mein Vorratshaus« (3,10). Der Zehnte ist das äußerliche Zeichen dafür, dass alles Gott gehört. Er war von Gott zur ausreichenden

Versorgung der Priester eingesetzt worden. Sie hatten kein Land zugeteilt bekommen, weil sie den Tempeldienst verrichten mussten.

Was geschehen wird
(Maleachi 3)

»Warum lässt Gott solches zu?« Diese Haltung des Volkes ging vielleicht darauf zurück, dass man glaubte, die leuchtenden Verheißungen des Haggai, des Sacharja und der anderen Propheten seien nicht in Erfüllung gegangen. Man behauptete, dass Gott nicht zwischen guten und bösen Menschen unterscheide (Mal 2,17). Er segnete sie alle gleich, und den Bösen ging es oft auf Kosten ihrer Nächsten gut (Mal 3,14-15). Was nützte es also, gut zu sein?

Die Antwort auf eine solche Klage lautet: Gott kümmert sich um alles. Er zeigte das den Israeliten, indem er ihnen sagte, dass eines Tages sein Bote (Johannes der Täufer) dem Herrn den Weg bereiten würde, denn er würde selber »plötzlich« kommen und zu Gericht sitzen und die Bösen von den Guten trennen (Mal 3,1). Sein Gericht aber wird durchdringend und wirksam sein »wie eines Schmelzers Feuer«, wie »eines Wäschers Lauge« (Mal 3,2-3).

Im zweiten Vers des Buches Maleachi finden wir die Botschaft Gottes an sein Volk: »Ich habe euch lieb, spricht der Herr!« Welch eine Botschaft an ein Volk, das so gesündigt hatte wie Israel und das Gottes Liebe so verachtet hatte! Gott sendet immer seinen Boten vor sich her, der ihm den Weg bereitet (Mal 3,1). Er will, dass alle seine Kinder ihn ehren und ihn anbeten. Er sehnt sich danach, dass wir ihm gehorchen und ihn anbeten. Wer kann am Tag seiner Erscheinung bestehen? Und wer kann sein reinigendes Feuer aushalten? (Mal 3,2). Gottes Bote wird ein Zeuge sein, der unsere Grausamkeit, unser Lügen, unsere Ungerechtigkeit und unsere Zwiespältigkeit entlarven wird.

Die Zeit zwischen den Testamenten

Als sich die Zeit des Alten Testaments ihrem Ende zuneigte, kehrte eine Gruppe von Juden, die in Babylonien im Exil gelebt hatte, in der Hauptsache Angehörige des Stammes Juda, unter Serubbabels Führung nach Palästina zurück.

Etwa achtzig Jahre später begleitete Esra eine weitere Gruppe. Sie lebten friedlich in ihrem eigenen Land, bauten den Tempel wieder auf und begannen dort Gottesdienste abzuhalten und Opfer zu bringen.

Die letzten drei Geschichtsbücher des Alten Testaments – Esra, Nehemia und Ester – berichten aus dieser Zeit (536-432 v.Chr.; vgl. Esra 1,1-4).

Zwischen Nehemia und dem Anbruch der Zeit des Neuen Testaments vergingen vierhundert Jahre. In diesem Zeitraum trat kein einziger biblischer Prophet auf. Deshalb spricht man auch von der »Zeit des Schweigens«. Es ist aber dennoch wichtig, dass wir über das informiert sind, was zwischen den Tagen Nehemias und Maleachis und der Geburt Jesu geschah.

Die Verfolgung der Juden

Das syrische Reich wurde immer mächtiger. Im Lauf des Konflikts zwischen Syrien und Ägypten eroberte der syrische König Antiochus IV. Epiphanes Palästina. Unter ihm begann eine grausame Judenverfolgung. Allen Juden wurde verboten, im Tempel anzubeten, und man zwang sie, Schweinefleisch zu essen, was Gott durch Mose hatte verbieten lassen (3Mo 11,1-8). Viele weigerten sich standhaft und starben als Märtyrer.

Die Grausamkeiten des furchtbaren Königs Antiochus IV. Epiphanes führten zum Makkabäeraufstand unter ihrem Anführer Mattatias. Angesteckt von seinem Patriotismus und seinem religiösen Eifer sammelte sich eine Gruppe von patriotischen Freiheitskämpfern um ihn. Der von ihnen angezettelte Aufstand breitete sich schnell aus.

Nach Mattatias' Tod nahm sein Sohn Judas Makkabäus seinen Platz ein. Bei dem Versuch, den Makkabäeraufstand niederzuschlagen, erlitt Antiochus IV. Epiphanes drei vernichtende Niederlagen. Judas' Sache hatte hoffnungslos ausgesehen, denn seine Anhänger waren schlecht ausgebildet und besaßen kaum Waffen, und sie traten gegen gut ausgebildete Soldaten unter der Führung eines mächtigen Königs an. Doch getragen vom festen Glauben an Gott errangen sie schließlich den Sieg.

Der römische Tribut

Nach diversen Streitigkeiten unter den Makkabäern (Hasmonäern) griff schließlich Rom in das Geschehen ein. Durch Pompejus übernahm Rom 63 v.Chr. die Herrschaft über Palästina. Als Jesus geboren wurde, waren sie immer noch an der Macht. Die Juden genossen einige religiöse Freiheiten, mussten aber der römischen Regierung eine jährliche Steuer zahlen.

Teil 2

Das Neue Testament

Die Evangelien

Matthäus, Markus, Lukas, Johannes

25.

Einführung in die Evangelien

Wie entstanden die Evangelien?
Das Wort »Evangelium« ist über das Lateinische aus dem Griechischen in unsere Sprache gekommen. Es bedeutet: »gute Nachricht«. Die vier Verfasser der Evangelien heißen Evangelisten, das heißt »Überbringer guter Nachricht«.

Wenn vier Zeugen vor einem Richter erschienen und jeder genau dieselbe Geschichte mit denselben Worten wiedergäbe, dann würde der Richter wahrscheinlich ihre Aussagen nicht für authentisch, sondern alles für eine Absprache halten. Aber wenn alle vier auf ihre Weise erzählten, was sie gesehen hätten, würde man ihren Zeugnissen Glauben schenken. Wenn wir die vier Evangelien lesen, stellen wir fest: Die vier Verfasser erzählen dieselbe Geschichte, jeder auf seine Weise.

Wenn ein Autor von einem anderen abschreibt, halten wir das für ein Plagiat. Das ist wiederum eine moderne Anschauung. In der Antike bedeutete es, dass man einen Schriftsteller als Autorität akzeptierte, wenn man seine Darstellungen übernahm. Deshalb sagt Lukas auch, dass seine Quellen auch von Augenzeugen, Predigern und anderen Schriftstellern stammen (Lk 1,1-4).

Ein flüchtiger Blick zeigt, dass die ersten drei Evangelien eng miteinander verwandt sind: Etwa 90 Prozent der 661 Verse in Markus erscheinen auch bei Matthäus und davon etwa 50 Prozent ebenfalls bei Lukas. Weil man sie nebeneinander lesen kann, nennt man sie „synoptische" Evangelien, vom griechischen *synopsis*, Zusammenschau. Auf der anderen Seite findet sich weniger als 10 Prozent des synoptischen Materials bei Johannes. Wie lässt sich das erklären?

Matthäus und Lukas benutzten wahrscheinlich den kürzeren Bericht von Markus als „Autorität", hatten beim Schreiben seine Schriftrolle vor sich und kombinierten es mit anderem Material.

Natürlich könnte das Markus-Evangelium auch eine spätere Kurzfassung sein, aber warum hätte er das Material der anderen Evangelisten einfach auslassen sollen?

Matthäus und Lukas haben darüber hinaus ungefähr 200 Verse gemeinsam, in der Hauptsache Worte Jesu, die sie in verschiedenen Kontexten ansiedeln. Das könnte darauf schließen, dass ihnen eine – jetzt verschollene – gemeinsame Quelle mit Aussprüchen Jesu zur Verfügung stand, die heute gemeinhin mit „Q" bezeichnet wird. Allerdings ist dies nur eine (jedoch weit verbreitete) Hypothese unter vielen.

Zusätzlich benutzten Matthäus und Lukas jeweils eigenes Material (so genanntes Sondergut).

Diese Textanalyse zeigt auf, wie jeder der Evangelisten seinen Bericht von Jesus schreibt. Obwohl das vierte Evangelium zu einem gewissen Teil dasselbe Material wie die anderen Evangelien enthält (eventuell aus der mündlichen Überlieferung), wurde es unabhängig von den anderen verfasst.

Der inhaltliche Vergleich

Bei den synoptischen Evangelien fallen einerseits die zahlreichen Übereinstimmungen und Paralleltexte auf, andererseits bleiben aber auch die Unterschiede deutlich erkennbar.

Augenfällig ist der Unterschied zum Johannes-Evangelium: Die Synoptiker berichten hauptsächlich von Jesu Dienst in Galiläa, während das Johannes-Evangelium von seinem Wirken in Judäa erzählt. Die Synoptiker berichten über Jesu Wunder, seine Gleichnisse und die Ansprachen an die Volksmenge; Johannes bringt tiefere und allgemeinere Gedankengänge in Gesprächen und Gebeten Jesu; er setzt die Kenntnis des Lebens Jesu vielfach voraus. Die drei Synoptiker zeigen Jesus in seiner Tätigkeit; Johannes zeigt Jesus in der Meditation und in der Gemeinschaft mit seinen Jüngern.

Blick über den See Genezareth. Die synoptischen Evangelien berichten vor allem, was Jesus in Galiläa tat.

Lesevorschläge

	Jesus Christus
Sonntag:	– der König *Mt 2,1-12; 21,1-11*
Montag:	– der Knecht *Mk 10,35-45;2,1-22*
Dienstag:	– der Mensch *Lk 4,1-13; Joh 19,4-13*
Mittwoch:	– die Verkörperung Gottes *Joh 1,1-18; 3,1-16*
Donnerstag:	– der Erlöser *Joh 19,16-42*
Freitag:	– Meister, Lehrer und Arzt *Mt 4,18-25*
Samstag:	– unser Meister *Joh 21,1-17*

Die Propheten des Alten Testaments versicherten dem von Gott erwählten Volk immer wieder, dass der Messias, der Retter der Welt, als ein König der Juden kommen werde. Deswegen warteten sie mit leidenschaftlicher Sehnsucht und Patriotismus auf die Ankunft dieses mächtigen Königs.

Was ist das Evangelium?

Evangelium heißt also »gute Nachricht«. Die gute Nachricht von Jesus, dem Sohn Gottes, ist von vier Verfassern, Matthäus, Markus, Lukas und Johannes überliefert, obwohl es eigentlich nur ein Evangelium

Gegenüber: Jerusalem vom Ölberg aus gesehen.

gibt, die eine froh machende Geschichte der Rettung durch Jesus Christus. Im Neuen Testament wird das Wort »Evangelium« nie zur Bezeichnung eines Buches benutzt. Wenn wir heute z.B. vom »Lukas-Evangelium« sprechen, ist damit die gute Nachricht von Jesus Christus gemeint, wie sie Lukas berichtete. Die Bezeichnung »Evangelium« wurde aber sicher schon sehr früh auf die vier Erzählungen übertragen, die über das Leben Christi berichten.

Zweifellos wurde die gute Nachricht ursprünglich mündlich weitergetragen. Menschen gingen hierhin und dorthin und erzählten von Jesus Christus. Nach einer gewissen Zeit aber war ein schriftlicher Bericht notwendig. Mehr als einer versuchte dies offenbar, wenn man den Worten des Lukas folgt: »Viele haben es schon unternommen, Bericht zu geben von den Geschichten, die unter uns geschehen sind, wie uns das überliefert haben, die es von Anfang an selbst gesehen haben und Diener des Wortes gewesen sind. So habe auch ich's für gut gehalten, nachdem ich alles von Anfang an sorgfältig erkundet habe, es für dich, hochgeehrter Theophilus, in guter Ordnung aufzuschreiben, damit du den sicheren Grund der Lehre erfahrest, in der du unterrichtet bist« (Lk 1,1-4).

Das römische Aquädukt in Cäsarea. Die Römer schätzten die geradlinige und schnörkellose Botschaft des Markusevangeliums.

Es gibt also nur ein Evangelium, das auf vier verschiedene Weisen dargestellt ist. Vier Bilder des einen Christus sind uns gegeben. Wenn man die vier Evangelien zusammenstellt, zeigen sie mehr das Porträt einer Persönlichkeit als eine zusammenhängende Lebensgeschichte.

Warum vier Evangelien?

Jeder weiß, dass es vier Evangelien gibt, aber sofort taucht die Frage auf: »Warum vier?« War *eine* gradlinige, zusammenhängende Erzählung nicht genug? Hätte uns das nicht vor Schwierigkeiten bewahrt, die sich aus den Verschiedenheiten der Darstellungen ergeben?

Die Antwort ist einfach: Einer oder zwei hätten uns kein Porträt des Lebens Jesu Christi geben können. In den Evangelien werden vier besondere Ämter Christi genannt. Er wird dargestellt als König bei Matthäus, als Knecht bei Markus, als Menschensohn bei Lukas und als Gottessohn bei Johannes.

Die Evangelien haben viele Gemeinsamkeiten. Alle befassen sich mit dem Wirken Jesu, seinem Tod und seiner Auferstehung, seiner Lehre und seinen Wundern, aber jedes Evangelium hat seine Eigenarten. Jeder Verfasser versucht, ein besonderes Bild von Jesus Christus zu entwerfen.

Kein Evangelium berichtet Jesu Lebensgeschichte vollständig. Matthäus zum Beispiel fügt seinem Bericht absichtlich Details hinzu, die Markus auslässt. Johannes schreibt im Kapitel 21,25: »Es sind noch viele andere Dinge, die Jesus getan hat. Wenn aber eins nach dem anderen aufgeschrieben werden sollte, so würde, meine ich, die Welt die Bücher nicht fassen, die zu schreiben wären.«

Es gibt Lücken, die keiner der Evangelisten füllen will. So berichtet zum Beispiel keiner über die Zeit zwischen Jesu 12. und 30. Lebensjahr.

Obwohl jedes Evangelium in sich vollständig ist, hat es doch eine bestimmte Auswahl getroffen; nur einige der Wunder Jesu werden beschrieben und nur ein Teil seiner Lehre wird wiedergegeben. Jeder Evangelist hat das berichtet, was für sein besonderes Thema wichtig und dienlich ist.

Jesus in den vier Evangelien

Wer sich den folgenden Überblick einprägt, wird für sein ganzes Leben mit dem Inhalt der Evangelien vertraut sein.

König
Matthäus zeigt Jesus als König. Weil dieses Evangelium in erster Linie für die Juden geschrieben wurde, wird er als der Davidssohn dargestellt. Sein königlicher Stammbaum findet sich im Kapitel 1. In den Kapiteln 5-7 der Bergpredigt haben wir das Manifest des Königs, das die Gesetze seines Königreiches enthält.

Knecht
Markus zeichnet Jesus als Knecht. Dieses Evangelium ist für die Römer geschrieben. In diesem Evangelium finden wir mehr Wunder als in allen anderen.
Bei den Römern galten Taten mehr als Worte.

Mensch
Lukas zeichnet Jesus als den vollkommenen Menschen. Das Evangelium ist für die Griechen geschrieben, und der Stammbaum Jesu geht auf Adam, den ersten Menschen, statt auf Abraham zurück.

Gott
Johannes zeichnet Jesus als den Sohn Gottes. Das Evangelium ist für alle, die glauben wollen, geschrieben, und es hat den Zweck, die Menschen zu Jesus Christus zu führen (Joh 20,31); alles in diesem Evangelium zeigt und illustriert seine Beziehung zu Gott. Die ersten Verse führen uns zurück zu »dem Anfang«.

Matthäus geht es um die Ankunft des verheißenen Retters.

Markus geht es um das Leben eines machtvollen Retters.

Lukas geht es um die Gnade eines vollkommenen Retters.

Johannes geht es um die Beziehung zu einem persönlichen Erlöser.

Alle Evangelien sind mit den Messias-Verheißungen des Alten Testaments verknüpft. Wir können die Evangelien nicht erklären, ohne Bezug zu nehmen auf die großen messianischen Prophetien des Alten Testaments.

Die Propheten haben ein herrliches Bild des Messias gezeichnet. Sie haben von Wirkung, Sendung, Geburt, Leiden, Tod, Auferstehung und Herrlichkeit des Messias gesprochen.

Zu wem spricht Jesus?

Zur Zeit Jesu gab es vier Menschengruppen, mit denen er konfrontiert wurde. Wir betrachten zunächst die *Juden*. Dank seiner besonderen Erziehung beschäftigte sich Matthäus mit dem Alten Testament und den Propheten. Er schrieb die Geschichte des irdischen Lebens Jesu ganz besonders im Hinblick auf dieses Volk. Wenn man Juden beeindrucken wollte, dann konnte das nur durch einen Vertreter ihres eigenen Volkes gelingen. Jemand, der für die Juden eine Autorität sein wollte, musste das Alte Testament und die jüdischen Sitten genau kennen. Matthäus wollte, dass die Juden wissen, dass dieser Jesus gekommen war, um die Prophetie des Alten Testaments zu erfüllen.

Deshalb lesen wir immer wieder im Matthäusevangelium: »Damit erfüllt würde, was Jeremia, der Prophet, geschrieben hat.«

Auch heute finden wir Menschen, die sich intensiv mit den erfüllten und noch ausstehenden Weissagungen beschäftigen. Sie wollen wissen, was die Propheten gesagt haben und wie ihre Prophezeiungen in Erfüllung gehen.

Die zweite Gruppe, denen Jesus begegnete, waren die *Römer*, damals die Herren der Welt. Für sie schrieb besonders Markus. Die Römer waren nicht am Alten Testament und seinen Verheißungen interessiert. Aber sie waren stark beeindruckt von dem bemerkenswerten Führer, der in Palästina aufgetreten war. Er hatte mehr als gewöhnliche Autorität beansprucht und außergewöhnliche Kraft besessen. Sie wollten mehr über diesen Jesus hören – was für ein Mensch er war, was er gesagt und was er getan hatte. Das Markus-Evangelium ist voll von Taten. Worte Jesu nehmen nur einen vergleichsweise geringen Raum ein.

Das Lukas-Evangelium schrieb ein *griechischer* Arzt an seine eigenen Landsleute, die Schönheit, Poesie und Kultur liebten. Sie lebten in einer Welt großer Gedanken. Das Lukas-Evangelium gibt zum Beispiel die Gesänge wieder, die mit Christus in Verbindung stehen. Wir finden den Gruß der Elisabeth, als Maria sie besuchte (Lk 1,42-45). Wir hören das Lied der Maria (Lk 1,46-55). Selbst Zacharias brach in einen Lobgesang aus (Lk 1,68-79). Bei der Geburt des Heilandes stimmt ein Engelchor den Jubel an (Lk 2,13-14), und schließlich hört man den Lobgesang der Hirten (Lk 2,20).

Das Johannes-Evangelium ist schließlich für *alle Menschen* geschrieben, damit sie glauben, dass Jesus der Christus ist. Christus wird als der Sohn Gottes dargestellt. Das Evangelium ist voll von außerordentlichen Aussprüchen, die seine göttliche Herkunft und Sendung bezeugen.

26.

Das Matthäus-Evangelium

Orthodoxe Juden an der Westmauer in Jerusalem. Matthäus lag es besonders am Herzen, den Juden zu zeigen, dass Jesus der lang erwartete Messias war und die Erfüllung der alttestamentlichen Prophezeiungen bedeutete.

Matthäus will den Juden zeigen, dass Jesus der lang erwartete Messias, der Davidssohn ist und dass sein Leben die Prophetie des Alten Testamentes erfüllt. Dieses Ziel enthüllt sich schon in dem ersten Vers. Matthäus ist »das Buch von der Geschichte Jesu Christi, der da ist ein Sohn Davids, des Sohnes Abrahams«. Diese Feststellung verknüpft Christus mit den beiden großen Bundesschlüssen, die Gott mit Abraham und David geschlossen hatte. Gottes Bund mit David bestand darin, dass er einen König versprach, der für ewig auf seinem Thron sitzen sollte (2Sam 7,8-13). Gottes Bund mit Abraham verhieß, dass durch ihn alle Geschlechter auf Erden gesegnet werden sollen (1Mo 12,3). Davids Sohn war ein König. Abrahams Sohn war »ein Opfer«. Matthäus beginnt mit der Geburt eines Königs und endet mit der Darbringung eines Opfers.

Matthäus überzeugte die Juden davon, dass Jesus jede Prophetie erfüllt, die über den ihnen verheißenen Messias gemacht worden war. Er zitiert das Alte Testament 29-mal und damit häufiger als alle anderen Evangelisten. 13-mal schreibt er, dass dies oder jenes geschah, »damit erfüllt würde, was der Herr durch den Propheten gesprochen hat«.

Matthäus verbindet den Leser also mit dem Alten Testament. Auf jeder Seite versucht er, das Evangelium mit den Propheten zu verknüpfen und zu zeigen, dass ihre gesamten Lehren in der Person und in der Königsherrschaft Jesu Christi erfüllt sind.

Für uns heute ist es schwierig einzuschätzen, wie drastisch der Übergang vom Alten zum Neuen war. Den Juden erschien es, als müssten sie ihre Überlieferung und ihre Rechtgläubigkeit aufgeben und einen anderen Glauben annehmen. Das glaubt auch heute noch fast jeder Jude. Matthäus in seinem Evangelium, Paulus besonders im Galaterbrief und vor allem der Hebräerbrief zeigten den Judenchristen, dass sie ihren alten Glauben nicht aufgeben, sondern nur Vorabbildungen gegen die Wirklichkeit selbst eintauschen müssten.

Matthäus war mit der jüdischen Geschichte und den Sitten der Juden wohl vertraut. In den sieben Gleichnissen des Kapitels 13 spricht er vom Ackerbau, vom Fischfang und von dem Haushalt, wie er in seinem Volk geführt wird. Er wusste, dass sich das jüdische Volk mit diesen vertrauten Schilderungen identifizieren könnte.

Lesevorschläge

Sonntag:	Der König wird geboren *Mt 1,18-2,23*
Montag:	Der König beginnt sein Wirken *Mt 4,1-25*
Dienstag:	Der König proklamiert die Gesetze des Königreiches *Mt 5,1-17, 41-48; 6,19-34*
Mittwoch:	Der König und seine Nachfolger *Mt 10,1-33*
Donnerstag:	Die Geheimnisse des Königreiches *Mt 13,1-52*
Freitag:	Der König bietet sich selbst als König an *Mt 21,1-11*
Samstag:	Der König wird wiederkommen *Mt 25,14-16*

Der Verfasser ist zweifellos ein Judenchrist (Mt 9,9; 10,3). Matthäus war ein unter römischem Gesetz stehender Steuerbeamter, als Jesus ihn zu einem der zwölf Jünger erwählte. In allen Jüngerlisten findet man seinen Namen, allerdings geben Markus und Lukas seinen anderen Namen, nämlich Levi, an. Das einzige Wort, das der Verfasser über sich selbst schreibt, ist, dass er ein »Zöllner« war, ein Wort, das damals einen schlechten Beigeschmack hatte, da er zumeist mit unrechtmäßigem Erwerb von Geld zu tun hatte. Die anderen Evangelisten erzählen von dem großen Fest, das er zu Jesu Ehren gab und von der bedeutsamen Tatsache, dass er alles verließ und ihm nachfolgte. Er war zweifellos ein wohlhabender Mann gewesen.

Die Stadt Bethlehem war auf einem Hügel erbaut, der auch heute noch von Schafpferchen umgeben ist. Jesus wurde in Bethlehem, der Stadt Davids, geboren, so wie Micha es vorausgesagt hatte (Micha 5,2).

Die Stellung des Matthäus-Evangeliums

Matthäus bricht das 400-jährige Schweigen, das zwischen Maleachis Prophetie und der Verkündigung der Geburt Jesu liegt. Israel stand damals unter der Herrschaft des Römischen Reiches. Seit über 600 Jahren durfte kein Mann aus dem »Hause Davids« auf dem Thron sitzen. Herodes war zwar König über die Juden, aber allein durch die Gnade des römischen Kaisers. Nun wird das Schweigen durchbrochen und die Ankunft des Messias wird verkündet.

Das Matthäus-Evangelium setzt voraus, dass seine Leser den Lauf der Heilsgeschichte kennen. Das Alte Testament hatte mit der Hoffnung des erwählten Volkes auf ihren lange verheißenen König, ihren Messias, geschlossen. Das Matthäus-Evangelium zeigt, dass Jesus dieser König ist.

Matthäus zeigt Jesus in einer ganz besonderen Beziehung zu den Juden. Nur in seinem Evangelium finden wir das Wort: »Ich bin nur gesandt zu den verlorenen Schafen des Hauses Israel« (Mt 15,24).

Das Kommen des Königs
(Matthäus 1,1-23)

Jesus von Nazareth ist der vorhergesagte Messias, der Erlöser, von dem Mose und die Propheten geschrieben haben: »Aus dir soll mir kommen, der in Israel Herr sei, dessen Ausgang von Anfang und von Ewigkeit her gewesen ist« (Mi 5,1). Er ist das Kind, das geboren, der Sohn, der gegeben werden sollte, von dem Jesaja spricht (Jes 9,6), und der heißen soll »Wunderbar-Rat, Gott-Held, Ewig-Vater, Friede-Fürst«.

Jesus wurde in Bethlehem in Judäa geboren (Mi 5,2; Mt 2,1), und zwar in der Regierungszeit des Königs Herodes des Großen (37-4 v.Chr.).

Die Geburtsgeschichte Jesu, wie Matthäus sie berichtet, unterscheidet sich von dem Lukasbericht. Die beiden Beschreibungen ergänzen einander. Jesu irdisches Leben begann in einer Krippe. Seine Familie und seine Verwandten waren einfache Leute. Er kam als ein hilfloses Kind auf die Welt.

Es gibt zwei Stammbäume Christi: Matthäus 1,1-17 und Lukas 3,23-38. Sie sind nicht gleich, und das hat seinen Grund darin, dass beide die Herkunft Christi von einer anderen Seite aufzeigen wollen.

Matthäus verfolgt Jesu Abstammung bis auf Abraham und David, um zu zeigen, dass er ein Jude war (und von David abstammte). Lukas verfolgt Jesu Stammbaum bis Adam, um zu zeigen, dass er zum Menschengeschlecht gehörte.

Matthäus zeigt Jesus als den Abkömmling einer königlichen Familie, den König, den Messias, den Löwen aus dem Stamm Juda, den verheißenen Herrscher über Israel. Lukas zeigt Jesus als von den Menschen abstammend, als den vollkommenen Menschen, der von einer Frau geboren wurde.

Ein Schäfer mit seiner Herde bei Bethlehem. Nur im Matthäusevangelium finden wir den Ausspruch des Messias: „Ich bin nur gesandt zu den verlorenen Schafen des Hauses Israel" (Matthäus 15,24).

Die königliche Abstammung

Warum interessieren wir uns für diese Ahnentafeln? Weil sie uns den Schlüssel zum Leben Christi geben. Sie zeigen uns von Anfang an, dass er nicht irgendein Mensch, sondern der Abkömmling einer Königsfamilie war. Wäre er kein König gewesen, dann könnte er nicht die Herrschaft über unser Leben beanspruchen. Wäre er kein Mensch, dann könnte er weder unsere Not kennen, noch mit unserem Kummer vertraut sein.

Wir lesen das Matthäus-Evangelium und folgen dieser Spur des Königs.

Der König

Nur Matthäus berichtet über den Besuch der Weisen aus dem Morgenland. Sie waren persische Gelehrte, Sternkundige. Sie kamen, um einen König anzubeten und zu verehren. Sie fragten nicht: »Wer ist es, der als Retter der Welt geboren ist?«, sondern: »Wo ist der neugeborene König der Juden?«

Der helle Stern war über einer Krippe in Bethlehem stehen geblieben, um Christi Geburt zu verkündigen. Damals wartete die ganze Welt auf die Erscheinung eines Großen. Bei all den Prophezeiungen, die Israel erhalten hatte, konnte Israel nicht dafür kritisiert werden, dass es einen König erwartete, der von Davids Thron aus die Welt regieren würde! (Jer 23,3-6; 30,8-10; 33,14-16.25-26; Hes 37,21; Jes 9,7; Hos 3,4-5).

Die Priester wussten, wo der Messias geboren werden sollte, aber sie erkannten ihn nicht, als er geboren wurde.

Die Weisen aus dem Morgenland wiederum wurden auf eine Person, nicht auf ein Glaubensbekenntnis gewiesen. Die Anbetung durch die Weisen deutete schon auf Christi weltweite Herrschaft hin. Eines Tages sollen »sich beugen aller

Palästina
zur Zeit Jesu,
6 – 44 n.Chr.
Herrschaftsgebiet von
Herodes Antipas
Philippus
Archelaus
Grenzen
Hauptstraße
SYRIEN
Hermon
Cäsarea Philippi
Tyrus
PHÖNIZIEN
Gaulanitis
Trachonitis
Batanäa
GALILÄA
Ptolemaïs
Betsaida
Kapernaum
Kana
SEE
GENEZA-
RETH
Sepphoris
Hippos
Nazareth
Auranitis
Tabor
Jordan
Cäsarea
Skythopolis
(Bet-Schean)
DEKAPOLIS
SAMARIEN
Sebaste
Gerasa (Dscherasch)
Sychar
MITTELMEER
Joppe
PERÄA
Philadelphia
(Rabbat-Ammon)
Jamnia
Jericho
Emmaus
Jerusalem
Qumran
Bethlehem
Herodeion
elon
JUDÄA
Hebron
Gaza
TOTES MEER
Masada
IDUMÄA
NABATÄA

Dieser Metallstern markiert die Stelle, an der Jesus der Überlieferung nach geboren wurde. Statt in eine Wiege legte man ihn in eine Krippe, er kam als hilfloses Kind zur Welt. Unser Herr war ganz und gar Mensch.

derer Knie ... und alle Zungen sollen bekennen, dass Jesus Christus der Herr ist, zur Ehre Gottes, des Vaters« (Phil 2,10-11). »Er soll herrschen von einem Meer bis ans andere, und von dem Strom bis zu den Enden der Erde« (Ps 72,8).

Im Galaterbrief schreibt Paulus (4,4-5): »Als aber die Zeit erfüllt war, sandte Gott seinen Sohn, geboren von einer Frau und unter das Gesetz getan, damit er die, die unter dem Gesetz waren, erlöste.« Jesus kam, um der Erlöser der Welt zu sein.

Der Geburt Jesu folgten zwölf Jahre Schweigen, bis zu seinem Besuch bei den Schriftgelehrten in Jerusalem. Auch von den folgenden 18 Jahren berichtet die Bibel nichts. Jesus brauchte 30 Jahre Vorbereitung für sein dreijähriges Wirken.

Die Verkündigung der Gottesherrschaft (Matthäus 3,1-16,20)

Als der Prophet Jesaja die Botschaft seines Buches, nämlich das Kommen des Messias, zu entfalten begann, da führte er auch einen Menschen mit der Bezeichnung »eine Stimme« ein. »Es ruft eine Stimme in der Wüste: Bereitet dem Herrn den Weg, macht in der Steppe eine ebene Bahn unserem Gott« (Jes 40,3; vgl. Mt 3,2-3). Diese Stimme sollte, auch wenn sie hier

Jesus als König

Der Name eines Königs – »Sein Name soll sein Immanuel« *(1,23)*.

Die Stellung eines Königs – »Aus dir wird kommen der Fürst, der mein Volk Israel weiden soll« *(2,6)*.

Die Ankündigung eines Königs – »Bereitet dem Herrn den Weg und machet eben seine Steige« *(3,3)*.

Die Krönung eines Königs – »Dies ist mein lieber Sohn, an dem ich Wohlgefallen habe« *(3,17)*.

Die Achtung, die einem König gebührt – »Du sollst anbeten den Herrn, deinen Gott, ihm allein dienen« *(4,10)*.

Die Botschaft eines Königs – »Und er öffnete seinen Mund und lehrte sie« *(5,2)*.

Die Treue eines Königs – »Wer nicht mit mir ist, der ist gegen mich; und wer nicht mit mir sammelt, der zerstreut« *(12,30)*.

Die Feinde eines Königs – »Seit der Zeit fing Jesus an, seinen Jüngern zu zeigen, wie er nach Jerusalem gehen und viel leiden müsse von den Ältesten und Hohenpriestern und Schriftgelehrten und getötet werden und am dritten Tage auferstehen« *(16,21)*.

Die Liebe eines Königs – »So wie der Menschensohn nicht gekommen ist, dass er sich dienen lasse, sondern dass er diene und gebe sein Leben zu einer Erlösung für viele« *(20,28)*.

Die Herrlichkeit eines Königs – »Wenn aber des Menschen Sohn kommen wird in seiner Herrlichkeit ... dann wird der König sagen zu denen ... kommt her, ihr Gesegneten meines Vaters, ererbet das Reich« *(25,31.34)*.

Das Opfer eines Königs – »Als sie ihn aber gekreuzigt hatten ... und oben über sein Haupt setzten sie eine Aufschrift mit der Ursache seines Todes: Dies ist Jesus, der Juden König« *(27,35.37)*.

Der Sieg eines Königs – »Er ist nicht hier: denn er ist auferstanden, wie er gesagt hat« *(28,56)*.

keinen Namen erhält, der Herold Jesu Christi sein – Johannes der Täufer. Seine beiden Aufgaben – die, eine Stimme zu sein, und die, ein Bote zu sein (Mal 3,1) – sind alles, was das Alte Testament über ihn sagt. Im Matthäus-Evangelium hören wir diese Stimme: »Tut Buße, denn das Himmelreich ist nahe herbeigekommen!« Der König muss angekündigt werden! Es war Pflicht des Herolds, vor dem König her zu gehen; ein römischer Offizier musste vor seinem Herrscher gehen und dafür sorgen, dass die Straßen in Ordnung gebracht wurden, auf denen dieser reisen wollte. Das tat Johannes der Täufer im geistlichen Sinne für Jesus Christus.

Der König tritt sein öffentliches Amt an (Mt 4). Nach dem Segen, den der Vater bei seiner Taufe auf ihn gelegt hatte: »Dies ist mein lieber Sohn, an welchem ich Wohlgefallen habe«, sehen wir, wie Jesus auftritt, um die Pläne auszuführen, für die er in die Welt gekommen war. Er wurde in die Wüste geführt, um den ersten größeren Konflikt seines öffentlichen Wirkens zu bestehen.

Sofort kommt es zu einer Entscheidung. Satan bot Jesus eine Verkürzung und Erleichterung des Weges zur weltweiten Herrschaft an, die Christus durch den langen und schmerzensreichen Weg des Kreuzes gewinnen sollte. Wie stark ist bei uns Menschen die Versuchung, zur Befriedigung unseres Ehrgeizes Abkürzungen zu suchen! Jesus blieb unberührt und unbefleckt. Er bestand alle Versuchungen bis zu seinem endgültigen Sieg und seiner Himmelfahrt als Herr der Welt (vgl. 1Kor 10,13).

Die Gesetze des Gottesreiches

Jedes Reich muss seine Gesetze und Maßstäbe haben, um Ordnung zu halten. Das Himmelreich macht dabei keine Ausnahme. Jesus erklärte, dass er nicht gekommen sei, um das Gesetz aufzulösen, sondern um es zu erfüllen. Das alte Gesetz war in seiner Zeit gut. Mose und die Propheten waren ihrer Zeit weit voraus.

Markttag im heutigen Bethlehem. Den Weisen aus dem Morgenland bot sich damals vielleicht eine ähnliche Szene.

Sie waren Pioniere. Jesus zerstörte dieses Gesetz nicht, sondern betrachtete es als unvollständig und nicht vollkommen und als nicht endgültig.

Jesus sagte, dass jede Erneuerung, die von außen beginnt und nach innen dringt, verkehrt ist. Christus beginnt mit dem Inneren und wirkt dann nach außen. Die einzige Möglichkeit, ein sinnvolles Leben zu führen, liegt darin, als Erstes ein neues Herz zu bekommen.

Einen Berg als Kanzel benutzend, hielt Jesus die Predigt, die die Gesetze seines Königreiches enthält (Mt 5-7). Nach nunmehr fast 2000 Jahren hat die Bergpredigt nichts von ihrer Würde und Kraft verloren. Die Worte vom »Balken im Auge«, von der Vergebung, vom Schätzesammeln oder das Gebot der Feindesliebe sind den meisten bekannt (6,9-13) und das Vaterunser hat in der westlichen Welt wohl jeder schon einmal gehört.

Jesus erklärt das Wesen und die Grenzen des Gottesreiches, die Bedingung für den Eingang, seine Gesetze, seine Vorrechte und seine Belohnungen. Die Bergpredigt ist die Verfassung dieses Reiches. Sie offenbart die Vollmacht, mit der Jesus das Gesetz des Mose behandelt. Die Menschen müssen das Gesetz nicht nur äußerlich, sondern auch in ihrem Herzen halten.

Die Bergpredigt hatte eine große Wirkung auf das Volk. »Und es begab sich, da Jesus diese Rede vollendet hatte, entsetzte sich das Volk über seine Lehre; denn er lehrte mit Vollmacht und nicht wie ihre Schriftgelehrten« (Mt 7,28-29).

Die Macht des Königs

Der König wies sich durch die Wunder, die er wirkte, aus (Mt 8,9). Er stillte die Not, die durch den Sündenfall auf den Menschen lastet. In den Kapiteln 8 und 9 finden sich zwölf erstaunliche Wunder. Nach den Wundertaten in Kapitel 12 lesen wir: »Und alles Volk entsetzte sich und sprach: Ist dieser nicht Davids Sohn?« (Mt 12,23).

Dann treten die kritischen Schriftgelehrten auf und geben ihr feindliches Urteil über die Taten Jesu ab (Mt 9,3).

Das Kabinett des Königs

Jesus musste sein »Reich« organisieren, um es auf eine weitere und dauerhaftere Grundlage zu stellen. Ein König hat Untertanen. Er wollte sein Licht durch Menschen hindurchscheinen lassen. Er sprach: »Ihr seid das Licht der Welt« (Mt 5,14). Jesus berief Menschen in seine Nähe, um sie für die Weiterführung seines Werkes auszubilden.

Wo fand Jesus seine Helfer? Nicht im Tempel unter den Schriftgelehrten oder Priestern, auch nicht in den Lehrstuben Jerusalems. Er fand sie am Strand, als sie ihre Netze flickten. Jesus berief nicht die Mächtigen oder die Vornehmen, sondern er wählte Menschen aus, die in Wirtschaft oder Politik kaum je Erfolg gehabt hätten, um damit zu demonstrieren, dass seine Maßstäbe vollkommen anders sind als die der Menschen (1Kor 1,27).

In Matthäus 10,2-4 finden wir eine Liste der Jünger. Ihre große Botschaft war die Ankündigung des Himmelreichs. »Geht aber und predigt und sprecht: Das Himmelreich ist nahe herbeigekommen« (Mt 10,7). Es war ihre Aufgabe, dieses Reich zu proklamieren.

Ein Teil der Mauer um den Tempelberg stammt noch aus der Zeit Herodes' des Großen. Möglicherweise befand sich an dieser Stelle die Zinne des Tempels, auf der Jesus vom Satan versucht wurde.

Das Königreich der Himmel

Das Wort »Himmelreich« (wörtlich: »Königreich der Himmel«) kommt 55-mal im Matthäus-Evangelium vor, denn es ist ja das Evangelium des Königs. Der Ausdruck »das Königreich der Himmel« findet sich hier 35-mal und sonst nicht mehr in den Evangelien. 12 von den 15 Gleichnissen im Matthäus-Evangelium beginnen mit den Worten »Das Königreich der Himmel ist gleich ...«

Die Juden verstanden den Ausdruck »Königreich der Himmel« gut. Weder Jesus noch Johannes erklärte ihn darum. Am Sinai hatte Gott zu Israel gesagt: »Ihr sollt mir ein Königreich von Priestern und ein heiliges Volk sein« (2Mo 19,6).

Israel war in erster Linie eine Theokratie. Gott war sein König; es war sein Königreich. Die Propheten hatten immer wieder auf das messianische Königreich hingewiesen.

Die Gleichnisse, auch »die Geheimnisse des Himmelreichs« (Mt 13,11) genannt, zeigen, welche Wirkung die Gegenwart des Evangeliums Christi in der Welt von dieser Zeit bis zu seiner Wiederkunft, wenn er die Ernte einbringen wird, haben wird (Mt 13,40-43). Wir sehen nicht das glänzende Bild einer christlichen Welt. Es wird davon gesprochen, dass es Unkraut unter dem Weizen geben wird, gute und schlechte Fische in einem Netz und Sauerteig im Brot (ein Symbol der Sünde).

Ein rekonstruiertes Teilstück der Synagoge in Kapernaum am See Genezareth. Jesus nahm in dieser Stadt seinen Wohnsitz.

Auf der anderen Seite wächst das Senfkorn und wird so groß, dass es »die Vögel im Himmel« in seinen Zweigen beherbergen kann. Das ist die Christenheit. Nur Christus kann entscheiden, was gut und was schlecht ist, und wenn die Ernte kommt, wird er trennen.

Der König wird verworfen (Matthäus 16,21-20,34)

Das Traurige ist, dass Christus »in sein Eigentum kam, und die Seinen nahmen ihn nicht auf« (Joh 1,11). Das Himmelreich wurde zuerst den rechtmäßigen Erben, den Juden, angeboten, aber sie wiesen das Angebot und damit den König zurück und kreuzigten ihn schließlich sogar. Von Matthäus 12 an finden wir viel Streit über Jesus unter den Führern des Volkes.

Jesus kündigte an, dass das Königreich Gottes von den Juden genommen und einem anderen Volk gegeben werden sollte. »Darum sage ich euch: Das Reich Gottes wird von euch genommen und einem Volke gegeben werden, das seine Früchte bringt« (Mt 21,43). Diese Ankündigung verletzte die Führer des Volkes und sie »trachteten danach, ihn zu ergreifen« (Mt 21,46).

Die Kirche wird verheißen

Wir finden Jesus mit seinen Jüngern im Norden, in Cäsarea Philippi; offensichtlich wünscht er sich ein Gespräch mit ihnen, in dem er ihnen eine große Wahrheit erschließen will (Mt 16).

Nur im Evangelium des Matthäus taucht das Wort »Kirche« bzw. »Gemeinde« auf. Als das Reich Gottes von den Juden zurückgewiesen worden war, änderte sich das Lehren Jesu. Er begann, über die »Kirche« statt über das »Reich Gottes« zu sprechen (Mt 16,18). »Kirche« kommt von dem griechischen Wort *ekklesia*, das bedeutet: »die Herausgerufenen«. Weil nicht alle an ihn glauben wollten, sagte Christus, er werde Einzelne berufen, seien es Juden oder Heiden, die zu seiner Kirche, das heißt: zu ihm gehören sollen. Er begann, ein neues geistliches Gebäude zu erbauen, in dem sowohl Juden als auch Heiden Platz haben (Eph 2,14-18).

Die wichtigste Lebensfrage

Als Jesus und seine Jünger weit entfernt von ihrem sonstigen geschäftigen Leben waren, fragte er sie: »Wer sagen die Leute, dass der Menschensohn sei?« (Mt 16,13). Die Jünger gaben die Antworten wieder, die sie gehört hatten. Die Antworten waren damals so verschieden wie heute. Alle stimmten darin überein, dass Jesus ein außergewöhnlicher Mensch sei, wenigstens ein Prophet oder ein Mensch mit übernatürlichen Kräften.

Jesus wandelt die allgemeine Frage in eine gezielte persönliche Frage um: »Wer sagt ihr denn, dass ich sei?« So wichtig die allgemeine Frage ist, viel wichtiger ist für

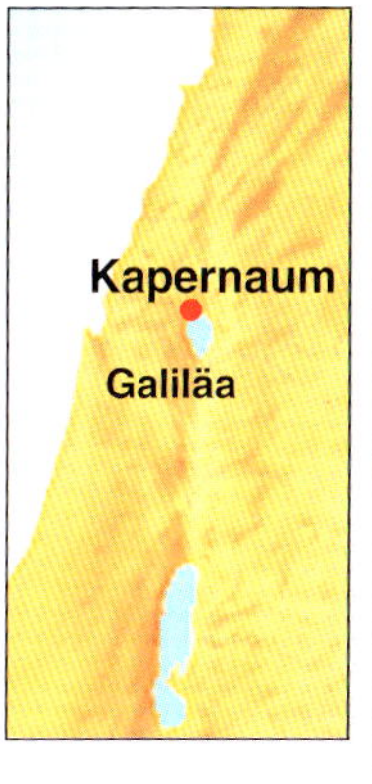

Die Himmelreichs-Gleichnisse

- *Der Sämann*
- *Das Unkraut unter dem Weizen*
- *Das Senfkorn*
- *Der Sauerteig*
- *Der Schatz im Acker*
- *Die kostbare Perle*
- *Das Fischnetz*

jeden von uns diese persönliche Frage. Keiner kann ihr entgehen. Eine neutrale Antwort ist nicht möglich. Jesus ist entweder Gott oder ein Betrüger.

Die wichtigste Lebensantwort

»Du bist Christus, der Sohn des lebendigen Gottes!«, rief der impulsive, begeisterte Petrus aus. Die Antwort bekennt Christus als den Messias, die Erfüllung der alttestamentlichen Prophetien. Dieses Bekenntnis ist umfassend, weil es Christus zum Sohn Gottes erhöht, ihn über die Menschheit erhebt und ihn mit Göttlichkeit krönt. Von jetzt an offenbart er dieser Handvoll Jünger neue Wahrheiten. Nachdem Petrus die Frage beantwortet hatte, wer er sei, sagte er ihnen: »Auf diesen Felsen will ich meine Kirche bauen.« Das wollte Christus tun – eine Kirche bauen, deren Eckstein er selber war. Diese Kirche wurde Pfingsten geboren (Apg 2).

Zum ersten Mal fällt an dieser Stelle aber auch der tragische Schatten des Kreuzes auf den Weg der Jünger. Von jetzt an beginnt Jesus, den Vorhang vor der Zukunft zurückzuziehen und seinen Jüngern zu zeigen, was geschehen muss. Er sah, dass er nach Jerusalem gehen müsse und von dem schrecklichen Hass der Priester und Pharisäer verfolgt und schließlich an dem schmachvollen Kreuz enden würde, aber er sah auch die Herrlichkeit des Ostermorgens (vgl. Mt 16,21).

Jesus offenbarte das alles seinen Jüngern nicht, bevor sie bereit waren, es zu ertragen. Gott verbirgt in seiner Gnade oft die Zukunft vor uns.

Der Triumph des Königs (Matthäus 21,1-28,20)

Am Morgen des Palmsonntags gab es in Betanien und entlang der Straße, die nach Jerusalem führte, einen Aufruhr. Man hatte gehört, dass Jesus an diesem Tag in die heilige Stadt kommen wollte. Die Menschen kamen in Scharen. Ein Eselsfüllen wurde herbeigeschafft, die Jünger legten ihre Kleider darüber und Jesus setzte sich darauf; nun kam die Prozession in Bewegung. Diese kleine Parade kann man nicht vergleichen mit vielen großartigen Prozessionen, die anlässlich der Krönung eines Königs oder der Amtseinsetzung eines Präsidenten stattfinden; aber sie bedeutete viel mehr für die Welt. Jesus gestattete zum ersten Mal, dass die Öffentlichkeit ihn wahrnahm und seine Rechte als Messias-König respektierte. Das Ende sollte nur zu schnell herbeikommen, und er musste sich als Messias zeigen, auch wenn es nur geschah, damit er zurückgewiesen wurde.

In ihrer Freude rissen die Leute Zweige von Palmen und Olivenbäumen ab und bedeckten damit die Straße, während begeisterte Rufe durch die Luft schallten. Sie glaubten an Jesus und schämten sich ihrer leidenschaftlichen orientalischen Begeisterung nicht. Als die Menge fragte: »Wer ist dieser?«, antworteten die Kühnen unter ihnen: »Das ist Jesus, der Prophet aus Nazareth in Galiläa.« Das in Jerusalem zu sagen, erforderte Mut. Jesus zog nicht als ein triumphierender Eroberer in die Stadt ein, wie es die Römer getan hatten.

Am Abend zerstreuten sich die Massen, und Jesus kehrte in aller Stille nach Betanien zurück; das Ziel, Jesus zum König zu machen, war nicht erreicht worden. Sein

Königreich kam nicht mit Prunk und Pracht. Seine Stunde war noch nicht gekommen. Erst musste Christus der Retter werden, bevor er als König der Könige und Herr der Herren wiederkehren kann.

Als Christus in den Tempel ging und die Tempelhändler vertrieb, indem er ihre Tische umstieß und ihnen vorwarf, sie hätten das Haus Gottes zu einer Räuberhöhle gemacht, wurde seine Vollmacht in Frage gestellt. Es folgte ein hartes Streitgespräch: »Da gingen die Pharisäer hin und hielten einen Rat, wie sie ihn in seinen Worten fangen könnten« (Mt 22,15).

Die Zukunft des Königreiches

Jesus hielt seine Ölbergrede. Er sagte voraus, wie die Welt nach seiner Himmelfahrt aussähe, bis er in Herrlichkeit wiederkäme, um die Völker danach zu richten, wie sie seine Brüder, die Juden, behandelt haben (Mt 25). Das wird nicht das in der Bibel erwähnte Gericht vor dem großen weißen Thron sein, das Gericht über die, die in Bosheit gestorben sind. Es ist auch nicht der Richterstuhl Christi gemeint (2Kor 5,10), vor dem alle Christen ihre Werke verantworten müssen. Es ist das Gericht über die Heidenvölker, in welchem sie gemäß ihrer Haltung gegenüber dem Gottesvolk gerichtet werden.

Die größten Teile der Rede in Matthäus 24 und 25 gelten der Wiederkunft Jesu. In den Gleichnissen von dem wachsamen Knecht, den zehn Jungfrauen und den anvertrauten Pfunden ermahnt er die Menschen, bereit zu sein.

Der Tod und die Auferweckung des Königs

Wir haben einige Höhepunkte aus dem Leben Jesu an uns vorüberziehen lassen; jetzt beginnen die dunklen Tage. Wir sehen, wie der Sohn Abrahams, das Opfer, sterben muss, damit alle Völker der Erde durch ihn gesegnet werden. Jesus wurde getötet, weil er den Anspruch erhob, der König Israels zu sein. Er wurde von den Toten auferweckt, weil er wirklich der König ist (vgl. Apg 2,30-36). Obwohl eine große Zahl von Jüngern an Jesus glaubte und ihm nachfolgte, war der Widerstand von Seiten der Juden stark, und sie beschlossen, ihn zu töten. Man warf ihm Gotteslästerung vor und war empört über seinen Anspruch, König der Juden zu sein. Damit habe er sich selbst zum Feind des römischen Kaisers gemacht und man lieferte ihn mit diesen Anklagen dem römischen Statthalter Pontius Pilatus aus, damit er gekreuzigt werde.

Matthäus hat nicht als Einziger die grauenvollen Umstände der Passion Jesu beschrieben; aber er lässt uns sehen, dass wir in dem Purpurgewand, der Dornenkrone, dem Zepter und der Inschrift über dem Kreuz ein Zeugnis für den königlichen Anspruch Jesu haben, auch wenn er nur verhöhnt wurde.

Nachdem Jesus sechs Stunden am Kreuz gehangen hatte, starb er, aber er trug die Sünde der ganzen Welt. Am Ende rief er: »Es ist vollbracht!« Er zahlte die Sündenschulden und wurde der Erlöser der Welt!

Erlösung zu einem hohen Preis

Die Todesart des Messias war durch verschiedene Bilder und Symbole im Alten Testament abgebildet worden. Die eherne Schlange in der Wüste zeigte schon, dass er erhöht werden sollte; das Lamm auf dem jüdischen Altar zeigte, dass sein Blut vergossen werden musste. Seine Hände und seine Füße mussten durchbohrt werden; er musste verwundet und gequält werden; seine Ohren mussten Schmähungen ertragen, über seinem Gewand musste man das Los werfen und Essig musste er trinken. Alle diese Ereignisse beim Tod des Messias hatten die jüdischen Propheten vorhergesagt.

Aber das ist noch nicht alles: Jesus wurde in das Grab des Josef gelegt und am dritten Tag wurde er auferweckt, wie er es vorausgesagt hatte. Das ist der

Hier in den Ausläufern des Ölbergs liegt der Garten Gethsemane. Als Jesus seine Predigt auf dem Ölberg hielt, sagte er seinen Jüngern, was in der Welt nach seiner Himmelfahrt geschehen würde.

höchste Beweis seines Königtums. Die Menschen dachten, dass er tot und sein Königreich zerstört sei. Durch seine Auferstehung versicherte Christus seinen Jüngern, dass der König lebt, und dass er eines Tages wiederkommen wird, um sein Königreich auf dieser Erde zu errichten.

Ein weltweiter Auftrag

Jesus verkündete den Jüngern nach seiner Auferstehung, was er vorhatte. Den Höhepunkt bildet sein großer Auftrag: »Mir ist gegeben alle Gewalt im Himmel und auf Erden. Darum gehet hin und machet zu Jüngern alle Völker: Taufet sie auf den Namen des Vaters und des Sohnes und des Heiligen Geistes und lehret sie halten alles, was ich euch befohlen habe. Und siehe, ich bin bei euch alle Tage bis an der Welt Ende« (Mt 28,18-20).

Welcher Auftrag wurde ihnen gegeben? Nicht die Welt mit Gewalt zu erobern, sondern: »Machet zu Jüngern alle Völker.«

Von dem Berg seiner Himmelfahrt ging die Mission seiner Jünger aus, sie strahlte von diesem Mittelpunkt aus und gelangte überall hin, bis an die Ränder der Welt. Das Christentum kennt keine geographischen Grenzen, sondern umfasst den ganzen Erdball.

27.

Das Markus-Evangelium

Das Markus-Evangelium ist das kürzeste Evangelium und vielleicht wurde es als Erstes geschrieben. Man kann es vorsichtig auf 65-70 n. Chr. datieren.

Schon früh wurde glaubwürdig überliefert, dass Johannes Markus sein Evangelium in Rom verfasste und die Geschichte so zu Papier brachte, wie er sie aus erster Hand vom Apostel Petrus gehört hatte.

Papias schreibt noch vor 140 n.Chr.: »Markus, der Übersetzer von Petrus, schrieb alles, an das er sich erinnerte, genau nieder, Worte und Taten Christi, aber nicht in der richtigen Reihenfolge. Denn er hatte den Herrn weder selbst gehört noch ihn begleitet.«

Etwas später sagt Irenäus, dass Markus das Markus-Evangelium verfasst hatte, »als Petrus und Paulus das Evangelium in Rom verkündigten und dort die Gemeinde gründeten«. Nach ihrem Tod gab »Markus, ein Schüler des Petrus, das Wesentliche seiner Lehre schriftlich weiter«.

Der Verfasser

Johannes Markus ist der Verfasser des Markus-Evangeliums (Apg 12,12.25). Er war der Sohn von Maria und ein Vetter von Barnabas (Kol 4,10) und ist wahrscheinlich in Jerusalem geboren. Er begleitete Paulus und Barnabas nach Antiochien und war die Ursache einer Auseinandersetzung zwischen beiden (Apg 12,25; 13,5). Dann verließ er sie, offenbar weil es Streitigkeiten gegeben hatte (Apg 13,13). Zuletzt wurde er Paulus zur großen Hilfe (Kol 4,10-11; 2Tim 4,11). Er bekehrte sich durch den Einfluss des Petrus, und Petrus spricht liebevoll von ihm als von »meinem Sohn« (1Petr 5,13).

Der Zweck des Evangeliums

Wenn wir Markus 10,45 lesen, können wir leicht feststellen, welches Ziel Markus verfolgte, als er sein Evangelium schrieb: »Denn der Menschensohn ist nicht gekommen, dass er sich dienen lasse, sondern dass er diene und sein Leben gebe als Lösegeld für viele.« Im Gegensatz zu Matthäus versuchte Markus nicht, die Erfüllung von Prophezeiungen über Jesus zu beweisen. Er schrieb eigentlich allein deshalb, weil er ganz klar gewisse Tatsachen

Lesevorschläge

Sonntag:	Der Knecht kommt	*Mk 1,1-20*
Montag:	Der Knecht wirkt	*Mk 2,1-3,25*
Dienstag:	Der Knecht redet	*Mk 4,1-6,13*
Mittwoch:	Der Knecht vollbringt Wunder	*Mk 6,32-8,26*
Donnerstag:	Der Knecht offenbart sich	*Mk 8,27-10,34*
Freitag:	Der Knecht wird zurückgewiesen	*Mk 11,1-12,44*
Samstag:	Der Knecht stirbt und wird auferweckt	*Mk 14,1-16,20*

Die judäische Wüste, wo Johannes der Täufer seine Botschaft verkündete. Er stammte nicht aus einer bedeutenden Familie, war kaum bekannt und kleidete sich wie ein Einsiedler. Diesen Mann hatte Gott in seinen Dienst berufen (Matthäus 11,11).

über Jesus, vornehmlich über seine Taten, weniger über seine Worte berichten wollte. Dass Jesus der Sohn Gottes ist, versucht er nicht dadurch zu beweisen, dass er erklärt, wie Jesus auf die Erde gekommen ist, sondern indem er zeigt, was Jesus während seines kurzen Wirkens auf der Erde vollbracht hat und wie er die Welt verändert hat.

Man nimmt allgemein an, dass das Markus-Evangelium für römische Leser bestimmt war. Sie hätten sich nicht dafür interessiert, einen ihnen fremden religiösen Glauben in die Vergangenheit hinein zu verfolgen. Stammbäume und die Erfüllung von Prophetien interessierte sie logischerweise nicht. Und auch Gesetze und Dogmen waren für sie nicht weiter von Belang. Aber sie zeigten Interesse an einem realistischen Bericht über die Taten von Jesus Christus. Das Markus-Evangelium unterscheidet sich sowohl in seinem Inhalt als auch in seinem Umfang stark von dem Matthäus-Evangelium.

Das Matthäus-Evangelium hat 28 Kapitel, in ihm stehen viele Gleichnisse und es zeigt Jesus Christus als den Davidssohn mit königlicher Würde und Vollmacht (28,18). Das Markus-Evangelium hat demgegenüber nur 16 Kapitel und bringt nur vier Gleichnisse. Es ist damit also das kürzeste der vier Evangelien. Markus zeigt Christus als den demütigen, aber vollkommenen Gottesknecht. Wir lesen, dass die Engel ihm dienten.

Allgemeine Merkmale

Zunächst fällt auf, was Markus alles auslässt: Es fehlt der Bericht über die Jungfrauengeburt. Überhaupt wird von der Geburt Jesu im ganzen Evangelium nichts gesagt. Der Besuch der Weisen aus dem Morgenland wird ebenfalls nicht erwähnt.

Auch der Bericht des 12-jährigen Jesus im Tempel findet sich nicht im Markus-Evangelium. Die Adressaten des Evangeliums suchten wohl den Christus, der Taten vollbringen kann. Man ist nicht an dem Jungen Jesus interessiert, sondern an dem Mann Jesus Christus, der fähig und willig ist, große Dinge zu tun.

Es fehlt auch die Bergpredigt. Matthäus widmet dieser Predigt drei ganze Kapitel, in denen die Gesetze des Königreichs und das Wesen seiner Untergebenen erklärt werden. Diese Art zu lehren findet sich im Markus-Evangelium kaum.

Es fehlen ebenfalls Zitate aus den Propheten. Das einzige direkte Zitat aus den Propheten im Markus-Evangelium lesen wir in Mk 1,2. Matthäus dagegen zitiert das Alte Testament auf beinahe jeder Seite.

Es werden keine göttlichen Titel für Jesus benutzt. Auch wird bei Markus Jesus niemals »König« genannt, außer bei seiner Verspottung. Matthäus schrieb: »Und sie werden seinen Namen ›Immanuel‹ heißen« – das heißt »Gott mit uns«. Nicht so im Markus-Evangelium. Markus nennt ihn »Meister« – die anderen Evangelisten nennen ihn »Herr«.

Matthäus schreibt: »Herr, rette uns; denn wir verderben.« Markus schreibt: »Meister, kümmert es dich nicht, dass wir verderben?«

Nirgendwo wird festgestellt, dass sein Werk bei seinem Tod vollendet war. In Joh 19,30 sagt Jesus: »Es ist vollbracht.« Diese Worte fehlen im Markus-Evangelium.

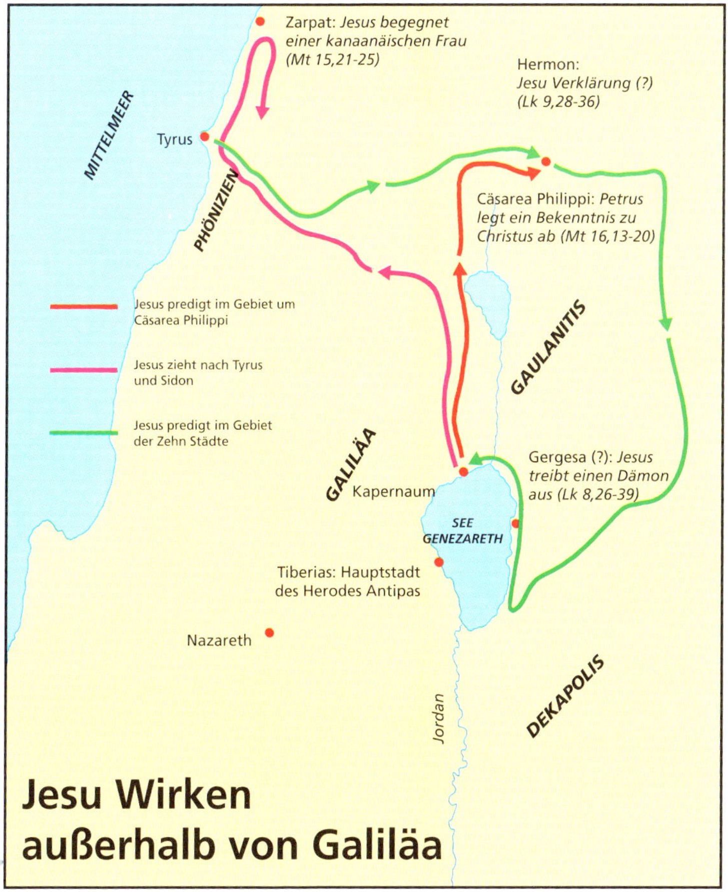

Jesu Wirken außerhalb von Galiläa

Während die anderen Evangelien lange Einleitungen haben, fehlt eine solche bei Markus. Der erste Vers lautet: »Das Evangelium von Jesus Christus.« Markus fügt hinzu: »des Sohnes Gottes«, um seine göttliche Herrlichkeit zu erwähnen.

Wenn wir das Markus-Evangelium betrachten, dann fällt uns zuerst seine Kürze auf. Wir finden in ihm wenig, was wir nicht auch bei den anderen Evangelisten finden. Die Erzählung bewegt sich mit großer Beharrlichkeit voran.

Markus berichtet von 14 bei Matthäus erwähnten Gleichnissen nur vier – das vom Säemann, das von der selbstwachsenden Saat (Sondergut des Markus), das vom Senfkorn und das von den bösen Weingärtnern. Nichts wird zum Beispiel über den »Haushalter«, über die »Hochzeit des Königssohnes« oder über die »anvertrauten Pfunde« gesagt.

Wie die Gleichnisse im Matthäus-Evangelium, so nehmen im Markus-Evangelium die Wunder die herausragende Stellung ein. Markus schildert Jesus bei seiner Arbeit; 20 Wundertaten werden ausführlich beschrieben.

Der Jordan an der Stelle, an der Johannes der Überlieferung nach taufte. Auch Jesus empfing die Taufe des Johannes.

Der Knecht wird vorbereitet (Markus 1,1-13)

Das Markus-Evangelium überspringt die ersten 30 Jahre des Lebens Jesu. Sie waren nötig zur Vorbereitung seines Lebenswerkes. Er machte sich mit den Dingen unseres Alltags vertraut. Er kämpfte wie Jakob mit den Problemen des Lebens. Manchen Kampf focht er wahrscheinlich in seinem Herzen aus.

Das Leben braucht Vorbereitung. Jesu Leben zeigt das. Auch Mose verbrachte 40 Jahre in der Wüste, bevor er sein großes Werk antrat; Elia bereitete sich lange vor, ehe er vor den König Ahab trat; Amos verbrachte seine Jugendzeit als Hirte; Johannes der Täufer musste 30 Jahre warten. Ebenso war es mit Jesus. Er verbrachte 30 Jahre in der Abgeschlossenheit Nazareths, bevor er drei Jahre lang in der Öffentlichkeit auftrat.

Die Vorbereitung durch den Vorläufer Johannes

Das Markus-Evangelium beginnt mit Johannes dem Täufer, der das Kommen des Messias vorbereitet. Johannes' Kommen war die Erfüllung einer messianischen Prophetie, »wie geschrieben steht in den Propheten« (Mk 1,2). Das Zitat stammt aus Maleachi 3,1. Vers 4 bezieht sich auf Jesaja 40,3. Jesaja nennt ihn »eine Stimme«: »Es ruft eine Stimme in der Wüste: bereitet dem Herrn den Weg, macht in der Steppe eine ebene Bahn unserem Gott!« (Jes 40,3).

Wir sehen, wie dieser merkwürdige Mann auf spektakuläre Weise auftritt, »gekleidet mit Kamelhaar und mit einem ledernen Gürtel um die Lenden«. Auch seine Nahrung war eigenartig, denn er aß »Heuschrecken und wilden Honig«.

Johannes' Botschaft war ebenso auffällig wie seine Erscheinung. Er ging vor seinem königlichen Herrn her wie ein römischer Offizier vor seinem General, und forderte, dass die Straßen hergerichtet und die Wege geebnet würden. »Bereitet dem Herrn den Weg, macht seine Pfade gerade.«

Vorbereitung durch Taufe

Als Johannes und Jesus sich begegneten, stellte Johannes sofort fest, dass dieser Mann nicht für die Bußtaufe bestimmt war. In Jesus war eine solche Reinheit und solche Majestät, die Johannes in seinem Herzen seine eigene Unwürdigkeit fühlen ließ. Das war der Sohn Gottes! Johannes zögerte und sprach: »Ich bedarf dessen, dass ich von dir getauft werde, und du kommst zu mir?« (Mt 3,14).

Jesus ließ sich von Johannes taufen aus Gehorsam gegenüber dem Befehl Gottes. »Denn so gebührt es uns, alle Gerechtigkeit zu erfüllen« (Mt 3,15). Jesus drückte der Botschaft und dem Wirken Johannes des Täufers das Siegel der Anerkennung auf und bestätigte ihn als seinen wahren Vorläufer. Die Taufe durch Johannes war von Gott angeordnet und deshalb für alle befohlen, die Gott anerkannten und seine Gebote halten wollten.

Christus war das Maß und das Beispiel der Gerechtigkeit. Er erfüllte jede Pflicht, die er von anderen verlangte (1Kor 10,13).

Vorbereitung durch den Empfang des Heiligen Geistes

»Und alsbald, als er aus dem Wasser stieg, sah er, dass sich der Himmel auftat und der Geist wie eine Taube herabkam auf ihn« (Mk 1,10). Der Geist kam nicht nur in der Art einer Taube, sondern in der körperlichen Gestalt einer Taube auf ihn herab (Lk 3,22). Die Taube war ein Symbol, aber das Kommen des Heiligen Geistes selber war Wirklichkeit. Immer wenn jemand Gott dient, bereitet der Heilige Geist sein Leben vor, indem er ihm Vollmacht und Begabung schenkt.

Weil Jesus im Gehorsam gegenüber Gott in das Taufwasser hinabstieg, konnte er unter einem geöffneten Himmel wieder heraustreten, aus dem der Heilige Geist auf ihn herabkam, und die Stimme seines Vaters hören, die ihm erklärte, dass er sein geliebter Sohn sei.

Sein Verhältnis zu seinem himmlischen Vater und sein Auftrag wurden hiermit öffentlich proklamiert.

Vorbereitung durch eine wirkliche Berufung

»Da geschah eine Stimme vom Himmel« (Mk 1,11). Gott bestätigte Jesus und seinen Auftrag und zeigte dem jüdischen Volk, dass er der Messias war. »Wie Gott Jesus von Nazareth gesalbt hat mit Heiligem Geist und Kraft; der ist umhergezogen und hat Gutes getan und alle gesund gemacht, die in der Gewalt des Teufels wa ren, denn Gott war mit ihm« (Apg 10,38). Man hat diese Stelle das »Markus-Evange ium en miniature« genannt. Später hö ren wir dieselbe Stimme bei der Verklä rung: »Dies ist mein lieber Sohn, den sollt ihr hören« (Mk 9,7).

Vorbereitung durch Versuchung

Die Taufe und die Versuchung durch den Teufel lagen zeitlich ganz dicht beieinander.

Markus schreibt: »Und alsbald trieb ihn der Geist in die Wüste« (Mk 1,12). Das »und« weist auf den Zusammenhang hin und zeigt, dass die Versuchung ebenso zur Vorbereitung des Knechtes für sein Werk gehörte wie seine Taufe. Leiden und Prüfungen gehören ebenso zu Gottes Plan wie Erfolge und Triumphe.

Jesus wurde in Versuchung »geführt«. Das war kein Zufall und kein böses Geschick, sondern von Gott bestimmt. Die Versuchung hat in dieser Welt ihren Platz. Ohne sie könnten wir nie geistliches Leben entdecken. Es ist nichts Schlechtes, wenn man versucht wird. Das Schlechte beginnt erst, wenn man der Versuchung erliegt. Wir dürfen nicht aus eigenem Willen heraus in die Versuchung treten. Jesus ging auch nicht selber, sondern wurde von dem Heiligen Geist geführt. In der Wüste widerstand er dem Satan.

Das Wirken des Knechtes (Markus 1,14-8,30)

König Herodes nimmt Johannes gefangen und bringt ihn so zum Schweigen. Das ist das Signal für Jesus, sich wieder auf den Weg nach Norden zu machen und dort das Evangelium öffentlich zu proklamieren. Jetzt ist die Zeit da, das Reich Gottes ist nahe herbeigekommen, kehrt um und glaubt!

Im Markus-Evangelium wird von einem ununterbrochen andauernden Dienst des Knechtes berichtet. Immer wieder lesen wir: »und er tat dieses, und er sagte jenes.« Er musste die Menschen lehren; denn sie befanden sich in der Finsternis. Er musste die Menschen trösten, denn sie waren hoffnungslos. Er musste die Menschen heilen, denn sie waren krank und

Jesus predigte am Seeufer und machte vier Fischer zu seinen ersten Jüngern. Sie sollten lernen, wie man ein „Menschenfischer" wird.

Gegenüber: Die Altstadt von Jerusalem vom Ölberg aus gesehen. Das Goldene Tor in der Stadtmauer ist deutlich zu erkennen.

leidend. Er musste die Menschen befreien, denn sie standen unter der Macht des Teufels. Er musste den Menschen Sünden vergeben und sie reinigen, denn sie waren sündig.

Jesus predigt am Seeufer, er erwählt vier der Fischer, die seine ersten Jünger werden sollten und unter seiner Führung lernen sollten, »Menschenfischer« zu werden (vgl. Mk 1,16-20). Sie mussten alles praktische Wissen und alle Fähigkeiten, die sie in der Kunst des Fischfangs ausgeübt hatten, nun darauf anwenden, Menschen zu »fangen«.

Es ist von Interesse, festzustellen, dass Jesus niemals einen Untätigen in seine Nachfolge berief. Er berief eifrige und erfolgreiche Männer, ihm nachzufolgen. Wie wurde Christi Ruf aufgenommen? »Alsbald verließen sie ihre Netze und folgten ihm nach« (Mk 1,18).

Jesus wird sofort eingeführt als »mit Vollmacht ausgestattet«, und man sieht, dass er ganz seinem Werk hingegeben ist. In den nächsten Kapiteln finden wir keine langen Reden, sondern die Berichte von mächtigen Taten. Dämonen wurden ausgetrieben (1,21-28); Fieber (1,29-31) und verschiedene andere Krankheiten wurden geheilt (1,32-34); Aussätzige wurden gesund (1,40-45); ein Gichtbrüchiger konnte wieder gehen (2,1-12); eine verdorrte Hand wurde geheilt (3,1-5); auch viele andere Menschen wurden geheilt (3,6-12); ein Seesturm wurde gestillt (4,35-41); ein Besessener wurde von bösen Mächten befreit (5,1-15); der Blutfluss einer Frau hörte auf (5,21-34); die Tochter des Jairus wurde vom Tode auferweckt (5,35-43); fünftausend Menschen wurden gespeist (6,32-44); Jesus wandelte auf dem See (6,45-51); alle, die ihn berührten, wurden heil (6,53-56); Taube und Stumme hörten und sprachen (7,31-37); viertausend Menschen wurden gespeist (8,1-9); ein Blinder erhielt das Augenlicht wieder (8,22-26).

Es wird rasch gehandelt, und es hat den Anschein, als passierten die Ereignisse direkt vor unseren Augen. Markus' Beschreibungen sind kurz und freimütig, wir verdanken ihm den Bericht über viele Dinge, die sonst verloren gegangen wären. Nur in seinem Evangelium erfahren wir, dass Jesus ein Zimmermann war. Markus erzählt uns, wie er »einen bei der Hand nahm«, und wie er kleine Kinder »in seine Arme nahm«. Er berichtet uns, dass Jesus »betrübt war«, dass er »seufzte«, dass er »sich wunderte«, dass er »liebte«, dass er »zornig« war. Er »hatte Mitleid mit unseren Schwachheiten«.

Markus gibt auch einen wunderbaren Ausspruch Jesu über den Sabbat wieder: »Der Sabbat ist um des Menschen willen gemacht, und nicht der Mensch um des Sabbats willen« (2,27). Das ist auch der zentrale Grundsatz der Sonntagsheiligung. Der Sonntag – von Christen als Ruhetag gewählt, da er der Tag der Auferstehung ist – ist nicht gegeben, um die Menschheit zu quälen, sie einzuengen oder sie ärmer zu machen, sondern um sie zu bereichern und zu segnen

Christus beantwortet die Frage nach der Sabbatheiligung mit einem praktischen Beispiel (Mk 3,1-5). Er kommt zu dem Schluss, dass alles, was für den Menschen wirklich hilfreich ist, auch für den Sabbat recht ist und sich mit Gottes Absicht für diesen Tag absolut vereinbaren lässt. Er verdeutlichte diese Wahrheit durch ein Heilungswunder. Sieben Wunder Jesu, die uns berichtet sind, wurden an einem Sabbat vollzogen.

Der Überlieferung nach befand sich hier das Haus des Petrus, wo Jesus Petrus' Schwiegermutter von hohem Fieber heilte.

Jesus heilt einen Blinden; Skulptur in Tabgha am See Genezareth.

Der Knecht bei der Arbeit

Die Wunder Jesu waren Beweise für seine Sendung von Gott. Sie zeigten, dass er der verheißene Erlöser und König war. Weil Jesus Gott ist, waren Wunder für ihn so selbstverständlich wie Willensakte für uns! Durch seine Wunder führte Jesus viele von denen, die ihn sahen und hörten, zum Glauben.

Immer ist der Knecht »an der Arbeit«. »Wir müssen die Werke dessen wirken, der mich gesandt hat, solange es Tag ist« (Joh 9,4).

Der Knecht vergibt Sünden

»Und nach einigen Tagen ging er wieder nach Kapernaum und es wurde bekannt, dass er im Hause war« (Mk 2,1).

Es ist bemerkenswert, wie schnell sich Nachrichten im Orient verbreiteten, auch ohne Zeitung, Fernsehen, Telefon oder Radio. Denn in einem anderen Teil der Stadt hörte ein Gichtbrüchiger von diesem neuen Propheten und seinen Heilungen. Seine vier Freunde brachten ihn zu Jesus und ließen ihn durch das Dach gerade vor Jesus herunter.

Diese Heilung zeigt uns, dass Jesus nicht nur ein Arzt des Leibes, sondern auch ein »Arzt« der Seele ist. »Wer kann Sünden vergeben, als Gott allein?« (Mk 2,7). Die Sünden richten sich gegen Gott, und deshalb kann nur er Sünden vergeben. Jesus sprach: »Damit ihr aber wisst, dass der Menschensohn Vollmacht hat Sünden zu vergeben auf Erden – ... Ich sage dir, stehe auf, nimm dein Bett und gehe heim« (Mk 2,10-12).

Bei diesem Wunder bestätigte Gott Jesu Messias-Anspruch. Der Mann stand auf, nahm sein Bett und ging vor den Augen aller hinaus, ein lebendiger Zeuge für Jesu Macht über die Sünde. Jesus war gekommen, um sein Leben als ein Lösegeld für viele zu geben, damit er den Menschen ihre Sünden vergebe. Er ist gekommen, die Werke des Teufels zu zerstören (1Joh 3,8).

Wenn wir uns Markus 4 zuwenden, begegnet uns am Anfang wieder das Wörtchen »und«. »Und er fing abermals an, zu lehren am Meer«, wie bei früheren Gelegenheiten (vgl. Mk 2,13; 4,1).

Das Gleichnis vom Sämann zeigt, dass die wahren Hindernisse für das Evangelium in den Herzen der Zuhörer wohnen (Mk 4,3-20).

Die Himmelreich-Gleichnisse in Kapitel 4 waren Jesus besonders wichtig. Die Deutung des Sämann-Gleichnisses steht in Markus 4,13-20. Jesus griff zu dieser Methode der Unterweisung, weil sich ihm und seiner Botschaft wachsende Feindschaft entgegenstellte. Er war von Menschen umgeben, die versuchten, ihn mit seinen eigenen Worten zu fangen; aber einer einfachen Geschichte konnte niemand widersprechen. Außerdem können auch die schlichtesten Hörer Geschichten behalten.

Außer dem Gleichnis vom Sämann berichtet Markus noch folgende Gleichnisse:

Der Berg der Seligpreisungen, auf dem Jesus der Überlieferung nach die Bergpredigt hielt.

1. Das Gleichnis vom Licht *Mk 4,21-25*
2. Das Gleichnis von der selbst wachsenden Saat *Mk 4,26-29*
3. Das Gleichnis vom Senfkorn *Mk 4,30-33*

Nachdem Jesus die Gleichnisse gedeutet hatte, stieg er in ein Boot, um allein zu sein. Während er vor Müdigkeit bei der Überfahrt einschlief, erhob sich ein gewaltiger Sturm über dem See Genezareth. Außer sich vor Todesangst weckten die Jünger Jesus. Auf sein Gebot hin wurde die See ruhig.

Er hatte also auch über die Naturgewalten Vollmacht (Mk 4,35-41). Markus 5 beginnt wieder mit einem »und«. Immer noch wirkt Jesus. In den Parallelberichten in Matthäus 8,28-34 und Lukas 8,26-39 kann man dieses Wunder mit anderen uns berichteten Dämonenaustreibungen in Mt 9,32-33; Mk 1,23-26; Mt 17,14-18 und Lukas 9,38-42 vergleichen.

Das in Markus 5 berichtete Wunder von der Austreibung der Dämonen, die dann in die Schweine fahren, prüfte, wie alle anderen Wunder auch, die Grundhaltung der Menschen. Es riss ihnen die Maske vom Gesicht und entlarvte ihr wahres Wesen.

Die Menschen, die Jesus begegneten, reagierten ganz unterschiedlich auf ihn. Einige flohen geradezu, andere fürchteten sich (Vers 14 und 15) und baten ihn, »so dass er aus ihrer Gegend zöge« (Vers 17). Zweifellos gab es da noch andere Schweineherden, und sie hatten Angst, diese auch noch zu verlieren.

Einige suchen aber auch Jesus. Der geheilte Mann bat ihn, nicht aus der Gegend zu gehen, sondern »dass er bei ihm bleiben dürfe«.

Mit »und« beginnt ein weiteres Wunder Jesu (Mk 5,21). Nach der Heilung des Besessenen kehrte Jesus nach Kapernaum zurück. Er heilt eine Frau, die lange krank gewesen war, und »während er noch sprach« (5,35), wurde er gerufen, ein Kind dem Tode zu entreißen, die Tochter des Jairus.

Jesus unternahm eine dritte Predigtreise durch Galiläa (Mk 6). Er sandte die zwölf Jünger aus, immer zwei zusammen, damit sie selbstständig missionierten (vgl. Mk 6,7-13).

Nachdem Jesus die Apostel unterwiesen hatte, schickte er sie auf eine Missionsreise in die Dörfer Galiläas (Mk 6,12-13). Nach ihrer Rückkehr »kamen die Apostel bei Jesus zusammen«

(6,30), wahrscheinlich an ihrem ständigen Treffpunkt Kapernaum. Sie berichteten über ihre Predigttätigkeit, die Zahl der erfolgten Bekehrungen und die Wunder, die sie vollbracht hatten. Jesus hatte sich daraufhin in eine Wüste zurückgezogen, um eine Weile zu ruhen (6,31), aber die Volksmenge folgte ihm. Unverzüglich folgt die Speisung der Fünftausend (Mk 6,32-44). Dies ist eines der wichtigsten Wunder. Offensichtlich beeindruckte es die Verfasser der Evangelien sehr, denn es ist von den 35 Wundern das einzige, das alle vier berichten.

In Markus 8,29 finden wir das Glaubensbekenntnis des Petrus. Danach lesen wir die nicht minder berühmte Begebenheit, bei der Jesus auf dem See Genezareth (Mk 6,45-52) wandelt. Jesus sagt seinen Jüngem nicht, wer er ist. Er wartet, bis sie es ihm selber sagen. Als er fragte: »Wer sagt ihr, dass ich sei?«, war der Höhepunkt seines Wirkens erreicht. Er prüfte, ob die Ausbildung der erwählten Zwölf ans Ziel gelangt war. Die Antwort des Petrus versicherte ihm, dass er sein Ziel erreicht hatte.

Der Knecht wird zurückgewiesen (Markus 8,31-15,47)

Bevor Markus von Jesu direktem Anspruch auf die Stellung des Königs berichtet, zeigt er, wie dieser König aufgenommen werden muss. Sein Weg ist ein Weg des Leidens und des Verworfenwerdens. Jesus sagte: »Der Menschensohn muss viel leiden« (Mk 8,31). Die Evangelisten sagten ganz deutlich, dass er von den Herrschern Israels verworfen und getötet werden und am dritten Tage wieder auferstehen würde.

Und auch Jesus bestätigte seinen Jüngern, dass er von den Ältesten, den Hohepriestern und Schriftgelehrten abgelehnt werden würde (Mk 8,31):

Er wird durch Verrat ausgeliefert werden *(Mk 9,31)*.

Er wird von der Hand der Römer sterben *(Mk 10,32-45)*.

Er wird am dritten Tage wieder auferstehen *(Mk 9,31)*.

Trotzdem erhob Jesus den Anspruch auf das Königtum, indem er sich in Jerusalem gemäß der Prophezeiung von Sach 9,9 als Erbe Davids bekannte (vgl. Mk 11,1-11).

Wie nahmen die Leute diesen König auf? Zuerst hießen sie ihn willkommen, weil sie hofften, dass er sie von der römischen Unterdrückung und der Armut, unter der sie litten, befreien würde. Als er aber in den Tempel ging, erfuhr er den Hass der religiösen Führer, der so tief ging, dass sie beschlossen, ihn umzubringen (Mk 14,1).

Die Ablehnung

Nach dem Wirken Jesu in der Öffentlichkeit, wie es in Markus 10,46-11,26 beschrieben wird, lesen wir von seinem letzten Konflikt mit den jüdischen Machthabern und von seinem Sieg über die Führer des Volkes (Mk 11,27-12,44).

Jesus versuchte die Juden davon zu überzeugen, dass er der Messias sei (Mk 11,15-12,44). Es war ein arbeitsreicher Tag, der vom frühen Morgen bis in die Nacht von dem einen großen und mächtigen Bemühen gefüllt war, das jüdische Volk zu bewegen, ihn anzuerkennen, um auf diese Weise der Segen der Welt zu werden, wozu es auserwählt war.

In den schönen Tempelgebäuden begegnete der einfache Galiläer den einflussreichen Juden mit allen Zeichen und aller Macht ihres Amtes. Nun entwickelte sich ein scharfer und langer Streit über Christus, seine Gottessohnschaft, aber auch über theologische Spitzfindigkeiten.

Die Schriftgelehrten und Hohenpriester fragten ihn: »Wer hat dir diese Vollmacht gegeben, dass du das tust?« (Mk 11,28)

Die Pharisäer und Herodes' Anhänger versuchten, Jesus mit seinen eigenen

Worten zu fangen, als sie fragten: »Ist's recht, dass man dem Kaiser Steuern zahle oder nicht?« (Mk 12,14)

Die Sadduzäer, die behaupteten, dass es keine Auferstehung gibt, fragten ihn: »Nun in der Auferstehung ... wessen Frau wird sie sein unter ihnen? Denn alle sieben haben sie zur Frau gehabt« (Mk 12,23).

Die Schriftgelehrten fragten ihn: »Welches ist das höchste Gebot von allen?« (Mk 12,28)

Nachdem Jesus allen geantwortet hatte, lesen wir: »Und niemand wagte mehr, ihn zu fragen« (Mk 12,34).

Es hatte den Anschein, als könne er bei seinen Antworten einer Denunziation vor der römischen Behörde nicht entgehen, aber er blieb unversehrt. Immer wieder musste Jesus sich verteidigen.

In den Reden am Ölberg offenbart Jesus, bevor er ans Kreuz geht, seinen betrübten Jüngern, was die Zukunft bringen wird (Mk 13). Er spricht zu ihnen von dem Ende dieser Welt, von der großen Versuchung und verheißt ihnen schließlich, dass er in Macht und Herrlichkeit wiederkehren wird.

Kapitel 14 beginnt mit der Verschwörung der Hohenpriester, die Jesus gefangennehmen und umbringen wollten, und mit der Salbung seines Körpers zum Begräbnis durch seine Freunde. Die traurige Geschichte des Verrates durch einen seiner Jünger (Mk 14,10-11), die Passahfeier und die Einsetzung des Abendmahles mit der Ankündigung des Verrates durch Judas, das alles drängt Markus in 25 kurze Verse.

Jesajas große Botschaft sagt, dass der Sohn Gottes der Knecht Gottes werden solle, um die Welt zu erlösen. Markus berichtet, wie die Leiden Jesu in Gethsemane und auf Golgatha die Prophezeiungen Jesajas erfüllen (vgl. Jes 53).

Der Knecht wird erhöht
(Markus 16,1-20)

Nachdem der Knecht sein Leben als ein Lösegeld für viele gegeben hatte, wurde er von den Toten auferweckt. Wir lesen denselben großen Auftrag (Mk 16,15), den auch Matthäus schildert (Mt 28,19-20). Der Missionsauftrag hat große Dringlichkeit. Kein Winkel der Welt darf unbesucht bleiben; keine Menschenseele darf ausgelassen werden.

Jerusalem im Modell. Im Vordergrund ist der Tempel zu sehen. In den wunderschön angelegten Tempelvorhöfen begegnete Jesus, der Galiläer aus einfachen Verhältnissen, den führenden Männern des Judentums.

Schließlich wurde Jesus in den Himmel aufgenommen, um zur Rechten Gottes zu sitzen (Mk 16,19). Er, der selbst Knecht geworden ist, wird nun über alle Maßen erhöht (vgl. Phil 2,7-9). Er sitzt nun auf dem Thron der Macht und tritt dauernd für uns ein.

28.

Das Lukas-Evangelium

Der Verfasser dieses dritten Evangeliums war der Arzt Lukas, der Gefährte des Apostels Paulus (Apg 16,10-24; 2Tim 4,11; Kol 4,14). Er war in Syrien geboren und offenbar kein Jude, denn in Kol 4,14 wird er zusammen mit Heidenchristen genannt. Aus Apg 1,1 erfahren wir, dass die Apostelgeschichte von demselben Verfasser geschrieben wurde.

Das Lukas-Evangelium wurde für die Griechen geschrieben. Denn neben den Juden waren auch Römer und Griechen auf das Kommen Christi vorbereitet worden. Sie hatten eine große Kultur und berühmte Philosophen. Lukas selbst war ein gebildeter Grieche und war damit für seine Aufgabe prädestiniert. Er zeigt Jesus als den vollkommenen Menschen.

In der Einleitung (Vers 1-4) wird neben der Offenbarung Gottes der menschliche Grund der literarischen Tätigkeit des Lukas sichtbar. Lukas widmete sein Evangelium einem Mann namens Theophilus, einem einflussreichen Mann, der vermutlich in Griechenland lebte.

Das Lukasevangelium ist das Evangelium für den Sünder. Es zeigt Christi leidenschaftliche Liebe, aus der heraus er Mensch wurde, um Menschen zu retten.

Im Lukas-Evangelium sehen wir, wie Gott sich offenbart. Lukas befasst sich mit der Menschlichkeit Jesu. Er zeigt ihn als einen Menschen mit all seinen Sympathien, Gefühlen und Kräften – ein Retter für alle. In diesem Evangelium sehen wir, wie der Gott der Herrlichkeit sich auf die menschliche Ebene herablässt, sich unter menschliche Bedingungen stellt und sich auf menschliche Umstände einlässt.

Das Lukas-Evangelium ist das Evangelium der Menschlichkeit Christi. Aber obwohl Jesus sich unter die Menschen mischt, steht er in scharfem Gegensatz zu ihnen. Er war der einzige Mensch, der auch Gott war. Der Unterschied zwischen Christus als dem Menschensohn und uns als Menschenkindern ist genauso groß wie der zwischen Christus als Gottessohn und uns als Gotteskindern. Der Unterschied ist nicht nur relativ, sondern absolut. Das wird ganz klar, wenn man die Worte des Engels an Maria liest: »Darum wird auch das Heilige, das geboren wird,

Lesevorschläge

Sonntag:	Der Menschensohn, »seinen Brüdern gleichgestellt«	*Lk 1,1-3,38*
Montag:	Der Menschensohn, »versucht wie wir«	*Lk 4,1-8,3*
Dienstag:	Der Menschensohn, »der unsere Schwachheit kennt«	*Lk 8,4-12,48*
Mittwoch:	Der Menschensohn, »in dem, was meines Vaters ist«	*Lk 12,49-16,31*
Donnerstag:	Der Menschensohn – »nie sprach ein Mensch wie dieser«	*Lk 17,1-19,27*
Freitag:	Der Menschensohn, der Erlöser, der uns ganz nahe steht	*Lk 19,28-23,56*
Samstag:	Die Auferstehung des Menschensohnes in Herrlichkeit	*Lk 24,1-53*

Diese winzige Tür führt in die Geburtskirche in Nazareth. Sie wurde verkleinert um zu verhindern, dass man zu Pferd in die Kirche ritt.

Gottes Sohn genannt werden« (Lk 1,35) – das bezieht sich auf die Menschlichkeit Jesu, aber diese steht im Gegensatz zu der unsrigen. Unsere Natur ist unrein (Jes 64,6), der Gottessohn aber war »heilig«, als er Mensch wurde. Adam war vor dem Sündenfall unschuldig, aber Christus war »heilig«.

Ganz im Sinne der Thematik eines Evangeliums hat der Arzt Lukas uns die meisten Einzelheiten über die wunderbare Geburt Jesu mitgeteilt. Christus, der Schöpfer des Weltalls, kam auf die Welt wie andere Menschen auch.

Interessanterweise erzählt nur Lukas die Geschichte von den Hirten auf dem Feld (Lk 2,8-20).

Aus seinem Evangelium erfahren wir, dass Jesus als Junge ganz natürlich aufwuchs (Lk 2,40.52). Als Kind hatte er seinen Eltern Josef und Maria zu gehorchen (2,5-1). Nur Lukas erzählt von dem zwölfjährigen Jesus im Tempel.

Als Mensch arbeitete er mit seinen eigenen Händen, er weinte über die Stadt Jerusalem, er »kniete im Gebet« und litt Todesqualen. All das ist typisch menschlich.

Lukas ist das Evangelium für die Ausgestoßenen auf der Welt. Es ist Lukas, der uns von dem barmherzigen Samariter (10,33) erzählt, von dem Pharisäer und dem Zöllner (18,13), von dem verlorenen Sohn (15,11-24), von Zachäus (19,2) und dem Schächer am Kreuz (23,43). Er ist auch der neutestamentliche Verfasser, der am meisten für die Frauen spricht (Kap 1 und 2). Lukas berichtet von Jesu Mitleid mit der Mutter des jungen Mannes aus Nain, seiner abgrundtiefen Barmherzigkeit gegenüber der großen Sünderin und von seiner Liebe zu Kindern (7,46; 8,3; 8,42; 9,38; 10,38-42; 11,27; 23,27).

Nur Lukas erzählt uns, dass Jesus über Jerusalem weinte, als er die Stadt sah; nur Lukas erzählt, dass Jesus im Garten Gethsemane Blut schwitzte und dass er dem sterbenden Schächer am Kreuz seine Barmherzigkeit zuteil werden ließ. Nur Lukas berichtet die Geschichte von den Emmaus-Jüngern. Und er alleine berichtet auch, dass Jesus seine Jünger bis nach Betanien führte und von ihnen wegging, nachdem er seine Hände aufgehoben und sie gesegnet hatte.

Das Lukas-Evangelium ist auch ein dichterisches Werk. Es beginnt mit einem Lied: »Ehre sei Gott in der Höhe« und es schließt mit einem Lied: Sie priesen Gott. Seitdem hat die Welt nicht aufgehört zu singen. Das Lukas-Evangelium enthält kostbare Perlen christlichen Liedgutes:

Das *Magnificat* – Marias Freudenhymnus *(1,46-55)*.

Das *Benedictus (1,68-79)* – Das Lied des Zacharias.

Das Lied der Engel *(2,8-14)*.

Mehr als alle anderen Evangelisten schreibt Lukas darüber, dass Jesus betet. Gebet ist der Ausdruck menschlicher Abhängigkeit von Gott.

Das Schwierigste, was die Juden und die Judenchristen lernen mussten, war, dass die Heiden ganz und bedingungslos in das Gottesreich und die Kirche aufgenommen wurden. Das hatte schon Simeon kurz nach der Geburt Jesu erkannt (vgl. Lk 2,32).

Christus sandte nicht nur die zwölf Jünger »zu den verlorenen Schafen des Hauses Israel« (Mt 10,6) aus, wie Matthäus, der besonders für die Juden schreibt, berichtet, sondern außerdem noch 70 Jünger »in alle Städte und Orte« (Lk 10,1). Das Wirken Jesu im Land östlich des Jordan galt vornehmlich den Heiden.

Die Vorbereitung des Menschensohnes (Lukas 1,1-4,13)

Der Anfang dieses Buches ist bezeichnend. Ein Mensch soll beschrieben werden, und Lukas, der Verfasser, versucht die Aufmerksamkeit eines guten Freundes, Theophilus, zu gewinnen. Er berichtet ihm von seiner persönlichen Erfahrung – »Nachdem ich alles von Anbeginn sorgfältig erkundet habe.« Lukas zeigt etwas echt Menschliches in seiner Art, den Menschen Christus Jesus darzustellen.

Auch das stark auf die menschliche Situation bezogene Anfangskapitel ist charakteristisch: »Zu der Zeit des Herodes, des Königs von Judäa, war ein Priester ...«

In Kapitel 2 schreibt er: »Es begab sich aber zu der Zeit, dass ein Gebot ... ausging, dass alle Welt geschätzt würde« (Lk 2,1). Dann wird etwas berichtet, was wir niemals bei Matthäus fänden, nämlich dass Josef und Maria »hingingen und sich schätzen ließen« wie alle, die in ihre Geburtsstadt gingen. Lukas zeigt hier nicht einen, der zu herrschen beansprucht, sondern einen, der herabgekommen ist, um den Platz des Menschen einzunehmen.

Gott erfüllt, was die Propheten geweissagt haben. Micha hatte gesagt, dass Bethlehem der Geburtsort Jesu sein werde (Mi 5,2-5), denn er stammte aus der Familie Davids. Aber Maria lebte in Nazareth, einer Stadt, die 160 Kilometer davon entfernt lag. Die römische Regierung erließ eine Verordnung, die Maria und Josef zwang, gerade zu dem Zeitpunkt nach Bethlehem zu gehen, als das Kind geboren werden sollte.

Säulen bei Hippos, östlich von Galiläa. Möglicherweise trieb Jesus hier den bösen Geist namens „Legion" aus. Jesus wirkte auch östlich des Jordans unter Nichtjuden.

Der Marktplatz in Nazareth hat sich im Lauf der Jahrhunderte kaum verändert.

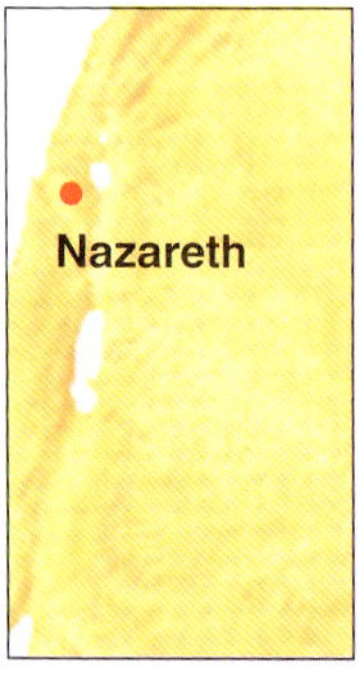

Wir hören die Botschaft der Engel an die Hirten. Der Engel verkündet ihnen: »Siehe, ich bringe euch große Freude, die allem Volke widerfahren wird. Denn euch ist heute der Heiland geboren, ... in der Stadt Davids« (also nicht ein König) (Lk 2,10-12).

Warum ließ der Vater zu, dass sein heiliger Sohn, als er Mensch wurde, in diesem armseligen Winkel der Welt geboren wurde? Nur Lukas kommt auf diesen Aspekt seiner Menschlichkeit zu sprechen.

Die Kindheit Jesu

»Das Kind aber wuchs und ward stark, voller Weisheit, und Gottes Gnade war bei ihm« (Lk 2,40). Als Jesus zwölf Jahre alt war, ging er mit seinen Eltern nach Jerusalem zum Passahfest wie jeder jüdische Junge dieses Alters. Hier kommt es zu dem ersten Selbstzeugnis seiner Göttlichkeit: »Das Kind Jesus blieb in Jerusalem und seine Eltern wussten es nicht.« Man fand ihn »im Tempel sitzen mitten unter den Lehrern, wie er ihnen zuhörte und sie fragte« (Lk 2,46). »Und alle, die ihm zuhörten, verwunderten sich über seinen Verstand und seine Antworten.« Lukas schreibt, dass Jesus mit Weisheit erfüllt war. Dicht verwoben mit dem Menschlichen gibt es bei ihm doch immer wieder Zeichen dafür, dass er mehr als ein Mensch war. Hier hören wir auch Jesu erste Worte: »Wisst ihr nicht, dass ich sein muss in dem, was meines Vaters ist?« Dann lesen wir: »Und er ging mit ihnen hinab und kam nach Nazareth und war ihnen untertan« (Lk 2,51). »Und Jesus nahm zu an Weisheit, Alter und Gnade bei Gott und den Menschen« (2,52).

Achtzehn Jahre des Schweigens folgen. Wir lesen von Johannes dem Täufer, der »Buße zur Vergebung der Sünden« predigt (Lk 3,3). Dann kam Jesus, um sich taufen zu lassen. Nur Lukas erzählt uns: »Als alles Volk sich taufen ließ und Jesus auch getauft worden war und betete, da tat sich der Himmel auf« (Lk 3,21).

Er kam auf eine Ebene mit den Menschen. Matthäus und Lukas berichten von der Taufe Jesu, Johannes lässt sie aus, denn hier wird Christus vor allem als der eingeborene Sohn Gottes gesehen. Nur im Lukas-Evangelium lesen wir, in welchem Alter Jesus seine öffentliche Wirksamkeit begann (Lk 3,23).

Der Stammbaum Jesu

Im Lukas-Evangelium wird der Stammbaum Jesu anlässlich seiner Taufe und nicht bei seiner Geburt mitgeteilt (Lk 3,23). Er beginnt mit Adam. Lukas will seine Verbindung mit dem ganzen Menschengeschlecht darstellen; deshalb geht sein Stammbaum auf Adam, den Vater der Menschheitsfamilie, zurück.

In Lukas 3,23 führt der Stammbaum Jesu über seine Mutter. Es wird nicht gesagt, dass Jesus der Sohn Josefs ist, sondern: »Er wurde gehalten für einen Sohn Josefs.«

Der davidische Stammbaum führt über Nathan und nicht über Salomo. Auch das ist wichtig. Der Messias muss der Sohn und Erbe Davids (2Sam 7,12-13; Röm 1,3! Apg 2,30-3 l) und im wörtlichen Sinne ein Nachkomme aus Fleisch und Blut sein. Deshalb muss Maria ebenso wie Josef zum Hause Davids gehören (Lk 1,32).

»Jesus aber, voll Heiligen Geistes, kam wieder von dem Jordan und wurde vom

Geist in die Wüste geführt und vierzig Tage lang von dem Teufel versucht« (Lk 4,1.2). Nur hier erfahren wir, dass Jesus »voll des Heiligen Geistes« war, als er von seiner Taufe kam. Dann folgt der Bericht über seine Versuchung. Besonders zu bemerken ist, dass Lukas der Einzige ist, der uns berichtet: »Jesus kam in der Kraft des Geistes wieder nach Galiläa« (Lk 4,14). Das zeigt, dass es dem Satan nicht gelungen war, die Gemeinschaft des Menschensohnes auf Erden mit seinem Vater im Himmel zu brechen.

Der Zweck der Versuchung lag nicht darin, herauszubekommen, ob Jesus sich dem Satan ausliefern würde oder nicht, sondern zu zeigen, dass es nichts gab, woran Satan anknüpfen konnte. Christus konnte versucht und geprüft werden, aber je stärker der Teufel Christus angriff, desto herrlicher offenbarte sich seine Vollkommenheit.

Der Dienst des Menschensohnes (Lukas 4,14-19,48)

Wenn wir das Lukas-Evangelium von Kapitel 4,14 an durchlesen, finden wir die Ereignisse des Lebens Jesu in folgender Reihenfolge berichtet:

Nach seiner Taufe im Jordan ging Jesus in die Wüste, wo er vom Satan versucht wurde.

Jesu Wirken in Galiläa – *Lukas 4,14-9,50*

Sein Dienst in Nazareth, seiner Heimatstadt *4,16-30*
Seine Verkündigung in Kapernaum *4,31-44*
Die Berufung des Petrus, Jakobus und Johannes *5,1-11*
Die Berufung des Matthäus *5,27-32*
Die Pharisäer *6,1-11*
Die Erwählung der zwölf Apostel *6,12-16*
Die Unterweisung der Jünger *6,17-49*

Der so genannte „Berg der Versuchung" bei Jericho.

Gegenüberliegende Seite: Wadi Quilt in der Wüste Juda. In solch einer Wüstenlandschaft wurde Jesus vom Satan versucht.

Wundertaten	*7,1-17*
Gedanken des Lehrers	*7,18-50*
Gleichnisse	*8,4-18*
Die wahren Verwandten Jesu	*8,19-21*
Die Stillung des Sturmes	*8,22-25*
Die Heilung des Besessenen	*8,26-39*
Die Heilung der am Blutfluss erkrankten Frau	*8,40-48*
Die Auferweckung der Tochter des Jairus	*8,49-56*
Die Sendung der Zwölf	*9,1-10*
Die Speisung der 5000	*9,10-17*
Das Bekenntnis des Petrus	*9,18-20*
Die Verklärung	*9,28-36*
Die Heilung eines Fallsüchtigen	*9,37-43*

Jesu Wirken in Judäa – *Lukas 9,51-19,27*

Die Aussendung der 70	*10,1-24*
Die Frage des Schriftgelehrten	*10,25-37*
Jesu Freunde, Marta und Maria	*10,38-42*
Die Unterweisung der Jünger zum Gebet	*11,1-13*
Die Zeichenforderung der Pharisäer	*11,14-36*
Warnung vor den Pharisäern	*12,1-12*
Die Sünde der Habsucht	*12,13-59*
Buße	*13,1-9*
Das Königreich Gottes	*13,18-30*
Jesus spricht über Gastlichkeit	*14,1-24*
Jesus spricht über Selbstverleugnung	*14,25-35*
Der Heiland und die Verlorenen	*15,1-32*
Der untreue Haushalter	*16,1-30*
Aufbruch nach Jerusalem	*17,11-19,27*

Jesu Wirken in Jerusalem – *Lukas 19,28-24,53*

Sein triumphaler Einzug	*19,28-38*
Die Pharisäer fragen nach Jesu Vollmacht	*20,1-21,4*
Ereignisse der Zukunft	*21,5-38*
Jesu letztes Passahmahl	*22,1-38*
Jesus wird verraten und gefangen genommen	*22,39-62*
Jesus wird von dem Hohenpriester verhört	*22,63-71*
Jesus wird vor Pilatus verhört	*23,1-25*
Die Kreuzigung	*23,26-49*
Das Begräbnis	*23,50-56*
Die Auferstehung	*24,1-49*
Die Himmelfahrt	*24,50-53*

Säulen der wiederaufgebauten Synagoge von Kapernaum. Kapernaum war das Zentrum des Wirkens Jesu in Galiläa.

Diese Aufzählung ist natürlich nicht vollständig, sie gibt eine grobe Übersicht über das reich gefüllte Leben des Menschensohnes auf Erden. Das Schlüsselwort seines Wirkens ist »Barmherzigkeit«.

Nach der Versuchung kam Jesus »nach Nazareth, wo er aufgewachsen war, und ging nach seiner Gewohnheit am Sabbat in die Synagoge und stand auf und wollte lesen« (Lk 4,16). Er ging an den Ort, wo er erzogen worden war.

In der Synagoge von Nazareth verkündigte Jesus, dass Gott ihn dazu »gesalbt hat, zu verkündigen das Evangelium den Armen und zu predigen den Gefangenen, dass sie frei sein sollen, und den Blinden, dass sie sehen sollen, und den Zerschlagenen, dass sie frei und ledig sein sollen« (Lk 4,18-19). Er wählte einen Text aus Jesaja (6,1-2), der das Thema seiner ganzen

Dieser Esel in Jerusalem erinnert uns an den Esel, den sich Jesus am Palmsonntag auslieh.

Sendung auf die Erde umfasst. Er war von Gott gesandt und beauftragt und mit göttlicher Kraft für sein Werk ausgestattet.

Schon zu einem frühen Zeitpunkt in Jesu Wirken sehen wir Menschen aus seiner eigenen Heimatstadt, die entschlossen sind, ihn zu töten (Lk 4,28-30). Sie sagten: »Ist dies nicht Josefs Sohn?« Das ist der erste Hinweis auf seine zukünftige Ablehnung durch die Menschen. Er sagte von sich selbst, dass er der Messias sei (Lk 4,21). Doch sie waren zornig darüber, dass ihr jüdischer Messias auch zu den »Heiden« gesandt war (Lk 4,24-30). Sie glaubten, Gottes Gnade beschränke sich nur auf die Juden, und deshalb wollten sie ihn töten. Wegen ihres Unglaubens weigerte er sich, unter ihnen Wunder zu tun. Sie versuchten, ihn von einem Berg herabzustürzen, aber er entkam und ging nach Kapernaum (Lk 4,29-31).

Wenn man Lukas 4,16 mit Matthäus 13,54 vergleicht, stellt sich heraus, dass er offenbar einige Monate später noch ein zweites Mal nach Nazareth kam, aber wiederum keinen Erfolg hatte.

Ein weltweites Evangelium

Lukas zeigt, wie Jesus die Schranken zwischen den Juden und den Heiden niederreißt und die Buße und den Glauben zur einzigen Bedingung der Aufnahme ins Reich Gottes macht: »... und dass gepredigt wird in seinem Namen Buße zur Vergebung der Sünden unter allen Völkern. Fangt an in Jerusalem« (Lk 24,47). Das Evangelium von Jesus Christus ist die lebendige Wahrheit Gottes, die allen Völkern und allen Gesellschaftsschichten gilt (vgl. Röm 1,16).

Als Menschensohn sieht Christus die Not der Heiden, wie er eben die Nöte aller Menschen sieht. Lukas 6, das inhaltlich mit der Bergpredigt im Matthäus-Evangelium nahezu übereinstimmt, bringt Lehren, die sich auf alle Nöte und Bedürfnisse der Menschen beziehen. Lukas verdichtet in wenigen Versen, was Matthäus in drei Kapiteln berichtet (6,20-49). Er bezieht sich dabei nicht auf »das Gesetz und die Propheten« wie Matthäus in seinem Evangelium.

Jesus richtet hier ausgewählte Worte an seine Jünger. Die Seligpreisungen geben ein Bild des echten Christseins. »Selig sind ...« – so beginnen sie alle. Nicht, was wir uns zu sein bemühen, sondern was wir in Christus sind, bringt Freude.

Die Jünger werden beauftragt

Bei der Beauftragung der Zwölf (Lk 9) erkennen wir, dass ein weiterer Wirkungsbereich ins Auge gefasst wird. Im Matthäus-Evangelium hören wir den Herrn sagen: »Geht nicht den Weg zu den Heiden und zieht in keine Stadt der Samariter, sondern geht hin zu den verlorenen Schafen aus dem Hause Israel« (Mt 10,5-6). Lukas lässt das aus und schreibt: »Und er sandte sie aus, zu predigen das Reich Gottes und die Kranken zu heilen ... und sie gingen hinaus und zogen von Dorf zu Dorf, predigten das Evangelium und machten gesund an allen Orten« (Lk 9,2.6).

Wo immer dieser Mann Jesus Christus ging, folgte ihm eine große Menschenmenge und »suchte ihn anzurühren; denn es ging eine Kraft von ihm aus, und er heilte sie alle« (Lk 6,19). Er verschenkte sich selber.

Wir sehen, dass Jesus Vollmacht über Krankheit und Tod hat (Lk 7,1-17). Man nennt ihn einen »Freund der Zöllner und Sünder« (Lk 7,34). Er war »gekommen, zu suchen und selig zu machen, was verloren ist« (Lk 19,10).

Jesus Christus, der Lehrer

Die Schüler – Jesus war ein Lehrer. Seine Schüler wurden unterwiesen und darin ausgebildet, seine Botschaft weiterzusagen (Lk 6,12-16).

Die Schule – Die Aufnahme in diese Schule wird überwacht. Man muss einiges mitbringen. Aber andererseits kann man leicht hineinkommen. Alter, Geschlecht, Volkszugehörigkeit oder Hautfarbe stellen kein Hindernis dar (Lk 14,25-33).

Eintrittsbedingung – »Wer nicht sein Kreuz trägt und mir nachfolgt, der kann nicht mein Jünger sein« (Lk 14,27). »So auch jeder unter euch, der sich nicht lossagt von allem, was er hat, der kann nicht mein Jünger sein« (Lk 14,33).

Prüfungen – Jesus kennt die Fähigkeiten und die Schwächen jedes Schülers seiner Schule. Er prüft je nach Begabung.

Eine praktische Schule – Jesus lehrte seine Jünger nicht nur, sondern er ließ sie auch die großen Taten, die er vollbrachte, ausprobieren (Lk 10,1-12,28.36-37; 11,35; 12,8-9; 14,25-33; 18,18-26).

Die Lehre – In der Schule Jesu ist ein Studium des Königreiches und des Königs eingeschlossen (Lk 7,28; 8,1; 9,2.11.62; 13,20-21; 12,32; 19,12.15; 22,29; 13,28-29; 17,20; 18,29).

Das Leiden des Menschensohnes (Lukas 20,1-23,56)

Jesus sitzt mit seinen Jüngern um den Tisch und feiert das Passahfest. Damals stiftete er das, was wir heute das »Abendmahl« nennen. Seine Worte lauten: »... Das ist mein Leib, der für euch gegeben wird ... Dieser Kelch ist der Neue Bund in meinem Blute, das für euch vergossen wird« (Lk 22,19-20). Das ist anders formuliert als bei Matthäus und Markus. Diese schreiben: »Mein Blut, das für viele vergossen wird.« Lukas drückt die persönliche Liebe Jesu auf diese besondere Weise aus. Er fügt auch hinzu: »Solches tut zu meinem Gedächtnis.«

Am Karfreitag tragen Pilger ein großes Holzkreuz durch die Straßen.

Ein einsamer Weg im Garten Gethsemane in Jerusalem.

Wenn wir die Berichte über die traurigen Ereignisse um Jesu Tod verfolgen, finden wir die Jünger beim Streit darüber, wer von ihnen der Größte im Himmelreich sein werde (Lk 22,24-27). Wir folgen Petrus von diesem Augenblick an und hören die tragische Geschichte, die mit der Verleugnung seines Herrn und Meisters endet (Lk 22,54-62).

Gethsemane

Nun blicken wir in den Garten Gethsemane. Jesus betet, und auf seiner Stirn war der Schweiß »wie Blutstropfen«. Lukas berichtet uns, dass Engel kamen, um ihm, dem Menschensohn, zu dienen. Das lassen Matthäus und Markus aus.

Im Dunkel des Gartens kommt eine Gruppe Soldaten heran; sie wird von Judas angeführt. Er tritt vor und küsst Jesus. Auch er war ein Jünger. Aber die Propheten hatten vorhergesagt, dass Jesus von einem Freund verraten und für 30 Silberlinge verkauft werden würde (Lk 22,47-62; Ps 41,10; Sach 11,12).

Das Schlimmste von allem: Seine Freunde verließen ihn alle. Petrus verleugnete ihn, und alle fielen von ihm ab und flohen, außer dem Lieblingsjünger Johannes. Nur Lukas erzählt uns, dass Jesus Petrus, den Verleugner, anblickte und mit seiner Liebe dessen Herz rührte.

Wir folgen Jesus in das Richthaus des Pilatus und bis vor Herodes Antipas (Lk 23,1-12). Wir folgen Jesus auf der Via Dolorosa (Leidensweg) zum Kreuz (Lk 23,27-38). Lukas lässt vieles von dem aus, was Matthäus und Markus berichten, aber er allein gibt das Gebet Jesu am Kreuz wieder (Lk 23,13-46).

Auf Golgatha standen drei Kreuze. An einem von ihnen hing ein Mörder, der für seine Verbrechen starb. Lukas erzählt uns auch dessen Geschichte (Lk 23,39-45). So wie dieser Mensch gerettet wurde, muss jeder Sünder gerettet werden. Er glaubte an das Lamm Gottes, das an jenem Tag am Kreuz starb, um die Strafe für die Sünde zu bezahlen.

Der Kreuzigungsbericht endet mit dem Ruf des Menschensohnes: »Vater, ich befehle meinen Geist in deine Hände!« Der Hauptmann am Kreuz bezeugt ganz im Sinne des Lukas-Evangeliums: »Fürwahr, dieser ist ein frommer Mensch gewesen.«

Der Sieg des Menschensohnes (Lukas 24,1-53)

Lukas berichtet eine Ostergeschichte, die die anderen Evangelisten nicht berichten. Es ist die Geschichte der Emmaus-Jünger.

Jesus zeigt diesen Jüngern, dass er als ihr auferstandener Herr derselbe liebende und verständnisvolle Freund ist, der er vor seinem Tod war.

Als die Jünger mit ihm gesprochen hatten, bedrängten sie den Meister, hereinzukommen und über Nacht bei ihnen zu bleiben.

Er offenbarte sich ihnen, als er die am Kreuz durchbohrten Hände aufhob und mit ihnen das Brot brach. Dabei erkannten sie ihn, aber er verschwand wieder. Als sie nach Jerusalem zurückkehrten, um den anderen von ihrem Erlebnis zu berichten, bestärkten diese ihre Aussagen durch eigene Begegnungen mit Jesus. Alle bezeugten ihnen, dass er ein wirklicher Mensch aus Fleisch und Blut war. Diese Einzelheiten gehören zum Lukas-Evangelium.

Nicht weniger als elf Erscheinungen des auferstandenen Jesus werden berichtet. Zunächst die Erscheinung vor den Frauen, vor Maria und den anderen (Mk 16; Joh 20,14); die Erscheinung vor Petrus allein (Lk 24,34) – die Erscheinung vor den beiden Emmaus-Jüngern (Lk 24,13); die Erscheinung vor den zehn Aposteln in Jerusalem (bei der Thomas fehlte) (Joh 20,19); die Erscheinung vor den elf übrig gebliebenen Jüngern (Joh 20,26.29); später die Erscheinung vor sieben Jüngern am See Tiberias (Joh 21,1); dann noch einmal vor allen Jüngern auf einem Berg in Galiläa (Mt 28,16) und danach vor 500 Brüdern auf einmal (1Kor 15,6); dann die Erscheinung vor Jakobus (1Kor 15,7) und schließlich die vor der kleinen Gruppe auf dem Ölberg bei seiner Himmelfahrt (Lk 24,51).

Es wird uns berichtet, dass seine Jünger ihn dreimal nach seiner Auferstehung berührten (Mt 28,9; Lk 24,39; Joh 20,27) und er auch mit ihnen aß (Lk 24,42; Joh 21,12-13).

Als Jesus seine Hände ausbreitete, und seine Jünger segnete, verschwand er. Die Tatsache, dass er »auffuhr gen Himmel« (Lk 24,51), offenbart noch einmal, dass er ein Mensch gewesen war.

Karfreitagsprozession in den Straßen von Jerusalem.

Jetzt ist er nicht mehr der räumlich gebundene und in seinem Wirken auf Jerusalem beschränkte Jesus, sondern der weltweite Christus. Seinen Jüngern, die trauerten und dachten, er sei nun nicht mehr bei ihnen, konnte er sagen: »Siehe, ich bin bei euch alle Tage.« Wie unterscheidet sich doch die Hoffnung und die Freude dieser erwählten Nachfolger von ihrer Verzweiflung und Beschämung bei der Kreuzigung! Sie kehren um nach Jerusalem mit großer Freude.

29.

Das Johannes-Evangelium

In den ersten 18 Versen, dem so genannten Prolog, und auch in Johannes 20,31 gibt der Verfasser das Ziel seines Buches ganz deutlich zu erkennen. Johannes schrieb, um Glauben an Jesus Christus, den verheißenen Messias der Juden und den Gottessohn der Heiden, zu erwecken und die Gläubigen in ein Leben der Gemeinschaft mit Gott zu führen. Das Schlüsselwort ist »Glauben«. 98-mal kommt es im Evangelium vor.

Das Thema des Johannes-Evangeliums ist die Gottheit Jesu Christi. Hier wird uns gezeigt, dass das »Kind von Bethlehem« niemand anderes als »der eingeborene Sohn vom Vater« ist. Zahllose Zeichen und Beweise dafür zeigt das Johannes-Evangelium auf. Obwohl »alle Dinge durch ihn geschaffen waren«, obwohl »in ihm das Leben war«, »wurde er doch Fleisch und wohnte unter uns«. Niemand kann Gott sehen; deswegen kam Christus, um ihn zu offenbaren.

Was im Johannes-Evangelium nicht berichtet wird

Es wird kein Stammbaum mitgeteilt.

Die Umstände seiner Geburt werden nicht mitgeteilt – denn er war »von Anfang an«.

Es wird nichts über seine Kindheit gesagt.

Wir finden keinen Bericht über seine Versuchung. Jesus wird mehr als Christus und als der Sohn Gottes gezeigt und nicht als der, der als Mensch in allen Stücken versucht wurde wie wir.

Es wird keine Verklärungsgeschichte mitgeteilt.

Keine Jüngerberufung wird berichtet.

Im Johannes-Evangelium gibt es (im strengen Sinn) keine Gleichnisse.

Kein Bericht über die Himmelfahrt wird mitgeteilt.

Kein Missionsbefehl wird erteilt.

Der Verfasser

Der Verfasser war Johannes, der »Jünger, den Jesus lieb hatte«. Sein Vater war der Fischer Zebedäus; seine Mutter war Salome, eine treue Nachfolgerin des Herrn, die eine Schwester Marias, der Mutter

Lesevorschläge

Sonntag:	Das Wort wurde Fleisch	*Joh 1,1-51*
Montag:	Christus liebte	*Joh 3,1-36*
Dienstag:	Christus gibt volles Genüge	*Joh 4,1-54*
Mittwoch:	Christus, das Brot des Lebens	*Joh 6,1-59*
Donnerstag:	Christus, das Licht der Welt	*Joh 9,1-41*
Freitag:	Christus, unser guter Hirte	*Joh 10,1-39*
Samstag:	Christus verheißt den Tröster	*Joh 14,1-31*

Jesu gewesen sein könnte (Mk 15,40; Joh 19,25). Sein Bruder war Jakobus. Er hatte vielleicht eine etwas höhere Stellung als die eines gewöhnlichen Fischers.

Johannes war ungefähr 25 Jahre alt, als Jesus ihn berief. Während der Regierungszeit Domitians wurde der Jünger Johannes auf die Insel Patmos verbannt, kehrte aber später nach Ephesus zurück und wurde Leiter der dortigen Gemeinde. Dort lebte er bis ins hohe Alter und starb als letzter der zwölf Apostel. Während dieser Zeit schrieb er sein Evangelium über die Gottheit Christi, der wie der Vater von Ewigkeit her ist.

Johannes schrieb sein Buch vermutlich zwischen 80 und 100 n.Chr, als das ganze Neue Testament, mit Ausnahme seiner Schriften, schon vollständig verfasst worden war.

Leben und Wirken Jesu waren zu dieser Zeit wohl schon bekannt. Das Evangelium war schon verkündigt worden; die Apostel Petrus und Paulus hatten den Märtyrertod erlitten und alle Apostel waren schon tot; Jerusalem war durch römische Legionen unter Titus 70 n.Chr. zerstört worden.

Die synoptischen Evangelien, also Matthäus, Markus und Lukas, wurden vor 70 n.Chr. geschrieben, dem Schicksalsjahr des Sturzes Jerusalems. Und bereits zu diesem Zeitpunkt kursierten Aussagen, die leugneten, dass Jesus Christus, der Sohn Gottes, wirklich Mensch geworden war. Deswegen bezeugte Johannes gerade diesen Sachverhalt und berichtete von den Worten und Werken Jesu, die seine göttliche Kraft und Herrlichkeit offenbarten.

Der Ton und der Blickwinkel des Johannes-Evangeliums sind anders als in den anderen Evangelien. Bei Matthäus, Markus und Lukas wird Christus vor allem in Beziehung zu den Menschen gesetzt, aber im Johannes-Evangelium sehen wir seine geistliche Beziehung zu Gott. Im Matthäus- und Lukas-Evangelium verbinden die Titel »Davidssohn« und »Menschensohn« Christus mit der Erde. Im Johannes-Evangelium verbindet der Titel »Gottessohn« ihn mit dem Vater im Himmel.

Wird im Lukas-Evangelium besonders die Vollkommenheit der Menschlichkeit von Jesus Christus hervorgehoben, so tritt im Johannes-Evangelium seine Göttlichkeit in den Vordergrund.

Das Johannes-Evangelium zeigt Jesus, der bei Gott wohnte, bevor irgendetwas geschaffen war (Joh 1,1-2). Er wird als der »eingeborene Sohn des Vaters« bezeichnet (1,14). »Dieser ist Gottes Sohn« (1,34ff).

35-mal spricht Jesus im Johannes-Evangelium von Gott als von »meinem Vater«.

Neben seinen eigenen Versicherungen bestätigen sechs verschiedene Zeugen seine Gottheit.

Jesu Gottheit offenbart sich in jedem Kapitel des Evangeliums

1. Bei Natanaels Bekenntnis: »Du bist Gottes Sohn« (1,49).

2. Bei dem Wunder zu Kana »offenbarte er seine Herrlichkeit« (2,11).

3. In seinem Gespräch mit Nikodemus sagt er von sich, er sei »der eingeborene Sohn des Vaters« (3,16).

4. In seinem Gespräch mit der Samariterin am Jakobsbrunnen sagt er: »Ich bin's, der mit dir redet (der Messias)« (4,26).

5. Bei den Kranken am Teich Betesda offenbarte er, dass »die Stimme des Gottessohnes« Leben gibt (5,25).

6. In der »Brotrede« sagt er: »Ich bin das Brot des Lebens« (6,35).

7. In der Rede vom Lebenswasser ruft er aus: »Wen da dürstet, der komme zu mir und trinke« (7,37).

8. Den ungläubigen Juden bezeugt er: »Ehe Abraham wurde, bin ich« (8,58).

9. Dem Blinden wurde gesagt: »Der mi dir redet« ist der Sohn Gottes (9,37).

10. Jesus bekennt: »Ich und der Vater sind eins« (10,30).

11. Marta bekennt: »Du bist Christus, der Sohn Gottes« (11,27).

12. Den Griechen sagt er: »Und ich, wenn ich erhöht werde von der Erde, so will ich alle zu mir ziehen« (12,32).

13. Beim Abendmahl spricht er: »Ihr nennt mich Meister und Herr ..., denn ich bin's auch« (13,13).

14. Jesus fordert auf: »Glaubt an Gott und glaubt an mich« (14,1).

15. Beim Gleichnis vom Weinstock sagt er: »Ohne mich könnt ihr nichts tun« (15,5).

16. Bei der Verheißung des Heiligen Geistes sagt er: »Ich will ihn zu euch senden« (16,7).

17. Im so genannten »Hohenpriesterlichen Gebet« bittet er Gott: »Verherrliche deinen Sohn« (17,1).

18. Bei seinem Prozess sagt er: »Du sagst es, ich bin ein König« (18,37).

19. Bei seinem Sühnetod hatte er das Recht zu sagen: »Es ist vollbracht« (19,30).

20. Thomas, der Zweifler, bekennt zuletzt: »Mein Herr und mein Gott« (20,28).

21. Jesus fordert Gehorsam mit den Worten: »Folge du mir nach« (21,22).

Sieben Zeugen

Das Johannes-Evangelium wurde geschrieben, damit die Menschen glauben, dass Jesus Christus Gott sei. Johannes nennt sieben Zeugen, die diese Tatsache beweisen sollen. Hören wir, wie jeder es auf seine Weise bezeugt.

Johannes der Täufer: »Es ist der Sohn Gottes« (1,34).

Natanael: »Du bist der Sohn Gottes« (1,49).

Petrus: »Du bist der Heilige Gottes« (6,69).

Marta: »Du bist der Christus, der Sohn Gottes« (11,27).

Thomas: Er ist »mein Herr und mein Gott« (20,28).

Johannes: »Jesus ist der Christus, der Sohn Gottes« (20,31).

Christus selbst: »Ich bin der Sohn Gottes« (10,36).

Sieben Wunder

Neben den sieben Zeugen im Johannes-Evangelium stoßen wir auf sieben Zeichen oder Wunder, die bezeugen, dass Christus Gott ist. »Denn niemand kann die Zeichen tun, die du tust, es sei denn Gott mit ihm« sagt Nikodemus (Joh 3,2).

Folgende Zeichen werden erwähnt:

Die Verwandlung von Wasser in Wein	2,1-11
Die Heilung des Sohnes eines königlichen Beamten	4,46-54

Ruinen des antiken Betesda-Teiches, wo Jesus zeigte, dass er die Macht besaß, Menschen zu heilen.

Die Heilung des Kranken von Betesda	5,1-47
Die Speisung der Fünftausend	6,1-15
Das Wandeln auf dem See	6,16-21
Die Heilung des Blinden	9,1-41
Die Auferweckung des Lazarus	11,1-57

Die sieben »Ich bin«-Worte

Durch das ganze Johannes-Evangelium zieht sich noch ein weiteres Zeugnis für die Gottheit Jesu, die »Ich bin«-Worte. Er sagt:

»ICH BIN das Brot des Lebens«	6,35
»ICH BIN das Licht der Welt«	8,12
»Bevor Abraham war, BIN ICH«	8,58
»ICH BIN der gute Hirte«	10,11
»ICH BIN die Auferstehung und das Leben«	11,25
»ICH BIN der Weg, die Wahrheit und das Leben«	14,6
»ICH BIN der Weinstock«	15,1

Nur Johannes berichtet von dem Triumphruf am Kreuz: »Es ist vollbracht!« Nur der Gottessohn konnte das Werk der Rettung vollenden (Joh 19,30).

Johannes sagt selber, dass er sein Evangelium schrieb, damit die Menschen glauben, dass Jesus der Christus sei. Das richtet sich ganz besonders an die Juden, die zu einem persönlichen Glauben an den irdischen Jesus »als den Messias« geführt werden sollen, der zur Erfüllung aller alttestamentlichen Verheißungen kam.

Im Johannes-Evangelium offenbart sich Jesus als der Messias. »Messias« bedeutet: »Gottes Gesalbter«. Natanael sagt: »Rabbi, du bist Gottes Sohn; du bist der König Israels« (1,49).

Der Frau am Jakobsbrunnen erklärt Jesus selbst, dass er der lang erwartete Messias sei (4,26).

Vor Pilatus bezeugte Jesus sein Königtum.

Der große Prolog (Johannes 1,1-18)

Wir schlagen das Johannes-Evangelium auf mit der Frage, die Jesus im Matthäus-Evangelium stellt: »Was denkt ihr von dem Christus?« (Mt 22,42). Ist er nur der größte Lehrer der Welt oder ist er wirklich Gott? Ist er ein Prophet oder ist er der Retter der Welt, dessen Kommen von den Propheten vorhergesagt wurde?

Alle Themen, die Johannes in seinem Buch besprechen will, drängt er schon in die ersten 18 Verse.

Das Ziel des Johannes lesen wir in 20,31: Die Leser sollen glauben, dass Jesus der Christus ist. Wir wollen dieses Evangelium so durcharbeiten, dass wir das von Johannes angegebene Ziel klar im Auge behalten. Während wir das Buch lesen, wollen wir sehen, wie dieser Plan sich entfaltet und dieses Ziel gezeigt wird.

Der Gottessohn

Johannes beginnt seinen Bericht mit Aussagen über Jesus Christus vor seiner Fleischwerdung. Gott sandte seinen Sohn nicht in die Welt, damit er sein Sohn würde, denn er ist bereits der ewige Sohn.

Christus *hatte* keinen Anfang. Er *war* im Anfang. Er ist ewig. Christus war vor allen Dingen, deshalb ist Jesus kein Teil der Schöpfung – er ist der Schöpfer (Kol 1,16; Hebr 1,2).

»Das Wort war bei Gott.« Er ist eine Person der Gottheit. Er wird »das Wort« genannt. Er kam, um Gott zu offenbaren, Gott auszusprechen. Worte offenbaren das Herz und den Geist; so bezeugt, offenbart und zeigt Christus Gott. Jesus sagte zu Philippus: »Wenn ihr mich erkannt habt, so werdet ihr auch meinen Vater erkennen« (Joh 14,7).

Dann folgt die Feststellung: »Alle Dinge sind durch ihn gemacht, und in ihm war das Leben; und das Leben war das Licht der Menschen.« »Er wurde Fleisch und wohnte unter uns.« Hier werden die wahren Machtansprüche Christi angegeben: er ist wahrer Gott und das Licht des Lebens, er offenbart Gott, den Vater, er tauft mit dem Heiligen Geist.

Modell des Jerusalemer Tempels, wie er zur Zeit Jesu aussah. An die Vorhalle schlossen sich das Heilige und das Allerheiligste an.

Der Menschensohn

Johannes beginnt mit der Zeit vor der Weltschöpfung: »Im Anfang«. Jesus war Gottes Sohn, bevor er Mensch wurde und unter uns wohnte. »Am Anfang war das Wort.« Ein deutlicher Anklang an das 1. Buch Mose!

Christus wurde Mensch. Aber damit hörte er nicht auf, Gott zu sein. Er war »wahrer Gott und wahrer Mensch«, wie es in einem alten kirchlichen Glaubensbekenntnis heißt.

Der Mensch hatte gesündigt und das Ebenbild Gottes verloren, deshalb kam Christus, »das Ebenbild des unsichtbaren Gottes« (Kol 1,15), um im Menschen zu wohnen. Niemand konnte Gott je sehen. Deswegen kam der eingeborene Sohn, der »im Schoß des Vaters war«, um ihn uns zu offenbaren.

Selbst das Zeugnis Johannes des Täufers ist im Johannes-Evangelium anders als bei den synoptischen Evangelien. Hier ist der Täufer ein Zeuge für das Licht, damit alle Menschen glauben (1,7). Er weist auf das »Lamm Gottes« (1,32-36). All das ist charakteristisch für dieses Evangelium.

Jesus ist Gott selbst in menschlicher Gestalt, der zur Erde gekommen ist. Jesus ist der Zeuge des Vaters für die Menschen. Jesus kannte den Vater. Er wohnte von Anfang an bei ihm. Er kam herab, um uns zu erzählen, was er wusste. Er wollte, dass die Menschen den Vater so kennen lernten, wie er ihn kannte.

Er offenbarte ihn durch seine Worte, durch seine Taten, durch sein Wesen, durch seine Liebe, vor allen Dingen durch sein Sterben am Kreuz und seine Auferstehung am dritten Tag. All das war Offenbarung, Zeugnis, Bericht.

Der ganze Prolog beschäftigt sich mit Christus vor seiner Menschwerdung (12,33).

Der Weg zur Rettung

Was müssen wir für die Rettung tun? (Joh 1,12)

Manchmal kann man etwas besser verstehen, wenn man erklärt, wie es *nicht* zu verstehen ist. Johannes 1,13 sagt uns: »... welche nicht aus dem Blut noch aus dem Willen des Fleisches noch aus dem Willen eines Mannes, sondern von Gott geboren sind.« Erst diese »neue Geburt« macht uns zu »Söhnen Gottes«.

Nicht unsere Erbanlagen, nicht unsere Erziehung, Ansehen oder Einfluss und was wir wissen, sondern an wen wir glauben, rettet uns.

Jesu Wirken in der Öffentlichkeit (Johannes 1,19-12,50)

Mit dem Auftreten Johannes des Täufers beginnt das große Drama des Johannes-Evangeliums. »Unter denen, die von Frauen geboren sind, ist kein Größerer aufgestanden als Johannes der Täufer«, erklärt Jesus. Er war der Vorläufer des Messias. Hier ist der Täufer nur der Zeuge dafür, dass Jesus der Messias ist (1,18-34).

Eine Abordnung der Juden und ihrer Priester wurde ausgeschickt, um Johannes zu fragen, wer er sei. Er sagte ihnen, dass er weder der Messias noch Elia oder irgendein anderer Prophet sei, sondern nur »die Stimme eines Rufers in der Wüste: Bereitet dem Herrn den Weg«.

Am nächsten Tag sieht Johannes Jesus, zeigt auf ihn und spricht: »Siehe, das ist Gottes Lamm!«

Schließlich weist Johannes der Täufer noch auf ein anderes Zeichen hin. Er sollte Gottes Sohn kennen lernen, denn er sollte sehen, wie der Geist auf ihn herabkam ... und auf ihm blieb (1,33). So fügt Johannes hinzu: »Und ich habe es gesehen und bezeugt: Dieser ist Gottes Sohn.«

Jesu Jünger ließen sich von seiner Göttlichkeit durch sein erstes Wunder, die Verwandlung des Wassers in Wein, überzeugen. Dieses Zeichen brachte Glauben in die Herzen der Jünger. Es bezeugte ihnen, dass er der Messias war (vgl. 2,11).

Jerusalem, die Stadt Gottes, war der Ort, an dem Jesu Wirken beginnen sollte. In der Nacht vor dem Passafest betrat Jesus den Tempel, nahm eine Geißel aus Stricken und reinigte zum Zeichen seiner Vollmacht das Heiligtum, das er das Haus seines Vaters nannte. Mit dieser Tat erhob er den Anspruch, der Sohn Gottes zu sein.

Als die Führer des Volkes ein »Zeichen« verlangten, das seine Vollmacht beweisen sollte, da Jesus doch den Tempel reinigte und die Geldwechsler austrieb, sagte er: »Brecht diesen Tempel ab, und in drei Tagen will ich ihn aufrichten.« Die Führer waren bestürzt, denn es hatte 46 Jahre gedauert, dieses Gebäude zu errichten. »Er aber redete von dem Tempel seines Leibes«, erklärt Johannes (2,19-22). Der höchste Beweis für Christi Göttlichkeit ist seine Auferstehung.

Jesus lehrte Nikodemus über das ewige Leben, seine Liebe (Joh 3,16) und die Wiedergeburt (Joh 3,6). Nikodemus war ein aufrechter Mensch von einwandfreiem Charakter; dennoch sagte Christus zu ihm: »Ihr müsst von neuem geboren werden.« Hätte Jesus das zu der Frau am Jakobsbrunnen gesagt, hätte Nikodemus mit ihm übereingestimmt. Sie war keine Jüdin, sondern nur Samariterin, und konnte darum nichts erwarten. Nikodemus war aber Jude von Geburt und er konnte deshalb schon auf seine Herkunft stolz sein. Aber gerade zu ihm sagte Jesus: »Du musst neu geboren werden, wenn du in das Himmelreich kommen willst.«

Wie die Juden seiner Zeit kannte Nikodemus Gottes Gesetz, wusste aber nichts von Gottes Liebe. Er war ein moralisch einwandfreier Mensch. Er erkannte Jesus als Lehrer an, aber er erkannte ihn nicht als Retter und Messias.

Der Samariterin am Jakobsbrunnen offenbarte Jesus seine Messianität. Diese Geschichte zeigt uns, wie Christus den einzelnen Menschen schätzt. Er führte die Frau zu einer echten Begegnung mit ihm und zeigte ihr, was für ein Leben sie führte.

Viele Menschen heute teilen ihre freie Ansicht von der Ehe. Jesus verdammte sie nicht, noch verurteilte er sie, sondern er offenbarte ihr, dass er der Einzige sei, der ihrer Not abhelfen könne. Christus offenbarte ihr, dass er das Wasser des Lebens ist. Er allein kann Befriedigung geben. Die Quellen der Welt bringen keine Befriedigung. Die Menschen versuchen alles, aber sie bleiben immer unglücklich und ruhelos.

Was die Frau danach tat, sprach eine beredtere Sprache, als Worte es hätten tun können. Sie ging zurück und brachte durch ihr schlichtes Zeugnis eine ganze Stadt zu Christus (4,1-42).

Das zweite Zeichen für Christi Göttlichkeit war die Heilung des Sohnes eines königlichen Beamten. Jesus brachte diesen Mann während seines Gespräches zu einem öffentlichen Bekenntnis zu ihm als Herrn (4,46-54).

Die Speisung der Fünftausend war ein in die Tat umgesetztes Gleichnis. Jesus selber war das Brot vom Himmel. Er wollte den Menschen sagen, dass er allen, die ihr Vertrauen auf ihn richteten, Genüge und Freude geben wollte (6,35).

Das Volk wollte Christus zu seinem König machen, weil er es speisen konnte. Wie ähnlich denken die Menschen heute. Sie sehnen sich nach jemandem, der ihnen Nahrung und Kleidung geben kann. Aber Jesus wollte nicht zu ihren Bedingungen König werden. Er entließ die erregte Menge und zog sich zurück. Die Menschen waren enttäuscht, dass er kein Führer im politischen Sinn sein wollte, und deshalb »folgten sie ihm nicht mehr nach« (6,66).

An Jesus schieden sich die Menschen (7,40-44). Der Unglaube entwickelte sich zu echter Feindschaft, während der Glaube bei seinen Nachfolgern wuchs.

Durch die Heilung des Blinden offenbarte Jesus diesem Menschen, wer er war. Als sie diesen wegen seines Bekenntnisses zu Christus »hinausjagten«, hielt Jesus eine große Rede über den »Guten Hirten« (Kap. 10). Seine Worte riefen Ablehnung, aber auch Zustimmung hervor (10,19-21). Als Jesus sagte: »Ich und der Vater sind eins«, klagte man ihn der Gotteslästerung an, und sie »hoben abermals Steine auf, um ihn zu steinigen« (10,31).

Die Auferweckung des Lazarus ist das letzte »Zeichen« des Johannes-Evangeliums. Die Berichte der anderen Evangelien erwähnen die Auferweckung der Tochter des Jairus und des Sohnes der Witwe zu Nain. Lazarus war sogar schon vier Tage tot, als er auferweckt wurde. Dies hatte eine tiefe Wirkung auf die Volksführer (11,47-48). Die Aussage, die

Der Überlieferung nach das Grab des Lazarus in Betanien. Die Auferweckung des Lazarus ist das letzte „Zeichen", von dem das Johannes-Evangelium berichtet.

Jesus über sich selber vor Maria machte, lautet: »Ich bin die Auferstehung und das Leben. Wer an mich glaubt, der wird leben, auch wenn er stirbt; und wer da lebt und glaubt an mich, der wird nimmermehr sterben. Glaubst du das?« (Joh 11,25-26).

Diese Szene endet mit Jesu triumphalem Einzug in Jerusalem. Seine Wirksamkeit in der Öffentlichkeit war beendet. Es wird berichtet, dass viele der obersten Führer an ihn glaubten, sich aber nicht öffentlich zu ihm bekannten.

Jesu Wirken im Jüngerkreis (Johannes 13-17)

Wir lassen die Menschenmenge zurück und folgen Jesus, der die letzte Woche seines Lebens vor seiner Kreuzigung auf der Erde verbrachte. Wir nennen sie heute die Passionswoche:

Sonntag – der triumphale Einzug in Jerusalem;
Montag – die Tempelreinigung;
Dienstag – der Streit im Tempel;
Abend – die Ölbergrede;
Donnerstag – Vorbereitung für das Passa;
Abend – das Abendmahl mit seinen Jüngern;

Jesu letzter Abend bei seinen Jüngern

Jesus verlässt seine Jünger und gibt ihnen seine letzten Anweisungen. Diesen Abschnitt, also Kapitel 13-17, nennen manche auch »das Allerheiligste der Bibel«.

Die Juden hatten Jesus zurückgewiesen. Nun versammelte er seine Jünger in einem Obergeschoss um sich und offenbarte ihnen viele Geheimnisse, bevor er sie verließ. Er wollte sie trösten, wusste er doch, wie schwer es für sie ohne ihn sein würde. Sie würden dann wie Schafe ohne einen Hirten sein.

Mit Ausnahme von Petrus und Johannes schienen sie eine Sammlung von »Nobodys« zu sein. Aber sie gehörten zu Jesus und er liebte sie.

In Joh 13,11 finden wir ein überraschendes Bild. Jesus, der Gottessohn, bekleidete sich mit einer Schürze, hatte ein Waschbecken in seinen Händen und wusch die Füße seiner Jünger! Er wollte, dass wir im selben Geist einander dienen. Er lehrte uns, dass die Größe eines Menschen immer an seiner Bereitschaft zum Dienen gemessen werde. Man kann andere nicht lieben, wenn man nicht für sie lebt (13,17). Christus sagte: »Welcher unter euch der Größte ist, der soll euer aller Diener sein.«

Jesus sagte auch den Verrat durch Judas voraus (13,18-30), und Judas ging hinaus in die Finsternis; Finsternis war auch in Judas' Herz. Gemeinschaft bringt Licht. Sünde bringt Dunkelheit. Welch ein klägliches Bild gibt Judas ab. Er hatte unübertreffliche Möglichkeiten, Jesus richtig kennen zu lernen, aber er verwarf den Herrn. Glauben heißt leben; Unglauben bringt den Tod.

Nach der Ankündigung seines Abschieds gibt der Herr seinen Jüngern »ein neues Gebot«, nämlich, dass sie einander lieben sollen. »Dadurch sollen alle Menschen erkennen, dass ihr meine Jünger seid.« Eine solche Jüngerschaft weist man nicht durch ein Glaubensbekenntnis aus, das man aufsagen kann, auch nicht durch die Lieder, die man singt oder die Zeremonien, die man verrichtet, sondern durch die Tatsache, dass man einander liebt. In dem Maße, wie Christen einander lieben, wird die Welt an sie oder ihren Christus glauben. Es ist die äußerste Prüfung der Jüngerschaft. Jesus erwähnt dieses »neue Gebot« noch einmal in Joh 15,12.

Christi Antwort auf die Frage nach einem Leben nach dem Tod

»Ich gehe hin, euch die Stätte zu bereiten ... und ich will wiederkommen und euch zu mir nehmen« (14,2-3). Das ist Jesu Heilmittel für Kummer: Glaube an Gott.

Jesus hatte von seinem Vater gesprochen, nun aber spricht er von einer anderen Person der Gottheit, von dem Heiligen Geist. Wenn er (Christus) weggehen wird, will er den »Tröster«, wie er ihn hier nennt, senden, und der wird bei ihnen bleiben. Das ist eine wunderbare Verheißung! Jesus wiederholt diese Verheißung zweimal (15,26; 16,13). Wenige wissen von dieser Gegenwart des Heiligen Geistes in ihrem Leben. Durch seine Kraft leben Christen aber. Man sollte den Heiligen Geist auch nie als ein »Es« bezeichnen, als eine bloße Kraft. Er ist eine Person. Er gehört als Person zu der Gottheit.

In Johannes 15 offenbart Jesus seinen Jüngern das Geheimnis des christlichen Lebens: »bleiben in Christus«. Er ist die Quelle des Lebens. Der Christ soll in Christus bleiben wie die Rebe am Weinstock. Die Rebe kann sich nicht selbst vom Weinstock lösen oder sich von sich aus mit ihm verbinden. Sie muss bleiben, wenn sie Frucht bringen will. Wenn wir in Christus leben, dann werden wir Frucht bringen. Wenn wir nicht in Christus bleiben, wird die Frucht ausbleiben.

Nachdem Jesus seine Rede vor den zwölf Jüngern beendet hatte, sprach er zu seinem Vater. Er erwähnte hier alles über sich selbst, was er sie gelehrt hatte. Er wollte sie bewahren (17,11); er wollte sie heiligen (17,17); er wollte sie eins machen (17,21); und schließlich wollte er eines Tages alle seine Jünger seine Herrlichkeit sehen lassen (17,24).

Jesu Leiden und Tod
(Johannes 18-19)

Gleich nach diesem Gebet ging Jesus in den Garten Gethsemane, denn ihm war klar, was nun geschehen sollte. Nur zwei Stunden waren vergangen, seit Judas den Abendmahlstisch verlassen hatte. Nun verrät er seinen besten Freund. »Die Stunde« war gekommen! Der Auftrag Jesu auf der Erde war beendet. Aber Christi größtes Werk war noch zu tun. Er musste sterben, um den Vater zu verherrlichen und die sündige Welt zu retten. Er kam, um sein Leben »als ein Lösegeld für viele« zu geben.

Jesus war nun bereit, den Juden als Antwort auf ihre Frage (Kap. 2) das wahre Zeichen seiner Vollmacht zu geben: »Was tust du uns für ein Zeichen, dass du solches tun darfst?« Er antwortete: »Reißt diesen Tempel nieder, und in drei Tagen will ich ihn wieder aufrichten.«

Jesus wusste, dass seine Stunde gekommen war. Er war nicht erstaunt, als er die Soldaten kommen hörte. Er ging ihnen sogar entgegen. Die Männer zogen sich zurück und fielen vor der Majestät seines Anblicks zu Boden.

Er blieb in diesem ganzen schrecklichen Drama Herr der Lage. Er trat als ein freiwilliges Opfer unter sie (18,4). Aus freier Wahl ging er in den Tod für alle Menschen.

Beinahe so kläglich wie Judas benahm sich Petrus, der seinen Herrn in der entscheidenden Stunde verließ und dreimal leugnete, dass er irgendeine Beziehung zu seinem besten Freund hätte.

Jesu Sendung ist erfüllt

In der kurzen Zeit zwischen der Verleugnung des Petrus und dem Gang Jesu nach Golgatha überstürzten sich die Ereignisse. Das nächtliche Verhör vor Kaiphas und dem Hohen Rat ging wahrscheinlich der letzten Verleugnung des Petrus voraus. Dann folgte die grauenvolle Behandlung Jesu bis zu der Morgensitzung des Hohen Rats.

Oft war das grausame Auspeitschen, das die Römer vollzogen, so hart, dass die Gefangenen unter den marternden Schlägen starben. Auch die Dornenkrone, die ihm auf den Kopf gesetzt wurde, war nur ein Akt grausamer Quälerei. Endlich führte Pilatus ihn hinaus und sprach: »Sehet, welch ein Mensch!« Aber die Juden schrien nur: »Kreuzige, kreuzige ihn! ... Denn er hat sich selbst zu Gottes Sohn gemacht!« (Joh 19,6.7)

Am Kreuz sehen wir die schlimmsten Auswüchse des Hasses und die besten Früchte der Liebe. So sehr haben die Menschen Christus gehasst, dass sie ihn töteten. So sehr liebt Gott die Menschen, dass er ihnen das Leben gibt.

Der Sieg über den Tod
(Johannes 20-21)

Am dritten Tag war das Grab leer! Die Leichentücher lagen geordnet da. Jesus war von den Toten auferstanden, aber anders als andere. Lazarus kam mit seinem natürlichen Leib aus dem Grab. Jesu natürlicher Leib war in einen geistlichen Leib verwandelt worden (Joh 20,6-8).

Die Altstadt von Jerusalem vom Dach eines Hauses gesehen.

Jesu zehnmaliges Erscheinen nach seiner Auferstehung half seinen Jüngern zu glauben, dass er Gott sei. Jesus wollte, dass jeder Zweifel von allen seinen Jüngern genommen werde, denn sie mussten seinen großen Auftrag ausführen, das Evangelium in alle Welt zu tragen (Joh 20,21).

Jesus gab Petrus, dem Jünger, der ihn dreimal verriet, die Möglichkeit, ihn dreimal zu bekennen. Er gab ihm noch einmal alle Vorrechte des Dienstes für ihn. Jesu letzten Worte in diesem Evangelium lauten: »Du aber folge mir nach.«

GESCHICHTSBUCH

des Neuen Testaments

Die Apostelgeschichte

30.

Die Apostelgeschichte

In seinem Evangelium zeigt Lukas, was Christus auf Erden »zu tun begann«; in der Apostelgeschichte zeigt er, was er durch den Heiligen Geist dann weiterhin getan hat.

Mit der Himmelfahrt Jesu Christi endet das Lukas-Evangelium und es beginnt die Apostelgeschichte (vgl. Lk 24,49-51 und Apg 1,10-11).

Die Evangelien und die Apostelgeschichte

Die Evangelien zeigen den Menschensohn, der auf die Erde kam, um für unsere Sünden zu sterben. Die Apostelgeschichte zeigt das Kommen des Gottessohnes in der Kraft des Heiligen Geistes.

»Ihr sollt meine Zeugen sein« – das ist der Kernsatz der Apostelgeschichte (1,8). Diese Welt kann nur durch Christus heil werden (Apg 4,12), deshalb müssen die Menschen ihn kennen lernen. Christi Plan umfasst auch uns. Zwar kann nur Christus die Welt retten, aber er tut es durch Menschen.

Christus hatte seinen Aposteln versprochen, dass er den Heiligen Geist senden würde, und »der wird Zeugnis geben von mir. Und auch ihr seid meine Zeugen, denn ihr seid von Anfang an bei mir gewesen« (Joh 15,26-27). Diese Verheißung Christi erfüllte sich zu Pfingsten, als der Heilige Geist auf die Jünger ausgegossen wurde (Apg 2,16-17ff); von diesem Augenblick an bestätigte der Heilige Geist das Zeugnis der Jünger zu ihrem Herrn in den Herzen ihrer Hörer.

Die Apostelgeschichte beginnt mit der Verkündigung des Evangeliums in Jerusalem, der Hauptstadt Judäas, einer römischen Provinz. Sie schließt mit der Verkündigung des Evangeliums in Rom, der Hauptstadt einer Weltmacht.

In Apg 1-12 begegnen wir Petrus in seinem Zeugnis für die Juden. Petrus sagt: »Tut Buße« (Apg 2,36-38).

In Apg 13-28 begegnen wir Paulus, der den Heiden (den anderen Nationen) das Evangelium bezeugt. Er sagt: »Glaubt« (Apg 16,30-31).

Durch das ganze Alte Testament hindurch sehen wir Gottes Wirken unter den Juden. Im Neuen Testament dagegen sehen wir ihn an allen Völkern wirken (vgl. Hes 37).

Ein Reiseführer für die Mission

Die Urchristenheit verfolgte ein klares Programm, als sie ihre Pläne ausführte. Sie wählte einige große Bevölkerungszentren als Basis aus, von denen sich der Einfluss ihres Wirkens in die Umgebung ausbreiten sollte.

Die Apostel predigten einfach, unmittelbar und erfolgreich. Sie fühlten sich vollkommen abhängig von der Macht Gottes, die er durch seinen Geist gab. Sie wirkten mit einem Eifer, den nichts dämpfen konnte, und einem Mut, der sich durch nichts beirren ließ.

Der Verfasser

Lukas ist der einzige nichtjüdische Verfasser im Neuen Testament. Vielleicht stammte er aus Antiochien oder Philippi.

Lesevorschläge

Sonntag: Die Urgemeinde in Jerusalem *Apg 1,1-4,37*

Montag: Christliches Zeugnis in Jerusalem *Apg 5,1-8,3*

Dienstag: Christliches Zeugnis in Judäa und Samaria *Apg 8,4-12,25*

Mittwoch: Paulus gründet Gemeinden (1. Missionsreise) *Apg 13,1-15,35*

Donnerstag: Paulus besucht die Gemeinden (2. Missionsreise) *Apg 15,36-18,22*

Freitag: Paulus ermutigt die Gemeinden (3. Missionsreise) *Apg 18,23-25,8*

Samstag: Paulus kommt nach Rom *Apg 25,9-28,31*

Wenn wir auch nur wenig über sein Leben wissen, zeigen uns seine Schriften doch, dass er ein guter Schriftsteller und ein zuverlässiger Historiker war. Weil er im Lauf der Schilderung zwischen »sie« und »wir« wechselt (16,10; 20,5; 27,1), wissen wir, dass er vieles von dem, was er uns in dramatischen Einzelheiten beschreibt, mit eigenen Augen gesehen hat.

Zusammen mit Paulus besuchte er Philippi. Er begleitete ihn auf der schwierigen Reise nach Jerusalem, hielt zu ihm, als er zwei Jahre in Cäsarea festgehalten wurde, und war bei ihm, als er auf der Reise nach Rom Schiffbruch erlitt.

Lukas konnte bei vielen Gelegenheiten Informationen aus erster Hand erhalten – zum Beispiel von Paulus, Barnabas und anderen in der Gemeinde in Antiochien; von Jakobus, dem Bruder des Herrn, und anderen in der Gemeinde in Jerusalem; und schließlich von Philippus und seinen Töchtern in Cäsarea. Aus Lk 1,1-4 wissen wir außerdem, dass ihm sehr daran gelegen war, die Tatsachen zu recherchieren.

Das Löwentor (Stephanstor) in Jerusalem. Der Überlieferung nach erlitt Stephanus außerhalb dieses Tores den Märtyrertod.

Vollmacht zum Zeugnis (Apostelgeschichte 1-2)

Die 40 Tage nach der Auferstehung Jesu, die die Apostel mit Jesus vor seiner Himmelfahrt verbrachten, war sicher eine der intensivsten Begegnungen mit ihm. Hier wurden die Jünger vorbereitet für ihre Missionsarbeit und ihre Aufgaben als Christen. Und damals »befahl Jesus ihnen, dass sie nicht von Jerusalem wichen, sondern auf die Verheißung des Vaters warteten« (1,4).

Aber die Jünger wollten genau wissen, wann Christus sein Königreich auf Erden errichten würde. Immer noch erwarteten sie ein Reich, das ihnen politische Unabhängigkeit gewährte und ihnen die Führungsrolle in der Welt zuwies (1,6). Die Antwort Jesu zielt aber auf etwas ganz anderes hin (1,7).

Eines Tages »führte Jesus sie aber hinaus bis nach Betanien und hob die Hände auf und segnete sie« (Lk 24,50). Er sagte ihnen, dass ihre Macht nicht politischer, sondern geistlicher Art sein würde.

Bei der Himmelfahrt wurde Jesus »vor ihren Augen weggenommen«. Nachdem er die letzten Worte an seine Jünger gerichtet hatte (Apg 1,8), »wurde er zusehends aufgehoben, und eine Wolke nahm ihn auf vor ihren Augen weg«. Es ist bedenkenswert, dass ein solch großes Ereignis in so wenigen Worten berichtet wird! Der Vater nahm seinen Sohn zurück in die Herrlichkeit.

Christus wird wiederkehren

»Dieser Jesus ... wird so kommen, wie ihr ihn habt gen Himmel fahren sehen« (Apg 1,11). Wie wird sein »Kommen« sein, von dem hier gesprochen wird? Die Verheißung lautet: Er wird »so wiederkommen, wie ihr ihn habt gen Himmel fahren sehen«.

Man stelle sich nun die Jünger vor, wie sie von dem Ölberg nach Jerusalem zurückkehrten. Sie versammelten sich vielleicht in demselben Zimmer, in dem Jesus sein letztes Mahl mit ihnen gehalten hatte (Lk 22,12). Zehn Tage »verbrachten sie im Gebet«. Jesus hatte ihnen geboten, in Jerusalem zu bleiben, bis sie die Kraft aus der Höhe empfangen hätten (Lk 24,49). Obwohl sie drei Jahre lang in der Schule Jesu gewesen waren, brauchten sie die Gegenwart des Heiligen Geistes, der ihnen Vollmacht geben würde, wie Jesus es verheißen hatte. Sie hatten bewiesen, dass sie allein nur eine schwache Mannschaft waren.

Jesus hatte ihnen befohlen, nicht von Jerusalem wegzugehen, sondern dort zu warten. Es wäre das Verständlichste für sie gewesen, wenn sie von dem Ort, wo ihr Herr gekreuzigt worden war, geflohen und nach Galiläa zurückgegangen wären. Aber Christus hatte gesagt: »Bleibt in Jerusalem«, weil diese Stadt den größten Einflussbereich hatte.

Nach dem Kommen des Herrn Jesus Christus auf diese Erde ist das zweitwichtigste Ereignis die Ankunft des Heiligen Geistes. Pfingsten war der Geburtstag der Kirche. Der Bericht darüber steht in Apg 2,1-13. Pfingsten war eines der größten jüdischen Feste, und Jerusalem war mit Wallfahrern von überall her gefüllt. 50 Tage waren seit Ostern vergangen. Nun aber begann mit Pfingsten etwas völlig Neues: Die Gemeinde Jesu Christi entstand.

Der Pfingstbericht beginnt mit der Schilderung der Jünger, wie sie versammelt waren, ihr Herz auf Christus ausgerichtet hatten und auf die Erfüllung seiner Verheißung warteten. An diesem Tag kam der Heilige Geist selbst zu den Menschen, in einem mächtigen Sturmbrausen und in Feuerzungen.

Die Jünger waren nun mit dem Heiligen Geist erfüllt und daher für einen besonderen Dienst ausgerüstet. Sie waren nicht nur befähigt, mit Vollmacht zu predigen, sondern sie konnten auch in verschiedenen Sprachen reden, die die Menschen an diesem Tag (die Pilger kamen ja aus den unterschiedlichsten Regionen) in Jerusalem sprachen (2,2-4).

Das Wunderbare an Pfingsten war nicht das »Brausen eines gewaltigen Windes« noch die »Feuerzungen«, sondern dass die Jünger mit dem Heiligen Geist erfüllt wurden, so dass sie den Menschen von Gottes guter Nachricht erzählen konnten.

»Sie entsetzten sich aber alle und wurden ratlos« (2,12). Von Natur aus sind die Menschen ungläubig. Es ist ein großer Beweis der Gnade Gottes, wenn Menschen dazu kommen, wirklich an Gott zu glauben und wirklich sein Wort anzunehmen.

Einige spotteten: »Sie sind voll von süßem Wein« (2,13-15). Wie immer versuchen die Menschen, auf natürliche Art Wunder zu erklären. Es war außerdem erst 9 Uhr morgens, und zu dieser Zeit durfte kein Jude Wein berühren. Petrus verteidigte sich auch gegen diesen falschen Vorwurf (Apg 2,15-21).

Der Ölberg von Jerusalem aus gesehen. Man nimmt allgemein an, dass Jesus hier in den Himmel auffuhr.

Die Pfingstpredigt des Petrus

Das Thema dieser ersten christlichen Predigt war Jesus der Messias, als der er sich in seiner Auferstehung gezeigt hat. In Apg 1-12 spielt Petrus die führende Rolle. Die wirkliche Kraft des Heiligen Geistes erwies sich erst, als Petrus, der einfache Fischer, sich erhob und sprach und 3000 Menschen zum Glauben an Jesus Christus kamen. Wie können wir uns die Kühnheit des früher so mutlosen Petrus erklären, mit der er dort vor einer großen Menschenmenge auf den Straßen in Jerusalem predigte? Wohl nur durch die Anwesenheit des Heiligen Geistes.

Wir nennen ein solches Ereignis heute »Erweckung«: »Der Herr aber fügte täglich zur Gemeinde hinzu, die gerettet wurden« (Apg 2,47). Diese Rettung von Menschen ist das eigentliche Ziel der Kirche.

Der Alltag der Urgemeinde war für viele beispielhaft. Man traf sich in den Häusern, betete, las die Heiligen Schriften und erzählte jedem von Jesus. Es überrascht nicht, dass sie »Gnade hatten bei allem Volk«.

Christliches Zeugnis in Jerusalem (Apostelgeschichte 3,1-8,3)

Das Kapitel 3 führt uns an die Schöne Pforte des Tempels. Petrus heilte einen von Geburt an Gelähmten, der sich täglich zu diesem Platz tragen ließ, um seinen Lebensunterhalt zu erbetteln. Das Wunder zog die Aufmerksamkeit der jüdischen Führer auf sich und führte zu dem ersten wirklichen Widerstand gegen die Christen.

Als sich um den Gelähmten, der auf so wunderbare Weise geheilt worden war, eine große Menschenmenge versammelt hatte, nahm Petrus die Gelegenheit wahr und hielt seine zweite uns überlieferte Predigt. Er schonte die Juden nicht. Wieder sagte er ihnen, dass Christus, den sie gekreuzigt hatten, der seit langem verheißene Messias war. Petrus' und Johannes' Worte waren so vollmächtig, dass sich insgesamt 5000 Menschen zu Christus bekehrten.

Die Führer des Volkes waren aufgebracht, weil die Apostel dem Volk sagten, dass dieser Jesus, den sie gekreuzigt hatten, von den Toten auferstanden sei und wiederkommen werde (4,2). Sie befahlen den Aposteln, nicht mehr zu predigen, aber ihre Drohungen ließen die Urgemeinde nur noch mehr wachsen.

Sobald Petrus und Johannes von den Führern des Volkes entlassen worden waren, eilten sie zu ihren Freunden, berichteten ihre Erlebnisse und vereinten sich mit ihnen zu Gebet und Lob. »Und als sie gebetet hatten, erbebte die Stätte, wo sie versammelt waren; und sie wurden alle vom Heiligen Geist erfüllt und redeten das Wort Gottes mit Freimut« (4,31).

Wir stellen fest, dass diese Art der Verkündigung Einmütigkeit brachte. Sie waren »ein Herz und eine Seele« (4,32). Sie zogen aus, um zu verkündigen: »Jesus ist auferstanden« (vgl. V. 33).

Niemand wurde gezwungen, sein Eigentum mit den anderen zu teilen. Man brachte, was man hatte, ganz freiwillig. Die Gütergemeinschaft war nicht verpflichtend, war individuell und nicht allgemein, war auf Jerusalem beschränkt, war zeitlich begrenzt und bezog sich nur auf die Gläubigen.

Die Urgemeinde war so selbstlos, dass viele ihren gesamten Besitz verkauften und ihn den Aposteln gaben, damit sie sie nach den Bedürfnissen eines jeden verteilen konnten. Aber selbst diese Tat der Liebe und der Großzügigkeit konnte missbraucht werden und zum Betrug führen. Hananias und Saphira betrogen sich selbst und auch die Apostel. Aber der Heilige Geist deckte die ganze Wahrheit auf. Sie wollten Ruhm haben, ohne den Preis dafür zu bezahlen. Sie wurden mit plötzlichem Tod bestraft, denn sie hatten einen Teil zurückbehalten, während sie vorgaben, Gott alles gegeben zu haben (Apg 5,4-5).

Als Zeichen und Wunder unter dem Volk gewirkt wurden, kamen viele Menschen, um sie zu sehen. Als der Heilige Geist in ihrer Mitte war, sahen die Leute die Macht Gottes. Der Widerstand nahm aber nun sehr konkrete Formen an:

»Es erhob sich aber der Hohepriester und alle, die mit ihm waren, ... und legten Hand an die Apostel und warfen sie in das öffentliche Gefängnis« (Apg 5,17-18). Wieder sehen wir, dass das wunderbare Wirken der Apostel den Unmut des Hohen Rats (ein Gerichtshof von 70 geistlichen Richtern) hervorrief. Ein paar ungebildete Fischer waren aufgetreten und hatten gepredigt, Menschenmengen hörten auf sie und folgten ihrer Rede. Obwohl die Apostel mit Geißeln geschlagen wurden und ihnen das Predigen verboten wurde, freuten sie sich darüber, dass sie für wert geachtet wurden, Schande für den Namen Jesu zu tragen! »Und sie hörten nicht auf, alle Tage im Tempel und hier und dort in den Häusern zu lehren und zu predigen das Evangelium von Jesus Christus« (Apg 5,42). Ihre ganze Kühnheit legten sie in das Wort: »Man muss Gott mehr gehorchen als den Menschen« (5,29).

Dann kam es zu einer Zusammenkunft der Gemeinde, und sieben Gemeindeglieder wurden zu Diakonen ausgewählt, um die Leiter der Gemeinde zu entlasten. Nun gab es also zwei Ämter in der Kirche, das Diakonat, bei dem für das Wohlergehen und die Sorge der Bedürftigen gedient wurde, und den Dienst der Verkündigung und des Gebets.

Zwei der ersten Diakone waren Stephanus und Philippus (6,5). Diese beiden Männer hatten einen großen Einfluss auf die Gemeinde, vielleicht mehr als irgendjemand sonst neben Petrus und Paulus.

Der Widerstand richtete sich bald gegen Stephanus. Apostelgeschichte 6 und 7 berichten dessen Erlebnisse. Er wird als ein Mann »voll des Glaubens und der Vollmacht« beschrieben (Apg 6,8). Uns wird nur ein Tag seines Lebens berichtet – sein letzter Tag.

Leben und Tod des Stephanus hatte eine unvorhersehbare Wirkung auf die

Geschichte der Welt, weil es einen Mann namens Saulus von Tarsus beeinflusste, der bei seiner Hinrichtung anwesend war.

Die Synagogenführer »vermochten nicht, zu widerstehen der Weisheit und dem Geist, in dem er redete« (6,10). Ihr Zorn entwickelte sich zu mörderischem Hass. Stephanus war der erste Märtyrer der christlichen Kirche.

Christliches Zeugnis in Judäa und Samarien
(Apostelgeschichte 8,4-12,25)

Die Apostel waren in Jerusalem Zeugen gewesen, aber Jesus hatte ihnen gesagt, dass sie auch nach Judäa und Samarien gehen sollten.

Wir sehen, was für eine Kirche diese Urgemeinde war: »die nun zerstreut worden waren, zogen umher und predigten das Wort« (Apg 8,4).

Darauf lässt sich die erste Ausbreitung des Evangeliums zurückführen. Welchen Auftrag hatten die Jünger? »Gehet hin in alle Welt und predigt das Evangelium allen Völkern.« Die Verfolgung des Paulus zerstreute die Christen in die ganze Welt.

Der Evangelist Philippus
Philippus (nicht der Apostel) war einer der sieben von der Urgemeinde gewählten Diakone (Apg 6,5) und ein Evangelist. Er war wegen der Verfolgung nach Samarien gegangen. Jesus hatte gesagt: »Ihr werdet Zeugen sein ... in Samarien.« Philippus predigte Christus. Menschenmengen folgten ihm bei seinen Evangelisationen. Aber Gott rief ihn, sein erfolgreiches Wirken zu verlassen und sprach: »Stehe auf und gehe nach Süden auf die Straße, die von Jerusalem nach Gaza hinabführt und öde ist« (Apg 8,26). Philippus gehorchte, zog aus und traf unterwegs einen Äthiopier. Diesen Mann, der durch einen Jesaja-Text vorbereitet war, führte er zum Glauben an Jesus Christus.

Ein römischer Säulengang in Samaria. Philippus, einer der sieben Almosenpfleger der Gemeinde in Jerusalem, hatte sich während der Christenverfolgung in Samaria niedergelassen.

Saulus
Beim Tod des Stephanus wird Saulus, der von den Griechen und Römern Paulus genannt wird, zum ersten Mal erwähnt. Das Martyrium des Stephanus hatte offenbar diesen Verfolger der Kirche in Zorn gebracht. Saul kämpfte voller Eifer gegen die Christen. Er meinte, damit ein gutes Werk vor Gott zu tun. Aber Jesus erschien ihm und erklärte, dass es ihm schwer fallen würde, »wider den Stachel zu löcken« (Apg 26,14).

Die Geschichte von der Bekehrung des Saulus ist einer der aufregendsten Berichte der Bibel. »Saulus aber schnaubte noch mit Drohen und Morden gegen die Jünger des Herrn« (Apg 9,1). Aber dann entdecken wir ihn, wie er »predigte ... in den Synagogen von Jesus, dass dieser Sohn Gottes sei« (Apg 9,20).

Auf jedem Schritt seiner drei großen Missionsreisen verkündigte Paulus den Willen Christi mit unmissverständlicher Klarheit. Er war der Apostel für die Heiden, wie Petrus der für die Juden war.

Wir finden Petrus jetzt im Hause des Gerbers Simon (Apg 10,5-6). Gott war dabei, Petrus zu zeigen, dass das Evangelium den Heiden ebenso wie den Juden zugedacht war (Apg 10,9-16). Die hohe Mauer

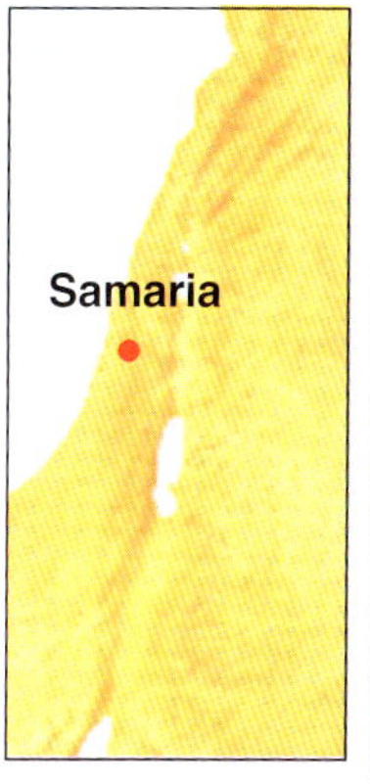

der religiösen Unterschiede zwischen Juden und Heiden musste niedergerissen werden. Petrus war der Mann, den Gott als Ersten dazu benutzte. Christus baute eine Gemeinde und er wollte, dass sowohl die Juden als auch die Heiden die lebendigen Steine seien, aus denen ihre Gemeinden gebaut würden (Eph 2,20-22). Durch eine Vision empfängt Petrus von Gott die Legitimation, die Heiden zum Glauben zu führen. Der römische Hauptmann Kornelius ist der Erste, der das Heil annimmt (Apg 10).

Christliches Zeugnis an den Enden der Erde (Apostelgeschichte 13-28)

Bis Apg 12 durften wir den Anfang der Kirche in Jerusalem sehen, die Petrus führte. In Apg 13-28 werden wir uns mit Paulus und der Gemeinde in Antiochien beschäftigen. Antiochien war der Ausgangspunkt aller Missionsreisen des Paulus. Es wurde zum Mittelpunkt der Gemeinden, von dem aus Jesu Auftrag unter den Heiden ausgeführt wurde.

Der Tod des Stephanus war nur der Anfang einer großen Christenverfolgung. Die jüdischen Christen, die der Verfolgung wegen Jerusalem verlassen mussten, wohnten unter den Heiden. Diese frühen Christen konnten nicht anders als über das sprechen, was sie am meisten interessierte. Die Macht des Herrn war so deutlich spürbar, dass sehr viele Menschen sich der Gemeinde anschlossen (Apg 11,21).

In dieser Gemeinde wurde den Jüngern Christi ein neuer Name gegeben. Man nannte sie zuerst in Antiochien »Christen« (Apg 11,26).

Der Anfang der »Außenmission«

Paulus und Barnabas reisten auf der ersten Missionsreise von Antiochien nach Westen (Apg 13,2-3). Während Paulus und Barnabas das Evangelium verkündigten und Verfolgung und Beschwerden erlitten, gab es daheim in Jerusalem viele Christen, die die Frage aufwarfen: Muss ein Heide jüdische Gesetze und Zeremonien annehmen, bevor er ein Christ werden kann? (15,1). Paulus und Barnabas hatten nichts über das Gesetz des Mose gesagt. Sie hatten verkündigt: »Glaube an den Herrn Jesus, so wirst du und dein Haus selig« (Apg 16,31). Das Gesetz rettet niemanden. Auf einer Versammlung in Jerusalem kamen die Apostel überein, keinem neu gewonnenen Christen die Gesetze der Juden aufzuerlegen. Dann begab sich Paulus auf seine zweite Reise.

Nun trat auch Lukas der Missionsgruppe bei (16,10). Der erste Neubekehrte Europas war eine Geschäftsfrau, Lydia, eine Purpurhändlerin aus Philippi.

In Philippi geraten Paulus und Silas auch in Gefangenschaft. Es geschieht ein Erdbeben, Paulus und Silas ergreifen aber um des Gefängniswärters willen nicht die Flucht, worauf dieser zum Glauben kommt (Apg 16,23-40).

Die Erlebnisse des Paulus in den größten Städten seiner Zeit sind hochinteressant. In Thessalonich gründete er eine Gemeinde (17,4), in dem berühmten Athen hielt er eine Rede auf dem Marktplatz, dem so genannten Areopag (Apg 17,32).

Nachdem die Athener aber von einer Auferstehung der Toten nichts wissen wollten, verließ Paulus Athen und kam nach Korinth. Wir wissen nicht, ob er in Athen eine Gemeinde hatte gründen können, aber in Korinth, einer berüchtigten Hafenstadt des Altertums, tat er dies und blieb dort 18 Monate, um die Brüder im Glauben zu stärken (Apg 18,8). Hier begegnete Paulus Aquila und dessen Frau Priscilla, die später seine treuen Freunde wurden.

Nach einer Abwesenheit von drei oder vier Jahren kehrte Paulus über Ephesus nach Antiochien zurück. In Antiochien berichtete er über sein Wirken in Europa.

Die dritte Missionsreise des Paulus
Nun verbrachte Paulus drei Jahre in Ephesus, einer der größten und weltoffensten Städte der damaligen Zeit. Viele Juden und Heiden der römischen Provinz Asia hörten die Verkündigung des Evangeliums. Ephesus war wegen seines Luxus und seiner Sittenlosigkeit und wegen der Verehrung der Göttin Diana bekannt. Die Jahre, die Paulus hier verbrachte, sind voll von interessanten Erlebnissen. Neubekehrte verbrannten ihre Zauberbücher und warfen ihre Silberamulette fort. Dieses Feuer verkörperte das Verbrennen ihres alten Lebens.

Solch augenfällige Ereignisse wie die eben erwähnten konnten nicht lange ohne Gegenwirkung bleiben. Wenn wir den Bericht bis zum Ende des Kapitels lesen, sehen wir den Erfolg des Wirkens des Paulus. Die Silberschmiede machten einen Aufstand. Sie hatten Angst um den Absatz ihrer Diana-Statuetten. Nur mit Hilfe der städtischen Beamten konnten die Apostel aus der Lebensgefahr befreit werden.

Während seiner Reisen schrieb Paulus seine Briefe. Wir lesen sie heute mit großem Gewinn und Interesse. Von Ephesus aus sandte Paulus seinen 1. Korintherbrief. Während seiner dritten Missionsreise schrieb Paulus noch den 2. Korintherbrief, den Galaterbrief und den Römerbrief.

Areopag und Marshügel in Athen, wo Paulus eine eindrucksvolle Predigt hielt.

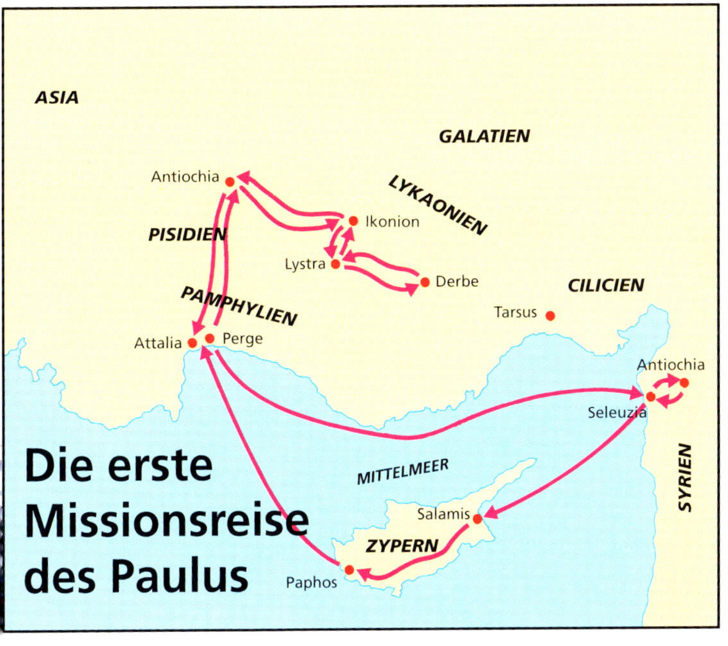

Die zweite Missionsreise des Paulus

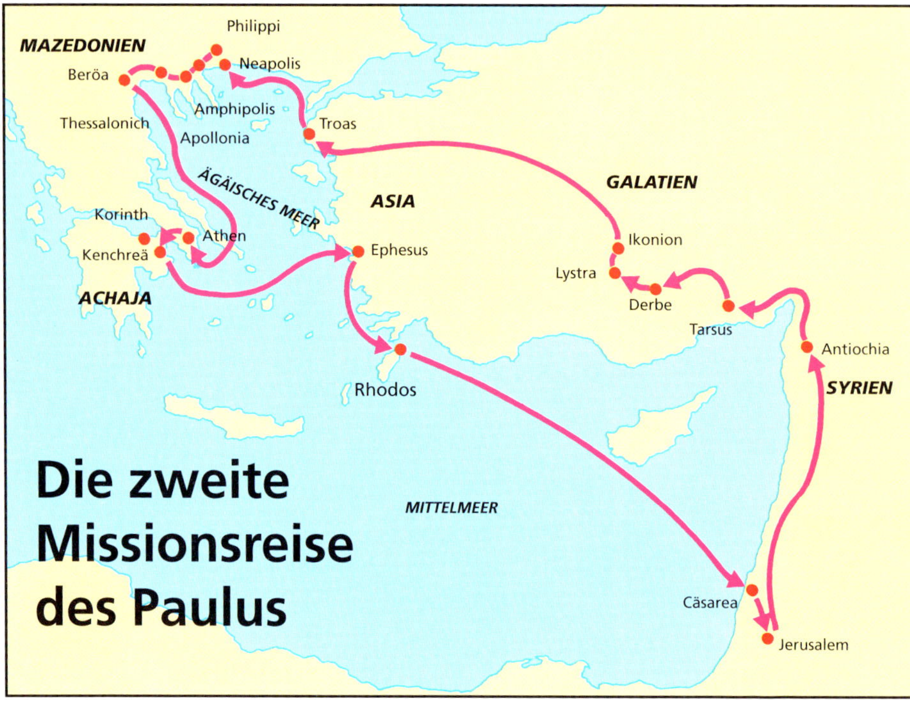

Der Abschied des Paulus

Paulus' letzte Missionsreise muss zu Herzen gegangen sein. Er musste sich überall verabschieden. Er wusste, dass es ein endgültiges Lebewohl war (vgl. Apg 20,37-38). Alle weinten und »fielen Paulus um den Hals« (im Orient ein Zeichen der Trauer), weil sie wussten, sie würden ihn nie wieder sehen.

Bevor Paulus den Hafen Ephesus verließ, lud er zum Abschied seine Freunde ein. Er war unterwegs nach Jerusalem, und von jetzt an betrachtete er sich als »ein Gefangener des Herrn«. Paulus stattete Jerusalem seinen letzten Besuch ab; hier trat dem Apostel ein Pöbelhaufen entgegen. Sie packten ihn und wollten ihn töten unter dem Vorwurf, er lehre die Juden, das Gesetz des Mose zu übertreten. Zweifellos erinnerte sich Paulus daran, dass er selbst vor 26 Jahren außerhalb der Stadt bei der Ermordung des Stephanus Hilfe geleistet hatte. Als der Tempelhauptmann erfuhr, dass Paulus ein römischer Bürger war, versprach er ihm einen ordentlichen Prozess. Paulus hielt vor dem römischen Statthalter Felix in Cäsarea eine Verteidigungsrede. Nach zweijähriger Gefangenschaft wurde Paulus dem neuen Statthalter Festus vorgestellt, und hier appellierte er an den Kaiser selbst (Apg 21,27-26,32).

Nach einer höchst aufregenden Reise, bei der sein Schiff durch einen heftigen Sturm vor der Küste von Malta Schiffbruch erlitt, kam Paulus in Rom an. Hier wurde er in einem von ihm gemieteten Haus zwei Jahre lang gefangen gehalten.

Während seiner Gefangenschaft schrieb Paulus mehrere seiner Briefe, den Philemonbrief, den Kolosserbrief, den Epheserbrief, den Philipperbrief und den 2. Timotheusbrief.

Nach der Überlieferung wurde der Apostel schließlich doch verurteilt und enthauptet. Sein Leib wurde in den Katakomben begraben.

Zeittafel

Genaue Zeitangaben sind nicht möglich, die angegebenen Daten weichen aber höchstens zwei Jahre nach oben oder unten ab.

30 n.Chr. – Gründung der Gemeinde in Jerusalem (Apg 1-2)

32/35 – Die Bekehrung des Paulus (Apg 9)

34/37 – Paulus' erster Besuch in Jerusalem (Apg 9,26ff)

45 oder 46 – Die Gemeinde in Antiochien schickt Gaben nach Jerusalem, um die dortige Gemeinde in der Hungersnot zu unterstützen (Apg 11,27ff)

45 oder 46 – Jakobus wird hingerichtet (Apg 12,2)

Ruine des Apollotempels in Korinth, einer der moralisch verkommensten Städte des Altertums

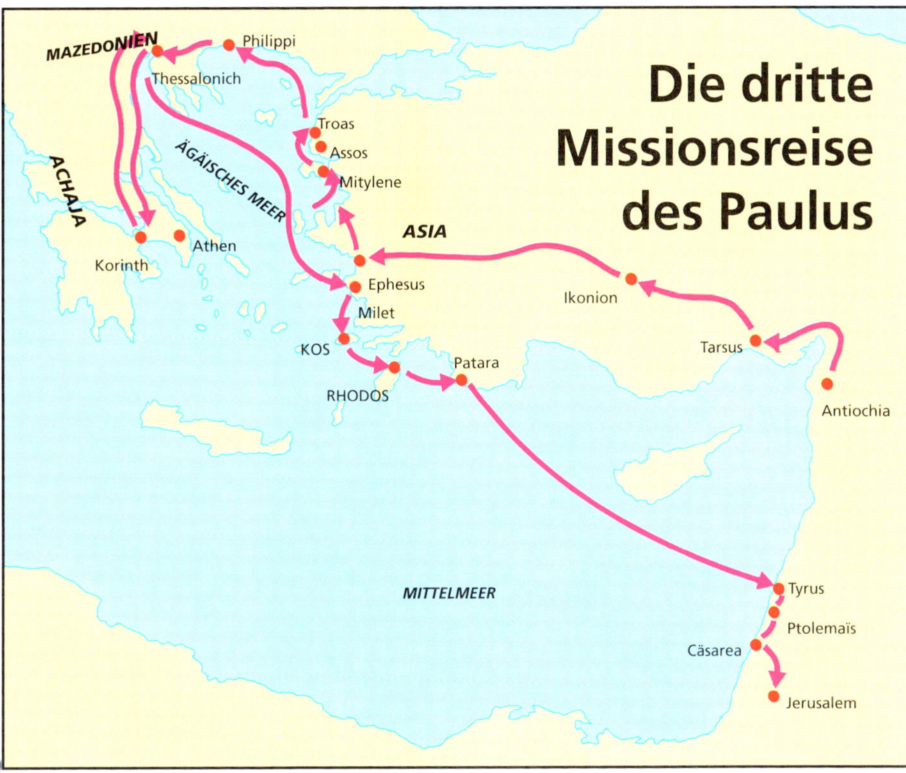

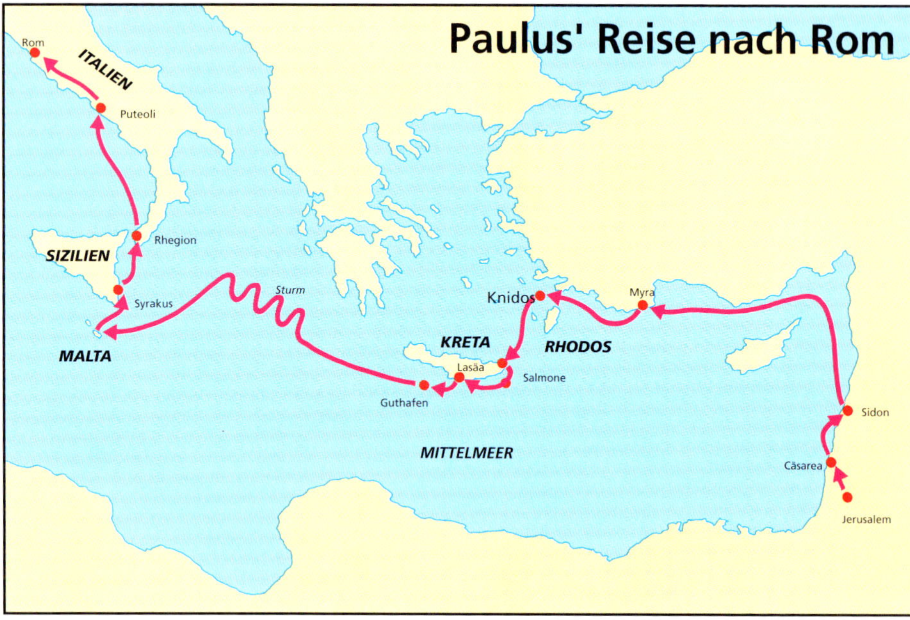

46 oder 47 – Erste Missionsreise des Paulus (Apg 13-14)

48 – Apostelkonzil in Jerusalem (Apg 15)

48-51 – Zweite Missionsreise des Paulus(Apg 15,36-18,22)

49 – Paulus trifft in Korinth ein (Apg 18)

53 – Die dritte Missionsreise des Paulus beginnt (Apg 18,23)

54-57 – Paulus in Ephesus (Apg 19)

57-58 – Paulus in Griechenland (Apg 20)

58 (Juni) – Paulus trifft in Jerusalem ein (Apg 21)

58-60 – Paulus wird in Cäsarea inhaftiert (Apg 24-26)

60-61 – Paulus beruft sich auf den Kaiser und segelt nach Rom

61-63 – Paulus in Rom unter Hausarrest (Apg 28,30)

DIE PAULUSBRIEFE

Römer • 1. Korinther • 2. Korinther
Galater • Epheser • Philipper
Kolosser • 1. Thessalonicher
2. Thessalonicher • 1. Timotheus
2. Timotheus • Titus • Philemon

31.

Der Römerbrief

Wir beginnen jetzt mit dem Studium der Briefe des Neuen Testaments. Dreizehn der einundzwanzig Briefe wurden von dem Apostel Paulus geschrieben, deswegen nennt man sie auch die paulinischen Briefe. Er schrieb seine Briefe den Gemeinden in Thessalonich, Galatien, Korinth und Rom während seiner Missionsreisen. Während seines Gefängnisaufenthaltes in Rom schrieb er zudem die Briefe an die Epheser, an die Kolosser, an Philemon und an die Philipper. Nach seiner Gefangenschaft schrieb er zwei Briefe an Timotheus und einen an Titus.

Paulus ist in Tarsus geboren und von rein jüdischer Abstammung. Sein Lehrer war Gamaliel, ein berühmter Schriftgelehrter und Pharisäer. Wie alle hebräischen Jungen erlernte auch er ein Handwerk – er war ein Zeltmacher. In Jerusalem war er bei der Steinigung des Stephanus, des ersten christlichen Märtyrers, anwesend. Zweifellos machte dieses Erlebnis einen tiefen Eindruck auf den jungen Paulus. Auf dem Weg nach Damaskus, wo er eine Christenverfolgung organisieren wollte, begegnete ihm Christus in einer Erscheinung. Nach seiner darauf folgenden Bekehrung wurde er getauft und empfing den Auftrag, das Evangelium zu verkündigen. Er zog sich nach Arabien zurück und verbrachte dort einige Jahre mit Studium und Vorbereitung.

Nachdem Paulus drei Jahre lang in Tarsus und ein Jahr lang in Antiochien gearbeitet hatte, wurde er zum bahnbrechenden Heidenmissionar. Auf seinen drei Missionsreisen gründete er viele Gemeinden und schrieb seine Briefe. Seine römische Bürgerschaft, seine griechische Bildung und sein jüdischer Glaube befähigten ihn in hervorragendem Maße zu

Teilansicht des antiken Forums in Rom.

Lesevorschläge

Sonntag:	Was wir von Natur sind *Röm 1,14-23; 3,9-20*
Montag:	Wie man ein Christ wird *Röm 3,21-5,21*
Dienstag:	Wie man ein christliches Leben führt *Röm 6,1-23*
Mittwoch:	Ein Kampf *Röm 7,1-25*
Donnerstag:	Das siegreiche Leben *Röm 8,1-39*
Freitag:	Der Wartestand der Juden *Röm 9,30-11,12*
Samstag:	Der Dienst des Christen *Röm 12,1-21*

diesem großen Werk; aber er setzte sein Vertrauen ganz auf die Gnade und das Apostelamt, das er unmittelbar von Jesus Christus erhalten hatte (1,5).

Die Gemeinde in Rom

Wir wissen nicht, wer die Gemeinde in Rom gegründet hat. Vielleicht reisten Besucher aus Rom, die zum Passahfest nach Jerusalem gekommen waren und sich zu Pfingsten dort bekehrt hatten, in die Hauptstadt zurück und brachten das Evangelium mit, dessen Verkündigung Rom zu einem neuen christlichen Zentrum machte. Während der folgenden 28 Jahre kamen viele Christen aus allen Gegenden des Orients nach Rom, darunter einige der von Paulus Bekehrten.

Paulus hatte schon immer die Absicht, die Gemeinde zu besuchen, und er sandte diesen Brief von Korinth aus, wo er im Hause eines gewissen Gaius, eines reichen korinthischen Christen, wohnte, während er sich auf seiner dritten Missionsreise befand.

Der Römerbrief wurde im vierten Jahr der Regierung Neros, des damaligen römischen Kaisers, geschrieben. In diesem Brief legt der Apostel sein Evangelium dar (1,16-17).

Gräber an der Via Appia außerhalb Roms. Paulus wurde möglicherweise in Rom hingerichtet.

Paulus, der Sklave (1,1), schreibt an die Heiligen zu Rom (1,7) über Jesus Christus (1,3-4). Nachdem Paulus die Gemeinde in Rom gegrüßt hat, dankt er Gott für ihren Glauben (Vers 8). Wir stellen fest, wie verpflichtet sich Paulus dieser Gemeinde fühlt (Vers 14-15).

»Ich schäme mich des Evangeliums nicht«, schreibt Paulus in Röm 1,16. Warum schämte sich Paulus des Evangeliums von Christus nicht? Weil es offenbart, was der Sünder braucht und was er allein durch den Glauben bekommen kann: die Gerechtigkeit, die vor Gott gilt, die Gerechtigkeit Jesu Christi.

Das Evangelium ist die bewegende Kraft Gottes, die das Heil der Menschheit bewirkt. Nur diese Kraft Gottes kann einen Menschen zum Christen machen.

Paulus schämte sich des Evangeliums von Christus also nicht, auch nicht in Rom. Kern seiner Botschaft im Römerbrief ist: »Der Gerechte wird seines Glaubens leben.« Man muss schlicht glauben. Rettung gibt es *nicht durch die Werke* – Werke verdammen nur; *nicht durch die Herkunft* – selbst die beste Herkunft steht unter dem Todesfluch der Sünde; *nicht aus dem eigenen Wesen* – denn unser Wesen ist wie ein schmutziger Lappen. Es gibt nur Rettung, wenn man das Evangelium Christi annimmt.

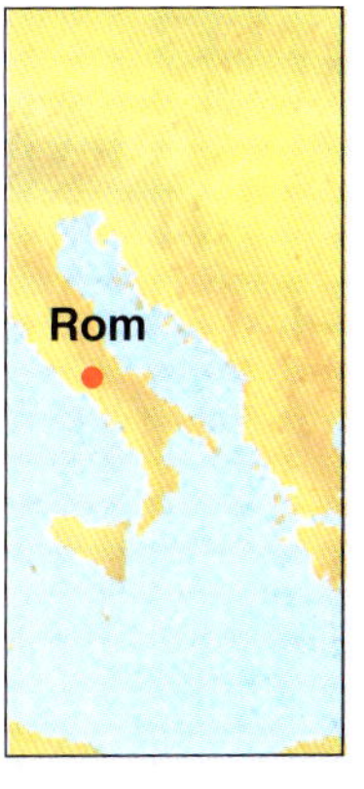

Darin offenbart sich die Gerechtigkeit, die vor Gott gilt – durch Glauben im Glauben. Diese Gerechtigkeit gibt Gott bzw. »er rechnet sie uns an«, wenn wir an Christus glauben. Gott gibt uns selbst die Gerechtigkeit, die er verlangt.

Gottes Gerechtigkeit ist notwendig
Nachdem Paulus das Thema des Römerbriefes in 1,16-17 dargelegt hat, enthüllt er, wie sehr der Mensch diese Gerechtigkeit braucht. »Denn alle haben gesündigt, und die ganze Welt ist vor Gott schuldig geworden.« Paulus blickt von erhöhtem Standort aus um sich herum und sieht eifrig bemühte Juden, stolze Griechen, selbstbewusste Römer und eine Menge »normaler« Sünder. In Röm 1,18-32 wird zuerst die Ungerechtigkeit der Heiden gezeigt, dann die der Juden.

Im Römerbrief zeigt uns Paulus, wie Gott schuldige Menschen frei macht. Er offenbart, was dem Sünder fehlt, und zeigt dann, was er durch den Glauben bekommen kann: »eine Gerechtigkeit, die vor Gott gilt« – nämlich Christus, unsere Gerechtigkeit. Die Gerechtigkeit, die Gott fordert, liegt in der Person Jesu Christi. Niemand wird je in den Himmel kommen mit einer geringeren Gerechtigkeit als der Gerechtigkeit Christi. Wenn man auf Christus blickt, erkennt man die Gerechtigkeit, die Gott fordert.

Was wir von Natur sind
(Römer 1,1-3,10)

Warum braucht der Mensch überhaupt Rettung? Paulus schreibt: »Da ist keiner, der gerecht ist, nicht einer.« Diese Tatsache zeigt Paulus schlüssig in den ersten drei Kapiteln seines Römerbriefes auf. Hier wird das Bild des Menschen ohne Gott gezeichnet.

Der Römerbrief stellt uns sozusagen in eine Gerichtsszene. Gott, der Richter der ganzen Erde, fordert Juden und Heiden vor die Gerichtsschranken. Einer nach dem anderen wird vorgeführt.

Die allgemeine Anklage lautet: »Alle haben gesündigt« (Röm 3,19). Den Heiden (2,1-16) und den Juden (2,17-3,8) wird die Möglichkeit zu ihrer Verteidigung gegeben. Ihre Ansprüche auf Freispruch werden sorgfältig erwogen, damit der Weg für das endgültige Urteil des Richters frei wird.

Schließlich verkündet der Richter das Urteil: »Alle Welt ... ist schuldig vor Gott« (Röm 3,19). Gegen das alles gibt es keine Verteidigung (Röm 3,19). Für Ausreden bleibt kein Platz.

Die Verdammung der Welt steht fest. Als Nächstes kommt nun die Offenbarung des Planes Gottes mit dem er eine verlorene Welt retten will. Der Römerbrief legt klar dar, wie Gott Menschen gerecht macht.

In den ersten drei Kapiteln des Römerbriefes erhalten wir das wahre und ungeschminkte Bild der Sünde. Gottes Wort sagt: »Sie sind allesamt Sünder und ermangeln des Ruhmes bei Gott.«

Christus rettet uns nicht nur vor der Strafe für die Sünde, sondern er ist auch fähig, uns von unserem Schuldgefühl und von der Macht der Sünde zu befreien. Wenn jemand das Gesetz gebrochen hat, fühlt er sich schuldig und versucht, sich zu verstecken wie Adam. Das schuldbeladene Gewissen fürchtet die Strafe. Gott braucht den Sünder gar nicht zu verbannen. Er flieht ganz von selbst. Das wird auch an dem Tag geschehen, wenn der Zorn Gottes offenbar wird (Offb 6,15-16).

In erster Linie ist es für die Freiheit des Sünders notwendig, dass die schrecklichen Folgen seiner Schuld weggenommen werden. Er braucht mehr als Verzeihung, denn das würde ihn mit seiner Schuld alleine lassen. Jeder Machthaber kann einem Verbrecher Gnade erweisen, aber nicht ein Einziger hat die Macht, die Schuld zu beseitigen. Der Tat muss eine angemessene Strafe folgen. Diese aber hat Christus für die Menschen stellvertretend auf sich genommen. »Der Tod ist der Sünde Sold.« Weil alle von uns »gesündigt haben«, kam Christus, um die Strafe für unsere Sünden zu tragen.

Wie wird man ein Christ?
(Römer 3,21-5,21)

Wie rettet Gott Sünder? »Durch die Erlösung, die durch Christus Jesus geschehen ist« (3,24).

Wenn Gott uns anblickt, sieht er keine Gerechtigkeit (vgl. Röm 3,10). Wenn Gott uns aber »in Christus« ansieht, sieht er nicht nur eine Verbesserung unseres Lebens, sondern etwas anderes: Vollkommenheit. Denn Gott sieht nur seine eigene Gerechtigkeit, die sich in Jesus Christus offenbart.

Das ist nun das Geheimnis hinter dem viel zitierten Begriff »Rechtfertigung«: Alles, was Christus getan hat, wird meinem Konto gutgeschrieben. Seine Gerechtigkeit gehört mir!

Wenn Christi Gerechtigkeit uns zur Gerechtigkeit angerechnet wird, dann heißt das also »Rechtfertigung«. »Der Gerechte soll seines Glaubens leben.« Ein Mensch wird nicht durch seine Werke gerecht, sondern durch seinen Glauben an die Gnade Christi (Röm 3,28). Diese große Wahrheit setzte im 16. Jahrhundert das Werk der Reformation in Gang. Sie befreite die Gläubigen von dem vergeblichen Bestreben, durch gute Werke zu Gott zu kommen, und bot ihnen die Begnadigung durch das Opfer Christi und ein Leben in der Freiheit des Glaubens an Christus an. Wir werden nicht nur durch den Glauben *gerettet*, sondern wir müssen im Vertrauen auf Christus auch im Glauben *leben*.

Paulus gibt uns Beispiele aus dem Alten Testament für die Rechtfertigung allein aus Glauben. Vor allen Dingen erzählt er uns, wie Abrahams Glaube diesem zur Gerechtigkeit angerechnet wurde (Röm 4). Schon in seinem irdischen Leben kann der Mensch entdecken, dass dem Glauben Frieden, Vergebung und Verheißung folgen (Röm 5,1-5) und über alledem eine echte Heilsgewissheit steht (Röm 5,6-11).

Gerechtfertigt durch den Glauben

Wir können die Gerechtigkeit, die Gott fordert, nicht von uns selbst aus erreichen, gleichgültig, wie hoch wir steigen.

Das Kolosseum in Rom. Viele Gläubige starben hier den Märtyrertod.

Wir brauchen Vergebung, die Beseitigung unserer Ungerechtigkeit, ein Ausziehen oder Wegwerfen der Sünde.

Rechtfertigung heißt: mit der Gerechtigkeit bekleidet werden, mit der Gott selbst uns bekleidet. Sie ist vollkommen.

Das hat nichts mit einer langen Bewährungszeit im Glauben zu tun. Der Mensch, der vor nur einer Stunde seinen Glauben an Christus gefunden hat, ist ebenso gerechtfertigt wie der älteste lebende Christ. Wir werden niemals mehr gerechtfertigt als in der Minute, in der wir Christus annehmen. Die Rechtfertigung hängt von etwas ab, das außerhalb unserer selbst ist, von dem Geschehen am Kreuz von Golgatha.

Die Rechtfertigung begräbt alle Sünde und Schuld im Grab Jesu Christi und versetzt uns an den Ort, wo Christus wohnt.

Paulus sagt in Röm 5,12-21: Wir werden als Sünder geboren. Wir sündigen, weil wir Sünder sind. Aber Adam gegenüber, dem Urbild des sündigen Menschengeschlechtes, steht Christus, das Haupt eines neuen Geschlechtes – »einer neuen Schöpfung«. Durch unsere Herkunft tragen wir Adams sündige Natur. »Denn wie sie in Adam alle sterben, so werden sie in Christus alle lebendig gemacht werden« (1 Kor 15,22). Wenn aber die Sünde *eines* Menschen es möglich machte, dass alle Menschen sterben mussten, so macht es die Gerechtigkeit eines anderen Menschen allen Menschen möglich, aus diesem Zustand herauszukommen (Röm 5,15).

Wie sieht christliches Leben aus? (Römer 6-8)

Röm 6 offenbart das Geheimnis eines siegreichen Lebens. Wir sind der Sünde gestorben und leben nun mit Christus. Hier steht, wie wir ein christliches Leben führen können. Unser Selbst, das haben wir ja erfahren, war verdammt, unfähig zum Guten und kann niemals gerecht werden (Röm 3). Wenn ich nun aber Christ werde und ein christliches Leben zu führen versuche, ist die Verdammung aufgehoben. Wir werden durch den Glauben gerettet, und wir können nicht aus eigener Kraft leben.

Röm 7 sagt uns im Folgenden, wie wir ein segensreiches Leben führen können. Zunächst beschreibt Paulus sich allerdings als Menschen, der aus eigener Anstrengung zu leben versucht: »Ich elender Mensch! Wer wird mich erlösen von diesem todverfallenen Leibe? Dank sei Gott durch Jesus Christus, unsern Herrn! So diene ich nun mit dem Gemüte dem Gesetz Gottes, aber mit dem Fleisch dem Gesetz der Sünde« (Röm 7,24-25).

Schließlich findet das »Ich«, dass es einen gibt, der immer hilft. Niederlagen werden zu Siegen, Elend verwandelt sich in Freude. Wenn das »Ich« auszieht, kehrt Christus ein.

Das geisterfüllte Leben

Das Leben »in Christus« ist etwas Wunderbares. Paulus schreibt: »Das Gesetz des Geistes, der da lebendig macht in Christus Jesus, hat mich frei gemacht von dem Gesetz der Sünde und des Todes.« Man könnte es damit vergleichen: Wenn ich ein Flugzeug besteige, bin ich von dem Gesetz der Schwerkraft befreit. Ein höheres Gesetz wird wirksam, um das Flugzeug über die Wolken zu heben, obwohl noch wenige Minuten vorher das Gesetz der Schwerkraft uns an die Erde fesselte. Dieses Gesetz wird dadurch nicht aufgehoben, aber es wird unwirksam gemacht. Genau das Gleiche geschieht in meinem Leben, wenn ich »in Christus« lebe. Das Gesetz, das durch den Heiligen Geist in meinem Leben wirkt, macht es mir möglich, mich von dem in der Welt Üblichen zu lösen: von der Sünde. Und die Sünde herrscht nicht mehr über mich. Ich bin frei. Ich stehe nicht mehr unter dem Verdammungsurteil. Das Kapitel 8 beginnt mit den Worten: »So gibt es nun keine Verdammnis«, und endet mit den Worten: »nichts kann uns scheiden«. Der Christ

ist sicher: Christus umgibt ihn; der Heilige Geist ist in ihm; und Gott ist für ihn.

Warum Israel übergangen wird (Römer 9-11)

Das Schicksal der Juden, die vorerst Gottes Gnade nicht erkannt haben und über die ganze Welt verstreut wurden, ist eine Warnung für uns (Röm 9,10-11). Gott ist ein allmächtiger Gott, und er wird tun, was er tun will. Er hat das Recht, sich den Heiden zuzuwenden, denn die Juden wollten die Gerechtigkeit Gottes, die durch den Glauben kommt, nicht suchen, sondern meinten diese in den Werken zu finden (Röm 9,32). Dadurch haben sie versucht, durch ihre eigene Gerechtigkeit zu Gott zu kommen. Aber der Mensch besitzt keine Gerechtigkeit, er kann sie auch nicht erwerben, sondern nur empfangen.

Wie man Gott dienen kann (Römer 12-16)

Der erste Teil des Römerbriefes zeigt, was Gott für uns tat. Die abschließenden Kapitel des Römerbriefes befassen sich nun mit dem, was wir für Gott tun können.

Unsere christliche Aufgabe finden wir:

- im Dienst für die Kirche *Röm 12,3-8*
- im Gehorsam gegenüber der Obrigkeit *Röm 13*
- in der Prüfung unseres Gewissens *Röm 14,1-15,3*
- im Einsatz für die ganze Welt *Röm 15,4-13*

»Ich ermahne euch nun, liebe Brüder, durch die Barmherzigkeit Gottes, dass ihr eure Leiber hingebt als ein Opfer, das lebendig, heilig und Gott wohlgefällig ist. Das sei euer vernünftiger Gottesdienst« (Röm 12,1).

Mit dieser Ermahnung drängt Paulus uns dazu, unseren Lebenswandel unserem Glauben entsprechen zu lassen. Er zeigt, dass die Lehre von der Gerechtigkeit aus Glauben keine Lauheit im Lebenswandel zulässt. Wir sind gerettet, um zu dienen. Das christliche Leben muss in seiner Beziehung zu Gott, zu sich selbst und zu anderen gelebt werden.

Wenn wir regelmäßig in der Bibel zu lesen, hilft uns das herauszufinden, wie wir als Christen leben können.

Bevor wir durch Gottes Gnade gerettet und durch seine Liebe verwandelt sind, können wir wenig für Gott tun (vgl. 1Kor 13). Wenn wir uns aber Christus ausliefern und mit seiner Liebe gefüllt werden, dann liegt vor jedem Christen ein großes Aufgabenfeld. Christus will ein »lebendiges Opfer« von uns (Röm 12,1).

In unserem Handeln sollen andere das Wirken Jesu erblicken können! Wir wollen für ihn leben, dann werden wir auch bereit sein, für ihn zu sterben.

In Röm 13 greift Paulus ein heikles Thema auf: Weil die Regierungen ihre Macht von Gott erhalten haben, um sich für das öffentliche Wohl einzusetzen, sollen Christen sich ihnen »unterordnen«.

Steuern müssen bezahlt werden, an Gesetze muss man sich halten. Ein Christ ist verpflichtet, jeder erlaubten Forderung des »Kaisers« nachzukommen. Man soll niemandem etwas schuldig bleiben, außer der andauernden Verpflichtung, andere zu lieben und ihnen kein Unrecht anzutun.

Paulus ist sich bewusst, dass sich die Situation zuspitzen wird. „Das Heil ist näher als zu der Zeit“, als sie gläubig wurden. Deshalb klingt sein Aufruf, so zu leben, wie es Gott von ihnen will, sehr dringlich.

Das Evangelium Gottes ist kein Selbstzweck. Es soll menschliche Beziehungen verändern, es Juden und Heiden ermöglichen, sich einander in der Gemeinde als Gleichberechtigte zu begegnen, und jeden Aspekt unseres täglichen Lebens durchdringen. Die Vergebung Gottes und seine Liebe spornen uns an, unserer neuen Berufung gemäß zu leben – unsere ganze Art zu denken und unseren Lebensstil umzugestalten.

Wirkung und Einfluss des Römerbriefs sind kaum zu überschätzen. Er hat die Phantasie großer Männer wie Augustinus oder Luther beflügelt und durch sie die Kirchengeschichte gestaltet.

Aber Gott berührte durch diesen Brief auch die Herzen unzähliger ganz gewöhnlicher Männer und Frauen, die die Lehre des Apostels lasen, glaubten und danach handelten.

32.

Der erste Korintherbrief

Korinth war zu Paulus' Zeiten die bedeutendste Stadt in Griechenland. Ihr Reichtum war märchenhaft. Die Menschen verbrachten ganze Tage bei Pferderennen und Volksreden. Luxus, Zerstreuung und öffentliche Unmoral herrschten unter der Bevölkerung dieser Handels- und Hafenstadt. Korinth zog ganze Mengen von Besuchern aus dem Osten und dem Westen an. Neben Vergnügen und Unterhaltung gab es aber auch ein breit gefächertes Angebot an Kunst und Kultur. Die Stadt hatte viele Philosophenschulen, Kunstwerkstätten und hervorragende Architekten.

Wie in vielen Städten gab es auch in Korinth eine große jüdische Kolonie, deren Angehörige sich treu an ihren Glauben hielten.

Wenn wir Apg 18 aufschlagen, können wir nachlesen, wie das Evangelium diese berüchtigte Stadt erreichte. Der Apostel Paulus, damals etwa 50 Jahre alt und vermutlich gekleidet wie ein Arbeiter, reiste in die betriebsame Handelsstadt und erwarb sich dort seinen Lebensunterhalt durch Zeltemachen. Das war damals ein florierendes Handwerk. Er nahm geschäftliche Verbindung mit dem wohlhabenden Zeltmacher Aquila und seiner Frau Priscilla auf. Er war stets in der Lage, sich selbst zu unterhalten und genug zu verdienen, um seine Mission fortführen zu können.

Während seines eineinhalbjährigen Aufenthaltes in Korinth predigte Paulus vor Juden und Griechen in Synagogen und gründete eine große Gemeinde.

In diesem Brief spielt der Titel »Herr« eine besondere Rolle (1Kor 1,31; 2,8.16; 3,20; 4,4; 5,4-5; 6,13 usw.). Das ist sehr bedeutungsvoll, denn vieles von der Verwirrung, die in die Gemeinde zu Korinth eingezogen war, hatte seinen Grund darin, dass die Gläubigen Jesus Christus nicht mehr als Herrn erkannten.

Da viele ethische Probleme daraus folgten, befasst sich der erste Korintherbrief besonders mit dem christlichen Lebenswandel.

Lesevorschläge

Sonntag:	Spaltungen in der Gemeinde	1Kor 1,10-31
Montag:	Menschliche Weisheit	1Kor 2,1-16
Dienstag:	Weltlichkeit in der Gemeinde	1Kor 3,1-23
Mittwoch:	Unsittlichkeit in der Gemeinde	1Kor 5,1-13
Donnerstag:	Das Abendmahl	1Kor 11,1-34
Freitag:	Das Hohelied der Liebe	1Kor 13, 1-13
Samstag:	Die Auferstehung	1Kor 15,1-58

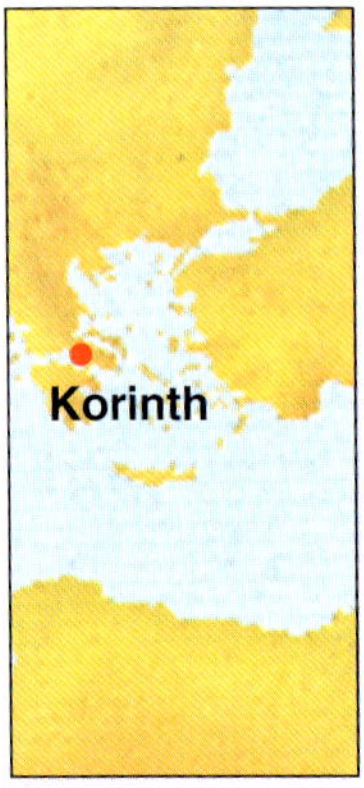

Vom falschen und richtigen Lebenswandel (1. Korinther 1-11)

Die Gemeinde in Korinth war im Verfall begriffen. Die weltliche Gesinnung der Stadtbewohner war bei ihr eingedrungen. Es war gut, dass die christliche Gemeinde in Korinth war, aber es war gefährlich, dass Korinth seinen Einzug in die christliche Gemeinde gehalten hatte.

Praktiken, wie sie in dieser Stadt an der Tagesordnung waren, fanden bald auch in der Gemeinde Eingang. Es gab Spaltungen unter den Gläubigen; Christen prozessierten vor heidnischen Richtern; ihr Verhalten beim Abendmahl war entwürdigend; die Frauen der Gemeinde hielten sich nicht mehr an die Regeln der Bescheidenheit, die Ordnung der Ehe und selbst die Geistesgaben der Gemeinde wurden in Frage gestellt. Schließlich bat die Gemeinde Paulus in einem Schreiben um Rat und Hilfe. Die beiden Korintherbriefe wurden als Antwort auf diese Anfragen geschrieben.

Nach dem üblichen Eingangsgruß (1Kor 1,1-3) erinnert Paulus an die Wiederkunft des Herrn Jesus Christus (1Kor 1,78). Dann aber greift er sofort die schwelenden Fragen der Gemeinde auf, über die er unterrichtet worden war. Seine Informationsquelle verrät er uns in 1Kor 1,11: »die Leute der Chloë«, wohl Mitglieder der Gemeinde.

Die Christen in Korinth haben Gott aus den Augen verloren. Drei Arten der Selbstsucht hatten sie geblendet:

Selbstbewunderung – ihre Vernunft hatte sich verkehrt.

Eigensinn – ihr Gewissen hatte sich verdunkelt.

Zügellosigkeit – ihre Leidenschaften herrschten über sie.

Zuerst spricht Paulus über die Trennungen und Spaltungen, von denen er durch Freunde und Reisende erfahren hatte.

Die Gemeinde hatte sich in vier Gruppierungen aufgespalten, die versuchten, jeweils die Führungsposition in der Gemeinde zu übernehmen (1Kor 1,12). Die bevorzugten Lehrer, nämlich Paulus, Apollos und Petrus, mussten ihre Namen für die Gruppen hergeben. Die »Christus-Partei« beanspruchte diesen Namen, als gehöre er nicht jeder Gemeinde.

Die Uneinigkeit über die geistlichen Führer zeigte, dass die Christen von Korinth den Mittelpunkt jeder Gemeinde – Jesus Christus – verloren hatten.

Paulus versuchte, den Korinthern klar zu machen, dass ihr Parteiengeist Sünde ist. Einem Menschen zu folgen und zu hoffen, dass er Leben geben kann, ist eine Verkehrung der Rettungsidee Gottes. Auf das zu vertrauen, was ein Mensch zu sagen hat, ist töricht. Christus allein hat alle Vollmacht und Weisheit Gottes.

Junge und Alte folgen in gleicher Weise Christus bis zum Kreuz, aber vor dem »Blut« des Opfers scheuen sie zurück. Eben dies taten auch die Juden und Griechen zu Paulus' Lebzeiten.

Das Kreuz

Das Kreuz war »den Juden ein Ärgernis«, etwas, an dem sie Anstoß nahmen (1Kor 1,23). Sie konnten einfach nicht verstehen, wie ein solches Zeichen der Ohnmacht die Quelle der Kraft sein konnte. Ein Mann, der an einem Kreuz starb, sah für sie nicht gerade wie ein Retter der Welt aus. Die Schriftgelehrten und Pharisäer wandten sich ärgerlich vom Kreuz ab. Für sie war das Kreuz das Mahnmal eines Fehlschlages. Die Juden brauchten Zeichen der Vollmacht. Sie forderten etwas, was sie sehen und greifen konnten. Der Messias musste über weltliche Macht verfügen, ein Wundertäter sein. Gebildete Menschen nehmen Anstoß am Kreuz, weil sie nicht erklären können, wie das Blut eines Menschen die Befleckung der Sünde hinwegwaschen kann.

»Den Griechen eine Torheit.« Mit Verachtung sahen die Griechen auf eine unwissenschaftliche Religion, die von ungeschulten Menschen stammte, aus dem unbekannten Nazareth von dem Sohn eines Zimmermanns, der niemals in Athen oder Rom studiert hatte. Die Griechen verherrlichten die Vernunft und die »Weisheit«. Aber Gott hat andere Maßstäbe.

Aus diesen Denkweisen ergeben sich zwei Alternativen: Entweder ist das Kreuz »Gotteskraft« oder es ist »Torheit«. Ist es »Torheit«, dann denken wir, dass es für unser Leben nichts Gutes bringt. Aber gerade diese Auffassung verdammt uns und nicht das Kreuz.

Paulus predigt Christus weder als Helden noch als Philosophen, sondern als den gekreuzigten, den erniedrigten Christus (1Kor 2,2). Paulus weiß, dass seine Worte im Feuer geprüft werden (1Kor 3,13). Den gekreuzigten Christus zu kennen ist höchste Weisheit.

Der Diener

Man machte Paulus auch den Vorwurf, er predige zu einfach. Paulus antwortete, dass er nicht anders predigen könne, weil die Korinther noch »geistliche Babys« seien. Sie konnten noch nichts außer Milch vertragen. Ihre Spaltungen waren geradezu Kennzeichen ihrer Unreife (1Kor 3,1-4).

Paulus setzt den Korinthern auseinander, dass ein Diener des Evangeliums nicht das Haupt einer Schule oder einer rivalisierenden Sekte ist, wie es bei den griechischen Philosophen der Fall war. Er ist ein Knecht Gottes, nicht ein Herr über die Menschen. Paulus nennt sich selbst »Sklave des Herrn Jesus Christus«. Christlicher Dienst wird von Gott nur dann angenommen, wenn er im Geiste Christi und zu seiner Ehre getan wird.

Paulus zeigt im Folgenden drei Instanzen des Gerichtes, vor denen wir uns verantworten müssen (1Kor 4):

– andere Menschen	1Kor 4,3
– unser eigenes Gewissen	1Kor 4,4
– Jesus Christus	1Kor 4,5

Ein friedlicher Winkel in Nazareth. Die hellenistisch beeinflussten Nichtjuden schauten voller Verachtung auf eine Religion herab, die von dem Sohn eines ungebildeten Zimmermanns gelehrt wurde, der niemals in Athen oder Rom studiert hatte.

Das Urteil der Menschen ist unsicher. Die Menschen haben nicht immer die richtigen Kriterien, um zu einem zuverlässigen Urteil zu kommen, und unsere Freunde sind möglicherweise zu sehr voreingenommen.

Was das eigene Gewissen angeht, so schreibt Paulus: »Ich richte mich selbst nicht« (1Kor 4,3). Er deutet hiermit an, dass es gefährlich ist, wenn wir nur vor dem Richterstuhl unseres eigenen Gewissens stehen. Es ist schwer, mit sich selber gerecht zu sein. Kein Mensch, er möge so unbestechlich sein wie er will, kann in seinem eigenen Prozess den Richter spielen.

Paulus sagt, dass es nur ein Gericht gibt, dem er sich unterwerfen will – eines, das immer Recht hat. »Der Herr ist's aber, der mich richtet« (1Kor 4,4). Paulus sieht sich als Christi Haushalter und letztlich nur ihm verpflichtet.

Laster in der Gemeinde

Im Römerbrief ging es um die Gottesgerechtigkeit. Der Korintherbrief handelt von der Gerechtigkeit des Christen. Als Christen müssen wir das leben, was wir in unserem Herzen glauben. Es ist eine ernste Sache, wenn man bekennt, als Christ zu leben. Wenn wir den Maßstab, den Christus gesetzt hat, niedriger ansetzen, dann geben wir der Welt ein falsches Zeugnis. Wir sind »ein offener Brief Christi, der von allen gelesen wird«.

Gerechtigkeit kommt von Gott, sie muss sich aber in unserem täglichen Lebenswandel zeigen.

In der Gemeinde von Korinth hatte tatsächlich ein Gemeindeglied seine eigene Stiefmutter geheiratet, was schon unter den Heiden nicht erlaubt war, von Christen ganz zu schweigen. Paulus tadelt die Gemeinde, dass sie sich noch stolz brüstet, während sich in ihrer Mitte ein solcher Skandal abspielt. Er drängt sie, ein solches Übel nicht in ihrer Mitte zu dulden. Ebenso wie Sauerteig den ganzen Teig durchsäuert, so breitet sich der Einfluss eines schlechten Menschen in der ganzen Gemeinde aus.

Die Gemeinde sollte diese Leute ausschließen, um zu zeigen, dass sie die Sünde nicht billigt (5,13). Kirchenzucht sollte aber immer mit Trauern und Mitleid anfangen, nicht mit Zorn, Stolz oder Rache (5,2).

Dann deutet der Apostel den jüdischen Festbrauch, zum Passah ungesäuerte Brote zu backen, auf die christliche Lebensführung: »Darum lasset uns das Fest feiern nicht im alten Sauerteig, auch nicht im Sauerteig der Bosheit und Schlechtigkeit, sondern im ungesäuerten Teig der Lauterkeit und der Wahrheit« (1Kor 5,8). Selbstprüfung ist oft das Schwierigste, aber es ist auch das Wichtigste.

Zunächst stellt Paulus fest, dass Christen es zwar bisweilen nicht vermeiden können, an das weltliche Gesetz zu appellieren, dass sie aber nicht miteinander in Streitigkeiten geraten und niemals Streit vor ein weltliches Gericht zerren sollen. Welchen schrecklichen Eindruck vom christlichen Glauben erhielte dann die Welt! Wenn Christen das doch tun, dann sagen sie gleichzeitig: »Wir sind ebenso habgierig und ehrgeizig und auf unser eigenes Recht bedacht wie andere.« Paulus schreibt: »Wagt ihr so etwas zu tun?«

Freiheit heißt nicht Rücksichtslosigkeit

Die Bibel hält keine Einzelvorschriften für unseren Lebenswandel bereit, sie gibt uns Grundsätze, die das Handeln eines Christen leiten sollen. Jemand hat das einmal in die Worte gefasst, dass die christliche Freiheit nicht bedeute, man habe das Recht zu tun, was man wolle, sondern zu tun, was man soll. Paulus drückt das so aus: »Alles ist mir erlaubt, aber nicht alles dient zum Guten. Alles ist mir erlaubt, aber es soll mich nichts gefangen nehmen« (1Kor 6,12).

Wir sollten bei unserem Lebenswandel immer beachten, dass wir unsere Freiheit falsch gebrauchen, wenn wir damit andere schädigen. Ich kann alles tun, was ich will, aber ich muss sicher sein, dass mein Tun Christus gefällt. Was ich tue, ist für andere ein Beispiel und kann ihnen schaden oder sie segnen. Ich sollte nicht nur die Frage stellen: »Schadet mein Tun schwächeren Christen?«, sondern mehr: »Verherrlicht es Gott?«

Die Ehe

Paulus diskutiert das Thema »Ehe« für die Christen. Unter den jüdischen und griechischen Philosophen war ein Streit über die Bedeutung der Ehe ausgebrochen. Paulus wollte die Gemeinde vor einem Skandal bewahren und schrieb deshalb in 1Kor 7,2: »Um Unzucht zu vermeiden, soll jeder seine eigene Frau haben und jede Frau ihren eigenen Mann.« Die Gesellschaft ist in dem Maße in Ordnung, wie die Ehen in Ehren gehalten werden. Einige Gemeindeglieder versuchten, von der Ehe abzuraten und andere meinten, man müsse sich scheiden lassen, wenn man Christ werden wolle und mit einem Heiden verheiratet war. Aber Paulus kannte die schlechte Verfassung der Gemeinde von Korinth und gab die Anweisung, dass jeder seine eigene Frau haben und jede Frau ihren eigenen Mann behalten solle. Er hielt nichts von der Scheidung von einem

Paulus schildert, wie das erste Abendmahl gefeiert wurde und erklärt dann, warum es so wichtig ist.

heidnischen Ehepartner, gab aber die Freiheit, in den Scheidungswillen des heidnischen Partners einzuwilligen.

Götzenopferfleisch

In Korinth war es schwer, einen endgültigen Bruch mit dem Heidentum zu vollziehen. Kaufleute und Vereine hielten gesellige Runden in den Tempeln ab. Der größte Teil des Fleisches, der in den Geschäften verkauft wurde, war vorher als Opfer dargebracht worden.

Einige Christen sind der Meinung, dass man die Freiheit habe, Fleisch zu essen und an den geselligen Veranstaltungen teilzunehmen, weil andere Götter in Wirklichkeit ja gar nicht existieren (1Kor 8,4). Andere aber haben ihre Befürchtungen. Die Freiheit ist wichtig, sagt Paulus. Niemand aber soll seine persönliche Freiheit auf Kosten eines Anderen ausleben.

Liebe ist wichtiger als Erkenntnis. Es geht hier nicht so sehr darum, was gegessen wird, sondern vielmehr darum, wo es gegessen wird. Es ist immer falsch, am Tisch der Dämonen in einem heidnischen Tempel zu essen, selbst wenn es sich nur um ein geselliges Zusammensein handelt.

Das Abendmahl

Paulus gibt einen sehr sorgfältigen Bericht über die Einsetzung des Abendmahls und spricht dann von dessen Wert:

Es wurde gestiftet in der Nacht, als Christus verraten wurde.

Es wird in Erinnerung an seine ewige Liebe von seinen Nachfolgern gefeiert.

Es ist ein Symbol für seinen Leib, der für sie gebrochen wurde (10,16).

Es ist der neue Bund in seinem Blut.

Es ist das Siegel für die Verheißung seiner Wiederkunft (11,26).

Man sollte niemals ohne dankbare Liebe am Abendmahl teilnehmen.

»Das tut, so oft ihr daraus trinkt, zu meinem Gedächtnis« (vgl. 11,25). Christus will, dass wir an ihn denken, wenn wir an seinen Tisch treten.

In der Gemeinde in Korinth war das Abendmahl mit einer richtigen Mahlzeit verbunden. Jeder brachte dafür seine eigenen Speisen mit. Das führte oft zu einem gewaltigen Essen unter den Reichen und die Armen gingen leer aus. Darunter litt die Würde des Abendmahls! Paulus erinnert die Gemeinde an die tiefe Bedeutung dieses Mahles und an die Verwerflichkeit solchen Benehmens.

Paulus beschließt diesen Abschnitt mit den Worten: »Das andere will ich ordnen, wenn ich komme« (11,34). Es mussten also noch andere Dinge in Ordnung gebracht werden, aber er wollte das lieber persönlich tun, wenn er die Korinther besuchte.

Anweisungen für das christliche Leben (1. Korinther 12-16)

1Kor 12 macht uns vertraut mit den Gaben, die der Heilige Geist den Gläubigen gibt. Die Verse 1-3 berichten von der Veränderung, die in das Leben dieser korinthischen Christen gekommen war, als sie von der Götzenverehrung zur Anbetung des lebendigen Christus kamen. Christus gab ihnen die Gaben des Heiligen Geistes, damit sie ihr christliches Leben voll entwickeln sollten (1Kor 12,4-7). Der Heilige Geist selber ist der Geber geistlicher Gaben (1Kor 12,8-11). Um die Bibel auszulegen und zu lehren, braucht jeder die Weisheit des Heiligen Geistes. Man muss »im Geist« beten und kann zur Ehre Gottes nur singen, wenn es »im Geist« geschieht.

Zur Zeit des Paulus war man auf besonders eindrucksvolle Gaben aus, wie zum Beispiel auf das Zungenreden. Die korinthischen Christen benutzten diese Gaben als Selbstzweck. Wenn Gott uns überhaupt eine Gabe gibt, dann tut er das nicht, damit wir viele Leute um uns versammeln, sondern damit wir für andere ein Segen werden. Gott gab die in 1Kor 12 erwähnten neuen Gaben, damit sie bei der Gründung der neuen Gemeinde helfen sollten, aber sie wurden von einigen lediglich zur Befriedigung des eigenen Ehrgeizes missbraucht. Paulus zeigt, dass der Zweck der Geistesgaben die Erbauung der Gemeinde ist (1Kor 12), dass sie in Liebe gebraucht werden sollen (1Kor 13) und dass ihr Wert an ihrer Nützlichkeit für die ganze Gemeinde gemessen werden muss.

Gott hat Gaben wie die Gabe der Krankenheilung, die Gabe der Wunder und des Zungenredens verliehen, um der Welt zu bezeugen, dass Jesus der wahre Messias und die Apostel Gottes berufene Boten waren. Wir sollen uns um die besten Gaben, nämlich um Weisheit, Erkenntnis und Glauben bemühen. Der Heilige Geist »teilt einem jeden das Seine zu, wie er will« (1Kor 12,11).

Wunderbar wird in 1Kor 13 beschrieben, wie man die Gaben des Geistes gebrauchen soll. Dieses Kapitel trägt den Namen »Hoheslied der Liebe«. Ohne Liebe sind die Gaben des Geistes armselige Dinge. Die Menschen sprechen viel von Liebe, aber sie leben sie nicht. Es ist ihnen unmöglich, einander auch nur einigermaßen dauerhaft zu lieben, wenn Christi Liebe nicht in ihr Herz gekommen ist. Sie scheinen die Gewalt mehr zu verehren.

Die Säulen des Evangeliums

Offenbar gab es in der korinthischen Gemeinde eine Gruppe, die nicht an die Auferstehung der Toten glaubte. Paulus geht darauf ein, indem er die Grundlagen des Glaubens an die Auferstehung Christi feststellt (1Kor 15,1-11):

1. Christus starb für unsere Sünden nach der Schrift (15,3).
2. Er wurde begraben (15,4).
3. Er wurde am dritten Tage auferweckt nach der Schrift (15,4).
4. Er wurde von vielen Zeugen gesehen (15,5-6).

Wenn wir die Auferstehung leugnen, leugnen wir die wichtigste Aussage des Evangeliums. Die Verkündigung ist dann leer; Glaube und Hoffnung sind hinfällig. Keine Auferstehung würde bedeuten, es gäbe überhaupt kein Evangelium, denn wir würden an einen toten Christus glauben. Es gäbe dann keine »gute Nachricht«, denn dann gäbe es ja kein Gotteszeugnis dafür, dass Gott Christi Tod als Sühne für unsere Sünde angenommen hat. Christi Leib starb, und es war sein Leib, der wieder auferweckt wurde. Seinen Geist gab er in die Hände des Vaters.

Das Grab der herodianischen Familie in Jerusalem mit einem Stein, den man vor den Fingang rollte.

Weil Christus lebt, sollen auch wir leben. »Tod, wo ist dein Stachel? Hölle, wo ist dein Sieg?«

In 1Kor 15 gibt Paulus viele Zeugnisse für das Leben des Auferstandenen.

1. Christi Auferstehung.
2. Seine Wiederkunft.
3. Die Auferstehung der Gläubigen.
4. Der Sieg über Christi Feinde.
5. Seine siegreiche Herrschaft.
6. Unsere sterblichen Leiber sollen in unsterbliche verwandelt werden.

33.

Der zweite Korintherbrief

Paulus war ziemlich besorgt darüber, wie die Gemeinde in Korinth seinen ersten Brief aufnehmen würde. Er fragte sich, wie sie mit seinen Vorwürfe umgehen würden, und deshalb sandte er Titus und vielleicht auch Timotheus nach Korinth, um so die Wirkung seines Briefes festzustellen. Als er sich während der dritten Missionsreise in Philippi aufhielt, berichtete ihm Titus, dass die Mehrheit der Gemeinde seinen Brief positiv aufgenommen hätte. Aber es gab auch solche, die seine Motive anzweifelten und selbst seine Apostelschaft leugneten. Sie behaupteten, dass er nicht die nötigen Qualifikationen für einen Apostel habe. Vielleicht hegten sie diese Zweifel, weil Paulus nicht zu der Gruppe der zwölf Jünger gehört hatte.

Unter diesen Umständen schrieb er seinen zweiten Brief. Er brachte seine Freude über die ermutigende Aufnahme seines ersten Briefes zum Ausdruck und verteidigte sein Apostelamt.

In diesem Brief gibt Paulus mehr von seinem persönlichen Leben preis als in irgendeinem anderen seiner Briefe. Er zeigt seinen Mut und seine hingebende Liebe. 31-mal spricht er davon, dass er gezwungenermaßen selbst »sich rühmen« müsse (2Kor 12,11).

Der Dienst des Paulus (2. Korinther 1-7)

Paulus beginnt seinen zweiten Brief an die Korinther mit seinem üblichen Gruß

Der Apollotempel in Korinth, das einzige Gebäude aus Paulus' Zeit, das die Sanierungsprojekte der Römer unbeschadet überstand.

Lesevorschläge

Sonntag: Christus, unser Trost
2Kor 1,1-2,17

Montag: Lebendige Briefe
2Kor 3,1-4,18

Dienstag: Botschafter an Christi Statt *2Kor 5,1-6,18*

Mittwoch: Das Herz des Paulus
2Kor 7,1-8,15

Donnerstag: Christliche Gaben
2Kor 8,16-9,15

Freitag: Das Apostelamt des Paulus
2Kor 11,1-33

Samstag: Gottes Kraft
2Kor 12,1-13,14

und der Danksagung (2Kor 1,1-3). Dann schildert er die großen Schwierigkeiten, durch die er hindurch musste. Durch alle seine Prüfungen lernte er Gott besser kennen.

Paulus' Leiden in der Provinz Asia war sehr schwer. Wahrscheinlich war er ernsthaft erkrankt und wusste nicht, ob er diese Krankheit überleben würde (2Kor 1,4-11). Nun bedankt er sich für das Gebet der Gemeinde und ermahnt sie zu Liebe und Mitleid. Schließlich äußerte er den Wusch, dass sie bereit wären anzuhören, was er zur Verteidigung des Apostelamtes vorzubringen hatte.

Paulus trat mit reinem Gewissen vor die Korinther. Seinen ersten Brief bezeichnet er als Ersatz für sein persönliches Kommen. Wenn er komme, wolle er Grund zum Lob und nicht zum Tadel haben (2Kor 1,23-2,4). Dafür ruft er Gott zum Zeugen an.

Die jüdisch eingestellten Gesetzeslehrer seiner Zeit trugen immer Empfehlungsbriefe bei sich. Sie bereiteten Paulus am meisten Sorge. Auf jede nur mögliche Weise versuchten sie, ihn zu bekämpfen.

Ein orthodoxer Jude an der Westmauer des Jerusalemer Tempels. Die jüdischen Gesetzeslehrer gehörten zu Paulus' schärfsten Kritikern.

Wir hören sie fragen: »Wer ist Paulus? Welche Empfehlungsbriefe von Jerusalem hat er?« Wie lächerlich erscheint Paulus diese Frage! Brauchte er eine Empfehlung für eine Gemeinde, die er selbst gegründet hatte? Er antwortet: »Ihr seid unser Brief, in unser Herz geschrieben, erkannt und gelesen von allen Menschen« (2Kor 3,2).

Das Leben der wahren Christen von Konrinth diente als Empfehlungsbrief von dem Herrn Jesus Christus für seinen Knecht, den Apostel Paulus. Menschen lesen Menschen.

Paulus' Amt war ein hervorragendes Amt, aber es war voll von Leiden. Der Sieg kostet etwas! Paulus berichtet sehr viel über seine Prüfungen (Kap. 4; 6; 11).

Als Paulus sich bekehrt hatte, sagte der Herr zu ihm: »Ich will ihm zeigen, wie viel er leiden muss um meines Namens willen« (Apg 9,16). Offenbar begannen seine Prüfungen sofort und verließen ihn während der ganzen folgenden 30 Jahre seines Lebens nicht.

Paulus konnte aber noch in seinem Leiden singen, denn er kannte die wunderbare Gnade Gottes. Er war sich der Gegenwart des Herrn Jesus Christus jederzeit bewusst. Er wusste, dass, je größer das Leiden in dieser Welt ist, umso größer die Herrlichkeit in der Ewigkeit sein würde (2Kor 4,8-18). Paulus lebte mit den Augen auf die Zukunft gerichtet!

Nirgendwo verheißt Christus, dass ein Christ frei von Leiden oder Trauer sei. Vielmehr sagt er: »In der Welt habt ihr Angst« (Joh 16,33). Christus lässt zu, dass Christen in Schwierigkeiten geraten, damit er sie befreien kann.

In all seinem Leiden findet der Apostel Paulus seinen Trost in der Tatsache der Auferstehung. Er lebte unter dem Einfluss der Tatsache, dass er eines Tages einen verwandelten, verherrlichten Körper haben werde. Unsere gequälten Körper werden gegen verherrlichte Körper ausgetauscht werden.

Die Aufgabe des Apostel Paulus war, die Menschen mit Gott zu versöhnen (2Kor 5,20). Um nichts geht es Gott so sehr wie um den Menschen. Paulus ruft als der Botschafter Christi den Menschen in der Welt dieses Versöhnungswort zu.

Es folgt dann eine Ermahnung zu geheiligtem Leben (6,11-7,16). Heilig zu leben bedeutet: ganz mit Gott zu leben. Diese Verse muss man einzeln lesen. Paulus appelliert hier an seine Mitarbeiter, dass sie die Gnade Gottes nicht vergeblich empfangen, sondern ihm ihr Herz öffnen. Gott fordert ein reines Leben. Er will, dass sich die Christen von den Ungläubigen unterscheiden.

Eine großzügige Gabe
(2. Korinther 8-9)

Paulus schrieb von Mazedonien aus. Er berichtet seiner Gemeinde in Korinth von der Großzügigkeit, mit der die Gemeinden von Mazedonien zu der Kollekte für Jerusalem beigetragen haben. Obwohl sie selbst arm waren, baten sie, geben zu dürfen, und sie gaben großzügig, weil sie sich vorher selbst dem Herrn ausgeliefert hatten. Alle Gemeinden Kleinasiens und Griechenlands beteiligten sich. Paulus schrieb von Mazedonien aus. Christus war das Vorbild für diese frühen Christen (2Kor 8,9).

Von jeher hat Gott verheißen, dass er den fröhlichen Geber belohnt (9,6). Er will ihn mit geistlichen Gütern wie mit materiellen beschenken. Diese Sammlung stärkte das Band der Bruderschaft zwischen Judenchristen und Heidenchristen. »Gott aber sei Dank für seine unaussprechliche Gabe« (2Kor 9,15). Der Grund für all unser Geben: »Denn also hat Gott die Welt geliebt, dass er seinen eingeborenen Sohn gab«. Gott selbst gibt gern.

Das Apostelamt des Paulus
(2. Korinther 10-13)

Einige Gemeindeglieder klagten Paulus der Feigheit an. Er sei, so sagten sie, mutig, wenn er schreibe, aber schwach, wenn er persönlich auftrete.

Das Neue Testament gibt uns keinen Hinweis darauf, wie Paulus aussah. Jedenfalls war er ein Mensch mit hervorragenden Gaben und einem kühnen und forschenden Verstand, und das Wichtigste: Christus lebte in ihm und wirkte durch ihn.

Seine Feinde sagten, kein Apostel arbeite mit seinen eigenen Händen und ernähre sich selbst. Paulus aber erklärte, dass er zwar das Recht auf Bezahlung habe, dass er davon aber keinen Gebrauch mache, damit ihn nicht falsche Lehrer als gewinnsüchtig hinstellen könnten. Paulus erklärte, dass er jedenfalls seine eigene Gemeinde gegründet habe und nicht herumziehe und Gemeinden, die andere gegründet hatten, durcheinander bringe wie seine Gegner.

Er stellte fest, dass auch er Grund habe, sich zu rühmen, wenn sich diese falschen Lehrer ihrer Kraft rühmten. Voller Temperament forderte er seine Kritiker heraus, sich in jeder Beziehung mit ihm zu vergleichen. Er war ein echter Jude; er hatte mehr als alle anderen zusammen für die Sache Jesu Christi gearbeitet. Paulus wusste, dass es geschmacklos war,

sich selbst zu loben. Er tat es nicht gern, aber seine Feinde zwangen ihn dazu. Paulus rühmte sich aber der Herrlichkeit Gottes und nicht seiner eigenen Kraft.

Sein Kommentar über diese Leute: »Aber weil sie sich nur an sich selbst messen und sich mit sich selbst vergleichen, verstehen sie nichts« (2Kor 10,12). Dabei konnte Paulus einiges vorweisen: Er wurde in das »Paradies«, ja, in den dritten Himmel entrückt. Er hatte besondere Visionen und Offenbarungen und hörte Dinge, die man nicht in Worte fassen konnte (12,4).

Offenbar wegen dieser himmlischen Erfahrung ließ Gott es zu, dass Paulus unter körperlicher Schwachheit litt, »des Satans Engel ihn mit Fäusten schlug«.

Er selbst nannte diese Schwachheit »einen Pfahl im Fleisch« (12,7). Man hat viel darüber spekuliert, was dieser »Pfahl« wohl gewesen sein mag. Wir können das nicht mehr feststellen. Wir erfahren aber, dass die Gnade, die Paulus trotz seines Leidens empfing, auch für alle leidgeprüften Menschen hinreichend ist.

Der Zweck der Leidensprüfung

Viele Christen fragen sich, warum Gott nicht den »Pfahl« aus dem Fleisch entfernt, wenn sie zu ihm beten. Wir müssen lernen, dass Gott unser Gebet immer erhört, dass seine Antwort aber manchmal »nein« lautet. Er weiß, dass es für uns besser ist, den Pfahl zu ertragen als ohne ihn zu sein. »Pfähle« im Fleisch haben schon manchen dazu gebracht, sich ganz auf Christus zu stützen. Bisweilen ist ein »Pfahl« eine Warnung für uns, um uns vor Sünde und Versagen zu bewahren.

Die Pflicht der Selbsterforschung

»Erforscht euch selbst, ob ihr im Glauben steht; prüft euch selbst!« (2Kor 13,5).

In seinem zweiten Brief betont Paulus, dass die Korinther sich selbst prüfen sollen, um ihres Glaubens sicher zu werden.

Der 2. Korintherbrief schließt mit einem Segenswunsch, der heute am Schluss vieler Gottesdienste steht (2Kor 13,14).

34.

Der Galaterbrief

Dieser Brief zeigt, dass der Gläubige nicht mehr unter dem Gesetz steht, sondern allein aus Glauben gerettet wird. »Zur Freiheit hat uns Christus befreit! So steht nun fest und lasst euch nicht wieder das Joch der Knechtschaft auflegen!« (Gal 5,1). Das »Gesetz« ist der Teil der Bibel, den wir in den ersten fünf Büchern Mose finden, Gesetze, durch die das ganze Leben der Israeliten geregelt war.

Während seiner zweiten Missionsreise (Apg 16,6) predigte Paulus auch in Galatien. Galatien war eine große römische Provinz, die sich über das Gebirge und die Ebenen der inneren Türkei fast von Küste zu Küste erstreckte. Wir wissen nicht, in wie vielen Orten Paulus dort evangelisierte. Aus Apg 13 und 14 erfahren wir aber, dass er auf seiner ersten Missionsreise in den südlich gelegenen Städten Antiochien, Ikonium, Lystra (die Heimatstadt des Timotheus) und Derbe Gemeinden gründete. Später besuchte er diese Gemeinden noch zweimal (Apg 16,6; 18,23).

Man kann den Brief wahrscheinlich auf das Jahr 49 n.Chr. datieren. In diesem Jahr traf sich in Jerusalem eine Gruppe, um über eben dieses Thema zu beraten (Apg 15). Vielleicht bezieht sich Paulus in 2,1-2 auf dieses Apostelkonzil (oder auf die Beratungen, die ihm zweifellos vorausgingen), obwohl er das nicht ausdrücklich sagt. Falls nicht, muss der Brief kurz vor dem Konzil verfasst worden sein. Einige Jahre später greift Paulus im Römerbrief viele dieser Punkte wieder auf. Weil die Umstände nicht so dramatisch waren, kann er die Frage gelassener diskutieren.

Das zentrale Thema der Predigten des Paulus an die Galater war »Christus, der Gekreuzigte« (Gal 3,1). Damals gelang es ihm, die ersten christlichen Gemeinden in Galatien zu gründen (Gal 1,6). Sie waren über einen großen Landbezirk verstreut, und die meisten Gemeindeglieder waren Bauern. Gesetzeskundige Judenchristen lehrten, dass das Heil nur durch Werke erlangt werden könnte, und verlangten, dass sich die Christen beschneiden ließen und alle Regeln des Gesetzes einhalten müssten. Sie erklärten, Paulus sei kein wahrer Apostel und habe seine

Lesevorschläge

Sonntag:	Das eine Evangelium	*Gal 1,1-24*
Montag:	Gerechtfertigt durch den Glauben	*Gal 2,1-21*
Dienstag:	Das Gesetz weist auf Christus hin	*Gal 3,1-29*
Mittwoch:	Gesetz und Gnade	*Gal 4,1-31*
Donnerstag:	Steht fest in der christlichen Freiheit	*Gal 5,1-16*
Freitag:	Fleisch gegen Geist	*Gal 5,17-26*
Samstag:	Säen und Ernten	*Gal 6,1-18*

Lehren von anderen übernommen. Das hat die Neubekehrten in Aufregung versetzt.

Durch die Beschneidung wurde man Mitglied der jüdischen Religionsgemeinschaft. Wenn ein geborener Heide Jude werden wollte, musste er sich beschneiden lassen und gehörte damit zum jüdischen Gottesvolk.

Die Galater waren nahe daran, die Ansichten dieser falschen Lehrer zu übernehmen. Als Paulus davon erfuhr, erschien ihm diese Angelegenheit so dringend, dass er eigenhändig einen Brief schrieb, weil niemand bei ihm war, der hätte schreiben können (Gal 6,11).

Der Galaterbrief hat mehr als irgendein anderes Buch des Neuen Testamentes dazu beigetragen, unseren christlichen Glauben vom Gesetz und von der Werkgerechtigkeit zu befreien, die das schlichte Evangelium des Herrn Jesus Christus bedroht haben.

Christus hat uns befreit, und von dieser Freiheit wird auch im Galaterbrief gesprochen. Hier erscheinen wir nicht als Sklaven, die für ihren Lebensunterhalt arbeiten, sondern als Söhne, die in ihrem Lebensraum wirken.

Einführung (Galater 1,1-11)

Nur dieser Brief des Apostels Paulus beginnt nicht mit dem Ausdruck der Dankbarkeit. Stattdessen sagt er: »Ich wundere mich.« Von dieser Gemeinde erwartet er auch keine Fürbitte (Gal 1,6f).

Paulus wundert sich, dass diese jungen Christen das Evangelium der Freiheit so schnell aufgeben und eine jüdische Glaubensbotschaft annehmen konnten, die überhaupt kein Evangelium war. Zweimal spricht er einen Fluch aus über die, die die Verwirrung angerichtet haben. Er sagt, wenn ein Engel vom Himmel käme und ein anderes Evangelium predigte als er es gepredigt hatte, »der sei verflucht« (Gal 1,8-9).

Wie sieht das Evangelium aus, das Paulus predigte? Paulus' Evangelium schließt die Werke aus. »Doch weil wir wissen, dass der Mensch durch Werke des Gesetzes nicht gerecht wird, sondern durch den Glauben an Christus Jesus, sind auch wir zum Glauben an Christus Jesus gekommen, damit wir gerecht werden durch den Glauben an Christus und nicht durch Werke des Gesetzes; denn durch Werke des Gesetzes wird kein Mensch gerecht« (Gal 2,16). Die Schwierigkeit unserer Rettung besteht nicht darin, dass wir nicht gut genug wären, um gerettet zu werden, sondern dass wir oft nicht sehen, dass wir schlecht genug sind, um uns erretten lassen zu müssen. Christus kann nur Sünder erretten. Die Gnade kann nicht wirken, bevor das Gesetz bewiesen hat, dass wir schuldig sind.

Ein Evangelium, in dem Gesetz und Gnade vermischt sind, ist kraftlos. Die falschen Lehrer eines solchen Evangeliums werden »verflucht«, weil sie das Evangelium verkehren (nicht verleugnen). Sie gaben zu, dass Christus am Kreuz sterben musste, leugneten aber, dass allein der Glaube an sein Opfer für die Rettung genügte. Sie lehrten, dass man zumindest einen Teil des Gesetzes halten müsse, um gerettet zu werden. Sie sagten, dass schlichter Glaube gemäß dem Evangelium, das Paulus verkündigte, für das Heil nicht ausreiche.

Paulus zeigt uns den Ernst unseres Zustandes ohne Christus. Wenn ein Arzt uns sagt: »Ihre einzige Hoffnung ist diese Behandlung«, dann wissen wir, in welch einem kritischen und ernsten Zustand wir uns befinden. Hier aber sind es die Worte eines großen Experten des Evangeliums. Paulus erklärt, dass unser Zustand so ernst ist, dass das Evangelium der Gnade Gottes unsere einzige Hoffnung ist. Es gibt keine andere.

Paulus kommt auf die Versöhnung (1,4) zu sprechen, eine Wahrheit, die den Galatern früher viel wert war, die sie jetzt aber praktisch ablehnen. Christus »gab sich selbst dahin für unsere Sünden«.

Ruine eines antiken römischen Aquädukts, das das galatische Antiochien in Pisidien mit Wasser versorgte.

Paulus verteidigt sein Apostelamt (Galater 1,12-2,21)

Gott selbst hatte Paulus zum Prediger bevollmächtigt (1,11-24). Er zeigt auf, dass er sein Evangelium unmittelbar von dem Herrn empfangen habe.

»Denn ich habe es nicht von einem Menschen empfangen oder gelernt, sondern durch eine Offenbarung Jesu Christi« (Gal 1,12).

Paulus beriet sich mit niemandem über den Inhalt seiner Verkündigung, sondern er zog sich drei Jahre lang in die Wüste Arabiens zurück, um sich in der Einsamkeit über Gottes Willen klar zu werden. Nur 15 Tage nach den drei Jahren in Arabien war er dann bei Petrus und Jakobus; sein Evangelium hat er nicht von ihnen empfangen.

Paulus' nächster Besuch in Jerusalem ist entweder der aus Apg 11,30, bei dem die Geldspende zur Linderung der Hungersnot überbracht wurde, oder der aus Apg 15, bei dem die Fragen aufgebracht wurden, die unmittelbar darauf zum Apostelkonzil führten. Im kleinen Kreis führte er eine Diskussion über das »Evangelium für die Heiden«. Paulus wollte nicht, dass sein Dienst umsonst gewesen wäre, und er befürchtete, dass die Leiter der Jerusalemer Gemeinde seine Arbeit behindern oder sogar verurteilen würden. Aber sie unterstützten voll und ganz, was Gott durch Paulus bewirkte (7-9).

In Antiochia aber machte Petrus einen Rückzieher von seiner Billigung des gesetzesfreien Evangeliums für die Heidenchristen, weil er sich vor Jakobus' Parteigängern fürchtete, die dieser geschickt hatte. Auch andere, selbst Barnabas, früher Gefährte des Paulus auf seinen Missionsreisen, folgten seinem Beispiel. Wegen der jüdischen Speisegesetze weigerten sie sich, sich mit Heidenchristen an einen Tisch zu setzen.

Paulus trug den Konflikt mit Petrus in der Öffentlichkeit aus (11ff). Nachdem sie einmal die Freiheit durch den Glauben an Christus erfahren hatten, wie konnten sie das Gesetzesgebäude, das sie eingerissen hatten, wieder aufbauen (11-21)? Das christliche Leben sollte so geführt werden, wie es begonnen hatte – durch Glauben (20).

Paulus ließ sich in dieser Auseinandersetzung nicht von Petrus bevormunden, aber er erkannte seine Vollmacht an. »Ich tue euch kund, liebe Brüder, dass das Evangelium, das von mir gepredigt ist, nicht von menschlicher Art ist« (Gal 1,11).

Was bedeutet aber nun im Sinne des Paulus »gerechtfertigt«? Gott schreibt meinem Konto zugute, was Christus getan hat – gerade so, als hätte ich es getan. Durch die Rechtfertigung vergibt Gott uns nicht nur, sondern lässt uns Christi Gerechtigkeit zukommen. Gott rechtfertigt den Sünder, aber nicht die Sünde.

Wie werden wir gerechtfertigt? »Nicht durch die Werke« (Gal 2,16-17), sondern durch den Glauben an Jesus Christus.

Paulus beendet seine große Verteidigungsrede durch ein persönliches Zeugnis, das uns ein eindrückliches Bild des christlichen Lebens vermittelt: »Ich lebe, doch nun nicht ich, sondern Christus lebt in mir. Denn was ich jetzt lebe im Fleisch, das lebe ich im Glauben an den Sohn Gottes, der mich geliebt hat und sich selbst für mich dahingegeben« (Gal 2,20).

Wir brauchen nicht erst mit Christus gekreuzigt zu werden; wir *sind* mit ihm gekreuzigt worden. Er starb an unserer Stelle. Nun leben wir nicht durch das Gesetz, sondern durch den Glauben. Christus war unser Opfer für die Sünde und ist jetzt unsere Genugtuung für das neue Leben. Das Christenleben ist ein sterbendes Leben – ein tägliches Sterben des Ichs für die Sünde. Der gekreuzigte Heiland lebt in den mit ihm Gekreuzigten.

Paulus verteidigt das Evangelium (Galater 3,1-4,31)

Paulus verteidigt das Evangelium Christi. Von seiner eigenen Verkündigung sagt er, er habe so sehr das Kreuz in den Mittelpunkt gestellt, dass es war, als hätten sie den gekreuzigten Christus in ihrer Mitte gesehen (3,1). Er zeigte, was das Gesetz nicht tun konnte, was die Gnade aber getan hat. Paulus richtet an die Galater eine herausfordernde Frage: »O ihr törichten Galater«, ruft er aus, »ich habe euch das wahre Evangelium gebracht, und ihr nahmt es gern und dankbar auf. Nun lasst ihr auf einmal das Evangelium hinfallen. Was ist in euch gefahren?«

Paulus fragt: »Und nun kommt, meine lieben Galater, ihr, die ihr alle auf einmal Professoren geworden seid, während ich offenbar euer Schüler bin, empfingt ihr den Heiligen Geist durch die Werke des Gesetzes oder durch die Verkündigung des Evangeliums?« Diese Frage war herausfordernd, denn ihre eigene Erfahrung zeigte die Wahrheit dessen, was Paulus verkündigt hatte.

Und er fügt hinzu: »Ihr könnt nicht sagen, dass ihr den Heiligen Geist erhalten habt, weil ihr das Gesetz hieltet. Niemand hat jemals so etwas gehört. Aber sobald das Evangelium kam, empfingt ihr durch den Glauben allein den Heiligen Geist.«

Es fällt uns schwer, zu glauben, dass das kostbare Geschenk der Sündenvergebung und die Gabe des Heiligen Geistes nicht durch reale Anstrengungen erworben werden können, sondern dass Gott sie uns kostenlos zugute kommen lässt. Warum wollen wir sie nicht nehmen?

»So war es mit Abraham: Er hat Gott geglaubt, und es ist ihm zur Gerechtigkeit gerechnet worden« (Gal 3,6). Abraham mag von Menschen gut beurteilt worden sein, in Gottes Augen war Abraham ein Sünder. Wir sehen, dass Abraham die Gerechtigkeit auf Grund seines Glaubens zugerechnet wurde, nicht auf Grund seiner Werke. Wenn für Abraham Glaube ohne Werke genügte, warum sollten wir uns vom Glauben ab- und dem Gesetz zuwenden?

Es muss die auf ihre Erwählung stolzen Juden aufgebracht haben, dass Paulus ihnen sagte, nicht die leiblichen Nachkommen Abrahams, sondern die, die an Jesus Christus glauben, seien die wahren Abrahamssöhne (Gal 3,26-29). Alle können als Söhne des Vaters der Gläubigen mit Abraham an einem Tische sitzen, auch wenn sie in der Dunkelheit des Heidentums

Die Höhle von Machpela in Hebron, die von den Juden als Abrahams Grabstätte verehrt wird.

geboren worden sind, dann aber eine Wiedergeburt erfahren haben (Gal 3,14 und 29).

Der Fluch des Gesetzes

Das Gesetz kann keine Gerechtigkeit geben, sondern es bringt Tod über alle, die es nicht halten (3,10).

»Christus aber hat uns erlöst von dem Fluch des Gesetzes, da er zum Fluch wurde für uns« (Gal 3,13). Wie alle das Gesetz gebrochen haben, so sind auch alle unter seinen Fluch gekommen. Aber Christus hat uns mit Gott versöhnt.

Das Gesetz befasst sich mit dem, was wir sind und tun, während die Gnade sich mit dem befasst, was Christus ist und tut. Wozu ist dann aber das Gesetz gut? Die Antwort finden wir in Galater 3,19-20. Das Gesetz ist gegeben, um die Bösen in Zucht zu halten, indem für das Verbrechen Strafe angedroht wird, ebenso wie die bürgerlichen Gesetze die Menschen von Mord und Raub abhalten, weil man eine Gefängnisstrafe dafür bekommen kann oder anderweitig bestraft wird. Diese Zuchtmaßnahmen machen den Menschen nicht gerecht, sondern sie schrecken sie nur vom Verbrechen ab.

Ein anderer Zweck des Gesetzes ist geistlicher Art. Das Gesetz offenbart dem Menschen seine Sünde, seine Blindheit und seine Gottesverachtung. Solange ein Mensch kein Mörder oder Dieb ist, würde er schwören, dass bei ihm alles in Ordnung sei. Wie zeigt Gott solch einem Menschen, was er in Wirklichkeit ist? Durch das Gesetz. So lange ein Mensch denkt, er sei gerecht, ist er stolz und verachtet Gottes Gnade. Wenn irgendjemand durch das Gesetz erkennt, dass er unter Gottes Zorn steht, dann beginnt er gegen Gott zu rebellieren und ihn anzuklagen. Das Gesetz löst Hass gegenüber Gott bei ihm aus.

Das Gesetz offenbart die Sünde, es beseitigt sie aber nicht. Das Gesetz zeigt, dass jeder Mensch von Natur aus ein Sünder ist und es weist ihn auf Christus hin! Weil wir schon Sünder sind, begehen wir sündige Taten. Ein Mensch lügt, weil er ein Lügner ist. Er stiehlt, weil er ein Dieb ist. Er wird nicht erst ein Lügner, wenn er lügt.

Das Gesetz wurde auch gegeben, um uns Christus in die Arme zu treiben, weil es unsere Hilfsbedürftigkeit zeigt. Das Evangelium sagt uns, dass Christus der Einzige ist, der diese Not beseitigen kann (Gal 3,23-4,11). Paulus schreibt, dass das

Ein orthodoxer Jude an der Westmauer des Tempels. „Christus aber hat uns erlöst von dem Fluch des Gesetzes, da er zum Fluch wurde für uns" (Galater 3,13).

Gesetz unser Zuchtmeister gewesen ist, der uns zur Einsicht bringen sollte, wie nötig wir Christus haben, damit wir durch den Glauben an ihn gerechtfertigt werden (3,24). Das Gesetz soll uns in eine geistliche Erfahrung hineinführen.

Söhne Gottes

»Denn ihr seid alle durch den Glauben Gottes Kinder in Christus Jesus« (Gal 3,26). Der Glaube (nicht die Werke) versetzt uns in die große Gottesfamilie.

Solange ein Erbe noch unmündig ist, gibt es keinen Unterschied zwischen ihm und einem Sklaven, denn er steht unter der Aufsicht seines Vormundes. So zeigt uns Paulus in Gal 4,5-6, dass alle Gläubigen Gottes Kinder sind, aber nicht alle Kinder schon »Söhne« – erwachsene Söhne.

»Adoption« ist ein Wort, das aus der römischen Rechtssprache kommt und bedeutet, einen Menschen in die rechtliche Stellung eines Sohnes einzusetzen. Das kann dadurch geschehen, dass man jemanden in die Familie aufnimmt, der nicht durch seine Geburt zu ihr gehört, oder durch den Rechtsakt der Anerkennung seiner »Mündigkeit«. Christus kam, um uns zu erlösen, so dass wir nicht mehr Sklaven unter dem Gesetz bleiben, sondern alle Vorrechte erwachsener Söhne und Erben genießen.

Um den Galatern ihre Stellung als freie Menschen in Christus zu zeigen, benutzt Paulus ein Beispiel; er erinnert sie daran, dass Abraham zwei Söhne hatte – Ismael, den Sohn der Nebenfrau Hagar, und Isaak, das Kind der Sara, der freien Frau. Ismael genoss nicht den Segen eines Sohnes im Hause Abrahams, sondern wurde ausgesetzt, obwohl er der Erstgeborene war, und Isaak trat an seine Stelle. Genau das passiert denen, die durch das Gesetz gerettet werden wollen. Isaak, das Kind der Verheißung des Glaubens, wurde der Erbe von allem. So sind wir Erben einer geistlichen Verheißung.

Das im Leben verwirklichte Evangelium (Galater 5)

Die erste Folge des recht verstandenen Evangeliums zeigt sich in der persönlichen Freiheit eines Menschen vom Gesetz. Paulus wünscht, dass die Galater an ihrer persönlichen Freiheit festhalten. Es ist das Evangelium der Gnade Gottes, das wahre Freiheit gibt (5,1-12). »Zur Freiheit hat uns Christus befreit! So steht nun fest …« (Gal 5,1). Wenn die Galater durch das Halten des Gesetzes gerettet zu werden glauben, werden sie durch das Gesetz gebunden. Sie sollten ihre Freiheit schätzen, denn sie war teuer, sie kostete das Blut Christi.

In 5,19-21 werden 17 verschiedene Vergehen beschrieben. Es sind Sünden des Geistes und auch des Körpers. Christus hat uns den Heiligen Geist gegeben, um uns davon frei zu machen. »Wandelt im Geist, und ihr werdet die Werke des Fleisches nicht vollbringen.« Wir sollen den Heiligen Geist unser Leben regieren lassen.

Im Gegensatz zu den Werken des Fleisches sehen wir die neunfache Frucht des Geistes (5, 22-23). Wenn wir in Christus bleiben (Jo 15), werden wir dazu frei sein, Früchte des Glaubens zu bringen.

Früchte des Geistes:

Liebe	Keuschheit
Freude	Geduld
Friede	Gütigkeit
Glaube	Freundlichkeit

Gegensätze im Galaterbrief

Gnade und Gesetz

Das Gesetz deckt unsere Not auf.

Die Gnade zeigt, wie Gott eben dieser Not begegnet.

Das Gesetz sagt, wir müssen für unsere Rettung etwas tun – »Vollbringe«.

Die Gnade sagt: das Heil ist frei, ist ein Geschenk.

Glaube und Werke

Der Glaube lässt uns die Rettung durch Glauben empfangen.

Die Werke veranlassen, dass wir immer dafür kämpfen, unsere Rettung zu verdienen.

Die Früchte des Geistes und die Werke des Fleisches

Der Heilige Geist gibt uns täglich Sieg über die Sünde.

Das Fleisch macht uns der Sünde geneigt.

Das Kreuz und die Welt

Das Kreuz bedeutet Liebe und Opfer.

Die Welt bietet nur Macht und Selbstsucht.

Säen und ernten
(Galater 6)

Paulus schreibt weiter: »Denn was der Mensch sät, das wird er ernten« (6,7). Wenn wir im Geist säen, werden wir geistlich ernten. Wenn wir nach dem Fleisch säen (die sinnliche Lust), dann werden wir sittlichen Verfall ernten (6,7-8).

Die Ernte wird nicht nach dem ausfallen, wie viel wir wissen, sondern wie viel wir säen. Wir mögen einen großen Vorrat an Samen in der Scheune unseres Herzens haben, aber wenn dieser nicht auf fruchtbaren Boden fällt, wird er keine Ernte bringen. Der Geist bringt gute, das Fleisch schlechte Früchte.

Paulus trug an seinem Körper die »Sklavenzeichen Jesu«. Mit diesen Zeichen wurde ausgedrückt:

Das Eigentumsverhältnis – ich gehöre einem anderen. Das griechische Wort *stigmata* bedeutet ein entweder in das Gesicht, auf den Körper oder den Arm eines Sklaven oder eines Verbrechers eingebranntes Zeichen.

Woher aber kamen die Malzeichen des Apostels Paulus? Es waren Narben, die er durch Verfolgung und Leiden um Christi willen erhalten hatte (2Kor 6,4; 11,23).

Die Hingabe für Christus – Welche Narben hatten die falschen Lehrer für Christus erhalten? Keine. Sie waren gut weggekommen. Aber, sagt Paulus, seht mich an!

Die Beauftragung – die falschen Lehrer waren mit Empfehlungsbriefen ausgerüstet gekommen. Paulus sagt: Ich bin ohne Empfehlungsbrief. Aber seht meine Narben an! Sie beweisen meinen Auftrag.

In der christlichen Gemeinschaft sorgt man sich umeinander und teilt (6,1-6). Wer einen Fehltritt begeht, wird (sanft) wieder auf den richtigen Weg gebracht. Lasten werden geteilt. Darum »lasst uns

Traditionell wird die Ernte mit der Sichel eingebracht.

Gutes tun an jedermann, allermeist aber an des Glaubens Genossen.«

In Christus sind wir so frei, dass wir das unbegrenzte Leben, das in ihm möglich ist, kennen lernen können. In ihm sind wir »neue Kreaturen« (Gal 6,15). Wir sind eine neue Schöpfung. Wir haben neues Leben in Christus. Kein Wunder, dass Paulus ausruft: »Von mir aber sei es ferne, mich zu rühmen, als allein des Kreuzes und des Herrn Jesus Christus, durch welchen mir die Welt gekreuzigt ist und ich der Welt« (Gal 6,14). »Lass die Welt nur laufen! Ich habe Christus, und wenn ich ihn habe, habe ich alles«, sagt Paulus.

Es ist von entscheidender Bedeutung, die einzelnen Dienste des Heiligen Geistes nicht voneinander zu trennen, sondern ihnen zusammen Raum im Leben der Gemeinde und des einzelnen Christen zu geben. Nur so kann sich der ganze Reichtum geistlichen Lebens entfalten.

Skizze auf der gegenüberliegenden Seite aus: Detman Scheunemann, *»... und führte mich hinaus ins Weite – Über das Wirken des Heiligen Geistes«*, Wuppertal, 7. Auflage 2000

Das Wirken des Geistes nach den Paulusbriefen

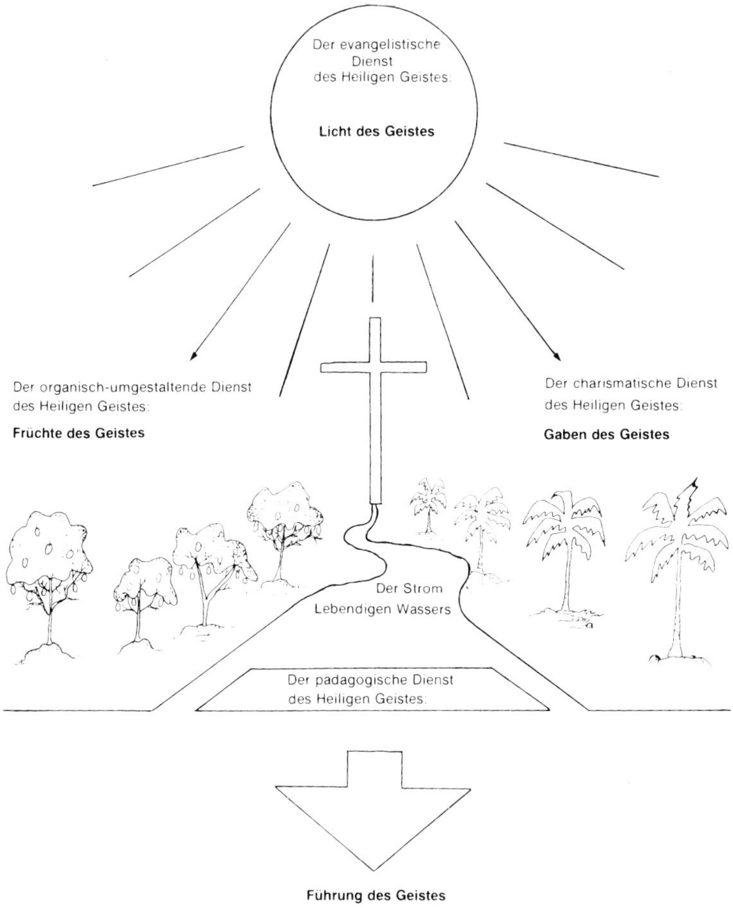

35.

Der Epheserbrief

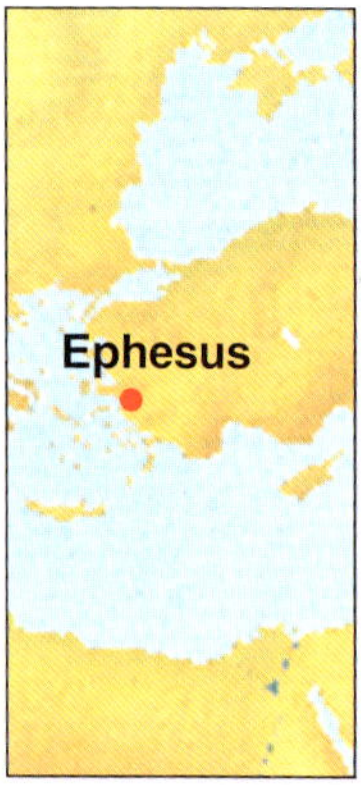

Ephesus war eine bedeutende Hafenstadt an der Mündung des Flusses Kaystros in der römischen Provinz Asia (der heutigen Westtürkei).

Heute ist das Flussbett verendet, und die archäologischen Zeugnisse finden sich ein ganzes Stück vom Meer entfernt.

Ursprünglich handelte es sich um eine griechische Stadt. Eine der wichtigsten Kultstätten war der Artemistempel, der zu den sieben Weltwundern der Antike zählte und außerhalb des städtischen Siedlungsbereichs lag. Vom sagenumwobenen König Krösus erzählte man sich, dass er diesen Tempel finanziell unterstützte. 356 v.Chr. wurde er durch ein Feuer vollständig zerstört und sofort wieder aufgebaut.

In der hellenistischen Periode hatte Ephesus zum Königreich des Attalos gehört, das 133 v.Chr. an Rom fiel. Später wurde es zum Verwaltungszentrum der Provinz und verurteilte so die alte Königsstadt Pergamon zu einem unbedeutenden Dasein.

Der Brief an die Epheser erinnert eher an eine Predigt als an einen Brief (wie auch der Hebräerbrief oder der erste Johannesbrief) und konzentriert sich das Wesen der Gemeinde Christi.

Wahrscheinlich wurde der Epheserbrief als Rundschreiben verfasst und war an eine Gruppe von Gemeinden in der heutigen Westtürkei gerichtet, von denen Ephesus die wichtigste war.

Die »sieben Gemeinden« aus Offenbarung 1,11 lagen auch alle in diesem Gebiet, ebenso wie die Gemeinde in Kolossä.

Das berühmte Theater von Ephesus. Hier fand der Aufstand der Silberschmiede statt.

Lesevorschläge

Sonntag:	Die Stellung des Gläubigen	*Eph 1,1-23*
Montag:	Durch Gnade gerettet	*Eph 2,1-22*
Dienstag:	Ein Geheimnis wird offenbart	*Eph 3,1-21*
Mittwoch:	Der Wandel eines Christen	*Eph 4,1-32*
Donnerstag:	Nachfolge Christi	*Eph 5,1-20*
Freitag:	Das Zusammenleben der Christen mit anderen	*Eph 5,21-6,9*
Samstag:	Der christliche Glaubenskampf	*Eph 6,10-24*

Dass Paulus diesen Brief als Gefangener schrieb (wahrscheinlich unter Hausarrest in Rom in den frühen sechziger Jahren), verbindet diesen Brief mit denen an die Philipper, Kolosser und an Philemon, den anderen »Gefangenschaftsbriefen«. (Das Gefängnis diente unter den Römern nicht zum Strafvollzug; sie hielten einfach die gefährlichsten Kriminellen bis zu ihrem Urteilsspruch in Haft.) Von diesen drei Briefen steht der Epheserbrief dem Kolosserbrief gedanklich am nächsten. Wegen seines allgemeinen Charakters finden wir in diesem Brief kaum einen Hinweis auf die Situation der Gemeinden. Es wird aber deutlich, dass die Heidenchristen in einer starken Position waren und gerne auf die Judenchristen herabschauten.

Paulus hatte eine besondere Berufung, unter den Heiden zu arbeiten, aber er wollte und sollte nicht für eine gespaltene Gemeinde eintreten. Deshalb betont er in diesem Brief Gottes Plan, Menschen aus allen Völkern und Schichten in Christus zusammenzubringen (1,10). Als Christen sind alle gleichberechtigt. Alle sind eins in Christus. Diese Einheit muss in persönlichen Beziehungen und in christlichem Verhalten zum Vorschein kommen.

Relief an einem römischen Tempel in Ephesus.

Der Epheserbrief zeigt uns das große Geheimnis der Gemeinde. Die wirkliche Gemeinde ist der Leib Christi, und die Gläubigen sind Glieder dieses heiligen Leibes, von dem Christus das Haupt ist. Der Vater gab Christus nicht nur einen Leib, um darin zu leiden, sondern er gab ihm auch einen Leib, in dem er verherrlicht werden sollte.

Das griechische Wort für die Kirche lautet ekklesia, das heißt eine Versammlung »Herausgerufener«. Christus sondert sein Volk für seinen Namen aus (Apg 15,14).

Die Kirche ist ein lebendiger Organismus. Sie ist der Leib Christi. Jeder Gläubige ist ein Glied des Leibes Christi und Jesus selbst ist das Haupt der Kirche.

Gottes ewiger Plan (Epheser 1)

Gott hat uns mit Liebe förmlich überschüttet, Segen um Segen hält er für uns bereit. Paulus kommt kaum zum Atemholen, wenn er nur daran denkt: »Gelobt sei Gott ... zum Lob seiner Herrlichkeit ... zum Lob seiner herrlichen Gnade«. Seit dem allerersten Anfang wollte Gott seine geistlichen Schätze und seine Herrlichkeit mit uns teilen – »in Christus« (das ist der Schlüsselausdruck im Epheserbrief).

Christus steht im Zentrum des Plans Gottes. Wenn wir an ihn glauben, dann befreit uns sein Tod: Uns kann vergeben werden. Wir können an seinem neuen Leben als Auferstandener Anteil haben. Wir sind eins mit ihm, ein Teil von ihm. Und auch wir sind in Gottes großen Plan mit dieser Welt eingebunden, wenn wir zu seiner Ehre leben.

Paulus wird bewegt, wenn er vom Glauben und der Liebe dieser Christen hört. Er bittet Gott, dass sie noch mehr Weisheit bekommen, dass sie sich der Herrlichkeit, die auf sie wartet, noch sicherer und der Kraft, die ihnen zur Verfügung steht, noch bewusster werden. Die Macht, mit der Gott Christus vom Tod auferstehen ließ und ihn als Herrscher des Universums einsetzte, lebt auch in uns.

Vom Tod zum Leben (Epheser 2)

Wegen unseres Ungehorsams und unserer Sünde sind wir »geistlich tot«, von Gott getrennt. Aber in und durch Christus hat uns Gott wieder lebendig gemacht. Wir sind jetzt Teil seiner neuen Schöpfung. Wir wurden gerettet, um in dieser Welt nach Gottes Willen zu leben – und mit Christus im Himmel zu regieren.

Die rekonstruierte Celsus-Bibliothek in Ephesus.

In der Antike waren die Juden von den Griechen durch ethnische, religiöse, kulturelle und gesellschaftliche Schranken getrennt. (Nichtjuden war es beispielsweise bei Todesstrafe verboten, den inneren Vorhof des Tempels in Jerusalem zu betreten.) Die Juden waren das auserwählte Volk und Gott ganz nah, Nichtjuden waren sündige Heiden und von Gott weit entfernt. Wenn Christus diese beiden Gruppen zusammenbringen konnte, dann gibt es keinen Abgrund, den er nicht überbrücken könnte. Und das tat er. Sein Tod am Kreuz ist das einzige Mittel, allen Menschen ohne Unterschied Frieden mit Gott zu bringen, denen, die nahe, und denen, die weit entfernt von Gott sind.

Die Arbeit des Paulus unter den Heiden (Epheser 3)

Vor dem Kommen Christi galten die Verheißungen Gottes im Großen und Ganzen nur den Juden. Das Alte Testament erlaubt uns nur selten einen kurzen Blick auf Gottes Plan mit der ganzen Welt.

Das Evangelium von Christus war zu einem großen Teil selbst ein »Geheimnis«, das bis jetzt »nicht kundgemacht« worden war (4-6) – und das Herzstück dieses Geheimnisses war Gottes Absicht, auch die Heiden zu Erben seiner Verheißungen zu machen. Als Paulus den Auftrag erhielt, ihnen die Botschaft der Errettung zu überbringen (8-9), begann ein neuer Abschnitt in Gottes Plan. Wenn jetzt Menschen aus allen Völkern in Christus zusammengebracht werden, dann ist das eine Demonstration der Macht und Weisheit Gottes, und zwar nicht nur in den Augen der Welt, die sie umgibt (siehe Joh 17,21), sondern auch gegenüber den kosmischen Mächten jenseits und dahinter. Durch den Glauben an Christus können wir voller Zuversicht Zugang zu Gott erhalten. Das spricht uns das Evangelium zu, und deshalb sollen sich Paulus' Leser durch das Leiden nicht entmutigen lassen.

Einheit praktisch (Epheser 4)

Einheit unter Christen ist eine Tatsache. Christen sind durch einen gemeinsamen Glauben, gemeinsames Leben und ein gemeinsames Ziel miteinander verbunden. Sie dienen einem Herrn. Er ist der Kopf, sie sind die Körperteile. Sie haben aber nicht alle dasselbe Temperament, dieselbe Persönlichkeit oder dieselben Gaben (11ff).

Dieses Band muss andauernd dadurch gestärkt werden, dass man einander in Liebe und Geduld begegnet und all die verschiedenen Gaben zum Wohl der Gemeinschaft einsetzt.

Gott schenkt uns Heil – umsonst –, das aber trägt die Verpflichtung mit sich, von nun an so zu leben und zu handeln, wie Gott es von uns will (4,1.17).

Das bedeutet, dass wir unser altes selbstsüchtiges Leben hinter uns lassen, alte Gewohnheiten aufgeben – und es zulassen, dass unser neues Leben jetzt unsere Gedanken und Taten prägt.

Paulus macht nicht bei diesen Allgemeinplätzen Halt. Er nennt die Dinge beim Namen. Das neue Leben verlangt nach Wahrheit und Ehrlichkeit. Zorn, Groll und Bitterkeit haben hier keinen Platz mehr, Freundlichkeit und die Bereitschaft zur Vergebung sind gefragt. Kurz, wir sollen Gottes Wesen nachahmen und ein Leben in aufopferungsvoller Liebe führen (5,1-2), das im Licht Gottes bestehen kann. Früher gehörten wir zur »Finsternis«, jetzt aber sind wir »Kinder des Lichts« (V. 8).

Ganz konkret meint Paulus: »Ordnet euch einander unter«, so wendet sich Paulus an alle seine Leser, Männer und Frauen.

Um seine Anweisung in Vers 21 zu verdeutlichen, zieht Paulus zunächst die Ehefrau, dann den Ehemann als Beispiel heran. Die christliche Ehefrau respektiert ihren Mann und steht loyal zu ihm; der christliche Ehemann sorgt mit selbstloser, nicht berechnender Liebe für seine Frau. Beide sind voneinander abhängig, und beide richten sich nach dem Vorbild Christi aus. Umgekehrt spiegelt auch ihre Beziehung die Beziehung Christi zu seiner Gemeinde wider.

Innerhalb der Familie schulden die Kinder ihren Eltern Respekt und Gehorsam. Eltern müssen Autorität ausüben, dürfen sich aber nicht wie Tyrannen aufführen; christliche Sklaven dienen ihren Herren so willig und gut, wie sie Christus dienen. Die Herren wiederum schlagen und schikanieren ihre Sklaven nicht, weil sie wissen, dass sie selbst ihrem Herrn Rechenschaft schuldig sind.

Paulus gibt nicht vor, dass es einfach sei, diesem Anspruch gerecht zu werden. Der Kampf ist im Gange. Wir stehen in einer geistlichen Schlacht gegen Mächte und Gewalten. Deshalb brauchen wir geistliche Waffen – und die hält Gott für uns bereit.

Wie ein römischer Soldat haben wir einen Gürtel, einen Brustpanzer, Schuhe und Schild, Helm und Schwert. Gott rüstet uns mit allen Waffen aus, die wir zur Verteidigung und zu unserem Schutz brauchen. Damit können wir gegen alle Feinde bestehen.

Das Odeon-Amphitheater im antiken Ephesus.

Am wichtigsten ist das Gebet, eine unsichtbare Waffe. Die Gebete seiner Leser helfen Paulus, den Mut nicht zu verlieren und im Gefängnis, weit entfernt von ihnen, den Mund aufzumachen und Gottes Wort zu verkündigen (V. 19-20).

So trägt der Brief zum Schluss noch eine persönliche Note. Tychikus, Paulus' »Bote«, überbrachte auch die Briefe an die Kolosser und an Philemon. Paulus schließt mit einem Gebet für seine Brüder und Schwestern, das das Gebet am Anfang wieder aufgreift und erweitert: Möge Gott ihnen Frieden, Liebe und Glauben geben – seine Gnade sei mit allen.

Um den Epheserbrief noch besser zu verstehen, wollen wir uns zum besseren Verständnis des Epheserbriefes vorstellen, dass der Leib wie ein großes Gebäude ist. (Das Bild vom Leib Christi als Haus oder Tempel gibt es auch öfter im Neuen Testament.)

Vergegenwärtigt man sich dieses Bild, so kann man die ganze Geschichte des Geheimnisses der Kirche erkennen. Das Leiden Christi in einem irdischen Leib wird nun aufgewogen durch den Bau eines geistlichen Leibes beziehungsweise eines »Gebäudes«.

Wir wollen die Abschnitte dieses Briefes verschiedenen Räumen zuordnen.

Der Vorraum (Epheser 1)
Christus erlaubt uns, in seine heilige Gegenwart zu treten. Die Tür zu dem großen Vorraum öffnet sich, auf dessen Wänden wir unsere Stellung vor Gott durch Jesus Christus lesen. »Gesegnet ... mit allem geistlichen Segen. Erwählt ... in ihm vor der Gründung der Welt. Heilig und fleckenlos vor ihm in Liebe. Angenommen in dem Geliebten.« Es fordert alle geistliche Kraft, dementsprechend zu leben.

Wenn wir diesen Tempel betreten, erfahren wir, dass unsere Berufung und unsere Stellung vor der Grundlegung der Welt von Gott dem Vater, dem Sohn und dem Heiligen Geist geplant und gewirkt worden ist (1,4). Jeder Christ sollte über allem anderen seine Berufung kennen (1,18). Die wahre Erkenntnis wird sein Leben regieren.

In diesem Vorraum hören wir ein großes Gebet. Paulus will, dass wir alle, die wir an Jesus glauben, in vollkommener Weise unsere Vorrechte in Christus wahrnehmen, dass unser Verständnis zunimmt, damit wir die Herrlichkeit Christi erfassen können. Es ist sinnlos, einem Blinden einen herrlichen Sonnenuntergang zu zeigen. Genauso können wir die Größe Gottes nicht verstehen, bis der »große Arzt« unsere geistlichen Augen geheilt hat.

Der Audienzsaal des Königs
(Epheser 2)
Nun werden wir in den herrlichen Audienzsaal des Königs, in die göttliche Gegenwart hineingeführt. »Denn durch ihn haben wir alle beide in einem Geist Zugang zum Vater« (2,18). Wir müssten Angst haben, wenn wir einträten und würden nicht die gnädigen Worte hören: »Auch ihr wart tot durch eure Übertretungen und Sünden: ... und er hat uns auferweckt und mit eingesetzt im Himmel in Christus Jesus« (2,1.6). Aber viel besser als all das klingt für uns: »So seid ihr nun nicht mehr Gäste und Fremdlinge, sondern Mitbürger der Heiligen und Gottes Hausgenossen« (2,19). Das steht in absolutem Gegensatz zu dem, was wir früher waren (2,11-13). Wir waren »weit entfernt«. Jetzt sind wir »nahe«.

In diesem Audienzsaal entdecken wir, dass Gott aus Juden und Heiden »eines« gemacht hat in Christus. Christus macht alle zu neuen Menschen und gibt ihnen Zugang zur Audienz des Königs.

Dieser neue Mensch hat Zugang zu Gott durch das Blut seines Sohnes (2,13). Er ist unser Mittler und spricht: »Niemand kommt zum Vater denn durch mich« (Joh 14,6).

Von den oberen Plätzen des großen Amphitheaters kann man sehen, wo früher der Hafen von Ephesus lag.

Wenn wir erlöst sind, dann führt der Heilige Geist den neuen Menschen vor den himmlischen Gerichtshof. Er bittet Petrus nicht um das Eintrittsrecht noch berät er sich mit den Heiligen noch ruft er die »Gottesmutter« an. Es gibt nur einen Mittler, und das ist der Herr Jesus Christus. Der Vater freut sich über den neuen Menschen und heißt uns in seiner Gegenwart willkommen.

Der Thronsaal (Epheser 3)

An der Tür zum Thronsaal stehen die harten Gesetzeswächter. Sie fordern: »Wer ist dort? Warum kommst du? Über welche Ausweise verfügst du?« Ich antworte zaghaft: »Ich bin ein Sünder; ich komme, um das Lamm zu sehen. Ich habe nichts, das mich einer Aufnahme empfehlen würde.« Dann höre ich die Stimme des Lammes von innen herausrufen, den Ruf des Sohnes der Gnade: »Es ist eins meiner Schafe. Lade ihn ein. Mein Blut bedeckt alles. Er braucht keine Beglaubigungsschreiben.« Und die Gnade führt mich an den harten Wächtern des Gesetzes vorbei zum Thron seiner Barmherzigkeit.

Durch ihn haben »wir Freimut und Zugang ... in aller Zuversicht durch den Glauben an ihn« (3,12). Was für eine Anhäufung von Worten, die uns von unseren Vorrechten und unserem Stand als gläubige Christen überzeugen sollen! Wir werden »angenommen in dem Geliebten« (1,6).

Hier sehen wir den König! Mit Paulus beugen wir unsere Knie »vor dem Vater, der der rechte Vater ist über alles, was da Kinder heißt im Himmel und auf Erden« (3,14-15). Knien ist eine demütige Haltung, ein Zeichen des Bittens und Bekennens.

In diesem Sumpfgebiet stand einmal der weltberühmte Artemistempel von Ephesus.

Die heiligsten Menschen, David, Salomo und Daniel beugten ihre Knie vor Gott.

Wenn wir dieses Leben im Tempel Gottes verbringen wollen, dann müssen wir uns ihm im Gehorsam ausliefern. Wenn wir uns in freiwilligem Gehorsam seinem Plan für unser Leben unterwerfen, werden wir entdecken, dass unser Leben in seiner Hand mit Freude und Schönheit gefüllt wird.

Der Prunksaal (Epheser 4)
Hier, mitten in dem Glanz des Prunksaales, werden wir unsere Gewänder der Heiligkeit erhalten – »in aller Demut und Sanftmut, in Geduld«. Hier sind unsere Fahnen und Waffen – »ein Herr, ein Glaube, eine Taufe«. Hier- sind die glänzenden Edelsteine der Gnade, wie wir sie empfangen werden – »einem jeden von uns ist die Gnade gegeben nach dem Maß der Gabe Christi« (4,7). Wir müssen das alte Leben »ausziehen« oder weglegen, wie wir ein Kleidungsstück zur Seite legen und das neue Leben »anziehen« wie ein neues Kleid (4,22-25). Wir müssen ganz andere Menschen werden. Unser Reden zeigt unsere Gesinnung. Wir müssen Lüge, Bitterkeit, Zorn und böse Worte ablegen. Wir dürfen nicht mit den Machenschaften der Dunkelheit zu tun haben, denn wir sind Kinder des Lichts (Eph 4,31-32).

Als wir in diesen Tempel kamen, haben wir entdeckt, welche Schätze wir im Himmel haben (1,18-2-1). Nun müssen wir »würdig der Berufung, mit der wir berufen sind, wandeln«. Unser Lebenswandel muss unserem Glaubensbekenntnis entsprechen. Eine himmlische Berufung fordert einen himmlischen Lebenswandel.

Relief eines römischen Soldaten in Ephesus. Wir können uns gegen den Feind behaupten, weil Christus für uns auf Golgatha den Sieg errang.

Der Chor- und Gebetsraum (Epheser 5)
In dem Prunksaal wurden wir als Kinder Gottes gekennzeichnet und befähigt, uns unserer Berufung gemäß zu verhalten. Nun sollen wir hinausgehen und Gottes Nachfolger als seine lieben Kinder werden.

»Sauft euch nicht voll Wein, woraus ein unordentliches Wesen folgt, sondern lasst euch vom Geist erfüllen« (5,18).

Der Leib, die Seele und der Geist können nicht ohne anregende Hilfe von außen funktionieren. Niemand wird klar denken oder tief fühlen, ohne dass er von außen angeregt wird. Das aber ist die Quelle vieler Tragödien. Die Welt hat einen ganzen Reichtum starker Anregungsmittel, die schnelle und lustvolle Wirkungen hervorrufen, Die Folgen freilich sind verheerend. Unsere Leiber und Seelen sind nicht für solche Leidenschaften gemacht. Sie sind Gottes Tempel. »Ich ermahne euch nun, liebe Brüder, ... dass ihr eure Leiber hingebt als ein Opfer« (Röm 12,1), lautet Gottes Bitte. Der Heilige Geist belebt unsere Leiber und

Blick auf das große Theater in Ephesus.

Seelen, aber zerstört sie nicht. Deshalb befiehlt Gott: »Sauft euch nicht voll Wein ..., sondern lasst euch vom Geist erfüllen.«

Wir können brennen und doch nicht verzehrt werden. Wir können gefährlich leben für Gott und doch nie in Gefahr sein.

»Ermuntert einander in Psalmen und Lobgesängen und geistlichen Liedern, singt und spielt dem Herrn in eurem Herzen« (5,19). Das will Christus. Ein singendes Herz ist das beste Zeichen für ein verwandeltes Leben. Wenn der Geist das Herz erfüllt, geht der Mund in Lobpreis über. Wir werden einen christlichen Lebenswandel führen, wenn wir singen und von Christus zeugen.

Singen ist der natürliche Freudenausdruck des christlichen Lebens. Davon können wir in unserer Kirche gar nicht genug haben. In Gottes Haus klingt Musik. Gott freut sich an Liedern, Lobgesängen und Anbetung, an Freude und Dank. Er begeistert den Sänger, den Dichter und den Künstler in der Welt. Der Teufel ist nur der Urheber des Leides und der Unausgeglichenheit.

In diesem großen Musikzimmer des Gottestempels ist auch gesellschaftliches Leben. Menschen finden zueinander.

Der Waffensaal (Epheser 6)

Nun stehen wir in einem Saal, in dem die ganze Waffenrüstung Gottes ausgebreitet ist. Die Waffen gehören ihm, nicht uns! Aber er sagt uns, dass wir sie anlegen sollen. Wir müssen die ganze Ausrüstung anlegen, wenn wir sicher sein wollen.

Die Rüstung ist nicht für ein Museum bestimmt, wo wir hingehen und ihre Qualität betrachten, sondern sie ist für das Schlachtfeld gedacht. Eine sauber polierte Waffenrüstung, die in der Waffenhalle unseres Glaubensbekenntnisses aufgestellt ist, wird uns am Tag der Schlacht nichts nützen. Wie erleichtert ist es zu wissen, dass wir diese Waffenrüstung nicht selber besorgen müssen! Wie wenig wissen wir von der Stärke und dem Schlachtplan des Feindes. Wie unangemessen beurteilen wir unsere eigene Fähigkeit und Schwachheit.

Paulus schreibt: »Zuletzt: Seid stark in dem Herrn und in der Macht seiner Stärke« (6,10). Sobald wir mit Gott in Gemeinschaft kommen, müssen wir für den Glaubenskampf ausgerüstet werden. Alle, die zum Königreich des geliebten Gottessohnes gehören, haben die Streitkräfte des Königreichs Satans gegen sich, deshalb müssen sie mit der ganzen Waffenrüstung Gottes versehen sein.

Das Leben des Christen ist Kampf. Der Christ darf einfach nicht vor seinen Feinden weglaufen, sondern er muss den guten Kampf des Glaubens unter dauerndem Gebet führen!

36.

Der Philipperbrief

Dieser Brief wurde an die erste Gemeinde in Europa gerichtet. Dorthin war Paulus durch eine Traumvision (»Komm herüber nach Mazedonien und hilf uns«, Apg 16,9) gerufen worden.

Paulus mahnt die Gemeinde eindringlich, christliche Einheit und Freude zu bewahren. Dieser Brief zeigt, wie die Einheit unter Christen zerbrechen kann. Christus ist das Geheimnis der Freude. »Weiter, liebe Brüder, freut euch in dem Herrn« (Phil 3,1). Paulus scheint nach weiteren Werten zu suchen, aber er bekräftigt nur nochmals: »Und abermals sage ich: Freuet euch« – das ist genügend (Phil 4,4). Die Freude, um die es hier geht, ist Freude mitten in Not und Problemen.

Wir erinnern uns: Paulus und Silas lobten Gott im Gefängnis zu Philippi zur Mitternacht, als sie gequält und gefoltert worden waren!

Paulus freut sich auch jetzt, während er, an einen römischen Soldaten gefesselt, diesen Brief schreibt, denn er weiß, dass eben diese Ketten ihm dabei helfen, das Evangelium zu verbreiten. Er konnte einige Menschen aus der Umgebung des Kaisers erreichen, die er sonst niemals hätte zu Christus führen können. Er mahnt seine Philipper eindringlich, sich zu freuen, weil sie für Christus leiden dürfen (1,29).

»Die Freude am Herrn ist eure Stärke.« Sechsmal stoßen wir in diesem Brief auf das Wort »Freude« oder »sich freuen«. Paulus ist der Apostel der Freude. Er fordert uns auf, uns zu freuen.

Die Freude hilft mitten in schweren Prüfungen. Sünder werden durch die Freude der Christen zu Jesus Christus geführt.

Paulus erwähnt hier den Namen Jesu Christi 40-mal. Damit unser Leben gereinigt wird, damit Gefahren vermieden und Fortschritte gemacht werden, muss Christus unsere Freude, unser Trost und unser Lebensziel sein. Paulus berichtet von seinem Sieg über schwere äußere Umstände, weil er sein Vertrauen auf Christus gesetzt hat.

Lesevorschläge

Sonntag:	Freude triumphiert über Leid	*Phil 1,1-30*
Montag:	Freude in Christus	*Phil 2,1-11*
Dienstag:	Freude in der Rettung	*Phil 2,2-30*
Mittwoch:	Freude an der Rechtfertigung durch Christus	*Phil 3,1-9*
Donnerstag:	Freude an Christi Willen	*Phil 3,10-28*
Freitag:	Freude in der Kraft Christi	*Phil 4,1-7*
Samstag:	Freude an Christi Fürsorge	*Phil 4,8-23*

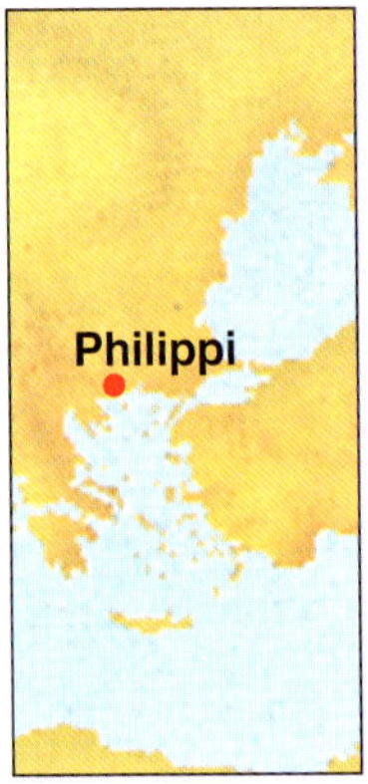

Leben in der Freude (Philipper 1)

Paulus bezeichnet sich selbst gern als einen Sklaven Jesu Christi. Er war von Christus befreit worden und wollte ihm nun so lange dienen, wie er lebte.

Obwohl Paulus in Gefangenschaft war, konnte er für seine Freunde beten: »Ich danke meinem Gott, sooft ich euer gedenke – was ich allezeit tue in allen meinen Gebeten für euch alle und tue das Gebet mit Freuden« (1,3-4). Das Fürbittegebet für andere gehörte zu Paulus' Leben.

Die römischen Wachsoldaten um Paulus interessierten sich für das Evangelium so sehr, dass sie es weiterverbreiteten. Das ermutigte andere, die Botschaft weiterzutragen, und so fanden viele Menschen zu Christus.

Es kann sein, dass wir mit unangenehmen Menschen zusammenleben müssen, aber durch unser Leben können wir sie für Gott gewinnen. Was den Glauben behindern will, kann zur Stätte der Verkündigung werden. Der Christ, der für Christus wirkt, während alles gegen ihn steht, überzeugt.

»Christus ist mein Leben« (1,21). Paulus' Grundeinstellung findet sich überall im Neuen Testament:

Christus ist die Quelle des Lebens – »Ich bin gekommen, dass sie das Leben haben« (Joh 10,10).

Christus ist das Leben selbst – »Ich lebe; doch nun nicht ich, sondern Christus lebt in mir« (Gal 2,20).

Christus ist das Vorbild für mein Leben – »Darum sollt ihr vollkommen sein, wie euer Vater im Himmel vollkommen ist« (Mt 5,48).

Christus ist mein Lebensziel – Wir sollten »kundmachen ... die Kraft und das Kommen unseres Herrn Jesus Christus« (2Petr 1,16).

Christus ist der Lohn meines Lebens – »Gott aber sei Dank für seine unaussprechliche Gabe« (2Kor 9,15).

Freude im Dienst (Philipper 2)

Paulus gibt uns ein hervorragendes Beispiel für ein christliches Leben. Wir müssen Christus nacheifern, der der Diener aller wurde, obwohl er der Herr ist! Paulus bittet die Gemeinde, seine Freude dadurch vollkommen zu machen, dass sie miteinander in Liebe und Einheit leben. »So macht meine Freude dadurch vollkommen, dass ihr eines Sinnes seid ...« (2,2). Das ist nicht leicht zu verwirklichen. Es bedeutet: Liebe ohne Kompromiss.

Was ist die wichtigste Gabe im Umgang mit Menschen? »In Demut achte einer den anderen höher als sich selbst« (2,3), mit anderen Worten gesagt: »Ich bin bereit, der dritte zu sein.« Paulus schreibt: »Seid gesinnt, wie Christus auch war«, und er meint damit selbstvergessene Liebe. Obwohl Christus Gott war, demütigte er sich selbst. Er nahm nicht nur die Gestalt eines Menschen, sondern die Gestalt eines Sklaven an. Dann erniedrigte er sich noch mehr. Er, die Quelle des Lebens, nahm einen schändlichen Tod auf sich, »den Tod am Kreuz«. So sollen auch wir gesinnt sein (vgl. Mt 16,25).

Paulus' Verkündigung ist ebenso praktisch wie tiefgehend. Er steht immer mit beiden Füßen auf der Erde. Nie trennt er bloßes Wissen vom Handeln. Christlicher Glaube ist Leben und Bekenntnis. Glaubensbekenntnis ohne entsprechendes Leben zählt gar nichts. Nachdem Paulus in die Erhöhung Christi hineingenommen worden ist, denkt er nicht daran, uns zurückzulassen: »Also, meine Lieben, ... schaffet, dass ihr selig werdet, mit Furcht und Zittern« (2,12). »Schaffet« – das heißt: nicht die eigene Rettung, sondern die Früchte der Rettung wirken. Gott hat mit jedem von uns etwas vor. Das ist eine ganz und gar persönliche Angelegenheit. Niemand kann es für einen anderen tun. Gott pflanzt in unsere Herzen Heil in Christus, aus dem wir wirken sollen. Glücklich ist der Mensch, der Gottes Plan für sein Leben entdeckt und sich danach verhält. Christliche Erfahrung spielt sich nicht um uns herum ab, sondern in uns selbst. »Christus lebt in mir!«

»Tut alles ohne Murren und ohne Zweifel« (2,14), schreibt Paulus. »Jammert nicht! Wie könnt ihr etwas aussagen, wenn ihr jammert!«

Wenn Christus unser Beispiel ist, sehen wir, dass es kein Kreuz ohne Krone gibt. Wenn wir mit ihm leiden, sollen wir auch mit ihm herrschen. Wir sind Gottes Lichter in einer dunklen Zeit. Keine verschmutzte Lampe kann hell leuchten. Der Christ, der seinem Herrn Ehre machen will, sollte »fehlerlos«, »unschuldig« und »tadellos« sein.

Gemeinsame Freude (Philipper 3)

Paulus schreibt den Philippern, es gehöre zu den Pflichten jedes Christen, fröhlich zu sein. Ein Christ mit einem langen Gesicht ist eine schlechte Werbung für das Christentum. Die Welt braucht nicht eine noch größere Last, sie sehnt sich nach einem leichten Herzen. Wie kann ein Christ in einer so traurigen Welt fröhlich sein? Paulus schreibt es uns im ersten Vers – »freut euch in dem Herrn«.

Saulus von Tarsus, ein Mensch mit einer reichen religiösen Vergangenheit, in der er immer nach dem Besten gesucht hatte, war ein ernster Sucher der Wahrheit und tadellos, soweit es das Gesetz betraf, aber er hatte nichts gefunden, was ihn befriedigte. Eines Tages fand Christus ihn, und in diesem Augenblick sehen wir, wie sehr sich für Paulus der Wert der Dinge verändert hat (3,4-9). Er opferte mit Freude alles, und alle verlockenden Angebote dieser Welt waren ihm nichts wert im Vergleich zu Christus. Er hat einen neuen Maßstab gesetzt. Er hatte einen neuen Lebenssinn entdeckt. Christus war zwischen Paulus und seine alten Ideale getreten und hatte bewirkt, dass sich die Überschriften über sein Lebensbuch veränderten. Die »Gewinne« radierte er aus und setzte dafür »Verluste« ein. Das war die Wahl seines Lebens.

Paulus wog die Welt und Christus ab und erinnert sich an die Worte des Herrn Jesus: »Denn was hülfe es dem Menschen, wenn er die ganze Welt gewönne, und nähme doch Schaden an seiner Seele?« (Mt 16,26)

Ruinen des Marktplatz der römischen Kolonie Philippi in Mazedonien.

In Philipper 3,12-14 spricht Paulus von dem göttlichen Ziel, auf das jedes Menschenleben zuläuft. Weder die Erfolge noch die Fehler der Vergangenheit sollen mich daran hindern, mich heute »nach vorne zu strecken«. »Ich vermag alles durch den, der mich mächtig macht, Christus.«

Die Sehnsucht der Seele

Wir zählen jetzt einige der Ziele auf, die sich Paulus in seinem Herzen wünschte:

- damit »ich Christus gewinne« (3,8). Christus hatte ihn besiegt (Apg 9). Nun wollte er ihn für jeden Tag gewinnen.
- damit »ich ihn erkenne« (3,10). Christuserkenntnis ist ein Wachstumsprozess.
- damit »ich in ihm befunden werde« (3,9). In Christus befunden werden bedeutet, tadellos und vollkommen zu sein.
- damit »ich die Kraft seiner Auferstehung erkenne« (3,10). Die Kraft des Evangeliums ist der auferstandene Christus.
- damit »ich die Gemeinschaft seiner Leiden kenne« (3,10). Das bedeutet: ein ihm geweihtes Leben, ein Leben, das seinem Tod gleichgestaltet ist.
- »Ich jage ihm aber nach, ob ich's wohl ergreifen könnte, weil ich von Christus Jesus ergriffen bin« (3,12). Er wollte wissen, welches Ziel Christus dabei verfolgte, als er ihm auf der Straße nach Damaskus begegnete.
- »Ich jage nach dem vorgestreckten Ziel, dem Siegespreis der himmlischen Berufung Gottes in Christus Jesus« (3,14). Je höher die Berufung, desto größer das Ziel.

Unser Bürgerrecht ist im Himmel und wir sind »von oben geboren« (3,20-21). Deshalb sollten wir als Bürger eines »besseren Landes«, eines himmlischen Königreiches leben. Wir sollten uns nicht für die wertlosen Dinge dieser Welt begeistern, sondern ihm treu bleiben, der in dem »himmlischen Jerusalem« regiert. Wenn Christus kommt, dann will er diese unsere Leiber in Leiber verwandeln, die dem seinen ähnlich sind und sich in sein himmlisches Königreich einfügen.

Der Lohn heißt Freude (Philipper 4)

»Freuet euch in dem Herrn allewege, und abermals sage ich euch, freuet euch. Eure Lindigkeit lasset kund werden allen Menschen. Der Herr ist nahe« (4,4-5). Die herrliche Hoffnung auf Christi Wiederkunft hat ihren segensreichen Einfluss für unser ganzes Leben. Paulus bittet darum, dass die Christen allezeit fröhlich sein und sich nicht durch Sorgen betrüben lassen sollen.

Man kann nur von der Sorge frei werden, wenn man für alles betet. Das Gebet des Glaubens muss ein Dankgebet sein, denn der Glaube weiß, wie viel er Gott verdankt. Wir wollen unsere Bitten in Gottes Hände legen, weitergehen und sie dort lassen. Wir wollen uns keinen Kummer darüber machen. Wir geben sie ganz aus unseren Händen, wie der Sämann den Samen der Erde übergibt, nachdem die Erde gründlich gepflügt worden ist. Wenn wir das tun, wird der Friede Gottes über Herz und Sinn wachen.

Seid vorsichtig mit euren Gedanken! Paulus sagt uns, woran wir denken und an was wir uns erinnern sollten, denn: wie ein Mensch in seinem Herz denkt, so ist er (Spr 23,7). Gedanken bestimmen unser Leben! »Was wahrhaftig ist, was ehrbar, was gerecht, was rein, was liebenswert, was einen guten Ruf hat, sei es eine Tugend, sei es ein Lob, darauf seid bedacht« (4,8).

Paulus bringt seine Dankbarkeit für das liebevolle Gedenken zum Ausdruck, das die Gemeinde zu Philippi dazu bewegt hatte, ihm Gaben zu schicken. Er war darüber glücklich, nicht weil er in Not war, denn er hatte gelernt, in allen Lebenslagen mit Christus zufrieden zu sein. Er schaffte alles durch Christus, der ihn mächtig machte. Aber ihre Gaben bedeuteten »Frucht, damit sie euch reichlich zugerechnet werde«. Er verschaffte ihnen Zugang zum Reich Gottes. »Mein Gott aber wird all eurem Mangel abhelfen nach seinem Reichtum in der Herrlichkeit in Christus Jesus« (4,19)

Gegenüber: Götterstatue. In der Gemeinde in Kolossä waren Irrlehren im Umlauf, die jüdische, griechische und orientalische Religionen vermischten.

37.

Der Kolosserbrief

Kolossä war eine kleine Stadt, etwa 150 km östlich von Ephesus im landschaftlich schönen Tal des Lykos gelegen. In der Nachbarschaft lagen das wohlhabende Laodizea (Kol 4,16; siehe Offb 3,14ff) und Hierapolis. In allen drei Städten gab es Gruppen von Christen.

Epheser- und Kolosserbrief wurden ungefähr zur gleichen Zeit geschrieben, nämlich während der Gefangenschaft des Paulus in Rom. Beide enthalten wichtige Lehren des Evangeliums und sollten damals in der Gemeinde laut verlesen werden. Sie sind einander im Stil sehr ähnlich, haben aber doch verschiedene Akzente.

Der Epheserbrief spricht über alle Gläubigen und nennt sie »den Leib Christi«. Der Kolosserbrief spricht verstärkt über »das Haupt« des Leibes, Jesus Christus.

Beides ist notwendig. Ein Leib kann nicht ohne Haupt sein und kein Haupt ohne Leib.

In der Gemeinde zu Kolossä war Irrglauben eingekehrt und hatte die Gläubigen zur Anbetung der Engel (2,18) und zur Befolgung der jüdischen Zeremonien (2,16.21) verführt. Hier handelte es sich um eine Vermischung jüdischer, griechischer und orientalischer Religionsformen. Eine klare Darlegung der Herrschaft Christi wurde notwendig. Dieser Brief zeichnet ein genaues Bild Christi in seinem ganzen Ruhm und seiner Würde.

Christus ist alles in allem. Die Kolosser versagten gerade an dieser Stelle, denn sie »hielten sich nicht am Herrn fest«. Zur Zeit des Paulus dachten ebenso wie heute manche Menschen, dass Jesus nur ein Mensch war, und dass der Christus der göttliche Geist war, der bei seiner Taufe auf ihn kam und ihn am Kreuz verließ. Das bedeutete, dass nicht Christus, sondern dass nur Jesus gestorben war. Viele moderne Vorstellungen gründen sich eben auf diese alte Irrlehre und geben eine falsche Darstellung der Wahrheit über Christus, seine Person und sein Werk.

Lesevorschläge

Sonntag:	Der Gruß und das Gebet des Paulus	*Kol 1,1-14*
Montag:	Sieben Vorrangstellungen Christi	*Kol 1,15-29*
Dienstag:	Der erhöhte Christus	*Kol 2,1-16*
Mittwoch:	Vollkommen in Christus	*Kol 2,1-19*
Donnerstag:	Der alte und der neue Mensch	*Kol 2,20-3,11*
Freitag:	Christliches Leben	*Kol 3,12-25*
Samstag:	Christliche Tugenden	*Kol 4,1-18*

Klassisches Relief einer Figur, die an einen Engel erinnert. In Kolossä gab es Irrlehrer, die behaupteten, man müsse Engel anbeten.

Viele Briefe wurden als Antwort auf den Irrglauben geschrieben, der überall in die junge Kirche eindrang.

Die Gemeinde wurde wahrscheinlich durch Epaphras (1,7) in Kolossä gegründet, etwa 160 Kilometer östlich von Ephesus. Ein Glied der Gemeinde war Philemon. Paulus stand mit der Gemeinde in enger Verbindung.

Epaphras reiste nach Rom, um Paulus von den Irrlehren zu erzählen, die in die Gemeinde eindrangen. Diese falschen Lehren raubten Christus den Thron und leugneten seine Herrschaft über die Kirche. Um der Gemeinde bei der Abwehr zu helfen, sandte Paulus durch Epaphras seinen Brief. Er schrieb in erster Linie über die Vorrangstellung und die Gottheit Christi, denn Christus ist »wahrer Gott«.

Zu dieser Zeit war das Evangelium schon zu »aller Welt« gebracht worden (1,6), und war »allen Geschöpfen gepredigt worden« (1,23). 37 Jahre nach dem Tod Jesu hatte das Evangelium die ganze römische Welt erreicht. Es bedurfte nur einer Generation, um die Kirche über die gesamte damals bekannte Welt auszubreiten.

Christus unser Leben

»Und euer Leben ist verborgen mit Christus in Gott« (3,3). Dieser Brief sagt uns, dass Christus unser Leben ist, und wir in ihm vollkommen sind (2,10).

Das Christenleben ist weder ein »Glaubensbekenntnis«, noch ein »Lehrsystem«, noch eine bestimmte Art des Gottesdienstes, sondern ein Leben, das ganz und gar Christus gehört.

Christus ist alles in allem

Paulus beschreibt diese Tatsache in sieben Aspekten:

In seiner Gottheit – das Bild des unsichtbaren Gottes (1,15).

In der Schöpfung – der allmächtige Schöpfer des Weltalls (1,15-16).

In der Vorrangstellung – vor allen Dingen (1,18).

In der Erlösung – er versöhnte das Weltall durch sein Blut (1,20-22).

In seiner Herrschaft– über alle Herrschaften und Mächte (1,18; 2,14).

In seiner Kirche – das Haupt des Leibes (1,18; 2,19).

In seiner Gegenwart – die Hoffnung des Christen (1,27).

Nach dem Kolosserbrief sind wir vollkommen in Christus. In ihm »sind wir verwurzelt und auferbaut«; wir sind »gegründet und befestigt«. Die Tatsachen zeigt der Brief in vier Richtungen auf:

Das *tiefere* Leben wurzelt in der Ewigkeit. Es beginnt in dem, der »am Anfang bei Gott war«. Gott gibt uns ewiges Leben.

Das *höhere* Leben ist das Leben, das Jesus zur Rechten Gottes für uns und in uns lebt, denn nicht ich lebe, sondern Christus lebt in mir (Gal 2,20).

Das *innere* Leben ist das ganze Leben, das wir durch Christus haben.
Es ist das Leben, das »verborgen ist mit Christus in Gott«. Das ist wirkliches und erfülltes Leben, denn wir sind »vollkommen in ihm« (2,10).

Das *äußere* Leben ist jede Äußerung des Lebens, die Christus anderen bekannt macht.

Das tiefere Leben (Kolosser 1)

Paulus beginnt seinen Brief wie so häufig mit den Worten: »Wir danken« (1,3).

Es ist typisch für Paulus, zuallererst Gott für die Gemeinde zu danken. Dieses Lob ist ehrlich gemeint und soll nicht nur die bittere Pille der folgenden Zurechtweisung versüßen. Er kümmerte sich nicht nur liebevoll um die Gemeinden, die er selbst gegründet hatte, sondern auch um christliche Gruppen, die er nie zuvor gesehen hatte, und betete für sie (2,1). Er freute sich sehr, von ihrem Glauben, ihrer Liebe und ihrer Hoffnung zu hören. Und er sehnte sich danach, dass Gott ihnen noch mehr Erkenntnis und geistliche Reife schenken würde.

»Glaube«, »Liebe« und »Hoffnung« (Verse 4-5) sind Lieblingsworte des Paulus. Er wünscht allen Glauben, Liebe zu den anderen und himmlische Hoffnung.

Paulus spricht von dem Geheimnis tieferen Lebens, das wir als Christen in Christus haben sollten. Zuerst müssen wir »gegründet und befestigt« werden in Christus (1,23). Wir sollen die Wurzeln unseres christlichen Glaubens tief in sein Leben hineinversenken, wie die große Eiche ihre Wurzeln mitten ins Erdreich wachsen lässt. Stürme mögen die Eiche schütteln, aber sie bleibt fest stehen, denn sie ist tief gewurzelt.

Dann gibt Paulus eine gute Beschreibung des allmächtigen Christus. Er ist alles in allem. Nicht nur wir sind in Christus, sondern Christus ist auch in uns. »Christus in euch, die Hoffnung auf die Herrlichkeit« (1,27). Christsein heißt, in ihm zu leben, dem Schöpfer des Weltalls, in dem wir Erlösung durch sein Blut empfangen und in ihm bleiben.

Am Ende dieses Abschnittes stoßen wir auf Paulus' wunderbares Gebet für die Kirche (1,9-14).

Das antike Forum in Rom. Als Paulus den Kolosserbrief verfasste, saß er in Rom im Gefängnis.

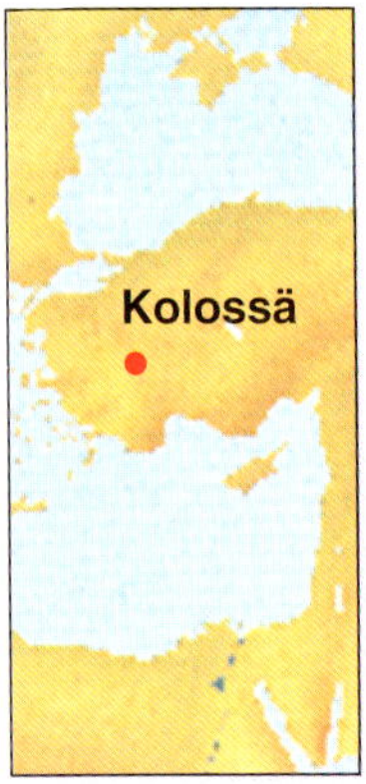

Paulus wünscht allen Gläubigen:

- dass sie gefüllt seien mit der Erkenntnis über den Willen Christi. Er möchte, dass wir wissen, wie wir ein christusähnliches Leben führen, denn die Fülle der Weisheit Christi wird uns vom Irrtum fernhalten.
- dass sie sich der Berufung des Herrn gemäß verhalten, seine Werke tun und in Erkenntnis wachsen.
- dass sie kräftig gestärkt werden, um fähig zu sein, allen Versuchungen zu widerstehen.
- dass sie dankbar werden.

Verwurzeltes Leben
(Kolosser 2)

»Wie ihr nun angenommen habt den Herrn Jesus Christus, so wandelt in ihm und seid verwurzelt und gegründet in ihm« (2,6-7). Paulus ist immer praktisch. Auch hier sagt er: »Setze in Taten um, was du glaubst.« Ihr habt gut angefangen. Macht so weiter! Wir haben Christus angenommen und sind in ihm verwurzelt und gegründet (1,23). Deshalb sollen wir auch mit ihm wandeln.

Paulus wünscht immer, dass unser Lebenswandel unserem Glauben entspricht. Es ist traurig, wenn ein Christ an Christus glaubt, aber nach dem Willen des Teufels handelt. Niemand wird sein Bekenntnis ernst nehmen.

Wir haben Christus angenommen, deswegen wollen wir so leben, wie er es von uns haben will. Wenn wir in ihm verwurzelt sind, dann werden wir in ihm auch wachsen. Wenn wir auf ihn gegründet sind, dann wollen wir auf ihn weiterbauen.

Das alles sind äußere Beweise eines verwandelten Herzens. »Wandel« drückt Leben aus. »Wachsen« verrät eine innere Kraft. »Aufbauen« zeigt den Fortschritt des inneren Lebens. Wir haben sehr viel mehr zu tun, als nur Wahrheiten über Christus zu glauben. Wir müssen Christus aufnehmen, wenn wir das Leben haben wollen. Wir können es weder verdienen noch kaufen. Es ist ein freies Geschenk (2,6).

Wir sind in Christus verwurzelt. Das bedeutet: Wir erhalten unsere Nahrung aus ihm. Eine Pflanze kann nicht wachsen, wenn sie nicht in Berührung mit dem Leben spendenden Boden ist. Jedes Bauwerk braucht einen Grund. Das alles müssen auch wir erfahren, wenn wir aufbauen wollen. Das christliche Leben beginnt in Christus und wächst in seiner Gnade und seinen Gaben. Wir brauchen für die Festigkeit unseres Lebenswandels ebenso Christus wie für unsere Heilsgewissheit.

Alles Leben, das wir als Christen haben, ist Leben »in ihm«:

Wandel in ihm	*2,6*
Verwurzelt in ihm	*2,7*
Erbaut in ihm	*2,7*
Vollkommen gemacht in ihm	*2,10*
Gestorben mit ihm	*2,20*
Auferstanden mit ihm	*3,1*
Verborgen mit ihm	*3,3*

Hier sehen wir, dass Christus mehr als genug ist, denn »in ihm wohnt alle Fülle der Gottheit leibhaftig«. Das ist eine großartige Wahrheit, die wir erfassen sollen. In diesem Jesus wohnte die ganze Gottheit.

Aber noch mehr als das – in ihm war die Fülle der Gottheit. Weder Engel noch Propheten noch Heilige stehen mit ihm auf gleicher Stufe – denn er ist die Verkörperung der göttlichen Gesamtheit!

Als Nächstes müssen wir aufbauen, »verwurzelt und gegründet und fest im Glauben« (2,7) und so müssen wir ein Gebäude zu seiner Ehre errichten, natürlich ganz durch seine Gnade.

Je mehr wir mit dem Herrn verbunden sind, desto beständiger ist unsere innere Haltung, desto weniger störend sind Versuchungen und desto leichter ist unser Alltagsleben.

Paulus kümmert sich ganz persönlich um die Gemeinde zu Kolossä. Er wünscht, dass die Christen in ihrer Überzeugung fest gegründet stehen und an Jesus Christus festhalten, damit die Philosophen und Gesetzeslehrer ihrer Zeit sie nicht täuschen können. Der beste Schutz vor den Schlingen der Welt und ihrer Weisheit ist ein Verständnis der Vollkommenheit Christi, denn er ist alles in allem. »Seid verwurzelt und gegründet in dem Wort, damit ihr nicht durch falsche Lehrer verführt werdet.«

Einige Prediger der damaligen Zeit lehrten, dass der Mensch unwürdig sei, Christus unmittelbar zu begegnen. Er müsste ihnen durch die Engel begegnen (2,18). Christus sagt, dass er der einzige Mittler zwischen Gott und Mensch ist. Er fügt hinzu: »Ich bin der Weg ... und niemand kommt zum Vater denn durch mich« (Joh 14,6). Paulus tadelt die Kolosser, weil sie nicht die oberste Herrschaft Christi und ihn nicht als einzigen Mittler zwischen Gott und Mensch erkannt haben.

Er erinnert die Christen daran, dass Christus uns vom Gesetz befreite, als er am Kreuz starb. Wir brauchen deshalb keine besonderen Fastentage zu halten. Das Opfer, das Gott sich wünscht, ist ein zerbrochener Geist und nicht ein geschlagener Körper. In einem fastenden Körper kann ein sündiges Herz wohnen. Selbst auferlegte Härten sind wertlos, wenn es darum geht, die Gedanken eines sündigen Herzens zu bekämpfen. Wir möchten gern unser Schuldkonto löschen, indem wir etwas Gutes tun. Aber wir müssen uns daran erinnern, dass nur das gut ist, was Christus tut, denn »da ist keiner, der Gutes tut, auch nicht einer« (Röm 3,12).

Das innere Leben
(Kolosser 3)

Unser Leben soll nicht nur in Christus verwurzelt und in ihm aufgebaut sein. Wir sollen auch wissen, dass Christus das Leben des Gläubigen ist. Das Leben, das in Christus ist, ist auch in dem Gläubigen.

Das antike Kolossä heute. Der grüne Hügel (Mitte rechts) liegt dort, wo sich früher das Stadtzentrum befand.

Gegenüber:
Wir sind Christus nicht nur in seinem Tod gleichgestaltet, sondern auch in seiner Auferstehung.

Jesus gab uns ein Bild dafür: »Ich bin der Weinstock, ihr seid die Reben« (Joh 15,5).

Wir merken, dass unser neues Leben in Christus weniger an den Dingen der Welt interessiert ist. Wir »sterben der Welt«. Wir sind »verborgen mit Christus«, und in dem Maße, wie wir ihn kennen lernen, entdecken wir Stück für Stück die Herrlichkeit Jesu Christi: Barmherzigkeit, Freundlichkeit, Demut, Sanftmut und Geduld (3,12). »Lasst das Wort Christi reichlich unter euch wohnen« (3,16). Das ist ein ganz anderes Leben.

Weil wir in Christus verwurzelt sind und unser Leben in ihm ist, sind wir ihm nicht nur in seinem Tod gleichgestaltet, sondern sind auch in seiner Auferstehung mit ihm vereint. In Christi Tod können wir die Sünde hinter uns lassen, und in seiner Auferstehung sind wir zu einem Wandel in einem neuen Leben befähigt.

Weil wir »mit Christus auferstanden sind«, sollten wir vor allem die Dinge suchen, die uns unserem Lebensziel näher bringen.

Das Leben, das in Christus ist, ist auch in dem Gläubigen. Er gab uns ein Bild dafür: »Ich bin der Weinstock, ihr seid die Reben« (Joh 15,5).

Die Kleidung des Christen

Wir müssen unser altes Wesen »ausziehen«. Wenn wir unser neues Leben in Christus Jesus angenommen haben, müssen wir den alten Menschen und seine Werke »ausziehen«.

Christlicher Glaube ist ein neues Leben.

Wenn wir Christus besser kennen lernen, merken wir, dass manche Dinge uns nicht mehr interessieren. Christus bringt so viel Neues in unser Leben, dass für das Alte kein Platz mehr ist. Wir haben das Interesse an dem Alten verloren und beschäftigen uns mit dem neuen Leben in Christus.

Paulus ermahnt uns, unser altes Wesen und all seine Laster abzulegen. Man sollte den Lasterkatalog, den Paulus gibt, einmal durchlesen. Da ist von Sittenlosigkeit, Unreinigkeit, Leidenschaft und Habsucht die Rede. Weiter wird von heftigem Zorn und Hass gesprochen, und von dem, was durch Reden angerichtet wird. Diese Sünden sollten wir für immer aufgeben. Wenn man in Christus lebt, kann man sie nicht tun.

Können wir uns vorstellen, wie lächerlich es wäre, wenn wir einen neuen Anzug anlegten, ohne vorher den alten auszuziehen.

Aber genau das tun viele Christen. Sie versuchen, das Kleid des neuen Lebens über ihr altes Wesen zu ziehen. Das geht nicht.

Wir müssen die Sünde zuerst ablegen, und dann den neuen Menschen »anziehen«.

Der Lebenswandel eines Christen ist das, was von den Menschen gesehen wird – wie die Kleidung ein Hinweis darauf ist, ob man sorgfältig oder unordentlich ist; sie verrät, ob man ein Soldat oder ein Bürger, ein König oder ein Untertan ist – so wird der äußere Anblick zeigen, »wessen wir sind und wem wir dienen« (Apg 27,23).

Nun denkt Paulus über die neue Natur in Christus nach.

Dieses neue Wesen, das wir von Christus empfangen, erneuert sich stets in dem Maße, wie wir in der Erkenntnis unseres Herrn und Heilandes wachsen. Aber wir dürfen uns nicht so sehr von den großen Vorrechten in Christus gefangen nehmen lassen, dass wir unsere Pflichten gegenüber unseren Nächsten vernachlässigen. Unsere Christus-Erkenntnis sollte uns anderen gegenüber aufmerksamer machen.

Der neubekehrte Christ legt nicht nur sein früheres Leben ab, er empfängt zugleich ein neues Leben. Wir wollen die Merkmale dieses neuen Lebens »anziehen«: Freundlichkeit, Zartgefühl, Demut, Geduld, Vergebungsbereitschaft und Liebe (3,12-14). Wenn wir so lebten, würden wir schon auf der Erde Vollkommenheit erreichen. Paulus sagt, dass alle diese Tugenden wie einzelne Kleidungsstücke sind, die alle durch den Gürtel der Liebe zusammengehalten werden. Das erfüllt unser Leben mit dem Frieden Gottes.

Klassisches Relief eines Paares in römischer Kleidung aus Galatien.

Unsere geistlichen Gaben müssen auch wachsen. Allzu oft verderben sie aus Nachlässigkeit und allzu oft sieht die Frucht des Heiligen Geistes in unserem Leben nur so aus wie die gewöhnliche Frucht, die die Welt kennt. Wir müssen in die volle Gestalt der Vollkommenheit Christi hineinwachsen. So lange wir leben, gibt es immer wieder etwas Neues für uns zu lernen. Wir sollten nie aufhören zu wachsen.

Christus ist unser Alles oder Nichts

Wenn Christus in unserem Leben nicht alles ist, ist er nichts. Es kann keinen sichereren Test für irgendeine Irrlehre unserer Zeit geben als den: An welche Stelle setzt sie Jesus Christus? Die Bibel sagt: »Jeder Geist, der bekennt, dass Jesus Christus in das Fleisch gekommen ist, der ist von Gott« (1Joh 4,2). Das ist die Entscheidungsfrage jedes Glaubensbekenntnisses. Verkündigt es, dass wir »die Erlösung haben, nämlich die Vergebung der Sünden« (1,14)? Wenn ja, dann ist es richtig; wenn nicht, dann ist es falsch (1Joh 4,1-3).

Das Herz eines Christen ist außerdem ein singendes Herz. Christus will, dass wir in seinem Wort unterwiesen werden, und dann möchte er, dass wir unsere Freude in ihm durch Singen ausdrücken (3,16).

Das äußere Leben
(Kolosser 4)

Dieses Kapitel beschäftigt sich mit einem anderen Aspekt unseres Lebens in Christus, dem äußeren Leben.

Es ist auch notwendig, dass unser neues Leben von anderen gesehen und gespürt wird (4,5). Nur so können wir Christus der Welt zeigen. Das Leben Christi wird nicht nur von großen Schriftstellern beschrieben. Es endete auch nicht, als die Evangelien abgeschlossen wurden. Christus lebt in uns. Heute wird sein Leben in lebendigen Briefen erzählt.

Wir Menschen sind diese Briefe. Sie werden von allen gelesen.

38.

Der erste Thessalonicherbrief

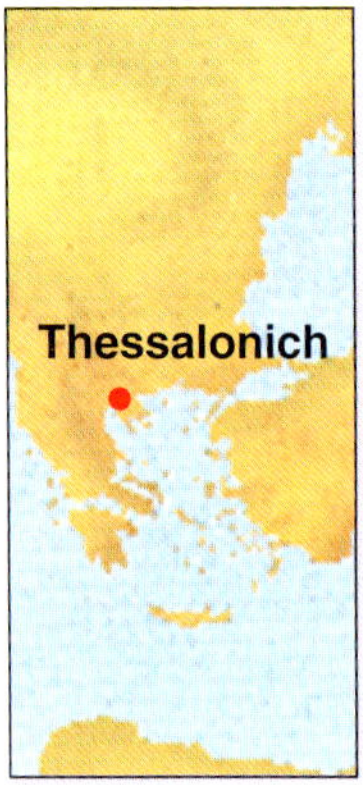

In diesen beiden Briefen an die Thessalonicher geht es Paulus um die Tatsache der Wiederkunft Jesu Christi. Die beiden Briefe enthalten 20 verschiedene Anspielungen auf die Wiederkunft des Herrn. Sie ist die Hoffnung der Kirche. Am Ende jedes Kapitels wird sie erwähnt: »und zu warten auf seinen Sohn vom Himmel« (1,10); »seid nicht auch ihr es vor unserem Herrn Jesus, wenn er kommt?« (2,19); »wenn unser Herr Jesus kommt mit allen seinen Heiligen« (3,13); »danach werden wir, die leben und übrig bleiben, zugleich mit ihnen hingerückt werden auf den Wolken in die Luft, dem Herrn entgegen« (4,17) und im letzten Kapitel: »Er aber, der Gott des Friedens, heilige euch durch und durch und bewahre euren Geist samt Seele und Leib unversehrt, untadelig für die Ankunft unseres Herrn Jesus Christus« (5,23).

Christi erstes Kommen auf Erden war plötzlich und für die Menschen seiner Zeit überraschend. Seine Wiederkunft wird nicht weniger überraschend sein.

Paulus hatte, von Timotheus und Silvanus (Silas) begleitet, nur drei Wochen auf seiner zweiten Missionsreise in Thessalonich verbracht, aber während dieser Zeit hatte er nicht nur eine Gemeinde gegründet, sondern er hatte sie fest im Glauben verankert. Während der kurzen Zeit seines Aufenthaltes beschuldigten ihn seine Feinde, er stelle die Dinge auf den Kopf (Apg 17,6). Wegen dieses Aufruhrs schickten die Brüder den Apostel weg. Er reiste weiter nach Beröa, Athen und Korinth.

Von dort sandte er seinen ersten Brief an die Thessalonicher und ließ ihn durch Timotheus überbringen. Wir wissen, dass er erst kurz vorher seinen Abschied genommen hatte, denn er schreibt, er sei »ihrer nur für eine kurze Weile beraubt gewesen«.

Selbst in dem Werk eines Paulus war es ein einmaliger Erfolg, in weniger als einem Monat eine blühende Gemeinde gegründet zu haben. Er predigte ihnen an drei Sabbattagen. Der Erfolg des Paulus in Thessalonich entspricht nicht der üblichen Erfahrung der Missionare.

Nach dem Bericht in Apg 17 blieb Paulus nur kurze Zeit in Thessalonich. Während dieses Aufenthaltes in Thessalonich kamen viele Griechen zum Glauben (Apg 17,4). Sofort begann er, dieser Gemeinde das Wort Gottes zu verkündigen. Er sprach von dem Heiligen Geist (1Thess 1,6), von der Dreieinigkeit (1,6) und der Wiederkunft Christi (1,10).

Er predigte dort nur an drei aufeinander folgenden Sabbaten und blieb dann noch einige Zeit im Haus des Jason.

Daraufhin stifteten die Juden Unruhe, weil Paulus einige Menschen, die sich für das Judentum interessierten, für den christlichen Glauben gewann. Jason und andere Christen wurden vor den Stadtrat gezerrt und mussten sich nach Hinterlegung einer Kaution verpflichten, sich in Zukunft unauffällig zu verhalten. Weil die Gemeinde nicht für ihre Sicherheit garantieren konnte, schickte sie die Missionare wieder weg. Aber die Verfolgung seitens der Juden und anderer Gruppen ging weiter.

Thessalonich war eine freie Stadt, Hauptstadt der römischen Provinz Mazedonien im nördlichen Griechenland. Die wohlhabende Hafenstadt lag an einer Bucht im Ägäischen Meer nicht weit vom Olymp. Die Via Egnatia, der alte Handelsweg von Dyrrhachium an der Adria bis zum heutigen Istanbul, führte durch die Stadt hindurch. Heute ist Thessaloniki (Saloniki) gleich nach Athen die zweitbedeutendste Stadt Griechenlands und das Verwaltungszentrum für den nördlichen Landesteil.

Die Gemeinde bestand vorwiegend aus Heiden und nur wenigen Juden. Da Paulus sehr um das Geschick der jungen Gemeinde besorgt war, sandte er ihnen Timotheus von Athen, um ihren Glauben zu stärken und ihm Nachrichten über das dortige Gemeindeleben zu bringen. Timotheus kam mit guten Nachrichten zurück. Allerdings hatten sie einige falsche Vorstellungen von der Wiederkunft des Herrn. Sie waren in Sorge um die Verstorbenen und fürchteten, sie bekämen keinen Anteil an der Wiederkunft Jesu. Andere waren von der Wahrheit der Wiederkunft Christi so überwältigt, dass sie ihre Alltagspflichten darüber vernachlässigten (4,10-12). Um diese Ansichten zu berichtigen und die Neubekehrten zu trösten, schrieb Paulus diesen Brief.

Es ist ein persönlicher Brief, ein Gespräch von Herz zu Herz. Das Wort »Brüder« taucht viermal auf. Er ist eine

Lesevorschläge

Sonntag:	Christi Kommen – ein Aufruf für junge Christen	*1Thess 1*
Montag:	Christi Kommen – eine Ermutigung für den treuen Knecht	*1Thess 2*
Dienstag:	Christi Kommen – ein Anreiz zur Liebe unter Christen	*1Thess 1-4,12*
Mittwoch:	Christi Kommen – ein Trost für die Hinterbliebenen	*1Thess 4,13-28*
Donnerstag:	Christi Kommen – eine Herausforderung zu heiligem Leben	*1Thess 5*
Freitag:	Christi plötzliches Kommen	*Mt 24,1-27*
Samstag:	Zeiten der Prüfung	*Mt 24,29-51*

Die antike Hafenstadt Neapolis in Mazedonien heißt heute Kavalla.

Gegenüber: Teilansicht des kunstvollen Reliefs am Galeriusbogen in Thessalonich, dem heutigen Saloniki.

Botschaft des Trostes und der Unterweisung für solche, die sich mitten in der Verfolgung befinden.

Christi Kommen (1. Thessalonicher 1)

Bei der einleitenden Begrüßung schließt Paulus seine Mitarbeiter Silvanus (Silas) und Timotheus ein. Silvanus war bei ihm gewesen, als er die Gemeinde in Thessalonich gegründet hatte, und Timotheus war der Bote gewesen, der die gute Kunde von ihrem Fortschritt und den Bericht über ihre Schwierigkeiten nach Korinth überbrachte. Paulus kannte das Geheimnis der Freundschaft. Er liebte die Menschen. Die Bibel sagt uns, wie man zu Freunden kommt. »Es gibt Allernächste, die bringen ins Verderben, und es gibt Freunde, die hangen fester an als ein Bruder« (Spr 18,24). Eben dies tat Paulus. Er erkannte die anderen in ihrem Dienst stets an und brachte immer seine Hochachtung für ihren Anteil an der Arbeit zum Ausdruck.

Beten, wie Paulus betete

»Wir müssen Gott allezeit für euch danken« (1,3). Die Neubekehrten des Paulus lebten in mehr als 20 verschiedenen Städten, und doch trug er sie alle in seinem Herzen und hielt Kontakt mit ihnen.

Paulus dankt Gott für diese Gemeinde. Ihre Vorzüge bestanden nicht im Besitz eines wunderbaren Gebäudes aus Stein und Mörtel, sondern im Vorhandensein von Menschen, die »in Gott, unserem Vater und dem Herrn Jesus Christus« sind (1,1).

Paulus ist sehr zufrieden mit dieser blühenden Gemeinde. Er hält sie überall dort, wohin er reist, als Beispiel vor (1,7). Ihr Eifer hat in ganz Mazedonien und Achaja (Griechenland) tiefen Eindruck gemacht, und jeder sprach darüber, wie wunderbar Gott in dieser jungen, starken Gemeinde in Thessalonich gewirkt hatte.

»Ihr seid ein Vorbild geworden allen Gläubigen in Mazedonien und Achaja« (1,7). Genau danach hält die Welt Ausschau – nach Christen, die christlich leben und in die Tat umsetzen, was sie glauben. Eben dies taten die Thessalonicher. Nichts wird erwähnt von der finanziellen Lage ihres kirchlichen Haushaltsplanes. Aber ihr Glaube an Gott (1,8) und ihre missionarische Begeisterung, mit der sie das Wort Gottes überall weitertrugen, war in ganz Griechenland bekannt geworden. Sie waren ein Vorbild für jede Gemeinde.

Leben in drei Zeitformen

Im 1. Thessalonicherbrief sehen wir christliches Leben in drei Richtungen:

1. Vergangenheit – »Umgekehrt zu Gott«

Die Gläubigen von Thessalonich »kehrten sich von ihren Götzen ab und Gott zu«. Sich Gott zuzuwenden bedeutet, alles aufzugeben, was unsere Liebe teilen kann oder uns daran hindert, ihm mit ganzem Herzen nachzufolgen.

2. Gegenwart – »Zu dienen dem lebendigen Gott«

Sie bekehrten sich »zu Gott von den Abgöttern, zu dienen dem lebendigen und wahren Gott« (1,9). Es ist ein entscheidender Wechsel, einem lebendigen Gott zu dienen, statt sich den leeren Gebräuchen einer veräußerlichten Religion zu unterziehen.

3. Zukunft – »Und zu warten auf seinen Sohn vom Himmel«

Sie dienten und warteten! Diese jungen Christen glaubten, dass Christus wiederkommen werde, wie er es selbst versprochen hatte. Das war die »herrliche Hoffnung«. Die Propheten des Alten Bundes warteten auf die Ankunft des Messias lange Zeit, bevor er kam; in der »Fülle der Zeit« kam Christus. Die Kirche mag noch lange auf seine verheißene Wiederkunft warten. Viele haben sie schon ganz aus dem Auge verloren und hoffen nicht mehr. Aber wenn die Zeit erfüllt ist, wird er kommen, wie er gesagt hat.

Paulus weiß: Der einzige Lohn für all seine Mühe und Arbeit und sein Leiden ist, dass er diese Neubekehrten Christus bei seiner Wiederkunft darbringen wird.

Christi Kommen
(1. Thessalonicher 2)

So beschreibt Paulus seinen Dienst in Thessalonich:

»nicht vergeblich«	2,1
»kühn« trotz aller Feindschaft	2,2
»nicht trügerisch noch aus unlauterem Sinn noch mit List«	2,3
»Gott zu gefallen«	2,4
Keine Schmeichelei	2,5
zu Gottes Ehre.	2,6
»Sanftmütig«	2,7
»liebevoll«	2,8
»Tag und Nacht tätig«	2,9
Unterstützt durch heiligen Lebenswandel	2,10-12
Erfolgreich	2,13-18

Es wird in diesem Kapitel ganz deutlich, dass Paulus' Feinde versucht haben, ihn in den Schmutz zu ziehen. Der Apostel wehrt sich gegen ihre Anschuldigungen, indem er die Christen in Thessalonich an das erinnert, was während seines Aufenthaltes in der Stadt eigentlich geschah. Er kam nicht als einer, der ihnen Waren von zweifelhafter Qualität aufschwatzen wollte und nur auf Betrug aus war (3). Er wollte auch nicht Karriere machen (5). Er kam, um zu geben, nicht um etwas zu bekommen (8) und war bereit, weitere Schwierigkeiten auf sich zu nehmen, während ihn die Wunden, die er in Philippi davongetragen hatte, noch schmerzten (2, siehe Apg 16,22ff). Er verließ sich nicht darauf, dass die Thessalonicher für seinen Unterhalt aufkommen würden (9). Hätte er sich nämlich von ihnen unterhalten lassen, wäre er ihnen verpflichtet gewesen und hätte sich ihren Anweisungen fügen müssen. Offensichtlich wollte Paulus das vermeiden, und vor allem wollte er nicht, dass ihm der Geruch eines Wanderpredigers anhaftete, der allen nach dem Mund redet, um sich seinen Lebensunterhalt zu verdienen.

Paulus predigte, um Gott zu gefallen, und lebte, um die Menschen von der Wahrheit seiner Verkündigung zu überzeugen. Er war kein Schmeichler und suchte keine Gewinne. Er kam so einfach wie ein Kind, so liebevoll wie eine Amme, die für kleine Kinder sorgt. Nie war er träge, sondern arbeitete Tag und Nacht. Indem er ihnen das Beispiel seines eigenen Lebens vorhielt, bat er sie, dass sie ihr Leben »würdig des Gottes zu führen, der euch berufen hat« (2,12).

Paulus wusste, dass gerade für junge Leute dieses Leben viel Verlockendes hat, denn immer wieder fordert er die Thessalonicher auf, das Richtige jetzt schon zu tun, während wir noch auf den Tag der Erscheinung Christi warten.

Christi Kommen
(1. Thessalonicher 3,1-4,12)

Dieser Abschnitt beschreibt die »Liebesarbeit« des Apostels unter den Brüdern. Paulus war sich des Drucks, unter dem die Glieder der Gemeinde in Thessalonich lebten, wohl bewusst. Er sandte Timotheus aus Athen, um sie während der bitteren Verfolgungszeit zu ermutigen. Die guten Nachrichten des Timotheus erfüllten Paulus mit großer Freude. Wie froh war Paulus zu hören, dass sie fest im Glauben standen, und zu erfahren, dass sie freundlich an ihn und seine Mitarbeiter dachten und sich danach sehnten, ihn wiederzusehen. Mitten in Verfolgung und Leiden lässt Paulus schon einmal das Licht des Tages scheinen, an dem sie vollkommen und tadellos vor Gott stehen werden (vgl. 3,13).

Der Prüfstein einer jeden Hoffnung, die ein Mensch hat, besteht darin, was diese Hoffnung heute für ihn bedeutet. Paulus schrieb den Thessalonichern, dass die Wiederkunft des Herrn für sie ein Anreiz sein sollte für:

Teilansicht des Forums von Korinth. Als Timotheus in Korinth eintraf, brachte er den dortigen Christen Nachrichten aus Thessalonich mit.

– einen rechten Lebenswandel	3,13
– ein würdiges Leben	4,1
– Reinheit	4,3-7
– Liebe	4,9-10

Paulus drängt auf persönliche Reinheit und ein Leben, das sich mit dem verbalen Bekenntnis vereinbaren lässt (4,1). An dieser Stelle versagen viele Christen. Nach dem Neuen Testament sollten wir darum kämpfen, dass wir mit unseren Leitbildern übereinstimmen. Wir erinnern uns an das Doppelgebot, das Jesus gab: »Du sollst den Herrn deinen Gott lieben und deinen Nächsten wie dich selbst.« Paulus bittet darum, dass wir »in der gegenseitigen Liebe vollkommen werden« (3,12; 4,9-10).

Wir entdecken, dass das Warten auf die Erscheinung des Herrn nicht in Untätigkeit geschehen soll (1Thess 4,11-12). Warten auf Christus heißt nicht, träge zu sein. Im Gegenteil: Wir werden eifrig alles in Ordnung bringen und bis dahin das tun, was er von uns erwartet. Das ist die wahre christliche Haltung angesichts der Hoffnung auf die Wiederkunft des Herrn.

Christi Kommen (1. Thessalonicher 4,13-18)

Eine kleine Schar zum christlichen Glauben gekommener Indianer in Kanada kam mit einer merkwürdigen Frage zu dem Missionar: »Wir hören immer, was Gott getan hat«, sagten sie. »Nun erzähl uns doch auch einmal, was er tun wird.«

Eine Antwort auf diese berechtigte Frage erhalten wir unter anderem auch im 1. Thessalonicherbrief. Er wird wiederkommen (4,16)! Jesus Christus sagt, dass er kommen wird, um die Welt und die Menschheit zu verwandeln.

Paulus sagt: »So tröstet euch nun mit diesen Worten untereinander« (4,18). Weil er bestimmt wiederkehren wird, gibt es Trost.

Die Christen in Thessalonich waren verwirrt, weil sie eine irrige Meinung über die Wiederkunft Christi hegten. Sie hatten den Eindruck, dass Christus bald kommen werde, und stellten sich die sorgenvolle Frage, was mit denen geschehen werde, die inzwischen schon verstorben waren. Welchen Anteil würden sie an Jesu herrlicher Wiederkunft und seinem Reich haben?

Wenn Christus zur Erde wiederkommt, wird er nicht allein kommen. Unsere Angehörigen, die in Christus entschlafen sind, »wird Gott mit sich bringen«. Mit dem Tod ist nicht alles aus. Eltern und Kinder, Ehemänner und Ehefrauen,

Angehörige und Freunde werden wieder vereinigt.

»Denn er selbst, der Herr, wird ... herabkommen vom Himmel« (4,16). »Dieser Jesus, der von euch weg gen Himmel aufgenommen wurde, wird so kommen, wie ihr ihn habt gen Himmel fahren sehen« (Apg 1,11). Und »sie werden sehen den Menschensohn, kommen auf den Wolken des Himmels mit großer Kraft und Herrlichkeit« (Mt 24,30). Welch eine Hoffnung ist dies!

Die Toten werden auferstehen

Menschen, deren gläubige Angehörige gestorben sind, sollten sich nicht unnötiger Trauer hingeben, wenn sie sie in das Grab legen, denn sie haben eine doppelte Zusicherung aus Christi Wort. Es besteht die Gewissheit, dass sie eines Tages in Christus auferstehen werden, und die Versicherung, dass er wiederkommen wird. Wenn Christus kommt, will er zuerst die Gläubigen begrüßen, die im Glauben an ihn gestorben sind (4,13-14).

Dann werden die, die noch leben, von den Wolken aufgenommen werden und sich gemeinsam mit ihnen seiner Wiederkunft freuen und für immer bei dem Herrn sein (4,17-18).

Die Wiederkunft Christi war die leuchtende Hoffnung der jungen Gemeinde. Das größte Ereignis der Vergangenheit ist, dass Christus zum erstenmal als Mensch auf die Erde kam, am Kreuz starb und uns von der Sündenstrafe befreite. Die größte Erwartung der Zukunft ist, dass er als König wiederkommen und uns völlig von Sünde befreien wird (Mt 24,47).

Die Lebenden werden ihm entgegengehen

»Danach werden wir, die wir leben und übrig bleiben, zugleich mit ihnen hingerückt werden auf den Wolken in die Luft, dem Herrn entgegen« (4,17). Paulus versichert, dass nicht alle vor der Wiederkunft sterben werden. »Wir werden nicht alle entschlafen (sterben), wir werden aber alle verwandelt werden, und das plötzlich, in einem Augenblick, zur Zeit der letzten Posaune« (1Kor 15,51-52).

»Und so werden wir bei dem Herrn sein allezeit« (4,17). Ihm gleichgestellt werden wir für immer bei ihm sein. Er ist vorausgegangen, um für uns Wohnung zu bereiten. »Ich will wiederkommen, und euch zu mir nehmen« (Joh 14,3). Himmel ist, wo Christus ist. Dort werden wir auch sein.

Christus stieg auf in den Wolken (Apg 1,9). Er wird wiederkommen in triumphaler Herrlichkeit (Offb 1,7). Die Engel werden bei ihm sein (Mt 25,31). Die Gläubigen der Vergangenheit werden auferstehen, und die noch Lebenden werden verwandelt werden, und wie Henoch und Elia »aufgenommen« wurden, so wird die ganze Gemeinde entrückt werden, um bei dem wiederkehrenden Herrn zu sein!

Christi Wiederkunft (1. Thessalonicher 5)

Christi Wiederkunft wird sein wie das Kommen eines Diebes in der Nacht. Die Welt will von seiner Wiederkunft nichts wissen. Sie spottet bei dem bloßen Gedanken daran. Jesus aber sagte, es werde »Zeichen« vor seiner Wiederkunft geben. Immer wieder hat Jesus seinen Jüngern gesagt, dass er unvermutet kommen wird (Mt 24,36-42; 25,13; Mk 13,32-37; Lk 12,40; 21,25-35). Er ermahnte seine Jünger, stets wachsam zu sein. Christen brauchen vor diesem Tag keine Angst zu haben.

Wir sollen uns aber nicht mit Berechnungen des Wiederkunfttages abgeben. Allerdings sollten wir ein waches Leben führen; nicht in schläfrigem Müßiggang, sondern in aufmerksamer Bereitschaft leben (1Thess 5,6). Tätigkeit soll unser Leben bestimmen, wie in diesem Kapitel beschrieben wird. Dann kann unser Leben reich sein. Paulus gibt hierzu folgende Anweisungen:

Der Parthenon in Athen. Paulus wusste, dass die Christen in Thessalonich verfolgt wurden, und schickte deshalb Timotheus von Athen aus zu ihnen, damit er ihnen Mut machte.

»Seid allezeit fröhlich«	5,16
»Betet ohne Unterlass«	5,17
»Seid dankbar in allen Dingen«	5,18
»Den Geist dämpft nicht«	5,19
»Prophetische Rede verachtet nicht«	5,20
»Prüft alles«	5,21
»Das Gute behaltet«	5,21
»Meidet das Böse in jeder Gestalt«	5,22

Wir sollten uns damit auseinandersetzen, welche Gedanken und Gewohnheiten man pflegen muss, um sein Leben körperlich, geistig und geistlich für Christus wertvoll zu machen. Man sollte darüber nachdenken, wie das geschehen kann.

Wir sollten nicht nur so leben, dass wir darauf eingerichtet und bereit sind, zu sterben, sondern so leben, dass wir bereit sind für Christi Wiederkunft (5,4-8)!

39.

Der zweite Thessalonicherbrief

Dies ist der zweite Brief, in dem über die »herrliche Hoffnung« der Wiederkunft Jesu Christi geschrieben wird. Die Thessalonicher waren Leute, die nach vorne blickten. Paulus spricht mit ihnen über das, was sie bewegt. Im ersten Brief schreibt er: »Er kommt gewiss wieder.« Im zweiten Brief schreibt er: »Aber arbeitet und wartet, bis er kommt.«

Die Wiederkunft Christi wird 318-mal in 260 Kapiteln des Neuen Testamentes erwähnt. Daraus ersehen wir, wie wichtig dieses Thema ist. Seit alters her lesen Christen die Prophezeiungen des Alten Testamentes mit tiefstem Interesse, um aus ihnen etwas über das erste Kommen des Herrn auf die Erde zu entdecken. Ebenso interessiert sollten wir daran sein zu entdecken, was das Neue Testament über seine Wiederkunft »in Macht und Herrlichkeit« sagt.

Dieser Brief berichtet, dass Christus mit seinen mächtigen Engeln kommen wird. Die beiden Ereignisse, nämlich Christi Kommen mit den Seinen und seine Ankunft mit seinen mächtigen Engeln sind zwei Gesichtspunkte eines Geschehens. Dann werden die Juden ihr verheißenes Land Israel in Besitz nehmen; die Nationen werden sich gegen sie zusammenrotten; der Antichrist wird Weltherrscher; er macht einen Bund mit den Juden und bricht ihn. Nun folgt »die große Drangsal« (vgl. Mt 24,21-22). Dann wird Christus mit seinen Heiligen kommen und sein Königreich, mit Jerusalem als Hauptstadt auf dieser Erde, errichten. Christus wird zuerst kommen und die Seinen zu sich nehmen, bevor jener große und schreckliche Tag »seiner Offenbarung« im Gericht über seine Feinde erscheinen wird.

Der zweite Thessalonicherbrief war fast unmittelbar nach dem ersten geschrieben worden. Über ihre Prüfungen und Verfolgungen hinaus waren die thessalonischen Christen »in ihrem Herz erschüttert« und »bekümmert« durch Betrüger, die einigen einredeten, dass sie schon durch die große Drangsalszeit gingen und dass der Tag des Herrn schon da sei. Paulus versucht, diese Schwierigkeit aufzulösen. Immer wenn ein Krieg droht und Notzeiten die Erde bedecken, fragen sich die Menschen, ob sie nicht schon in der »Drangsalszeit« sind. Dieser Brief ist wichtig zu lesen, um uns vor solchen Irrtümern zu bewahren. Die Gemeinde in Thessalonich ließ sich ganz von der Erwartung der Wiederkunft Christi gefangen nehmen.

Die Botschaft in diesem Brief ähnelt dem Wort des Herrn an seine Jünger in Apostelgeschichte 1. Wir erinnern uns an ihre eindringliche Frage: »Herr, wann wirst du zu dieser Zeit dein Königreich aufrichten?« – »Das überlasst dem Vater«, hat Jesus damals geantwortet. »Tut eure Alltagsarbeit und wartet. Das Königreich wird kommen.«

Christus kommt – ein Trost in der Verfolgung
(2. Thessalonicher 1)

Wir entdecken, dass wiederum Silas und Timotheus im Briefgruß erwähnt werden.

Lesevorschläge

Sonntag:	Paulus' Grußworte	*Eph 11 1-2; Phil 1,1-4; Kol 1,1-3; 1Thess 1,1-3; 2Thess 1,1-4*
Montag:	Christi Kommen – unser Trost	*2Thess 1,5-12*
Dienstag:	Die Ereignisse vor Christi Kommen	*2Thess 2,1-12*
Mittwoch:	Ermahnung zu vernünftiger Lehre	*2Thess 2,13-17*
Donnerstag:	Das Ende der Zeiten	*Mt 24,13-31*
Freitag:	Warnung an die Bösen bei Christi Wiederkunft	*Mt 24,30-31; Mk 8,38; 2Thess 1,7-8; Jud 14,15; Offb 1,7*
Samstag:	Rechter christlicher Lebenswandel	*2Thess 3,1-18*

Deshalb nehmen wir an, dass dieser Brief dem ersten rasch folgte. Er lobt die jungen Christen in Thessalonich herzlich, bevor er sie tadelt. Paulus tat das sehr oft. Er stellte fest, dass die Verheißung der Wiederkunft des Herrn die Thessalonicher zu einem »Wachstum im Glauben« (1,3) und zur »Geduld« (1,4) geführt hatte. Sie wussten, dass Fehler gutgemacht würden, wenn Christus käme, und dass der Herr mit denen abrechnen würde, die sie bedrückt hatten; denn es war eine hart verfolgte Gemeinde (1,5-7).

Die Verse 3-4 zeigen, dass es anscheinend den Thessalonichern peinlich war, dass Paulus sie in seinem ersten Brief so überschwänglich gelobt hatte. Er erwidert, dass es nicht mehr als recht und billig sei, Gott dafür zu danken, dass ihr Glaube und ihre Liebe weitergewachsen sind und sie angesichts der Verfolgung standhaft geblieben sind.

Wie beschreibt Paulus das Ereignis der Wiederkunft Christi? Es ist plötzlich und erschreckend. »Der Herr Jesus wird offenbart werden vom Himmel mit seinen mächtigen Engeln und mit Feuerflammen Rache nehmen.« Das ist keine willkommene Offenbarung für die, die Gott nicht kennen. Für die, die Gott treu gefolgt sind, wird es allerdings ganz anders sein. Wir lesen vom »Angesicht des Herrn ... von seiner herrlichen Macht, wenn er kommen wird, dass er verherrlicht werde bei seinen Heiligen und wunderbar erscheine bei allen Gläubigen, an jenem Tag« (1,9-10).

Eines Tages also wird Jesus vor der ganzen Welt erscheinen. »Denn er selbst, der Herr, wird, wenn der Befehl ertönt, wenn die Stimme des Erzengels und die Posaune Gottes erschallen, herabkommen vom Himmel, und zuerst werden die Toten, die in Christus gestorben sind, auferstehen. Danach werden wir, die wir leben und übrig bleiben, zugleich mit ihnen entrückt werden auf den Wolken in die Luft, dem Herrn entgegen; und so werden wir bei dem Herrn sein allezeit« (1Thess 4,16-17).

Paulus schreibt, dass Jesus der Welt mit den Engeln seiner Macht erscheinen wird »in Feuerflammen«, »Vergeltung zu üben an denen, die Gott nicht kennen« (1,7-8). Zuerst kommt er, um die, die sich zu ihm bekennen, aus dieser Welt hinwegzunehmen. Sie werden entrückt werden und ihm in der Luft begegnen (1Thess 4,17). Dann erscheint er zum Gericht (Jud 15). »Denn wer da hat, dem wird gegeben werden, und er wird die Fülle haben; wer aber nicht hat, dem wird auch, was er hat, genommen werden. Und den unnützen Knecht werft in die Finsternis hinaus; da wird sein Heulen und Zähneklappern« (Mt 25,29-30). Christus kommt mit seinen Heiligen, um sein Königreich zu errichten. »Wenn aber der Menschensohn kommen wird in seiner Herrlichkeit und alle Engel mit ihm, dann wird er sitzen auf dem Thron seiner Herrlichkeit« (Mt 25,31).

Gott ist ein gerechter Gott. Er tut das, was richtig ist.

Darum werden alle, die seinem Volk Leid zufügen und seine Wahrheit zurückweisen, mit Sicherheit »ewiges Verderben«, die dauerhafte Trennung von Gott, erleiden, während der Gläubige »ewiges Leben« in der Gegenwart Gottes hat.

Verirrte Gläubige
(2. Thessalonicher 2)

Dieser Abschnitt gehört zu den schwierigsten, die uns in den Paulusbriefen begegnen. Er spielt hier auf eine Lehre an, über die wir nichts Näheres wissen, so dass uns vieles, was seine Leser ohne weiteres verstanden, heute unklar ist. In manchen Fällen ist es besser zuzugeben, dass wir die Bedeutung nicht klären können, als Spekulationen anzustellen.

Folgendes scheint man aber annehmen zu können: Die thessalonischen Christen litten unter harter Verfolgung und waren verwirrt hinsichtlich des Zeitpunktes der Wiederkunft des Herrn. Der Grund für all das war ein gefälschter Brief und ein ebensolcher Bericht, die beide angeblich von dem Apostel Paulus verfasst worden sein sollten; sie hatten die Gemeinde unruhig gemacht und Öl ins Feuer gegossen (2Thess 2,2). Jesus hatte seine Jünger gelehrt: »Seht zu, dass euch nicht jemand verführe« (Mt 24,4).

Die Wiederkunft Christi auf Erden ist das große Zukunftsereignis, auf das die Kirche seit der Himmelfahrt Christi wartet. Es mag sein, dass sie nicht unmittelbar bevorsteht, weil Gott seinen Plan vollenden muss, bevor Christus kommt. Wir sollten uns nicht darum sorgen. Gott wird für die Durchführung seines eigenen Planes Sorge tragen. Aber das sollen wir wissen: Der »Mensch der Sünde muss zuerst offenbart werden« und das »Geheimnis der Ungerechtigkeit« muss an den Tag kommen.

Der »Mensch der Sünde« ist identisch mit dem Antichristen, von dem der Prophet Daniel und Jesus in Mt 24,23-24 gesprochen haben. In Offb 13,1 spricht Johannes über ihn.

Der Antichrist ist der Gegenspieler Christi. In einer letzten verzweifelten Anstrengung wird Satan versuchen, Christus nachzuahmen.

Vor dem Tag des Herrn

Das Kommen des Herrn wird »plötzlich« sein, aber plötzlich heißt nicht unbedingt »sofort«. Wir müssen auf die Zeit achten; Christus gebietet uns, allezeit wachsam zu sein. Der »Tag des Herrn« ist »nahe«, aber er wird nicht kommen, bevor bestimmte Ereignisse geschehen sind.

Paulus warnt die Leute vor einer Verwechslung der Hoffnung auf Christi Kommen für seine Kirche mit dem Tag des Gerichts des Herrn. Vor diesem »Tag des Gerichts des Herrn« muss sich Folgendes noch ereignen:

1. Ein großer Abfall vom Glauben (2Thess 2,3)

Die Menschen verlassen den Glauben, der einst den Heiligen anvertraut war (Jud 3) und verleugnen den Herrn, der sie »erkauft hat« (2Petr 2,1).

2. Die Welt erkennt Christus als einen Lehrer an, aber nicht als Retter.

»Weil die Ungerechtigkeit überhand nehmen wird, wird die Liebe in vielen erkalten« (Mt 24,12). Das sind gefährliche Zeiten. Es wird viele Spötter geben, die den Glauben an Christi Wiederkunft lächerlich machen.

3. Der »Böse« muss offenbart werden.

Er wird offenbart werden, bevor Christus vor der Welt erscheint. Aber erst wenn der Herr seinen eigenen Plan ausgeführt hat, wird der »Böse« vor alle Augen kommen (2Thess 2,8). Dieser »Böse« wird in 2,4 beschrieben. Er wird sich gegen Gott stellen; er trägt den Titel »Antichrist«.

4. »Mensch der Sünde« wird seinen schrecklichen Feldzug gegen den Herrn antreten.

Wenn Christus kommt, wird er auf den Antichrist stoßen, der mit großer Macht, Zeichen und Lügenwundern herrschen wird. Diese Zeit wird von furchtbaren Täuschungen geprägt sein. Paulus sagt vom Antichrist: Die Sünde des Menschen findet ihren endgültigen Ausdruck im Menschen der Sünde (vgl. Mt 24,24). Er wird von Christus besiegt werden.

5. Der Antichrist ...

- wird in Jerusalem auftreten Mt 24,15
- wird mit den Heiligen kämpfen Offb 13,7
- wird als Gott verehrt werden 2Thess 2,4
- wird Zeichen und Lügenwunder tun 2Thess 2,9
- wird nur dreieinhalb Jahre wirken Offb 13,5-6
- wird bei Christi Kommen in das Feuermeer geworfen werden Offb 19,20

Wir sehen: Paulus lehrt nicht, dass die Welt immer besser wird und auch nicht, dass durch die Verkündigung des Evangeliums die ganze Welt für Christus gewonnen wird.

Das heißt aber nun nicht, dass das Evangelium versagt hat. Es erreicht vielmehr genau das, was es nach Christi Absicht erreichen sollte – die Aussonderung der Gemeinde aus der Welt. Auf der anderen Seite gibt es dieses »Geheimnis der Ungesetzlichkeit« (2,7), die Entwicklung der Gesetzlosigkeit unter allen Gruppen der Gesellschaft. Dadurch sollen wir uns nicht entmutigen lassen.

Paulus gibt uns ein Bild von dem Zustand der Welt am Ende der Zeit, wenn Christus wiederkommen wird. Da wird es einen großen Abfall vom Glauben geben. Christus selber fragt: »Wenn der Menschensohn kommt, wird er Glauben auf Erden finden?« Das ist das Bild vor Christi Wiederkunft – ein Abfall, eine große Abwendung von Jesus Christus

Wenn Christus wiederkommt, wird er den Antichristen (den Bösen), bei der

Das Hinnom-Tal in Jerusalem. Früher schwelte dort ständig ein Feuer, weil hier Abfall verbrannt wurde. Daher wurde der Begriff »Gehenna« zum Inbegriff der Hölle.

Sturmwolken über Galiläa. Die dunkelsten Wolken sind Vorboten des Tages, an dem unser Herr zurückkehren wird, um die Herrschaft selbst in die Hand zu nehmen.

Ausführung seiner satanischen Pläne finden (2Thess 2,3.4), ihn in der Schlacht bei Harmagedon vernichten und danach das Tausendjährige Reich aufrichten. Selbst die dunkelsten Wolken, die sich zusammenbrauen, sind Vorboten der Tage, die kommen, wenn Jesus Christus die Herrschaft übernimmt (Offb 19,20; 20,1-3; 1Mo 49,8-10; 4Mo 24,7-9; Jes 9,5-6; Ps 89,20-29; Hab 3,9; Sach 14,12).

Praktische Vorbereitung (2. Thessalonicher 3)

Paulus gibt den Thessalonichern einige Anweisungen:

Steht fest – lasst euch nicht durch falsche Lehren beeinflussen.

Haltet fest, was euch gelehrt wurde – gebt die Heilswahrheiten nicht auf.

Tröstet eure Herzen.

Stärkt euch selbst in jedem guten Werk.

Dann bittet Paulus um ihre Fürbitte (3,1). Er brauchte ihre Gemeinschaft und hatte großes Vertrauen zu ihrem Glauben.

In diesem Brief sehen wir, dass die noch nicht erfolgte Wiederkunft Jesu Christen die Möglichkeit gibt zur ...

– Treue ihm gegenüber	2,15
– Evangelisation der Welt	3,1-2
– Fürbitte für seine Diener	3,5
– Geduld im Warten auf ihn	3,1
– Heiligung im Lebenswandel	3,6-14

Weil Christus ja wiederkommen würde, dachten einige, sie könnten sich von der Arbeit zurückziehen und sich von den Glaubensbrüdern unterstützen lassen, die Geld hatten. Paulus geht mit ihnen recht hart um.

Die Haltung dieser Menschen war ganz und gar falsch, er forderte sie auf, sich ihn zum Beispiel zu nehmen. Er unterbrach seine Arbeit nie, während er predigte und missionierte. Er stellte den Grundsatz auf: »Wer nicht arbeiten will, soll auch nicht essen.« Er verbot der Gemeinde, solche Leute zu unterstützen und drängte sogar darauf, sich ihnen zu entziehen.

Der Schluss des Briefes zeigt: Die Zeiten sind hart, aber es wird noch schlimmer kommen (2,3-12).

Aber ganz egal, was geschehen wird, ein Christ kennt eine unerschöpfliche Quelle des Friedens.

In Vers 17 nimmt Paulus seinem Sekretär die Feder aus der Hand. Seine eigenhändige Unterschrift bestätigt die Echtheit des Briefs (siehe 2,2).

40.

Der erste Timotheusbrief

Der erste und zweite Timotheusbrief und der Titusbrief sind die drei »Pastoralbriefe«, die den Hirten der Gemeinden geschrieben wurden. Timotheus und Titus wurden ausdrückliche Anweisungen für die Leitung der Gemeinde gegeben, die sie durchführen sollten, nachdem Paulus gestorben war (2Tim 4,7-8). Timotheus war die Gemeinde von Ephesus anvertraut worden und Titus die Gemeinde auf Kreta.

Weil Timotheus ein junger Mann war, könnten wir erwarten, in den Briefen des Apostels an ihn wertvolle Anregungen für junge Christen zu finden, und mit dieser Erwartung werden wir nicht enttäuscht. Wir finden aber auch hilfreiche Hinweise für Menschen höheren Alters.

Es war eine Auszeichnung für den jungen Timotheus, mit einem Mann wie Paulus befreundet zu sein. Paulus hatte ihn gewonnen und nennt ihn seinen lieben und treuen Sohn in dem Herrn (1Kor 4,17). Als Timotheus noch ein Junge war, besuchte Paulus Lystra. Die Leute wollten ihm zuerst Anbetung erweisen, und später trachteten sie ihm nach dem Leben. Unter den Neubekehrten dieser Stadt befanden sich Eunike und ihr Sohn Timotheus.

Als Paulus auf seiner zweiten Missionsreise nach Lystra zurückkam, berief er Timotheus als Mitarbeiter. Nach langen Jahren der Ausbildung wurde Timotheus die bedeutende Gemeinde zu Ephesus anvertraut. Dies stellte den unerfahrenen jungen Mann vor ernste Probleme. Während Timotheus als Leiter der Gemeinde von Ephesus wirkte, schrieb ihm Paulus diese beiden Briefe als Belehrung und Weisung einmal für ihn selbst, zum anderen aber auch als Handbuch für alle christlichen Leiter durch die Jahrhunderte hindurch.

Paulus wies Timotheus an, mit falschen Lehrern streng zu verfahren, den Gottesdienst zu leiten, Mitarbeiter auszuwählen und mit allen Menschen in der Gemeinde zu arbeiten. Vor allem aber musste er ein Leben führen, das vorbildlich war. Timotheus hatte eine schwere Aufgabe.

Während seines Aufenthaltes in Ephesus konnte Paulus eine große Menschenmenge für Christus gewinnen. In den folgenden Jahren mehrte sich die Zahl der Bekehrten gewaltig. Innerhalb der folgenden 50 Jahre wandten sich so viele Menschen zu Christus, dass viele Heidentempel verlassen dastanden.

Bei Betrachtung der urchristlichen Zeit darf man nie vergessen, dass es noch keine Kirchengebäude gab. Die Christen hielten Versammlungen in ihren Häusern ab. Erst etwa 200 Jahre später, nachdem Konstantin der Christenverfolgung ein Ende gesetzt hatte, wurden Kirchen gebaut. Es gab Hunderte kleiner Gemeinden, deren jede ihren eigenen »Pastor« hatte. Diese Pastoren wurden »Älteste« genannt (Apg 20,17). In den Briefen an Timotheus heißen sie »Bischöfe« (3,1). Timotheus sollte unter diesen Gemeinde-

Lesevorschläge

Sonntag:	Kämpfe den guten Kampf	*1Tim 1,1-20*
Montag:	Fürbitte für alle Menschen	*1Tim 2,1-15*
Dienstag:	Die Kirchenleitung	*1Tim 3,1-16*
Mittwoch:	Der gute Diener Jesu Christi	*1Tim 4,1-16*
Donnerstag:	Die Aufgabe eines Pastors	*1Tim 5,1-25*
Freitag:	Anweisung an einen kirchlichen Amtsträger	*1Tim 6,1-21*
Samstag:	Das ganze Buch	*1Tim 1,1-6,21*

leitern wirken. Wir müssen bedenken, es gab noch keine Predigerseminare. Paulus musste seine Männer selbst ausbilden.

Eine Warnung vor falscher Lehre (1. Timotheus 1)

Paulus nennt Timotheus seinen »Sohn im Glauben«. Es ist offensichtlich, dass Paulus den jungen Mann zu Christus geführt hat. Er ist ein Beispiel für einen Menschen, der Christus schon als Kind angenommen hat, denn er war in einem Haus aufgewachsen, in dem Gottes Wort gelesen wurde.

Niemals war die Kirche von Irrlehrern frei. Sie sind schwer zu bekämpfen, weil sie ihre Lehren auf Teile des Wortes Gottes stützen und diese Teile für das Ganze ausgeben. Die Kirche benötigt Anweisungen für die grundlegenden Wahrheiten des Glaubens. Gegenüber der Lehre und den »Fabeln und endlosen Abstammungslisten« stellt Paulus »das herrliche Evangelium des heiligen Gottes«. Deswegen muss Timotheus sich gegen fremde Lehre sichern.

Paulus mahnt Timotheus, »den Glauben und ein gutes Gewissen« zu bewahren, denn das rettet die Menschen vor dem geistlichen Untergang. Der Apostel spricht offen von solchen, die ihren Glauben und das gute Gewissen weggeworfen und viel geistlichen Schaden angerichtet haben und somit für zwei Welten unbrauchbar geworden sind.

Die Gefahr der Inkonsequenz

Schon in jenem ersten Jahrhundert der Kirche musste Paulus seinen jungen Mitarbeiter Timotheus vor einer Irrlehre warnen, die der Irrlehre heutiger Tage sehr ähnlich ist. Paulus hatte, als er sieben Jahre zuvor die Gemeinde in Ephesus verließ, sie gewarnt, dass böse Wölfe in die Herde einbrechen würden (Apg 20,29-30). Nun waren sie mit aller Macht gekommen und schafften dem jungen Timotheus schwere Probleme.

Die Aufgabe, die Paulus Timotheus übertragen hatte, verlangte Reinheit nicht nur in der Lehre, sondern auch im Leben. Paulus wusste, dass ein Mensch ganz an das Wort Gottes glauben und doch ein Leben führen kann, das seiner Lehre gar nicht entspricht.

Paulus sagt, die beste Art, Irrlehren zu bekämpfen, besteht darin, nach den Grundsätzen der Bibel zu leben. Er wünscht, dass Timotheus ein Leben führt, das die Wahrheit, die er verkündigt, überzeugend darstellt. Timotheus wird ermahnt, den »guten Kampf des Glaubens zu kämpfen« (1,18).

Demütig erklärt Paulus: »Das ist gewisslich wahr und ein Wort, dass Christus Jesus in die Welt gekommen ist, die Sünder selig zu machen, unter denen ich der erste bin« (1,15).

Hier können wir einen Blick in die Seele des Menschen tun, der wohl mehr als alle anderen für Christus tat; er beugt seine Knie in dem Wissen um seine eigene Unwürdigkeit.

Die vierte Missionsreise des Paulus

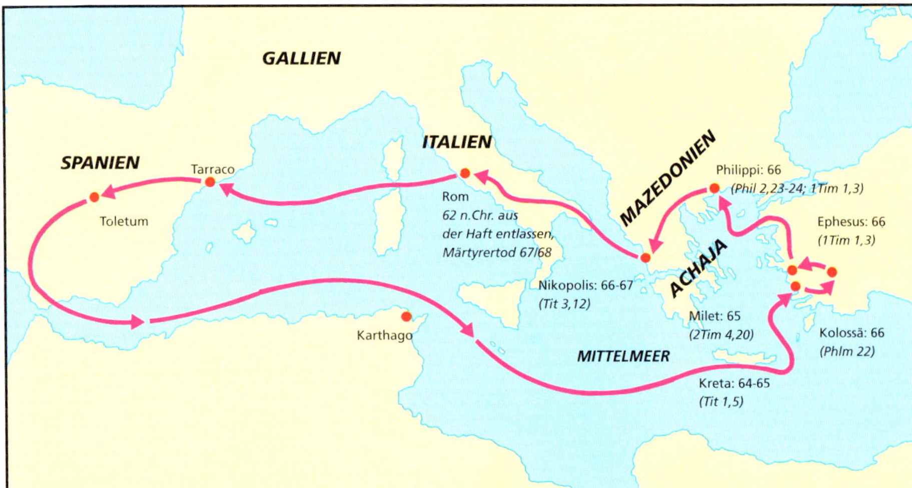

Möglicherweise ging Paulus noch auf eine vierte Missionsreise, auf der er den 1. Timotheus- und den Titusbrief schrieb.

Paulus erkannte nicht, wie sündig er war, bis er seinen Herrn und Heiland von Angesicht zu Angesicht sah. Er wusste, dass seine wunderbare Bekehrung ein Beispiel dafür war, dass Gott den größten Sünder retten und gebrauchen kann (1,2-15).

Anweisungen für die Kirche (1. Timotheus 2-3)

Die Kirche hat eine große Berufung. Wir sind nicht nur dazu aufgerufen, Menschen dazu zu bewegen, sich zu Gott zu kehren, sondern auch mit Gott über die Menschen zu reden. Wir lesen, was Paulus schreibt: »So ermahne ich nun, dass man vor allen Dingen tue Bitte, Gebet, Fürbitte und Danksagung für alle Menschen, für die Könige und für alle Obrigkeit ...« (2,1-2). Er sagt, dass man für die Herrschenden beten sollte. Es ist gut, sich dabei daran zu erinnern, dass zu dieser Zeit Nero Kaiser von Rom war. Unter diesem Gewaltherrscher war Paulus ins Gefängnis geworfen worden und wusste, dass er bald hingerichtet werden würde.

Auch für schlechte Herrscher soll man also beten, »damit wir ein ruhiges und stilles Leben führen können in aller Frömmigkeit und Ehrbarkeit« (2,2).

Bei unseren Gebeten sollen wir daran denken, dass Gott »will, dass allen Menschen geholfen werde und sie zur Erkenntnis der Wahrheit kommen. Denn es ist ein Gott und ein Mittler zwischen Gott und den Menschen, nämlich der Mensch Christus Jesus« (2,4-5). Paulus sagt ganz klar, dass Christen direkt vor Gott treten dürfen, wenn sie Fürbitte tun. Wir brauchen dazu keine weiteren Personen oder Mächte als Vermittler. Jesus Christus steht selber in Gottes Gegenwart und tritt für uns ein.

Schließlich sollen alle Betenden ordentliches Verhalten und reine Gesinnung zeigen (2,8-10). Wir wollen »heilige Hände« aufheben, wenn wir beten. Das bedeutet, dass wir unser Leben nicht mit wertlosen Vergnügungen oder unnötigen Dingen verschwenden, sondern mit einem gereinigten Herzen vor den Herrn treten (1Joh 1,9).

Kirchliche Amtsträger

Paulus beschreibt die Leute, die wirklich fähig sind, die Gemeinden zu leiten. Wenn die Kirche ihren Auftrag zur Verkündigung des Evangeliums und zur Fürbitte für alle Menschen richtig erfüllen soll, dann muss sie sorgfältig geleitet werden und den wahren Grund ihrer Existenz kennen. Zwei kirchliche Ämter werden beschrieben: das Bischofs- und das Diakonenamt.

Nachdem Paulus die Bedeutung des Bischofs- oder Pastorenamtes klargemacht hat, nennt er die Eigenschaften, die ein Pastor haben soll. Wir sehen, dass es sich um einen beherrschten, ausgeglichenen Mann handeln muss (1Tim 3,1-11).

Wir stellen fest, dass Pastor zu sein einen tadellosen Charakter erfordert, dass der Pastor nur eine Frau haben darf, dass er nicht streitsüchtig und nicht geldgierig sein darf. Er muss ein guter Lehrer sein und seine Kinder gut erziehen. Es soll kein Neubekehrter sein, denn ein schneller Aufstieg steigt leicht zu Kopf. In seiner Umgebung muss er gutes Ansehen genießen. Er muss verstehen, die Gemeinde richtig zu lenken. Gute Pastoren bringen ihre Gemeinde voran.

Diakone müssen dieselben sittlichen Voraussetzungen erfüllen wie die Ältesten oder die Pastoren. Ihr Amt ist nicht niedriger anzusehen, sondern lediglich anders geartet. Beide Ämter sollen einander ergänzen. Ein Diakon muss ebenso sorgfältig ausgewählt werden.

Die Kirche

Paulus gibt uns eine Beschreibung der Gemeinde und ihres Zieles. Er sagt uns, wie wir »wandeln sollen in dem Hause Gottes, welches ist die Gemeinde des lebendigen Gottes, ein Pfeiler und eine Grundfeste der Wahrheit« (3,15). Die Gemeinde hält den Menschen die ganze Wahrheit vor Augen. Sie ist die einzige Einrichtung auf der Erde, der Christus die Verkündigung des Evangeliums anvertraut hat.

Anweisungen für den Hirten
(1. Timotheus 4-6)

Paulus sagt zu seinem Mitarbeiter Timotheus: In diesen letzten Tagen werden viele vom Glauben abfallen und sich anderen Lehren hingeben. Sie werden dir erzählen, dass du nicht heiraten darfst, wenn du heilig sein willst, und dass du aus demselben Grund bestimmte Fleischsorten nicht essen darfst. Aber wir sollen keinen Bann auf das legen, was Gott uns zur Nahrung gegeben hat. Für bloße menschliche Meinungen sollten wir taube Ohren haben, so viele Ge- und Verbote sie auch bringen mögen.

Führe ein frommes Leben. »Die Gottesfurcht ist zu allen Dingen nütze« (4,8).

Paulus sagt seinem jungen Mitarbeiter und allen denjenigen, die Pastor werden wollen: »Lasst euch nicht von dem fleischlichen Denken gefangen nehmen, wie ihr für euren Körper Lust gewinnen könnt.« Der Körper muss ernährt, bekleidet und erhalten und zufriedengestellt werden. »Die leibliche Übung ist wenig nütze«, schreibt Paulus, »aber die Gottesfurcht ist zu allen Dingen nütze und hat die Verheißung dieses und des zukünftigen Lebens.«

Wir sollen in Wort und Tat, unserer Liebe, unserem Glauben und unserer Reinheit ein Vorbild sein. Wir sollen als überzeugte und engagierte Christen leben und uns Achtung verschaffen. Um das tun zu können, müssen wir dem Bibellesen und der Verkündigung alle Aufmerksamkeit widmen. Das beste Mittel gegen Irrlehren ist das stete Wiederholen der einfachen Wahrheiten des Evangeliums.

Es ist höchst wichtig, wie ein Pastor seine Gemeinde führt. Mit jedem Einzelnen muss er klug und gerecht verfahren. Für die Witwen muss gesorgt werden. Die Alten müssen geehrt und unterstützt werden; aber man muss auch tadeln, manchmal sogar in aller Öffentlichkeit, wenn man jemanden für schuldig befunden hat, damit andere gewarnt werden.

Mit anderen Worten: Die Sünde kann man in der Kirche niemals unter den Tisch fallen lassen, egal, wer schuldig geworden ist.

Paulus denkt auch an die christlichen Sklaven. Auch sie müssen unterwiesen werden. Diejenigen unter ihnen, die ungläubigen Herren dienen, sollen ihren Dienst zu einem Zeugnis für den Ungläubigen werden lassen. Solche unter ihnen, die christlichen Herren dienen, sollten aus ihrer geistlichen Beziehung keine Vorteile herausschlagen. Die Liebe sollte uns nur immer besser dienen lassen.

»Kämpfe den guten Kampf des Glaubens« (6,12). In das christliche Leben kann man nicht leichten Fußes hineinspazieren. Wir werden nicht auf bequemen Blumenbetten in den Himmel getragen. Wenn wir Sieger werden wollen, müssen wir kämpfen. Aber es ist ein »guter Kampf«.

41.

Der zweite Timotheusbrief

»Leide mit als ein guter Streiter Jesu Christi« (2,3). Sei Christus und seinem Wort treu!

Im 1. Timotheusbrief betont Paulus die Wichtigkeit eines richtigen Evangeliums, im 2. Timotheusbrief die eines rechten Lebens.

Im 1. Timotheusbrief schreibt Paulus: »Hütet die Lehre, die eure Botschaft von Gott ist.« Im 2. Timotheusbrief schreibt Paulus: »Hütet das Zeugnis, welches euer Leben von Gott ist.«

Paulus in Gefangenschaft

Nachdem Paulus seinen ersten Brief an Timotheus geschrieben hatte, wurde er wieder in Griechenland oder Kleinasien gefangengenommen und kam nach Rom zurück, diesmal als »Verbrecher« (2,9). Während er in seinem Gefängnis in Rom auf die »Zeit seines Heimgangs« wartete, schrieb er diesen letzten Brief an seinen geliebten Sohn in Christus, Timotheus. Seine Gefangennahme ereignete sich offenbar so plötzlich und so unerwartet, dass er keine Zeit hatte, seine wertvollen Bücher und Pergamentrollen mitzubringen, ja selbst seine warme Decke fehlte ihm (4,13).

Diese zweite Gefangenschaft unterschied sich erheblich von der ersten. Damals mietete man ihm ein eigenes Haus; nun saß er im Gefängnis. Beim ersten Mal war er der Mittelpunkt eines großen Freundeskreises, ein Mensch, zu dem alle Zugang hatten; jetzt aber ist er allein (4,10-12). Vorher hatte er auf Befreiung gehofft; nun erwartet er seinen Tod (4,6). Paulus hatte schon vor Kaiser Nero gestanden, aber seine Angelegenheit war verschoben worden (4,16-17). Er erwartete, im Winter noch einmal vor den Kaiser gestellt zu werden und schrieb Timotheus deshalb mit aller Dringlichkeit, sofort

Lesevorschläge

Sonntag:	Erwecke deine Gabe	*2Tim 1,1-9*
Montag:	Halte fest an der Wahrheit	*2Tim 1,10-18*
Dienstag:	Ertrage die Härten wie ein Soldat	*2Tim 2,1-15*
Mittwoch:	Folge der Gerechtigkeit	*2Tim 2,16-26*
Donnerstag:	Mache dich mit der Heiligen Schrift vertraut	*2Tim 3,1-17*
Freitag:	Sei treu bis an das Ende	*2Tim 4,1-22*
Samstag:	Nimm die Krone hin	*1Kor 9,25; 2Tim 4,8; Jak 1,12; 1Petr 5,4; Offb 2,10; 3,11*

gemeinsam mit Marlus zu kommen. Er bat ihn darum, die zurückgelassenen Dinge mitzubringen (4,9.11.13.21). Weil der Apostel nicht sicher war, ob Timotheus noch vor seinem Tod zu ihm kommen konnte, wollte er ihm noch letzte Ermahnungen und Tröstungen geben.

Man muss sich vor Augen halten, dass dies das letzte Schreiben des Paulus ist! Dieser Brief ist sehr persönlich. Er erwähnt 23 einzelne Menschen. Obwohl er allein war und dem Tod ins Auge blickte, vergaß er sich selbst, indem er an andere dachte.

Das Zuhause (2. Timotheus 1)

Timotheus hatte ein vorbildliches christliches Elternhaus. Paulus erwähnt seine Mutter Eunike und seine Großmutter Lois und empfiehlt sie ihm, die ihn schon von früh auf zur Frömmigkeit erzogen haben (3,15).

Timotheus wird als »Mann Gottes« angesprochen. Was heißt das? Frömmigkeit entsteht aus dem Hören auf das Wort und dem Gebet, in dem Gott zu uns spricht und wir zu Gott sprechen. Zur Männlichkeit gehört ein aufrechter Geist, ein liebevolles Herz und ein gerechtes Leben. Männlichkeit kommt aus wahrer Frömmigkeit. Die Gnade Gottes macht einen Mann fromm, und dann macht sie ihn männlich.

Nun, da Paulus dabei ist, die Kirche, die er gegründet hatte, zu verlassen, ist er um ihre Zukunft besorgt. Timotheus, nun vielleicht 35 Jahre alt, muss vor allen Dingen eine Lehre betonen, die wahr und gesund ist, denn es gab damals genug Feinde, die schon begonnen hatten, die Kirche zu zerstören.

Der Schlüsselvers ist 2Tim 1,13: »Halte dich an das Vorbild der heilsamen Worte, die du von mir gehört hast, im Glauben und in der Liebe in Christus Jesus.« Das Leben des Paulus war durch das fortwährende Bemühen geprägt, den kostbaren Schatz des christlichen Glaubens rein zu bewahren. Er wollte, dass er unbefleckt bleibe. Paulus lehrte, dass der Lebenswandel sich auf einen rechten Glauben gründen muss. »Wie ein Mensch denkt ... so ist er.« Falsches Denken hat falsches Handeln zur Folge.

Setze deine Begabung ein!

Timotheus hatte eine der Geistesgaben, wie sie zum Beispiel in 1Kor 12 erwähnt werden. Es scheint, als habe er sie nicht hinreichend angewandt. Im ersten Brief (4,14) schrieb Paulus: »Lass nicht außer Acht die Gabe in dir«, und im zweiten Brief schreibt er (1,6): Erwecke »die Gabe Gottes, die in dir ist durch die Auflegung meiner Hände.« Bedenken wir doch: Jeder von uns hat irgendeine Begabung. Sicher, manche haben fünf Talente, andere zwei und wieder andere nur eines. Aber wir sollten die Gabe, die wir haben, erwecken.

Fern von zu Hause (2. Timotheus 2)

Paulus schreibt, als ein treuer Diener solle Timotheus die Wahrheiten, die er von ihm gelernt habe, zuverlässigen Menschen anvertrauen, die ihrerseits wieder andere lehren werden. Als ein tapferer Kämpfer Christi soll er auch Schwierigkeiten aushalten. Ein Soldat gibt sich nicht mit Privatangelegenheiten ab, sondern steht unter dem Befehl seines Offiziers. Er verlässt seinen Beruf und seine Freunde, um im Heer zu dienen. Das sollte auch unsere Haltung sein. Auch ein Sportler muss das beachten, wenn er siegen will. Wie der Bauer der Erste sein wird, der die Frucht seiner Ernte genießt, so wird es auch uns ergehen.

Wir sollten geschäftliche Verbindungen meiden, die uns davon abhalten, auf die beste Art und Weise Gott zu dienen. Wir sollten auch auf der Hut sein, dass nicht die Verlockungen des Lebens und das allgemeine Vergnügen uns die Bequemlichkeit allzusehr lieben lassen.

Timotheus wurde von Paulus nach Ephesus geschickt, und man nimmt an, dass er Leiter der dortigen Gemeinde wurde.

Unsere Nöte sollen wir dabei nicht nur hinnehmen, sondern sie männlich und mit tapferem Herzen ertragen.

Als rechtschaffener Mensch musste Paulus das schwerste Leiden ertragen. Er wurde vor Gericht angeklagt und in Ketten gelegt. Aber er freute sich über alle Leiden, solange nur das Evangelium nicht in Ketten gelegt wurde. Er erinnert Timotheus daran, dass er einem lebendigen Christus dient. »Halte im Gedächtnis Jesus Christus ... der von den Toten erstanden ist nach meinem Evangelium«, schreibt er.

Obwohl sein Körper gefesselt war, lebte sein Geist in »der Herrlichkeit der Ewigkeit«. Paulus mahnte die Leute eindringlich, sich aus törichten Auseinandersetzungen herauszuhalten, denn diese führen nur zu Streitigkeiten, und ein Christ soll nicht streiten (2,24).

Gott gibt uns einen »sicheren Grund«, auf den wir unser Leben bauen können (2,19). »Er steht fest«, denn dieser Grund ist der Fels Christus. Im christlichen Glauben sind wir Gottes Kinder, und er kennt jeden von uns. Er ruft uns beim Namen.

Wir sollen uns auch darum bemühen, demütig zu sein. Wir sollen die Menschen nicht durch hartes Urteil von uns abstoßen, sondern sie durch Liebe zu Christus ziehen.

Wenn der Kampf beginnt
(2 Timotheus 3)

Wenn unser Glaube angegriffen wird, sollen wir fest und beständig sein. Bei allem, was wir tun, sollten wir das Wort hochhalten, das das Schwert des Geistes ist.

Es gibt nur einen Weg, sich gegen die Sünden unserer Zeit erfolgreich zu wehren: das Wort Gottes (V. 14-17). Auch Jesus besiegte den Versucher mit dieser Waffe. Und Tausende Christen haben bezeugt: »Ich war unglücklich und zerbrochen. Ich fand keinen Sinn mehr in meinem Leben, bis ich Gott durch sein Wort zu mir reden hörte, und nun kenne ich Jesus Christus.«

Das Wort Gottes allein kann in dieser (wie in jeder anderen) Zeit die Kirche bewahren.

Ein Lasterkatalog
(2. Timotheus 3,1-5)

Paulus zählt hier die Charaktereigenschaften von Menschen auf, die sich selbst mehr lieben als Gott.

Habgier – die Menschen machen alles, um das zu bekommen, was sie wollen.

Stolz und Ruhmsucht – Überheblichkeit erfüllt das menschliche Herz.

Gotteslästerer – Menschen, die Gottes Namen missbrauchen.

den Eltern ungehorsam – Respektlosigkeit in der Familie.

undankbar – keine Dankbarkeit, sondern alles wird selbstverständlich hingenommen.

unheilig – die Menschen kümmern sich weder um Gott noch um ihre Mitmenschen.

ohne natürliche Liebe – Mütter bringen ihre eigenen Kinder ums Leben; Scheidung ist an der Tagesordnung.

wortbrüchig – Versprechen bedeuten nichts mehr.

vergnügungssüchtig – das einzige Ziel ist, »Spaß zu haben«.

äußere Frömmigkeit, aber keine innere Kraft – es gibt nur eine Quelle der Kraft, und das ist das Evangelium von Jesus Christus.

Wenn das Leben endet
(2. Timotheus 4)

Bis zum Tod durchzuhalten und auf eine harte und schwere Schlacht zurückzublicken und zu sagen: »Ich habe gesiegt!« – das heißt, gut gekämpft zu haben. Für Paulus waren die letzten Lebensstunden trotz aller Bedrückung voll innerer Freude. Sein guter Kampf war vollendet.

Er beschließt seinen Brief mit einem feierlichen Abschiedsauftrag an Timotheus vor Gott und Christus, der ihn richten und der bald erscheinen wird, um das Evangelium überall hin auszubreiten. »Predige das Wort; kaufe die Zeit aus«, denn eine Zeit naht heran, in der Menschen nicht mehr auf gesunde Lehren hören werden.

Die Abschiedsrede des Paulus

Womit können wir die Worte des Paulus vergleichen, die er aus dem Gefängnis an Timotheus, seinen treuen Sohn im Glauben, schrieb? Wir wollen uns den unermüdlichen Kämpfer für das Kreuz Christi vor Augen halten und hören ihn sprechen: »Ich habe den guten Kampf gekämpft, ich habe den Lauf vollendet, ich habe Glauben gehalten; hinfort liegt für mich bereit die Krone der Gerechtigkeit, die mir der Herr, der gerechte Richter, an jenem Tage geben wird, nicht aber mir allein, sondern auch allen, die seine Erscheinung liebhaben« (2Tim 4,7-8).

Es hat den Anschein, dass Paulus, seitdem Jesus seine Hand auf ihn gelegt hatte, ständig in der Arena kämpfte und im Stadion lief. Es hatte nur wenige Pausen gegeben. Während der ganzen Zeit war es ein anstrengendes Training und ein harter Kampf. Aber in seinem Herzen war Frieden. Seine Fragen waren beantwortet. Seine Sünden waren vergeben. Seine Wünsche waren erfüllt. Innerlich Frieden, nach außen der Kampf eines Wettkämpfers. Das ist wahres Christenleben.

Für Paulus liegt die Krone der Gerechtigkeit bereit, aber auch für uns ist sie da, »für alle, die seine Erscheinung lieben«. Auch wir, deren Erfolge so viel geringer sind als die des Paulus, dürfen doch mit Paulus in der gleichen Herrlichkeit leben.

Die letzten Verse dieses Briefes geben uns einen kleinen Einblick in die Einsamkeit dieses großen Kämpfers und Streiters. Unter dem Druck der Verfolgung verließen ihn viele. »Aber der Herr stand mir bei und stärkte mich, dass durch mich die Verkündigung allen bekannt werde.« Das ist das Geheimnis seines Erfolges! Deshalb konnte er einen guten Kampf kämpfen und ihn auch beenden.

Ganz zum Schluss des Briefes kommen noch persönliche Mitteilungen. Keiner von Paulus' Gefährten auf seinen Missionsreisen – Titus, Tychikus, Trophimus – ist noch bei ihm. Einer ist krank, ein anderer, Demas, hat ihn verlassen. Bei seinem ersten Verhör (4,16) stand Paulus, wie Jesus, alleine da. Alle seine Freunde verließen ihn, und seine Feinde beeilten sich, daraus Kapital zu schlagen. Jetzt kommt der Winter, und er wünscht sich seine Bücher und Papiere sowie seinen warmen Mantel zurück. Nur Lukas und die Christen in Rom (4,21) sind noch in seiner Nähe, um ihn zu trösten. Es bleibt ihm die Hoffnung, dass Timotheus und Markus ihn noch rechtzeitig erreichen.

42.

Der Titusbrief und der Brief an Philemon

Der Titusbrief

In diesem Brief wird die Bedeutung guter Werke betont. Nicht dass wir durch gute Werke gerettet werden, sondern dass wir zu guten Werken gerettet werden. Gott selber hält sein Leitbild der Gemeinde, ihren Führern und Gliedern vor.

Der Titusbrief wurde von Paulus geschrieben. Titus war Bischof von Kreta und hatte ein schwieriges Amt (1,12-13).

Kreta war wahrscheinlich einer der ersten Orte, die das Evangelium zu hören bekamen. Als Petrus am Pfingsttag predigte, befanden sich auch Juden aus Kreta in der Menge (Apg 2,11). Aber die Botschaft fiel auf steinigen Boden. Die Kreter waren solch gewohnheitsmäßige Lügner (1,12), dass die Griechen ein besonderes Tätigkeitswort für »lügen« geprägt hatten – »kretisieren«. Und aus den Paulusbriefen wird deutlich, dass dies auch auf die Christen abfärbte.

Vor dem Wirken des Titus auf Kreta hatte Paulus Titus die problematische Aufgabe übertragen, die Meinungsverschiedenheiten in Korinth beizulegen und die zerstrittene und gespaltene Gemeinde wieder auf den richtigen Weg zu bringen. Der zweite Korintherbrief zeigt, wie erfolgreich Titus diese Aufgabe bewältigte.

Titus war Heide gewesen. Zweifellos gehörte er auch zu den Menschen, die Paulus in den frühen Jahren seiner apostolischen Wirksamkeit gewonnen hatte. Er war Begleiter des Paulus und Barnabas.

Als Paulus erfuhr, dass Apollos nach Kreta reisen wollte, nahm er die Gelegenheit wahr und sandte Titus einen Brief. Er bringt praktische Anweisungen für den jungen Mitarbeiter, für die Verwaltung der Gemeinde und gegenüber den Irrlehrern seiner Zeit. Er bittet Titus, zu ihm zu kommen und über den Zustand der Gemeinde auf der Insel zu berichten. Obwohl es sich hier um einen persönlichen Brief handelt, sollte er zweifellos auch in der Gemeinde verlesen werden.

Der Brief gleicht sehr dem 1. Timotheusbrief des Paulus und wurde wohl zur selben Zeit geschrieben; er befasst sich auch mit dem gleichen Thema.

Aufgaben für Leiter der Gemeinde (Titus 1)

Paulus stellt sich in diesem Brief als der »gebundene Sklave« des Herrn Jesus Christus und als sein Apostel vor. Er nannte sich gern selbst Sklave Christi. An einer anderen Stelle sagt er: »Christus, dem ich gehöre und dem ich diene.« Es ist eigentlich erniedrigend, ein Sklave zu sein, aber ein Sklave Jesu Christi zu sein, von ihm gekauft, das ist wunderbar! Es ist ein Sklavendienst aus Liebe. Der bekannte

Lesevorschläge

Sonntag: Kirchliche Ämter *Tit 1,1-9*

Montag: Feinde der Kirche *Tit 1,10-16*

Dienstag: Kirchlicher Einfluss *Tit 2,1-8*

Mittwoch: Kirchenordnung *Tit 2,9-15*

Donnerstag: Kirchliche Werke *Tit 3,1-15*

Freitag: Ein christlicher Ehrenmann *Phlm 1-7*

Samstag: Fürsprache eines Gefangenen *Phlm 8-25*

Der Apollotempel von Korinth in der Abenddämmerung. Paulus hatte Titus die schwierige Aufgabe gegeben, die Streitigkeiten in Korinth zu schlichten und die Gemeinde zu überzeugen, sich nicht zu spalten.

englische Prediger C. H. Spurgeon sagte einmal: »Im Wirkungsfeld der Gnade kann man unter Ketten sein und doch nicht gebunden. Ich lebe im Band der Ehe, aber ich fühle mich nicht gefesselt. Ganz im Gegenteil – es ist eine Freude, auf diese Weise gebunden zu sein.«

Eine Gemeinde wird aufgebaut

Paulus stellte Titus in Kreta vor eine schwierige Aufgabe. Er sollte alles in Ordnung bringen und in jeder Stadt Älteste einsetzen (1,5).

Nur Männer mit einem tadellosen Charakter sollen in Erwägung gezogen werden. Ein Amtsträger muss in seinem häuslichen Leben tadellos sein (1,6), tadellos auch in seinem persönlichen Leben (1,7-8) und dem Wort Gottes treu ergeben (1,9). Wie benehmen wir uns zu Hause? Das ist so oft der Prüfstein unseres christlichen Glaubens. Das christliche Haus, die christliche Familie ist überall die wichtigste Evangelisationszentrale. Ist das Zuhause christlich, dann ist die Gemeinde christlich. Deshalb wird den Bischöfen und Pastoren eingeschärft, den Leuten ein gutes Beispiel zu geben.

Der Bischof darf nur eine Frau haben, aber er wird nicht zur Ehe gezwungen. Andererseits wird er auch nicht gezwungen, unverheiratet zu bleiben, wie heute in der römisch-katholischen Kirche. Weil ein Pfarrer nach seinem Familienleben beurteilt wird, muss er seine eigenen Kinder gut erziehen, denn wer nicht sein eigenes Zuhause leiten kann, wird auch die Gemeinde Gottes nicht führen können (1Tim 3,5). Er muss ein Mann sein, der ethischen Mut und Mitgefühl besitzt. Er muss selbst ein guter Lehrer sein und andere durch sein Lehren ermutigen.

Die Gemeinden auf Kreta wurden durch fremde Lehrer in Verwirrung gebracht, die »ganze Häuser verkehren«, und das auch noch um des Geldes willen (1,11). In der frühen Kirche traf man sich ja in privaten Häusern. Paulus nennt diese Männer »abscheulich« und »ungehorsam« (1,16) und sagt, man müsse diese Irrlehren unterbinden.

Aufgaben für Gemeindeglieder (Titus 2-3)

Die Art, wie Christen leben, kann die christliche Botschaft unglaubwürdig, aber auch glaubwürdig machen. Paulus' Anweisungen werfen nicht gerade ein

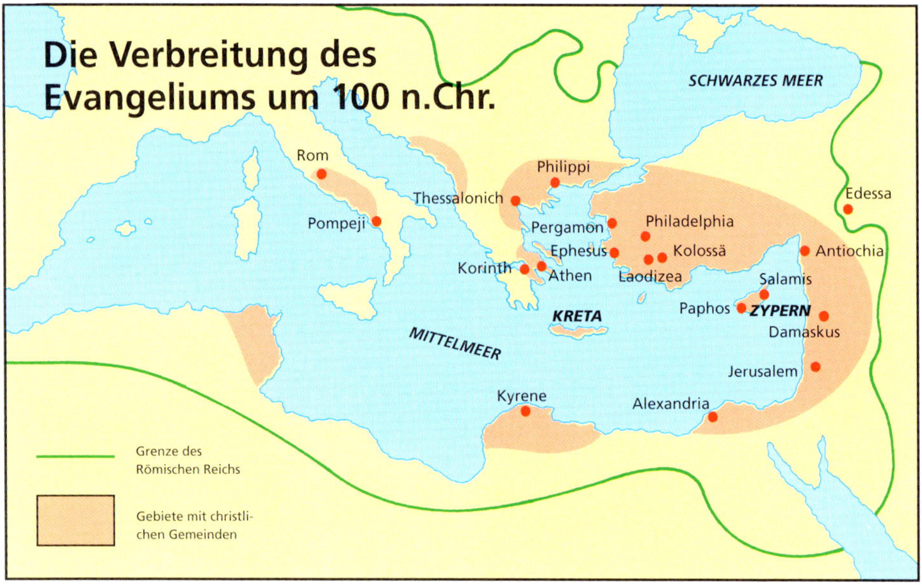

schmeichelhaftes Licht auf das Temperament der Kreter. Von Natur aus waren sie aggressiv und streitsüchtig, ohne Selbstbeherrschung und widerspenstig, außerdem schauten sie gerne zu tief ins Glas. Das christliche Leben aber fordert Disziplin, Gehorsam und Respekt.

Paulus glaubte, dass die christliche Lehre ihren Ausdruck im Leben finden muss, und deshalb gab er Titus Ermahnungen für Männer und Frauen (2,2-3), die Jugend (2,4-6) und die Sklaven (2,9-10).

Männer ... seid nüchtern, ehrbar, besonnen, gesund im Glauben, in der Liebe, in der Geduld.

Frauen ... dass sie sich halten, wie es den Heiligen ziemt (2,3), dass sie nicht Lästerinnen seien, nicht dem Wein ergeben, sondern Gutes lehren und gute Ehefrauen und Mütter werden.

Die Jugend ... soll sich in Selbstbeherrschung üben und vorbildlich leben.

Die Sklaven ... sollen ihren Herren gehorchen, fleißig und treu sein und über ihr Werk Rechenschaft ablegen; sie sollen nicht widersprechen und sollen nicht stehlen.

Tit 2,11-13 kann man zusammenfassen als ein *Leben mit einem großen »L«*.

Lass das alte Leben hinter dir zurück.

Lebe das neue Leben.

Lenke deinen Blick auf die herrliche Hoffnung der Erscheinung Christi .

Auf diese Weise können wir für die Lehre Gottes und Jesu Christi in allen Stücken eine Zierde sein (2,10). Wie wir ein schönes Bild einrahmen, um seine Schönheit herauszustellen und es auffallender zu machen, so sollen wir das Evangelium von Christus zieren und schöner machen. Ein König wird in königlicher Kleidung leichter als König erkannt als in normaler Kleidung.

Wie sehr liegt es an uns, ob wir das Evangelium verherrlichen oder schänden! Wir sollen uns in allen Dingen zum Vorbild guter Werke machen (2,7). Der Prüfstein für die Gemeinschaft ist nicht das Frömmigkeitsgefühl, sondern die Heiligkeit des Lebens. Gefühle können keine Lebensgrundlage bilden. Einige Menschen halten religiöse Gefühle fälschlicherweise für Heiligkeit und gute Gedanken für einen guten Lebenswandel.

So treu sollten wir in unserer ganzen Lebenseinstellung und Lebensverantwortung sein, dass die Kritiker unseres Glaubens zum Schweigen gebracht werden (2,8). Wir sollten so leben, dass andere sagen müssen: »Wenn Christus das für einen tun kann, dann muss etwas dran sein am Christsein.«

Wir werden nicht *durch* gute Werke gerettet, aber wir werden *zu* guten Werken gerettet. Paulus schreibt, dass wir durch Jesu Gnade gerettet (3,5) und durch seine Gnade gerechtfertigt werden (3,7). Weil wir aber um solch einen Preis erlöst worden sind, sollten wir das durch »gute Werke« zeigen.

Paulus mahnt die Bürger des himmlischen Königreiches, gute Bürger des Landes zu sein, unter dessen Fahne sie leben. Jeder Christ sollte den staatlichen Gewalten untertan sein (3,1-2; Röm 13,17; 1Petr 2,13-17), solange sie seinen Glauben respektieren (Apg 5,29).

Man sollte gar nichts über einen anderen Menschen sagen, wenn man nicht etwas Gutes über ihn sagen kann – das ist eine Ermahnung, der zu folgen sich lohnt. Paulus sagte schon vor langer Zeit: »Redet von keinem Menschen Böses.« Seid nicht streitsüchtig! In eurem Umgang mit anderen zeigt einen sanften Geist! Es ist gut, dass wir uns daran erinnern, dass »wir selber auch manchmal töricht waren«. Wir haben alle Fehler, die wir an anderen hassen. Es ist gut, sich daran zu erinnern, dass die Dinge, die wir an anderen kritisieren, unsere eigenen Schwächen sein können.

Unfruchtbare Streitgespräche sollen vermieden werden. Sie führen zu nichts.

Am Ende des Titusbriefes schreibt Paulus: Wenn seine »Ablösung« eintrifft, soll Titus in Nikopolis an der Westküste Griechenlands zu Paulus stoßen. Tychikus gehört ebenfalls zum engen Kreis der Missionare um Paulus (Eph 6,21 u.a.). Zenas und Apollos (siehe Apg 18,24-28) überbrachten Titus möglicherweise Paulus' Brief.

Der Philemonbrief

In diesem Brief steht die christliche Liebe und Vergebungsbereitschaft an erster Stelle. Er zeigt die Macht des Evangeliums an einem davongelaufenen Dieb und Sklaven, der für den Glauben gewonnen wird und das Herz seines Herrn umwandelt. Das ist ein Buch über »angewandtes Christentum«, ein Handbuch für den sozialen Dienst.

Es ist ein persönlicher Brief des Paulus an Philemon. Es sind nur 25 Verse, aber sie enthalten so viel Menschliches, dass diese Schrift als kleines Juwel bezeichnet werden kann.

Höflichkeit und Taktgefühl im Brief des Paulus fallen auf. Auch Briefschreiben kann ein Dienst für Gott sein. Menschen, denen es schwer fällt, vor anderen über Christus zu sprechen, können über ihn schreiben. Ein Brief vergeht nicht wie das gesprochene Wort, man kann ihn immer wieder lesen und überdenken. Bedenken wir doch: Alles, was uns über das Wirken des Paulus überliefert ist, verdanken wir hauptsächlich seinen Briefen.

In diesem Brief tritt Paulus bei Philemon (der ein angesehenes Gemeindeglied in Kolossä war) für einen entlaufenen Sklaven namens Onesimus ein, der seinen Herrn bestohlen hatte und nach Rom geflohen war. Dort war er dem Apostel Paulus begegnet und hatte Christus als seinen Erlöser gefunden. Durch seinen treuen Dienst lernte der Apostel ihn schätzen. Paulus wusste, dass er nach dem Gesetz Sklave des Philemon war, und konnte also nicht daran denken, ihn auf die Dauer zu halten. Deshalb schickt er ihn zurück und bittet Philemon, ihn wieder aufzunehmen.

Paulus trägt persönlich die Verantwortung für die Schulden, die Onesimus gemacht hat und bittet darum, sie ihm (Paulus) anzurechnen. Er wollte den entlaufenen Sklaven vor der schweren und grausamen Bestrafung retten, die er nach römischem Gesetz erwarten musste.

Paulus spürt, dass der Sklave seinem zornigen Herrn nicht allein begegnen darf.

Dieser Brief befasst sich mit dem Problem der Sklaverei. Paulus fordert nicht die Abschaffung der Sklaverei, zeigt aber, dass Sklaverei nie die Frucht des Christentums sein kann.

Onesimus war nur einer von unzähligen Sklaven. Im Jahre 300 v.Chr. besaßen 21 000 Bürger Athens vierhunderttausend Sklaven. Während des römischen Weltreiches und zu der Zeit, als dieser Brief geschrieben wurde, verhielt es sich mit diesen Zahlen nicht viel anders. Römische Herren besaßen 10 bis 200, ja bis zu 1000 oder mehr Sklaven, die keine persönlichen Freiheitsrechte hatten.

Paulus' Fürsprache für Onesimus (Philemon 1,25)

Dies ist ein Brief des älter gewordenen Paulus (V. 9). Er war nun etwa 60 Jahre alt und wandte sich als Gefangener an seinen Freund Philemon.

Paulus spricht von sich selber als von einem Gefangenen und nicht, wie im Kolosserbrief, mit der Autorität eines Apostels. Er schreibt als ein Freund an einen Freund. Er sagt: »Unser lieber Bruder und Mitarbeiter.« Das sagt er nicht nur, um seinem Freund zu schmeicheln, sondern weil er immer das Gute an anderen sieht.

Dieser Brief wurde zu einem Mann und seiner Frau, wahrscheinlich auch seinem Sohn in Kolossä geschickt. Eine kleine christliche Versammlung fand in ihrem Hause statt. Paulus gibt uns ein schönes Bild eines christlichen Heimes in der Zeit der frühen Gemeinde. Zweifellos versammelten sich dort auch andere Gläubige aus Kolossä zum Gottesdienst.

Paulus beginnt seine Briefe immer mit einem Lob (außer beim Galaterbrief). Er spricht von Liebe und Glauben und von der Freude, die er in der Gemeinschaft hat. Obwohl er von seinem Freund Philemon getrennt war, hatte die liebende Hilfe dieses Mannes anderen gegenüber Paulus fern im Gefängnis in Rom gut getan. Er betet für Philemon.

Paulus war ein großer Kenner des menschlichen Wesens. Das Bild, das er von sich selber zeichnet als ein gebeugter und geschlagener »Gefangener Jesu Christi« (Vers 9) erschließt eine Quelle des Mitgefühls im Herzen des Philemon. Onesimus, dessen Name auf deutsch »nützlich« bedeutet, hatte seinen Meister bestohlen und war ihm davongelaufen. Irgendwie war er zu der kleinen Christenschar gekommen, die sich um Paulus versammelte, und hatte sich bekehrt. Mit diesem freundlichen, persönlichen Brief schickt Paulus den jungen Mann zu seinem Herrn zurück. Es macht ihm Spaß, mit dem Namen dieses Mannes ein Wortspiel zu treiben. Der »unnütze« Sklave wird nun wieder »nützlich« sein. Christus macht einen Menschen für andere nützlich.

Paulus fällt nicht mit der Tür ins Haus. Er ahnt, dass es Ärger geben wird, und legt viel Taktgefühl an den Tag.

Wie Paulus mit Onesimus verfuhr, ist ein Beispiel für das Handeln des Herrn mit dem Sünder. Paulus verharmlost die Sünde nicht, aber er bittet um Verzeihung für den Sünder auf Grund seiner eigenen Verdienste in den Augen Philemons, seines Freundes. Ja, mehr als das: Er macht sich selbst persönlich verantwortlich für die Schulden des Onesimus. »Lass das mir zu Buche schlagen.« Das ist die Botschaft des Evangeliums. Denn Christus trug unsere Sünden an seinem eigenen Leib auf das Kreuz. Eben das tut Christus – den Platz des Sünders einnehmen.

Soziale Probleme werden gelöst

Das Geheimnis der Lösung des Hauptproblems liegt in der Liebe Christi, wie sie zweifellos zwischen Philemon und Onesimus nach dessen Rückkehr bestanden hat.

Die Akropolis in Athen. Onesimus war nur einer von unzähligen Sklaven, die einer Handvoll von Sklavenbesitzern gehörten. Im Jahr 300 v.Chr besaßen 21.000 athenische Bürger 400.000 Sklaven.

Dieser Brief gibt uns eine klare Weisung für die Haltung des Christentums gegenüber der sozialen Organisation der Welt. Thema des Briefes ist die Sklaverei, die damals weit verbreitet war. Wenn Sklaverei schlecht ist, warum sagte Paulus das nicht, statt sie in seinem Brief an den Eigentümer des entlaufenen Sklaven anscheinend noch zu legitimieren? Wenn Paulus die Sklaverei ganz verboten hätte, dann hätte er die damalige Gesellschaftsordnung zerstört. Stattdessen verkündet er Anschauungen, die mit Sicherheit die Sklaverei untergraben und das auch zu ihrer Zeit taten. Bruderschaft in Christus ist mehr als Emanzipation. Das Christentum befreit nicht nur die Sklaven, sondern lehrt sie, dass sie und ihre Herren in Christus eins sind.

Hat die Christenheit die Sklaverei schon aus der Welt verbannt? Die Sklaverei ist überall dort verschwunden, wo die brüderliche Liebe Christi sich verbreiten konnte. Aber es gibt immer noch Sklaverei. Bisweilen wird sie mit anderen Namen getarnt, aber überall, wo menschliches Leben verkauft und erzwungene Arbeit ausgeführt wird, existiert sie. Die Menschen müssen ganz umdenken, wenn sie die Sklaverei bannen wollen. Christus kam, um die Menschen zu verwandeln; er befreit uns von der Sklaverei der Sünde und sendet uns aus, jegliche Sklaverei zu überwinden.

Paulus diktierte diesen Brief wahrscheinlichTimotheus oder Tychikus, aber dann nahm er selbst Stift oder Federkiel und schrieb mit eigener Hand: »Ich, Paulus, schreibe das mit meiner Hand; ich will's bezahlen. Ich schweige davon, dass du dich selbst mir schuldig bist.«

Wie hat Philemon wohl auf diesen Brief reagiert? Philemon stand unter beträchtlichem Druck, der Aufforderung des Paulus nachzukommen: In Vers 8 erklärt Paulus, dass er ihm einfach befehlen könnte, seine Pflicht zu tun, er ihn aber lieber auf der Grundlage der Liebe darum bitten möchte.

Wie er sich selbst als alten Mann und Gefangenen schildert, rührt das Herz. Es läuft darauf hinaus, dass er Philemon darum bittet, Onesimus freizulassen und zu ihm zurückzuschicken, zum Teil als Gegenleistung für Dienste, die er Philemon erwiesen hatte.

Paulus macht sich die Konventionen seiner Zeit zu Nutze: Wer ein Geschenk macht, darf ein Gegengeschenk erwarten. Daher sein Appell: Philemon verdankt Paulus sein Leben als Christ.

Zusätzlicher Druck entsteht dadurch, dass der Brief der Gemeinde in seinem Haus vorgelesen werden soll. Aber Paulus ist zuversichtlich, dass Philemon damit einverstanden ist.

Die allgemeinen (katholischen) Briefe des Neuen Testaments

Hebräer • Jakobus • 1. Petrus • 2. Petrus
1., 2. und 3. Johannes • Judas

43.

Der Hebräerbrief

Christen haben es besser – besser in jeder Beziehung. Das Schlüsselwort zum Hebräerbrief ist »besser«. Es kommt 13-mal vor.

Der Verfasser dieses Briefes ist uns unbekannt. Man hat viele Überlegungen angestellt, aber es gibt keine Gewissheit hinsichtlich der Autorenschaft. Der Hebräerbrief wird nicht selten dem Apostel Paulus zugeschrieben, und wenn auch viele diese Verfasserschaft in Frage stellen, gibt es doch auch manche Gründe, die dafür sprechen.

Man hat dieses Buch auch gelegentlich das »fünfte Evangelium« genannt. Die vier Evangelien beschreiben Christi Wirken auf Erden; dieses beschreibt sein Wirken im Himmel zur Rechten Gottes.

In diesem Brief wird die Herrlichkeit Jesu Christi gezeigt. Unser Auge richtet sich auf Jesus, »den Anfänger und Vollender unseres Glaubens« (12,2). Er steht vor uns, »gekrönt mit Preis und Ehre« im Himmel (2,9).

Ein orthodoxer Jude in Jerusalem. Der Hebräerbrief richtet sich vor allem an Judenchristen, möglicherweise in Jerusalem, die sich ihres Glaubens nicht mehr sicher waren.

Der Brief war in erster Linie an Judenchristen, wahrscheinlich aus Jerusalem, geschrieben worden, die in ihrem Glauben schwankend geworden waren. Unter dem Druck des Hohns und Spotts ihrer Verfolger waren die Judenchristen geneigt zu glauben, sie hätten dadurch, dass sie den christlichen Glauben angenommen hatten, alles verloren – Altar, Priester und Opfer. Der Verfasser zeigt ihnen, dass sie nur den Schatten dessen verloren, was in Wirklichkeit in Jesus Christus in Erscheinung trat. Sie unterschätzten ihre Vorrechte in Christus und waren in der Gefahr, ihren Glauben überhaupt aufzugeben (5,11-12). Sie hatten gut angefangen (6,10), aber keine Fortschritte gemacht (6,11).

Der Verfasser versucht, seine Leser von der Grundeinsicht des christlichen Glaubens zu einer reifen, vollen Erkenntnis zu führen. Er ermahnt sie, treu zu bleiben. Er zeigt ihnen die Überlegenheit des christlichen Glaubens gegenüber dem jüdischen und möchte, dass sie nicht wieder in die jüdischen Riten und Zeremonien zurückfallen. Alles sollen sie – so beschwört er sie – loslassen, damit sie an dem Glauben und der Hoffnung des Evangeliums festhalten können.

Dieser Brief ist aber auch eine höchst aktuelle Warnung und ein Wort des Trostes für alle, besonders in unserer Zeit, in der so viele Menschen so wenig Information über den christlichen Glauben haben und geneigt sind, sich durch selbst gemachte Götter verführen zu lassen.

Lesevorschläge

Sonntag:	Christus steht über den Propheten und Engeln *Hebr 1,1-14*
Montag:	Christus ist Mose überlegen *Hebr 3,1-19*
Dienstag:	Christus ist Aaron überlegen *Hebr 5,1-14*
Mittwoch:	Christi höherer Bund *Hebr 8,1-13*
Donnerstag:	Christi höhere Sühne *Hebr 10,1-25*
Freitag:	Christi höheres Glaubensleben *Hebr 11,1-40*
Samstag:	Christi höhere Gaben *Hebr 12,1-13,25*

Im Umgang mit den entmutigten Judenchristen beweist der Hebräerbrief ein besonders hohes Maß an Verständnis. Der Verfasser zählt all das auf, was wir in Christus haben.

Wie oft fahren wir, wenn wir zum ersten Mal auf einer neuen Straße fahren, geradeaus und versuchen schon vorher herauszubekommen, wo sie hinführen und auf welche Schwierigkeiten man wohl stoßen wird. Kommt man aber auf derselben Straße zurück, dann blickt man sich um und es kommt einem alles schon viel vertrauter vor. Dasselbe sollte man bei dem Studium des Hebräerbriefes tun. Wenn man ihn durchliest, sollte man nicht allzu ängstlich sein über Dinge, die man nicht sofort verstehen kann. Wenn man ihn dann noch einmal durchliest, entdeckt man viel Wichtiges.

Man könnte Monate mit der Lektüre des Hebräerbriefes verbringen. Beim ersten Lesen wird man, mehr als von allem anderen, von der einen Tatsache beeindruckt sein, dass Jesus Christus auf jeder Seite des Briefes das Wichtigste ist. Das trifft nicht für alle anderen Bücher des Neuen Testamentes zu. In der Apostelgeschichte spielen die Apostel, die Jünger, die Juden und Heiden eine große Rolle. Im Römerbrief zieht eine großartige Glaubenslehre unsere Aufmerksamkeit auf sich. In den anderen Briefen handelt es sich um Gemeindefragen, aber hier steht der Jesus selbst im Mittelpunkt.

Jesus Christus ist …	
größer als die Propheten	*1,1-3*
größer als die Engel	*1,4-2,18*
größer als Mose	*3,1-19*
größer als Josua	*4,1-16*
größer als Aaron	*5,1-10,18*

Der Verfasser stellt die eben erwähnten Vergleiche an, weil die mit Jesus verglichenen Personen im Judentum eine besondere Stellung hatten. Sie gehörten zu den Grundlagen ihres Glaubens, und man musste ihnen zeigen, dass ein Größerer gekommen war und ihren Platz eingenommen hatte.

Der Hebräerbrief zeigt uns, dass wir das Alte Testament nicht ohne das Neue noch das Neue ohne das Alte verstehen können.

Die Überlegenheit der Person Christi (Hebräer 1,1-4,13)

Nirgendwo wird die Gottheit und Menschheit Jesu Christi so stark betont wie in Hebr 1-2. Als unser großer Hoherpriester kann Christus all unsere Not verstehen, denn er ist der vollkommene Mensch. Er hat »Mitleid mit unserer Schwachheit«. Er kann alle unsere Not stillen, denn er ist wahrer Gott. Er ist allmächtig.

Der erste Satz des Hebräerbriefes (1,1-4) ist einer der großartigsten Sätze der Bibel. Er steht in einer Reihe mit den Anfangsworten des 1. Buches Mose und des Johannesevangeliums. Hier wird Jesus, seine Gottheit, seine Herrlichkeit, sein Schöpfertum, er als der Erbe aller Dinge und allen Dingen überlegen und als der Retter dargestellt.

Zwei große Wahrheiten gelten als sicher – die Existenz Gottes und die Tatsache seiner Offenbarung dem Menschen gegenüber. Er offenbarte sich »vorzeiten ... durch die Propheten ... in diesen letzten Tagen ... durch seinen Sohn«. Die Bibel bringt im Grunde genommen eine Reihe von Geschichten darüber, wie Gott zu den Menschen spricht und ihnen seinen Willen und Heilsplan offenbart.

Wir wollen nicht aus den Augen verlieren: Dieser Brief wurde geschrieben, um den irrigen Gedanken zu korrigieren, dass die Judenchristen irgendetwas verloren hätten, weil sie den christlichen Glauben angenommen hatten. Der Brief weist diese Auffassung zurück. Der christliche Glaube bedeutet aber nicht in erster Linie, etwas »aufzugeben«, sondern »anzunehmen«. Christlicher Glaube heißt: die größten Gaben des Lebens, ja, das Leben selbst annehmen; denn Christus ist das Leben.

Die Überlegenheit der Person Christi

Der Herr Jesus Christus ist größer als irgendein menschlicher Führer oder Prophet (1,1-3).

Er ist Gottes Sohn.
Er ist der Erbe aller Dinge.
Er schuf die Welt.
Er ist selbst wahrer Gott.
Er hält alle Dinge in seiner Hand.
Er reinigte uns von unserer Sünde.
Er sitzt zur Rechten Gottes.

Der Herr Jesus Christus ist größer als die Engel (1,4-2,18).

Die Engel beten ihn an (1,6).
Er ist ewiger Gott (1,7-12).
Sein Thron ist ewig (1,8).
Er ist der Herrscher der zukünftigen Welt (1,11-13).

Der Herr Jesus Christus ist größer als Mose (3,1-19). Mose war ein treuer Diener. Jesus Christus ist der Sohn über sein eigenes Haus.

Der Herr Jesus Christus ist größer als Josua (4,1-16). Josua war ein großer Führer. Er führte die Israeliten in das verheißene Land, aber er brachte das Volk nicht zur Ruhe. Was er nicht tun konnte, erreichte der Sohn. Jesus ist größer, denn er allein gibt wahren Frieden.

Es ist gut zu wissen, dass Engel und menschliche Geister (von Verstorbenen) nicht dasselbe sind. Menschliches Leben unterliegt einer anderen Schöpfungsordnung als das der Engel. Wir werden keine Engel, wenn wir sterben. Sie sind schon jetzt und werden im Himmel für immer unsere Diener sein (1,14). Die Engel beten Christus ebenso an wie wir.

Als Gott den Menschen von der Sünde retten wollte, sandte er seinen Sohn. Gott kam nicht in der Gestalt eines Engels, sondern in der Gestalt eines Menschen. Er wurde Mensch, um den Menschen zu erlösen. Er litt als ein Mensch und starb als ein Mensch, damit er unser Erlöser sein konnte (2,10). Jesus schmeckte die Bitterkeit des Todes für uns, um den Teufel, der die Gewalt über den Tod hatte, zu entmächtigen.

Sieh Jesus an!

Das ist unsere Schwäche: Wir sehen auf uns selbst und unsere Schwachheit. Wir sollten wegsehen von uns und aufsehen auf ihn (3,1).

Viele Judenchristen waren über den Dienst Christi auf der Erde verwirrt. Sie dachten, dass er gekommen sei, um das Gesetz zu verschärfen, das Mose gegeben hatte. Mose war der Gesetzgeber, und Christus musste dieses Gesetz bekräftigen. So dachten sie es sich. Aber Christus ist ein neuer Gesetzgeber. Das alte mosaische Gesetzsystem war unvollkommen und schwach. Es hatte seinen Dienst getan. Christus hat nun »einen besseren Weg«. Christus steht über Mose, der nur ein Knecht war. Christus ist ein Sohn, der Meister in seinem eigenen Haus. Er ist der Erbe (3,6). Er hat das Gesetz erfüllt.

Kanaan, das Land, in dem Milch und Honig floss, war das verheißene Land, in das Josua die Kinder Israel hineinführte. Für Christen kann das ein Bild des Glaubensfriedens sein, den jeder Christ in Anspruch nehmen darf. Der Kirchenvater Augustinus sagte: »Unser Herz ist unruhig, bis es in dir ruht.« Josua konnte die Kinder Israel nicht zu diesem vollkommenen Frieden und Vertrauen auf Gott führen, Jesus aber tat es. Wir sollten mit allen eigenen Anstrengungen aufhören und uns ganz Christus hingeben (4,10). Wir sollten Jesus als unserem Josua vertrauen und in sein verheißenes Land »eingehen«. Wir sollten aufhören zu kämpfen und alles in seine Hand legen (Ps 37,5).

Zwei große Warnungen

Erste Warnung: Wir müssen aufpassen, nicht zu vergessen, dass eine so große Rettung uns durch den Herrn selber angeboten wird. Wir müssen auf das Wort des Sohnes hören (2,1-4).

Zweite Warnung: Wir müssen uns hüten, von dem lebendigen Gott abzufallen (3,12).

Hebr 4,12 zeigt die Macht des Wortes Gottes. Es sollte uns erforschen und prüfen und in jedem Leben den ersten Platz haben. Es hinterfragt jedes Motiv, jeden Wunsch und jedes Ziel unseres Lebens und hilft uns dabei, sie richtig einzuschätzen. Christus ist das lebendige Wort Gottes. Er ist lebendig, mächtig und allwissend.

Die Überlegenheit des Priestertums Christi (Hebräer 4,14-10,18)

Hier beginnt das Hauptthema. »Weil wir denn einen großen Hohenpriester haben, Jesus, den Sohn Gottes …« (Hebr 4,14). Christus wurde mit allen anderen, mit den Propheten, den Engeln, Mose und Josua verglichen, aber der wichtigste Vergleich ist der mit Aaron, dem Hohenpriester. Der Verfasser zeigt, dass das Priestertum Christi größer ist als das Priestertum des levitischen Gesetzes.

»Schaut auf Jesus.« So sah ein Künstler die Gefangennahme und Verspottung Jesu. Du musst dich nicht länger abmühen, wenn du dein Leben Jesus übergibst (Hebräer 4,10).

Das Hauptthema des Briefes ist Christi ewiges Priestertum und sein Opfer, das die Sünden der Welt bezahlte. Der Brief betont die große Bedeutung und Kraft des Blutes Christi, mit dem er uns erlöst hat. Er hat uns von der Sünde gereinigt und den Weg ins himmlische Heiligtum, unmittelbar vor den Thron Gottes, geöffnet.

Christus ist selbst ein Priester. So lesen wir: »Weil wir denn einen großen Hohenpriester haben, Jesus, den Sohn Gottes, der die Himmel durchschritten hat, so lasst uns festhalten an dem Bekenntnis. Denn wir haben nicht einen Hohenpriester, der nicht könnte mitleiden mit unserer Schwachheit, sondern der versucht worden ist in allem wie wir, doch ohne Sünde. Darum lasst uns hinzutreten mit Zuversicht zu dem Thron der Gnade, damit wir Barmherzigkeit empfangen und Gnade finden zu der Zeit, wenn wir Hilfe nötig haben« (4,14-16).

Jesus Christus hatte nicht nur die Bedeutung eines Priesters wie Aaron, des irdischen Hohenpriesters, sondern er ist ein ewiger Hoherpriester nach der Ordnung der ewigen Priesterschaft Melchisedeks, denn diese Priesterschaft ist bleibend und wird niemals enden. Die aaronitischen Priester konnten den Menschen nicht vollkommen machen, weil sie selber sündig waren, aber Christus ist ewig und sündlos.

Christi Priestertum ist wie das des Melchisedek (1. Mose 14)

Es ist ein königliches Priestertum – beide sind Könige des Friedens und der Gerechtigkeit.

Es gilt weltweit – nicht nur den Juden.

Es hat keinen menschlichen Vorfahren – »ohne Vater oder Mutter«.

Es hat keinen Nachfolger – als Melchisedek starb, trat niemand an seinen Platz. Ebenso ist Christus ein Priester für ewig.

An dieser Stelle sei erwähnt, dass christliche Gemeindeleiter im Neuen Testament nirgends »Priester« genannt werden. An einer Stelle werden allerdings alle Christen so bezeichnet (1Petr 2,9). Paulus bezeichnet die Leiter, Hirten und Helfer in der Gemeinde mit anderen Namen. Wirklicher Priester ist für das Neue Testament Christus allein.

Christus ist ein Priester …

… *eines besseren Bundes* (8,13).

Es ist ein besserer Bund, weil er auf besseren Verheißungen gründet. Diese Verheißungen sind in das Herz geschrieben und nicht auf Steintafeln (8,10).

… *eines besseren Heiligtums* (9,1-12).

Christus versieht seinen Priesterdienst im Himmel. Das israelitische Heiligtum war von dieser Welt. Einmal im Jahr betrat der Priester das Allerheiligste, aber Christus ist in das himmlische Heiligtum eingegangen »ein für allemal«.

… *eines besseren Heiligtums* (10,18).

Er ist selbst das Opfer. Er opferte sich als ein Lamm ohne Tadel, um uns zu reinigen. Im Alten Testament wurden Lämmer und Ziegen zum Opfer gebracht. Sie konnten die Sünde nicht hinwegtragen. Sie waren nur ein vorweggenommenes Bild des wahren Opfers Christi. Dieses Opfer wurde ein für allemal dargebracht.

Christus wird unser Hoherpriester genannt. Was heißt das? In der Bibel wird uns sehr deutlich gesagt, dass die Sünde die Menschen von Gott getrennt hat. Kein Sünder kann sich Gott nähern. Der Weg ist gesperrt. Im Alten Testament konnte ein Vertreter des Volkes, der Hohepriester, den Gott erwählte, einmal im Jahr in Gottes Gegenwart kommen, nachdem ein Opfer für die Sünden des Volkes dargebracht worden war. Er musste das Blut von Schafen und Ziegen nicht nur für die Sünden des Volkes, sondern auch für seine eigenen Sünden darbringen, denn auch er selbst war ein Sünder. Dann ging er in das Heiligtum und schließlich in das Allerheiligste, wo die Bundeslade stand. Doch das Opfer eines sündigen Menschen, der Gott nur Tiere als Ersatzleistung für die Sünden anderer Menschen bietet, kann nicht ausreichend sein.

Christus ist unser Hoherpriester, unser Vertreter vor dem Vater. Er ging in das Heiligtum, in Gottes Gegenwart, und brachte das Blut seines eigenen Opfers dar, um uns von unseren Sünden zu reinigen und um ewiges Heil zu geben. Sein Blut musste vergossen werden, denn »ohne Blutvergießen gibt es keine Vergebung« (9,22). »Dieser aber hat ein Opfer für die Sünde geopfert, sitzt nun für immer zur Rechten Gottes und wartet hinfort, bis dass seine Feinde zum Schemel seiner Füße gelegt werden« (10,12). »Es ist vollbracht«, sagte er am Kreuz. Sein ganzes Erlösungswerk ist vollendet, deshalb sitzt er zur Rechten Gottes. Dieses Bild Christi finden wir oft im Hebräerbrief.

Auch jetzt ist unser Hoherpriester zur Rechten Gottes und tritt für Sie und mich ein (7,25; 8,1; 10,12). Er ist gegangen, »um jetzt für uns vor dem Angesicht Gottes zu erscheinen« (9,24). Deshalb dürfen wir den Mut haben, in das Allerheiligste durch das Blut Jesu auf einem lebendigen Weg zu gehen (10,19-20).

Christi große Erscheinung

In Hebr 9 wird von drei großen Erscheinungen unseres Herrn gesprochen:

... in der Vergangenheit –

Am Kreuz – »Nun aber, am Ende der Welt, ist er ein für allemal erschienen, durch sein eigenes Opfer die Sünde aufzuheben« (9,26).

... in der Gegenwart –

Zur Rechten des Thrones – »jetzt für uns vor dem Angesicht Gottes zu erscheinen« (9,24).

... in der Zukunft –

In den Wolken der Herrlichkeit – »Zum zweiten Mal wird er nicht der Sünde wegen erscheinen, sondern denen, die auf ihn warten, zum Heil« (9,28).

Christus – ein besseres Opfer

Christus opferte sich selbst als ein Opfer, als ein Lamm ohne Flecken und Tadel. Die Priester opferten Schafe und Ziegen, aber sie konnten keine Sünde hinwegnehmen. Dieses bessere Opfer musste nur ein für allemal dargebracht werden (10,10-18).

Authentische Nachbildung der Kleidung eines Hohenpriesters.

Weil Christus diesen neuen lebendigen Weg zur Gegenwart des Vaters geöffnet hat, dürfen wir heute mutig zum Gnadenthron treten. Die Frage der Sünde ist für immer geklärt.

Aber wir wollen uns nicht nur dem Gnadenthron nähern, sondern wir wollen auch nicht »verlassen unsere Versammlung, wie etliche pflegen« (10,25). Nichts hilft uns so sehr zu geistlichem Wachstum wie die Gemeinschaft mit Christen.

Der berühmte amerikanische Prediger D. L. Moody besuchte einmal eine Frau, deren christliches Leben erkaltet war. Sie sagte, sie habe nicht zur Kirche kommen können, aber sie konnte sich auch nicht erklären, wie sie dazu gekommen war, in geistlicher Hinsicht so schwach zu emp-

Das Geheimnis des christlichen Lebens besteht einfach darin, dass man sich von Christus füllen lässt.

finden wie jetzt. Ohne ein Wort zu sagen, erhob sich Moody und hob eine glühende Kohle vom Feuerrost und legte sie auf den Herd. In einem kurzen Augenblick war die Glut gewichen und die Kohle war schwarz. »Ich habe verstanden«, sagte die Frau. Man kann in seinem christlichen Leben nicht weiterglühen, wenn man allein lebt. Wir benötigen die Wärme der Gemeinschaft mit anderen Christen. Das ist ein Gebot für uns.

Die Überlegenheit des Lebens in Christus (Hebräer 10,19-13,25)

Nun sagt der Verfasser uns, wie wir leben sollten, weil Christus für uns als Hohepriester wirkt. Wir wissen, dass er zur Rechten Gottes sitzt und dass er »ewig lebt, um für uns einzutreten«.

Nachdem man Christus angenommen hat, gibt es Stufen christlicher Erkenntnis. Einige Christen leben sozusagen im Keller christlicher Erfahrung, sie befinden sich zwar innerhalb des Gebäudes, aber da, wo es dunkel, hässlich und düster ist. Andere leben im Erdgeschoss. Sie haben die erste Grundlage verlassen und sind weiter gegangen. Ein wenig Sonnenlicht fällt schon herein, aber ihre Umwelt beengt ihren Ausblick. Sie leben ganz in der Nähe der Welt.

Andere leben in höheren Etagen. Sonnenlicht und Wärme durchfluten die Zimmer. Der Lärm und die Verlockungen der weltlichen Straße stören sie nicht. Die Luft ist klar. Sie können auf den blauen Himmel und die entfernten Berge schauen. Sie leben oberhalb der Welt, verborgen mit Christus in Gott. Gott möchte, dass wir alle immer in seiner Nähe leben (Kol 1,9-10; Eph 3,15-17). Hebräer 11 wirft nun einen Blick auf einige der Gottesmänner und -frauen, die bei Gott lebten. Der Hebräerbrief sagt uns, dass das Geheimnis ihres Lebens der Glaube ist, aber es ist nicht so sehr ihr Glaube, als vielmehr die Zuverlässigkeit des treuen Gottes.

Ein wirksamer Glaube

Das Geheimnis des christlichen Lebens besteht einfach darin, dass man sich von Christus füllen lässt. Manche Menschen sagen: »Ich habe keinen Glauben; ich kann nicht glauben.« Aber wir schenken unseren Mitmenschen doch dauernd Vertrauen, zum Beispiel, wenn wir in das Auto eines anderen steigen oder in ein Flugzeug. Und so ähnlich »funktioniert« auch der Glaube. Und das Ergebnis? Wenn wir uns entscheiden, Gott absolut zu vertrauen, dann dringen übernatürliches Leben und übernatürliche Kraft in unser Leben ein. Ein Wunder wird in uns gewirkt. Eines der praktischen Ergebnisse des Glaubens ist das, dass er schwache Menschen stark macht (11,34).

Um für immer im Raum des Glaubens zu leben, brauchen wir zweierlei: Erstens »legt, wie jeder, der an einem Wettlauf teilnimmt, alle Lasten ab«. Alles sollen wir Christus übergeben. Zweitens müssen wir wirklich glauben, dass Jesus vertrauenswürdig ist. Wenn wir das tun, haben wir die Sünde aufgegeben, die so leicht von uns Besitz ergreift – die Sünde des Unglaubens. Diese Sünde geben wir auf, indem wir »aufblicken auf Jesus«.

Nicht was wir für Gott tun, sondern was Gott für uns tut, macht unser Leben stark und mächtig. Unser großer Gott und nicht unser großer Glaube ist das, worüber wir am meisten nachdenken müssen. Es ist heutzutage üblich, an den großen Tatsachen Gottes und Christi und der Rettung zu zweifeln, anstatt sicher darüber zu sein. Wir sollen aber nicht vergessen, dass das Gott nicht gefallen kann.

Christus ist der Glaube, der die Rettung bringt. Weil wir eine solche »Wolke von Zeugen« um uns haben, wie der Hebräerbrief schreibt, die uns vom Himmel her zusieht, wollen wir zu dem Lauf antreten, den Gott uns auferlegt hat. Jeder Sportler, der sich auf einen Wettlauf vorbereitet, legt alle Lasten ab; genauso wollen auch wir alle sündigen Angewohnheiten und alles, was uns hindert, ablegen (12,1-2).

Im Einzelnen heißt das:

Lasst uns Geduld haben. 12,1
Lasst uns Züchtigung ertragen. 12,11
Lasst uns dem Frieden und der Reinheit des Herzens nachjagen. 12,14

Und immer wollen wir aufblicken zu Jesus, dem Anfänger und Vollender unseres Glaubens.

Ein Leben, das Gott gut gefällt, kann nur der Herr selbst möglich machen.

»Der Gott des Friedens aber, der den großen Hirten der Schafe, unseren Herrn Jesus, von den Toten herausgeführt hat durch das Blut des ewigen Bundes, der mache euch tüchtig in allem Guten zu tun seinen Willen und schaffe in uns, was vor ihm gefällt, durch Jesus Christus, welchem sei Ehre von Ewigkeit zu Ewigkeit! Amen« (Hebr 13,20-21).

44.

Der Jakobusbrief

Jakobus ist der Erste einer Gruppe von sieben so genannten katholischen (allgemeinen) Briefen, die sich nicht an eine bestimmte Gemeinde, sondern an verschiedene christliche Gruppen in der griechisch-römischen Welt wenden.

Der Verfasser dieses Briefes ist Jakobus, der Bruder des Herrn. Man mag ihn mit Recht den »praktischen« Apostel nennen. Er tritt für Wirksamkeit und Konsequenz im Leben ein.

Im Neuen Testament werden drei Männer namens Jakobus aufgeführt – der Sohn des Zebedäus, der Sohn des Alphäus und der Bruder von Jesus. Obwohl Jakobus nur zweimal auf seinen Bruder Jesus anspielt, tut er dies in einer höchst ehrerbietigen Weise. Obwohl er ihn so gut kannte, hatte keine Vertraulichkeit Platz, denn er nannte ihn seinen Herrn und Christus. Er bringt in Gedanken seinen Bruder mit Gott zusammen und stellt ihn dem Allerhöchsten gleich.

Ein Führer für den Alltag

Dieser Brief ist das »Sprüchebuch« des Neuen Testaments, da es teilweise an das Buch der Sprüche Salomos im Alten Testament erinnert. Der Brief befasst sich mit der christlichen Ethik. Hier finden sich viele Vergleiche und Symbole. Er ist bisweilen auch recht drastisch formuliert und zwingt zu echtem Nachdenken.

Paulus sagt: »Nehmt das Evangelium in euch herein.« Jakobus sagt: »Lasst das Evangelium aus euch heraus wirken.« Paulus sah Christus im Himmel, wie er unsere Rechtfertigung bewirkt. Jakobus sah ihn auf der Erde, wo er uns dazu auffordert, vollkommen zu sein.

Paulus setzt den Akzent auf die Quelle unseres Glaubens. Jakobus spricht von der Frucht unseres Glaubens. Der eine legt den Grund in Christus; der andere bildet den Bau darüber. Christus ist sowohl »Anfänger als auch Vollender« unseres Glaubens, wie der Hebräerbrief sagt. Das sollen wir nicht nur glauben, sondern auch leben!

Obwohl Paulus sehr stark die Rechtfertigung durch den Glauben betont, haben wir in seinen Briefen, insbesondere im Titusbrief, gesehen, dass er auch die guten Werke hervorhebt. Es ist eine erstaunliche Tatsache, dass Jakobus den Ausdruck »reich im Glauben« (2,5) benutzt, während Paulus sagen kann: »reich an guten Werken« (1Tim 6,18). Es ist auch gut, im Auge zu behalten, dass immer dann, wenn Jakobus in abwertender Weise vom Glauben zu sprechen scheint, er einen rein theoretischen Glauben und nicht den »rettenden Glauben« meint, auf den es doch ankommt. Jakobus hält den Glauben sehr hoch. Er sagt, dass Glaubensprüfung Geduld bewirkt. Sein Brief beginnt und endet mit einer Ermutigung zum Gebet (1,6; 5,14-18). Er verwirft nur den unechten Glauben, der keine Werke hervorbringt.

Jakobus nennt sich »Knecht Jesu Christi«. Diesen Titel nimmt er voller Stolz als Beschreibung dafür an, wie sein Verhältnis zu Jesus war. Das zeugt von

Lesevorschläge

Sonntag:	Der Glaube wird auf die Probe gestellt *Jak 1,1-21*
Montag:	Der Glaube zeigt sich im Leben *Jak 1,22-27*
Dienstag:	Der Glaube und die Bruderschaft *Jak 2,1-13*
Mittwoch:	Der Glaube ist tot ohne Werke *Jak 2,14-26*
Donnerstag:	Der Glaube und die Herrschaft über die Zunge *Jak 3,1-18*
Freitag:	Der Glaube verwirft die Weltlichkeit *Jak 4,1-17*
Samstag:	Der Glaube und das Gebet *Jak 5,1-20*

wahrer Demut, denn nirgends beruft sich Jakobus auf die Tatsache, dass er – irdisch gesehen – ein Bruder des Herrn Jesus war.

Jakobus erwähnt den Namen Gottes 17-mal, den Namen Jesu nur zweimal. Nach der Auferstehung Jesu wurde er durch eine besondere und persönliche Begegnung mit ihm bekehrte (1Kor 15,7). Sofort nach seiner Bekehrung wurde er Aufseher der Gemeinde von Jerusalem (Apg 15,13-21). Es war sein Lebenswerk, die Juden für Christus zu gewinnen und ihnen zu helfen, den christlichen Glauben zu verstehen.

Im Jahre 62 n.Chr. wurde er vermutlich von den Juden hingerichtet. Es wird außerbiblisch von Hegesipp (200 n.Chr.) berichtet, dass er von dem Hohenpriester und den Führern des Volkes gezwungen worden sei, auf das Dach des Tempels zu steigen und von dort aus den Namen Christi zu lästern. Stattdessen verkündigte er kühn, dass Christus der Sohn Gottes sei. Daraufhin soll Jakobus von dem Dach heruntergestoßen worden und dabei zu Tode gekommen sein.

In seinem Brief sagt Jakobus, er sei geschrieben »für die zwölf Stämme, die in der Zerstreuung leben«, also für solche, die außerhalb des Heiligen Landes wohnen. Wie der Hebräerbrief richtet sich auch sein Brief an Judenchristen. Sie lehrten, dass zur Rettung der Glaube genüge, dass Jesus der wahre Messias und Heiland sei. Durch die Verfolgung ihrer eigenen nichtgläubigen Landsleute standen sie in großer Gefahr, sich in ihrem christlichen Leben entmutigen zu lassen.

Der Glaube siegt über die Versuchung (Jakobus 1,1-21)

Nach einem sehr kurzen Gruß setzt Jakobus unmittelbar mit seinem Thema ein. Er wusste, dass diese Judenchristen in alle möglichen Länder außerhalb Palästinas verstreut waren und in einer harten Glaubensprobe lebten; deshalb sagt er ihnen zuerst, wie sie der Versuchung begegnen müssen, und versucht sie zu ermutigen und zu trösten.

Jakobus sagt den Christen: »Erachtet es für lauter Freude, wenn ihr in mancherlei Anfechtung fallt« (1,2). Normalerweise halten wir es für Freude, wenn wir der Versuchung und dem Leid entrinnen. Stattdessen aber sollten wir die Prüfung als eine herrliche Möglichkeit ansehen, unseren Glauben unter Beweis zu stellen. Wir sollen die Versuchung nicht deshalb als Freude betrachten, weil sie es in sich selbst wäre, sondern um dessentwillen, was sie bewirkt. Mit anderen Worten: Wir sollen Nutzen ziehen aus ihr.

Was ist der Sinn solcher Prüfung? Gott macht unsere Versuchung zum Instrument seines Segens (1,3). Allzuoft bewirken unsere Prüfungen Ungeduld, aber Gott wird die Gnade geben, dass sein wahres Ziel erreicht wird. In unserem Glaubensleben ist Geduld notwendiger als alles andere.

Wir müssen vorsichtig sein, wenn es darum geht, wo wir meinen, die Quelle der Versuchung zu sehen. V. 14 will sorgfältig gelesen sein. Prüfungen zur Bewährung kommen von Gott (1Mo 22,1), aber Versuchungen zum Bösen kommen nie von ihm (1,13). Unser eigenes böses Wesen versucht, sich einen berechtigten Wunsch auf eine unberechtigte Art zu erfüllen (1,14). Nichts Schlechtes kommt von Gott, sondern nur »gute und alle vollkommene Gabe kommt von oben herab, von dem Vater des Lichts, bei dem keine Veränderung ist« (1,17). Er ist ein Gott, der gerne gibt.

Weisheit

Es ist schwer, sich weise zu verhalten, aber Gottes Weisheit wird uns dabei helfen. Wir sollen um Weisheit beten und uns in Prüfungszeiten weise verhalten. Wenn man uns misshandelt und beleidigt, sollen wir Gott fragen, was wir tun sollen. »Wenn es aber jemandem unter euch an Weisheit mangelt, so bitte er Gott, der jedermann gerne gibt und niemanden schilt, so wird ihm gegeben werden« (1,5). Jakobus sagt nicht: Wenn euch Weisheit mangelt, setzt euch hin und denkt darüber nach oder studiert. Nein, er sagt, dass uns Gott die Weisheit gibt, die wir brauchen.

Prüfungen betrachten wir in der Regel ja nicht als Segnungen. Jakobus schreibt: »Erachtet es für lauter Freude, wenn ihr in mancherlei Anfechtung fallt« (1,2). Fassen wir das so auf? Dann fügt er hinzu: »Selig ist der Mann, der die Anfechtung erduldet« (1,12). Wie rückgratlos und schwach würden wir ohne Prüfungen werden. Der Glaube ist wertlos, der von Prüfungen nichts weiß. Es gibt aber auch die Freude des Sieges. Es gibt keine größere Genugtuung als zu wissen, dass man einer Versuchung siegreich widerstanden hat.

Jakobus beginnt und beendet seinen Brief mit einem Gebet (1,5-8; 5,13-18). Das Gebet gehört zu den Themen, über die man am leichtesten sprechen kann, aber die am schwersten zu praktizieren sind.

Glaube zeigt sich in unserem Handeln (Jakobus 1,22-2,26)

Die Richtlinien Christi für das Alltagsleben kann man in einem Wort zusammenfassen: »Täter«. »Seid aber Täter des Wortes und nicht Hörer allein« (1,22). Im Jakobusbrief ist das Tun das Hauptthema.

Wir sollen nicht nur auf Gottes Wort hören, sondern das Evangelium in die Tat umsetzen. Was nützt es, wenn ein Mensch sagt, er habe den Glauben, es aber nicht durch Werke bestätigt? Wir dürfen uns nicht damit zufriedengeben, nur zu hören. Wir müssen zum Tun übergehen (1,22). Wenn jemand nur ein Hörer und kein Täter ist, dann ist er wie ein Mensch, der sich selbst in einem Spiegel betrachtet, dann aber weggeht und vergisst, wie er aussieht (1,24).

Wir müssen dauernd in den »Spiegel« des Wortes Gottes blicken, um uns daran zu erinnern, wie wir aussehen und um die Sünden in unserem Leben zu finden. Wer sorgfältig in der Bibel liest und danach handelt, wird gesegnet werden in dem, was er tut. Wenn jemand meint, er sei fromm, seine Zunge aber nicht beherrschen kann, dann ist sein Glaube vergeblich. Der Glaube, der keinen Einfluss auf die Zunge hat, ist nicht echt. Eine unbeherrschte Zunge bei einem Christen ist etwas Schreckliches. Man muss sein eigenes Temperament zügeln können (1,26).

Was sollen wir mit dem Wort Gottes tun?

Wir sollen es aufnehmen	*1,21*
Wir sollen es hören	*1,23*
Wir sollen es in die Tat umsetzen	*1,22*
Wir sollen es prüfen	*1,25*

Werke sind Ergebnisse

Werke retten uns nicht, aber sie sind ein recht gutes Zeichen dafür, dass wir gerettet sind. »Was ihr getan habt einem von diesen meinen geringsten Brüdern, das habt ihr mir getan« (Mt 25,40). Dieses Wort meint nicht unsere Rettung, sondern vielmehr ein Zeichen unserer Rettung.

Daher sagt Jakobus: »Der Glaube, den ihr habt, ist der Glaube, den ihr zeigt.« »Ein reiner und unbefleckter Gottesdienst vor Gott dem Vater ist der: die Waisen und Witwen in ihrer Trübsal besuchen und sich selbst von der Welt unbefleckt erhalten« (1,27).

Das Christentum ist außerdem eine Bruderschaft, bei der es kein »Ansehen der Person« gibt (2,1-4). Wie sehr missachtet man auch heute die Aufforderung des Jakobus, einen Menschen nicht nach seinem Ansehen zu beurteilen. Die Welt verehrt die Erfolgreichen, die Starken und Reichen und verachtet die Armen. Ein Christ darf gegenüber einem reichen und angesehenen Menschen nicht voreingenommen sein, sagt uns Jakobus, aber es hat den Anschein, dass nicht nur heute Geld und Ruhm die einzigen Dinge sind, die die Menschen verehren. Einseitige Begünstigung ist nicht nur ein Zeichen für schlechte Manieren und Unhöflichkeit den Armen gegenüber, sondern es ist eine Sünde, die Hochgestellten zu verehren und die Armen zu verachten. Damit brechen wir das Gebot Gottes: »Du sollst deinen Nächsten lieben wie dich selbst.« Dieses Gebot der Liebe ist ein königliches Gebot (2,8). Es kommt aus dem himmlischen Königreich. Wir sollen andere nicht nur bewundern und achten, sondern sie so lieben, wie wir uns selbst lieben (2,1-13).

Was ist Sünde?

Der Ungehorsam gegenüber Gottes Gesetz ist Sünde. Es ist menschlich, die Sünde zu beschönigen. Doch Jakobus schreibt, dass jeder, der das ganze Gesetz hält, aber einen einzigen Fehltritt tut, des ganzen Gesetzes schuldig ist (2,10-11). Er ist ein Gesetzesbrecher.

Wenn ein Mensch vor Gericht gestellt wird, weil er eine Rechtsvorschrift verletzt hat, dann nützt es ihm nichts, zu behaupten, dass er alle anderen Vorschriften eingehalten habe. Der Richter ist nur an dieser einen Übertretung interessiert. Wir mögen eine gute Kette haben, aber was nützt sie, wenn alle ihre Glieder gut sind außer einem? Das zerbrochene Glied macht die ganze Kette nutzlos.

Glaube, der sich nicht in Werken ausdrückt, ist wertlos. Der Glaube offenbart sich an dem, was wir tun. Was nützt es, wenn jemand sagt, er habe den Glauben,

»Seid aber Täter des Wortes und nicht Hörer allein« (Jak 1,22).

Gegenüber: Die Grabeskirche in Jerusalem. Man nimmt weithin an, dass Jesus an dieser Stelle gekreuzigt und begraben wurde.

aber sein Handeln dies nicht belegt? Genauso wie ein Körper ohne einen Geist tot ist, so ist der Glaube tot ohne Werke (2,17).

Der Glaube zeigt sich in unseren Werken (Jakobus 3,1-18)

Unser Reden offenbart, was wir sind und wem wir gehören. Mehr als alles andere bringt es unseren Charakter an den Tag. Jeder, der seine Zunge beherrschen kann, schreibt Jakobus, ist ein vollkommener Mensch (3,2). Dann ist er in der Lage, sein ganzes Wesen zu beherrschen. Ebenso wie ein großes Schiff durch ein sehr kleines Steuer beherrscht und in jede von dem Kapitän gewünschte Richtung gelenkt wird, so kann Jesus das Ruder unseres Lebens, nämlich unsere Zunge, sicher beherrschen und weise nützen. Die Zunge ist ein kleines Glied, aber sie ist sehr mächtig. Sie kann den Kurs eines menschlichen Lebens bestimmen.

Denken wir daran: Eben diese Zunge kann benutzt werden, um für Jesus Christus Zeugnis abzulegen und ihm die Ehre zu geben. Sie ist das Instrument, das der Heilige Geist benutzt, um den Herrn zu loben (3,9-10). Wir sollten nicht Gott preisen und die Menschen verfluchen, die nach seinem Bild geschaffen sind! Leider gibt es so viele Menschen, die sich selbst Christen nennen, aber sich offenbar nicht die geringste Mühe geben, ihre Zunge zu beherrschen.

Der Glaube zeigt sich in der Reinheit unseres Wesens (Jakobus 4,1-17)

Jakobus wendet sich nun vom Frieden (3,18) dem Konflikt zu (4,1-2). Die Wurzel von Streit und Kampf liegt im Neid, wenn wir uns etwas Bestimmtes wünschen und es um jeden Preis bekommen müssen.

Wenn wir uns so verhalten, dann, so Jakobus, gleichen wir uns dieser Welt an. Und ein Freund der Welt ist ein Feind Gottes (V.4).

Seid nicht stolz – seid demütig. Widersteht dem Bösen und ordnet euch Gott unter, der die Demütigen erhöht (6-10).

Ihr sollt andere weder kritisieren noch verurteilen, denn Gericht zu halten ist Sache Gottes (11-12).

Glaubt nicht, dass ihr über euer Leben vollständige Kontrolle besitzt: Auch das liegt in Gottes Händen (13-16).

Der Teufel hat sein Weltsystem auf Grundsätzen aufgebaut, die in jeder Beziehung denen Gottes widerstreben. Diese Grundsätze sind: Gewalt, Missgunst, Ehrgeiz, Ichsucht und Vergnügen (Gal 6,14). Jakobus schreibt, dass wir die vergänglichen Vergnügungen, die Ehren und die Schätze dieser Welt minderwertig einschätzen und uns von ihnen nicht anziehen lassen sollen. Wir müssen sehr wachsam sein, damit wir Gottes Freundschaft behalten (4,4).

Die Menschen fragen in allen Zeiten: »Wie können wir den Kriegen ein Ende bereiten?« Jakobus geht weiter zurück und sagt uns, was Kriege verursacht. Der Grund für die meisten Kriege, die die Erde verwüstet haben, ist der Wunsch eines Volkes, zu bekommen, was ihm nicht gehört. Das ist auch die Ursache von Streitigkeiten zwischen Einzelnen. Selbstsucht ist die tiefste Wurzel allen Streits. Daneben versäumen die Menschen zu beten oder sie beten in einer falschen Gesinnung, weil sie das, was sie bekommen, für sich selbst ausgeben, statt mit ihrem ganzen Leben Gott zu verherrlichen (4,1-3). Gott verheißt, Gebete zu erhören, aber er wird denen nichts geben, die alles für ihr eigenes Vergnügen ausgeben.

Böses Vergnügen

In Jak 4,1-5 findet sich das Wort »Lust« viermal. Man kann das Wort »Lust« auch mit »Vergnügen« übersetzen, dann

Eine enge Straße in der Altstadt von Jerusalem.

versteht man die Absicht dieser Verse leichter und hat den Schlüssel zu den Lehren, die sie enthalten.

Der Glaube zeigt sich in unserem Gebetsleben (Jakobus 5,1-20)

Offenbar wurden viele Arme unter den Judenchristen von den Reichen belastet, und ihr schwer verdienter Lohn wurde durch Betrug einbehalten (5,4). Jakobus warnt die Reichen. »Ihr habt euch Schätze gesammelt in diesen letzten Tagen« (5,3). Zweifellos gibt es verantwortungsbewusste Christen unter den Reichen, aber alles in allem ist das Bild, das Jakobus von den Reichen zeichnet, wenig schmeichelhaft, aber zutreffend. Wir erinnern uns, dass Jesus sagte, es sei leichter für ein Kamel, durch ein Nadelöhr zu gehen, als für einen Reichen, in das Himmelreich zu kommen.

Jakobus entwickelt auch den Gedanken an die Wiederkunft Christi weiter. Christen brauchen Geduld, während sie auf diesen Tag warten, das geduldige Aushalten im Leiden, wie wir es von den Propheten und von Hiob kennen. Für Hiob nahm alles ein gutes Ende, und uns wird es nicht anders ergehen.

Noch einmal kommt die Rede auf die Zunge. Es ist erstaunlich, wie viele Christen bei alltäglichen Gesprächen den Namen des Herrn missbrauchen (5,12). Die Bibel sagt: »Der Herr will den nicht ungestraft lassen, der seinen Namen missbraucht.« Das ist eine harte Anklage.

Jakobus gibt uns nur eine Reihe kurzer Gebete als Anweisungen. Wenn jemand in Not ist, so sollte er beten. Ist jemand glücklich, so sollte er singen. Ist jemand krank, sollte er die Ältesten der Gemeinde holen und sich von ihnen mit Öl salben und über sich beten lassen (5,13-14). Die Bibel sagt: »Und das Gebet des Glaubens wird dem Kranken helfen, und der Herr wird ihn aufrichten; und wenn er hat Sünden getan, wird ihm vergeben werden« (5,15). Hat jemand einem anderen Unrecht getan, sollte er ihm sein Vergehen bekennen (5,16). Das Gebet des Glaubens fordert das Sündenbekenntnis und einen Willen, der sich Gott ausliefert. Elias mächtiges Gebet, das den Himmel öffnete und verschloss, ist ein Beispiel für uns, denn »des Gerechten

Gebet vermag viel, wenn es ernstlich ist« (Jak 5,16).

Dieser Brief schließt unvermittelt mit einem wichtigen Thema. Es geht um die Barmherzigkeit des Christen, der jemanden von der Wahrheit abkommen sieht und ihn wieder dahin zurückbringt. Obwohl nur Gott eine Seele retten kann, benutzt er doch Menschen zur Verwirklichung seines Willens. »Wer den Sünder bekehrt hat von seinem Irrweg, der wird seine Seele vom Tod erretten und wird bedecken die Menge der Sünden« (Jak 5,20).

45.

Der erste Petrusbrief

Dieser Brief wurde von Petrus gegen Ende seines arbeitsreichen Lebens geschrieben (vielleicht um 67 n.Chr.). Er lebte möglicherweise in Babylonien am Euphrat (5,13), wo eine christliche Gemeinde gegründet worden war (nach anderer Auffassung ist dies eine verschlüsselte Bezeichnung für Rom). Den Brief überbrachte Silas (Silvanus) (5,12), einer der Gefährten des Apostels Paulus.

Petrus war der Sprecher der Apostel geworden. Er war der Prediger am Pfingstfest. Die ersten zwölf Kapitel der Apostelgeschichte kreisen um diesen Apostel und sein Wirken. Überall predigte er den Juden. Zuletzt erlitt er den Märtyrertod und wurde unter dem römischen Kaiser Nero gekreuzigt. Nach der Überlieferung wurde er auf eigenen Wunsch hin mit dem Kopf nach unten gekreuzigt, weil er sich für unwürdig hielt, im Tode seinem Meister gleichgestellt zu werden.

Das Bild des Apostels Petrus in den Evangelien unterscheidet sich auffallend von dem, das wir in seinen eigenen Briefen finden. In den Evangelien sehen wir einen leidenschaftlich bewegten Petrus, eine rastlose Seele, bisweilen furchtsam, dann aber wieder mutig, ein Mann, der sogar so weit geht, seinen Herrn mit einem Eid zu verleugnen! In seinen eigenen Briefen sehen wir ihn geduldig, still und voller Liebe, mit einem Mut erfüllt, der durch den Heiligen Geist gereinigt und gekräftigt ist. Das ist ein großartiges Beispiel für das verwandelnde Wirken Gottes im menschlichen Leben.

Die Christen, denen Petrus schreibt, standen unter harten Glaubensprüfungen durch feindliche Juden und fanatische Heiden. Die Christen wollten nicht am Götzendienst, der Trunksucht und der Freizügigkeit ihrer heidnischen Nachbarn teilnehmen, deshalb nannte man sie »Menschenhasser« und setzte sie auf eine Stufe mit Dieben und Mördern.

Offensichtlich wurde dieser Brief geschrieben, als die allgemeine Ablehnung der Christen in aktive Verfolgung umschlug (2,15; 3,13-17; 4,12). Es war vielleicht die Zeit der Christenverfolgung Neros (vgl. 1,1-3, 6-9; 2,13-17; 4,12-19).

In diesem Brief gibt Petrus gute und klare Anweisung für unsere Lebensführung. Petrus war durch seine Erfahrung gereift. Dieser Brief zeigt ihn etwa zwölf oder mehr Jahre nach seiner letzten Erwähnung in Apg 15. Er möchte die Gläubigen ermutigen und gibt deshalb sein Zeugnis. Er kann ihnen Mut zusprechen, denn er kann aus seiner eigenen Lebenserfahrung alles begründen, was er sagt. In solchem Zeugnis liegt eine besondere Kraft. Diese persönliche Note zieht sich durch den ganzen Brief hindurch. Die Christen brauchten eine Ermutigung durch jemanden, der wusste, was Versuchung bedeutet (1,6). Petrus weist auf die zukünftige Herrlichkeit, die sie erwartet (1,7), auf das Beispiel Christi (2,21) und auf den Lohn, der folgen wird (4,13).

Jesu Leben war so, wie es in diesem Brief des Apostels Petrus beschrieben wird und »wer da sagt, dass er in ihm bleibt, der soll auch leben, wie er gelebt hat«

(1Joh 2,6). »Bleiben in Christus« bedeutet, ruhig an dem Platz zu bleiben, an den wir gestellt sind. Wir, die wir Christus als Herrn angenommen haben, sind »in ihm« (Kol 3,3). Das Geheimnis des Wandels »in einem neuen Leben« (Röm 6,4) bzw. des siegreichen Christenlebens besteht einfach darin, »Jesus Christus im Gedächtnis zu behalten« (2Tim 2,8) und an der heiligen ewigen Tatsache seiner Erlösung festzuhalten.

Petrus hat man den »Apostel der Hoffnung« genannt, wie Johannes der »Apostel der Liebe« und Paulus der »Apostel des Glaubens« war. Das Wort »Hoffnung« steht in 1Petr 1,3.13.21; 3,15.

Ein anderes Wort wird 14-mal in diesem kurzen Brief genannt, nämlich das Wort »Leiden«, das Leiden Christi und das Leiden der Christen, die ihm nachfolgen.

Wir wollen versuchen, diesen kurzen Brief auf einmal durchzulesen. Mindestens 26-mal betont Petrus die Freude und die Herrlichkeit, die wir haben, wenn wir Gottes Gnade angenommen haben; demgegenüber erwähnt er 14-mal das Leiden und die Nachfolge Christi.

Petrus legt ausführlich dar, dass »Jesus der Anfänger und Vollender unseres Glaubens ist, ... der, obwohl er hätte Freude haben können, das Kreuz erduldete und die Schande gering achtete und sich gesetzt hat zur Rechten des Thrones Gottes« (Hebr 12,2). Er kannte die Verbindung von Leiden, Freude und Herrlichkeit.

Das Vorrecht des Christen
(1. Petrus 1,1-2,10)

Petrus, der Apostel der Hoffnung, richtet diesen Brief an die »Fremdlinge«, d.h. die Christen, die unter den Heiden zerstreut leben. Er spricht zu diesen verfolgten und entmutigten Menschen von einem nahen und herrlichen Retter. Das sollte auch uns mit Freude erfüllen. Dann wäre das Ziel dieses Briefes erreicht.

Welche Vorrechte haben wir als Christen? Wir sind durch das kostbare Blut Christi erlöst. Das ist unsere Stellung zu Christus (1,18-19). Wegen dieses Verhältnisses zu Christus haben wir in ihm alles, was Gott von uns wünscht. Wenn Gott uns seinen Sohn gegeben hat, wird er uns großzügig mit ihm alles andere geben.

Das Leben des Glaubens wird vom ersten Anfang an beschrieben. Wir sind von Gott geboren (gezeugt) (1,3). Am Ende steht ein herrliches Erbe für uns bereit (1,4) und damit wir uns dessen sicher werden, werden wir durch die Macht Gottes bewahrt (1,5).

Lesevorschläge

Sonntag:	Kostbarer Glaube	*1Petr 1,1-12*
Montag:	Kostbares Blut	*1Petr 1,13-25*
Dienstag:	Kostbarer Eckstein	*1Petr 2,1-10*
Mittwoch:	Kostbarer Retter	*1Petr 2,11-25*
Donnerstag:	Kostbar ist ein sanftmütiger und stiller Geist	*1Petr 3,1-22*
Freitag:	Kostbares Leiden Christi	*1Petr 4,1-19*
Samstag:	Kostbare Krone	*1Petr 5,1-14*

Der See Genezareth bei Tabgha, wo die Speisung der Fünftausend stattfand.

Gegenüber: Fischer auf dem See Genezareth sortieren ihren Fang in der Nähe von Tiberias. Petrus wurde vom Fischer zum Menschenfischer.

Petrus gibt uns gute und einfache Anweisung, wie wir leben sollen (1,13-16). Hier schreibt er: »Darum umgürtet die Lenden eures Gemütes, seid nüchtern und setzt eure Hoffnung ganz auf die Gnade, die euch angeboten wird in der Offenbarung Jesu Christi.« Gestaltet euer Leben nach dem Vorbild des Herrn Jesus Christus. Lebt nicht nach dem alten Schema. »Ihr sollt heilig sein; denn ich bin heilig.« Liebet einander (1,22), weil ihr wisst, dass ihr »wiedergeboren seid« (1,23) – lebt dementsprechend. Wir sind eine neue Schöpfung in Christus Jesus.

Wie kann jemand alle Bosheit ablegen, wie Petrus es verlangt? (Kap. 2). Nicht durch eigene Anstrengung! Nicht durch eigene Versuche! Nicht durch Übung! Nicht dadurch, dass wir unsere Willenskraft gegen die Sünde einsetzen! Sondern dadurch, dass wir Gott zutrauen, dass er es durch seine Gnade tun kann. Nur der kann die Sünde »ablegen«, der Christus als Retter angenommen hat und weiß, dass Christus seine Sünde »auf sich genommen hat«.

Petrus fordert uns auf, einige hässliche Dinge aus unserem Leben zu verbannen – Bosheit, Arglist, Heuchelei, Neid und üble Nachreden (2,1). Aus der Wurzel der Bosheit wächst ein tödliches Unkraut. Das muss aus unserem Herzen verbannt werden, wenn wir wachsen wollen. Wenn wir zulassen, dass das Unkraut sich ausbreitet, dann wird es die eigentliche Pflanze ersticken.

Alles was die Herrschaft des Herrn Jesus Christus in Frage stellt, muss verschwinden, egal, ob es unsere Sünde oder unsere Gerechtigkeit ist. Bisweilen halten uns sogar gute Dinge von Gott fern. Die Wahl, die wir treffen müssen, ist nicht immer eine Wahl zwischen Gut und Böse, Richtig und Falsch, sondern oft zwischen dem Guten und dem Besten. »Gottes Wege sind vollkommen, die Worte des Herrn sind durchläutert« (Ps 18,31).

Neugeborene Christen

Wir werden »neugeborene Kindlein« genannt. Neugeborene Babys können sich noch nicht selbst am Leben erhalten. Sie sind von morgens bis abends auf Hilfe angewiesen. Sie brauchen Nahrung, Kleidung, Obdach und die unermüdliche Pflege einer Mutter und den Schutz eines Vaters.

Das ist ein Gleichnis für den Christen. Ein Christ hat nichts in sich selber, aber er hat Zugang zu dem unerschöpflichen Reichtum Christi, und er wird mit der ganzen Fülle Gottes erfüllt. Als neue Christen haben wir eine neue Sehnsucht in unseren Herzen und einen neuen Hunger. Wir erhalten uns nicht selber; Gott erhält uns. Während unseres ganzen Lebens bleiben wir neugeborene Kinder.

Petrus beschreibt diese Haltung als eine Sehnsucht nach der geistlichen Nahrung, der unverfälschten Milch des Wortes. Milch ist die vollkommene Nahrung für Kinder, weil sie alle Elemente für das Wachstum des Körpers enthält. In gleicher Weise ist das Wort die vollkommene Nahrung für die Erbauung der Seele.

Das »Wort« in 2,2 kann man auch als eine Person verstehen, nämlich als Christus ebenso wie als sein Wort, denn in dem dritten Vers lesen wir, dass, wer einmal den Herrn »geschmeckt« hat, spürt, dass er freundlich ist. Er ist die Nahrung unserer Seele.

Petrus schreibt, dass wir wie neugeborene Kinder (1,23) sind, wenn wir »Gottes Kinder« (Joh 1,12) werden. Wir brauchen Nahrung, um zu wachsen. Eben dafür hat Gott in seinem Wort gesorgt. Als die neugeborenen Kinder sollten wir uns nach diesem Wort sehnen, es aufnehmen und dadurch wachsen. Wir werden spüren, dass es gut ist. Christus will für uns wirklich gnädig sein (1Petr 1,23; 2,2-3).

Eine Betrachtung über Steine

Hier gebraucht Petrus ein anderes Bild und nennt Christus einen »Stein«.

Den Stein, der von den Menschen verworfen wurde, der aber in Gottes Augen kostbar ist (2,4). Jeder Mensch in dieser Welt hat etwas mit diesem »Stein« Jesus Christus zu tun. Den Juden war er ein »Stein des Anstoßes und ein Fels des Ärgernisses«.

Aber auch wir selber sind Steine, die auf Christus als das Fundament aufgeschichtet werden, so dass ein geistlicher Tempel für Gott entsteht. Weil das so ist, ist es für jeden von uns wichtig, den rechten Platz in Gottes Plan zu entdecken und darin zu bleiben. Das »geistliche Haus« (2,5), das die Gläubigen bauen, ist der umfassende Tempel des Heiligen Geistes, ebenso wie der einzelne Christ der individuelle Tempel des Heiligen Geistes ist (1Kor 6,19).

Wir sind nicht nur »lebendige Steine« in einem geistlichen Tempel, sondern jeder von uns ist ein Priester in diesem Tempel. Priester vertreten Gott bei den Menschen und Menschen bei Gott. Die Christen sind ein »heiliges Priestertum« (2,5).

Christenpflichten
(1. Petrus 2,11-4,11)

Bis hierhin hat Petrus die Christen ermahnt, ihrer neuen Berufung würdig zu wandeln. Nun beschwört er sie, Gott vor einer gottfeindlichen und sie verfolgenden Welt zu verherrlichen.

Petrus macht einen ganz einfachen Vorschlag. Zunächst erinnert er uns daran, dass wir Reisende sind, auf der Erde nicht ansässig, sondern unterwegs zu einer ewigen Stadt. Es ist wichtig, dass wir uns das immer vor Augen halten, denn sonst werden wir unser Leben auf Sand bauen.

Für den Christen aber, der auf die Empfehlung des Petrus eingegangen ist, ist alles anders. Er hat Zeit, Gedanken und Geld in Christi Plan für sein Leben investiert. Er erlebt, dass das Leben von Jahr zu Jahr schöner wird und dass das Beste von allem das Ende ist!

Die schönste Genugtuung, die ein Christ haben kann, besteht darin, festzustellen, dass er seinem Herrn gefällt. Wir sollten in der Macht des Herrn in allen unseren Lebensabschnitten für Christus leben. Nicht einmal die unbedeutenden Dinge dieses Lebens sollen wir von ihm ausschließen. Das wird nicht leicht sein; der Teufel lässt sich das nicht gerne gefallen. Er wird alle Waffen gegen uns einsetzen. Aber Christus hat schon den Sieg über ihn errungen, und dieser Sieg kann der unsere werden, wenn wir darum beten (1Kor 15,57).

Christen sind in dieser Welt nicht zu Hause. Sie sind weit von zu Hause weg und leben »als Fremdlinge und Pilger« (2,11), denn unsere »Bürgerschaft ist im Himmel« (Phil 3,20). Wir sind in der Welt, aber nicht von der Welt (Joh 17,11.14).

In diesem Abschnitt gibt Petrus ernste Ermahnungen. Zunächst ruft er auf zu einem reinen Leben. Die Christen werden vor den Angeboten dieser Welt gewarnt, denn sie wirken wie eine Blutvergiftung (2,11). Wenn wir ihnen einmal in unserem Leben Raum gewährt haben, können sie uns beherrschen und unser Leben mehr prägen, als wir eigentlich wollen.

Die Macht des Einflusses

Wir müssen andere durch das, was wir sagen und tun, beeinflussen. »Führt ein rechtschaffenes Leben unter den Heiden« (2,12). Die Leute lesen nicht mehr viel geistliche Lektüre, aber sie lesen sehr viel von den religiösen (oder antireligiösen) Werken derer ab, die sich zu Christus bekennen. Es scheint banal, das zu sagen, aber es trifft zu, dass durch ein authentisches Leben als Christ mehr Menschen für Christus gewonnen werden als auf irgendeinem anderen Weg. Das Thema des christlichen Lebens wird in den Versen 2,12-4,11 behandelt. Das ist bei Petrus das Hauptthema für die Christen, die in ihrer Zeit die einzige »Bibel« waren, die man lesen konnte.

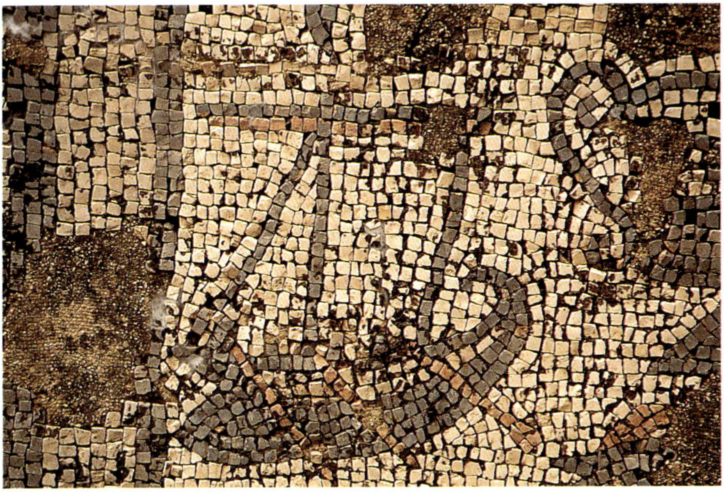

Mosaik eines galiläischen Fischerbootes aus Kapernaum.

»Die euch verleumden als Übeltäter« (2,12). Die Christen wurden schrecklicher Verbrechen angeklagt. Man nannte sie gottlos, weil sie heidnische Götter leugneten. Sie wurden als Vaterlandsverräter angesehen, weil das Heidentum die Staatsreligion war. Die Staatsreligion zurückzuweisen wurde als Rebellion gegen den Staat selber betrachtet. Oft waren die Christen verpflichtet, von den allgemeinen gesellschaftlichen Gepflogenheiten Abstand zu nehmen und wurden deshalb häufig verdächtigt. Die Antwort auf all das muss in einer vorbildlichen Lebensführung jedes Christen bestehen. Sie muss frei von Tadel sein.

Wahre Freiheit

»Als die Freien, und nicht als hättet ihr die Freiheit zum Deckmantel der Bosheit« (2,16). Es gibt eine nette Geschichte aus den frühen Tagen der Russischen Revolution. Nachdem der Zar abgedankt hatte, konnte man eine beleibte alte Frau lässig mitten auf einer der verkehrsreichsten Straßen in Petersburg gehen sehen, wobei sie sich selber in größte Gefahr begab und für den Verkehr allergrößte Verwirrung schaffte. Ein Polizist machte ihr klar, dass es einen Bürgersteig gebe und dass die Straßen für Wagen, Autos und Reiter daseien. Aber sie ließ sich nicht überzeugen. »Ich kann überall gehen, wo ich will«, sagte sie. »Jetzt haben wir die Freiheit.«

Wenn wir behaupten, wir könnten »tun, was wir wollen«, sind wir ebenso durch Gedankenlosigkeit und Dummheit gefährdet wie diese alte Frau. Freiheit heißt nicht, tun, was man will, sondern tun können, was man soll.

Und was möchte Jesus von uns?

Bringt euer Leben in Ordnung
(1Petr 2,17)!

Ehrt alle Menschen!
Wir sollen die anderen achten.

Liebt die Brüder!
So könnten alle sozialen Probleme gelöst werden.

Fürchtet Gott!
Die Furcht des Herrn ist der Anfang der Weisheit.

Ehrt den König!
Achtet eure Regierung.

Eines der überzeugendsten und mächtigsten Zeichen dafür, dass ein Christ »neugeboren« ist, besteht darin, geduldig Bosheit und Ungerechtigkeit zu ertragen (2,19-20). Damit bezeugen wir die Gnade Gottes. Eben das tat Christus auch, als er auf dieser Erde war und sich seiner Kreuzigung und dem Tod unterwarf. Das sollen jetzt seine Nachfolger tun, um »seinen Fußtapfen nachzufolgen« (2,21).

Wenn Christen unter Ungerechtigkeit leiden, ohne wieder zu vergelten oder sich zu verteidigen, dann spiegelt das das Handeln Christi (2,24). »Bei den Menschen ist's unmöglich; aber bei Gott sind alle Dinge möglich« (Mt 19,26). Wir sollen »geduldig« leiden. Geduld ist »edel«, denn sie ist Christus ähnlich (1Petr 13,17-18; 4,12-16).

Petrus weist auf das Vorbild seines Meisters hin. Das Geheimnis der Geduld findet man immer in der göttlichen Gnade (Jak 1,3-4).

Lebensordnungen

In Kap. 2 und 3 stoßen wir auf Anweisungen für verschiedene Lebensverhältnisse. Zunächst kommen persönliche Ermahnungen (2,1-12). Dann spricht Petrus von unseren zwischenmenschlichen Beziehungen. Sklaven sollten ihren Herren mit Achtung gehorchen, und zwar nicht nur den guten und vernünftigen, sondern auch den ungerechten.

In 3,1-7 kommt das Familienleben zur Sprache. Natürlich beginnt es mit der Beziehung der Ehepartner zueinander. »Desgleichen sollt ihr Frauen euch euren Männern unterordnen, damit auch die, die nicht an das Wort glauben, durch das Leben ihrer Frauen ohne Worte gewonnen werden« (3,1) Das bedeutet selbstlose Hingabe, um Liebe und Bewunderung zu gewinnen. Diese Anweisung könnte ungerecht klingen, stünde nicht daneben die Aufforderung an die Ehemänner (3,7): »Wohnt vernünftig mit ihnen zusammen und gebt dem weiblichen Geschlecht als dem schwächeren seine Ehre.« So unterwirft sich eine Frau also der Liebe aus Einsicht und nicht aus Eigensucht. Der Mann soll zu der Ehefrau zärtlich sein. Gott will, dass die Liebe der Ehepartner auf Gegenseitigkeit beruht. Einer soll den anderen respektieren. Das Ergebnis von alldem wird ein Eheleben sein, in dem ein gemeinsames Gebet möglich wird (3,7). Gemeinsames Gebet verbindet die Partner enger miteinander.

Petrus zeigt den Weg zum Glück in einer Welt, die verdorben ist. »Denn wer das Leben lieben und gute Tage sehen will, der hüte seine Zunge, dass sie nichts Böses rede, und seine Lippen, dass sie nicht trügen. Er wende sich ab vom Bösen und tue Gutes; er suche Frieden und jage ihm nach. Denn die Augen des Herrn sehen auf die Gerechten und seine Ohren hören auf ihr Gebet; das Angesicht des Herrn aber steht wider die, die Böses tun« (3,10-12). Petrus zitiert hier Psalm 34,12-14. Der beste Weg zum Lebensglück und -erfolg besteht darin, dass man sich vom Lästern und vom Verleumden freihält und stets bereit ist, Böses mit Gutem zu vergelten.

Zur Antwort bereit

Eine weitere wichtige Ermahnung wird uns in 3,15 gegeben. Sie gilt jedem von uns: »Seid allezeit bereit zur Verantwortung vor jedermann, der von euch Grund fordert der Hoffnung, die in euch ist.« Können wir anderen Menschen eine überzeugende Antwort darauf geben, warum wir Christus vertrauen? Wenn nicht, so sollten wir uns eine Antwort überlegen.

Hier geht es Petrus auch um das Leiden Christi: »Der unsere Sünde selbst hinaufgetragen hat an seinem Leibe auf das Holz« (2,24). Christus litt, als er zum Tode am Kreuz verdammt wurde. Er »litt für eure Sünden, der Gerechte für die Ungerechten, damit er euch zu Gott führte« (3,18). Der Christ nimmt sein Kreuz auf sich und folgt Christus nach, indem er sich selbst verleugnet (Mt 16,24). Der Ausdruck »habt dieselbe Gesinnung« meint dasselbe wie Jesus: »Will mir jemand nachfolgen, der verleugne sich selbst und nehme sein Kreuz auf sich und folge mir nach« (Mt 16,24). Solch ein großer Entschluss wird nicht ohne Leiden und Opfer bleiben. Nur wenige können dem Leiden

Büste des Kaisers Nero, der die Christen grausam verfolgte.

entfliehen, sei es geistiges, körperliches oder geistliches Leiden. Wir können uns auch die Art des Leidens nicht aussuchen.

Oft lässt Gott uns in Lebensumstände geraten, in denen uns gerade das besonders heiß Ersehnte versagt wird. Wir können uns aber damit trösten, dass Gott den züchtigt, den er lieb hat. Wenn er die Oberfläche unseres Leben abschleift, dann tut er das nur, damit wir wie ein Diamant umso heller glänzen. Das sollten wir wissen: Je größer das Leiden in der Welt, umso größer die Herrlichkeit im Himmel. Das meint Petrus in 4,2.

Christen werden versucht
(1. Petrus 4,12-5,14)

Nero unterwarf die Christen schrecklichen Verfolgungen. Treue zu Christus führte unweigerlich ins Leiden. Christus läutert durch das Feuer. Mit den wertvollsten Metallen gibt der Prüfer sich die meiste Mühe, wenn er sie ins Feuer gibt. Das Metall wird geschmolzen, und nur die Schmelzmasse reinigt die Legierung oder nimmt in der Gusspfanne ihre neue Form an. Christus lässt zu, dass wir durch das Leidensfeuer hindurchgehen, bis alle Schlacken herausgebrannt sind.

Allnächtlich wurden in Neros Gärten während der Verfolgungen Christen verbrannt. Es sah aus, als ob der Teufel dabei wäre, die Kirche zu verschlingen (5,8). Es war wirklich eine »Feuerprobe«, aber Gott wollte sie dazu benutzen, um das reine Gold an den Tag zu bringen (1,7).

»Lasset euch die Hitze nicht befremden, die euch widerfährt zu eurer Versuchung als widerführe euch etwas Seltsames« (4,12). Wir sollten nicht meinen, dass Christus verheißen habe, dass wir als Christen von Schmerzen, Unglück oder dem Tod verschont würden. Christus sagt: »Ihr werdet in dieser Welt Verfolgung erleiden.« Das heißt zweifellos, dass die Menschen den echten Christen verfolgen werden, weil die Welt Christus und alles, was seinen Namen trägt, hasst.

Petrus ermahnt die Kirchenführer, die Herde recht zu weiden. Er gebietet ihnen, nicht Herr über sie zu sein (5,3), sondern ihr zu dienen. Christus hatte zu Petrus gesagt: »Weide meine Schafe« (Joh 21).

Petrus sagt uns auch, wer unser Feind ist: der Teufel. Er widerstrebt allem, was in dieser Welt gut ist. Petrus stellt ihn dar als einen brüllenden Löwen, der nach Opfern sucht, die er verschlingen könnte (5,8). Der Teufel ist verschlagen. Er tritt manchmal als Lichtengel auf, ein andermal wieder als Schlange.

Der Teufel hält Ausschau nach den verwundbaren Stellen, nach den unbewachten Türen unserer Herzen. In Eph 6 sagt uns Paulus, welche Waffenrüstung wir tragen sollen. Aber wir brauchen uns nicht zu fürchten, denn »der Gott aller Gnade, der euch berufen hat zu seiner ewigen Herrlichkeit in Christus Jesus, der wird euch, die ihr eine kleine Zeit leidet, aufrichten, stärken, kräftigen, gründen« (5,10).

46.

Der zweite Petrusbrief

Der erste Petrusbrief soll seine Leser trösten; der zweite Petrusbrief soll warnen.

In seinem ersten Brief versuchte Petrus, Christen zu ermutigen, die unter schrecklichen Verfolgungen von außen zu leiden hatten. In seinem zweiten Brief warnt er sie vor der Gefahr innerhalb der Kirche.

Christen brauchen geistlichen Mut noch mehr als natürlichen Mut. Es ist unsere Pflicht, unter allen Umständen, ohne alle Abweichungen und ohne zu zögern das Richtige zu tun. »Ein Christ ist immer im Dienst.«

Es ist oft schwierig, für die Wahrheit einzutreten. Beispiele dafür finden sich in der Bibel bei Josef (1Mo 39,9), Nehemia (5,7; 6,1-16), Daniel (1,8) und Paulus. Auch die Kirchengeschichte ist voll von mutigen Kämpfern für die Wahrheit.

Petrus warnt vor der Gefahr der Mutlosigkeit und ermahnt die Christen, stark zu werden »in der Gnade und Erkenntnis« Christi. Das Wissen um den christlichen Glauben ist das beste Mittel, Irrlehren zu bekämpfen, die sich in die Kirchenmauern eingeschlichen haben. Wir erlangen Christuserkenntnis durch sein Wort. Deshalb dürfen wir das Wort Gottes nicht vernachlässigen. Es ist wirklich »unseres Fußes Leuchte und ein Licht auf unserem Wege«.

Im 1. Petrusbrief hörten wir viel über das Leiden, im 2. Petrusbrief über die Erkenntnis. Oberflächliche Erkenntnis macht Christen oberflächlich. Paulus sagt: »Ich weiß, an wen ich glaube.«

Nicht *was* wir glauben, gibt uns Kraft, sondern *an wen* wir glauben. Petrus wusste, dass Irrlehre oft auch zu zügellosem Leben führt. Die Christenheit muss ein Glaubensbekenntnis haben, um sich auch christlich verhalten zu können. Verführer missbrauchen die Kirche für Pläne, die ihnen Geld einbringen sollen. Führer innerhalb der Kirche ließen alle möglichen Übeltaten zu. Die Irrlehrer spotteten über die Wiederkunft des Herrn, und die Kirche war in der Gefahr, jene »herrliche Hoffnung« aufzugeben.

Simon Petrus ist ein Knecht und Apostel Jesu Christi. Der Name Petrus (»Fels«)

Lesevorschläge

Sonntag:	Christliche Tugenden	*2Petr 1,1-14*
Montag:	Christi Wort wird erhoben	*2Petr 1,15-21*
Dienstag:	Irrlehrer	*2Petr 2,1-14*
Mittwoch:	Christus ist gegen die Übertreter	*2Petr 2,15-22*
Donnerstag:	Christi Wiederkunft wird verspottet	*2Petr 3,1-9*
Freitag:	Christi Wiederkunft ist gewiss	*2Petr 3,10-18*
Samstag:	Christus ist unsere Hoffnung	*2Petr 1,1-3,18*

zeigt den neuen, starken und echten Charakter, den Christus ihm gegeben hatte. Er nennt sich selber »ein Knecht«. Knechtschaft ist das glücklichste Leben in der Welt, sofern der Sklave den richtigen Herrn hat. Es gibt nur einen richtigen Herrn, und das ist Jesus Christus.

Petrus, der Apostel der Hoffnung, spricht wieder zu jungen Christen. Er ermahnt sie, sich auf den Himmel zu freuen, während sie doch nur eine Zeitlang in einer sehr schlechten Welt leben. Er erinnert und erweckt sie zum »lauteren Sinn« (3,1). Er spricht zu den Lesern als solchen, die »mit uns denselben teuren Glauben übernommen haben« (1,1). Wir erinnern uns, wie der Glaube des Petrus durch Christi Gebet für ihn erhalten geblieben war: »Ich aber habe für dich gebetet, dass dein Glaube nicht aufhöre; und wenn du dermaleinst dich bekehrst, so stärke deine Brüder« (Lk 22,32). So kann auch unser Glaube bewahrt werden.

Christliche Tugenden
(2. Petrus 1,1-21)

Kommt uns auch unsere Zeit unheilvoll vor und sehen wir, dass überall die Sünde überhand nimmt? So stellte sich die Welt den jungen Christen zur Zeit des Petrus dar. Damit sie sich durch diesen Anblick nicht entmutigen ließen, zeigte Petrus ihnen, wie sie »der verderblichen Begierde in der Welt« entrinnen könnten (1,4): »Alles, was zum Leben und zur Frömmigkeit dient, hat uns seine göttliche Kraft geschenkt durch die Erkenntnis dessen, der uns berufen hat durch seine Herrlichkeit und Kraft« (1,3).

Ich kann den tödlichen Sünden dieser Welt täglich und allezeit nur dadurch entgehen, dass ich Teilhaber am Wesen Christi werde und ihn in mir leben lasse. Lasst uns auf die »teuren und allergrößten Verheißungen blicken, auf dass wir dadurch teilhaftig werden der göttlichen Natur«. Ich bin Teilhaber an der Natur Gottes (1,4). Nicht jeder hat die Natur Gottes. Das Göttliche ist von Natur aus nicht in den Menschen. Sein Ebenbild bleibt in uns, wenn es auch entstellt wird (vgl. 1Kor 11,7), aber nicht sein Leben. Von Christus getrennt sind wir tot und leblos. Die »göttliche Natur« Gottes wird nur dann die unsere, wenn wir sie durch Jesus Christus annehmen. Das ist eine wunderbare Wahrheit. Wir sollten uns ermutigen lassen, wenn wir daran denken, dass, weil Christus in uns ist, »die göttliche Natur« auch in uns wohnt. Die »allergrößten und kostbarsten Verheißungen« sind für uns bereit. Daraufhin können wir mutig vorwärts schreiten und müssen uns nicht fürchten (2Petr 1,4).

Obwohl Gott uns eine verwandelte und göttliche Natur gibt, will er, dass wir unseren Teil dazu beisteuern, diese kostbare Gabe zu entwickeln (1,5-11). Wir sind Teilhaber am Leben Gottes selbst, deshalb sollten wir uns bemühen, noch mehr zu besitzen. Gott sagt: »Werdet immer reicher an Gnade.«

Stufen zur Herrlichkeit

Es gibt nach Petrus sieben Stufen, deren erste der Glaube und deren letzte die Liebe ist. Diese Stufen sind christliche Tugenden, die jeder Christ gehen sollte (1,5-7).

Unserem Glauben sollten wir Erkenntnis, Selbstbeherrschung, Geduld, Frömmigkeit, brüderliche Freundlichkeit und Liebe hinzufügen. Je reicher das Maß dieser Tugenden ist, desto größer wird auch unsere Erkenntnis von Jesus Christus sein. Wir sollen Christus erkennen, denn ihn zu kennen ist ewiges Leben, und in keinem anderen ist Heil (vgl. Apg 4,12).

Wie Paulus warnt auch Petrus die Christen vor geistlichem Stillstand. Wir sollen nicht Säuglinge in Christus bleiben, die über jede Irrlehre stolpern, sondern stark werden.

»Wer dies aber nicht hat, der ist blind und tappt im Dunkeln und hat vergessen, dass er rein geworden ist von seinen früheren Sünden« (1,9). Kurzsichtige Christen werden wir sein, »kriegsuntauglich« für die Einberufung in Gottes Heer, wenn wir diese Tugenden nicht besitzen.

Wir wollen uns unseres Standes in Christus vergewissern. Nie sollten wir unsere Berufung durch ihn bezweifeln. Wir können Gottes Berufung und Gnadenwahl über alle Zweifel erheben und Gebet, Studium des Gotteswortes und das Gespräch mit anderen Christen als die Grundlage für unsere Tauglichkeit ansehen. Das Leben ist voller Ungewissheit, aber wir brauchen in Glaubensdingen nicht ungewiss zu sein. Glaubensgewissheit bringt die Stetigkeit des Lebens hervor, und »ihr werdet nicht straucheln« (1,10).

Der Christ soll sich bemühen, ein erfülltes Leben zu führen. Petrus will, dass uns »reichlich gewährt werden (wird) der Eingang zu dem ewigen Reich unseres Herrn und Heilandes Jesus Christus« (1,11).

Unsere Zelte werden zusammengelegt. Wie Paulus war sich auch Petrus seines nahen Todes wohl bewusst. Er gibt dem Sterben einen schönen Namen: Ich verlasse meine Hütte (1,14). Ein Theologe drückte es einmal so aus: »Wir falten unser Zelt zusammen.« Petrus wollte, dass seine Mitchristen wussten, dass er keine Märchen erzählte, wenn er ihnen von der Macht und der Wiederkunft des Herrn Jesus Christus berichtete, sondern dass er ein Augenzeuge seiner Majestät war.

Wir dürfen nicht vergessen: Petrus litt und starb für die Wahrheit, die er verkündigte. Er sagte einmal: »Wir können es ja nicht lassen, von dem zu reden, was wir gesehen und gehört haben« (Apg 4,20).

Die Menschen sind viel mehr von Gefühlen als von der Erkenntnis der Wirklichkeit abhängig. Petrus wollte nicht, dass die Christen sich auf Gefühle stützen.

Irrlehrer (2. Petrus 2,1-22)

Zu allen Zeiten sind die Versuchungen stark und der Widerstand gegen Gott mächtig. Wir sollten damit rechnen und uns darüber hinwegsetzen. Die Welt war immer und wird immer voll von Widerspruch gegen die Wahrheit sein und gegen die, die sie vertreten. Aber Gott wird eingreifen. In der Zwischenzeit gilt: »Der Herr weiß die Frommen aus der Versuchung zu erretten« (2,9).

Petrus war ein Augenzeuge der Verklärung Jesu, die möglicherweise auf dem Hermon stattfand.

In diesem dunklen und entsetzlichen Kapitel spricht Petrus von dem Auftreten, dem Einfluss und dem Untergang der Irrlehrer. Wir sollten über ihr Auftreten nicht überrascht sein, denn Christus warnte uns bereits in Mt 7,15; 24,11.24 davor, und wir haben auch Paulus' Worte über sie an Timotheus (1Tim 4,1-3; 2Tim 3,1-9) gehört.

Petrus zeichnet ein rabenschwarzes Bild der Irrlehrer:

Sie bringen verruchte Irrlehren	2,1
Sie verleugnen den Herrn, der sie erkauft hat	2,1
Sie sprechen übel von dem Weg der Wahrheit	2,2
Sie plündern die Gemeinde mit trügerischen Worten aus	2,3
Sie wandeln nach den Lüsten des Fleisches in Unreinheit	2,10
Sie verachten den Staat	2,10
Sie sind überheblich und eigensinnig	2,10
Sie ziehen das Ehrwürdige in den Schmutz	2,10
Sie sind von Natur aus wie unvernünftige, wilde Tiere	2,12
Sie lästern über etwas, das sie nicht verstehen	2,12

Sie haben Vergnügen daran, den Tag in Schwelgereien zu verbringen 2,13
Sie sind der Schandfleck der Gesellschaft 2,13
Sie schwelgen in ihren Betrügereien, während sie von dem Euren prassen 2,13
Ihre Augen sind voll Ehebruchs, die nimmer satt sind der Sünde 2,14
Sie locken die leichtfertigen Seelen an sich 2,14
Ihre Herzen sind voll von Habsucht 2,14
Sie sind die Kinder des Fluchs 2,14
Sie haben den rechten Weg verlassen 2,15
Sie sind Quellen ohne Wasser 2,17
Sie sind Wolken, die vom Wirbelwind herumgetrieben werden 2,17
Sie reden stolze Worte, hinter denen nichts steht 2,18
Sie reizen durch Unzucht 2,18
Sie sind Knechte des Verderbens 2,19

Die falschen Lehrer sind auch beliebt. »Viele werden ihnen folgen in ihren Ausschweifungen« (2,2). Die falschen Lehrer reden über die »Wahrheit«, aber sie vergessen, dass Christus gesagt hat: »Ich bin der Weg, die Wahrheit und das Leben; niemand kommt zum Vater denn durch mich« (Joh 14,6). Er ist kein Wegweiser – er ist *der Weg*. Er ist keine Anweisung zum Leben – er ist *das Leben*.

»Aus Habsucht werden sie euch mit erdichteten Worten zu gewinnen suchen« (2,3). Vielen Wörtern wird eine neue Bedeutung untergeschoben. Sie sagen, dass sie an alles glauben; aber wenn man sie genauer nach dem fragt, was sie meinen, dann ist es weit von dem entfernt, was die Schrift sagt. Sie behalten das Wort äußerlich bei, aber sie entleeren es seines Inhalts.

Nur eins kann Gott mit solchen Menschen tun, nämlich sie vernichten. »Wenn man mit Licht spielt, wird es zu Feuer.« Petrus erklärt unzweideutig, wie das Ende der Irrlehre sein wird (2,3-9). Die Irrlehrer werden bestraft werden. Das alles ist eine Warnung an die Gottlosen aller Zeiten. Wie schwer auch die Strafe für die Irrlehrer sein mag – darüber können wir sicher sein, dass die Errettung des Gottesvolkes verheißen ist. Die Bestrafung der Bösen sollen wir Gott überlassen.

Christi Kommen
(2. Petrus 3,1-18)

Irrlehren über Christus, die seine Gottheit und Macht leugnen, führen zu falschem Denken. Zuerst erhebt sich die Frage nach der Wiederkunft Christi. Petrus erinnert die Gemeinde an Jesu Worte über die Wiederkunft. Die Menschen verstanden ihn falsch und glaubten, dass seine Wiederkehr sich schon in der ersten Generation ereignen würde. Petrus sagt ihnen, dass Zeit bei Gott nichts bedeutet – dass ein Tag bei dem Herrn ist wie tausend Jahre (3,8). Er wird sein Versprechen halten, wie er alle seine Verheißungen gehalten hat; alles nach seinem eigenen Plan.

»Der Herr verzögert nicht die Verheißung ..., sondern er hat Geduld mit euch und will nicht, dass jemand verloren werde, sondern dass jedermann zur Buße finde« (3,9). Die letzten Zeiten werden schwere Zeiten sein, denn die Spötter werden sich lustig machen und sagen: »Wo bleibt die Verheißung der Wiederkunft Christi? Soweit wir sehen können, geht alles so weiter, wie es von Anfang der Schöpfung an gewesen ist. Es hat keine Zeichen irgendeiner radikalen Veränderung gegeben. Die Verheißung seiner Wiederkunft ist hinfällig.« Und so argumentieren sie: »Er ist nicht gekommen, also wird er auch nicht kommen. Nichts Besonderes hat sich ereignet, also wird auch weiterhin nichts Auffälliges geschehen.« Sollen wir die Hoffnung aufgeben, weil unser Herr noch nicht gekommen ist? Nein. Vielmehr sollen wir uns darüber freuen, dass seine Wiederkunft jeden Tag näher rückt.

Flut und Feuer!

Petrus erinnert die Zweifler daran, dass

schon einmal eine mächtige Flut die Welt verdarb, und in Mt 24,37-38 vergleicht Christus seine Wiederkunft mit der Sintflut. Sicher hatte Petrus gehört, dass er das sagte. »Aber beim nächsten Mal wird Gott die Erde durch Feuer zerstören.« Die Verwüstung, die die Atombombe von Hiroshima angerichtet hat, hat die Möglichkeit einer solchen Katastrophe gezeigt. Wenn Gott das Gericht über die Welt herbeigeführt hat, werden der neue Himmel und eine neue Erde entstehen (3,13).

Satan wird seine Macht über diese Erde nicht freiwillig aus den Händen geben. Aber seine Tage sind gezählt, und »Jesus wird regieren«. »Ihr sollt vor allem wissen, dass in den letzten Tagen Spötter kommen werden, die ihren Spott treiben, ihren eigenen Begierden nachgehen und sagen: Wo bleibt die Verheißung seines Kommens? ... Es wird aber der Tag des Herrn kommen!« (3,3.10) Wir warten nach seiner Verheißung auf einen neuen Himmel und eine neue Erde, in der Gerechtigkeit wohnen wird. Es wird nicht eine vollständige Zerstörung sein, sondern eine neue Erde wird geschaffen werden. Blicke gen Osten, denn euch »soll aufgehen die Sonne der Gerechtigkeit und Heil unter ihren Flügeln« (Mal 3,20).

Was bedeutet das alles für unser Leben? Petrus beantwortet diese Frage in Vers 14. Wir werden in unserem Dienst sorgfältig sein, werden allezeit um den Frieden ringen, und werden uns darauf ausrichten, tadel- und fehlerlos in unserem Wesen zu sein. Wir dürfen nicht gleichgültig werden, weil er sein Kommen verzögert, denn eines Tages wird der Herr plötzlich da sein. Geduldig wollen wir warten, während er auf sich warten lässt, und wissen, dass er das aus Langmut tut und allen Menschen eine letzte Chance geben will, ihn anzubeten.

Wie sollen wir leben, während wir auf sein Kommen warten? Vor allem ist es wichtig, dass wir unsere Zunge hüten. Wir dürfen nie vergessen, mit ganzer Sehnsucht nach unserem Herrn Ausschau zu halten. Und wir sollen wachsam sein, dass wir »in ihm« gefunden werden (3,14). Freuen wir uns auf seine Wiederkunft?

Blick über das Tote Meer. Die Städte Sodom und Gomorrha lagen einst nicht weit von hier, bevor sie völlig zerstört wurden.

Welche Wirkung hat diese Hoffnung auf unser Leben und unsere Gespräche?

Petrus' letztes Wort der Warnung lautet »hütet euch«! Das ist eine Mahnung zur Vorsicht. »Hütet euch, dass ihr nicht durch den Irrtum dieser ruchlosen Leute samt ihnen verführt werdet und fallt aus eurem festen Stand« (3,17).

Wissen und Wachsen

Das beste Mittel gegen Rückfall ist das »Wachsen« – der Fortschritt. »Wachset aber in der Gnade und Erkenntnis unseres Herrn und Heilandes Jesus Christus« (3,18). Christliche Erkenntnis ist eine wirksame Waffe gegen Irrlehren. Eine Christenheit ohne Glaubensbekenntnis kann nichts gegen die Angriffe der Kritiker ausrichten. Wenn wir nicht wachsen, stehen wir in der Gefahr, vom rechten Weg abzukommen, denn wir leben in einer bösen Welt, wo es viele Feinde Gottes gibt. Die Grundlage des Wachstums ist die Erkenntnis Christi. Wenn wir in ihr wachsen, dann wachsen wir auch zu seinem Ebenbild hin.

47.

Der erste, zweite und dritte Johannes- und der Judasbrief

Der erste Johannesbrief

Dieser Brief wurde von dem hochbetagten Apostel Johannes im Jahre 90 n.Chr. wahrscheinlich in Ephesus geschrieben. Im Gegensatz zu anderen Aposteln adressiert er seinen Brief nicht an eine bestimmte Gemeinde oder eine bestimmte Person. Er wendet sich an alle, Alt oder Jung (2,12-14). Er redet die Christen mit dem vertrauensvollen Wort »Kindlein« bzw. »Kinder« an.

Johannes hat uns verraten, warum er sein Evangelium schrieb – damit »ihr glaubt, dass Jesus der Christus ist, der Sohn Gottes, und damit ihr durch den Glauben das Leben habt in seinem Namen« (Joh 20,31).

Seinen ersten Brief schrieb er, damit die, die an Christus glaubten, wüssten, dass sie das ewige Leben haben (5,13).

Das Evangelium wurde geschrieben, um den Menschen zu zeigen, wie sie das ewige Leben empfangen können; der erste Johannesbrief, um die Glaubenden zu vergewissern, dass sie das ewige Leben haben, weil sie glauben, »dass Jesus der Christus ist«. Womöglich ist der erste Johannesbrief eine Art Begleitschreiben zum Johannes-Evangelium. Wir machen auch die Feststellung, dass das Wort »glauben« sehr häufig im Evangelium des Johannes auftaucht, während das Wort »wissen« sich in diesem kurzen Brief über 30-mal findet.

Johannes schrieb aus vier Gründen:

Lesevorschläge

Sonntag:	Wandel in der Gemeinschaft *1Joh 1,1-2,14*
Montag:	Wandel als Kinder Gottes *1Joh 2,15-3,24*
Dienstag:	Wandel in der Liebe *1Joh 4,1-21*
Mittwoch:	Wandel in der Erkenntnis *1Joh 5,1-21*
Donnerstag:	Wandel in der Wahrheit *2Joh 1-13*
Freitag:	Wandel in Christus, dem »Weg« *3Joh 1-14*
Samstag:	Wandel ohne Straucheln *Jud 1-25*

Gegenüber: »Gott ist Licht, und in ihm ist keine Finsternis« (1Joh 1,5).

- damit ihre Freude vollkommen sei 1,4
- damit sie nicht sündigten 2,1
- damit sie auf der Hut seien vor Irrlehren 2,26
- damit sie erkennen 5,13

Durch den ganzen Brief zieht sich ein zuversichtlicher und fröhlicher Ton. Johannes war der Jünger, den Jesus lieb hatte. Er stand ganz nahe bei ihm am Kreuz auf Golgatha. Er blickte am Auferstehungsmorgen in das leere Grab. Auf der Insel Patmos wurde er vom Geist entrückt und sah eine Tür, die den Himmel öffnete. Dieser Mann bezeugt uns, was er gesehen hat. »Wir wissen«, schreibt er, »hier gibt es gar nicht die Möglichkeit eines Zweifels.« »Was da von Anfang an war, was wir gehört haben, was wir gesehen haben mit unseren Augen, was wir betrachtet haben und unsere Hände betastet haben, vom Wort des Lebens«: Jesus! (1Joh 1,1). Johannes sehnt sich danach, seine Hörer in die engste Gemeinschaft mit dem Vater und seinem Sohn zu bringen, damit ihre Freude vollkommen sei (1,3.4,7; 2,13-14).

Christus, welcher Gott war, wohnte in einem menschlischen Leib unter den Menschen, so dass sie seine Stimme hören, sein Gesicht sehen und seine Hand spüren konnten. Gott zog es zu den Menschen hin, damit wir »Gemeinschaft mit ihm hätten«. In Gemeinschaft leben heißt in Übereinstimmung leben.

Gott will, dass wir mit ihm Gemeinschaft haben, damit wir in ihm auch Gemeinschaft untereinander haben (1,3).

Johannes schreibt, dass wir nicht nur wie Christen glauben, sondern auch wie Christen handeln müssen. In Kap. 1-3 können wir prüfen, ob wir wie Christen leben. In Kap 4 und 5 können wir entdecken, ob wir wie Christen glauben. Zum Blitz gehört der Donner. Ebenso ist der Glaube von rechtem Leben und wahrem Zeugnis begleitet (2,3). Manche Menschen sagen, dass sie an Gott glauben, aber sie handeln vollkommen anders. Ihr Verhalten straft sie Lügen. Unser Lebenswandel muss ein Spiegel unseres Glaubens sein. Wir sollen die Wahrheit tun und glauben. »Wenn wir sagen, dass wir Gemeinschaft mit ihm haben und wandeln in der Finsternis, so lügen wir und tun nicht die Wahrheit« (1, 6).

Rechter Wandel
(1. Johannes 1,1-3,24)

Johannes gibt uns sieben Prüfsteine für rechtes christliches Verhalten. Wenn wir sie lesen, merken wir, wo wir als Christen stehen. Man kann sie leicht finden, weil sie alle durch die Worte »wenn wir sagen« oder »wer sagt …« eingeleitet werden. Wenn wir irgendetwas sagen und etwas anderes tun, leben wir nicht so, wie es Christus von uns haben will, nämlich nicht ganz in der Gemeinschaft mit ihm. Wie viel leichter ist es nur zu reden als es auch zu tun.

»Und unsere Gemeinschaft ist mit dem Vater und mit seinem Sohn Jesus Christus« (1,3). Wir sollen zusammen wandeln, zusammen reden und zusammen leben. Wir sollen an demselben Tisch essen (Offb 3,20). Wir sind eine Familie (Eph 3,15). Gemeinschaft bringt Freude (1,4). Es gibt keine größere Freude als die Gemeinschaft mit einem Freund.

Ich lebe mit dem Gott des Lichts. »Gott ist Licht, und in ihm ist keine Finsternis« (1,5). Wenn ich vor ihm wandle, werde ich im Licht seiner Liebe und seiner Gnade wandeln.

Sieben Prüfsteine unseres Wandelns vor Gott

Erster Prüfstein – Wandel im Licht

»Wenn wir sagen, dass wir die Gemeinschaft mit ihm haben und in der Finsternis wandeln, so lügen wir und tun nicht die Wahrheit« (1,6).

Ist in unserem Leben eine bewusste Sünde? Wenn ja, wandeln wir nicht vor Christus. Seine Gegenwart erhellt unser Gewissen und Herz und zeigt uns die Anwesenheit der Sünde in unserem Leben (Eph 5,13).

Ein Christ, der in Gemeinschaft mit Gott wandelt, wird auch Gemeinschaft mit anderen Christen haben (1Joh 1,7). Haben wir je einmal einen Stein aufgehoben, der lange Zeit auf dem Boden gelegen hat? In dem Augenblick, wo wir ihn aufheben, entfernen sich Tiere in alle Richtungen, um vor dem Licht zu fliehen. Das Licht offenbart die Sünde. Bewusste Sünde wird uns von der Gemeinschaft mit Christus fernhalten, die Gemeinschaft mit Christus hält uns von der Sünde fern. Bitten wir ihn, dass er sein Licht auf unser Herz richtet (Ps 129,23.24).

Zweiter Prüfstein – Bekennen wir, dass wir Sünder sind?

»Wenn wir sagen, wir haben keine Sünde, so betrügen wir uns selbst, und die Wahrheit ist nicht in uns« (1,8). Man kann nicht zur gleichen Zeit im Sinne Gottes leben und sündigen. Gott zeigt uns immer wieder die Sünden unseres Lebens. Am Kreuz erlöste er uns ein für allemal von der Sündenstrafe. Wir sollen aber auch wissen, dass er uns von den Sünden reinigt, die durch die Berührung mit dieser Welt in unser Leben kommen, wenn wir sie ihm bekennen.

Wenn ein Bauer sein Feld umpflügt, wirft er jeden Stein, den er findet, weg. Aber im nächsten Jahr, wenn der Pflug sich tiefer in die Furche eingräbt, findet er andere Steine, die im Jahr zuvor verborgen geblieben waren. Auch die wirft er nun zur Seite. Im nächsten Jahr wird sich dasselbe wieder ereignen. So steht es auch mit unserem Leben! Gott will durch den Pflug seines Geistes die Sünden aufdecken, die in unserem Leben verborgen sind, von denen wir aber gar nichts wussten.

Das soll uns nicht entmutigen, sondern uns vielmehr dazu veranlassen, unsere Sünden zu bekennen. »Wenn wir aber unsere Sünden bekennen, so ist er treu und gerecht, dass er uns die Sünden vergibt und reinigt uns von aller Untugend« (1,9). Wir sollten nicht mit allgemeinen Ausdrücken beten. Wir sollen vor Gott die Dinge beim Namen nennen. Ist Stolz, Misstrauen, Zorn und Vergnügungssucht mehr als Gott? Was immer es sein mag – breiten wir es vor Gott aus und sagen ihm, was es ist. Dann dürfen wir Gott hinsichtlich seiner Verheißung beim Wort nehmen. »Er ist treu und gerecht«, nicht nur »unsere Sünden zu vergeben«, sondern auch »uns von aller Ungerechtigkeit zu reinigen«.

Dritter Prüfstein – Gehorsam gegenüber Gottes Willen

»Wer sagt: ich kenne ihn, und hält seine Gebote nicht, der ist ein Lügner, und in dem ist die Wahrheit nicht« (2,4). Gehorsam ist ein guter Prüfstein. Johannes macht hier eine radikale Feststellung: Wenn wir sagen, wir seien Christen, ihm aber nicht gehorchen, dann sind wir Lügner. Ein wahrer Christ hält Gottes Gebot.

Welches sind Christi Gebote? Du sollst den Herrn deinen Gott von ganzem Herzen, von ganzer Seele und mit all deinen Kräften lieben und deinen Nächsten wie dich selbst. Lieben wir Gott so? Verbringen wir mehr Zeit vor dem Fernseher als wir für Gott übrig haben? Dann lieben wir ihn nicht von ganzem Herzen. Haben wir den Ehrgeiz, irgendeinen Lebensplan zu verwirklichen, der uns, wie wir hoffen, Ruhm oder Reichtum oder auch nur mehr Spaß bringen wird? Wir sollten nicht sagen, dass wir Gott kennen, wenn wir seine Gebote nicht halten wollen. Kennen wir seinen Willen für unser Leben? Wollen wir ihn überhaupt erfüllen? Das ist ein Prüfstein unseres Lebens als Christen. Gehorchen wir seinem Wort? Hören wir seine Stimme? Oft wollen wir Gott gar nicht zu uns sprechen lassen. Wir wollen nicht auf ihn hören, weil wir uns vor seinem Willen für uns fürchten. Wir müssen aber in allen Dingen gehorchen, denn »was nicht aus dem Glauben kommt, ist Sünde«.

Christus sagt: »Ihr seid meine Freunde, wenn ihr tut, was ich euch gebiete« (Joh 15,14). Sein Gebot findet sich in demselben

Gott will durch den Pflug seines Geistes die Sünden aufdecken, die in unserem Leben verborgen sind, von denen wir aber gar nichts wussten.

Kapitel: »Und das gebiete ich euch, dass ihr euch untereinander liebt« (Joh 15,17).

Vierter Prüfstein – Folgt Christus nach

»Wer da sagt, dass er in ihm bleibt, der soll auch leben, gleichwie er gelebt hat« (2,6).

Wir sollen in unserem ganzen Leben Christus ähnlich werden. Christus spricht: Ihr seid das Salz der Erde. Salz bewahrt die Nahrung vor dem Verderben. Sind wir die Hüter unserer Umgebung? Sind unsere Gespräche sauber? Enthalten wir uns von dem Missbrauch des Namens Gottes? Bewahrt unsere Gegenwart andere davor, fragwürdige Dinge zu tun?

Die Menschen sind träge. Nur wenige versuchen, Christus zu finden. Deshalb will Christus, dass die anderen sein Bild in uns sehen.

Fünfter Prüfstein – Liebe die anderen

»Wer da sagt, er sei im Licht und hasst seinen Bruder, der ist noch in der Finsternis« (2,9).

Liebe ist ein weiterer guter Prüfstein des Christenlebens (2,7-11). Die Liebe verwandelt einen Menschen. Die Liebe sorgt dafür, dass wir uns um das Wohlergehen der anderen kümmern.

Gott spricht von der Liebe zu anderen als einer persönlichen Haltung. Es gibt drei wesentliche Haltungen gegenüber den anderen: Hass, der dem Mord gleichzusetzen ist (3,15); Gleichgültigkeit, die zu gleichen Ergebnissen führen kann, da sie sich nicht um andere kümmert (4,20-21); Liebe. Die Liebe zeigt sich auf mancherlei Weise (2,9-11; 3,14): Äußerlich kümmert sie sich um das Wohlergehen der anderen (3,16-18); innerlich um das Heil des anderen.

Sechster Prüfstein – Das Verhältnis zur Welt

»Wenn jemand die Welt liebhat, in dem ist nicht die Liebe des Vaters« (2,15).

Die Welt, in der wir leben, ist eine böse Welt (Gal 1,4). Ihr gegenwärtiger Zustand ist kein Maßstab für den Christen. Immer wenn wir merken, dass ein Christ der Welt gehorcht, wissen wir, dass er sich auf verbotenem Grund bewegt.

Man kann alle Sünden in drei Kategorien einteilen: 1. Die Lust des Fleisches; 2. Die Augenlust; 3. Hochmut und Stolz.

1. Die Lust des Fleisches
Durch den Körper, seine Triebe und Leidenschaften, kommen Versuchungen auf uns zu. Auf diese Weise versuchte der Teufel den Herrn Jesus zuerst. Jesus hatte vierzig Tage lang gefastet und hungerte. Wie einleuchtend war die Versuchung Satans: »Mach diese Steine zu Brot.« Die Notwendigkeit von Nahrung und Vergnügen wird von vielen als so gerechtfertigt angesehen, dass man alle Mittel anwenden kann, sie zu erhalten. Aber es gibt nur eine wirkliche Notwendigkeit – Gott zu vertrauen und seine Gebote zu halten.

2. Lust der Augen
Hat sich eine Waffe als unbrauchbar erwiesen, lässt Satan sie schnell fallen und versucht eine andere. Er führte Jesus auf einen hohen Berg und zeigte ihm (Augenlust) alle Königreiche der Welt in einem Augenblick. »Wenn du mich nun anbetest, so soll sie ganz dein sein« (Lk 4,7).

Wie sehr beten die Menschen Reichtum und Ehre an, weil sie sich nach dem sehnen, was ihre Augen von dieser Welt sehen! Darum sollen wir unsere Augen hüten!

3. Hochmut und Stolz
Alle Menschen wollen aufsehenerregenden Erfolg. Der Teufel führte Jesus auf die Zinne des Tempels und sagte ihm, er solle sich herunterstürzen, und wenn er Gottes Sohn sei, würde er von den Engeln bewahrt werden. Im Grunde genommen lief der Vorschlag darauf hinaus, durch diese Selbstdarstellung bei den Menschen großen Eindruck zu machen. Es ist für jeden Menschen eine Versuchung, sich beliebt zu machen. Wir alle haben menschlichen Ehrgeiz. Wie groß ist die Versuchung, auf abgekürztem Wege unseren Ehrgeiz zu befriedigen, sei es der Ehrgeiz der Bildung, des Reichtums, der beruflichen Leistung oder der Macht. Wir stehen in der Gefahr, selbst unsere Seele zu verkaufen, um unsere Ziele zu erreichen. Auch Jesus sah die Welt vor sich ausgebreitet und erkannte, wie kurz und verlockend der Schritt war, der ihm angeboten wurde; wäre er aber der Untertan des »Fürsten dieser Welt« geworden, hätte dies das Ende seiner Sendung bedeutet.

Siebter Prüfstein – Unser Leben muss zeigen, dass Christus gerecht ist
»Wenn ihr wisst, dass er gerecht ist, so erkennt ihr auch, dass, wer recht tut, der ist von ihm geboren« (2,29). Andere Menschen beobachten uns, weil sie sehen wollen, ob wir »die Gerechtigkeit tun«. Wer in Christus bleibt, wird in seinem Leben dieselbe Frucht bringen, die Christus brachte, und diese Frucht ist die Gerechtigkeit.

»Wer Sünde tut, steht wider das Gesetz, die Sünde ist Übertretung des Gesetzes.« Wenn wir wissen, dass Christus als Gott in unserem Leben thront, können wir keine »Sünde tun«. »Wer in ihm bleibt, der sündigt nicht; wer sündigt, der hat ihn nicht gesehen und nicht erkannt« (3,6), und in Vers 9: »Wer aus Gott geboren ist, der tut keine Sünde.« Es kann geschehen, dass ein Christ unter einer schweren Versuchung eine Zeitlang in Sünde fällt, aber er wird nicht in dieser Sünde verharren.

Rechter Glaube
(1. Johannes 4,1-5,11)

Wir brauchen einen Glauben, mit dem wir leben können. Es gibt Sünden des Körpers, die wir alle begehen, es gibt aber ebenso Sünden des Herzens und des Denkens. Gott ist für unseren Glauben genauso wichtig wie für unser Leben.

Man kann über Christus nichts Unwahres glauben und gleichzeitig doch mit ihm Gemeinschaft haben. Es ist abwegig zu behaupten, dass es gleichgültig ist, was man glaubt, solange man es nur ernst meint. Wir können nicht an das Falsche glauben, um so ein Leben in Wahrheit führen zu können.

Die Irrlehrer der damaligen Zeit leugneten die Tatsache, dass Christus wirklich gelitten hat und auferstanden ist. Sie behaupteten, er sei nur ein merkwürdiger Mensch gewesen, der aufgetreten und wieder verschwunden sei, er sei aber nicht Gott gewesen.

Man kann nicht den Tod Christi am Kreuz leugnen und doch Vergebung für seine Sünden finden. Man kann nicht die Auferstehung Christi leugnen und doch die Vorrechte des christlichen Glaubens genießen, die durch einen lebendigen Christus garantiert sind. Man kann nicht leugnen, dass Christus Gott ist und dennoch Zugang zu Gott dem Vater finden.

Unsere Sünde kann ihren Anfang in unserem Denken nehmen. Christus will unser einziger Lehrer sein. In Joh 3,16 lesen wir: »Alle die an ihn glauben, haben ewiges Leben.« Christlicher Glaube hat Christus zum Mittelpunkt.

So viele Christen sind geistliche Säuglinge in Christus. Von jedem neuen »Wind der Lehre« lassen sie sich verführen. Sie sind für alle Irrlehren empfänglich. Wenn sie aber in Zweifel geraten, versinken sie in Verzweiflung. Deshalb muss jedem Menschen ein Weg gezeigt werden, an dem er jede Religion auf ihre Wahrheit hin prüfen kann. 1Joh 4,1-3 gibt uns einen sehr klaren Maßstab: »Ihr Lieben, glaubt nicht einem jeglichen Geist, sondern prüft die Geister, ob sie von Gott sind; denn es sind viele falsche Propheten ausgegangen in die Welt. Daran sollt ihr den Geist Gottes erkennen: Ein jeder Geist, der da bekennt, dass Jesus Christus in das Fleisch gekommen ist, der ist von Gott; und ein jeder Geist, der Jesus nicht bekennt, der ist nicht von Gott. Und das ist der Geist des Antichrists.«

Was sollen wir glauben?

In den oben zitierten Versen macht Johannes einige klare Feststellungen.

1. Jesus Christus ist im Fleisch gekommen (4,1-2; 5,20-21).

Das ist das Erste, dessen wir sicher sein müssen. Wir müssen glauben, dass er Gott in Menschengestalt war, als er über diese Erde ging. Das tat er, um für die Menschen zu sterben und ihre Sünde an seinem eigenen Leib auf das Kreuz zu tragen.

2. Wir müssen an die Gottheit Jesu Christi glauben (4,15; 5,5). Wir müssen glauben, dass er der Sohn Gottes, der eingeborene Sohn ist.

Ein Lügner ist, wer leugnet, dass Jesus der Christus, der verheißene Messias, ist (2,22). Die alttestamentlichen Propheten haben vorausgesagt, dass der Messias kommen werde. Der Engelchor verkündigte, dass das zu Bethlehem geborene Kind dieser verheißene Messias sei. Auch Simeon sah in dem Kinde Christus (Lk 2,25-35).

3. Wir müssen glauben, dass Gott die Liebe ist (4,8).

Es gibt in der ganzen Welt keine Macht, die sich mit der christlichen Liebe vergleichen lässt. Ihre Kraft zeigt sich in der großen Tatsache, dass »Gott die Liebe ist«. In diesem ganzen Kapitel geht es nicht um eine menschliche Definition von Liebe, sondern um eine göttliche – Gottes Liebe ist der Maßstab. »Denn die Liebe ist von Gott; Gott ist Liebe; darin besteht seine Liebe ... dass er uns geliebt hat. Seine Liebe ist vollkommen in uns; wir lieben ihn, denn er hat uns zuerst geliebt.« Die Liebe wendet unsere Herzen zu Gott. Wir können Gott nicht wirklich lieben, ohne andere zu lieben. So werden wir Instrumente des Segens für unsere Umgebung, weil wir das ausstrahlen, was Gott in uns ist.

Nichts könnte unser Leben so sehr beeinflussen wie die Liebe Gottes. Denn »Gott wohnt in uns« (4,12).

Ein Mann ging zu einem Pfarrer und sagte: »Herr Pfarrer, ich möchte Ihrer Religion beitreten.« »Mein Freund«, antwortete der Pfarrer, »unsere Religion muss bei Ihnen eintreten.« – Gottes Liebe zeigt sich in der Gabe seines Sohnes, der sich für unsere Sünden opferte (Joh 3,16; 1Joh 4,9-10). Wenn wir zum Kreuz blicken, werfen wir einen Blick in das liebende Herz Gottes. Das Kreuz war die einzige Art und Weise, auf die Gott uns sein Herz offenbaren konnte. Es ist das Bild unbegrenzter Liebe, die in ihrer ganzen Fülle ausgeschüttet wurde. Christus starb, weil Gott die Menschen schon immer mit einer ewigen Liebe liebte. »Denn also liebte Gott ...« Unsere Rettung hängt nicht von dem ab, was wir sind, sondern von dem, was Gott ist, und Gott ist Liebe!

Gottes Liebe richtet sich zuerst auf den Einzelmenschen. Dann muss sich der Einzelne der Gemeinschaft zuwenden. Gott ist unsichtbar, und es gibt viele Menschen, die Gottes Liebe nötig haben. So zeigen wir sie anderen, wenn wir lieben. Wenn wir lieben, sind wir Gott ähnlich. »Also sollen auch wir einander lieben.«

4. Wir müssen glauben, dass Christus unser Heiland ist (5,10-12).

Christus wurde geschickt, um die »Sühnung für unsere Sünden« zu werden, weil die Sünde den Menschen aus der Liebe Gottes verbannte, denn »der Lohn der Sünde ist der Tod« (Röm 6,23). Deshalb nahm Christus das Gericht über die Sünde am Kreuz auf sich und ermöglichte es Gott, seine Barmherzigkeit in voller Gerechtigkeit zu zeigen. Sühne ist die Genugtuung durch Christi Tod, die Genugtuung für die ganze Forderung des Gesetzes, die auf dem Sünder liegt. Sühne ist die Voraussetzung des Lebens, denn durch das Opfer Christi haben wir ewiges Leben (4,10).

»Wer an den Sohn Gottes glaubt, der hat dieses Zeugnis in sich. Wer Gott nicht glaubt, der macht ihn zum Lügner; denn er glaubt nicht dem Zeugnis, das Gott gegeben hat von seinem Sohn. Und das ist das Zeugnis, dass uns Gott das ewige Leben gegeben hat, und dieses Leben ist in seinem Sohn. Wer den Sohn hat, der hat das Leben; wer den Sohn Gottes nicht hat, der hat das Leben nicht« (1Joh 5,10-12).

Gott und Liebe

Liebe ist der höchste Erweis unseres christlichen Glaubens. »Wir wissen, dass wir aus dem Tode in das Leben gekommen sind; denn wir lieben die Brüder. Wer nicht liebt, der bleibt im Tod« (3,14). Das Wort »Liebe« taucht in diesem Brief 48-mal auf. Wie die Liebe sich verhält, wird uns in 1 Kor 13 beschrieben.

»Wer nicht liebt, der kennt Gott nicht; denn Gott ist die Liebe« (4,8). Liebe ist die erste Äußerung des erneuerten Herzens. Woher bekommen wir unsere Liebe? Aus unserem Inneren? Nein, von oben her: »Lasst uns lieben, denn er hat uns zuerst geliebt« (4,19).

Wir sollten unsere Liebe zu Gott dadurch zeigen, dass wir einander lieben (1Joh 4,7). Wer Liebe in seinem Herzen hat, hat Gemeinschaft mit Gott (4,16). Wo aber keine Liebe ist, da ist auch keine Gemeinschaft (4,19-21).

Reicher Lohn
(1. Johannes 5,12-21)

In den letzten Versen wird der Lohn für ein Leben in Christus genannt:

Die Gewissheit ewigen Lebens	5,13
Die Vollmacht des Gebetes	5,14-15
Die Vollmacht der Fürbitte	5,16
Der Sieg	5,18 u. 5,4-5

Johannes benutzt das Wort »wissen« über 40-mal in seinem Brief. Wahrer christlicher Glaube bedeutet nicht nur ein Glaubensbekenntnis, sondern Glaubensgewissheit. Wir wissen, dass Christus offenbart wurde, um unsere Sünden weg- zu- nehmen. Wir wissen, dass wir vom Tode ins Leben gekommen sind. Wir wissen, dass wir alles, was wir erbeten, erhalten sollen. Johannes gibt uns diese Gewissheit.

Der zweite Johannesbrief

Dieser Brief ist ein gutes Beispiel für die private Korrespondenz des Johannes. Er war an eine uns unbekannte christliche Frau adressiert. Es ist das einzige Buch in der Bibel, das sich an eine Frau wendet.

In diesem kurzen Brief mit nur 13 Versen findet man das Wort »Wahrheit« fünfmal. Es ist das Schlüsselwort. »Liebe« wird viermal erwähnt. Wahrheit und Liebe sind untrennbar.

»Um der Wahrheit willen« (V. 2) müssen wir alle Lehren in der ganzen Welt an der Bibel prüfen. Das ist eine endgültige Prüfung. Wir sollen unsere Erfahrung an dem Wort Gottes prüfen, aber niemals das Wort Gottes an unseren Erfahrungen.

Die Wahrheit, von der Johannes spricht, kommt von oben, denn es ist die Wahrheit, die in Christus Jesus ist.

Wir sollen in der Wahrheit wandeln und sie nicht nur bewundern. Dann werden wir auch einander lieben (V. 5). Diese Liebe ist echt und keiner Veränderung unterworfen. »Die Liebe Gottes dränget uns also« (2Kor 5,14). Der Beweis für unsere Liebe liegt in unserem Leben. »Das ist die Liebe, dass wir leben nach seinen Geboten« (V. 6).

Die Lehre Christi
»Wer in dieser Lehre Christi bleibt, der hat beide, den Vater und den Sohn« (V. 9). Das ist der Prüfstein des Evangeliums. Nicht was ich denke oder was irgendein anderer gedacht, gesagt oder getan hat, sondern was Christus will, ist gültig. Was bedeutet er uns? Ist er für uns der Sohn Gottes?

Viele Irrlehrer zogen durch die Gemeinden (V. 7-11). Irrlehrer, die nicht bekennen wollten, dass Jesus Christus auf der Erde Mensch war. Hier zeigt sich der Verführer und Antichrist (V. 7).

Die Irrlehrer glaubten nicht daran, dass Gott in Jesus Mensch wurde. Das gilt aber auch für den entgegengesetzten Fall: Wenn wir ihn »Herr« nennen und seine Gottheit leugnen, sind wir ebenfalls Lügner.

Der dritte Johannesbrief

Erinnern wir uns daran, was Christus in Joh 14,6 von sich selber sagte: »Ich bin der Weg, die Wahrheit und das Leben.« So zeigen ihn auch die drei Johannesbriefe:

1. Johannesbrief:
   Jesus – das Leben.
2. Johannesbrief:
   Jesus – die Wahrheit.
3. Johannesbrief:
   Jesus – der Weg.

Diesen dritten Brief schrieb Johannes seinem großmütigen und liebevollen Freund Gaius. Dieser Mann stellte seinen ganzen Reichtum und seine Begabung in den Dienst des Herrn. Sein Geld und sein Haus standen allen offen. Alles, was er hatte, gehörte Christus. Er ist das Bild eines Menschen, der in Christus den »Weg« gefunden hat und in seinem Alltagsleben diesen gnädigen »Weg« anderen zu zeigen versucht.

Solche Menschen haben durch die Jahre hindurch nicht nur die Kirche in einer feindlich gesinnten Welt lebendig erhalten, sondern haben das Feuer der Liebe Christi auch untereinander nicht erlöschen lassen, wenn alles dunkel schien.

Gaius war wegen seiner liebevollen Gastfreundlichkeit bekannt. Johannes ermahnt ihn, weiterhin Reiseprediger aufzunehmen, trotz des erbitterten Widerstandes eines selbstherrlichen und prahlerischen Kirchenführers namens Diotrephes.

Gastfreundlichkeit ist ein Zeichen christlicher Liebe.

Der Judasbrief

Judas war ein Bruder des Herrn. Er kannte Petrus. Sie hatten offensichtlich über die großen Fragen ihrer Zeit weitgehend die gleichen Ansichten. Der zweite Petrusbrief und der Judasbrief ähneln einander in Gedanken und Stil. Beide Männer befassen sich in ihren Briefen mit den Gefahren, die der Lehre der Kirche drohen.

Zweifellos hatten sich Menschen »der Gemeinde angeschlossen«, die dieser Schaden zufügten. Die Eindringlinge der Gemeinde Judas hatten Irrlehren in der Gemeinde verbreitet (V. 3. 4). Ein Sauerteig des Bösen wirkte unter den Lesern.

Im Gegensatz zu diesen gottlosen Männern finden wir wahre Glaubensgenossen (V. 20-23).

Gott sei Dank für alle, die treu bleiben. Von ihnen sagt Gott, ihr Lohn werde sein, dass sie »vom Straucheln bewahrt werden« und »vor das Angesicht seiner Herrlichkeit mit Freuden« gestellt werden (V. 24).

Die Offenbarung

Das prophetische Buch
des Neuen Testaments

48.

Die Offenbarung

Die Offenbarung ist – im engeren Sinne – das einzige prophetische Buch des Neuen Testaments. Zugleich ist es das große Trostbuch der verfolgten Kirche.

Die Offenbarung zeigt einen in Herrlichkeit regierenden Christus. Die Evangelien zeigten ihn als Retter, als den, der kam, um den Fluch der Sünde auf sich zu nehmen. Aber in diesem letzten Buch sehen wir keine Erniedrigung. Es spricht von Christi vollständigem und ewigem Sieg, von der vollständigen und ewigen Erlösung der angefochtenen Gemeinde und von der neuen »Stadt«, der neuen Welt.

Die Auflösung des Rätsels

Heißt das Wort Offenbarung »Rätsel«? Die meisten Menschen, die man von diesem Buch reden hört, scheinen das anzunehmen. Dabei bedeutet es gerade das Gegenteil: »Enthüllung«. Das Buch enthüllt in groß gedachten Bildern die letzten Dinge. Wie bei der Zeichensprache der Taubstummen hat jedes der ca. 300 Symbole der Offenbarung eine ganz bestimmte Bedeutung.

Dieses Buch ist die Offenbarung Jesu Christi, nicht die Offenbarung des Johannes. Es ist auch nicht die Offenbarung des Wachstums der Kirche oder die schrittweise sich vollziehende Bekehrung der Welt. Jesus Christus gab diese Offenbarung Johannes (1,1-2). Dieses Buch befasst sich mit der Wiederkunft des Herrn auf diese Erde. Es spricht von der Bereitschaft, beziehungsweise von der mangelnden Bereitschaft der Kirche für dieses weltbewegende Ereignis (3,20). Das Buch enthält Beschreibungen furchtbarer Ereignisse auf Erden und im Himmel, vor, während und nach dem Kommen Jesu.

Der Inhalt dieses Buches zeigt deutlich, dass die meisten darin beschriebenen Ereignisse sich noch erfüllen werden.

Was heißt im Zusammenhang der Offenbarung »die Zeit ist nahe« (1,3)? Beinahe 2000 Jahre sind vergangen, seit diese Worte ausgesprochen wurden, aber wie viel Zeit auch vergehen mag, das nächste Ereignis nach der Gnadenzeit ist das ewige Gottesreich, das mit dem Kommen unseres Herrn anfangen wird. Dann werden die, die ihn angenommen haben, mit ihm herrschen (1,6). Dann werden »die, die ihn durchbohrt haben«, ihn sehen (V. 7). Damit sind in besonderer Weise die Juden gemeint, die bei der Wiederkunft Christi sich zu ihm wenden als ein wiedervereinigtes Volk und gerettet werden (Röm 11,25-26; Hes 37). Gleichzeitig aber wird hier von vielen anderen gesprochen, die Christus durchbohrt haben und ihn dann sehen werden.

Nicht weniger als 26-mal finden wir im Buch der Offenbarung den Opfertitel Christi, »das Lamm« (5,6). Darüber hinaus erhalten wir eine Vision der Kirche und der Beziehung der Welt zu ihr.

Man hat gesagt, dass der Gedanke an das rettende Blut Jesu Christi sich wie ein roter Faden und seine Wiederkunft wie ein goldener Faden durch die ganze Bibel zieht. Wir sind gerettet und in seinem Blut reingewaschen, damit wir für seine Wiederkunft bereit sind und uns auf sie freuen.

Von A bis Z

Mit der Offenbarung endet die Geschichte, die mit dem 1. Buch Mose begann. Alles, was im Buch der Anfänge (Genesis) begonnen hat, wird in der Offenbarung Erfüllung. In der Genesis wurden Himmel und Erde geschaffen. In der Offenbarung sehen wir den neuen Himmel und die neue Erde. In der Genesis erscheinen Sonne und Mond; in der Offenbarung lesen wir, dass keine Sonne und kein Mond mehr nötig sind, denn Christus ist das Licht des neuen Himmels. In der Genesis finden wir einen Garten, in der Offenbarung eine heilige Stadt. In der Genesis wird von der Hochzeit des ersten Adam gesprochen; in der Offenbarung vom

Lesevorschläge

Sonntag:	Christus und die Gemeinde	*Offb 1,1-3,22*
Montag:	Christi Thron und das siebenfach versiegelte Buch	*Offb 4,1-6,17*
Dienstag:	Christi Gerichtsposaunen ertönen	*Offb 7,1-9,21*
Mittwoch:	Christus und das Gericht	*Offb 10,1-12,17*
Donnerstag:	Christus und der Antichrist	*Offb 13,1-15,8*
Freitag:	Christi Endsieg	*Offb 16,1-18,24*
Samstag:	Christus, der Herr über alles	*Offb 19,1-22,21*

Hochzeitsmahl des zweiten Adam, Jesus Christus. In der Genesis sehen wir den Anfang der Sünde; in der Offenbarung wird die Sünde endgültig abgetan. In der Genesis begegnen wir dem großen Widersacher Gottes, Satan, und mit ihm der Trauer, dem Schmerz und den Tränen, und in der Offenbarung sehen wir seine Verdammung und Vernichtung.

Unsere Welt ist eine sehr dunkle Welt. Nie wurde die Unsicherheit der Zukunft des Menschen so stark empfunden wie gerade heute. Aber es stand auch dunkel um die Welt, als der Apostel Johannes als alter Mann wegen seines Zeugnisses für Jesus auf die Insel Patmos verbannt wurde (1,9). Während seines Aufenthaltes auf der Insel wurde Johannes zu harter Arbeit in den Minen und Steingruben gezwungen. Aber sein höchster Herrscher erschien ihm und gab ihm eine Botschaft von der endgültigen Herrlichkeit.

Gottes letztes Drama

Die Offenbarung schildert das größte Drama aller Zeiten. Die »Schauspieler« in diesem Drama sind die sieben Gemeinden. Die Darsteller, die nach der Eröffnung der Siegel, von denen Kap. 6-7 sprechen, auftreten, werden von den »vier Reitern« eingeführt. Dann verlassen die, die durch die Gerichtsposaunen versammelt waren, den Mittelpunkt der Handlung, und wir sehen den Antichristen, den Weltherrscher, auf der Bühne (Kap. 13). Diese Inkarnation des Teufels selber soll zur Errichtung seines Königtums führen, und er soll von den Menschen angebetet werden. Aber Christus macht alles zunichte. Als majestätischer Held bringt er seine Schar mit sich und tritt auf – der lang erwartete König der Könige und Herr der Herren. In einer endgültigen Niederlage werden seine Feinde vom Schauplatz der Handlung hinweggefegt (Kap. 19).

Nachdem der Kampf beendet ist, die wilden Tiere vernichtet, der Satan gebunden, und »das Frühere vergangen ist«, hören wir diese Worte voll Hoffnung: »Siehe, ich mache alles neu« (Offb 21,4-5).

Dieses Buch bringt die große Geschichte Gottes mit der Menschheit, die in der Genesis begann, zum Höhepunkt, und sie endet mit staunender Bewunderung: »Siehe da, die Hütte Gottes bei den Menschen« (Offb 21,3).

Die Vergangenheit (Offenbarung 1,1-18)

Wir begegnen hier dem letzten Bild von Jesus Christus im Neuen Testament. (1,13-16). Er steht inmitten sieben goldener Leuchter, die die Gemeinden repräsentieren (V. 20). Die Leuchter beweisen, dass die Kirche ein Lichtträger sein soll: »Ihr seid das Licht der Welt.«

Christus ähnelt einem »Menschensohn«, aber aus der Vision geht deutlich hervor, dass der Eine, den Johannes sah, mehr als ein Mensch war. Alles an ihm zeigt Majestät und Richterwürde, und der Gedanke des Gerichtes ist der Schlüssel zu diesem Buch. Christus wird der ganzen Welt als Richter vorgestellt (Offb 6,17):

»Angetan mit einem langen Gewand bis an die Füße« – eine wehende Robe ist ein Zeichen für Würde und Ehre.

»Sein Haar ... ist so weiß wie Wolle« – Er ist der Anfang der Zeiten.

»Seine Augen ... sind wie Flammen« – Er hat alle Erkenntnis; er bringt das Verborgene ans Licht.

»Seine Stimme klingt wie ein großes Wasserrauschen« – Kraft und Herrlichkeit.

»Seine Hände« – Sie tragen die Diener Christi.

»Sein Mund« – Aus ihm geht das Gericht hervor.

»Sein Angesicht ... leuchtete, wie die Sonne scheint in ihrer Macht« (1,12-18).

Als Johannes den verherrlichten Christus sah, fiel er wie tot zu seinen Füßen nieder, so überwältigend war die Erscheinung (1,17). Aber Christi Worte richteten ihn wieder auf. Er sagte ihm, er sei der Lebendige, und obwohl er tot gewesen war, lebe er in Ewigkeit und halte die Schlüssel des Todes und der Hölle in der Hand. Dann folgt der Befehl, das niederzuschreiben, was in diesem Buch steht (1,19).

Wir sehen nicht das uns gewohnte Bild von Jesus Christus, dessen Leben in Bethlehem beginnt und auf Golgatha endet, sondern hier ist sein Leben im Himmel, er ist die Krone und der Höhepunkt allen Geschehens.

Die Gegenwart
(Offenbarung 1,20-3,22)

Im zweiten und dritten Kapitel finden wir Christi »Liebesbriefe« an seine Gemeinden. Diese Briefe haben alle den gleichen Aufbau: Lob, Tadel, Ermahnung und Verheißung. Sie sind an sieben kleinasiatische Gemeinden der damaligen Zeit gerichtet. Aber viele deuten die Sendschreiben der Offenbarung als Briefe an die christliche Kirche verschiedener Epochen:

Ephesus – die Kirche der ersten Liebe; die apostolische Kirche (2,1-7).

Smyrna – Die verfolgte Kirche; von Diokletian bis Konstantin (2,8-11).

Pergamon – Die Kirche unter der Gunst des Herrschers; unter Konstantin (2,12-17).

Thyatira – Die päpstliche Kirche; das Mittelalter (2,18-29).

Sardes – Die Reformationskirche; Protestantismus, 16. und 17. Jahrhundert (3,1-6).

Philadelphia – Die missionierende Kirche; die durch verschiedene Erweckungsbewegungen eingeleitete Epoche der Kirchengeschichte (3,7-13).

Laodizea – Die verworfene Kirche; die Kirche des letzten Abfalls (3,14-19).

Ruine des großen Artemistempels in Sardes.

Wir wollen zu entdecken versuchen, wo Christus am Ende dieser kirchengeschichtlichen Epoche steht: »Siehe, ich stehe vor der Tür und klopfe an. Wenn jemand meine Stimme hören wird und die Türe auftun, zu dem werde ich hineingehen und das Abendmahl mit ihm halten und er mit mir« (3,20). Er steht draußen und klopft an die Türe, damit wir ihn hereinlassen. »Wenn jemand ... die Tür auftut, will ich eingehen.«

Die Zukunft
(Offenbarung 4,1-22,21)

Die eigentliche große Offenbarung beginnt mit dem Hall der Posaune: »Eine Tür war aufgetan im Himmel, und die erste Stimme, die ich gehört hatte mit mir reden wie eine Posaune, die sprach: Steig herauf, ich will dir zeigen, was nach diesem geschehen soll.«

Zuerst wird Gottes Thron sichtbar (4,1-3). Die Offenbarung wird zum »Buch des Thrones«. Dies ist das große und wichtige Ereignis, das das ganze Buch durchwirkt. Dieser Thron steht in einem Gerichtssaal. Der Gnadenthron erscheint nicht mehr. Der Richter über die ganze Welt sitzt auf dem Richterstuhl; die 24 Ältesten sind die Geschworenen und stellen die zwölf Patriarchen des Alten Testamentes und die zwölf Apostel des Neuen Testamentes dar (4,4). Die sieben Geister Gottes (4,5; 5,6) sind die Ankläger, und die vier himmlischen Gestalten sind Hofbeamte, die bereit sind, den Willen des Richters auszuführen.

In Bedeutung steht das versiegelte Buch nur dem Lamm selber nach (5,1). Wer kann dieses Buch öffnen? Niemand außer dem Einen. »Er hat überwunden, aufzutun das Buch.« Christus war Sieger in der Wüste nach seiner vierzigtägigen Versuchung. Christus siegte im Garten Gethsemane. Auf Golgatha siegte er, als er sein Haupt neigte und sprach: »Es ist vollbracht!« Am dritten Tag stand er von den Toten auf und überwand Tod, Sünde, Hölle und den Teufel. Dieser selbe Christus erhebt nun kraft seines Sieges den Herrschaftsanspruch über die ganze Welt.

Die Drangsalszeit beginnt mit der Eröffnung der sieben Siegel (Kap. 6). Das ist die große Drangsalzeit, von der der Prophet Jeremia (Kap. 30) schon als der »Zeit der Trauer Israels« gesprochen hatte. Auch Christus deutete diese Zeit als die große Trübsal an, die größer sein werde als je zuvor eine auf Erden (Mt 24,21). Während dieser großen Bedrängniszeit wird Gott es zulassen, dass die Sünde sich in ihren tragischen Folgen voll auswirkt. Gottes Hand wird von Mensch und Tier abgezogen sein. Die Erde wird voll von Krieg, Hunger und Krankheit sein. Das Gericht muss kommen für jene, die den Gottessohn verworfen und ihn der öffentlichen Schande preisgegeben haben. Wir dürfen als Christen auf Christus, und nicht auf das Unglück sehen, denn unser Heiland kommt, um uns zu empfangen und an seinem Gerichtstag zu erlösen.

Die vier Reiter

Im nächsten Kapitel sehen wir die berühmten »vier Reiter« (6,1-8). Nachdem die Siegel geöffnet sind, wird jede Zurückhaltung aufgehoben. Die Kräfte des Bösen waren bis dahin unter Kontrolle. Wenn aber die sieben Siegel aufgebrochen werden, dann dürfen Krieg und Zerstörung ihr Unwesen treiben. Die Menschen werden nun ernten, was sie selber gesät haben. Die Angst und der Schrecken dieser Zeit wird das Ergebnis menschlichen Ehrgeizes, Hasses und menschlicher Grausamkeit sein.

Zuerst tritt das weiße Pferd – oft gedeutet als Symbol für die Religion – vor der endgültigen Katastrophe auf Erden auf. Dann kommt das rote Pferd, und ein weltweiter Krieg erschüttert die Erde, von der der Friede weggenommen ist. Diesem globalen Krieg folgt das schwarze Pferd, das Hunger und Elend bringt. Zuletzt kommt das fahle Pferd und bringt Seuchen und Tod auf unsere Welt.

Das sechste Siegel (6,12-17) bringt ein gesellschaftliches Chaos, den vollständigen Zusammenbruch der Zivilisation. Finsternis, vom Himmel fallende Sterne, Himmel, die wie eine Buchrolle aufgerollt werden. Inseln, die sich bewegen – das ist nun das Bild der Erde. Dann wird es zu der tragischsten Gebetsgemeinschaft auf Erden kommen, in der Könige und Priester, Reiche und Arme vor Gott in einer allgemeinen Panik fliehen und um ihren Tod bitten werden, denn »der große Tag meines Zornes ist gekommen«.

Es folgt dann vorübergehend eine Pause (Kap. 7), während der die aus der Drangsalszeit Erretteten vorgestellt werden. Sie sind »eine große Schar«, die ihre Kleider gewaschen und weiß gemacht haben im Blut des Lammes. Die »Versiegelten« sind Israeliten – Gott beginnt sein Volk wieder zu sammeln (Hos 1,9-10). Die »große Schar« kommt aus allen Völkern. Es beweist, dass die Verkündigung des Evangeliums in der Drangsalszeit eine große Wirkung haben wird (Hes 37).

Die sieben Posaunen

Es ist, als warteten alle Himmel in atemloser Spannung. Das ist die Ruhe vor dem

Sturm (Kap. 8). Kriege, Hunger und Krankheit haben die Erde verwüstet. Nun kommt sein Gericht auf Erden, und Satan, der weiß, dass seine Zeit knapp bemessen ist, tobt sich aus. Dämonische Kräfte, wie sie die Erde nie zuvor erlebt hat, treiben ihr Unwesen. Die Hölle ist los! Der Sünde werden die Zügel losgelassen, und so furchtbar wird es sein, dass man den Tod dem Leben vorziehen wird (9,1-21). Satan verrichtet sein letztes Werk auf Erden.

Zuletzt tritt Satan selbst in der Gestalt des Antichristen auf. Er wird in Offb 13 beschrieben (vgl. dazu Dan 12,11; Mt 24,15; 2Thess 2,3). Der Antichrist wird die Welt beherrschen. Er fordert die Ehre, die Christus gehört. Er wird der politische Herrscher dieser Welt sein. Er ist eine Verkörperung des Bösen und ein Menschenverführer. Er macht die Menschen abhängig von ihm. Sie können »weder kaufen noch verkaufen, außer denen, die das Zeichen haben«.

Das »Zeichen des Tieres« ist dem Brandmal ähnlich, das ein Eigentumsverhältnis ausdrückt. Die Menschen werden ohne Erlaubnis weder kaufen noch verkaufen dürfen. Die Zahl 666 ist »die Zahl eines Menschen«. So drücken die drei Sechsen eine Trinität der Bosheit aus.

Plagen werden kommen, wie sie zur Zeit des Mose über Ägypten gekommen waren – Blut, Hagel, Feuer, Heuschrecken, Finsternis, Hungersnöte, Wunden, Erdbeben, Kriege und der Tod. In diesen Plagen entlädt sich der Zorn Gottes über eine Welt, die Christus verworfen hat. Wenn Christus wiederkommt, wird sein endgültiges Verdammungsurteil den Antichristen in den feurigen Pfuhl werfen (19,20).

Die sieben goldenen Schalen

Bei den sieben Posaunen entfaltet Satan alle Macht, um seine Ziele zu erreichen. Die goldenen Schalen bezeichnen Gottes Macht. Satan hatte es gewagt, Gottes Macht herauszufordern. Gott nimmt nun diese Herausforderung an, Satan muss handeln. Sein Reich wird in seinen Grundfesten erschüttert, und er wird abgetan. Dieses Ereignis findet sein Ende in der Schlacht von Harmagedon (16,13-16). Diese Schlacht wird in Kap. 19 beschrieben. Am Ende dieses Krieges übernimmt Christus die Führung seines Heeres und vernichtet seine Feinde. Nun beginnt das Tausendjährige Reich.

Die Verdammungsurteile

Die siebte »Schale« kündigt die »Verdammungsurteile« an, die folgen sollen. Die Zivilisation wird vollständig zusammenbrechen. Aber obwohl Gott all ihre Bosheit offenbart hat, werden die Menschen dennoch Gott lästern und nicht Buße tun (16,9.11). Heute sind die Menschen mitten im Luxus der technischen Welt unbefriedigt und weit von Gott entfernt. Das hat sich in Kriegen riesiger Ausdehnung entladen. Gott kündigt sieben »Verdammungsurteile« an (Kap. 17-20). Zuerst kommt das Urteil über die großen Weltsysteme – das kirchliche System (Kap. 17), das wirtschaftliche System (Kap. 18), das politische System (Kap. 19,11-19); dann das Gericht über das Tier und den falschen Propheten (19,20-21), danach das Gericht über die Völker (20, 7-9) und den Teufel (20,10) und schließlich das Gericht über die Unbußfertigen (20,11-15).

Die Hochzeit des Lammes

Der »Halleluja-Chor« kündigt die Ankunft des lange verheißenen Königs, unseres Herrn Jesus Christus, des Erben des Davidsthrones an, der seine Braut zu sich holt (1Thess 4,17). Auf Erden war die Hölle los. Satan und seine Rotten haben sich austoben dürfen, aber Christus hat schließlich triumphiert. Die Gerechtigkeit wird nun auf den Thron erhoben. Die Hochzeit des Lammes ist gekommen (19,7). Das Hochzeitsmahl Christi wird »in der Luft« gefeiert. Die Heiligen werden ihren Lohn empfangen, der entspre-

Gegenüber: Die wieder-aufgebaute antike Sportstätte in Sardes, einer der sieben Gemeinden in Kleinasien.

chend ihren Werken sein wird. Diese Freudenzeit wird dauern, bis Christus mit seiner Braut, der Gemeinde, zurückkehrt, um auf Erden sein Tausendjähriges Reich aufzurichten.

Wenn Christus nach der Schlacht von Harmagedon (19,17-19) sich all seine Feinde untertan gemacht hat, dann wird er den Antichristen (19,20) und den falschen Propheten lebendig ergreifen und sie mit starkem Arm in den feurigen Pfuhl werfen. Das ist ein anderer Name für die Hölle.

Das Tausendjährige Reich

Zu dieser Zeit wird Christus, der Friedefürst, sein Königreich auf Erden errichten. Der Teufel muss gebunden sein (20,3); die Heiligen, die Christus mit sich bringt, werden mit ihm regieren (20,14.6); die Toten, die verloren sind, werden erst am Ende des Tausendjährigen Reiches auferstehen (20,5).

Tausend Jahre lang wird Friede und Freude auf Erden sein, denn »die Erde wird voll werden von Erkenntnis der Ehre des Herrn, wie Wasser das Meer bedeckt« (Hab 2,14).

Wenn diese Zeit vorüber ist, wird der Satan noch einmal losgelassen werden. Er wird kommen, um die Völker zu verführen (20,7-9). Dann wird man ihre wahre Haltung erkennen und erfahren, dass sie Satan Christus vorziehen. Das mag man kaum glauben, aber in 20,7-8 kann man lesen: »Und wenn die tausend Jahre vollendet sind, wird Satan loswerden aus seinem Gefängnis und wird ausgehen zu verführen die Völker an den vier Enden der Erde, den Gog und Magog, um sie zu versammeln zum Streit; deren Zahl ist wie der Sand am Meer.«

Satan ist der Urheber und der Erfinder jedes Krieges. Nach tausendjähriger Friedenszeit wird er die Menschen zum »Krieg« versammeln. Nicht einige wird er versammeln, sondern eine unzählbare Schar, wie »der Sand am Meer«. Aber es fiel »Feuer vom Himmel und verzehrte sie« (20,9). Der Aufstand des Menschen gegen Gott, »es ist das Herz ein trotzig Ding« (Jer 17,9).

Das Gericht über Satan

Der Satan betrügt die ganze Welt. Von dem höchsten Platz, der Nähe Gottes, fiel er in die tiefste Tiefe – »in den feurigen Pfuhl«. Christus beschreibt ihn als »das ewige Feuer, das bereitet ist dem Teufel und seinen Engeln« (Mt 25,41). Der Teufel wird zum Tode verurteilt (Offb 20,10).

Der weiße Thron des Endgerichtes wird aufgestellt. Der auf ihm sitzt, wird alle Menschen richten (Offb 20,11-15). Die »Toten« werden vor ihn gestellt und nach ihren Werken gerichtet (20,12-13). Das endgültige Urteil wird verkündet. Nun ist der Retter der Richter. »Und wenn jemand nicht gefunden wurde geschrieben in dem Buch des Lebens, der wurde geworfen in den feurigen Pfuhl« (20,15). Das Gericht muss ergehen, bevor das herrliche goldene Zeitalter ausgerufen werden kann.

Das glückliche Ende

Gottes Geschichte mit den Menschen endet glücklich. In Offenbarung 21 und 22 wird der Triumph Gottes beschrieben. Satan erwies sich bei seinem Versuch, den Menschen durch die Sünde für immer von der Gemeinschaft mit Gott zu trennen, nicht als siegreich. Er ist ganz und gar unterlegen, und wir werden für immer und ewig bei Christus sein!

Das ist der Himmel! Wie beschränkt sind Worte, wenn man Jesu Herrlichkeit erklären will! Die Gemeinschaft zwischen Gott und den Menschen ist wiederhergestellt. Gott »wohnt bei seinem Volk«. Alle Ziele sind verwirklicht, und alle Verheißungen erfüllt. Der Himmel ist das Gegenteil dessen, was wir hier erleben. Alles ist herrlich!

Johannes bestätigt am Ende der Offenbarung die Wahrheit dessen, was er niedergeschrieben hat.

So ernst wie nur möglich warnt er davor, diese Worte zu verfälschen. Sein Schlusswort ist von drängendem Ernst geprägt. Was er geschildert hat, wird bald eintreffen. Die Wiederkunft Christi steht bevor. Dann wird man seinen Standpunkt nicht mehr ändern können. Wer am Ende nicht gerettet wird, der wird verloren gehen; wer nicht in das ewige Leben und die Gegenwart Gottes eingeht, wird für immer ausgeschlossen sein. Deshalb soll jeder kommen, der Durst hat. Sie sollen das »Wasser des Lebens« umsonst bekommen.

Die letzten Worte Christi in seiner Offenbarung heißen: »Ja, ich komme bald« (22,20). Und wir sollten immer antworten: »Amen, ja komm, Herr Jesus« (22,20).

Anhang

Kleines Lexikon biblischer Begriffe
Die Bibel und der persönliche Glaube

KLEINES LEXIKON BIBLISCHER BEGRIFFE

Abba
Ein aramäisches Wort, das »Papa« bedeutet. Aramäisch wurde von Jesus und anderen in Palästina lebenden Juden gesprochen.

Abendmahl
Das Passamahl, das Jesus in der Nacht seiner Verhaftung mit seinen Jüngern feierte. Der Begriff bezeichnet auch die darauf zurückgehende regelmäßige Feier, bei der Nachfolger Christi zusammenkommen, um zu essen und zu trinken und damit den »Tod des Herrn [zu verkündigen,] bis er kommt« (1. Korinther 11,26).

Ahnentafel
Eine Liste der Vorfahren einer bestimmten Person. Die Bibel enthält eine Reihe von *Ahnentafeln*, um zu zeigen, wer von wem abstammt.

Altar
Ein Ort, an dem man Gott Opfer darbrachte. Ein *Altar* konnte einfach aus Steinen oder Lehm aufgeschüttet werden, aber auch aus Holz, Marmor, Metall oder anderen Stoffen bestehen. Der *Bronzealtar* wurde für Brandopfer im Vorhof der Stiftshütte gebraucht. Er sah aus wie ein großer Kasten, war zweieinhalb mal zweieinhalb Meter breit und etwa einen Meter fünfzig hoch. Er wurde durch einen viel größeren Altar ersetzt, als Salomo einen Tempel baute. Der *Räucheraltar* (auch *Goldener Altar* genannt) war kleiner und mit Gold überzogen. Er stand direkt vor dem Vorhang, der vor dem Allerheiligsten hing. Jeden Tag wurde hier morgens und abends Weihrauch verbrannt, der die Gebete des Volks symbolisierte.

Ältester
In der Bibel hat der Begriff *Ältester* mehrere Bedeutungen. 1. Im Alten Testament wurde ein älterer Mann in einer Familie, einem Stamm oder einer Stadt *Ältester* genannt. 2. Zur Zeit des Alten Testaments gab es in jeder Stadt eine Gruppe von älteren Männern, die unter der Bezeichnung *Älteste* bekannt waren. Sie fällten wichtige Entscheidungen, die die Stadt betrafen. 3. Die ersten vier Bücher des Neuen Testaments bezeichnen die Mitglieder des Hohen Rats als *Älteste*.

Amalekiter
Ein kriegerisches Nomadenvolk, das das Gebiet südwestlich des Toten Meers bewohnte. Weil sie Israel nach dem Auszug aus Jerusalem aus dem Hinterhalt angriffen, sprach Gott ein vernichtendes Urteil über sie.

Amen
»So soll es geschehen« oder »Das ist die Wahrheit«. Ein Gebet wird oft mit einem gemeinsamen *Amen* abgeschlossen, um zu zeigen, dass man mit dem Gesagten einverstanden ist und glaubt, dass es eintreffen wird.

Ammoniter
Nachkommen von Ben-Ammi, dem Enkel von Abrahams Neffen Lot. Sie lebten östlich des Toten Meeres. Die *Ammoniter*, ein kriegerisches Nomadenvolk, das Götzen anbetete, stellte sich oft gegen Israel.

Amoriter
Nachkommen von Kanaan, einem Sohn Hams und Enkel Noahs. Weil sie schlechte Menschen waren, sagte Gott Abraham, dass er sie vernichten würde. Das geschah unter Mose und Josua, und der Stamm Ruben bekam ihr Land.

Anbetung
Alles, was ein Mensch tut, um seinen Respekt und seine Verehrung zu zeigen. Manche Menschen beten Götzen an, andere den einen wahren Gott.

Antichrist
Ein Feind von Jesus Christus,

der vorgibt, der Messias zu sein. Die Bibel sagt uns, dass ein *Antichrist* die Welt beherrschen wird, bevor Christus zurückkommt.

Antiochia

1. Hauptstadt der römischen Provinz Syrien. Hier entstand die erste heidenchristliche Gemeinde, die Paulus und Barnabas auf ihre erste Missionsreise aussandte.
2. Eine Stadt in Kleinasien, die Paulus auf seinen Reisen besuchte.

Apostel

Jemand, der als Botschafter ausgewählt und ausgesandt wird. Im Neuen Testament ist damit meistens einer der zwölf Männer gemeint, die sich Jesus als Jünger ausgesucht hatte. Paulus und andere führende Männer der Urgemeinde wurde ebenfalls *Apostel* genannt.

Arabien

Das große Gebiet, das im Osten vom Persischen Golf, im Süden vom Indischen Ozean, im Westen vom Roten Meer und im Norden von Mesopotamien begrenzt wird.

Aram

Einer der Söhne Sems und Enkel Noahs. Mit dieser Bezeichnung sind manchmal auch das Land und die Bewohner des Fruchtbaren Halbmonds gemeint, aber im Allgemeinen bezeichnet man damit das Gebiet, das unter dem Namen Syrien bekannt wurde. Die Aramäer waren ein semitisches Volk, und es gibt viele Berührungspunkte zwischen ihrer Geschichte und der der Hebräer.

Aramäisch

Die Sprache, die von Jesus und den anderen Menschen gesprochen wurde, die zur Zeit Jesu in Palästina lebten. Einige Abschnitte der Bücher Daniel und Esra sind in *Aramäisch* abgefasst.

Ararat

Eine Gebirgsregion in Armenien zwischen dem Schwarzen und dem Kaspischen Meer, wo Noahs Arche auf Grund lief.

Armenien

Das Gebiet nördlich von Assyrien. Hier liegt auch der Ararat.

Artemis

Eine griechische Göttin, deren lateinischer Name Diana lautet. Der schönste und wichtigste Tempel, der ihr zu Ehren errichtet wurde, stand in Ephesus.

Assyrien

Vom 10. bis zum 7. Jahrhundert vor Christus das mächtigste Land des Nahen Ostens. Seine Hauptstadt hieß Ninive. *Assyrien* eroberte Israel und führte seine Einwohner als Gefangene weg.

Athen

Große griechische Stadt, Zentrum von Kunst, Kultur und Wissenschaft. Paulus besuchte *Athen* auf seiner zweiten Missionsreise.

Auferstehung

1. Die Rückkehr ins Leben nach dem Tod. Jesus starb und wurde begraben. Nach drei Tagen erstand er von den Toten. Dieses Ereignis nennt man *Auferstehung*. Es macht deutlich, dass Jesus Sünde und Tod besiegt hat.
2. Ein Ereignis in der Zukunft, wo jeder Mensch, der jemals gelebt hat, einen neuen, geistlichen Körper bekommen wird, der niemals stirbt. Wer Gott nicht liebt, wird für immer von ihm getrennt werden.

Aufseher

Jemand, der andere im Blick hat und auf sie aufpasst. In den ersten Gemeinden wurden die Leiter manchmal *Aufseher* (= Bischöfe; Luther-Übersetzung) genannt.

auserwähltes Volk

Die Juden wurden als Nachkommen Abrahams von Gott erwählt, ein »großes und mächtiges Volk«, damit »alle Völker auf Erden in ihm gesegnet werden« (1. Mose 18,18). Im Neuen Testament lesen wir, dass diese Verheißung und die damit zusammenhängende Verantwortung heute der christlichen Kirche gilt (1. Petrus 2,9).

Aussatz

Eine Sammelbezeichnung für verschiedene Hautkrankheiten. Menschen, die an *Aussatz* litten, nannte man *Aussätzige*. Das jüdische Gesetz schrieb vor, dass sich *Aussätzige* von Gesunden fernhalten mussten. Deshalb lebten sie außerhalb der Stadt, manchmal allein und manchmal gemeinsam mit anderen *Aussätzigen*, bis sie keine Symptome mehr aufwiesen.

Baal, Baalim

Der Name *Baal* bedeutet »Herr«. Die falschen Götzen, die von den Völkern Kanaans angebetet wurden, hießen oft *Baal* (Mehrzahl *Baalim*). Sie glaubten, dass die *Baalim* Herr über das Land, die Felder und die Tiere seien.

Babel

Mit diesem Namen bezeichnet man den Turm, der »bis an den Himmel« reichen sollte (1. Mose 11,1-9). Gott vereitelte diesen Versuch, indem er die Sprachen der Bauleute verwirrte, dass sie sich nicht mehr verständigen konnten.

Babylon, Babylonien

Der Name *Babylon* bezieht sich auf die Hauptstadt und das dazugehörige Land, das zu den bedeutendsten politischen und kulturellen Zentren der Antike gehörte. Die Stadt *Babylon* lag dort, wo einige bedeutende Karavanenstraßen in ost-westlicher Richtung den Euphrat überquerten. Fast eintausend Jahre lang war *Babylon* der mächtigste Staat des Nahen Ostens, bis er im neunten Jahrhundert vor Christus von Assyrien abgelöst wurde.

Babylonische Gefangenschaft

Siebzig Jahre, in denen die Juden in Babylonien im Exil lebten.

Balsam

Ein klebriges, süß riechendes Pflanzenharz, das als Arznei benutzt wurde, die Schmerzen linderte und Wunden schneller heilen ließ.

Balsambaum

Baum, der im Gebiet um Jericho wächst. Sein süß riechendes Harz und das Öl, das man aus seinen Früchten gewann, wurde zu medizinischen Zwecken benutzt.

Beelzebul (Beelzebub)

Ein Götze, der von den Philistern angebetet wurde. Im Neuen Testament ist *Beelzebul* ein anderer Name für Satan – den Prinzen der Dämonen.

bekennen

Bekennen bedeutet, öffentlich die Wahrheit zu sagen. Manchmal bedeutet es, Gott zu sagen, dass man gesündigt hat. Es kann auch heißen, vor anderen Leuten zu erzählen, dass man daran glaubt, dass Jesus Gottes Sohn ist und dass er starb und auferstand, um uns unsere Sünden zu vergeben.

Berufung auf Cäsar

Wenn ein römischer Bürger, der eines Verbrechens angeklagt wurde, glaubte, dass das Verfahren oder das Urteil ungerecht war, konnte er verlangen, dass der Kaiser seinen Fall anhörte. Paulus, ein römischer Bürger, berief sich einmal auf den Kaiser.

Beschneidung

Die Entfernung der Vorhaut, eines kleinen unnötigen Hautlappens am Penis. Für die Israeliten wie für die Juden heute ist die *Beschneidung* ein Zeichen der besonderen Vereinbarung (des Bundes), die Gott mit ihnen geschlossen hatte. Im Alten Testament wird deutlich: Wenn sie ihn anbeteten und ihm gehorchten, würde er ihr Gott sein, und sie würden sein Volk sein. Abraham war der erste Hebräer, der beschnitten wurde.

Bethel

Eine Stelle einige Kilometer nördlich von Jerusalem. Hier versprach Gott Jakob noch einmal, dass er den Bund, den er mit Abraham geschlossen hatte, halten würde. Jakob nannte die Stelle *Bethel*. Das bedeutet »Haus Gottes«.

Bibel

Der Begriff *Bibel* ist vom griechischen Wort *biblos* abgeleitet, das »Buch« bedeutet.

Bischof

In den ersten Gemeinden wurde der Gemeindeleiter *Bischof* genannt.

bittere Kräuter

Zum Passafest werden in jüdischen Familien bittere Kräuter gegessen, um sich an die schreckliche Zeit zu erinnern, die die Israeliten als Sklaven in Ägypten verbrachten.

Briefe

Einundzwanzig Bücher des Neuen Testaments sind *Briefe*. Die meisten von ihnen sind an bestimmte Gemeinden oder Gemeindeleiter gerichtet.

Brustschild

Ein buntes quadratisches Leinentuch, das der Hohepriester trug, wenn er das Heilige im Tempel betrat. Der *Brustschild* war mit zwölf kostbaren Steinen verziert, von denen jeder einen der zwölf Stämme Israels symbolisierte. Der *Brustschild* erinnerte den Priester daran, für jeden dieser Stämme zu beten.

Bund
Eine Vereinbarung. Im Nahen Osten wurde im Altertum manchmal ein *Bund* zwischen zwei Menschen oder Gruppen geschlossen. Beide Seiten beschlossen, wie diese Vereinbarung aussehen sollte. In der Bibel bezieht sich der Begriff *Bund* allerdings meistens auf eine Vereinbarung zwischen Gott und den Menschen. Gott entscheidet, was getan werden soll, und die Menschen entschließen sich, diesem Bund entsprechend zu leben. Im *Alten Bund* galten bestimmte Gesetze und Verhaltensmaßstäbe, nach denen man leben musste, um Gott zu gefallen. Der *Neue Bund* der Gnade schenkt uns Gottes Vergebung, weil Jesus für uns starb und auferstand.

Bundeslade
Ein hölzerner, mit Gold überzogener, Kasten, auf dem zwei goldene Engel angebracht waren, die sich anblickten. In der *Bundeslade* wurden die zwei Gesetzestafeln, ein Topf Manna und Aarons blühender Stab aufbewahrt. Sie stand im Allerheiligsten der Stiftshütte.

Buße
Buße tun bedeutet, umzukehren und in die entgegengesetzte Richtung zu gehen. Wenn die Bibel von *Buße* spricht, meint sie damit, dass man über seine Fehler traurig ist, aufhört, falsche Dinge zu tun und das tut, was Gott von einem verlangt. *Buße* bedeutet immer, dass man sein Leben verändert, sich von der Sünde abkehrt und auf Gott zugeht.

Caesar
Der Familienname von Julius *Caesar*, einem berühmten römischen Staatsmann.
In späterer Zeit legte sich jeder römische Herrscher den Beinamen *Caesar* zu, so dass er allmählich zu einem Titel wurde, der »Kaiser« oder »König« bedeutete.

Centurio / Hauptmann
Ein Offizier des römischen Heeres, der hundert Mann unter sich hatte.

Chaldäa
Das Land Babylonien, manchmal wird mit dem Begriff auch nur der südliche Teil von Babylonien bezeichnet. Die *Chaldäer* besiegten die Assyrer im siebten Jahrhundert vor Christus. Unter ihrer Regierung war Babylonien stärker als jemals zuvor.

Cherub, Cherubim
Himmlische Wesen, die mehrere Flügelpaare besitzen und teils Menschen-, teils Tiergestalt besitzen. Die Bibel beschreibt sie als Diener Gottes. Die Bundeslade war mit geschnitzten, die Vorhänge der Stiftshütte mit gestickten Darstellungen von *Cherubim* verziert.
Der salomonische Tempel beherbergte große Cherubim-Statuen.

Christ
In der Bibel bedeutet das Wort »kleiner Christus«. Heute nennt man einen Menschen, der glaubt, dass Jesus der Sohn Gottes ist, und sich nach seinen Lehren richtet, einen *Christen*.

Christus
Das griechische Wort bedeutet »der Erwählte Gottes«, ebenso wie der hebräische Begriff Messias. Jesus war der Christus.

Dämon
Ein böser Geist, der dem Teufel (Satan) dient. Ein Mensch kann von einem *Dämon* in Versuchung geführt oder gequält werden oder auch von ihm »besessen« sein, das heißt kontrolliert werden. Jesus besitzt Autorität über alle *Dämonen*. Als er in Palästina öffentlich wirkte, befreite er viele Menschen von *Dämonen*.

Dan
Einer der zwölf Stämme Israels. Sein Gebiet lag nördlich von Judas Gebiet, westlich von Benjamins und Ephraims Gebiet. *Dan* ist auch der Name der nördlichsten Stadt Israels.

Denar
Römisches Geld. Ein *Denar* war eine kleine Silbermünze. Ein Arbeiter verdiente etwa einen *Denar* am Tag.

Diakon
Ein Helfer oder Diener in der Gemeinde. Im Neuen Testament wurden Männer oder Frauen als *Diakone* berufen, um sich um die Bedürfnisse der Gemeindemitglieder zu kümmern.

Eckstein
Ein großer Stein im Fundament eines Gebäudes, der zwei Wände zusammenhält.

Der *Eckstein* ist der wichtigste Stein eines Hauses, er wird als erster gelegt. Jesus wird der *Eckstein* unseres Glaubens an Gott genannt, weil wir ihn unbedingt kennen müssen, wenn wir Gott kennen wollen.

Eden
Ein wunderbarer, vollkommener Garten, den Gott zwischen den Flüssen Euphrat und Tigris geschaffen hatte. Vor dem Sündenfall lebten Adam und Eva hier.

Ehebruch
Sexuelle Verbindung zwischen einem Mann und einer Frau, wenn einer oder beide mit jemand anderem verheiratet sind. *Ehebruch* ist eine Sünde.

Eid
Ein feierliches Versprechen, dass man die Wahrheit sagt. In biblischer Zeit bekräftigen Menschen ihren *Eid* oft mit den Worten: »Gott ist mein Zeuge.«

eifersüchtig
Eifersüchtig hat mehrere Bedeutungen. 1. Es kann bedeuten, sorgfältig auf das aufzupassen, was man hat. Diese Art *Eifersucht* meint die Bibel, wenn sie von Gott als einem *eifersüchtigen* Gott spricht. Er liebt sein Volk und will, dass es sich von der Sünde abwendet und ihn liebt und anbetet. 2. Um eine andere Form der *Eifersucht* handelt es sich, wenn man Angst hat, die Zuneigung eines geliebten Menschen zu verlieren.

Engel
Himmlische Wesen, die von Gott noch vor Adam und Eva geschaffen wurden. *Engel* überbringen Menschen Gottes Botschaften. Sie beten Gott an.

Ephesus
Eine Stadt an der Ostküste der Ägäis. *Ephesus* war einmal ein wichtiges Handelszentrum gewesen, verlor aber im Lauf des ersten nachchristlichen Jahrhunderts an Bedeutung. In der Stadt gab es einen großen Tempel, der der Göttin Diana geweiht war. Paulus besuchte *Ephesus* auf seinen Missionsreisen.

Erbe
Jemand, der das Recht auf den Besitz eines Verstorbenen hat. Zu biblischer Zeit war der *Erbe* im Allgemeinen ein Sohn. Die Bibel sagt uns, dass ein Mitglied der Familie Gottes auch ein *Erbe* Gottes ist. Gott wird niemals sterben, aber weil wir seine Kinder sind, wird Gott uns immer seine Liebe erweisen und sich um uns kümmern.

erlösen, Erlösung
Die Freiheit erkaufen. In biblischer Zeit konnte man einen Sklaven kaufen und ihn dann freilassen. Der Sklave war dann von dem Menschen, der den Preis bezahlt und ihm die Freiheit geschenkt hatte, *erlöst* worden. Das Neue Testament sagt uns, dass Jesus mit seinem Tod den Preis dafür bezahlte, uns »zurückzukaufen« und uns von der Sklaverei der Sünde zu befreien. (Siehe auch Lösegeld)

Erlöser
Jemand, der einen anderen erlöst. Im Alten Testament sind damit Gott und der versprochene Messias gemeint.

Ernte
Das Einbringen von Getreide und Früchten. Die Bibel gebraucht das Wort *ernten* auch für die Belohnung oder die Strafe einzelner Menschen (siehe Galater 6,9).

Erretter
Das Alte Testament spricht oft davon, dass Gott sein Volk *erretten* wird. Manchmal schickte Gott jemanden, der seinem Volk zu Hilfe kam, und auch so ein Mensch wurde als *Erretter* bezeichnet. Im Neuen Testament ist Jesus gemeint, wenn vom *Erretter* die Rede ist. Er starb und erstand vom Tod, um uns von unseren Sünden zu erretten.

Errettung
Im Neuen Testament bedeutet *Errettung* in der Regel, von der Macht der Schuld und Sünde befreit zu werden. Durch seinen Tod und seine Auferstehung bringt Jesus den Menschen, die an ihn glauben, *Errettung*.

Erstgeburtsrecht
Die besonderen Rechte, die der älteste Sohn einer hebräischen Familie genoss. Wenn der Vater starb, erbte der älteste Sohn einen doppelten Anteil von allem, was sein Vater besaß. Er erhielt außerdem das Recht, Entscheidungen für die ganze Familie zu treffen. Esau verkaufte sein *Erstgeburtsrecht* für eine Schale Suppe.

Erstlingsfrüchte
Ein Opfer, das die Israeliten

Gott von der ersten Getreide-, Obst- und Gemüseernte des Jahres darbrachten, um ihm dafür zu danken, dass er ihnen genug zu essen gab.

Erzengel
Ein besonders wichtiger Engel. Im Neuen Testament ist damit Michael gemeint.

Erzväter
Abraham, Isaak und Jakob (Vater, Sohn und Enkel). Sie werden in der Bibel oft in einem Atemzug erwähnt, weil Gott ihnen versprochen hatte, ihre Nachkommen zu seinem Volk zu machen.

Eunuch
1. Ein Mann, der keine Kinder zeugen kann, weil seine Geschlechtsorgane geschädigt oder entfernt wurden.
2. Dem wichtigsten Berater eines Königs oder einer Königin wurde manchmal der Titel *Eunuch* verliehen.

Evangelisation
Evangelisieren bedeutet, anderen Menschen die Gute Nachricht von Jesus Christus weiterzusagen.

Evangelist
Jemand, der die Gute Nachricht von Christus weitererzählt. Der Begriff stammt aus dem Griechischen und bedeutet »ein Botschafter des Guten«.

Evangelium
Evangelium bedeutet »gute Nachricht«. Die gute Nachricht, die uns die Bibel mitteilt, lautet, dass Gott seinen Sohn sandte, um die Strafe für unsere Sünden auf sich zu nehmen. Dann ließ er ihn von den Toten auferstehen, damit jeder, der an ihn glaubt, neues Leben hat. Die Geschichte vom Leben Jesu, seinem Tod und seiner Auferstehung, wird in den ersten vier Büchern des Neuen Testaments, den vier *Evangelien*, erzählt.

ewig
Endlos. Gott ist *ewig*, und die Mitglieder seiner Familie haben *ewiges* Leben.

fluchen / verfluchen
In der Bibel bedeutet *fluchen* nicht dasselbe wie in unserer Umgangssprache. Wenn ein Mensch einem anderen *fluchte*, wünschte er ihm, dass ihm Schlechtes zustoßen sollte. Wenn Gott etwas *verfluchte*, verkündete er damit sein Strafgericht.

Freistadt
Eine der sechs von Mose bestimmten Städte, in der jemand, der aus Versehen einen Menschen umgebracht hatte, Zuflucht finden konnte, bis ein faires Gerichtsverfahren angesetzt war. Wenn der Betreffende sich in einer *Freistadt* aufhielt, war er in Sicherheit vor Freunden und Familienangehörigen des Getöteten, die vielleicht Rache an ihm nehmen wollten.

Frucht
Ergebnis. In der Bibel ist mit *Frucht* manchmal zwar auch Obst gemeint, aber meistens benutzt sie diesen Begriff, um damit Handlungen zu beschreiben, die auf das Gute oder Böse zurückzuführen sind, das ein Mensch in sich trägt. Mit den *Früchten* des Geistes (Galater 5) sind die Tugenden gemeint, die durch den Heiligen Geist im Leben eines Christen zum Vorschein kommen.

Furcht
Heute meint man mit *Furcht* in der Regel, dass man vor etwas Angst hat. Die Bibel benutzt diesen Begriff allerdings oft, um den Respekt und die Ehrerbietung zu beschreiben, die ein sündiger Mensch (und nach Römer 3,23 sind wir das alle) Gott entgegenbringen sollte, weil er vollkommen, allmächtig und heilig ist.

Fürsprecher
Jemand, der einen anderen Menschen unterstützt, ihm hilft oder für ihn eintritt. Jesus und der Heilige Geist sind *Fürsprecher* für die Mitglieder von Gottes Familie.

Gaben / Talente
Von Gott geschenkte Fähigkeiten, die ein Gläubiger einsetzt, um gute Werke zu tun.

Galiläa
Zur Zeit Jesu der nördliche Teil von Palästina. Hier wuchs Jesus auf, hier predigte er und tat die meisten Wunder.

Garbe
Ein Bündel abgeerntetes Getreide.

Gaza
Eine größere Stadt auf dem Gebiet der Philister. Von der Richterzeit bis zur Zerstörung durch Alexander den Großen stand die Stadt bisweilen unter der Herrschaft der Ägypter oder der Israeliten.

Gebot
Eine Regel oder ein Lehre,

nach der sich die Menschen richten sollen. Mose empfing die Zehn *Gebote* von Gott. Die Bibel gibt den Christen *Gebote* an die Hand, nach denen sie sich richten sollen, weil sie Gott lieben und ihm gehorchen wollen.

Geheimnis

Eine Wahrheit, die man nur mit Hilfe von Gottes Offenbarung verstehen kann. Der Begriff taucht nur im Neuen Testament auf, vor allem in den Paulusbriefen, und bezieht sich auf den Plan Gottes, die Welt durch Jesus Christus zu erlösen.

Geist

Der unsichtbare Teil eines Menschen, der die Gedanken, Gefühle und Handlungen eines Menschen bestimmt; die Seele. Die Bibel sagt, dass Gott Geist ist. Sie meint damit, dass er keinen Körper besitzt. (s.a. Seele)

Gelöbnis

Ein Versprechen, das man Gott macht.

Gemeinde/Kirche

Eine Versammlung oder Zusammenkunft. Der Begriff *Gemeinde* bezeichnet eine Gruppe von Christen an einem Ort ebenso wie die Gesamtheit aller Gläubigen.

Generation

Die Zeit, die von der Geburt bis zu dem Zeitpunkt vergeht, an dem man selbst Vater oder Mutter wird. Großeltern, Eltern und Kinder sind drei verschiedene *Generationen*.

gerecht

Gerecht zu handeln bedeutet, das zu tun, was recht und in Gottes Augen gut ist. In der Bibel hat der Begriff drei verschiedene Bedeutungen:

1. Er beschreibt Gottes Wesen: Gott handelt gerecht.
2. Wer Jesus als Erlöser angenommen hat, wird von Gott als *gerechter* Mensch angesehen. Er ist frei von Schuld und Sünde.
3. Wer zu Gottes Familie gehört, zeigt seine Liebe zu ihm damit, dass er *gerecht* handelt, also das tut, was in Gottes Augen gut ist.

Gerechtigkeit

Die meisten Propheten der Bibel betonen immer wieder, dass Gott gerecht ist und will, dass die Menschen, die zu ihm gehören, auch gerecht handeln. Die Propheten warnten das Volk wiederholt davor, Unrecht zu tun, zum Beispiel andere Menschen, besonders die Armen, zu betrügen.

Gericht / richten

1. *Gericht* kann bedeuten, dass Gott einen Einzelnen oder ein Volk für Ungehorsam bestraft.
2. Das Neue Testament spricht manchmal davon, dass ein Christ nicht über einen anderen *richten*, das heißt, ihn nicht kritisieren soll.
3. Mit *Gericht* ist manchmal auch das Ende unserer Welt gemeint. Dann wird Gott zu *Gericht* über die Sünder sitzen und alle Menschen belohnen, die für ihn gelebt haben.

Gesetz

Das Wort hat in der Bibel mehrere Bedeutungen:

1. Es kann für all die Regeln stehen, die Gott uns gab, um ihn besser kennen zu lernen und zu lieben und gut mit anderen Menschen auszukommen. Die zehn Gebote gehören zu Gottes *Gesetz*.
2. Die ersten fünf Bücher der Bibel werden auch das *Gesetz* genannt.
3. Das gesamte Alte Testament bezeichnet man manchmal als *Gesetz*.
4. Eine Regel, die man befolgen muss, ob sie nun von Gott oder von Menschen stammt, ist ein *Gesetz*.
5. Gottes Gebote, die im Alten Testament aufgezeichnet sind, und dazu gewisse Regeln, die von jüdischen Lehrern hinzugefügt wurden, werden manchmal als *Gesetz* bezeichnet.
6. Römer 2,14-16 spricht davon, dass das Gewissen einem ungläubigen Menschen sagt, ob er den ethischen Maßstäben folgt, die er für sich selbst akzeptiert.

Gewissen

Ein Gefühl oder Sinn für das, was gut und böse ist.

Gibeon

Die einzige kanaanitische Stadt, die mit Josua Frieden schloss, auch wenn dabei Täuschung im Spiel war. Die Stadt lag einige Kilometer nordwestlich von Jerusalem und wurde zu einem bedeutenden Zentrum der Anbetung. Salomo war nach Gibeon gekommen, um dort Opfer darzubringen, als Gott in einem Traum zu ihm gesprochen hatte.

Gilboa

Eine Gebirgsregion südlich vom See Genezareth. Hier schlug König Saul seine letzte Schlacht gegen die Philister. Er und sein Sohn Jonatan kamen in dieser Schlacht um.

Gilead

Die Region westlich des Jordan.

Gilgal

Eine Stadt in der Nähe von Jericho. Hier schlugen die Israeliten ihr Lager auf, nachdem sie den Jordan durchquert hatten. In *Gilgal* wurde Saul als König bestätigt, und hier missachtete er Samuels Weisungen, was dazu führte, dass Gott ihn als König verstieß.

glauben

Darauf vertrauen, dass etwas wahr ist. Die Bibel sagt uns, dass wir *glauben* können, dass Jesus Christus Gottes Sohn ist. Wir können auf sein Versprechen vertrauen, dass er uns unsere Sünden vergibt. Wir zeigen unseren Glauben daran, dass Gott uns liebt und das Beste für uns will, indem wir seinen Geboten gehorchen.

Glauben

Glauben hat in der Bibel zwei Bedeutungen:

1. Sich einer Sache sicher sein, obwohl man sie nicht sieht, oder jemandem vertrauen. Zum Beispiel zeichnet sich ein Christ durch den *Glauben* aus, dass Jesus Gottes Sohn ist.
2. Mit »dem Glauben« ist die ganze Botschaft von Jesus Christus gemeint – dass er Gottes Sohn ist und auf die Erde kam, um die Strafe für unsere Sünden auf sich zu nehmen, damit wir Mitglieder von Gottes Familie werden können.

Gleichnis

Ein Geschichte mit einer Lehre oder Moral.

Gnade

Liebe und Freundlichkeit, die man jemandem erweist, der es nicht verdient. Ganz besonders benutzt man diesen Begriff für die Vergebung durch Gott. Wir verdienen die *Gnade* Gottes nicht, weil wir gegen ihn gesündigt haben. Gott zeigte seine *Gnade* unter allen Völkern, indem er seinen Sohn Jesus zu uns schickte, um uns zu erretten. Gottes *Gnade* bewirkt, dass wir in seine Familie aufgenommen werden (siehe Epheser 2,8). Gottes *Gnade* hilft uns auch, so zu leben, wie Gott es von uns möchte (siehe Apostelgeschichte 20,32). Niemand kann sich die *Gnade* Gottes verdienen, sie ist ein Geschenk Gottes.

Golgatha / Golgota

Der Ort außerhalb von Jerusalem, an dem Jesus gekreuzigt wurde. Das aramäische Wort *Golgatha* bedeutet »Schädelstätte«.

Gomorra

Zur Zeit Abrahams eine Stadt in der Nähe des Toten Meeres. *Gomorra* und die Nachbarstadt Sodom wurden durch ein Feuer vom Himmel zerstört, weil die Menschen dort so schlecht waren.

Gosen / Goschen

Ein Gebiet im Nildelta, wo sich Jakob mit seiner Familie niederließ.

Gottes Lamm

Eine Bezeichnung für Jesus, die deutlich macht, dass er starb, um unsere Sünden auf sich zu nehmen. Wenn ein Jude gesündigt hatte, brachte er Gott ein Lamm als Opfer dar. Jesus glich darin einem Lamm, als er sich selbst als Opfer hingab und starb, damit unsere Sünden vergeben werden können.

Gotteslästerung

Gott zu lästern bedeutet schlechte Dinge über ihn zu sagen, zu fluchen und dabei den Namen Gottes zu benutzen, oder etwas zu tun, mit dem man Gott verächtlich macht. Die Bibel sagt, dass *Gotteslästerung* Sünde ist. Die Juden töteten *Gotteslästerer*, indem sie sie steinigten. Jesus und Stephanus wurden fälschlicherweise der *Gotteslästerung* beschuldigt.

Götze

Eine Statue oder ein Bild eines Gottes, das von Menschen hergestellt und dann angebetet wird, als ob es wirklich göttliche Macht hätte. *Götzen* bestehen oft aus Holz, Stein oder Metall.

Grab

In biblischer Zeit waren *Gräber* oft natürliche oder in Stein gehauene Höhlen.

Granatapfel

Eine Frucht etwa in der Größe eines Apfels.

Griechenland

Das kulturelle, politische und wirtschaftliche Zentrum der Antike. Im vierten Jahrhundert vor Christus eroberte *Griechenland* unter Alexander dem Großen einen großen Teil des Mittelmeergebiets und des Nahen Ostens.

Das führte dazu, dass sich die griechische Kultur in der ganzen Region ausbreitete, obwohl Alexanders Nachfolger von den Römern unterworfen wurden.

Hades
Ein griechisches Wort mit der Bedeutung »Totenreich«. »Scheol« ist ein anderes Wort mit der gleichen Bedeutung, das in der Bibel gebraucht wird. Man stellte sich den *Hades* als finsteres Schattenreich vor. Die Hölle oder Gehenna ist ein viel schrecklicherer Ort und nicht dasselbe wie der Hades.

Halleluja
Ein hebräisches Wort mit der Bedeutung »Preist den Herrn!«

Harfe, Leier
Ein Saiteninstrument mit einem birnenförmigen Korpus und einem Hals. Es wird gespielt, indem man die Saiten zupft.

Hebräer
Eine Bezeichnung, die sich von Eber ableitet, einem Nachfahren von Noahs Sohn Sem. Man bezeichnet damit das auserwählte Volk Gottes, die Israeliten, die in späterer Zeit Juden genannt wurden. Der größte Teil des Alten Testaments wurde in hebräischer Sprache verfasst.

Hebron
Eine antike Stadt etwa dreißig Kilometer südwestlich von Jerusalem. Abraham ließ sich hier eine Weile nieder. In den siebeneinhalb Jahren, die David König von Juda war, war *Hebron* Hauptstadt. Als David dann auch noch zum König in Israel gekrönt wurde, verlegte er die Hauptstadt nach Jerusalem.

Heide
Jemand, der nicht den wahren Gott anbetet, insbesondere jemand, der Götzen anbetet.

heilig
Rein, zu Gott gehörend, abgesondert. Gott ist *heilig*, vollkommen und ohne Sünde. Auch Jesus ist *heilig*. Er ist ohne Sünde und handelt immer nach dem Willen Gottes. Weil Jesus starb, um die Strafe für unsere Sünden auf sich zu nehmen, bekommen auch Menschen, die an ihn glauben, die Kraft, *heilig* zu werden.

Heilige
Der Begriff bedeutet »das Volk Gottes«. Das Neue Testament sagt uns, dass alle Christen *Heilige* sind. Paulus richtete seine Briefe oft »an die *Heiligen*«.

Heiliger Geist
Die persönliche, aber unsichtbare Macht und Anwesenheit Gottes in der Welt. Die Apostelgeschichte berichtet, dass den Nachfolgern Jesu der *Heilige Geist* geschenkt wurde, nachdem Jesus in den Himmel zurückgekehrt war. Der *Heilige Geist* lebt in jedem, dem seine Sünden vergeben wurden. Jesus sagt, dass der *Heilige Geist* unser Tröster und Helfer ist. Er lehrt uns die Wahrheit über Gott, hilft uns, die Bibel zu verstehen und zu beten. Er gibt uns die Kraft, so zu handeln, wie Jesus es von uns will.

Heiliges, Allerheiligstes
Das eigentliche Heiligtum in der Stiftshütte und im Tempel war in zwei Bereiche aufgeteilt. Der größere von beiden, das *Heilige*, durfte nur von diensthabenden Priestern betreten werden. Der kleinere mit der Bezeichnung *Allerheiligstes* war durch einen großen Vorhang abgeteilt und durfte nur einmal jährlich am Versöhnungstag vom Hohenpriester betreten werden.

Heiligtum
Ein Ort, an dem man Gott anbetet. In der Bibel ist mit dem Begriff *Heiligtum* in der Regel die Stiftshütte oder der Tempel gemeint.

Heiligung, heiligen
Sich für den Dienst an Gott zur Verfügung stellen. *Heiligung* ist ein Prozess, der niemals aufhört. Wenn jemand Christ wird, dann ist er *geheiligt*. Der Heilige Geist hilft ihm, Jesus immer ähnlicher zu werden. Das ist mit *Heiligung* gemeint.

Herodes
Der Familienname von fünf Königen, die der römische Kaiser eingesetzt hatte, um in der Zeit des Neuen Testaments über Palästina zu herrschen. Jesus wurde in der Regierungszeit *Herodes* des Großen geboren. Die vier anderen Könige heißen *Herodes* Archelaus, *Herodes* Antipas, *Herodes* Agrippa I. und *Herodes* Agrippa II.

Heuchler
Ein Mensch, der vorgibt, etwas anderes zu sein, als er wirklich ist. Jesus nannte die Pharisäer *Heuchler*, weil sie vieles taten, um für überaus religiös gehalten

zu werden, obwohl sie sich nicht nach Gott richteten.

Heuschrecke

Ein großes Insekt, das einem Grashüpfer ähnelt. Manchmal ziehen große *Heuschreckenschwärme* umher und fressen alle Pflanzen auf, die sie finden.

Himmel

1. Der sichtbare blaue *Himmel* über der Erde; das Weltall.
2. Die Wohnung Gottes, der Engel und aller Menschen, die von Gott errettet wurden.

Himmelreich

Eine andere Bezeichnung für *Himmelreich* lautet *Reich Gottes*. Der Begriff meint die Herrschaft Gottes im Leben der Menschen, die er erwählt hat, und seiner Schöpfung. Im Alten Testament waren die Israeliten die Bewohner des Reichs Gottes. In neutestamentlicher Zeit und heute gehören alle dazu, die dem Herrn Jesus Christus folgen und an ihn glauben. Wenn Jesus wiederkommt, werden alle Menschen das Reich Gottes sehen.

Hiwiter

Einer der kanaanitischen Stämme, die von Josua besiegt wurden.

Höhen / Höhenheiligtümer

Altäre oder Anbetungsstätten, die man auf Hügeln oder Bergen errichtete. Manchmal wurden auch Altäre für Gott auf den *Höhen* errichtet. Meistens wurden auf ihnen jedoch Götzen angebetet. Den Israeliten wurde befohlen, die *Höhenheiligtümer* zu vernichten, wenn dort Götzen verehrt wurden.

Hoher Rat, Sanhedrin

Das oberste Gremium der Juden in politischen und religiösen Fragen. Zur Zeit des Neuen Testaments gehörten dem *Hohen Rat* 71 Mitglieder an, die das jüdische Gesetz genau kannten. Immer gehörte der Hohepriester dazu, außerdem noch die Mitglieder reicher oder bedeutender jüdischer Familien sowie Pharisäer und Sadduzäer.

Hoherpriester

Der oberste Priester, der Gott zunächst in der Stiftshütte und dann im Tempel diente. In alttestamentlicher Zeit brachte er die wichtigsten Opfer für das Volk dar. In neutestamentlicher Zeit nahm er auch Führungsaufgaben in der Politik wahr. Er war der Leiter des Hohen Rates, einer Gruppe von Männern, die bestimmte Regierungsaufgaben wahrnahmen. Ihm stand sogar ein kleines Heer zur Verfügung. Der *Hohepriester* trug eine besondere Kleidung, die in 2. Mose 28,1-39 beschrieben wird. Aaron war der erste *Hohepriester*. Alle nachfolgenden *Hohenpriester* stammten von ihm ab.

Hosianna

Ein hebräisches Wort, das »Rette uns jetzt!« bedeutet. Die Hebräer riefen »Hosianna«, wenn sie sich für einen bedeutenden Menschen begeisterten.

Hungersnot

Eine Zeit, in der es für Menschen und Tiere nicht genug zu essen gibt. Eine *Hungersnot* kann durch ausbleibenden Regen, Kriege, Insekten, die die Ernte auffressen, und Stürme verursacht werden.

Hure

Eine Prostituierte, also eine Frau, die Geld für den Geschlechtsverkehr mit einem Mann nimmt. Manchmal wird in der Bibel jemand als *Hure* bezeichnet, der sich von Gott abwendet, um Götzen anzubeten.

Immanuel

Ein Name für Jesus, der »Gott mit uns« bedeutet.

Inspiration

Die Art, auf die Gott sein Wort den menschlichen Verfassern der Bibel mitteilte. Der Begriff *Inspiration* ist von hebräischen und griechischen Wörtern abgeleitet und bedeutet eigentlich »eingehaucht«. Dieser bildhafte Ausdruck macht deutlich, wie Gott seinem Volk die Wahrheit vermittelte.

Israel

In der Bibel hat der Begriff *Israel* mehrere Bedeutungen.

1. Gott gab Jakob diesen besonderen Namen (er bedeutet »Gott kämpft«).
2. *Israel* ist ein anderer Name für die Hebräer, das auserwählte Volk Gottes.
3. Man bezeichnet mit dem Begriff das Volk, das von den Richtern und den ersten drei hebräischen Königen – Saul, David und Salomo – regiert wurde.
4. Als Jerobeam sich mit zehn Stämmen von Rehabeam und den beiden südlichen Stämmen trennte, wurde sein Reich *Israel* genannt.

(Das Südreich hieß Juda.)

5. Nachdem das Nordreich *Israel* von den Assyrern erobert wurde, bezeichnete man mit dem Begriff Israel manchmal auch das Südreich.
6. Mit dem Wort bezeichnet man gelegentlich auch das Volk Gottes. In der Bibel kommt oft der Begriff »Kinder *Israels*« vor, der die Nachkommen Jakobs meint.

Israelit

Ein Bürger des Landes Israel; ein Nachkomme Jakobs (Israel).

Jahwe

Einer der hebräischen Namen für Gott. Er galt als heilig, sodass fromme Juden ihn niemals aussprachen.

Jebusiter

Ein kanaanitischer Stamm, der das hügelige Gelände um Jerusalem herum kontrollierte, bis er von David besiegt wurde.

Jericho

Eine Stadt einige Kilometer nördlich des Toten Meers. *Jericho* war die erste Stadt, die von den Israeliten unter Josuas Führung eingenommen wurde.

Jerusalem

Die bedeutendste Stadt in biblischer Zeit. Sie war die Hauptstadt des vereinigten Königreichs Israel und des Süd-reichs Juda. Der Tempel wurde in *Jerusalem* errichtet, so dass viele Pilger dorthin strömten, um Gott anzubeten. 587 v.Chr. wurde Jerusalem vom babylonischen Heer erobert und weitgehend zerstört. Die Stadt wurde wieder aufgebaut, als die Juden nach siebzig Jahren Exil in Babylon zurückkehrten. Jesus lehrte in *Jerusalem*, wurde außerhalb der Stadtmauern gekreuzigt, wurde nahe der Stadt begraben und auferstand dort von den Toten. Die erste christlichen Gemeinde entstand in *Jerusalem*, nachdem der Heilige Geist über die Gläubigen ausgegossen wurde.

Joch

1. Ein hölzernes Gestell, das man zwei Zugtieren, meistens Ochsen, auflegt. Es hält die beiden Tiere zusammen, wenn sie einen Wagen oder einen Pflug ziehen.
2. Manchmal steht der Begriff auch bildlich für Knechtschaft, Gefängnis, hohe Steuern oder ungerechte Gesetze.

Jordan

Ein Fluss, der vom Hermon in südlicher Richtung durch den See Genezareth fließt und in das Tote Meer mündet. Der *Jordan* war Schauplatz einer Reihe von wichtigen Ereignissen in der Bibel, unter anderem der Taufe Jesu.

Josephus

Jüdischer Historiker. In seiner Geschichte des jüdischen Volkes (*Antiquitates Judaicae*) wird Jesus zum ersten Mal in einem nichtchristlichen Werk erwähnt.

Juda

1. Einer der Söhne von Jakob und Lea.
2. Die Nachkommen *Judas*, aus denen der Stamm *Juda* entstand.
3. Das Südreich *Juda*, das entstand, als sich die Israeliten nach Salomos Tod in zwei Reiche spalteten. (Das Nordreich hieß Israel.)

Juden

Anfangs war mit dem Begriff *Jude* nur ein Mitglied des Stammes Juda gemeint. Nach der Rückkehr aus dem babylonischen Exil bezeichnete der Begriff einen Nachkommen Abrahams oder einen Anhänger der jüdischen Religion.

Judentum

Der Glaube, die Gebote, Überlieferungen und Lehren der jüdischen Religion. Im *Judentum* betet man den einen wahren Gott an, praktiziert die Beschneidung als Zeichen der Zugehörigkeit zum Volk Gottes, feiert den Sabbat (Samstag), gehorcht den Geboten und folgt der Tradition, die eine Generation an die nächste weitergibt.

Jünger

Jemand, der sich nach den Lehren eines anderen Menschen richtet und seinem Beispiel folgt. Im Neuen Testament bezeichnet der Begriff in der Regel jemanden, der glaubt, dass Jesus der Sohn Gottes ist, ihn liebt und ihm gehorcht. Manchmal sind mit den *Jüngern* die zwölf Männer gemeint, die Jesus als seine Freunde und Helfer ausgesucht hatte.

Kadesch

Ein Ort zwischen der Wüste Sinai und der Südgrenze Kanaans. Von hier schickte Mose zwölf Kundschafter nach Kanaan aus. Doch das Volk lehnte sich auf, und deshalb mussten die Israeliten vierzig Jahre in der Wüste verbringen.

Kanaan, Kanaaniter

Kanaan war ein Sohn Hams und ein Enkel Noahs. Seine Nachkommen ließen sich in der Gegend nieder, die Gott später Abraham versprach, und gaben dem Land den Namen, das später als Palästina und Israel bekannt wurde.

Kanon, kanonische Schriften

Kanon bedeutet eigentlich Messlatte oder Maßstab. Protestantische Christen akzeptieren die sechsundsechzig Bücher des Alten und Neuen Testaments als kanonische Schriften, die zusammen die Bibel ergeben, während Katholiken und orthodoxe Christen auch die so genannten Spätschriften des Alten Testaments (Apokryphen) zum Kanon dazurechnen.

Karmel

Ein Gebirgszug, der unmittelbar am Mittelmeer endet. Auf dem Berg *Karmel* forderte Elia die Baalspriester heraus.

Keilschrift

Schrift, die in Sumer, Babylonien und Persien in Gebrauch war.

Korinth

Eine Stadt in Griechenland. *Korinth* war schon immer eine geschäftige Handelsstadt gewesen, aber die Römer machten es sogar zur Provinzhauptstadt. Paulus hielt sich anderthalb Jahre in Korinth auf und lehrte dort.

kreuzigen

Einen Menschen an ein Kreuz nageln, bis er oder sie stirbt. Die *Kreuzigung* war eine langsame und grausame Hinrichtungsart, die die Römer nur bei ihren Feinden und bei Schwerverbrechern anwandten.

Krippe

Ein Futterbehälter in einem Stall. Als Jesus geboren wurde, legte ihn Maria in eine Krippe.

Leviten

Nachkommen Levis, einem der Söhne von Jakob und Lea. Einige *Leviten* unterwiesen das Volk in religiösen Fragen, andere arbeiteten in der Stiftshütte und später im Tempel. Nur *Leviten*, die von Moses Bruder Aaron abstammten, konnten Priester werden.

Lösegeld

Der Betrag, den man zahlen musste, um einen Gefangenen oder einen Sklaven freizukaufen. Das Neue Testament sagt uns, dass wir alle Gefangene von Sünde und Tod sind. Als Jesus am Kreuz starb, bezahlte er den Preis – das *Lösegeld* – um uns vor der Macht der Sünde und des Todes zu erretten. (Siehe auch: erretten)

Makel

Ein Fehler, der bewirkt, dass eine Sache oder ein Tier nicht vollkommen ist.

Manna (Man)

Die Nahrung, mit der Gott die Israeliten während ihrer vierzigjährigen Wüstenwanderung versorgte. Die Bibel sagt, dass das *Manna* weiß aussah und süß schmeckte.

Menschensohn

Ein Name für Jesus. Jesus bezeichnete sich oft als *Menschensohn*. Dieser Name sagt aus, dass Jesus ein wirklicher Mensch und der Retter ist, den Gott in Daniel 7,13 versprochen hatte. Gott sprach außerdem den Propheten Hesekiel mit dem Namen *Menschensohn* an.

Mesopotamien

Das Gebiet zwischen den Flüssen Euphrat und Tigris. Der Begriff ist aus zwei griechischen Wörtern zusammengesetzt, die »Mitte« und »Fluss« bedeuten. Die assyrische Nation entwickelte sich in Nordmesopotamien, Babylon im mittleren Bereich, und Sumer (wozu auch Ur gehörte) im Süden.

Messias

Der von Gott versprochene Retter. Jesus ist der *Messias*. Im Hebräischen bedeutet *Messias* »der Gesalbte«. Der entsprechende griechische Begriff lautet »Christos«. Das Neue Testament bezeichnet Jesus als den Christus, um zu bezeugen, dass er der Retter ist.

Mittler

Jemand, der in einem Streit oder bei einer Meinungsverschiedenheit zwischen zwei oder mehr Menschen vermittelt und schlichtet. Jonathan war *Mittler* zwischen David und Saul. Mose war *Mittler* zwischen Gott und Israel. Indem er für unsere Sünden bezahlte, wurde Jesus zum *Mittler*, der es uns ermöglichte, Frieden mit Gott zu schließen.

Moabiter
Jemand, der aus dem Land Moab stammt, das östlich vom Toten Meer lag. Moab kämpfte oft gegen Israel und wurde zeitweise von den israelitischen Königen beherrscht. Ruth, eine Vorfahrin von David und Jesus, war eine *Moabiterin*.

Moria
Ein Hügel in Jerusalem, auf dem Salomo den Tempel errichtete. Der jüdischen Überlieferung nach handelt es sich um denselben Hügel, auf dem Abraham Isaak als Opfer darbringen wollte.

Mühlstein
Einer von paarweise vorkommenden Steinen, mit denen man Getreide mahlte.

Myrrhe
Harz des *Myrrhe*-Strauchs. *Myrrhe* wurde als Parfüm und als Schmerzmittel gebraucht. Man benutzte es außerdem, um Salbölen einen angenehmen Geruch zu verleihen und einen Leichnam für die Beerdigung vorzubereiten. Die Weisen aus dem Morgenland schenkten Jesus *Myrrhe*.

Narde
Ein wohlriechendes Öl, das aus Wurzel und Stengel einer Baldrianart gewonnen wird, die in Indien wuchs. Weil das Öl in Palästina aus Indien importiert werden musste, war es sehr teuer. Maria goss *Narde* über Jesu Füße.

Nasiräer
Ein Hebräer, der ein Gelübde abgelegt hatte, Gott eine Zeit lang auf besondere Weise zu dienen. Diese Zeit konnte sich von 30 Tagen bis zu einem ganzen Leben erstrecken. Um seine Hingabe an Gott deutlich zu machen, verzichtete ein *Nasiräer* darauf, sich die Haare schneiden zu lassen, irgendein aus Weintrauben hergestelltes Produkt zu essen oder zu trinken und Leichen zu berühren. Wenn die Zeit des Gelübdes um war, lebte er wieder wie andere Menschen. Samuel und Simson waren ihr ganzes Leben lang *Nasiräer*. Einige Theologen vermuten, dass auch Johannes der Täufer ein *Nasiräer* war.

Nazarener
Jemand, der in Nazareth lebte. Weil Jesus fast 30 Jahre dort lebte, nannte man ihn oft den *Nazarener*. Später bezeichnete man auch die Christen als *Nazarener*, weil sie Jesus nachfolgten.

Nebenfrau/Konkubine
In biblischer Zeit eine Sklavin, die bei einer israelitischen Familie lebte und mit dem Familienvater Kinder hatte. Man betrachtete sie als Ehefrau zweiter Klasse.

Nebo
Ein Berg neben dem Pisga nicht weit vom Toten Meer. Mose sah das Gelobte Land von diesem Gipfel aus.

Neuer Bund
Siehe Bund.

Neues Testament
Siehe Testament.

Nordreich
Damit ist das Reich Israel gemeint, das entstand, als Jerobeam mit den nördlichen Stämmen gegen Rehabeam rebellierte. Von Anfang an verführten die Könige in Israel das Volk zum Götzendienst. Deshalb bestrafte Gott sie, indem er die Assyrer Israel erobern ließ. Die Israeliten wurden zwangsweise umgesiedelt und über das ganze assyrische Reich verstreut. Auf ihrem eigenen Gebiet siedelten sich Assyrer an. Die Israeliten gingen Mischehen mit den Assyrern ein. Die daraus entstehende Volksgruppe wurde später als Samariter bekannt.

Offenbarung, offenbaren
Das Bekanntmachen von unbekannten oder geheimen Informationen. Im Alten Testament *offenbarte* sich Gott durch seine Wunder, durch seine Worte an Menschen wie Abraham, Mose und David und die Propheten. Im Neuen Testament sandte Gott Jesus Christus, damit die Menschen ihn selbst kennen lernen konnten. Als Jesus auf der Erde lebte, *offenbarte* er Gottes Liebe, seine Heiligkeit und seine Macht, damit wir verstehen können, wie Gott ist. Gott *offenbart* sich uns auch durch sein Wort, die Bibel. Das letzte Buch der Bibel heißt *Offenbarung*. Sie zeigt uns, dass Jesus Christus über das Böse triumphieren wird.

Öl
In der Bibel ist mit *Öl* fast immer Oliven*öl* gemeint. Man benutzte es, um Priester und Könige zu salben.

Ölberg
Ein Hügel unmittelbar vor den Toren Jerusalems, Schauplatz

vieler Ereignisse, von denen die Bibel berichtet.

Opfer

Das, was ein Mensch Gott schenkt, weil er ihn liebt. Dabei kann es sich um Geld, Zeit oder anderen Besitz handeln. In der Zeit des Alten Testaments brachten die Menschen Nahrung und Tiere zur Stiftshütte oder zum Tempel, um sie Gott als *Opfer* darzubringen. Sie wurden dann oft auf dem Altar verbrannt. Tier*opfer* wurden immer getötet. Ihr Blut symbolisierte, dass Sünden durch den Tod vergeben wurden. Christen glauben, dass man heute keine *Opfer* mehr für die Vergebung der Sünden darbringen muss, weil Christus durch seinen Tod ein für allemal das *Opfer* gebracht hat, durch das uns unsere Sünden vergeben werden.

Palästina

Mit der Bezeichnung war ursprünglich nur das Land der Philister gemeint, die den südöstlichen Küstenstreifen des Mittelmeers bewohnten. Im Lauf der Zeit weitete sich die Bedeutung des Begriffs auf das ganze Gebiet zwischen Ägypten und Syrien aus.

Panzer

Mit einem *Panzer* aus Metall (wohl eine metallverstärkte Lederjacke) schützten Soldaten Arme und Hals.

Paradies

Siehe Himmel.

Passa

Eins der wichtigsten jüdischen Feste. Die Juden feiern jedes Frühjahr das *Passa*fest, um sich daran zu erinnern, dass Gott sie aus der Sklaverei in Ägypten befreite. Damals bestrichen die Israeliten ihre Türpfosten mit dem Blut eines Lammes. An diesen Türen ging der Todesengel vorbei, während in den Häusern der Ägypter, deren Türpfosten nicht mit Blut bestrichen worden waren, der Erstgeborene umkam. Diese schreckliche Katastrophe überzeugte den Pharao, die Israeliten aus Ägypten wegziehen zu lassen. Das *Passa*mahl war die letzte Mahlzeit, die Jesus vor seiner Kreuzigung mit seinen Jüngern einnahm.

Passalamm

Das Lamm, das zum Passafest als Opfer geschlachtet wird. Die Bibel sagt, dass Jesus unser *Passalamm* ist. Er wurde geopfert, um uns von der Sünde zu erretten, genau wie das erste *Passalamm* geschlachtet wurde, um die erstgeborenen Söhne der Israeliten vom Tod zu erretten und dem Volk Israel die Flucht aus Ägypten zu ermöglichen.

Patriarch

Der Vater einer Familie oder eines Volks. Mit dem Begriff *Patriarchen* oder Erzväter meint man im allgemeinen Abraham, Isaak und Jakob, die Gründer der hebräischen Nation. Jakobs Söhne und David werden auch mitunter als Patriarchen bezeichnet.

Patriarchenzeit

Damit ist die Zeit vor Mose gemeint, in der der älteste Mann einer Familie oder einer Sippe als Oberhaupt galt und die Entscheidungsgewalt in weltlichen und geistlichen Fragen hatte.

Pentateuch

Die ersten fünf Bücher des Alten Testaments. Der Begriff stammt aus dem Griechischen und bedeutet »fünf Rollen«. Man bezeichnet sie außerdem als Bücher des Gesetzes, als die fünf Bücher Mose oder als Tora.

Perisiter

Einer der kanaanitischen Stämme, die von Josua besiegt wurden.

Persien

Das Gebiet zwischen dem Persischen Golf und dem Kaspischen Meer. Das Persische Reich war die letzte Großmacht im Nahen Osten vor der Eroberung durch Alexander den Großen.

Pferch

Ein umzäuntes Gebiet, in dem Schafe weiden.

Pfingsten

Ein jüdisches Fest, das fünfzig Tage nach dem Passafest gefeiert wurde. Heute wird in der christlichen Kirche *Pfingsten* gefeiert, weil am ersten *Pfingst*fest nach der Auferstehung Jesu Gott seinen Nachfolgern den Heiligen Geist schenkte, wie er es versprochen hatte (siehe Apostelgeschichte 2).

Pharao

Herrschertitel im alten Ägypten, vergleichbar mit den heutigen Titeln »König«, »Kanzler« oder »Präsident«.

Pharisäer

Ein Jude zur Zeit Jesu, der versuchte, das jüdische Gesetz genau zu befolgen.

Viele von ihnen wollten Gott wirklich gefallen und ein heiliges Leben führen. Einigen *Pharisäern* war es aber wichtiger, jedes noch so kleine Gebot zu befolgen, als sich um die Menschen zu kümmern. Jesus lobte die *Pharisäer* für ihre Lehren, kritisierte sie aber andererseits für das, was sie sagten.

Philippi

Eine Stadt in Mazedonien (Nordgriechenland). Die erste europäische Stadt, die Paulus auf seinen Missionsreisen besuchte.

Philister

Die Bewohner des südöstlichen Küstenstreifens des Mittelmeeres. Zur Zeit des Alten Testaments lieferten sich die Philister oft Kämpfe mit den Israeliten um die Vorherrschaft in diesem Gebiet. Die Philister stammten möglicherweise aus Griechenland oder von Kreta. Technologisch waren sie den Hebräern weit überlegen, weil sie sich in der Metallverarbeitung auskannten. Sie hatten zumindest die kanaanitischen Götzen übernommen und kontrollierten lange Zeit einen großen Teil Palästinas, bis sie einige entscheidende Niederlagen gegen David hinnehmen mussten. Trotzdem kam es in den folgenden Jahrhunderten immer wieder zu Kämpfen gegen Israel und Juda.

Pisga

Ein neben dem Nebo gelegener Berg nicht weit vom nordöstlichen Ufer des Toten Meeres. Mose bestieg ihn, um von hier das Gelobte Land zu sehen.

Plage

Die zehn Katastrophen, die Gott über die Ägypter hereinbrechen ließ, um ihren König zu überzeugen, die Israeliten freizulassen. In 2. Mose 4-12 kann man die Geschichte nachlesen.

Posaune / Trompete

Eine gerade Röhre mit einem glockenförmigen Trichter. Die *Posaunen* erklangen in jedem Tempelgottesdienst. (Siehe auch Widderhornposaune)

Priester

Im Judentum war ein *Priester* ein Mann, der Gebete und Opfer für das Volk darbrachte. *Priester* leiteten die öffentlichen Gottesdienste in der Stiftshütte und später im Tempel. Oft unterwiesen sie auch das Volk im Gesetz. Die *Priester* in Israel stammten alle von Aaron ab. Das Neue Testament sagt uns, dass Jesus Christus jetzt unser Hoher*priester* ist, denn er gab sich als vollkommenes Opfer für unsere Sünden hin (siehe Hebräer 8-9). Auch jeder Christ ist ein *Priester* (siehe 1. Petrus 2,9). Wir sollen anderen helfen, Gott kennen zu lernen und ihn anzubeten.

Prokonsul

Ein hoher Beamter in der römischen Regierung. Das Römische Reich war in Provinzen untergliedert, die jeweils von einem *Prokonsul* verwaltet wurden.

Propheten

Männer und Frauen im Alten und Neuen Testament, die Gott ausgesucht hatte, um seine Botschaften den Menschen zu verkünden. Mit dem Begriff sind auch die 17 alttestamentlichen Bücher gemeint, die von *Propheten* verfasst wurden.

Prophetie, Weissagung

Eine Botschaft von Gott, die von einem Propheten niedergeschrieben oder verkündet wurde. Manche Weissagungen handeln davon, was Gott in der Zukunft tun wird.

Psalm

Ein hebräisches Lied oder Gedicht. Ein *Psalm* ist meistens ein Loblied auf Gott oder bringt die tiefsten Gefühle des Gottesvolks zum Ausdruck. Das biblische Buch der *Psalmen* besteht aus vielen solcher hebräischen Lieder und Gedichte.

Purim

Ein jüdischer Feiertag, an dem man sich daran erinnert, dass die Königin Ester und die Juden über Haman siegten.

Rechtfertigung, rechtfertigen

Gott sagt, dass ein Mensch durch den Glauben an Jesus Christus *gerechtfertigt* dasteht. Er vergibt ihm seine Sünden und wird sein Freund. Gott schenkt ihm auch die Kraft, richtig zu leben. *Rechtfertigung* wird dadurch möglich, dass Jesus Christus starb, um die Strafe für unsere Sünden auf sich zu nehmen.

Richter

In Moses Zeit half ein *Richter* den Menschen, ihre Streitigkeiten zu schlichten. Als sich die Israeliten nach Josuas Tod im Gelobten

Land niederließen, wählte Gott Führer aus, die das Volk regieren sollten. Diese so genannten *Richter* führten das Volk oft in den Krieg gegen ihre Feinde. Debora, Gideon und Samuel gehörten zu diesen *Richtern*. Als in Israel wieder Könige herrschten, hatten die *Richter* wieder die Aufgabe, Streitigkeiten zu schlichten und offizielle Geschäfte abzuwickeln.

Rom

Eine Stadt in Italien, die Hauptstadt der Römischen Republik und des Römischen Reichs. Die Römer eroberten das, was von dem Reich Alexander des Großen noch übriggeblieben war. Im ersten nachchristlichen Jahrhundert beherrschten sie weite Teile des Mittelmeerraums, darunter auch Palästina. Die Verbreitung des Christentums wurde in den ersten nachchristlichen Jahrhunderten durch die Reisefreiheit im gesamten Reich sicherlich gefördert, obwohl Christen weithin verfolgt wurden.

Römer

1. Jemand, der in der Stadt Rom lebte.
2. Ein Bürger des Römischen Reichs. Ein *Römer* genoss bestimmte Rechte. Zum Beispiel konnte er nicht ohne ordentliches Gerichtsverfahren bestraft werden, und er durfte auch nicht gekreuzigt werden.

Sabbat

Ein Tag in der Woche, den Gott zu Erholung und zum Gottesdienst bestimmt hat. Im Alten Testament handelt es sich um den siebten Tag der Woche (Samstag). Für die Juden beginnt der *Sabbat* mit dem Sonnenuntergang am Freitag und dauert bis zum nächsten Sonnenuntergang am Samstag. Viele Juden und auch einige Christen feiern den *Sabbat* am Samstag. Weil aber Jesus am Sonntag von den Toten auferstand, lassen die meisten Christen am Sonntag die Arbeit ruhen und feiern Gottesdienst (siehe Apostelgeschichte 7,9)

Sacktuch

Ein grober dunkler Stoff aus Ziegenhaar. Wenn jemand starb, trugen Freunde und Familienangehörige Kleider aus *Sacktuch* als Zeichen der Trauer. Man kleidete sich auch in *Sacktuch*, um zu zeigen, dass einem seine Sünden Leid taten.

Sadduzäer

Eine jüdische Gruppierung zur Zeit des Neuen Testaments, die man von den Pharisäern unterscheiden muss (siehe dort). Für sie besaßen nur die ersten fünf Bücher der Bibel Gültigkeit, und sie glaubten weder an Engel oder Geister noch an die Auferstehung. Wenn das Neue Testament von den »Hohenpriestern« spricht, sind damit *Sadduzäer* gemeint.

salben

Einen Menschen oder eine Sache mit Öl übergießen. Man *salbte* einen Menschen zum Zeichen, dass Gott ihn oder sie zu einer besonderen Aufgabe ausersehen hatte. Samuel *salbte* David, um zu zeigen, dass Gott ihn zum König erwählt hatte.

Samariter

Ein Bewohner eines bestimmten Gebiets in Palästinä, das unter der Bezeichnung Samaria bekannt war. Die *Samariter* waren nur teilweise jüdisch. Sie beteten Gott nicht auf dieselbe Weise an wie die anderen Juden. Juden und *Samariter* hassten sich.

Satan

Der mächtigste Feind Gottes und aller Menschen. Andere Namen für *Satan* sind Teufel, der Fürst dieser Welt, Vater der Lügen, Feind oder Luzifer. *Satan* beherrscht ein Dämonenreich. Er hasst Gott und versucht sein Werk zu zerstören. Die Bibel sagt uns, dass Gott am Ende *Satan* und die Dämonen vernichten wird.

Schaubrottisch

In der Stiftshütte und im Tempel befand sich ein goldener sogenannter *Schaubrottisch*, auf dem jede Woche zwölf Brote, eins für jeden Stamm, niedergelegt wurden. Diese Brote symbolisierten die Gegenwart Gottes unter seinem Volk.

Schekel

Ein bestimmte kleinere Menge Gold oder Silber, die als Geld benutzt wurde.

Schilfmeer

Das Meer, das Mose und die Israeliten auf der Flucht vor den Ägyptern durchquerten.

Schriftgelehrter

Ein Kenner des jüdischen Gesetzes. *Schriftgelehrte* unterwiesen das Volk im Gesetz Gottes.

Sie schrieben außerdem die Schriftrollen mit den biblischen Büchern ab. Esra war ein *Schriftgelehrter*.
Zur Zeit des Neuen Testaments arbeiteten *Schriftgelehrte* oft als Richter, weil sie das Gesetz so gut kannten.

Schriftrolle
Ein langer beschrifteter Streifen aus Papyrus oder Pergament. An jedem Ende brachte man einen Stab an, so dass man ihn aufrollen konnte, um Aufbewahrung, Transport und Lesen zu erleichtern.

Seele
In der Bibel ist mit dem Begriff *Seele* in der Regel der Teil eines Menschen gemeint, den man nicht sehen kann und der die Gedanken, Gefühle und Handlungen eines Menschen bestimmt. Manchmal ist mit dem Wort *Seele* auch der ganze Mensch gemeint. Die Begriffe *Seele* und »Geist« können dasselbe bedeuten, manchmal haben sie aber auch unterschiedliche Bedeutung.

segnen
Das Wort *segnen* hat in der Bibel verschiedene Bedeutungen:

1. Wenn Gott *segnet*, bringt er Menschen Erlösung und Wohlstand, er erweist ihnen Gnade und Freundlichkeit.
2. Wenn ein Mensch einen anderen oder eine Gruppe von Menschen *segnet*, dann spricht er ihnen Erlösung zu, verteilt seine Besitztümer oder erweist ihnen Freundlichkeit.

Seher
Ein Prophet; ein Mensch, der mit Gottes Hilfe in die Zukunft blicken konnte.

Semit
Ein Nachkomme Sems, einem der drei Söhne Noahs. Mit dem Begriff bezeichnet man außerdem alle Menschen, die eine Sprache der so genannten »semitischen Sprachfamilie« als Muttersprache beherrschen. In der Antike gehörten die Kanaaniter, Hebräer, Araber, Babylonier, Aramäer (Syrer) und Äthiopier zu den *Semiten*.

Serafim
Himmlische Wesen, die nur in Jesajas Gottesvision erwähnt werden (Jesaja 6). *Serafim* ähneln möglicherweise den Cherubim, die an anderer Stelle in der Bibel erwähnt werden, oder sind sogar mit ihnen identisch.

sexuelle Unmoral
Geschlechtsverkehr auf eine Art, die Gott für verkehrt hält; Geschlechtsverkehr zwischen zwei Menschen, die nicht miteinander verheiratet sind, ist eine Sünde.

Sichel
Ein Schneidwerkzeug mit einer scharfen geschwungenen Klinge und einem kurzen Griff. *Sicheln* wurden für die Getreideernte benutzt.

Sichem
Ein Gebiet und eine Stadt westlich des Jordans nicht weit von Samaria. Sie wird im Alten Testament häufig erwähnt. Jerobeam machte sie zur ersten Hauptstadt des Nordreichs Israel, nachdem es sich von Juda im Süden abgespalten hatte.

Siegel
Ein kleiner Gegenstand, zum Beispiel ein Zylinder oder ein Ring, auf dem ein Muster oder Bild eingeritzt war. Jeder Besitzer eines *Siegels* hatte sein eigenes Muster. Das *Siegel* konnte man in heißes Wachs oder weichen Ton drücken. Wenn es wieder hart wurde, blieb das Muster darin enthalten. So konnte man sehen, von wem die Botschaft stammte.

Silo
Eine Stadt in dem hügeligen Gebiet westlich des Jordans. Etwa vierhundert Jahre lang, von der Zeit Josuas bis zum Bau des salomonischen Tempels, befand sich hier die Stiftshütte. Nachdem die Bundeslade aber zur Zeit Samuels von den Philistern entführt wurde, verlor *Silo* an Bedeutung.

Sinai
Eine Halbinsel in der Wüste zwischen Palästina und Ägypten am Nordufer des Roten Meeres; außerdem ein Berg auf der Halbinsel, auf dem Mose die Zehn Gebote empfing. Der Begriff *Sinai* wird deshalb auch als Umschreibung des Alten Bundes gebraucht.

Sklave
Ein Knecht, der Eigentum seines Herrn ist und wie eine Sache ge- oder verkauft werden kann. Man konnte *versklavt* werden, wenn man nach einer verlorenen Schlacht als Kriegsgefangener weggeführt wurde oder

kein Geld hatte, um seine Schulden zu bezahlen.

Sodom

Zur Zeit Abrahams eine Stadt in der Nähe des Toten Meeres. *Sodom* wurde wegen der Sünden, die dort begangen wurden, zusammen mit der Nachbarstadt Gomorra durch Feuer vom Himmel zerstört.

Spreu

Die wertlosen Teile einer Getreideähre. In biblischer Zeit entfernten die Bauern die Spreu von den Ähren, indem sie an windigen Tagen das Getreide in die Luft warfen. Die leichte *Spreu* flog im Wind davon, das schwerere Getreide fiel zu Boden. In der Bibel wird mit *Spreu* oft etwas Schlechtes oder Wertloses bezeichnet.

Sprüche

Kurze Aussprüche voller Weisheit. Das Buch der *Sprüche* in der Bibel besteht aus vielen solcher *Sprüche*.

Stadt Davids

1. Ein anderer Name für Bethlehem, wo David geboren wurde.
2. Ein Teil von Jerusalem war unter der Bezeichnung *Stadt Davids* bekannt.
3. Manchmal bezog sich die Bezeichnung *Stadt Davids* auch auf die ganze Stadt Jerusalem, also das ganze Gebiet, das von der Stadtmauer umgeben war.

Stamm

Einer der zwölf *Stämme* (Familien, Sippen) Israels. Jeder *Stamm* stammte von einem der zwölf Söhne Jakobs ab. Die Nachkommen Levis bekamen kein eigenes Gebiet, sondern 48 Städte zugeteilt, in denen sie leben konnten. Sie waren für den Dienst in der Stiftshütte verantwortlich. Josefs Nachkommen wurden in zwei »Halb*stämme*«, Ephraim und Manasse (das waren Josefs Söhne), aufgeteilt.

steinigen

Große Steine und Felsbrocken auf jemanden werfen, bis er stirbt. Wer gewisse Teile des jüdischen Gesetzes missachtete, wurde durch *Steinigung* bestraft. Stephanus wurde *gesteinigt*, weil er lehrte, dass Jesus Gottes Sohn sei (siehe Apostelgeschichte 7).

Sterndeuter

Sternforscher, die in Arabien oder Persien lebten. Man glaubte allgemein, dass *Sterndeuter* Träume deuten könnten. Einige *Sterndeuter* folgten dem Stern von Bethlehem und brachten Jesus wertvolle Geschenke, weil sie ihn als neugeborenen König verehrten.

Stiftshütte

Ein tragbares Zelt, in dem die Israeliten Gott anbeteten. Sie benutzten sie während der Wüstenwanderung, nachdem sie Ägypten verlassen hatten, und noch viele Jahre, nachdem sie sich im Gelobten Land niedergelassen hatten. Mose baute die *Stiftshütte* zusammen mit den Israeliten, nachdem ihnen Gott genaue Anweisungen gegeben hatte. Die Stiftshütte war in Gebrauch, bis sie von einem festen Gebäude – dem so genannten Tempel – abgelöst wurde. Einzelheiten zum Bau der *Stiftshütte* kann man in 2. Mose 26 nachlesen.

Südreich

Mit dem Begriff ist das Königreich Juda gemeint, das entstand, als Jerobeam mit den nördlichen Stämmen gegen Rehabeam und die südlichen Stämme rebellierte und das Nordreich Israel errichtete. Mehr als zwei Jahrhunderte lang lebten die beiden Länder in Unfrieden, bis Israel schließlich von den Assyrern erobert wurde. Dass das *Südreich* Juda noch etwas länger bestand, schreibt man der Tatsache zu, dass hier gelegentlich gottesfürchtige Könige regierten, die religiöse Reformen in Gang setzten.

Sumer, Sumerer

Das Gebiet und die Bewohner des südlichen Mesopotamien; in der Antike eine der großen Kulturen des Mittleren Ostens. Abraham stammte ursprünglich aus Ur, einer der größeren sumerischen Städte.

Sünde

Eine Handlung oder ein Gedanke, die nicht in Einklang mit den Handlungen oder Gedanken stehen, die Gott von uns erwartet. Die Bibel sagt uns, dass alle Menschen *Sünder* sind. Die *Sünde* trennt uns von Gott. Gott sandte Jesus, um die Strafe für unsere *Sünden* auf sich zu nehmen. Weil er für uns starb, können uns unsere *Sünden* vergeben werden, so dass die Trennung zwischen Gott und uns aufgehoben wird.

Sündenfall
Die Sünde, die von Adam und Eva begangen wurde. Dadurch zerbrach die enge Gemeinschaft zwischen Gott und den Menschen.

Synagoge
Ein Gebäude, in dem Juden zusammenkommen, um das Alte Testament zu lesen und Gottesdienst zu feiern.

Syrien
Das Gebiet unmittelbar nördlich von Palästina. In der hebräischen Bibel und einigen modernen Bibelübersetzungen wird es Aram genannt. Die Bezeichnung *Syrien* kam erst unter Alexander dem Großen auf.

Szepter
Ein kurzer Stab, der von einem König oder einer Königin in der Hand gehalten wurde, um deutlich zu machen, dass er oder sie die Herrschaft innehatte.

Talent
Eine große Menge Gold oder Silber. Ein *Talent* entsprach etwa der Summe, die ein Arbeiter in zehn Jahren verdiente.

taufen
Im Alten Testament bedeutete *taufen*, sich mit Wasser zu waschen. Als im Neuen Testament dagegen Johannes der Täufer die Menschen aufrief, sich *taufen* zu lassen, benutzte er Wasser, um deutlich zu machen, dass ihnen Leid tat, was sie falsch gemacht hatten und dass sie Gott baten, ihnen ihre Sünden zu vergeben. Heute lässt sich jemand *taufen*, um damit zu zeigen, dass er oder sie jetzt zu Gottes Familie gehört.

Tausendjähriges Reich
In Offenbarung 20,1-15 wird eine Zeitraum von tausend Jahren erwähnt, in dem der Satan gefesselt wird und Christus regiert.

Tempel
Ein Gebäude in Jerusalem, in dem die Juden Gott anbeteten. Der erste *Tempel* wurde von König Salomo und dem Volk errichtet. Er wurde nach den Anweisungen erbaut, die Gott König David, Salomos Vater, gegeben hatte. Der *Tempel* war ein außerordentlich schönes und beeindruckendes Gebäude. Er wurde zweimal zerstört und wieder aufgebaut. 70 n.Chr. wurde der *Tempel* endgültig zerstört und ist seitdem nie wieder aufgebaut worden.

Tenne
Ein Platz, an dem Getreide gedroschen, das heißt von Ochsen zertrampelt oder mit einem Stock bearbeitet wurde, um die Ähren von der Spreu zu befreien. Man brauchte dafür einen flachen harten Untergrund zum Beispiel aus Ton. *Tennen* wurden in der Regel so gebaut, dass der Wind hindurchblies, so dass die leichte Spreu weggeblasen wurde und die schwereren Getreidekörner liegen blieben.

Testament
Eine Übereinkunft oder ein Bund. Die 39 Bücher der Hebräischen Bibel werden Altes *Testament* genannt und erinnern damit an den ursprünglichen Bund des Gesetzes. Die 27 Bücher des Neuen Testaments machen uns mit dem Neuen Bund der Gnade bekannt, der durch Jesus Christus kam.

Tischbiter
Jemand aus Tischbe, einer Stadt in Gilead, die in der heutigen West Bank zwischen dem Jordan und der Wüste lag. Elia stammte von dort.

treu
Verlässlich. Gott ist *treu*. Wir können uns darauf verlassen, dass er seine Versprechen hält. Auch wir können *treu* sein, indem wir das Richtige tun.

Tribut
In der Bibel ist mit *Tribut* in der Regel eine Geld- oder Dienstleistung gemeint, die ein unterworfenes Land dem Sieger zukommen lassen musste.

Trübsal
Angst, Probleme, Bedrängnis, manchmal als Strafe für verkehrtes Handeln. Der Begriff »die große *Trübsal*« bezieht sich auf eine Epoche, in der der Antichrist ein gewisse Zeit lang über die Menschen herrschen darf und in der es zu weltweitem Elend und zu Verfolgung kommen wird.

Tunika
Ein weites Gewand, das bis zu den Knien reichte. Im Allgemeinen wurde es als Unterbekleidung getragen.

Überrest, übrig bleiben
Im Alten Testament ist mit dem *Überrest* meistens der kleine Teil des Volks gemeint, der nach dem babylonischen Exil Gott treu blieb und ihn anbetete.

übIe Nachrede
Die Behauptung von unwahren Tatsachen über einen Menschen, um seinen Ruf zu schädigen. Die Bibel sagt uns, dass *üble Nachrede* Sünde ist.

ungesäuertes Brot
Brot, das ohne Sauerteig oder Hefe gebacken wird. *Ungesäuertes Brot* ist flach wie zum Beispiel Knäckebrot oder Cracker.

unrein
Unrein bedeutet nicht dasselbe wie schmutzig, sondern bezeichnet Handlungen, Gedanken, Nahrungsmittel, Menschen oder Orte, die Gott nicht gefallen. Ein Jude konnte sich *unrein* machen, indem er beispielsweise Nahrungsmittel zu sich nahm, die Gott verboten hatte, oder einen Leichnam berührte. Auch Aussatz (verschiedene Hautkrankheiten) machten einen Menschen *unrein*. Durch bestimmte Rituale konnte man wieder rein werden.

Ur in Chaldäa
Eine Stadt im alten Mesopotamien, kultureller und wirtschaftlicher Mittelpunkt. Abraham stammte ursprünglich aus *Ur*.

vergeben
Eine Willensentscheidung, sich nicht mehr zu ärgern und einem anderen keine Vorwürfe mehr zu machen, weil er etwas verkehrt gemacht hat. Gott *vergibt* jedem, dem seine Sünden Leid tun und der glaubt, dass Jesus starb, um die Strafe für seine Sünden auf sich zu nehmen. Wenn Gott einem Menschen *vergibt*, vergisst er damit seine Sünden für immer.

Vergeltung
Strafe für ein Vergehen. Im Alten Testament wurde genau vorgeschrieben, welche Strafe für ein bestimmtes Vergehen angemessen war. Aber das Neue Testament sagt uns, dass wir Menschen, die uns Unrecht getan haben, nicht bestrafen sollen. Stattdessen sollen wir darauf vertrauen, dass Gott die Bestrafung in seine Hand nimmt, weil er als Einziger wirklich gerecht ist.

Verklärung
Eine Veränderung in Form oder Aussehen. Die Bibel sagt uns, dass sich das Aussehen Jesu veränderte, als er mit drei seiner Jünger zusammen war. Sein Gesicht begann zu leuchten, und seine Kleidung sah blendend weiß aus. Mose und Elia erschienen, und Jesus redete mit ihnen über seinen bevorstehenden Tod.

Versöhnung
Wiedergutmachung für eine falsche Handlung. In der Bibel bedeutet *Versöhnung* in der Regel, dass Gott wieder unser Freund sein will, wenn die Sünde uns von ihm trennt. Das Neue Testament lehrt, dass Jesus für uns starb, um uns mit Gott zu versöhnen.

Versuchung
In der Bibel hat der Begriff zwei unterschiedliche Bedeutungen:
1. Er bedeutet, dass man einen Menschen auf die Probe stellt, um seinen Glauben zu stärken.
2. Er kann auch bedeuten, das man versucht, einen Menschen dazu zu bewegen, etwas Verkehrtes zu tun.

verzehnten
Gott ein Zehntel seines Verdienstes geben. Wenn jemand zum Beispiel eintausend Euro verdient, beträgt der *Zehnte* einhundert Euro.

Verzückung, Vision
In der Bibel ein traumähnlicher Zustand, in dem ein Mensch eine Botschaft von Gott empfängt. Über Petrus kam eine *Verzückung*, als Gott ihm in einer *Vision* Tiere in einem Leinentuch zeigte.

Vierfürst / Tetrarch
Wenn ein Gebiet im Römischen Reich in kleinere Bezirke gegliedert wurde, nannte man den Herrscher über dieses kleinere Gebiet einen *Tetrarchen*. Im Neuen Testament wird Herodes Antipas manchmal als *Vierfürst* oder *Tetrarch*, manchmal als König bezeichnet. Zur Zeit Jesu herrschte er über Galiläa.

Vision
Manchmal zeigte Gott einem bestimmten Menschen eine Botschaft in einer *Vision*, das heißt in Bildern. Das geschah mitunter, wenn die betreffende Person schlief (siehe Hesekiel 8,1-4 und Apostelgeschichte 10,9-29).

Waffenträger
Jemand, der den großen Schild und die notwendigen Waffen für einen König oder einen Offizier trägt.

Wahrsager
Jemand, der behauptete, er könne in die Zukunft blicken. Im Alten und Neuen Testament steht, dass man nicht *wahrsagen* darf.

weihen
Einen Menschen oder eine Sache aussondern, um Gott auf besondere Weise zu dienen.

Weihrauch
Ein kostbares Harz, das aus der Terebinthe gewonnen wird. Man stellte aus *Weihrauch* ein süß duftendes Parfüm her. Die Israeliten brauchten *Weihrauch* für religiöse Zeremonien. Die weisen Männer schenkten Jesus unter anderem auch *Weihrauch*.

Weinschlauch
Ein Behälter aus Leder, in dem man Wein, Milch oder Wasser aufbewahrte.

Weisheit
Klugheit, Wissen, Verständnis, die Fähigkeit, sein Wissen auf Situationen im Alltag anzuwenden. In der Bibel bezeichnet *Weisheit* in der Regel eine von Gott geschenkte Fähigkeit, nicht so sehr den gesunden Menschenverstand.

Welt
1. Der Planet Erde.
2. Menschen, die dem Satan nachfolgen.
3. Alles, was zum irdischen Leben, aber nicht zum ewigen Leben bei Gott gehört.

weltlich
Von Werten und Vorstellungen bestimmt, die sich gegen Gott richten, im Gegensatz zu Werten und Vorstellungen, die von Gottes ewigem Reich geprägt sind.

Werke
Handlungen und Taten. Die Bibel fordert uns auf, gute *Werke* zu tun, aber sie lehrt auch, dass sich niemand durch seine *Werke* die Erlösung verdienen kann.

Widder
Ein geschlechtsreifes männliches Schaf. *Widder* wurden als Opfertiere geschlachtet und dienten auch als Nahrung. Aus ihren Hörnern wurden manchmal Posaunen hergestellt.

Widderhornposaune
Ein geschwungenes Widderhorn, das im Gottesdienst geblasen oder als Signalinstrument in der Schlacht benutzt wurde.

Widersacher
Ein Feind oder Gegner. Der Begriff kann sich auch auf Satan beziehen (1. Petrus 5,8).

Wiederkunft Christi
Jesus Christus hat uns versprochen, dass er am Ende dieses Zeitalters wieder zurückkehren wird, um auf der Erde zu herrschen.

Zauberer
Jemand, der behauptet, dass ihm Geister dienen. Die Bibel sagt uns, dass *Zaubern* eine Sünde ist.

Zelot
Ein Mitglied einer jüdische Gruppierung, die zur Zeit Jesu gegen die römische Besatzungsmacht in Palästina kämpfte. Simon, einer der Jünger, die Jesus nachfolgten (nicht mit Petrus zu verwechseln), war ein *Zelot*.

Zerstreuung
Bezieht sich auf die Deportation und Emigration der Juden aus Palästina. Meistens meint man mit diesem Begriff die Zwangsumsiedlung von Bewohnern des Nordreichs Israel durch die Assyrer in entlegene Gebiete des assyrischen Reichs.

Zeuge
In der Bibel steht der Begriff für einen Menschen, der mitteilte, was er gesehen hatte. Jesus forderte seine Nachfolger auf, *Zeugen* zu sein. Wir sollen davon erzählen, was Jesus in unserem Leben getan hat.

Zeugnis
In der Bibel hat der Begriff *Zeugnis* unterschiedliche Bedeutung.
1. Im Alten Testament bedeutet das Wort in einigen Bibelübersetzungen »Gesetz«.
2. Im Neuen Testament ist damit in der Regel ein Beweis für die Wahrheit gemeint.

Zion
Zion hat unterschiedliche Bedeutungen:
1. Einer der Hügel, auf dem die Stadt Jerusalem erbaut war, hieß *Zion*.
2. Die Stadt Jerusalem wurde manchmal *Zion* genannt.
3. *Zion* ist eine andere Bezeichnung für das Volk Israel.
4. *Zion* ist eine andere Bezeichnung für den Himmel.

Zisterne
Ein Loch, das man in die Erde oder in den Fels grub, um Wasser zu sammeln und zu speichern, für die regenarme Zeit.

Zöllner
Im Neuen Testament sind damit Steuereinnehmer gemeint, die für die Römer Steuern einzogen. Sie wurden deshalb als Verräter verachtet.

Zungen, Zungenreden
In fremden Sprachen reden. Das Neue Testament berichtet, dass der Heilige Geist die Gläubigen befähigte, Sprachen zu sprechen, die sie niemals gelernt hatten.

DIE BIBEL UND DER PERSÖNLICHE GLAUBE

Im Alten Testament hat Gott versprochen, einen Messias, einen Retter zu seinem Volk zu senden. Der Messias sollte Gottes Volk aus seinen Sünden, den falschen Dingen, die sie alle getan hatten, retten. Die Menschen, die zur Zeit des Alten Testaments lebten, wussten um das Versprechen eines Messias und sie hielten nach ihm Ausschau.

Im Neuen Testament wurde das Versprechen Gottes eingelöst! Der Retter wurde in Bethlehem geboren, genau wie Gott es versprochen hatte (vgl. Micha 5,2)! Jesus Christus kam als Kind in unsere Welt, er wurde erwachsen, lebte unter uns Menschen und starb für unsere Sünden. Wie aber können wir uns den Glauben an Jesus Christus persönlich aneignen?

Die Liebe Gottes und die Schuld der Menschen

Die Bibel sagt in 1. Johannes 4,8, dass Gott die Liebe ist. Er liebt uns sehr. Er liebt uns, weil er uns geschaffen hat, und sorgt sich um uns und unser jetziges Leben.

Die Bibel sagt auch, dass alle Menschen sündigen. In Römer 3,23 lesen wir: »... denn alle haben gesündigt und erlangen nicht die Herrlichkeit Gottes.«

Wir alle haben Unrecht getan und unsere Sünden hindern uns daran, in einer freundschaftlichen Beziehung mit Gott zu leben. Wie man in den Büchern des Alten Testaments nachlesen kann, sorgt Sünde immer für Schwierigkeiten. Weil wir Sünder sind, wird die Sünde auch in unserem Leben viele Probleme verursachen. Wie ernst die Konsequenzen sind, die Sünde nach sich zieht, sagt uns Römer 6,23: »Denn der Lohn der Sünde ist der Tod ...«

Aber Gott möchte nicht, dass wir unser Leben durch Sünde zerstören. Er möchte vielmehr, dass unsere Freude am Leben aufblüht. Durch die Sünde können wir Menschen nicht die liebevolle Gegenwart Gottes wahrnehmen. Dabei ist niemand von uns in der Lage, die Sünde aus seinem Leben selbst wegzuschaffen oder sich Gottes Vergebung zu verdienen – selbst nicht durch die ernsthaftesten Bemühungen, was viele ja dennoch immer wieder versuchen.

Ganz am Anfang der Bibel finden wir die Geschichte der ersten Menschen, Adam und Eva. Sie lebten so lange in glücklicher Gemeinschaft mit Gott, bis sie ihm den Gehorsam verweigerten. Das war die erste Sünde. Eine der Folgen der Sünde war, dass Adam und Eva von Gott getrennt wurden. Sie beraubten sich damit des größten Glücks ihres Lebens und mussten schließlich sterben. Mit Adam und Eva stehen nun alle Men-

Taufstelle im Jordan

schen unter dem Diktat der Sünde. Wir spüren das in unserem persönlichen Leben: Jeder von uns sündigt, und auch wir sind von der Gemeinschaft mit Gott abgeschnitten. Und eines Tages müssen wir sterben.

Aber die Bibel sagt sehr eindeutig, dass das Leben nach dem Tod weitergeht, und sie macht ebenso unmissverständlich klar, dass die Sünde auch im Hinblick auf die Ewigkeit von Gott trennt. Wir alle sind Sünder – wie kann also trotzdem jemand »in den Himmel« kommen (die Bibel spricht hier vom »ewigen Leben« in der Gemeinschaft mit Gott)?

Gott hat den Preis bezahlt

Die Bibel sagt in Römer 6,23: »Denn der Lohn der Sünde ist der Tod, die Gnadengabe Gottes aber ist ewiges Leben in Christus Jesus, unserem Herrn.« Wir haben gesehen, dass die Folge der Sünde der Tod ist. Aber weil Gott uns so liebt, bietet er uns das ewige Leben an. Alles was wir tun können ist, es als Geschenk anzunehmen.

Gott gab seinen einzigen Sohn, damit er für uns am Kreuz sterben sollte. In 1. Korinther 15,3 heißt es: »Denn ich habe euch vor allem überliefert, was ich auch empfangen habe: dass Christus für unsere Sünden gestorben ist nach den Schriften.« Jesus nahm die Folgen der Sünde an unserer Stelle auf sich. Die Bibel sagt in 1. Johannes 4,14: »Und wir haben gesehen und bezeugen, dass der Vater den Sohn gesandt hat als Heiland der Welt.«

Die Vergebung

Wenn wir zugeben, dass wir gesündigt haben und glauben, dass Gott seinen einzigen Sohn für uns in den Tod gegeben hat, wird er uns vergeben und uns von aller Sünde reinigen.

Es ist nicht schwer, mit Gott zu sprechen. Es ist auch nicht schwer, ihn um Vergebung zu bitten. Jesus lehrte uns mit Gott zu reden wie wir es mit einem liebenden Vater tun würden. Er wird zuhören. Er wartet schon lange auf das, was wir ihm sagen wollen.

Gott hat alles zwischen uns und ihm in Ordnung gebracht. Er hat uns vergeben und es ist in seinen Augen so, als ob wir niemals gesündigt hätten!

Christen sind Menschen, die an die Vergebung durch Jesus Christus glauben. Für viele ist ein solches Gebet um Vergebung der erste Schritt in ein Leben mit Gott. Doch wie geht es dann weiter?

Das Leben mit Gott

Die Bibel sagt in Johannes 1,12: »... so viele ihn aber aufnahmen, denen gab er das Recht, Kinder Gottes zu werden, denen die an seinen Namen glauben.«

Weil Gott unser himmlischer Vater ist, möchte er, dass wir im Gebet mit ihm sprechen. Wir können ihm sagen, wie es uns geht, ihm danken für das, was er uns schenkt, und wir können ihn bitten, dass er uns hilft, ihm zu gehorchen und ihm zu folgen.

Wir können auch mit Gott sprechen, wenn wir mit unsere Sünde nicht fertig werden. Er wird uns vergeben und zurechthelfen. Die Bibel sagt in 1. Johannes 1,9: »Wenn wir unsere Sünden bekennen, ist er treu und gerecht, dass er uns die Sünden vergibt und uns reinigt von jeder Ungerechtigkeit.« Gott wird uns vergeben und uns helfen zu tun, was er sagt.

Gott hat uns sein Wort gegeben, so dass jeder von seiner großen Liebe lesen kann. »In meinem Herzen habe ich dein Wort verwahrt, damit ich nicht gegen dich sündige« (Psalm 119,11). Wenn wir Gottes Wort lesen, ist das eine gute Möglichkeit, in seiner Nähe zu bleiben.

Gott sagt uns auch in seinem Wort, wie wir leben sollten. Jesus fasst den Willen Gottes in zwei Geboten zusammen (vgl. Matthäus 22,37-40):

Liebe Gott mit deinem ganzen Sein.

Liebe deinen Nächsten wie dich selbst.

Gott möchte, dass wir seine Liebe in der Welt widerspiegeln.

In Apostelgeschichte 1,8 sagt Jesus: »... und ihr werdet meine Zeugen sein.« Diese Worte sagte er zu seinen Jüngern, kurz bevor er zu seinem Vater zurückkehrte. Aber diese Worte gelten uns genauso. Wir können Zeugen sein, wenn wir anderen von Jesus erzählen und davon, wie seine Liebe uns geholfen hat. Dies wird uns zusätzlich in unserem Glauben stärken.